Mathias Wagner
Die Schmugglergesellschaft

Kultur und soziale Praxis

Für Tine
ausdauernde Begleiterin
kritische Leserin

Die Grenze füllt uns unser Glas,
die Grenze gibt uns Brot,
die Grenze kleidet uns nach Maß,
sie lindert alle Not ...

Aus einem Schmugglerlied; Piasecki o.J.: 131.
(Der Autor dankt Matthias Öhler/Rheinschrift für den Hinweis.)

Mathias Wagner (Dr. phil.) ist wissenschaftlicher Mitarbeiter an der Universität Bielefeld und leitet zzt. eine deutsch-polnische ethnographische Forschung zur Lebenssituation polnischer Saisonarbeiter.

MATHIAS WAGNER
Die Schmugglergesellschaft
Informelle Ökonomien an der Ostgrenze der Europäischen Union.
Eine Ethnographie

[transcript]

Gedruckt mit Unterstützung der Volkswagen-Stiftung

Bibliografische Information der Deutschen Nationalbibliothek
Die Deutsche Nationalbibliothek verzeichnet diese Publikation in der Deutschen Nationalbibliografie; detaillierte bibliografische Daten sind im Internet über http://dnb.d-nb.de abrufbar.

© 2011 transcript Verlag, Bielefeld

Die Verwertung der Texte und Bilder ist ohne Zustimmung des Verlages urheberrechtswidrig und strafbar. Das gilt auch für Vervielfältigungen, Übersetzungen, Mikroverfilmungen und für die Verarbeitung mit elektronischen Systemen.

Umschlagkonzept: Kordula Röckenhaus, Bielefeld
Umschlagabbildung: Andrey Levchenkov
Lektorat & Satz: Matthias Öhler
Druck: Majuskel Medienproduktion GmbH, Wetzlar
ISBN 978-3-8376-1775-7

Gedruckt auf alterungsbeständigem Papier mit chlorfrei gebleichtem Zellstoff.
Besuchen Sie uns im Internet: *http://www.transcript-verlag.de*
Bitte fordern Sie unser Gesamtverzeichnis und andere Broschüren an unter: *info@transcript-verlag.de*

Inhalt

Vorwort | 7

„Fremde nimmt man nicht mit" – Feldforschung als Prozess | 9
Schmuggel als soziologisches Forschungsfeld | 22
Anmerkungen zur Bearbeitung der Interviews | 25

Schmuggel in Literatur und Geschichte | 27
Historische Spuren des Schmuggels | 31
Ein Blick auf die ‚Technik' des Schmuggels | 37
Schmuggleralltag in historischen Darstellungen | 41
Zöllner, Schmuggler und die Öffentlichkeit | 44
Die Romantisierung des Schmugglers | 47

Sępopol – eine Gesellschaft im Umbruch | 53
Kleinhandel ist keine verdienstvolle Tätigkeit | 80
Arbeitslose im Netz informeller Tätigkeiten | 100

Eine Ethnographie des Schmuggels | 119
Schmuggler und Zöllner – Akteure in einem ‚Theater' | 130
Die Ökonomie des Schmuggels | 150
Strafmandate des polnischen Zolls | 171
Korruption, Bestechung und ‚Gebühren' | 175
Widersprüchliche Anforderungen – als Zöllner an der Grenze | 179

Typologien des Schmuggels | 187
Die Selbstständigen – „Früher war es gut, und heute
ist es für mich noch besser!" | 192
Die Freiberufler – „Mit einer legalen Arbeit hätte man weniger Stress" | 217
Das Kollektiv – Mit „HUGO BOSS" an die Grenze | 241
Die Unternehmer – „Die Nachbarn schauen einem in den Kochtopf!" | 250
Die Tagelöhner – „Für mich ist es weniger Stress" | 273

**Zwischen Toleranz und Verschwiegenheit –
die Reaktionen der lokalen Gesellschaft** | 289
Die Einstellung der Akteure zum Schmuggel | 290
Die lokale Elite und der Schmuggel | 296
Die soziale Repräsentation des Schmuggels in der lokalen Gesellschaft | 302
Die soziale ‚Verwundbarkeit' der Schmuggler | 306

Die Integration des Schmuggels in die lokale Gesellschaft | 317

**Die Objektivierung des Subjektiven –
ein methodischer Exkurs** | 331
Der Feldforscher als Flaneur | 332
Der Feldforscher als vertrauter Fremder | 337
Subjektivität in der ethnographischen Methode | 344

Literatur | 351
Anhang 1 – Liste der Transkriptionssymbole | 371
Anhang 2 – Liste der Publikationen aus dem Forschungsprojekt | 373

Vorwort

Am Ende einer umfangreichen Arbeit begibt man sich wieder zurück an den Anfang, um mit einleitenden Worten das Werk abzuschließen. Diesem Brauch sei auch hier gefolgt, und so möchte ich ein paar einleitende Sätze und einige Worte des Dankes voranstellen. Seit dem Fall des ‚Eisernen Vorhangs' hat sich an den heutigen Ostgrenzen der Europäischen Union ein reger informeller Kleinhandel entwickelt. In der vorliegenden Arbeit wird dieser Schmuggel exemplarisch am Beispiel einer polnischen Gemeinde im Grenzgebiet zu Russland, d.h. zur Kaliningrader Oblast, untersucht. Es ist mir dabei ein Anliegen, den Schmuggel nicht moralisch zu beurteilen, sondern als im Alltag der Akteure fest eingebettetes Phänomen zu begreifen. Damit rücken hier Menschen in den Vordergrund, deren Motive und Notlagen in vielen Darstellungen des gesellschaftlichen Umbruchs in Mittelosteuropa unter statistischen Angaben verschwinden und in der Euphorie einer erweiterten Europäischen Union kaum wahrgenommen werden. Für die Verlierer des Transformationsprozesses bieten vielfach die informellen Bereiche der Ökonomie – vom Schmuggel über Subsistenzproduktion bis zur ‚Schwarzarbeit' in der Migration – die einzigen Möglichkeiten einer drohenden Verarmung zu entgehen.

Um Irritationen vorzubeugen, ist eine Vorbemerkung zur Erläuterung des Begriffes der „Schmugglergesellschaft" im Titel notwendig. Mit dem Titel ist weder gemeint, dass alle Einwohner der Gemeinde noch deren Mehrheit dem Schmuggel nachgehen. Verglichen mit anderen lokalen Gesellschaften findet jedoch eine relativ große Anzahl im Schmuggel ein zusätzliches Einkommen, was zugleich von der Mehrheit der Einwohner toleriert wird. Da die Einwohner auf unterschiedliche Weise in den Schmuggel verstrickt sind, sei es direkt als Schmuggler oder als Käufer von geschmuggelten Waren, sowie indirekt, indem sie den Schmuggel tolerieren, erscheint der Begriff „Schmugglergesellschaft" gerechtfertigt.

Das Buch wäre nicht entstanden, hätte ich nicht die freundliche Unterstützung von mehreren Seiten erhalten. An erster Stelle möchte ich die Einwohner der polnischen Gemeinde Sępopol erwähnen. Ihnen gilt mein Dank dafür, dass sie bereit waren, mir einen Einblick in ihren Lebensalltag zu gewähren. Ihre Hilfe war vielfältig und umfasste neben den forschungsrelevanten Themen auch unterschiedliche Unterstützungen bei der Bewältigung unseres Alltags. Mein Dank gilt auch den Vertretern der Gemeindeverwaltung und der Schule. Aus der Vielzahl von Einwohnern, die mir bei meiner Arbeit geholfen haben, sei es mir erlaubt, hier nur wenige namentlich zu erwähnen. Hervorheben möchte ich den freundschaftlichen Kontakt zur Familie Górecka, besonders zu Oxana, außerdem zu Bogdan Suchostawski, zu Familie Radziszewski sowie zu Elżbieta (Irena) Buczko.

Der Leser wird Verständnis dafür haben, dass die eigentlichen Hauptpersonen dieses Buches, die Schmuggler und Schmugglerinnen, anonym bleiben. Gleichwohl gilt ihnen ein ganz herzlicher Dank, denn sie waren bereit, mich bei ihren Fahrten mitzunehmen, Schwierigkeiten bei der Einreise nach Russland aus dem Weg zu räumen und mir in langen Interviews ihren Alltag darzulegen. In diesem Zusammenhang möchte ich auch die Zöllner erwähnen, die bereit waren, in Interviews meine Fragen zu beantworten.

Danken möchte ich auch dem Kreis meiner Kollegen, deren Anregungen, Kritik und Unterstützung für die Durchführung und die Ausarbeitung der Forschung substanziell waren: Prof. Dr. Ulrich Mai, Prof. Dr. Wojciech Łukowski, Dr. Bettina Bruns, MA Ewa Matejko und MA Andrej Levchenkov sowie Prof. Gennady Fedorov. An dieser Stelle sei auch der VolkswagenStiftung für die Bereitstellung der finanziellen Mittel für diese Forschung sowie für die Publikation der Ergebnisse mein Dank ausgesprochen. Agata Wiśniewska-Schmidt und Ewelina Barthel möchte ich für die Korrekturen der deutschen Übersetzungen der polnischen Interviews sowie Helga Martens und Anja Bloch für die Berichtigungen des Textes danken. Georg Wagner und Marianne Wagner danke ich für die finanzielle Unterstützung bei der Herausgabe dieses Buches. Matthias Öhler (Rheinschrift) führte mit Sorgfalt und Geduld die letzten Korrekturen aus. Am Ende dieser langen, aber bei Weitem nicht vollzähligen Liste möchte ich meiner Frau Christine für ihre Bereitschaft danken, die Zeit der Feldforschung mit mir in Sępopol zu teilen.

„Fremde nimmt man nicht mit" – Feldforschung als Prozess

„Aber es ist auch so, wie man sagt: Nimm keine Fremden mit! Warum soll jemand sehen, was dort ist, nicht? Mach' es wie alle, nimm deine Leute! Nun, einer sagt nichts, und ein anderer tratscht gleich irgendwo und, ja, und, ja? [...] Ja, der Nachbar, die Nachbarin dort, aber nicht noch einen Fremden. Nun, auch die Schwester mit ihrem Sohn, in Ordnung, und so ist das, und das ist alles, nicht."[1]

In dieser kurzen Sequenz aus einem Interview wird die Problematik, Fremde in die illegalen Strukturen des Schmuggels einzuweihen, deutlich. Mit der Erforschung illegaler Praktiken begibt sich der Wissenschaftler in soziale Zusammenhänge, die mit Konflikten und Vorbehalten durchsetzt sind. Dabei war die Tatsache des illegalen Grenzhandels schon lange kein Geheimnis mehr, als ich im Frühjahr 2005 mit der Forschung begann. Seitdem in den 1990er Jahren der illegale Warenverkehr zwischen Russland und Polen nicht mehr zu übersehen war, hatten Presseberichte die Situation über die Region hinaus bekannt gemacht. Allen Einwohnern im grenznahen Gebiet sind der Schmuggel und meist auch die darin engagierten Personen bekannt. Doch vermeidet man es tunlichst, Fremden einen Einblick in den Grenzhandel zu geben. Dabei ist es weniger offene Ablehnung, die der Forscher erfährt, vielmehr bleiben ihm bestimmte Bereiche des Schmuggels schlicht verschlossen. Erwähnt wird der Schmuggel nur in allgemeinen Floskeln ohne persönlichen Bezug. Bildlich gesprochen kann man sagen, dem Wissenschaftler wird auf sein Klopfen hin die Haustür geöffnet, man bittet

---

1 „Ale też jak to się mówi obcych nie bierze. Po co tam kto ma wiedzieć co tam, nie? Takie swoje już co każdy tego, no. No bo jeden nic nie powie, a drugi zaraz wypapla gdzie i, no i, no. [...] Tak o no to sąsiad, sąsiadka to tam, nie tam i że ktoś obcy jeszcze. No to i siostra z synem też i tak o no to tak o jest wszystko no."

ihn herein doch bleibt der Raum des Schmuggels verschlossen. Welche Veranlassung sollten die Schmuggler auch haben, einen fremden Wissenschaftler in ihre Geschäfte einzuführen, wo sich doch ihre Kontakte auf Freunde, Verwandte und Nachbarn beschränken? Als Tatsache ist der Schmuggel allgemein bekannt, doch in den konkreten Ablauf möchte man keinen Einblick gewähren, denn bei aller Publizität bleibt es eine illegale Tätigkeit.

Von Sępopol erfuhr ich zum ersten Mal Anfang der 1990er Jahre durch einen Bericht im deutschen Fernsehen, in dem der Journalist Klaus Bednarz das ehemalige Ostpreußen vorstellte. In Erinnerung geblieben war mir der Satz: „1945 starb Schippenbeil, heute stirbt Sępopol." Schippenbeil, so der deutsche Name von Sępopol, wurde 1945 beim Einmarsch der Roten Armee durch Brandlegung zerstört. Um die wenigen nicht zerstörten Gebäude herum entstanden im Laufe der Jahre einige schmucklose Wohnblöcke sowie Einfamilienhäuser. Eine Stadt, die Anlass für den obigen Kommentar gibt und nahe an der Grenze zu Kaliningrad liegt, sollte ideale Voraussetzungen für eine Forschung über die Funktion des Schmuggels bieten. Obwohl der Fernsehbericht zum Zeitpunkt meiner Forschungen schon über zehn Jahre zurücklag, bestätigte der erste Eindruck die Erwartung. Der Ort vermittelt dem Besucher einen abweisenden Eindruck. Mein erster Kontakt entwickelte sich zufällig, als ich erfuhr, dass Sępopoler Schüler ihre Sommerferien in einem mir bekannten polnischen Ort verbrachten. Mit Unterstützung der Organisatorin dieser Ferienfreizeit gelang es mir, ein Zimmer in Sępopol zu mieten. So fand ich zunächst Unterkunft bei einer Familie, deren erwachsene Kinder an anderen Orten studierten und die daher freie Zimmer hatte. Zwar war ich damit in Sępopol angekommen, doch erwies sich die Wohnlage in einer am Ortsrand gelegenen Eigenheimsiedlung als ungünstig für den Aufbau weiterer Kontakte. Da außerdem meine Frau Christine plante, mich für mehrere Monate bei meinem Forschungsaufenthalt zu begleiten, bemühte ich mich, eine eigene Wohnung im Ortskern zu mieten.

Obwohl es sich um eine Region mit hoher Migration handelt, ist Wohnraum Mangelware. Zudem verkauft man freie Wohnungen, vermietet sie aber in der Regel nicht. An einer öffentlichen Anschlagtafel fand ich nur den Hinweis auf eine zum Verkauf stehende Wohnung. Leer stehende Wohnungen gehören durchweg Arbeitsmigranten, die hier für ihre Rückkehr vorsorgen und kein finanzielles Interesse an einer zwischenzeitlichen Vermietung haben. Um den Ort kennenzulernen, war es wichtig, selber erst einmal bekannt zu werden. Erste Kontakte ergaben sich über meine Gastfamilie und wurden über den Gartenzaun hinweg in Gesprächen mit den Nachbarn geknüpft. Neugierig waren ja beide Seiten, ich wollte die Menschen in meiner neuen Umgebung kennenlernen, und sie bewegte die Frage nach meinen Motiven, in ihre Stadt zu kommen. Daneben bot die Suche nach einer passenden Wohnung Gesprächsstoff beim täglichen Einkauf im Lebensmittelladen, beim Besuch der Bibliothek des Kulturhauses und – nicht zu vergessen – als Gast in einer der drei Wirtshäuser. Mit der Unterstützung einer Sępopoler Bürgerin konnte ich dann im Spätsommer 2005 eine Wohnung in zentraler Lage beziehen.

Ein anderes Problem war die Darstellung unseres Forschungsinteresses. Schon bei der Vorbereitung waren wir davon ausgegangen, dass es schwierig sein würde, Zugang zu den Schmugglern zu bekommen. So konzentrierte ich mich zunächst darauf, allgemeine Informationen zu erhalten und in Form von Tagebuchberichten festzuhalten. In den ersten Wochen waren es vielfach zufällige Kontakte wie das Gespräch mit einem Angler, den ich an einem Sommerabend auf der Brücke über die Łyna traf. Ich unterbrach meinen Abendspaziergang und stellte mich zu ihm. Während wir den Schwimmer seiner Angel beobachteten, beklagte er sich über die schlechte wirtschaftliche Situation. Seinen Kindern, so erzählte er mir, würde er raten, eine gute Ausbildung zu machen, um anschließend so schnell wie möglich den Ort, die Region oder am besten Polen zu verlassen. Bald würde es hier nur noch Arbeitslose und Rentner geben, die Jungen suchten schon lange in anderen Orten Arbeit, und auch er arbeite schon seit Jahren als Erntehelfer in Deutschland. Doch nachdem es zu Unstimmigkeiten über die Höhe der Bezahlung gekommen sei, habe er die Arbeit aufgegeben. Soweit eine der ersten Notizen aus meinem Feldtagebuch. Erst im Verlauf der folgenden Monate verstand ich, dass hier zentrale Probleme des Ortes angesprochen wurden. Dazu gehören neben Arbeitslosigkeit und Migration die verlorenen Hoffnungen der Generation, die als junge Menschen mit der Solidarność-Bewegung für gesellschaftliche Veränderungen eintraten und sich heute als Verlierer der Systemtransformation erleben.

Die hoffnungslose wirtschaftliche Situation in der Kleinstadt seit den 1990er Jahren veranlasste die Mehrheit der jüngeren Generation zur Migration. So resümierte ein Mann von 30 Jahren, dass von den 70 Kindern seines Grundschuljahrgangs 62 den Ort verlassen haben. Einige wanderten nach Westeuropa und Nordamerika aus, während die Mehrzahl heute in anderen Gebieten Polens lebt. Doch auch diejenigen, die in Sępopol geblieben sind, suchen immer wieder befristete Arbeitsmöglichkeiten im westlichen Ausland. Typische Arbeitsplätze finden sie in der Landwirtschaft und auf dem Jahrmarkt, Frauen vor allem im Bereich der privaten Pflege. Solange keine Probleme auftreten, ist es für die Betroffenen nebensächlich, ob es sich dabei um legale oder illegale Arbeitsverhältnisse handelt. Tendenziell ist damit die Gefahr eines Braindrains von beruflich gut qualifizierten Personen verbunden, während sich für schlecht qualifizierte Einwohner nur wenige Chancen zur Migration bieten. Da unsere Forschung den

Schmuggel fokussiert, bilden die angesprochenen Probleme den sozialen und ökonomischen Kontext, in dem das Phänomen zu analysieren ist. Neben Sozialunterstützung, saisonaler Arbeitsmigration und Subsistenzwirtschaft stellt nämlich der Schmuggel eine weitere Facette ökonomischer Strategien in einer wirtschaftlichen Krisenregion dar.

Gleichwohl blieb die Arbeit eines Soziologen für viele Einwohner unverständlich, stellte man ihn sich doch als über Statistiken gebeugten Wissenschaftler vor, und nicht als jemanden, dessen ‚Arbeit' aus Gesprächen mit Nachbarn, Besuchen in der Kneipe oder der Teilnahme an Feiern bestand.[2] Einen wichtigen Beitrag zu meiner Integration bildete daher die Arbeit meiner Frau als Englischlehrerin an der örtlichen Grundschule. Im Gegensatz zur Arbeit eines Soziologen war die Tätigkeit einer Lehrerin für jeden einsichtig. So ist es nicht erstaunlich, dass man mich als den mitreisenden Ehemann sah, der seine Frau bei ihrer Tätigkeit begleitete und der anscheinend über ein immenses Maß an Freizeit verfügte. Zugleich eröffnete mir ihre Berufstätigkeit einen weiteren Zugang zu den Einwohnern.

Bei aller Unterstützung und freundlichen Aufnahme, die wir in Sępopol fanden, war unser Leben dort auch von Konflikten begleitet. Als Ausländer und Fremde wurden wir mehrmals Ziel aggressiver Konfrontationen. Gezielt von Jugendlichen mit Schneebällen beworfen zu werden, gehörte noch zu den harmlosen Vorfällen. Deutlicher wurden die Belästigungen, als in den Abendstunden Schneebälle und auch mal ein rohes Ei an unserem Wohnzimmerfenster zerplatzten und im Schutz der Dunkelheit Jugendliche in gebrochenem Deutsch „Sieg heil" brüllten, während wir durch den Ort gingen. Trotz des offensichtlich antideutschen Tenors sollte man den politischen Gehalt der Belästigungen nicht zu hoch bewerten. Zwar berichteten deutschstämmige Einwohner in Polen davon, wie bis in die 1960er Jahre Kinder mit deutschen Vorfahren von ihren Mitschülern als „Schwaben" beschimpft wurden, doch ebbte diese Form der Diskriminierung in den folgenden Jahren ab.[3] Heute erfahren polnische Angehörige der deutschen Minderheit solche diskriminierenden Belästigungen nicht mehr. Wir boten aber als Fremde für eine Gruppe Jugendlicher eine Gelegenheit, diese noch schemenhaft vorhandenen Vorbehalte zu aktivieren.

Als schließlich eines Morgens die Scheibenwischer unseres Wagens verbogen waren, führte das bei uns zu einer erheblichen Verunsicherung. In unserer Not wandten wir uns an andere Einwohner, um auf diesem Weg die Belästigun-

---

2   In dem Prozess der Feldforschung ergeben sich viele Informationen und Kontakte zwar zufällig, doch ist es „die Kunst [...], die Zufälle hinterher angemessen zu interpretieren" (Josten 1991: 18).
3   Wagner 2005: 67ff.; Mai 2001: 216.

gen öffentlich zu machen. Unsere Überlegung ging dahin, in der lokalen Öffentlichkeit Schutz zu suchen, da ein Verschweigen die Jugendlichen eventuell zu weiteren Taten ermuntert hätte. Vermutlich war das der richtige Weg, die Situation zu entspannen, denn mit vielfacher Unterstützung unserer Nachbarn beruhigte sich die Situation. Über einen langen Zeitraum begleitete uns aber ein Gefühl des Misstrauens und der Vorsicht, eingebettet in eine Atmosphäre von Distanz. Im Übrigen richteten sich aggressive Handlungen von Jugendlichen nicht nur gegen uns als deutsche Ausländer, sondern auch gegen Einheimische. So stoppten eines Nachts angetrunkene Jugendliche mitten in Sępopol einen Wagen und bedrohten die Insassen, ohne dass denen Hilfe zuteilwurde.[4]

Wenn sich nach Einbruch der Dunkelheit nur noch vereinzelt Erwachsene auf den Straßen aufhielten, beherrschte eine Gruppe Jugendlicher den öffentlichen Raum. Unter dem Einfluss von Alkohol konnten die informellen Treffpunkte an Häuserecken und auf dem Dorfplatz durchaus auch für die Einwohner eine bedrohliche Kulisse abgeben, wie die alleinstehende Bewohnerin einer Erdgeschosswohnung erzählte. Aus Angst vor Belästigungen löschte sie das Licht, wenn sich die Jugendlichen unterhalb ihrer Wohnungsfenster in einer Hausecke versammelten. Die betroffenen Bürger zogen sich aus dem öffentlichen Raum zurück und überließen die Straße den Jugendlichen. Nach Ansicht der Nachbarn würde der Versuch, den Konflikt über offizielle Wege zu lösen, erst recht zu weiteren Belästigungen führen. Institutionalisierte Wege einer informellen sozialen Kontrolle würden voraussetzen, dass Formen der Streitschlichtung durch mehrfache Anwendung zur Routine geworden wären.[5] Informelle Wege der Streitschlichtung und Einflussnahme über Personen, die das Vertrauen beider Seiten genießen, bestehen jedoch nicht. Allenfalls ist es Angehörigen der Schule und der Gemeindeverwaltung mittels ihres Amtes möglich, auf die Familien Druck auszuüben, jedoch setzt dies eine persönliche Bekanntschaft mit den Autoritäten voraus, damit sie sich für einen einsetzen. In der alltagspraktischen Umsetzung einer informell ausgeübten Kontrolle könnte diese Funktion beispielsweise von Drehpunktpersonen übernommen werden, die das Vertrauen beider Konfliktparteien genießen.[6]

Aus diesen Erfahrungen resultierte zwar eine Verunsicherung, die die Kontaktaufnahme erschwerte, gleichwohl standen dem die Unterstützung, Hilfen und freundlichen Begegnungen mit der Mehrzahl der Einwohner von Sępopol gegenüber. Ohne den Rückhalt der Sępopoler Nachbarn, Bekannten und Vertreter von

---

4 Vermutlich wurde die Familie aufgrund mehrjähriger Arbeitsmigration nicht als einheimisch erkannt.
5 Berger/Luckmann 1969: 56ff.
6 Müller/Rosenow/Wagner 1994: 29ff.

Gemeinde und Schule wäre es uns schwergefallen, in dieser Situation den Aufenthalt fortzusetzen. Die Lage beruhigte sich, nachdem die städtische Verwaltung und die Schuldirektion ihren Einfluss geltend gemacht hatten. Die Konflikte gingen glücklicherweise nur von einer kleinen Gruppe jugendlicher Einwohner aus, die unsere Integration zwar erschwerten, sie aber langfristig nicht behinderten.

Während wir uns in der Kleinstadt einlebten, blieb es schwierig, einen Zugang zu den Schmugglern zu bekommen. Obwohl in den meisten Familien unserer Nachbarschaft mindestens eine Person dem Schmuggel nachging, blieb der Kontakt zu ihnen lange Zeit eingeschränkt. Mitten in der Nacht hörte ich die Kleinbusse mit Schmugglern losfahren, die am Nachmittag zurückkamen. Zudem verließ ein Reisebus frühmorgens den Ort Richtung Grenze. Eine direkte Kontaktaufnahme mit Schmugglern schien uns nicht sinnvoll, da wir vermuteten, dies würde nur Misstrauen wecken. Daher versuchte ich über die Vermittlung von mir mittlerweile bekannten Personen, Kontakte herzustellen. Zwar hatte ich schon kurz nach meiner Ankunft einen Schmuggler kennengelernt, bei dem ich in der Folgezeit regelmäßig Dieselkraftstoff kaufte, doch blieben die Gespräche beim Tanken lange Zeit oberflächlich. Erst Monate später war es aufgrund der langen Kontinuität dieser lockeren Beziehung möglich, ein Interview zu führen, das dann durch erstaunliche Offenheit überraschte. Ein erster Erfolg war die Vermittlung einer Teilnahme an Fahrten im Linienbus. Da es sich um eine offizielle Verkehrsverbindung zwischen Polen und Russland handelte, stand er allen Reisenden problemlos zur Verfügung. Jedoch war es mein Anliegen, auch andere Formen des Schmuggelverkehrs, die mit dem Pkw, Kleinbus oder gemieteten Reisebussen durchgeführt wurden, kennenzulernen. Erst später verstand ich, dass meinem Ansinnen nicht nur die Vorsicht gegenüber Fremden entgegenstand, sondern vielmehr pragmatische Gründe. Wer mit seinem Pkw unterwegs ist und an der Grenze zwei Tage warten muss, verbringt die Zeit dann auch wartend im Fahrzeug. Doch nicht mit jedem mag man diese Nähe teilen, und zudem sieht man auch keine Veranlassung, einer fremden Person Einblick in die eigenen Geschäfte zu ermöglichen. Fährt man aber mit einer Gruppe im Kleinbus, dann bestehen Verpflichtungen gegenüber den Mitfahrern, die nicht ohne Begründung kündbar sind. Daher war es durchaus keine Ausrede, wenn ich zur Antwort erhielt, dass man keinen Platz freihätte. Diese Phase erfolglosen Suchens nach einem Zugang zu den Schmugglerkreisen währte sechs Monate. Zustande kamen die Kontakte dann über die Vermittlung eines Einwohners, zu dessen Familie seit Beginn der Forschung Beziehungen bestanden. Auf diesem Weg bot sich die Möglichkeit, einen allein fahrenden Schmuggler auf seinen

Fahrten nach Kaliningrad zu begleiten. Mit Marian Wojakowski[7] hatte ich jemanden kennengelernt, der aufgrund seiner langjährigen Erfahrungen zu den etablierten Schmugglern gehörte. Durch diese Bekanntschaft brach das Eis des Misstrauens auch bei den anderen Schmugglern. Wie alle Ereignisse des Dorfes war mein Kontakt zu Marian innerhalb kürzester Zeit allgemein bekannt geworden. Sprach ich jetzt Schmuggler mit einer Bitte an, so galt ich nun als derjenige, der mit Marian über die Grenze fährt. Offensichtlich hatte Marian mit seiner Handlung deutlich gemacht, dass er mir vertraute, und diese sichtbare Tatsache wirkte wie ein Ausweis, mit dem sich mir die Türen öffneten. Besuchte ich später einen Schmuggler zu Hause, und es kam ein weiterer Besucher hinzu, so wurde ich manchmal als „Mitfahrer von Marian" vorgestellt und damit implizit als vertrauenswürdige Person, da sie in die Zusammenhänge des Schmuggels eingeweiht war. Weitere Kontakte zu Schmugglern ergaben sich während der Fahrten nach Russland. Vor allem die Wartezeiten vor der Grenzabfertigung boten die Chance, Marians Bekannte kennenzulernen.[8]

Obwohl sich das soziale Feld der Schmuggler geöffnet hatte, blieben in manchen Fällen die Zugänge weiterhin verschlossen. So reichten beispielsweise gute Kontakte zum Ehemann nicht aus, um auch mit dessen Frau ein Interview führen zu können. Selbst nachdem vielfache Besuche in der Wohnung vorausgegangen waren, stimmte die Ehefrau der Bitte um ein Interview nicht zu. Für den qualitativ arbeitenden Sozialforscher ist die Absage eines Interviews oder die Verweigerung der Kontaktaufnahme jedoch nicht gleichbedeutend mit einem Scheitern der Forschung. Vielmehr gehen auch die offensichtlich vermiedenen und verweigerten Kontakte in die Interpretation der Sozialstruktur ein, da auch in den verweigerten Gesprächen eine Aussage liegt. In Anlehnung an Watzlawick muss auch eine Interviewabsage als Kommunikation begriffen werden. Da jedes Verhalten den Charakter einer Mitteilung hat, vermittelt auch die Verweigerung über bestimmte Fragen zu sprechen eine Botschaft. Watzlawick spricht in dem Zusammenhang von der „Unmöglichkeit nicht zu kommunizieren"[9]. Dem Sozialforscher obliegt es, die verweigerten Kontakte und Gespräche im sozialen Kon-

---

7 Es ist selbstverständlich, dass es sich bei allen Namen von Personen um Pseudonyme handelt. Um auch den Rückschluss aus dem Kontext auf einzelne Personen zu erschweren, wurden individuelle Besonderheiten, die sich beispielsweise aus dem Beruf oder der Funktion ergeben, verfremdet. Zur besseren Lesbarkeit des Textes wurde es jedoch vorgezogen, den zitierten Interviewpartnern vollständige Namen zu geben.

8 Bei diesen Begegnungen wurden Interviews verabredet und es ergaben sich Gelegenheiten, andere Schmuggler auf ihren Fahrten zu begleiten.

9 Watzlawick/Beavin/Jackson 1990: 50f.

text des Forschungsfeldes zu verorten und so eine plausible Annäherung an die Gründe des Verhaltens zu leisten.

Mehrfach abgesagt wurden Interviews von Personen, die in der Hierarchie der Schmuggler eine untergeordnete Position einnehmen, da sie in ihrer Tätigkeit auf die Hilfe anderer Schmuggler angewiesen waren. Zu diesem Personenkreis gehörten beispielsweise die Mitfahrer in Kleinbussen, die als abhängig Beschäftigte selten bereit waren, über ihre Tätigkeit zu berichten, wohingegen die Besitzer der Fahrzeuge als Organisatoren einer Schmugglergruppe durchaus freimütig erzählten. Versucht man, diesen Unterschied jenseits individueller Verhaltensweisen systematisch zu erklären, so fallen die Differenzen zwischen ihren sozialen und wirtschaftlichen Positionen ins Auge. Auf der einen Seite steht der Besitzer des Fahrzeugs, der die Strukturen des Grenzhandels kennt und zu seinem Vorteil zu nutzen weiß, während die bei ihm beschäftigten Tagelöhner auf ihn angewiesen sind. Nutzt der Fahrzeugbesitzer offensiv die Grenze mit den sich bietenden Chancen, hat der informell mitarbeitende Tagelöhner einen vergleichsweise passiven Part, da er seinen Gewinn nur in Abhängigkeit vom Fahrzeugbesitzer realisieren kann. Die Vorsicht des Tagelöhners bei Gesprächen über den Schmuggel ist eben auch ein Resultat seiner abhängigen Erwerbssituation. Man sagt ein Interview ab – so lässt sich verallgemeinern –, wenn man einen negativen Einfluss auf die eigene soziale Situation befürchtet.

Vor dem Hintergrund der genannten Einschränkungen stellt sich die Frage, welche Kontakte der Wissenschaftler im Feld aufbauen kann, bzw. welche Persönlichkeiten für ihn zugänglich sind, und wer sich verweigert.[10] Zu bedenken ist, dass Forschungen, die wie im vorliegenden Fall mit einem über einjährigen Aufenthalt im geographischen und sozialen Raum des zu untersuchenden Feldes verbunden sind, den Wissenschaftler mit allen Facetten seiner Persönlichkeit involvieren.[11] Dadurch wird der Forschungsverlauf in einem sehr viel höheren Maß von subjektiven Aspekten beeinflusst, als dies bei anderen Methoden qualitativer Sozialforschung der Fall ist. Letztlich beruht die Basis des Kontakts zwischen Forscher und Informanten auf Sympathie. Ist diese nicht vorhanden, so wird entweder eine Kontaktaufnahme nicht stattfinden oder die Beziehung distanziert bleiben. Gleichwohl ist es notwendig und möglich, Faktoren zu benennen, die die Kontaktaufnahme unterstützen.

Zum einen lässt sich feststellen, dass nicht nur der Wissenschaftler Interessen hat, sondern die Bereitschaft zu Gesprächen ist auch für den Informanten von Nutzen. Dabei lassen sich zunächst drei Gründe allgemeinen Charakters feststellen, die in der Form qualitativer Forschung zu finden sind. Eine grundsätzli-

---

10 Cicourel 1974: 97f.
11 Stagel 1985: 289.

che Bedeutung kommt der Aufmerksamkeit zu, die der Wissenschaftler dem Informanten entgegenbringt. In qualitativen und in besonderem Maße bei biographischen Interviews bietet sich dem Informanten die Möglichkeit, sein Leben und seine Sicht der Dinge ausführlich darzustellen. Eine Informantin drückte es pointiert aus, als sie auf meine Aufforderung antwortete: „Also so eine Art Lebensbeichte solle sie machen". Mit dem Interview wird das Private zu einem Aspekt öffentlichen Lebens und die persönlichen Erlebnisse erhalten die Weihe historischer und sozialer Relevanz. Die Erzählung des Einzelnen und seine Argumentation werden zu etwas Besonderem. Indem der Einzelne aus seinem Umfeld herausgehoben wird, bietet sich ihm die Chance zur Distinktion. Sowohl die persönliche als auch die öffentliche Beachtung, die dem Informanten zuteilwird, können eine Bestätigung seines Selbstbewusstseins bedeuten. Der Informant ist so wichtig, dass seine Geschichte, seine Ansichten und seine Probleme eine, wenn auch anonymisierte Form öffentlicher Darstellung erfahren. Ein dritter Grund für die Bereitschaft zum Kontakt besteht dann, wenn der Informant eine Botschaft hat, die er vermitteln will. Häufig handelt es sich um Botschaften mit politischem oder sozialem Inhalt, die im unmittelbaren persönlichen Kontext stehen. In der vorliegenden Forschung stellten mehrfach die Themen Verarmung und ungerechte ökonomische Verhältnisse die Motivation zur Teilnahme an Interviews dar. Ausdrücklich bemerkte eine Informantin, „dann würde einmal gezeigt, wie sie hier leben müssten!" Betrachten wir nun die Hemmnisse und Motivationen der Informanten vor dem Hintergrund ihrer informellen und illegalen Aktivitäten, so ist davon auszugehen, dass sich an der Forschung Personen beteiligten, deren soziale Position nicht bedroht war. Dabei konnte es sich durchaus auch um soziale Randpositionen handeln, soweit diese eben nicht von anderer Seite infrage gestellt wurde.

Form und Umfang der Kontakte im Feld stehen selbstverständlich im Zusammenhang mit den Aktivitäten des Wissenschaftlers. Um dem Leser einen Einblick in den Alltag während der Forschung zu geben, soll an dieser Stelle in verdichteter Form ein beispielhafter Tagesablauf geschildert werden. Wie schon erwähnt, hatte ich gemeinsam mit meiner Frau eine Wohnung angemietet, deren Besitzerin längerfristig in Großbritannien arbeitete. Wie viele Polen, die im Ausland arbeiten, hatte sie die Wohnung als Alterssitz vorgesehen. Die Wohnung lag in der ersten Etage einer der wenigen Altbauten im Zentrum der kleinen Stadt und bot so eine ideale Ausgangsbasis für die Forschung. Für unsere Nachbarn begann der Tag meist vor sechs Uhr. Durch das geöffnete Fenster hörte man Nachbarn und Nachbarinnen, wenn sie am Morgen auf der Rückseite der Gebäude ihre Wohnungen verließen. Die bauliche Enge der Häuser sowie die dichte Belegung der Wohnungen schränkte die Privatsphäre ein. Selbst wir als neue Mieter konnten schon nach kurzer Zeit Geräusche bestimmten Personen zuordnen. Geheimnisse sind in dieser Atmosphäre praktisch nicht möglich: Kein Gast, keine Tätigkeit und keine Änderung im Tagesablauf blieben den Nachbarn verborgen.

Der erste Weg führte mich am Morgen einige Häuser weiter, um am Kiosk eine Tageszeitung zu kaufen. Unterwegs begegnete ich Nachbarn, die Wäsche aufhängten, Feuerholz aus dem Schuppen holten oder mit dem Fahrrad auf dem Weg zum Garten waren. Manchmal wurde der kurze Gruß durch Fragen über das Woher und Wohin oder das Wetter erweitert. Meine erste Verabredung des Tages war um zehn Uhr, zum Sprachunterricht bei einer pensionierten Schuldirektorin. Während sie sich bemühte, mir die polnische Grammatik beizubringen, erfuhr ich in unseren Gesprächen vieles über den Ort und seine Einwohner. Da sie und ihre Familie seit Ende der 1950er Jahre in Sępopol lebten, war sie sowohl über die Vergangenheit als auch die Gegenwart gut informiert. Zudem kannte sie aufgrund ihres Berufes die Mehrzahl der Einwohner von klein an. Im Anschluss an unseren Unterricht begab ich mich in das Kulturhaus (poln.: dom kultury). Hier konnte ich die Internetverbindung für meinen E-Mail-Verkehr und Recherchen nutzen. Auf dem Rückweg zur Wohnung machte ich noch in einem Lebensmittelgeschäft halt. Seit dem ersten Tag meines Aufenthaltes erledigte ich die täglichen Einkäufe überwiegend im selben Laden. Für diesen typischen ‚Tante-Emma-Laden' ergriff mich vom ersten Moment an eine Art Sentimentalität, außerdem hatte die Kontinuität auch den Vorteil, die Besitzer und ihre Mitarbeiterinnen allmählich kennenzulernen. In diesem Fall hatte die Enge der sozialen Kontakte durchaus auch pragmatischen Nutzen, wenn ich beispielsweise beim Kauf von Tomaten darauf hingewiesen wurde, dass doch meine Frau schon welche gekauft hätte. Fehlende sozialräumliche Distanz hat neben der kontrollierenden Funktion eben auch den Vorteil gegenseitiger Hilfe.

Zurück in der Wohnung begab ich mich für eine Stunde in den Schuppen, um unseren Vorrat an Feuerholz zu hacken. Holz ist immer noch der preiswerteste Brennstoff und wird üblicherweise in einem Schuppen gelagert. Zwischendurch kam eine Nachbarin auf mich zu und bot mir Gemüse aus ihrem Garten an. Um die Mittagszeit war ich dann auf der Gemeindeverwaltung verabredet, um Daten über den Ort zu erhalten. Als ich die Verwaltung verließ, begegnete ich einem Bekannten, dessen Tochter eine Schülerin meiner Frau war. Über ihre Arbeit an der Grundschule hatte meine Frau Kontakt zu einer Gruppe von Schülerinnen geschlossen, die sich an den Nachmittagen in unserer Wohnung trafen. Der Vater nutzte jetzt die Gelegenheit, mich zum Bier ins „Sajgon", einer der drei Kneipen des Ortes einzuladen. Obwohl „sajgon", wie mir der Wirt eines Abends erklärte, ein Slangausdruck für chaotische Zustände oder ein Tohuwabohu ist, handelte es sich um eine ruhige Lokalität, die als abendlicher Treffpunkt und für familiäre Feiern genutzt wurde. Unser Gespräch kreiste um seine Lebensumstände und berührte auch Erfahrungen mit dem Schmuggel. Nachdem ich ihm von meiner Forschung erzählt hatte, verabredeten wir uns für den folgenden Sonntag zu einem Interview.

Im weiteren Verlauf des Nachmittags machte ich mich mit dem Fahrrad auf den Weg zu einem etwas außerhalb der Kleinstadt wohnenden Bekannten. Ich traf ihn bei der Gartenarbeit an, bei der ihn ein Arbeitsloser für einen geringen Lohn unterstützte. Sie unterbrachen ihre Arbeit, und wir saßen eine Weile zusammen. Da mich die Lebensumstände des Arbeitslosen interessierten, bemühte ich mich, eine weitere Begegnung zu vereinbaren. Die Gelegenheit war günstig, unser gemeinsamer Bekannter unterstützte mein Anliegen. Schließlich erhielt ich mit der Bemerkung, er wäre an den Vormittagen eigentlich immer zu Hause anzutreffen, die gewünschte Einladung. Später machte ich zu Hause einige Notizen zu dem Gespräch und meinen Beobachtungen im Feldtagebuch, bevor ich am Abend noch einmal einen kurzen Besuch im „Sajgon" machte. An der Theke saßen schon einige Stammgäste, ich gesellte mich zu ihnen und hörte ihren Gesprächen zu, während im Hintergrund der unvermeidliche Fernseher die Nachrichten übertrug.

Ungefähr so verlief ein durchschnittlicher Tag während meiner Feldforschung. Vielleicht ist mit diesem Beispiel für den Leser die Atmosphäre deutlich geworden und auch verständlich, warum meine Nachbarn meine Aktivitäten nicht als ‚Arbeit' oder zumindest als ‚Forschung' verstanden. Unerwähnt blieben in der exemplarischen Schilderung extreme Situationen, die sowohl die Erfolge betreffen aber auch die schleichend ansteigende Frustration, solange mir die Kreise der Schmuggler verschlossen blieben. Für mich als deutschen Ausländer konnte der Zugang zu den Schmugglern immer nur direkt und mit ihrer Zustimmung erfolgen, ganz im Gegensatz zu meinen russischen und polnischen Kollegen, die ebenfalls im Rahmen der Forschung an anderen Orten Kontakte zu Schmugglern suchten.[12] Für russische oder polnische Studenten stellte der Schmuggel eine vielfach praktizierte Erwerbsmöglichkeit dar, sodass für einheimische Wissenschaftler die Teilnahme am Schmuggel in Form verdeckter Beobachtungen ohne Probleme möglich war. Sie wurden als Gleiche unter Gleichen akzeptiert, solange sie sich auf die teilnehmende Beobachtung beschränkten, denn erst durch ihr Nachfragen und ihre Bitte um ein Interview gaben sie sich als Außenstehende zu erkennen.

---

12 Wojciech Łukowski und Ewa Matejko am Grenzübergang Gołdap-Gusew und Andrej Levchenkow am Grenzübergang Gronowo-Mamonowo. Vgl. Literaturhinweise im Anhang.

Nachdem es mir gelungen war, den Kontakt zu den Schmugglern aufzubauen, bemühte ich mich darum, bei unterschiedlichen Personen eine Mitfahrgelegenheit zu einer Schmuggeltour zu bekommen. Eine unerwartete Hürde bildete dabei die undurchsichtige russische Visavergabe. Obwohl uns auf der Grundlage einer Vereinbarung der deutschen und russischen Regierungen einjährige Visa mit unbegrenzten Einreisemöglichkeiten hätten erteilt werden müssen, erhielten wir zunächst nur so genannte „Dreimonatsvisa". Mit diesem Visum war es nur möglich, zwei Mal in das Kaliningrader Gebiet einzureisen. Da wir jedoch häufiger die Grenze überquerten, war das Visum schon nach zwei Wochen abgelaufen, und wir mussten die Antragsprozedur von Neuem beginnen.[13]

Da wir aufgrund unseres Forschungsthemas befürchteten, dass es zu Problemen mit den russischen Behörden kommen könnte, hatten wir bei der Beantragung der Visa die Beschreibung unserer Forschung auf die allgemeine wirtschaftliche Situation im Grenzgebiet beschränkt. Trotz dieser Vorsicht überraschte uns dann doch die restriktive Visavergabe der russischen Seite. Unsere Vermutung ging in die Richtung, dass hier mafiose Beziehungen zwischen der Grenzadministration und den Schmugglern eine Rolle spielten. Tatsächlich führte meine Anwesenheit bei der russischen Grenzkontrolle auch immer wieder zu Irritationen. Da nach unseren Recherchen die Grenzübergänge zwischen der polnischen Wojewodschaft Ermland-Masuren und der Kaliningrader Oblast von über 95 Prozent des Privatverkehrs ausschließlich mit dem Ziel des Warenschmuggels benutzt wurden, bedurfte meine Anwesenheit als Deutscher einer Erklärung. Die polnischen Schmuggler und der Reiseleiter des polnischen Linienbusses traten den Nachfragen der russischen Grenzangestellten aber mit großer Sicherheit entgegen und erklärten, ich sei ihr Gast und wollte mir bei dieser Gelegenheit einmal Bagrationowsk oder Kaliningrad anschauen. Da die russischen Grenzangestellten vom Schmuggel profitieren, wollte man offensichtlich keine Beobachter. Wie eng die Verbindungen zwischen den Schmugglern und den russischen Grenzbehörden sind, konnte ich bei einer Fahrt mit dem polni-

---

13   Diese Probleme betrafen nur mich und die Bielefelder Doktorandin Bettina Bruns, da für unsere polnischen und russischen Kollegen andere Ein- und Ausreisebestimmungen galten. Während ich im zweiten Anlauf ein Jahresvisum mit unbegrenzter Einreisemöglichkeit erhielt, gelang es uns leider nicht, für Bettina Bruns ein entsprechendes Visum zu bekommen. An dieser Stelle sei denjenigen in Deutschland und Russland gedankt, die sich bei den russischen Behörden für unsere Visa eingesetzt haben: dem Rektor der Bielefelder Universität, dem Rektor und der stellvertretenden Rektorin der Kaliningrader Immanuel-Kant-Universität sowie dem deutschen Generalkonsul in Kaliningrad.

schen Linienbus beobachten. Bei unserer Rückkehr aus der Stadt Kaliningrad hielt der Bus an einer Ausfallstraße und nahm einen Offizier der russischen Grenztruppen einige Kilometer mit. Er kannte den polnischen Reiseleiter unseres Busses, und beide unterhielten sich freundlich und angeregt. Man hatte den Eindruck, dass sie sich gut kannten und miteinander einen kollegialen Umgang pflegten.

Während ich den Vorteil hatte, von den polnischen Schmugglern in die Gepflogenheiten der russischen Grenzadministration eingeweiht zu werden, konnte der Grenzübertritt für ausländische Touristen zu einem Hindernislauf werden. Nicht informierten Besuchern erscheint die Grenze als Sumpf der Korruption oder zumindest als unverständliche Zumutung. Dies kann nicht ausbleiben, denn erst die Kenntnis des sehr speziellen Grenzreglements ermöglicht eine relativ reibungslose Ausreise aus Russland. Wer die Grenze mit dem Anspruch überquert, hier ein westeuropäisches Grenzreglement vorzufinden, muss eine hohe Frustrationstoleranz aufbringen, denn diese Grenze funktioniert nicht nach formalen Regeln, sondern folgt einem informellen Reglement, das dem Touristen jedoch nicht mitgeteilt wird. Der Reisende wähnt sich dann einer „allmächtigen, geistlosen Bürokratie"[14] ausgeliefert, während sich andere darauf eingestellt haben, dass hier ‚die Uhren anders gehen'.

An dieser Stelle sollte deutlich geworden sein, dass es sich bei der Feldforschung um eine zeitintensive Erhebungsmethode handelt. Im Verlauf mehrerer Monate wurde unsere Anwesenheit zu einem unspektakulären Bestandteil des örtlichen Alltags. Mit der Anmietung einer Wohnung hatten wir uns einen emotionalen Rückzugsbereich in vertraute Bezüge geschaffen und konnten so im Jahresverlauf den Rhythmus der Ortschaft kennenlernen. Die Verschlossenheit der Kleinstadt und seiner Einwohner wandelte sich mit den Monaten in meiner Wahrnehmung. Als ich nach über einem Jahr abreiste, war mir der Lebensrhythmus der Menschen vertraut geworden. Der Ort war nicht mehr abweisend und verschlossen, und hinter dem ersten Eindruck einer sterbenden Kleinstadt war der lebendige Rhythmus einer lokalen Gesellschaft sichtbar geworden, die sich in einer schwierigen ökonomischen Situation behauptet. Mittlerweile hatte ich miterlebt, wie zu Ostern und Weihnachten die schon seit Jahren im Ausland lebenden Kinder und Enkel zu Besuch kamen und sie sich am Abend im „Sajgon" mit Freunden aus der Schulzeit trafen. Ich weiß jetzt, wer im Frühjahr, wenn die Spargelernte in Deutschland und die Erdbeerernte in Spanien beginnen, für Wochen oder Monate weg ist. So wie mir der Ort nicht mehr fremd erschien, war auch ich kein Fremder mehr in dieser Stadt. Wenn unser Nachbar am frühen Morgen sein Fahrrad aus dem Schuppen holte, dann kannte ich seinen Weg, der

---

14   Clough 2007: 184.

ihn zum Garten führte. Im Verlauf der Zeit waren meine Frau und ich Teilnehmer an offiziellen Veranstaltungen und bei privaten Feiern. Bei einer der ärmsten Familien des Ortes waren wir Gäste bei der Kommunion ihrer Tochter, auf einer Geburtstagsfeier saßen wir beim Wodka gemeinsam mit Schmugglern und Grenzschützern an einem Tisch, und an den Feiertagen luden uns die Honoratioren der Ortschaft in ihre Wohnungen ein.

SCHMUGGEL ALS SOZIOLOGISCHES FORSCHUNGSFELD

„Der Zigarettenschmuggel boomt. Im vergangenen Jahr wurden mehr als 700 Millionen Zigaretten von deutschen Zöllnern sichergestellt. Laut Leonhard Bierl, Pressesprecher des Zollkriminalamtes in Köln, stammen sie hauptsächlich aus Polen, Litauen, China und der Ukraine. ‚Deutschland ist der lukrativste Markt für Zigarettenschmuggler', sagt Bierl. Das Zollkriminalamt schätzt den jährlichen Steuerausfall durch geschmuggelte Zigaretten auf 500 Millionen Euro."[15]

Pressemeldungen dieser Art aus Polen und Deutschland ließen sich en masse zitieren. Der Schmuggel wird zunächst als kriminaltechnisches Problem wahrgenommen, dessen Hintergrund die ökonomische Verarmung in den Ländern Ostmitteleuropas bildet. Beide Sachverhalte sind zwar korrekt, und doch sind sie zugleich oberflächlich. Abgebildet wird hier lediglich die Erscheinungsebene eines gesellschaftlichen Phänomens, dessen soziale Zusammenhänge komplexer sind, als es die Pressemeldungen suggerieren. Während den Schmugglern auf der einen Seite vorgeworfen wird, aus Bequemlichkeit keiner formalen Arbeit nachzugehen, tauchen auf der anderen Seite romantisierende Beschreibungen auf, in denen sich der Schmuggler als Rebell gegen Ungerechtigkeit und Unterdrückung wehrt. Im günstigsten Fall wird der Schmuggel als ein Armutsphänomen begriffen. Im Gegensatz zu der Vielzahl von romantisierenden Darstellungen des Schmugglerlebens steht die geringe Zahl wissenschaftlicher Analysen des Phänomens.[16] Vor dem skizzierten Hintergrund war es unser Ziel, exemplarisch die sozialen Zusammenhänge des Schmuggels in der polnisch-russischen Grenzregion zu analysieren.

---

15 Köhrer 2006: 58.
16 Zu erwähnen sind hier die wissenschaftlichen Arbeiten von Girtler 1992, Irek 1998, Haller 2000, Heller/Arambaşa 2009, Łukowski/Bojar/Jałowiecki 2009. Sehr viel umfangreicher ist die Anzahl historischer Darstellungen.

In der soziologischen Perspektive tritt der normative Aspekt der Steuerhinterziehung zunächst zurück, während die sozialen Zusammenhänge und der gesellschaftliche Hintergrund des Schmuggels im Vordergrund stehen. Beide Seiten gehören unauflöslich zum Schmuggel und werfen zwangsläufig das Problem des begrifflichen Umgangs mit dem Phänomen auf. Der Begriff Schmuggel wird in dieser Arbeit analog zu der Definition von Haller verwendet: „[...] Schmuggel bezeichnet (den) grenzüberschreitenden informellen und inoffiziellen Handel. Er orientiert sich damit zwar an der legalistischen Perspektive des Nationalstaates, ohne jedoch dessen moralische Implikationen zu teilen."[17]

Gleichwohl kann man nicht über die sozialen Rückwirkungen auf den gesellschaftlichen Kontext des „informellen und inoffiziellen Handels" sprechen, ohne die „legalistische Perspektive" zu erwähnen. Auch wenn Haller zuzustimmen ist, dass der normative Aspekt in soziologischer Forschung nicht im Vordergrund steht, so kann er eben auch nicht ignoriert werden. Denn die Tragweite der sozialen Zusammenhänge kann ohne die normativen Implikationen nicht kritisch erkannt werden. Bei der in dieser Arbeit untersuchten Form des Schmuggels handelt es sich auch um Kleinhandel, jedoch ist nicht jede Form des Kleinhandels Schmuggel. Eine Analyse des Kleinhandels kann eben nicht die speziellen Aspekte des Schmuggels erfassen, wenn sie nicht die illegalen Elemente einbezieht, da sich der Begriff des Schmuggelns immer auf die illegale Handlung bezieht.[18]

Das Ziel dieser Arbeit ist es, zum einen die gesellschaftliche Funktionalität des Schmuggels aufzuzeigen, und zum anderen die sozialen Implikationen dieser spezifischen informellen Ökonomie zu analysieren. Obwohl auf den ersten Blick die Verbindung von Armut und Schmuggel evident erscheint, zeigte sich in der Forschung, dass die Schmuggler nicht zu den verarmten Schichten eines ländlichen Subproletariats gehören. Um die Zusammenhänge zu erfahren, war es notwendig, neben den unmittelbar in den Schmuggel involvierten Gruppen ebenso diejenigen zu beschreiben, die selbst bei wirtschaftlicher Verarmung dem Schmuggel nicht nachgingen. Einerseits sind die Zugangsvoraussetzungen zum Schmuggeln, und andererseits die wirtschaftlichen Alternativstrategien einer bestimmten Gruppe von Arbeitslosen zu klären. Hierbei werden unterschiedliche Strategien zur Sicherung des Lebensunterhaltes sichtbar. Doch die grundsätzliche Frage, ungeachtet der vielfältigen Einzelaspekte, die im Rahmen dieser For-

---

17 Haller 2000: 241.
18 Bei der Beantragung des Forschungsprojektes wurde der Begriff des ‚Kleinhandels' betont, um die soziologische Zielrichtung der Forschung herauszustellen. Im Sprachgebrauch dieser Arbeit wird bewusst der Begriff des ‚Schmuggels' betont, ohne dass damit der normative Aspekt in den Vordergrund gerückt werden soll.

schung bearbeitet wurden, lautet: Wie werden informelle illegale Handlungen in eine lokale Gesellschaft integriert? Diese Fragestellung fächert sich in ein breites Feld verschiedener Teilbereiche auf. Die Methoden der ethnographischen Feldforschung mit ihren zentralen Elementen teilnehmende Beobachtung und qualitative Interviews fokussieren die Bandbreite der individuellen Handlungen. Um die Handlungen zu verstehen, ist es notwendig, sie im Sinnzusammenhang der Akteure zu interpretieren. Die Sinnhaftigkeit der individuellen Handlungen erschließt sich wiederum nur in dem sozialen, ökonomischen, kulturellen und historischen Kontext, der die strukturellen Rahmenbedingungen bedingt.

Wenn in dieser Forschungsarbeit die handelnden Individuen einen zentralen Platz einnehmen, so wird das Besondere des Phänomens doch nur innerhalb des strukturellen gesellschaftlichen Kontextes zu erfassen sein. Um die gesellschaftliche Erscheinungsform des Schmuggels zu analysieren, ist es notwendig, die Möglichkeiten und Strategien der Akteure, ihre Anstrengungen, Interessen und Prioritäten sowie die strukturellen Rahmenbedingungen in die Interpretation mit einzubeziehen. Bei dem in dieser Arbeit analysierten Phänomen handelt es sich um eine besondere gesellschaftliche Form des Schmuggels, die nur vor dem Hintergrund historischer Entwicklungen einer spezifischen sozialen und ökonomischen Situation verständlich ist. Es gibt andere geographische und historische Beispiele für Massenbewegungen des Schmuggels, die partielle Übereinstimmungen mit dem hier untersuchten Fall aufweisen, ohne jedoch mit der hier vorliegenden Situation identisch zu sein.

Das gesellschaftlich Besondere entsteht, wie Durkheim feststellt, aus der Vielzahl individueller Handlungen, die auf der Stufe eines sozialen Phänomens eine neue Qualität haben.[19] Die Aufgabe einer Forschung, die sich auf ethnographische Methoden stützt, erschöpft sich nicht darin, diese gesellschaftliche Qualität zu erfassen, sondern sie setzt sich zugleich zum Ziel, auch deren Grundlagen in den Handlungen und Motivationen der Individuen zu beschreiben: „Soziales Handeln ist aber erst dann verstanden und erklärt, wenn einerseits dessen subjektiv gemeinter Sinn und andererseits dessen gesellschaftlicher ‚objektiver' Sinn erfasst wurde."[20] Erst in der Verbindung individueller und gesellschaftlicher Elemente wird es möglich, „die Wirklichkeit der Alltagswelt"[21] zu analysieren. Nicht die Erscheinungsebene der Alltagswelt ist die hier angesprochene Wirklichkeit, sondern es handelt sich, bildlich gesprochen, um eine Ebene unterhalb der äußeren Form. Gesellschaftliche Phänomene bestehen eben immer im Doppelcharakter individueller Handlungen und sozialer Resultate. Auf der

---

19 Durkheim 1967: 71f.
20 Kelle/Kluge 1999: 91f.
21 Berger/Luckmann 1969: 21.

Oberfläche der Erscheinungsebene des Schmuggels – und damit kommen wir zum Ausgangspunkt unserer Überlegungen zurück – ist der Schmuggel ein Armutsphänomen. Will man jedoch den sozialen Zusammenhang des Schmuggels und seine gesellschaftliche Funktion erkennen, so gilt es, geduldig die einzelnen Schichten des Phänomens abzutragen.[22]

ANMERKUNGEN ZUR BEARBEITUNG DER INTERVIEWS

Es versteht sich, dass alle Interviews auf Polnisch und vom Autor persönlich geführt wurden. Erst die Kenntnis der Sprache ermöglichte enge Kontakte mit den Informanten. Die transkribierten Interviews wurden anschließend mit der Software Maxqda ausgewertet. Anhand der Originaltexte erfolgte eine Einteilung in Sequenzen, und es wurden Memos für die Interpretation angefertigt. Ausgewählte Sequenzen wurden einer Feinanalyse unterzogen, wie sie von Rosenthal und anderen Autoren beschrieben wird.[23] An dieser Stelle sei auf die entsprechende Literatur verwiesen, ohne dass die Verfahren hier erneut dargelegt werden.[24]

Vielmehr soll hier auf das Problem der Verschriftlichung mündlicher Äußerungen eingegangen werden. In einem Interview wird immer mehr als das rein Verbale vermittelt. Damit sind noch nicht einmal das Verhalten der Interviewpartner und deren nonverbale Kommunikation über Mimik, Gestik etc. gemeint, aber mit dem Ausgesprochenen werden unterschwellig Informationen weitergegeben, die zwar für den Gesprächspartner verständlich sind, als geschriebener Text jedoch Unverständnis hervorrufen. Dies resultiert aus dem Abbruch von Sätzen, oder indem überraschende Verbindungen gezogen werden und gegenläu-

---

22 Girtler benutzt in dem Zusammenhang den Vergleich mit der Arbeit eines Archäologen, der mit Spaten, Spachtel und Pinsel die Scherben freilegt und versucht, aus den Bruchstücken eine Gesellschaft zu rekonstruieren. Demgegenüber befindet sich der Soziologe in der vergleichsweise komfortablen Situation, die individuellen Handlungen und sozialen Resultate beobachten und die Akteure befragen zu können. Wie der Archäologe sollte der Soziologe aber auch keine Scheu davor haben, sich die ‚Finger schmutzig zu machen', d.h. die Mühen eines Abstiegs in die Niederungen des alltäglichen Handelns auf sich zu nehmen, wenn er soziale Phänomene erkennen will.

23 Rosenthal 1995: 215ff.; Völter 2003: 46ff.

24 Angermüller 1997: 52ff.; Welzer 2001: 162ff.

fige Fakten angedeutet werden.[25] Gleichzeitig werden an diesen Stellen gedankliche Brüche sichtbar, an denen die Interpretation ansetzt. Bei der Interviewtranskription wurden parasprachliche Äußerungen, soweit sie in den Aufnahmen nachvollziehbar waren, mit Sonderzeichen deutlich gemacht.[26] Ein weiteres Problem der Interviewinterpretation ergab sich aus dem häufig restringierten Sprachgebrauch der Interviewpartner. Außerdem benutzten die Interviewpartner schichtspezifische und regionaltypische Ausdrücke, deren Übersetzung nur eingeschränkt möglich war. Zu Verständnisschwierigkeiten führte der Wechsel von grammatischen Tempora und Genera innerhalb eines Satzes. Trotz dieser Schwierigkeiten handelt es sich bei der jeweiligen Transkription um eine möglichst genaue Wiedergabe der Gespräche, bei der darauf geachtet wurde, die Interviews nicht durch eine sprachlich geglättete Schriftform zu ‚verfälschen'.

Die Probleme verstärkten sich mit der Übersetzung ins Deutsche. Während bei der Interpretation der Interviews die Originaltexte verwendet wurden, erfolgte für die Veröffentlichung eine Übersetzung einzelner Sequenzen. Die Übersetzungen versuchen, soweit wie möglich den Duktus und den Sprachgebrauch der Interviewpartner wiederzugeben. Alle Übersetzungen wurden vom Autor vorgenommen und von polnischen Muttersprachlern mit hervorragenden Kenntnissen der deutschen Sprache und Gesellschaft korrigiert. Damit war es möglich, die sprachlichen Interferenzen zu minimieren, ohne dass es in allen Fällen gelang, Zweifel an der Richtigkeit der Übersetzung auszuräumen. Zur besseren Überprüfbarkeit werden daher für polnischsprachige Leser die Originaltexte in den Fußnoten angeführt. Doch bevor wir uns der speziellen Situation an der polnisch-russischen Grenze zuwenden, sei der Leser zu einem Ausflug in historische Formen des Schmuggels und deren literarischem Niederschlag eingeladen.

---

25   Wierling 1991: 51f.
26   Vgl. die Liste der Transkriptionszeichen im Anhang.

Schmuggel in Literatur und Geschichte

„Wir lebten wie die Könige. Den Wodka soffen wir gläserweis. Herrliche Mädchen liebten uns. Wir schritten über goldenen Boden. Wir zahlten mit Gold, zahlten mit Silber, zahlten mit Dollars. Wir zahlten für alles, für den Wodka und für die Musik. Liebe vergalten wir mit Liebe und Hass mit Hass."[1]

Mit dieser Beschreibung beginnt der vermutlich berühmteste Schmugglerroman, dessen Autor, Sergiusz Piasecki, in der Zeit zwischen den beiden Weltkriegen an der polnisch-russischen Grenze einer Schmugglerbande angehörte. Piasecki vereinte in seinem Leben alle Facetten von Abenteurertum, die mit dem Mythos des Schmuggelns verbunden werden. Er lebte als Schmuggler, Räuber und Rebell, wurde polizeilich verfolgt und war doch zugleich Geheimagent, bis er schließlich als Partisan im Zweiten Weltkrieg für die Freiheit Polens kämpfte. Den Roman „Der Geliebte der Großen Bärin", in dem er seine Schmugglererlebnisse schilderte und der seinen Ruhm begründete, schrieb er im Gefängnis. Darin zeichnete er das Bild eines unpolitischen Anarchisten, dem die eigene Freiheit zum Abenteuer wird.

Obwohl dem Schmuggel literarisch nie der Aufstieg zu einem eigenen Genre, wie z.B. dem Kriminalroman, gelang, regte er doch zur Mystifizierung von Abenteuer und Gefahr an. Wiederholt finden sich in den Schmugglerromanen Schilderungen unwegsamer Landschaften oder herbstlicher Unwetter. Auch Friedrich Steinmeiers Protagonist Johan Heinrich Kuhlmann, der irgendwann im 18. Jahrhundert an der Grenze zwischen Westfalen und dem Königreich Hannover schmuggelte, nutzte den Schutz langer Herbstnächte mit Regen, Nebel und Wind für seine Aktivitäten.

---

1 Piasecki o.J. [ca. 1958]: 5.

„Niemand wusste, dass er im Hannöverschen war. Keiner hatte ihn gesehen, als er morgens früh in der Uchte aufbrach. Ganz leise hatte er sich aus dem Hause geschlichen, damit seine Tante nicht wach wurde; und dann war er vor Tau und Tag nach Süden gewandert mit der leichten Kiepe auf dem Rücken. Dann und wann klapperten die hölzernen Näpfe und Löffel leise im Wind, aber sonst war nur Morgen um ihn mit taunassen Spinnweben an den Büschen und dem hellen Himmel im Osten."[2]

Die Gestalt des Johan Heinrich Kuhlmann vereint idealtypisch Elemente des romantischen Bildes vom Schmuggler, der allein bei Dunkelheit seiner heimlichen Tätigkeit nachgeht, während die harmlosen Bürger noch im Bett liegen. Doch Heimlichkeit und Dunkelheit ermöglichten lediglich den Schmuggel über die ‚grüne Grenze' abseits der Zollstationen. War der Schmuggler aber gezwungen, die Grenzstation zu passieren, musste er auf eine List zurückgreifen. So berichtete beispielsweise der Abenteuer- und Kriminalbuchautor Oskar Anton Klaußmann (1851–1916) von der östlichen preußischen Grenze, wie der Müller Plinker mit seinem Fuhrwerk nach Russland fuhr, um auf der Rückfahrt einen politischen Flüchtling vor Verfolgung zu retten. In den Kleidern seiner Magd wollte er ihn neben sich auf dem Kutschbock platzieren. Sicherheitshalber bemühte sich der Müller schon bei der Einreise, für gute Stimmung bei den Zöllnern zu sorgen:

„Auch in den zusammengekniffenen Halbpass[3], der dem revidierenden Beamten überreicht wurde, legte Plinker einen Papierrubel, den der Beamte seelenruhig einsteckte, für welchen er aber auch freundlich schmunzelte, als ihm Plinker mitteilte, dass er ihn schon jetzt zu entschuldigen bitte, wenn er erst in der Dunkelheit, unmittelbar vor Schluss der Grenze, welche in dieser Zeit schon um sechs Uhr abends erfolgte, mit seinem Dienstmädchen wieder zurückkomme."[4]

Der Müller war pfiffig, doch seine List flog auf, und er entkam mitsamt seinem Flüchtling nur mit knapper Not einer berittenen Armeepatrouille.
 Bleiben wir noch im 19. Jahrhundert und wenden uns wieder gen Westen, so treffen wir hier auf den preußischen Kaufmann Scheffler, eine Figur des im 19. Jahrhundert publizierenden Schriftstellers August Schrader. Scheffler war auf der Rückreise von Bad Pyrmont, wo er gemeinsam mit seiner Tochter zur Kur weilte. Das 19. Jahrhundert mit seiner Vielzahl kleiner Staaten und dementspre-

---

2 Steinmeier 1996:11ff.
3 Gemeint ist ein Visum, mit dem Anwohner im grenznahen Bereich die Grenze passieren konnten.
4 Klaußmann 1886: 543.

chend vielen Grenzen bei gleichzeitig zunehmendem Warenverkehr scheint überhaupt prädestiniert für den Schmuggel gewesen zu sein. Es waren gleich mehrere Grenzen, die der Kaufmann auf seinem Weg von Bad Pyrmont nach Halberstadt in einer Kutsche der Extrapost überqueren musste. Da er einige teure Spitzenstoffe mit sich führte, die er dem Zoll verheimlichen wollte, lagerte er sie unter dem Sitz seiner Tochter. Mit dem Hinweis, seine Tochter vertrüge die kühle Abendluft nicht, versuchte er die Zöllner von einer genaueren Untersuchung abzuhalten:

„,Meine Herren', sagte Scheffler, der die größte Besorgnis um seine Tochter zeigte, ,Sie würden mir einen besonderen Dienst leisten, wenn sie ihr Verfahren beschleunigen; ich verlange dies nicht umsonst ...'
,Wir dürfen keine Bezahlung nehmen!' rief eine raue Stimme.
Herr Scheffler schwieg.
Einer der Zöllner empfing einen Koffer, den ihm der Postillion reichte.
,Halt!' rief der Kaufmann.
,Was gibt's?'
,Hier der Schlüssel.'
Der Reisende näherte sich dem Zöllner, der sich bereits einige Schritte entfernt hatte. Mit dem Schlüssel drückte er ihm einen Thaler in die Hand. ,Sie werden nicht lange warten!' sagte der Gefügige, der nun in dem in der Straße stehenden Hause verschwand, aus deren Fenstern Licht blinkte."[5]

Zwar verlief die Zollkontrolle schnell und unbürokratisch, doch hatte Scheffler darauf spekuliert, dass allein der Habitus des erfolgreichen Kaufmanns, der sich die Reise in der Extrapost erlauben konnte und ergo des Schmuggels unverdächtig wäre, ihm den Schlagbaum öffnete. An der braunschweigischen Grenze gelang der Bluff, die Zöllner wiesen den angebotenen Kofferschlüssel mit der Bemerkung zurück, das wäre in diesem Fall nicht notwendig. Dabei war der biedere Kaufmann der Drahtzieher eines groß angelegten Warenschmuggels zwischen Braunschweig und Preußen, deren waldreiche Grenze im Harz verlief. Scheffler blieb im heimischen Halberstadt im Hintergrund und beschäftigte verarmte Arbeiter als Träger. Den Schmuggel hatte er wie seine anderen geschäftlichen Aktivitäten als Unternehmer mit Arbeitern, Vorarbeitern und Zweigstellen organisiert.

„Die Darßer Schmuggler", so der Romantitel des Seemanns und Autors Johann Segebarth (1833–1919), gehören dagegen einer anderen Gesellschaftsschicht an, es handelt sich nämlich um Fischer. Sie trotzen Wind und Wellen,

---

5 Schrader 1964: 132f.

wenn sie ihrem Handwerk nachgehen, und sind dabei ehrliche Kerle, denen die Sympathie des Lesers gilt. Schmuggel ist für sie harte Arbeit, bei der sie nicht reich werden, und wenn sie einmal Glück haben, dann verrinnt der Gewinn spätestens beim Grog im dörflichen Wirtshaus. Gebeugt von den Stürmen über der Ostsee plagt sie im Alter auch der Rheumatismus, wenn sie sich auf den Weg zum Hafen begeben.

Diese Fischer, die dem Schmuggel an der preußischen Ostseeküste nachgehen, leben in Wieck auf dem Darß. Hier lernen wir Hans Eichen kennen, das Oberhaupt einer Schmugglerbande:

„Er wurde ‚Eichen Hans' genannt, und zwar deshalb, weil er so zäh und ausdauernd war, wie die alten Eichen, die rund um sein Haus standen von denen noch heute einige ihre Kronen in voller Pracht gen Himmel strecken. Hans war ein wenig übermittelgroß, sehr proportioniert gewachsen, und man sah ihm an, dass er einer der stärksten Leute in der Umgebung war. [...] An ihm war mit Sehnen und Knochen wahrlich nicht gespart worden; dabei war er flink wie 'ne Katze, und alles, was er angriff, musste schnell gehen. Ihn zierte stets ein schwarzer Vollbart, der seine Persönlichkeit noch unterstrich. Viel Reden und großes Gewese machte er nie über eine Sache, auch war er gewöhnlich ernsthaft. Was seinen Charakter betraf, so war er voll Redlichkeit und seine Ehre ging ihm über alles – nie in seinem bewegten Leben hat er wissentlich irgendjemanden auch nur mit einem Pfennig hintergangen. Ausgenommen das Schmuggeln."[6]

„Die Darßer Schmuggler" entsprechen einer romantischen Vorstellung, die mit dem Schmuggel verbunden wird. Ihnen steckt ihr Handwerk ‚im Blut', und selbst wenn einer seinen Lebensunterhalt auf andere Weise verdient, sucht er doch von Zeit zu Zeit im Schmuggel das Abenteuer.[7] Dabei sind sie ‚ehrliche Kerle', denen man den Steuerbetrug als ‚Kavaliersdelikt' verzeiht, solange der Gewinn aus dem Schmuggel nicht die Grenzen ihrer sozialen Schicht sprengt. Überhaupt scheiden sich am erwirtschafteten Gewinn die ‚ehrlichen' von ‚kriminellen' Schmugglern. Doch wenn es jemanden wie den Gustav aus Nieder-Helbra an der Werra in einem Roman von Otfrid von Hahnstein (1869–1959) ins ferne China verschlägt, dann sind es unvermeidliche Umstände, die ihn in den Opiumschmuggel verstricken.[8] Ihm liegt der Schmuggel nicht ‚im Blut', und das Abenteuer findet außerhalb des bieder beschaulichen Alltags im Werra-Tal statt. Zurück aus der Ferne setzt er folgerichtig sein erworbenes Vermögen für den Erhalt der überlieferten Ordnung ein, indem er seine Jugendliebe davor bewahrt,

---

6   Segebarth 2001: 15f.
7   Ebd. 341.
8   Hahnstein 1953.

ihren heimischen Wald an einen Spekulanten zu veräußern. Solcher Art geläutert bleibt der Schmuggel, selbst wenn es sich um Drogen handelt, eine Episode, die die nostalgischen Werte heimischer Abgeschiedenheit nicht gefährdet.

Dieser kleine Einblick in die Schmuggelliteratur zeigt, wie sich die Figur des Schmugglers für die Romantisierung von Lebensumständen eignet, über deren Realität wir wenig erfahren. Wir werden auf den Aspekt der Romantisierung zurückkommen, doch erscheint es mir notwendig, zunächst den historischen und sozialen Fakten nachzugehen. Welche Spuren haben diese literarischen Vorbilder in der Geschichte hinterlassen?

HISTORISCHE SPUREN DES SCHMUGGELS

In offiziellen Dokumenten wird man nur ausnahmsweise auf den Begriff ‚Schmuggel' treffen, denn eigentlich handelt es sich ja um eine besondere Form der Steuerhinterziehung. Der Begriff lässt sich erstmals 1661 in England nachweisen. In den folgenden Jahrzehnten taucht er dann an der Nordseeküste auf und 1716 wird er erstmals in Ludwigs deutsch-englischem Lexikon mit dem Hinweis erwähnt, dass er nur in der norddeutschen Mundart zu verwenden sei.[9] Das Meer verband die Staaten, deren Küsten zugleich Grenzen bildeten, an denen Handel und Schmuggel stattfanden. Als „schmuckeln" wird hier die heimliche Verbringung von Waren unter Umgehung der Zollabgaben durch den „Schmuckeler" bezeichnet.[10] Etymologisch geht der Begriff eine enge Verbindung mit dem nordeuropäischen Ausdruck „schmiegen", im Sinne von „heimlich etwas irgendwohin schaffen", ein. Auch das mittelhochdeutsche „smougen", „sich ducken"[11], das dänische „smug" für „heimlich"[12], ostfriesisch „smukkeln", holländisch „smokkelen" mit der Bedeutung von „schlüpfen, kriechen" gehören zu diesem Wortfeld.[13] Damit deutet sich eine Erweiterung des Begriffes an, der sich vom Grenzhandel löst und allgemeiner etwas „heimlich beiseite bringen"[14] oder „betrügen, falsch spielen sowie etwas verstecken"[15] meint und den Schmuggler als Person definiert, die unredlich Profit macht. In Osteuropa ver-

---

9 Hohbusch 1988: 7f.
10 Götze 1955.
11 Campe 1810.
12 Grimm/Grimm 1899.
13 Kück 1967.
14 Spangenberg 1991–1999.
15 Tolksdorf/Goltz 1997.

läuft die Begriffsgeschichte etwas anders, und bis in die Gegenwart wird der Schmuggel mit einer Adaption des französischen „contrebande" als „Konterbande"[16] bezeichnet, wohingegen die Begriffe des „Paschens" und „Schwärzens" ebenso wie der „Schleichhandel" nur mehr in der Alpenregion bekannt sind.[17]

Als Grundvoraussetzungen des Schmuggels muss eine qualitative oder quantitative Differenz zwischen dem Warenangebot in zwei voneinander getrennten Regionen angesehen werden, deren Warenaustausch durch künstliche (Grenzen) oder natürliche (mangelnde Transportwege) Hindernisse gedrosselt wird. Beiderseits der Grenzen verbinden sich die Interessen an den Waren mit dem Gewinn. Besonders groß ist das Interesse in Zeiten kriegerischer Auseinandersetzungen und in der Vorbereitung auf bewaffnete Konflikte. Als die Waffentechnik noch in erster Linie auf die Zugkraft der Pferde angewiesen war und begehrte Rassen selbst für Gold nicht verkäuflich waren, öffneten sich damit die Tore für den illegalen Handel mit den Tieren. Im 17. Jahrhundert riskierten die Schmuggler spanischer Araberpferde dabei sogar die Verfolgung durch die Inquisition, zu deren Aufgabe die Überwachung der Grenze zählte.[18] Einen entscheidenden Aufschwung nahm der Schleichhandel mit der Entdeckung Amerikas und dem damit verbundenen Zuwachs globaler Handelsströme. Vor allem das Silber aus Lateinamerika diente hier als ‚Schmierstoff' eines aufblühenden Welthandels, der zu einem erheblichen Teil auch auf illegalen Wegen erfolgt:[19]

„Zu allen Zeiten gegenwärtig, spielt der Schleichhandel doch je nach Epoche eine mehr oder weniger große Rolle. Aus Hochrechnungen gewinnen wir den *Eindruck* [Herv. i.O.], dass er von 1619 oder vielleicht sogar noch früher bis etwa in die sechziger Jahre des 18. Jahrhunderts, insgesamt also über ein Jahrhundert, den normalen offiziellen Handel des spanischen Reiches an Umfang übertroffen hat."[20]

Einen wichtigen Ausgangspunkt für den Schmuggel bildete der umfangreiche illegale Handel innerhalb des südamerikanischen Kontinents, wo das Silber aus den spanischen Bergwerken im Westen durch das unwegsame Landesinnere in den portugiesischen Osten verschoben wurde, bis es anschließend über den Seeweg nach Europa kam. Vergeblich versuchte die spanische Administration den Schmuggel zu unterbinden, da die Methoden des illegalen Handels immer

---

16 Von lat. „contra bannum" (dt.: gegen das Verbot).
17 Hohbusch 1988: 7f.
18 Braudel 1985: 376.
19 Braudel 1986: 182.
20 Ebd. 464.

ausgefeilter und differenzierter wurden.[21] Manche Orte, wie beispielsweise Saint-Malo, verdankten ihren Wohlstand überwiegend dem Schmuggel.[22] Doch bildete der Schmuggel über den Atlantik nur einen Bereich des ansteigenden illegalen Welthandels. Wenn auch in kleinerem Maßstab, so wurden doch auch in anderen Regionen Waren ohne staatliche Kontrolle gehandelt, seien es Pelze, die von Sibirien in solchem Umfang nach China transportiert wurden, dass der offizielle Handel zum Erliegen kam,[23] oder der Schmuggel von Gold zwischen dem Osmanischen Reich und Persien im 16. Jahrhundert.[24]

Am Ende des 19. Jahrhunderts berichtete die „Illustrierte Chronik der Zeit" von Schmugglern an der Küste Istriens.[25] Der Bericht knüpfte direkt an das Bild der verwegenen jungen Kerle aus der Schmugglerliteratur an, sodass man sich fragen kann, ob hier mehr die Unterhaltung oder die Belehrung beabsichtigt wurde, nannte sich die „Chronik" im Untertitel doch „Blätter zur Unterhaltung und Belehrung". Jedenfalls misslang es der Finanzwache der österreichisch-ungarischen Regierung, das Treiben der „slavisch-italienischen Küstenbevölkerung" zu unterbinden, standen doch den Zöllnern verwegene junge Burschen gegenüber, die „von Jugend an mit allen Klippen, Buchten, Untiefen und Felspfaden, kurz mit allen Eigentümlichkeiten des Terrains vertraut" waren und den Schmuggel als lukrative Beschäftigung betrieben. Über den Schmuggel fand eine Konfrontation zwischen der einheimischen Bevölkerung und den Interessen einer fremden Staatsmacht statt. Unter Ausnutzung von Ortskenntnissen versuchte die Bevölkerung, tradierte Vorstellungen von rechtmäßigen Erwerbsformen gegen die Reglementierungen der staatlichen Administration durchzusetzen. Die hier am Schmuggel Beteiligten waren jung und kräftig, suchten das Abenteuer und den schnellen Gewinn.

Mag man das hier gezeichnete Bild der Schmuggler als wagemutige Abenteurer noch den lokalen Gegebenheiten einer felsigen Küstenregion zuschreiben, so nahmen in anderen Regionen auch Frauen und ältere Bevölkerungsschichten am Schmuggel teil. In einer Forschungsarbeit zum Schmuggel in der ersten Hälfte des 19. Jahrhunderts an den Grenzen der preußischen Westprovinzen wird ein Frauenanteil von 5 bis 30 Prozent festgestellt.[26] Zwar beteiligten sich Frauen nur ausnahmsweise am Tragen schwerer Lasten, doch übernahmen sie Aufgaben

---

21 Ebd. 462f.
22 Ebd. 383f.
23 Ebd. 496.
24 Ebd. 528.
25 Anonym 1886: 113ff., ebd. nachfolgende Zitate.
26 Jarren 1992: 205.

als Kundschafterinnen, um ihren Kollegen den ungehinderten Gang über die Grenze zu erleichtern.

Einen in historischen Dokumenten nachvollziehbaren Höhepunkt erreichte der Schmuggel in Europa, nachdem die napoleonische Regierung gegen England die Kontinentalsperre verhängte. Aber weniger England als der Kontinent scheint unter dem wirtschaftlichen Embargo gelitten zu haben, sahen sich doch vor allem das an Kolonialprodukte gewöhnte Bürgertum und der Adel abgeschnitten von Kaffee, Kakao, Baumwollprodukten u.Ä.[27] Über den englischen Militärstützpunkt Helgoland versuchten Schmuggler die deutsche Küste zu erreichen. Obwohl sie zwar einerseits einen guten Gewinn erwirtschaften konnten, drohte ihnen aber bei Ergreifung die Verbannung auf Galeeren oder die Todesstrafe, wie aus nachfolgend zitiertem Dokument deutlich wird:

„Die Militair-Commission zu Oldenburg hat am 24ten v.M. über die beyden Schifskaptains Nicolaus Kock, gebürtig von Bardewick 33 Jahr alt, und Adam Renken, gebürtig von Braake, 36 Jahr alt – das Todes Urteil gefällt, weil sie sich des Verbrechens schuldig gemacht haben, ohne Erlaubniß mit einem Schife aus der Jahde auszulaufen, und mit dem Feinde in Verbindung zu treten. Welches hiemit auf besonderen Auftrag der Obern Behörde zur Wissenschaft des Publicums gebracht wird. Quakenbrück d 26tgen April 1811. Die Mairie hieselbt."[28]

Die Härte der verhängten Strafen veranlasste auch die Schmuggler zu einer verstärkten Gewaltanwendung. Als im Anschluss an die napoleonische Zeit der Schmuggel an den Grenzen der deutschen Kleinstaaten zu neuer Blüte gelangte, lieferten sich Schmuggler und Zöllner regelrechte Scharmützel:

„In der Nacht vom 8. zum 9.11.1822 kam es dann zu einem Feuergefecht zwischen Schmugglern und preußischen Gendarmen. Über 100 bewaffnete Pascher begleiteten einige zwanzig schwer beladene Frachtwagen mit Schmuggelgut, die aus dem Köthener Gebiet über die preußische Grenze fuhren. Als sie von den dortigen Grenzaufsehern gestellt wurden, kam es zu einem erbitterten Kampf, bei dem es Verwundete gab. Die Pascher konnten ihre Waren in Sicherheit bringen und nach Anhalt zurückkehren."[29]

Befördert wurde der Schmuggel durch Zolldifferenzen zwischen selbstständigen Kleinstaaten, deren Territorium gänzlich von Preußen umschlossen war. Dabei erfuhren die Schmuggler teilweise Unterstützung durch die Führungen der

---

27 Hobusch 1988: 43f.
28 Zit. nach Fiegert et al. 2004: 115.
29 Hobusch 1988: 67.

Kleinstaaten, die den illegalen Handel als lukrative Einnahmequelle entdeckt hatten.[30]

Der Schmuggel, so lässt sich aus dem letzten Beispiel schließen, läuft also nicht zwangsläufig staatlichen Interessen zuwider. Überhaupt wurde eine der berühmtesten und wirtschaftlich erfolgreichsten Schmuggelaffären von der englischen Regierung organisiert. Als in der zweiten Hälfte des 19. Jahrhunderts Naturkautschuk zu einem begehrten Rohprodukt der Industrie wurde, erlangte Brasilien aufgrund der Kautschukvorkommen in den Amazonaswäldern eine Monopolstellung: „Bei Todesstrafe war es verboten, Pflanzen, Samen oder Setzlinge des Gummibaumes aus dem Lande herauszuschmuggeln und anderswo anzubauen."[31] Doch im britischen Kolonialreich boten andere Regionen durchaus günstige Bedingungen für den Anbau des Gummibaumes. Daher bemühte sich die britische Regierung, den Samen illegal auszuführen. Ein erster Versuch scheiterte, da man die Samen zwar nach England verschifft und dort zum Keimen gebracht hatte, doch bei der Überfahrt nach Kalkutta, wo man sie in Plantagen ausbringen wollte, gingen die Setzlinge ein. Bei einem erneuten Versuch gelang es dem englischen Pflanzer Henry Wickham, eine Fracht von 70.000 Samen des Gummibaumes nach England zu bringen, von denen etwa 2800 in extra vorbereiteten Gewächshäusern zum Keimen gebracht werden konnten. Anschließend wurden 2000 erfolgreich in Ceylon angepflanzt, und schon zu Beginn des 20. Jahrhunderts war das brasilianische Kautschukmonopol durch die britischen Plantagen gebrochen.

Neben dieser Form eines von Gewinnerwartungen getragenen Schmuggels bilden vor allem Notzeiten, wie sie dann im 20. Jahrhundert im Anschluss an die Kriege entstanden, das Ferment für den Schleichhandel. Nach dem Ersten Weltkrieg entstand diese Situation beispielsweise an der deutschen Grenze zur Schweiz mit ihrem reichlichen Warenangebot bei gleichzeitiger Armut in Deutschland.[32] Nach dem Ende des Zweiten Weltkrieges bildete die deutsche Grenze zu Holland ebenfalls ein Tor für den informellen Kleinhandel. Ausgehend vom Raum Aachen hatte sich nach 1945 ein über ganz Norddeutschland erstreckendes informelles Handelsnetz für Kaffee gebildet. In Grenznähe war eine erhebliche Anzahl von Personen am Schmuggel beteiligt, die entweder über die ‚grüne Grenze' gingen oder versuchten, die Zöllner auszutricksen. Lokale Berühmtheit erlangten Verfolgungsjagden zwischen Schmugglern und Zöllnern, bei denen auch vor der Anwendung von Gewalt nicht zurückgeschreckt wurde.[33]

---

30 Jarren 1992: 178.
31 Hobusch 1988: 104.
32 Schott 1989: 224f.
33 Trees 2002.

Unter den besonderen Umständen des erst vor wenigen Monaten beendeten Krieges gelangten die Schmuggler 1945 in den Besitz gepanzerter Fahrzeuge der Alliierten, mit denen sie Absperrungen durchbrachen, um häufig erst nach anschließenden Verfolgungsjagden im Gewehrfeuer der Zöllner aufzugeben. Bemerkten die Schmuggler ein nachfolgendes Zollfahrzeug, so streuten sie ‚Krähenfüße' auf die Fahrbahn. Der Zoll wiederum setzte einen umgebauten Porsche ein, bei dem vor den Vorderrädern eiserne Besen zur Beseitigung der Krähenfüße angebracht waren. Während der Zoll an der Westgrenze mit gewaltbereiten Schmugglern kämpfte, entwickelte sich an der neuen Ostgrenze eine staatlich unterstützte Form des Schmuggels. 1947 fielen britischen Ermittlern die Handelsaktivitäten der sowjetischen Handelsorganisation „Rasno" auf, die in den illegalen Import und Export von Tabak und Zigaretten zwischen Polen und Deutschland involviert war.[34] Als Rohware ging der Tabak über die deutsch-polnische Grenze, wurde zurückexportiert, verarbeitet, um schließlich, nach mehrmaliger Überquerung der deutsch-polnischen Grenze, in Deutschland als Zigaretten verkauft zu werden. Vor einer gerichtlichen Verfolgung wurde die sowjetische Handelsorganisation durch staatliche Stellen geschützt. Zigaretten und Kaffee waren in der deutschen Nachkriegszeit die beliebtesten Handelsgüter auf dem Schwarzmarkt. Für 1951 gibt der Fachverband der Kaffeeröster einen Einnahmeausfall von 795,4 Millionen DM an.[35] Der Anteil von geschmuggeltem Kaffee betrug 1949 in Bayern, Aachen und Berlin ca. 90 Prozent der Gesamtmenge, in anderen Gebieten zwischen 50 und 70 Prozent. Im gleichen Jahr schätzte die Zigarettenindustrie den Anteil von geschmuggelten Zigaretten auf 20 Prozent der deutschen Produktion.

Auch in der sich stabilisierenden Weltwirtschaft seit den 1950er Jahren blieb der Schmuggel ein Begleiter der wirtschaftlichen Entwicklung. Neben dem traditionellen Schmuggel auf dem Landweg traten moderne Transportformen, bei denen Langstreckenflugzeuge und moderne Nachrichtentechnik genutzt wurden. In diesem Geschäft wurden und werden vor allem Drogen, Menschen und Waffen illegal über Grenzen verschoben, und nicht selten sind sowohl Staaten und deren Geheimdienste als auch Mafiaorganisationen darin verwickelt.[36] Lukrativ bis in die Gegenwart ist der Schmuggel von Zigaretten, auch wenn sich die Grenzen der Europäischen Union in den letzten Jahren immer weiter nach Osten verlagert haben.

---

34 Zierenberg 2008: 243f.
35 Pfirrmann 1962: 11f.
36 Green 1970: 9ff.

EIN BLICK AUF DIE ‚TECHNIK' DES SCHMUGGELS

Wenn der Schmuggler nicht durch unwegsames Gelände ungesehen die Grenze passiert oder mit Gewalt den Übergang erreicht, so ist er gezwungen, die Zöllner durch Einfallsreichtum zu überlisten. Neben dem offenen Transport von Waren als Traglasten oder auf Pferden und Fuhrwerken, die über Schleichwege heimlich die Grenze passierten, gab es schon lange die Methode, das Schmuggelgut am Körper zu verstecken. Die technischen Entwicklungen im 19. Jahrhundert erweiterten die Möglichkeiten. Schmuggler versteckten ihre Waren in den Hohlräumen von Autoscheinwerfern, in ausgehöhlten Griffen von Tennisschlägern oder pressten Cannabis in Form einer Limone und färbten diese gelb ein.[37] Besonders einfallsreich war auch ein Goldschmuggel, den ein afrikanischer Bekannter des Autors Anfang der 1980er Jahre durchführte. Um das Gold im Wert von über 10.000 DM aus Ghana unerkannt durch den Zoll des Frankfurter Flughafens zu bekommen, hatte er das Edelmetall zu dicken Armreifen drehen lassen und hell eingefärbt. Bei der Zollkontrolle erweckte er kein Misstrauen, da er in seiner schrill-bunten Kleidung, behangen mit ‚billigem Schmuck', vermutlich dem europäischen Bild eines sorglos-naiven Afrikaners entsprach.

Gelang ihm die Täuschung durch ein gekonntes Spiel mit Stereotypen, so vertraute man in anderen Situationen vor allem auf technische Raffinesse. Im Jahr 1887 weckte die Heimführung eines Verblichenen das Misstrauen französischer Zollbeamter. Bei der Öffnung des Sarges stießen sie auf 70 kg Tabak, der auf diese Weise die Grenze passieren sollte.[38] Der Schmuggler hatte in diesem Fall auf die Pietät der Beamten gesetzt, die die Ruhe des Verstorbenen über die schnöde Durchsetzung steuerrechtlicher Belange stellen würden. Nach dem Ende des Zweiten Weltkrieges hatte ein anderer Schmuggler, dem es gelang, innerhalb weniger Monate mit einem Leichenwagen eintausend Säcke Kaffee über die holländisch-deutsche Grenze zu bringen, mehr Glück.[39] Die Einschätzung des Verhaltens von Zöllnern spielt in den Überlegungen der Schmuggler eine zentrale Rolle, denn der Zöllner ist immer wieder gefordert zu entscheiden, ob seine Suche die Verletzung der Grenzen von Anstand und Sitte rechtfertigt. Beliebt sind daher Verstecke in der Unterwäsche oder im Koffer zwischen der getragenen Wäsche.[40]

---

37 Ebd. 13.
38 Hobusch 1988: 115f.
39 Trees 2002: 124f.
40 Pfirrmann 1962: 39ff.

Eine technisch äußerst raffinierte Methode entdeckte der Zoll in den 1960er Jahren an der schweizerisch-italienischen Grenze:

„Ein Schmuggler nutzte die Tatsache aus, dass die Grenze zwischen der Schweiz und Italien durch den Luganersee und den Lago Maggiore verläuft. Er baute ein Unterseeboot, das eine Drittel Tonne Zigaretten befördern konnte. Das Unterseeboot sah wie ein kleines Torpedo aus und hatte am Heck einen Propeller, durch den Schmuggler selbst angetrieben, der drinnen saß und wie auf einem Unterwasserfahrrad wild trampelte."[41]

Ebenfalls an der schweizerisch-italienischen Grenze arbeitete man schon ein halbes Jahrhundert vorher mit großer Raffinesse, indem speziell ausgebildete Hunde den Transport der Waren über die Grenze übernahmen. Sie wurden darauf abgerichtet, beim Anblick eines uniformierten Grenzschützers die Flucht zu ergreifen. Hatten sie dies gelernt, so band man ihnen in speziellen Tragesäcken Waren auf den Rücken und schickte sie von der einen Seite der Grenze los, ihren Heimatort auf der anderen Seite aufzusuchen:

„Mit Hilfe der so dressierten Schmugglerhunde betrieb man einen Paschhandel. Allein im ersten Halbjahr 1909 erschossen italienische Grenzwächter 270 Schmugglerhunde. Als Beweis mussten sie die abgeschnittenen Pfoten des erlegten Tieres ihrer Dienststelle vorlegen, um eine dafür eingesetzte Prämie zu erhalten."[42]

Sicher lässt sich die Frage, ob es sich bei den erschossenen Tieren tatsächlich immer um Schmugglerhunde gehandelt hatte, nicht mehr klären. Es bleibt allerdings ein Rest Misstrauen, denn entweder waren die Italiener hervorragende Schützen, oder die Versuchung alle vorkommenden Hunde zu töten und mit der Prämie das Gehalt aufzubessern, war einfach zu groß. Jedenfalls scheint die Schmuggelmethode so erfolgreich gewesen zu sein, dass sie auch an der Grenze zwischen der Kronkolonie Gibraltar und Spanien angewandt wurde.[43]

Beliebt war auch das Verstecken des Schmuggelguts unter einer hohen Beladung mit einfachen Gütern wie Torf, Stroh etc.[44] Schwieriger war die illegale Verbringung von Vieh, wofür man entweder einen ausgefeilten Trick benutzte oder auf Bestechung bzw. eine gute Organisation angewiesen war.[45] Zudem benötigte man beim Viehschmuggel ein Netzwerk von Personen, die Wege aus-

---

41 Green 1970: 297.
42 Hobusch 1988: 130.
43 Haller 2000: 251.
44 Jarren 1992: 196.
45 Scheffknecht 2002: 184.

kundschafteten und Käufer organisierten. Viehschmuggel erfolgte in der Regel im Auftrag von Käufern und unter Mithilfe mehrerer Personen:

„So führte beispielsweise der Stuckweber Paul Alge im Mai 1794 einem Schweizer, den er nicht nennen konnte, jedoch von Schmitter ist, der von Dornbirn Hattlerdorfer Herd sonntags zuvor eine Kuh ausgehandelt, aber nicht bezahlt hat, gegen versprochen 4 fl. [Gulden] Lohn nachts übern Rhein. In diesem Falle war es wohl wie in so vielen anderen die soziale Not gewesen, die den Paul Alge zum Schmuggler gemacht hatte. Er konnte jedenfalls die ihm auferlegte Geldstrafe nicht aufbringen und bat um gnädige Milderung, um so mehr, dass er den ganzen Winter unpässlich war und ihn selbe vieles gekostet hätte."[46]

Mitte der 1990er Jahre erzählte ein Masure dem Autor, mit welcher List er in der Zwischenkriegszeit einen einträglichen Schmuggel zwischen Ostpreußen und Polen betrieben hatte:

„Wenn wir lebende Schweine hatten, lief das so: Man sprach mit einem Deutschen, dass man einige Schweine hatte. Das lebende Schwein, das der Deutsche kaufen wollte, brachte man auf das Feld. Die Felder waren dicht an der Grenze. Kleine Kinder hüteten die Schweine, damit sie nicht wegliefen. Wenn nun auf dem Feld alles vorbereitet war, sagte man dem Deutschen, die Schweine seien da. Der Deutsche wohnte vielleicht 100 oder 150 Meter von der Grenze entfernt. Er rief bei den polnischen Grenzwachen an: ‚Meine Schweine sind über die Grenze gelaufen!' Die Grenzwachen suchten die Schweine und halfen dem Deutschen, sie über die Grenze zu treiben."[47]

Der schon erwähnte blühende Schmuggel an der holländisch-deutschen Grenze nach dem Zweiten Weltkrieg umfasste nicht nur Kaffee, sondern auch Kraftstoff. Um bei Kontrollen nicht aufzufallen, wurde die Nadel der Tankanzeige auf ‚halbe Füllung' fixiert. Auf diese Weise hatte ein Unternehmer nach eigenen Angaben 9000 l Diesel transportiert.[48] Ein findiger Motorradfahrer hatte seinen Tank zum Schmuggeln umgebaut, während ein kleiner Zusatztank die Spritversorgung sicherstellte.[49] Dass sich selbst große Warenmengen mit dem Motorrad transportieren lassen, wird aus folgender Schilderung deutlich:

---

46   Ebd. 185 (Aussage des Paul Alge, 17.05.1795).
47   Wagner 2004: 54.
48   Pfirrmann 1962: 45.
49   Trees 2002: 127.

„Im [...] Februar 1931 wird morgens um acht Uhr ein Schmuggler mit Motorrad und Beiwagen an der Talsperre Roetgen gestellt. Der Zoll stellt nicht ohne Anerkennung fest: ‚Dieser hat das Kunststück fertig gebracht, auf dem Fahrzeug 73.000 Stück Zigaretten zu verstauen und sich trotz des hohen Schnees noch verhältnismäßig schnell fortzubewegen.'"[50]

Prinzipiell eignen sich alle beweglichen Waren für den illegalen Handel, wobei kleine Objekte mit hohen Gewinnspannen bevorzugte Güter sind. Je nach Region und Zeitalter gehören zu den typischen Schmuggelgütern nicht nur Kaffee, Tee und Schokolade, sondern auch Radios, Fahrräder, Motorräder und andere technische Geräte. Geschmuggelt werden aber auch Salz, Zucker, Sirup, Tabak, Wein, Gewürze, Rum, Reis, Südfrüchte, Käse, Getreide sowie exotische Waren wie Fruchteis oder Spitze und Seidenprodukte.[51] Die Liste ließe sich ergänzen um „sämtliche Arten von Lebensmitteln und Textilien ebenso wie Zündhölzer, Spirituosen, Blumen bzw. Blumenzwiebeln, lebendes Vieh und Kinderspielzeug, Zigarettenpapier und Parfum, Teppiche und Briefmarken, Lampen und Schmuck, Uhren und Bestecke, Regenschirme und Seife."[52]

Nicht vergessen sollte man den Schmuggel von Menschen: Sei es aktuell bei dem Versuch der illegalen Einreise in die EU oder historisch als Fluchthilfe, bei der Verfolgten die Flucht aus Deutschland während der Naziregierung ermöglicht wurde.[53]

Günstige Bedingungen für den Schmuggel entstehen immer dann, wenn Waren unterschiedlich besteuert werden oder bei politisch begründeten Import- bzw. Reiseverboten. Bekannt geworden ist der Aufstieg der Mafia in den USA, die während der Prohibition den Alkoholschmuggel organisierte. Eines der schwärzesten Kapitel des Schmuggels betrifft den Menschenschmuggel nach der offiziellen Abschaffung der Sklaverei in den USA.[54] Dagegen mag eine Meldung vom 20. Januar 1921 eher zum Schmunzeln anregen, als an der holländischen Grenze „eine Aachener Geschäftsfrau mit sage und schreibe elftausend Eiern vom Zoll abgefangen" wurde.[55]

---

50   Ebd. 33.
51   Jarren 1992: 174; Hobusch 1988: 23ff.
52   Pfirrmann 1962: 81.
53   Hessenberger 2008: 58f.
54   Beckenrath o.J. 141.
55   Trees 2002: 30.

SCHMUGGLERALLTAG IN HISTORISCHEN DARSTELLUNGEN

Wer waren eigentlich diese Leute, die, wie die Frau an der Aachener Grenze, das Wagnis des illegalen Warentransports auf sich nahmen? Man wird deren Motive nur vor ihrem sozialen und ökonomischen Hintergrund verstehen. Grundvoraussetzung ist selbstverständlich ein Preisgefälle zwischen zwei Staaten, doch schon die Feststellung einer prozentualen Preisdifferenz, die den Schmuggel motiviert, gelingt erst unter Einbeziehung sozialer Faktoren und des historischen Kontextes. Im einen Fall kann schon eine Preisdifferenz von zwei Prozent für den Schmuggel ausreichen, während im anderen Fall erst ein Unterschied von fünf Prozent interessant erscheint.[56]

Risiko und Gewinn müssen für den Schmuggler in einem akzeptablen Verhältnis stehen, dessen Rechnung keine rein ökonomische ist, sondern in Relation zu den Lebensverhältnissen steht. Insoweit der Schmuggel in professionalisierten Formen durchgeführt wird, ist er immer Ausdruck einer Mangelsituation. Einerseits kann es sich dabei um die Verknappung von Produkten handeln, andererseits sind Armut und Not die Basis für illegale Erwerbsformen. Betrachtet man die Dokumente zum Schmuggel seit dem 18. Jahrhundert, so stößt man immer wieder auf die Armut als zentrales Motiv. Ob es sich um das Tessin des 19. Jahrhunderts handelt, wo auch bei 14- bis 15-stündigen Arbeitstagen ein Arbeiter nicht genug verdiente, um seine Familie zu ernähren, oder um den Zigarettenschmuggel an der Schweizer Grenze im 20. Jahrhundert, überwiegend spielt die ökonomische Not eine zentrale Rolle.[57]

Schmuggler lebten meist in prekären Arbeitsverhältnissen, die ihnen kaum oder nur saisonal das Überleben sicherten.[58] An den preußischen Westgrenzen nahmen die Zolldelikte immer in den Herbst- und Wintermonaten zu, wenn die Tagelöhner in der Landwirtschaft oder im Handwerk keine Arbeit fanden.[59] Waren es zum einen die Hungerjahre, in denen traditionell der Schmuggel anstieg, so trieben die allgemeinen ökonomischen Veränderungen des 19. Jahrhunderts eine zunehmende Zahl von Handwerkern, Arbeitern und Kleinhändlern in wirtschaftliches Elend:[60] „Ihre Armut war endemisch, weil dem Verdienst an einem Tag oft die Arbeitslosigkeit am folgenden gegenüberstand."[61] Wohlhabende

---

56 Jarren 1992: 158ff.
57 Polli 1989: 84; Green 1970: 296f.
58 Hessenberger 2008: 60f.
59 Jarren 1992: 222.
60 Scheffknecht 2002: 182f.; Jarren 1992: 216f.
61 Saurer 1989: 422.

Kaufleute und Spediteure, die sich am Schmuggel beteiligten, blieben eher im Hintergrund und wurden nicht als Schmuggler an der Grenze gefasst. Auch wurde die mildere Bestrafung der oft wohlhabenden Organisatoren, soweit man sie überhaupt ermittelte, erst im Zuge napoleonischer Reformen verändert.[62] An den preußischen Grenzen ergriffen die Zollbeamten im 19. Jahrhundert zu über 80 Prozent Angehörige der Unterschicht mit Schmuggelgut auf: „Auffallend hoch an der Gesamtzahl der registrierten Personen ist der Anteil der als Tagelöhner bezeichneten Personen mit ca. 35 %, gefolgt von Heuerlingen mit ca. 16 %, Webern mit 9,5 % sowie Mägden und Knechten mit 3 %."[63] Während bei den ökonomisch gesicherten Personen das Profitstreben ein Motiv für die Steuerhinterziehung bildete, handelte es sich bei den Unterschichtsangehörigen um einen Weg, der Armut zu entfliehen. Dabei muss man im organisierten Schmuggel das Zusammenspiel beider Seiten sehen, sind es doch die Not leidenden Arbeiter und Handwerker, die der wohlhabenden Klasse den Zusatzprofit erwirtschaften. „Der Pakt war geschlossen; der Steinbrecher gehörte der Gesellschaft der Schmuggler an, die damals von unternehmenden Kaufleuten gegründet wurden"[64], so schilderte August Schrader 1864 die deutschen Schmuggler im Roman. Er reflektiert darüber hinaus deren sozialen und ökonomischen Hintergrund: „Der arme Junge ist in den Steinbrüchen schlecht behandelt […] mögen die Herren nur so fortfahren, sie treiben uns tüchtige Kerle zu."[65] In seinem neuen Erwerbszweig arbeitete der Steinbrecher für den wohlhabenden Halberstädter Kaufmann Scheffler, der ihn besser bezahlte als der Besitzer des Steinbruches.

Auch im 20. Jahrhundert waren die wirtschaftlichen Notzeiten mit hoher Arbeitslosigkeit zugleich die Hochzeiten des Schmuggels. An der holländisch-deutschen Grenze ging man in den 1930er Jahren von 300.000 Schmugglern aus: „Diese Täter sind zum weitaus überwiegenden Teil Angehörige der weniger gut verdienenden Bevölkerungskreise, landwirtschaftliche Arbeiter, Kleinbauern, Handwerker oder Gelegenheitsarbeiter, die oft nicht einmal auf eigene Rechnung, sondern im Auftrage von Händlern, Gastwirten und – ausnahmsweise – Berufsschmugglern über die Grenze gehen."[66] Erstaunlicherweise fallen zwanzig Jahre später im gleichen Zollbezirk vor allem die eher gut situierten Mittelschichtangehörigen vom Angestellten bis zum Direktor als Schmuggler auf.[67]

---

62 Ebd. 396.
63 Jarren 1992: 210.
64 Schrader 1864: 20f.
65 Ebd. 20f.
66 Pfirrmann 1962: 111.
67 Ebd. 110.

Eine Erklärung gibt Pfirrmann für diese Veränderung nicht; vermuten kann man, dass die Reisemöglichkeiten der Mittelschicht zunahmen, die sie veranlassten, Luxuswaren für den Eigenbedarf zu schmuggeln. In einem Bericht aus der Aachener Gegend von 1951 wird deutlich, dass der Schmuggel dennoch in erheblichem Umfang betrieben wurde: „Wenn in Walheim aus dem Zug dreißig verdächtige Gestalten klettern, die Nase kaffeeschnuppernd nach Westen richten und schnurstracks auf die grüne Grenze zumarschieren, dann ist das etwas Alltägliches, was keinen Menschen weiter aufregt. Auch die Zollbeamten nicht."[68] Im Gegenteil beteiligten sich auch Zollbeamte an dem regen illegalen Grenzverkehr.

Der Schmuggel wurde in Notzeiten immer wieder zu einem Massenphänomen, dem Frauen und Männern jeglichen Alters, vom Kind bis zum Greis, nachgingen. Schon zu Beginn des 19. Jahrhunderts lebten ganze Dörfer vom Schmuggel, der zur Basis der lokalen Ökonomie geworden war.[69] Zeitweise gingen nach dem Zweiten Weltkrieg an der holländischen Grenze ganze Kinderbanden, so genannte „Rabatzer", dem organisierten Kaffeeschmuggel nach.[70] In Zeiten hoher Arbeitslosigkeit machte auch ein geringer Verdienst den Schmuggel attraktiv. Dabei erreichte der Bandenschmuggel den Organisationsgrad von legalen Arbeitsverhältnissen, in denen die Schmuggler pro Traglast einen festen Lohn und Packenträger nach einer Haftverbüßung sogar eine Entschädigung als Form der sozialen Absicherung erhielten.[71] Die Höhe des Lohns richtete sich nach dem Risiko, das der einzelne Schmuggler einging. Im 19. Jahrhundert gab es zudem immer wieder Situationen, in denen der Schmuggel versichert wurde, wobei je nach Warenart und Marktlage die Prämien zwischen 10 und 40 Prozent des Warenwertes betrugen.[72]

Dem einzelnen Schmuggler ermöglichte sein Geschäft meist nur die Abwehr einer Notlage, ohne seine wirtschaftliche Situation langfristig zu verbessern. Einen größeren Gewinn konnten zumeist nur die Organisatoren und Kaufleute erwirtschaften, die beim Schmuggel im Hintergrund blieben. Im 19. Jahrhundert beteiligten sich in Preußen auch Handelshäuser am lukrativen Kaffeeschmuggel, der ihnen einen Gewinn von 15 bis 18 Prozent zusätzlich zum legalen Handel ermöglichte.[73] Während der Staat dabei Einnahmen verliert, sichert der illegale Grenzhandel in Krisenzeiten immer wieder das Einkommen der Bevölkerung in

---

68 Trees 2002: 194f.
69 Saurer 1989: 383.
70 Beckenrath o.J.: 142.
71 Jarren 1992: 197.
72 Saurer 1989: 446f.
73 Jarren 1992: 201.

Grenznähe. Dass ganze Ortschaften durch den Schleichhandel wohlhabend werden können, gilt nicht nur für das 19. Jahrhundert, sondern – wie das Beispiel Gibraltar zeigt – bis in die Gegenwart.[74]

ZÖLLNER, SCHMUGGLER UND DIE ÖFFENTLICHKEIT

Für die Zöllner bedeutete die tägliche Konfrontation mit den illegalen Geschäften eine Versuchung, der sicherlich manch einer nicht widerstehen konnte. Im 19. Jahrhundert versuchte der preußische Staat der Bestechung vorzubeugen, indem die Zöllner für gefundene Waren einen Bonus erhielten.[75] Doch das Problem konnte damit nicht aus der Welt geschafft werden. Regelmäßig gab es Berichte über Bestechungen oder die direkte Beteiligung von Zollbeamten an Schmuggelgeschäften: „Im April 1952 werden Ermittlungen gegen acht Zollangehörige der Grenzaufsichtsstelle Aachen-Sief geführt. Es kommt zu Hausdurchsuchungen und schließlich auch zu der Erkenntnis: Die Zöllner haben so oft und gründlich ‚drüben' eingekauft, dass sie dort als ‚gute Kunden' gelten. Einer schmuggelte sogar in Uniform."[76] Zöllner waren immer wieder in den illegalen Grenzhandel verwickelt, auch wenn sie nicht bestechlich oder als Schmuggler aktiv waren, so waren sie doch über verwandtschaftliche Beziehungen in die Netzwerke der Schmuggler integriert.[77]

Zeigten sich andererseits Zöllner sehr pflichtbewusst, so reagierten Schmuggler auch mit Gewalt. Am 15.11.1830 fand „der Grenzaufseher Tombrock an seiner Wohnungstür ein an ihn und den Aufsichtsbeamten Otto gerichtetes Schreiben, in dem es hieß: ‚Ich thun euch zu wissen, wenn ihr wollt so strenge sein, so soll euer Blut vergossen werden und wenn das nicht sein kann, so sollt ihr geschossen werden, es mag sein, wo es will auf dem Bette oder auf dem Wege.'"[78] Die Methoden haben sich auch im 21. Jahrhundert kaum verändert, wie polnische Zöllner an der Grenze zu Kaliningrad berichten. Eine besonders eifrige Zöllnerin erhielt eines Nachts eine eindeutige Warnung, indem ihr ein Sarg vor die Tür gestellt wurde. Anderen Zöllnern zerstach man die Reifen ihrer Privatwagen oder schlug ihnen die Autoscheiben ein. Zwar handelt es sich heutzutage um Einzelaktionen und nicht mehr um Banden, die mit Gewalt ihre

---

74 Ebd. 15; Haller 2000: 241ff.
75 Jarren 1992: 202.
76 Trees 2002: 340.
77 Scheffenknecht 2002: 179ff.
78 Jarren 1992: 240.

Interessen verteidigen, wie es für das 19. Jahrhundert belegt ist, doch können sich die Schmuggler immer noch auf die Solidarität der Bevölkerung verlassen. Belegt sind Beispiele, bei denen sich die Dorfbevölkerung mit verfolgten Schmugglern solidarisierte, die Zöllner vertrieb und den Verfolgten Unterschlupf gewährte.[79] Wenn wir der Dorfbevölkerung keine unmittelbaren wirtschaftlichen Interessen unterstellen, die aus einer Beteiligung am Schmuggel resultieren, stellt sich die Frage nach ihren tieferen Motiven.

In den bisherigen Ausführungen ist ein Spektrum von Ursachen für den Schmuggel deutlich geworden, das vom Profitstreben wohlhabender Schichten bis zur Überlebensstrategie bei Armut und Not reichen kann. Meist betrachtet die Bevölkerung den Schmuggel als Kavaliersdelikt oder als Wohltat zur Befriedigung der eigenen Bedürfnisse.[80] Toleranz übt man vor allem, wenn die ungesetzlichen Handlungen in Notzeiten lebensnotwendig waren, wie nach dem Zweiten Weltkrieg, als der Kölner Kardinal Frings in einer Predigt das Hamstern von überlebenswichtigen Gütern tolerierte, woraufhin in der Kölner Umgangssprache der Begriff ‚fringsen' für hamstern Einzug hielt.[81]

In der Argumentation des Kölner Kardinals wird eine moralische Sichtweise deutlich, die das Überlebensrecht der Menschen über die Durchsetzung staatlicher Normen stellt. Vergleichbare Situationen treten immer wieder auf, wenn wirtschaftliche Notlagen zur Verarmung breiter Bevölkerungsschichten führen, oder die Etablierung neu errichteter Grenzen als Reglementierung tradierter Handelsbeziehungen auf Widerstand stößt.[82] Der Schmuggel kann sich jedoch auch an bestehenden Grenzen zu einem von der Bevölkerung akzeptierten Geschäftsbereich entwickeln, der als Anspruch auf ein tradiertes Recht weitervermittelt wird.[83] Hat sich der Schmuggel regional auf diese Weise etabliert, kann den Schmuggler auch der Nimbus des erfolgreichen Hasardeurs umgeben. In Gibraltar hatten in den 1990er Jahren insbesondere junge Schmuggler ein positives Image, wobei die Ingredienzen ihrer Aura von Abenteuer, Geld, Mut und Sex meist aus Filmen stammten.[84]

Obwohl wir in diesen Klischees die Schmugglerbande aus dem Roman von Piasecki wiedererkennen, und auch die Tessiner Schmuggler am Ende des 19. Jahrhunderts „Ruhm und Anerkennung"[85] in der Bevölkerung genossen, taucht

---

79 Ebd. 238.
80 Beckenrath o.J.: 142.
81 Trees 2002: 73.
82 Jarren 1992: 232ff.
83 Haller 2000: 267.
84 Ebd. 258.
85 Polli 1989: 102f.

dieses idealisierte Schmugglerbild doch nur vereinzelt auf. Denn auch im Tessin trieb die Not Tagelöhner und Landarbeiter dazu, den Schmuggel aufzunehmen. Allein schon die starke Zunahme des Schmuggels in Zeiten von Not und Mangel deutet darauf hin, dass der mit dem Schmuggel erreichbare Ruhm keinen Ersatz für eine legale Erwerbsmöglichkeit darstellt. Gerade weil die abenteuerlichen ‚Helden' des Schmuggels selten sind, konnten ihre Erlebnisse mythisch verklärt werden. Im Kontrast zur Bewunderung, mit der man Schmugglern in der Literatur begegnete, stiegen in Konstanz nach dem Ersten Weltkrieg sowohl der Schmuggel als auch das Misstrauen gegenüber Fremden an. Zwar stammten die Schmuggler meist aus der Region, doch die ungesetzliche Handlungsweise des Schmugglers ließ sich mit der vorhandenen Fremdenfeindlichkeit ebenso verbinden wie mit dem Bild des jüdischen Schiebers.[86] Auch nach dem Zweiten Weltkrieg traf der Vorwurf des Schiebertums überwiegend Randgruppen und führte zu deren Stigmatisierung.[87]

Unterstützt wurde die Stigmatisierung durch eine behördliche Argumentation, die schon zu Beginn des 19. Jahrhunderts verwandt wurde. Behörden diffamierten die Schmuggler, arbeitsscheu zu sein und übermäßigem Alkoholkonsum zu frönen. Indem man ihnen einen Hang zum Müßiggang und Luxus unterstellte, wurde der Schmuggel aus seinen sozialen und ökonomischen Zusammenhängen gerissen und zum Ausdruck vorgeblich krimineller Charaktereigenschaften von Individuen. Man appellierte an die „moralisch-erzieherischen Institutionen wie Kirche und Schule", ihren Einfluss geltend zu machen, um die Bevölkerung auf diesem Weg zur Beachtung der Gesetze anzuhalten.[88] „Die vorherrschende Meinung der Justiz- und Verwaltungsbehörden war, dass das Schmuggeln die ‚Moralität' und die ‚Rechtlichkeit der Unterthanen' untergraben würde."[89]

Die Staaten wehren sich gegen den Schmuggel, da neben dem finanziellen Verlust auch die Gefahr der Infragestellung des staatlichen Gewaltmonopols besteht. Dessen Durchsetzungsfähigkeit erscheint zweifelhaft, wenn die Waren in Sichtweite der Zöllner am Körper versteckt werden, wie es nicht nur an der schweizerisch-italienischen Grenze im 19. Jahrhundert der Fall war, sondern auch von der spanischen Grenze zu Gibraltar ein Jahrhundert später berichtet wurde und heute an der Kaliningrader Grenze geschieht.[90] Die Schmuggler rechtfertigen den offenen Bruch von Normen, indem sie sich entweder auf tra-

---

86 Schott 1989: 225f.
87 Zierenberg 2008: 319.
88 Jarren 1992: 250.
89 Ebd. 249f.
90 Polli 1989: 130f.; Haller 2000: 246.

dierte Privilegien berufen oder den sozialen Ausgleich einfordern. So beruft sich beispielsweise im Roman „Die deutschen Schmuggler" der Schmuggler Wedekind auf ein moralisches Recht, wenn er ausruft: „Sind wir Verbrecher, wenn wir zu erwerben suchen? Der Staat hat Gewalt, darum verfährt er mit Gewalt ... uns bleibt nur die List ... Bah, das Schmuggeln ist keine Sünde!"[91]

DIE ROMANTISIERUNG DES SCHMUGGLERS

Blenden wir die normative Seite des Schmuggels als Steuerhinterziehung aus, so handelt es sich überwiegend um Kleinhandel, der das Preisgefälle zwischen zwei Staaten ausnutzt. Motiviert wird der Handel aus dem Erwerbsinteresse der Händler. Nehmen wir jetzt aber die normativen Aspekte des Handels mit in den Blick, dann ist aus dem Kleinhändler ein Schmuggler geworden, also eine Person, deren Erwerbsform auf einer kriminellen Handlung, nämlich der Steuerhinterziehung, beruht. Nun ist die Hinterziehung von Steuern zwar eine ungesetzliche Handlung, doch geschädigt wird ‚nur' das anonyme Staatswesen und nicht eine konkrete Person. Da der Staat, gerade wenn er Steuern erhebt, dem Bürger als Herrschaftsform gegenübertritt, erscheint der Schmuggler als Herausforderer der Staatsmacht. Der Schmuggler kann als illegal handelnder Mafioso angesehen werden oder als Held, der sich gegen staatliche und ökonomische Strukturen zur Wehr setzt, die als ungerecht empfunden werden.[92] Indem der Schmuggler dabei die staatliche Autorität angreift, erscheint sein Handeln als soziale Rebellion. Unterstützt wird diese Interpretation des Schmuggels zum einen durch die Zustimmung von Bürgern, die den Schmuggel als Kavaliersdelikt ansehen, zum anderen durch den ideologisch begründeten Schmuggel verbotener politischer Schriften. Letzterer spielt zwar im Gesamtzusammenhang des Schmuggels nur eine untergeordnete Rolle, doch begegnen wir ihm im Verlauf der Jahrhunderte von den Bauernkriegen über den Vormärz bis zum ‚Eisernen Vorhang' des Ost-West-Konfliktes.

Vor diesem Hintergrund wird verständlich, wenn in der Akzeptanz des Schmuggels auch ein Element des Widerstandes gegen staatliche Administration gesehen wird:

„Der Schmuggler ‚arbeitete' in der Regel in seinem sozialen Umfeld, ohne es direkt zu schädigen. Er fand deshalb Schutz, zumindest aber Verständnis für sein Handeln. Die

---

91 Schrader 1864: 37f.
92 Haller 2000: 258.

Bereitschaft zum Normenbruch war auch im Handels- und Gewerbestand nicht unbeträchtlich. Der Staat konnte bei der Umgehung der Zollgesetze sowohl durch die Unterschichten als auch durch die gehobenen Schichten nicht auf die disziplinierende Wirkung einer schichtspezifischen Sozialkontrolle hoffen. Vielmehr musste er bei der Durchsetzung des staatlichen Steuermonopols auf die administrativen und strafrechtlichen Sozialkontrollinstanzen (Zollbeamte, Polizei, Militär und Justiz) zurückgreifen."[93]

Dieser für die Mitte des 19. Jahrhunderts in Preußen beschriebene Zusammenhang hat auch zu anderen Zeiten und in anderen Regionen Gültigkeit. Der Schmuggel gewinnt seine sozialpolitische Dynamik, indem er sich auf überliefertes Gewohnheitsrecht und eine gleichberechtigte Teilhabe am gesellschaftlichen Reichtum beruft. Bei zunehmender Verarmung, wie sie im 19. Jahrhundert im Zuge der Industrialisierung auftrat, wurde der Schmuggel für Arbeiter zum Ausweg aus Not und Elend, die sich sowohl auf das Gewohnheitsrecht als auch auf das Recht auf ein menschenwürdiges Leben beriefen. Trennten zudem neue Grenzen die überlieferten Handelswege, konnte der Schmuggel als Widerstand gegen politische und wirtschaftliche Veränderungen interpretiert werden.

In diesem Umfeld kam es im Vormärz des 19. Jahrhunderts zu Protestaktionen gegen staatliche Organe und zur Zerstörung staatlicher Herrschaftssymbole. Jedoch beschränkten sich die Auseinandersetzungen auf kurzfristige, spontane Aktionen, die nach wenigen Stunden beendet waren.[94] Mancherorts wurde der Protest gegen die Finanzbeamten sogar mithilfe der Kirchenglocken organisiert, wenn sich ganze Dörfer mit den Schmugglern solidarisierten.[95] Bei dem sozialen Protest handelte es sich jedoch nur um einen untergeordneten Aspekt, wohingegen den individuellen wirtschaftlichen Zielen das Hauptinteresse galt. Aufgrund dessen sieht der Historiker Jarren es auch als problematisch an, die Auseinandersetzungen zwischen Schmugglern und preußischem Staat mit den revolutionären Bewegungen des Vormärz zu verquicken.[96] Zwar beteiligten sich Schmuggler auch an der 1848er-Revolution, doch war die Beunruhigung der Behörden, die eine Ausweitung des Widerstandes befürchteten, größer als die tatsächlichen revolutionären Aktivitäten der Schmuggler.[97] Im Nachklang der Französischen Revolution befürchtete jedoch der preußische Staat, zu viel Toleranz gegenüber

---

93 Jarren 1992: 13.
94 Ebd. 246.
95 Saurer 1989: 432.
96 Jarren 1992: 236f.
97 Saurer 1989: 432ff.

dem Alltagswiderstand der Unterschichten könne diese zur Rebellion ermuntern.[98]

Zweifellos stellt der Schmuggel gesellschaftliche Normen infrage, doch ist es gerechtfertigt, den Schmuggler aufgrund dessen als Sozialrebellen zu bezeichnen? Für die historische Darstellung des Schmuggels im Preußen des beginnenden 19. Jahrhunderts stellt Jarren die Forderung auf, empirisch die Verbindung zwischen dem Widerstand der Schmuggler gegen die Staatsgewalt und dem Sozialprotest nachzuweisen.[99] Entgegen der Forderung eines empirischen Nachweises interpretiert Girtler schon die Handlung des Schmuggelns an sich als soziale Rebellion: „In einer Kultur des Mangels tritt der Schmuggler rebellenhaft auf und versorgt die unter der Armut leidende Bevölkerung."[100] Die Heroisierung des Schmugglers liegt darin begründet, dass er hier als ‚Robin Hood' auftritt, der das Alltagsrecht der Bevölkerung gegen staatliche Beschränkungen durchsetzt. Dazu gehört, dass die realen Bedingungen, unter denen Schmuggel stattfindet, nicht erkannt werden, wenn der Schmuggler als derjenige dargestellt wird, der in einer verarmten Gesellschaft die Menschen mit den wichtigsten Dingen versorgt.[101] Hier wird verkannt, dass es sich vielfach nicht um lebensnotwendige Waren, sondern vielmehr um Luxus- und Genussgüter handelt, mit denen der größte Profit erzielt wird. Und ob es hilfreich ist, wenn der Schmuggel zum kulturellen Bestandteil von „Zigeuner[n], Juden, Armenier[n]"[102] erklärt wird, erscheint ebenfalls zweifelhaft. Jedenfalls ist an dieser Stelle der Weg von einer verklärenden Romantisierung zur moralischen Verurteilung nur kurz. Und auch das von Saurer definierte historische Ende einer romantischen Zeit des Schmuggels zu Beginn des 19. Jahrhunderts scheint aufgrund der vorliegenden Dokumente nur auf einer nachträglichen Mystifizierung zu beruhen.[103]

Weiterführend ist dagegen die Hobsbawn'sche Analyse des Sozialbanditentums. Auch wenn es sich in dem aktuellen Beispiel an der russisch-polnischen Grenze weniger um organisierte Gruppen als um Individuen handelt, erscheint ein Vergleich sinnvoll:

„Das Sozialbanditentum, ein allgemeines und eigentlich gleich bleibendes Phänomen, ist wenig mehr als ein lokaler und endemischer Protest der Bauern gegen Unterdrückung und Armut: ein Racheschrei gegen die Reichen und die Unterdrücker, ein vager Traum, ihnen

---

98   Ebd. 387.
99   Jarren 1992: 236f.
100 Girtler 1992: 240.
101 Ebd.
102 Ebd. 172.
103 Saurer 1989: 384.

Schranken zu setzen, eine Wiedergutmachung persönlichen Unrechts. Seine Ziele sind bescheiden: die Bewahrung einer traditionellen Welt, in der die Menschen gerecht behandelt werden, nicht etwa eine neue und vollkommenere."[104]

Damit, so schreibt Hobsbawn weiter, fordert der Sozialrebell einen Anteil am Wohlstand, ohne die Struktur der Gesellschaft infrage zu stellen, während sein Protest auf einer moralischen Ebene bleibt, ohne politische Form anzunehmen. Auch den Schmugglern an der polnisch-russischen Grenze liegt eine politische Formulierung ihrer wirtschaftlichen Notlage fern. Und selbst wenn sie sich zu Protesten organisieren, bleiben deren Ziele begrenzt auf die Forderung, den Status quo beizubehalten, um weiterhin dem Schmuggel nachgehen zu können.[105] Als Sozialrebellen wird man die Schmuggler erst ansehen können, wenn ihre Aktivitäten von einem Teil der Gesellschaft als Gegenentwurf zur herrschenden Macht verstanden werden. In diesem Fall würde dies eine gesellschaftliche Protestbewegung voraussetzen, in der die Schmuggler als symbolische Träger des Widerstandes fungieren. Tatsächlich wird aber im weiteren Verlauf der Arbeit zu überlegen sein, ob die Schmuggler nicht vielmehr die Integration in die bestehende Gesellschaft anstreben, ohne deren Normen infrage zu stellen.

Der Sozialbandit trägt den Konflikt mit den staatlichen Vertretern auf der Ebene individualisierten Protestes aus, der, selbst wenn sich Gruppen daran beteiligen, keine dauerhafte Organisationsform bildet, sondern ‚vorpolitisch' bleibt. Das Sozialbanditentum „protestiert nicht gegen die Tatsache, dass die Bauern arm und unterdrückt sind, sondern dagegen, dass sie manchmal ganz besonders arm und unterdrückt sind."[106] Der Sozialbandit zieht sich eher als einsamer Held in die Berge zurück, als dass er zum Nukleus eines Volksaufstandes wird. Hier zeigt sich seine Ähnlichkeit zum Schmuggler, der nicht die Änderung der Verhältnisse anstrebt, sondern lediglich eine Nische sucht, in der er überleben kann.

Kommen wir am Ende dieses Kapitels noch einmal auf die alltägliche Romantisierung des Schmuggels zurück, so finden sich seit einigen Jahren Bei-

---

104 Hobsbawn 1979: 18.
105 Im Frühjahr 2005 kam es an mehreren Tagen zu Protesten der polnischen Schmuggler, die mit ihren Fahrzeugen die Grenzübergänge zur Kaliningrader Oblast blockierten. Auslöser waren Verschärfungen der Grenzkontrollen, die darauf zielten, dass straffällig gewordenen Schmugglern von den polnischen Behörden die russischen Visa annulliert werden sollten. Die Forderung der Schmuggler bestand in einer Rücknahme dieser Maßnahme. Als die Grenzbehörde die Praxis aussetzte, nahmen die Schmuggler ihre Arbeit wieder auf.
106 Hobsbawn 1979: 42.

spiele seiner Vermarktung durch die Tourismusindustrie. Es ist der Mythos vom einfachen, wilden Leben, der den Schmuggel in den Alpenländern zu einer touristischen Attraktion gemacht hat. Neben dem Wildschützen und der Sennerin tritt der Schmuggler als Figur auf Volksfesten auf, und im Erlebnistourismus wird heute schon der „Schmugglercup" ausgetragen.[107] Oder man trifft sich nach einer geführten Wanderung über die „Schmugglerpfade" im „Schmugglerstöbli", während für die Touristen ohne Bergerfahrung schon eine Alternative bereitsteht:

[Sie bevorzugen] „eine ‚Schmugglerland' getaufte ‚Erlebniswelt für die ganze Familie' […], die im Prospekt der Gargellner Bergbahnen 2007 unter dem Motto ‚Komm Paul, wir gehen auf Schmugglertour!' mit folgendem Text beworben wird, der in seiner illustrativen Art ein wunderschönes Beispiel für die Inszenierung und Folklorisierung an sich unspektakulärer Inhalte durch das Tourismus-Marketing gibt. […] ‚Das Schmuggeln musste heimlich geschehen, bei Nacht und Nebel, Regen, Blitz und Donner – und man durfte sich von den Zöllnern nicht erwischen lassen. Die Grenze entlang mit schwindelerregenden Graten und Gipfeln war mit den wenigen Zollbeamten nur schwer zu überwachen. Die verwegenen Schmuggler kannten hier jeden Weg, Steg und Stein. Und dennoch … Schmuggeln, das war nicht leicht! Das war nur etwas für echte Männer. Denn mit einer Last von 40 bis 50 Kilo bei dunkler Nacht stundenlang über schmale Bergpfade zu schleichen war gefährlich, es erforderte List und Mut."'[108]

Damit ist die Eventkultur der Gegenwart wieder bei den romantisch verklärten Bildern des 19. Jahrhunderts angekommen: Schmuggel als erlebter Ganghofer-Roman. Doch was hat der Kitsch von Heimat und Abenteurertum mit dem Alltag und den sozialen Problemen derjenigen gemeinsam, die am Beginn des 21. Jahrhunderts in Europa den illegalen Warentransport als Erwerbsquelle nutzen? Um diese Frage zu beantworten, kehren wir wieder zu den Schmugglern an der polnisch-russischen Grenze zurück und betrachten einmal genauer deren Lebensumfeld.

---

107 Tschofen 1999: 679ff.
108 Hessenberger 2008: 52ff.

Sępopol – eine Gesellschaft im Umbruch

In diesem Kapitel werden einige ausgewählte Aspekte der Gemeinde Sępopol dargestellt, in der ich während meiner Feldforschung von 2005 bis 2006 wohnte. Es handelt sich um eine subjektive, da am Forschungsinteresse orientierte Auswahl objektiver Fakten der Gemeinde Sępopol, soweit sie für die weitere Darstellung relevant sind und zumindest in einigen Elementen über die örtlichen Spezifika hinaus auf die sozioökonomische Situation der Region verweisen. Aus dieser Perspektive soll der Leser am Beispiel dieser Gemeinde auf Probleme hingewiesen werden, wie sie für das polnische Grenzgebiet zur Kaliningrader Oblast typisch sind.

Die Gemeinde Sępopol stößt im Norden direkt an die Kaliningrader Oblast mit dem Grenzübergang Bezlędy. Seit der Grenzöffnung Anfang der 1990er Jahre bildet der unweit von Bartoszyce gelegene Übergang Bezlędy-Bagrationowsk eine zentrale Transitpassage des Fahrzeugverkehrs zwischen Polen und Kaliningrad. Vergleichbare Bedeutung kommt auch dem weiter westlich gelegenen Grenzübergang bei den Städten Gronowo auf polnischer und Mamonowo auf russischer Seite zu, während der östlich gelegene Übergang zwischen Gołdap (Polen) und Gusew (Russland) lediglich vom lokalen Verkehr genutzt wird.[1] Im Jahre 2003 lebten in der Gemeinde 6713 Einwohner, von denen 2172 Personen in der Gemeindestadt Sępopol wohnten, während sich die anderen Einwohner auf die umliegenden Dörfer verteilten.[2] Die Einwohnerzahlen sind trotz einer

---

1   Matejko 2009: 105ff.
2   Statistik des Arbeitsamtes Bartoszyce. Tatsächlich machen die offiziellen Statistiken unterschiedliche Angaben über die Anzahl der Einwohner in der Gemeinde. Welche Ursache zu den Differenzen führt, kann nicht beantwortet werden. Vermutlich werden teilweise Personen nicht erfasst, die zwar ihren Hauptwohnsitz in Sępopol haben, aber für längere Zeiträume im Ausland arbeiten.

krisenhaften wirtschaftlichen Lage und anhaltender Migration seit der Systemtransformation relativ stabil geblieben. Zum einen liegt das darin begründet, dass es sich vielfach um saisonale bzw. zeitlich befristete Migration handelt, zum anderen sind immer wieder Personen von außerhalb zugezogen. Betrachtet man die Angaben zur Bevölkerungsentwicklung, so hat sich die Einwohnerzahl von 1995 bis 2004 um 10 Prozent (in absoluten Zahlen von 7306 Personen 1995 auf 6612 Personen 2004) verringert.[3] Im Vergleich mit ostdeutschen Städten ist der Rückgang der Bevölkerungszahl jedoch erstaunlich niedrig. Gleichwohl zeigt die nachfolgende Statistik der An- und Abmeldungen seit 2003 eine stetige Tendenz der Abwanderung:

Tabelle 1: Auszug aus dem Melderegister der Gemeinde Sępopol

	2003	2004	2005	2006
Anmeldungen	73	69	71	213
Abmeldungen	132	89	123	292

Quelle: Angaben der Gemeindeverwaltung Sępopol

Wie im folgenden Zitat einer Einwohnerin deutlich wird, vermittelt der Ort den Eindruck wirtschaftlichen Niedergangs. Joanna Drozdowska ist Ende vierzig und lebt von Sozialunterstützung und einer informellen Tätigkeit als Verkäuferin. Auf die Frage nach dem Wandel in Sępopol antwortet sie mit einer vielfach geäußerten Einschätzung:

Joanna Drozdowska: „Es hat sich sehr verändert **ich**[4]. Ja. Unter dem Gesichtspunkt der Arbeit, unter dem Gesichtspunkt der Leute allgemein. Selbstverständlich verschwinden die Jungen, und sie machen es richtig, wie ich sage, wenn sie hier keine Perspektive sehen. Ich weiß nicht, die Alten verändern sich so schrecklich. Für mich, kann man sagen,

---

2002: 6773 Einwohner (Statistik des Arbeitsamtes Bartoszyce), 6828 Einwohner (Urząd statystyczny w Olsztynie 2003: 50f), 7304 Einwohner (Statistik der Gemeindeverwaltung, Pakuła 2005: 52). 2003: 7233 Einwohner (Studie zur wirtschaftlichen Situation der Gemeinde, Giedych et al. 2005: 72). 2004: 7158 Einwohner (Statistik der Gemeindeverwaltung, Pakuła 2005: 52).

3 Angaben der Gemeindeverwaltung.
4 Sonderzeichen siehe Liste im Anhang.

ist das ein Altersheim, das Städtchen. So ein Haus der Alten. Dass die Kinder ... (17) (Pause)."[5]

Joanna Drozdowska schildert die Situation so, wie sie häufig auch von anderen Einwohnern geäußert wird und sich auch dem Fremden beim ersten Eindruck aufdrängt. Versuchen wir jedoch diese Beschreibung mit statistischen Daten zu objektivieren, so erhalten wir ein differenziertes Bild. 1980 wird für die Stadt Sępopol eine Einwohnerzahl von 2310 Personen angegeben, die zwanzig Jahre später lediglich auf 2141 gesunken ist.[6] Betrachten wir nur die Stadt Sępopol, so befinden sich von den 2141 Einwohnern 1263 oder rund 59 Prozent im produktiven Alter zwischen 18 und 64 Jahren.[7] Auch wenn wir die Perspektive erweitern, zeigt sich, dass sich die Mehrheit in einem so genannten „mobilen Lebensalter"[8] befindet. 816 Einwohner sind zwischen 18 und 44 Jahren alt, während sich 447 Personen zwischen dem 45. Lebensjahr und dem Renteneintrittalter befinden. Auch die Anzahl der Kinder und Jugendlichen bis zum 17. Lebensjahr ist mit 498 Personen größer als das zitierte Interview vermuten lässt. Eine Beschreibung des wirtschaftlichen Niedergangs erfordert eine breit angelegte Perspektive, in die auch die Entwicklung seit der zweiten Hälfte der 1980er Jahre einbezogen wird.

Die Wojewodschaft Ermland-Masuren gehört zu einer traditionell überwiegend durch Land- und Forstwirtschaft geprägten Region. Mit 70 Prozent landwirtschaftlich genutzter Fläche und 25 Prozent forstwirtschaftlicher Fläche weist der Kreis Bartoszyce, zu dem die Gemeinde Sępopol gehört, eine wirtschaftliche Monostruktur auf.[9] Aufgrund einer von landwirtschaftlichen Großbetrieben in Staatseigentum geprägten Struktur nahm die landwirtschaftliche Arbeit eine semiindustrielle Form an. In der Landwirtschaft arbeiteten Personen, deren Arbeitsweise sich den Tätigkeiten von Industriearbeitern angeglichen hatte.[10] In der

---

5   Joanna Drozdowska: Zmieniła się bardzo **ja**. Tak. Pod względem pracy, pod względem w ogóle ludzi. Rzeczywiście ci młodzi uciekają na, i dobrze robią tak jak mówię jeżeli tu nie wiedzą żadnego widoku. Ci starsi zrobili się strasznie tacy ja nie wiem. Dla mnie to jest taki dom starców można powiedzieć te miasteczko. Dom takiego, takiej starości. Że tych dzieci (17) (pauza).
6   Borodzicz et al. 1987: 238.
7   Urząd statystyczny w Olsztynie 2003: 50f.
8   Männer bis 64, Frauen bis 59 Jahre.
9   Urząd statystyczny w Olsztynie 2005: 182ff.
10 Im Kontrast zur privaten Landwirtschaft, bei der der Besitzer des Hofes und angestellte Arbeiter alle Aufgaben erledigen, verfügten die Staatsgüter über spezialisierte Mitarbeiter, denen jeweils nur einzelne Tätigkeiten oblagen.

Stadt Sępopol befand sich der Hauptsitz eines PGR[11], der mit über 800 Arbeitern rund 8000 ha bewirtschaftete. Der PGR und die ortsansässige roszarnia – eine Flachs verarbeitende Fabrik – waren mit über 300 fest angestellten Arbeitern sowie zusätzlichen Saisonkräften die größten Arbeitgeber der Gemeinde.[12] Weiterhin umfasst die Liste der ortsansässigen Betriebe bis zum Systemumbruch eine mleczarnia (dt.: Molkerei), eine Gminna Spółdzielnia (dt.: Gemeindegenossenschaft, in der Handel, Gastronomie, Konsum und handwerkliche Dienstleistungsbetriebe zusammengeschlossen waren) und eine poligrafika (dt.: Druckerei).[13] Keiner dieser Betriebe hat die Systemtransformation überstanden. Neben den Landwirtschaften wurde nur ein Teil der Dienstleistungsbetriebe (Lebensmittelläden, Bäckerei, Geschäfte, Arztpraxen) in Privatbesitz überführt. Gegenwärtig sind die Gemeindeverwaltung und die Schule die größten Arbeitgeber des Ortes.

Dabei setzte der wirtschaftliche Niedergang schon vor dem Beginn der Systemtransformation ein, als 1988 die roszarnia ihre Produktion einstellte.[14] Bis zu diesem Zeitpunkt hatte man aus dem Flachs ein Rohprodukt für die Leinenherstellung gewonnen, deren Fasern vor allem in der Industrie verwandt wurden. Aufgrund technologischer Veränderungen benötigte man das Produkt nicht mehr, und gleichzeitig wurde Leinen auch in der Bekleidungsindustrie zu einem Nischenprodukt. Da im Zuge der ganz Polen erfassenden wirtschaftlichen Krise keine neuen Arbeitsplätze zur Verfügung gestellt werden konnten, wies Sępopol schon vor Beginn der Systemtransformation eine außergewöhnlich hohe Anzahl von Arbeitslosen auf. Deren genaue Zahl lässt sich heute nicht mehr ermitteln, jedoch werden in den Unterlagen der Bibliothek von Sępopol für das Jahr 1985 schon 37 Leser als Arbeitslose geführt. Verschärft wurde die Situation, als der PGR und die poligrafika 1992 in Konkurs gingen. Einzig die Gminna Spółdziel-

---

11   Abkürzung für ‚Państwowe Gospodarstwo Rolne' (dt.: Staatlicher Landwirtschaftsbetrieb).

12   Von rund 600 Arbeitern der roszarnia in den 1960er Jahren sank die Zahl der Beschäftigten bis 1985 auf 360. Hinzu kamen nach Bedarf noch Saisonkräfte (Borowski o.J.). In den Erzählungen der Einwohner und ehemaligen Arbeiter wird überwiegend eine deutlich höhere Anzahl von Arbeitern (zwischen 800 und 1.000) angegeben. Die Differenz kann dahingehend interpretiert werden, dass damit die subjektive Bedeutung des Betriebes für den Ort ausgedrückt wird.

13   Borowski 2001: 41ff.

14   Ebd. 43.

nia wurde nicht sofort aufgelöst, sondern nach und nach bis zum Jahr 2000 liquidiert.[15]

Im Endeffekt führte diese Situation zu einer anhaltend hohen Arbeitslosigkeit, deren Ende auch in den Jahren 2005 bis 2008, als die hier behandelte Forschung durchgeführt wurde, nicht absehbar war. 1996 wurden in der Gemeinde Sępopol 1153 Arbeitslose registriert, von denen 261 länger als zwei Jahre ohne Arbeit waren.[16] 2004 wurden immer noch 1118 Arbeitslose gezählt, unter diesen waren 365 Personen, die länger als zwei Jahre erwerbslos waren. Die zwischen 1996 und 2004 liegenden Angaben können hier außer Acht gelassen werden, da es sich jeweils nur um unbedeutende Schwankungen handelt. Man kann also an dieser Stelle festhalten, dass sich die Arbeitslosigkeit in der Gemeinde seit zwanzig Jahren auf einem hohen Niveau hält. Doch schauen wir noch einmal genauer auf die Statistik und betrachten das Alter der Arbeitslosen, so ergibt sich folgendes Bild:

Tabelle 2: Arbeitslosigkeit in Sępopol entsprechend dem Lebensalter

Jahr	Arbeitslose nach Lebensalter						Summe[17]
	18–24	25–34	35–44	45–54	55–59	ab 60	
1996	249	350	349	173	29	3	1153
2004	272	246	279	283	37	1	1118

Quelle: Angaben des Arbeitsamtes Bartoszyce 2007

Aus der Tabelle wird die Kontinuität der Arbeitslosigkeit deutlich, bei der es gleichzeitig zu demographischen Verschiebungen kommt. Die hohe Anzahl der arbeitslosen Berufsanfänger weist auf anhaltende wirtschaftliche Probleme hin. Gleichzeitig sinkt im Jahr 2004 deren Anzahl in der nachfolgenden Altersgruppe der 25- bis 34-Jährigen. Dies kann als Hinweis auf die Abwanderung junger Einwohner interpretiert werden, da gleichzeitig die Zahl der in einem Arbeitsverhältnis stehenden Personen von 598 im Jahr 1996 auf 334 im Jahr 2004

---

15 Zur Arbeitslosigkeit als Folge der Privatisierung der landwirtschaftliche Staatsbetriebe vergleiche auch Wysocki 2003: 29, 38.

16 Die Daten wurden vom Arbeitsamt Bartoszyce zur Verfügung gestellt. Zum Zeitpunkt der Forschung reichten die neuesten Daten bis in das Jahr 2004, teilweise standen auch Angaben für 2005 zur Verfügung.

17 Der Frauenanteil beträgt jeweils durchschnittlich 50 Prozent.

sank.[18] Unserer Aufmerksamkeit sollte aber auch die Spalte der 45- bis 54-Jährigen nicht entgehen. In dieser Gruppe findet im Vergleich mit 1996 die höchste Zunahme statt. Mit zunehmendem Alter und Fortdauern der Arbeitslosigkeit scheinen die Chancen auf eine formelle Arbeit zu sinken. Ein erheblicher Teil der Personen, die 1996 noch zur Gruppe der 35- bis 44-Jährigen gehörten, ist wahrscheinlich auch im Jahr 2004 arbeitslos und wird daher in der nächsthöheren Altersgruppe geführt. Erwähnt werden muss in diesem Zusammenhang noch die Reduzierung der gemeldeten Arbeitslosen in den Altersgruppen der über 55-Jährigen. Deren niedrige Anzahl zeigt die Auswirkungen der vorzeitigen Verrentung. Seit Anfang der 1990er Jahre wurde das arbeitsmarktpolitische Instrument der Frühverrentung systematisch genutzt. Dies hat dazu geführt, dass im Vergleich mit anderen Ländern der Europäischen Union die polnische Gesellschaft am wenigsten Berufstätige hat, die älter als 54 Jahre sind.[19]

Während sich diese Interpretation auf die absolute Zahl der Arbeitslosen bezieht, erscheint es mir von besonderem Interesse, auch deren prozentualen Anteil an der erwerbstätigen Bevölkerung festzustellen. Leider liegen auf der Gemeindeebene keine Angaben vor, mit denen sich der Anteil der Frührentner aus der allgemeinen Statistik herausrechnen lässt.[20] Gleichwohl lässt sich in einem Vergleich der Statistiken zur Anzahl der Arbeitslosen entsprechend den Altersgruppen und der Anzahl von Personen im mobilen Alter (18–44 Jahre) errechnen, dass von 2615 Personen in dieser Gruppe 879 arbeitslos waren. Das entspricht einer Arbeitslosenquote von rund 34 Prozent. Versucht man diese Statistik auf die Gesamtzahl der Einwohner im produktiven Alter (Männer 18–64 Jahre, Frauen 18–59 Jahre) zu erweitern, so ergibt sich bei niedriger Schätzung ein Anstieg der Arbeitslosigkeit auf 39 Prozent.[21] Im Jahre 2004 betrug die Arbeitslosenquote in der Wojewodschaft Ermland-Masuren 29 Prozent im Durchschnitt

---

18 Angaben des Arbeitsamtes Bartoszyce wie Anmerkung 16. 2004 war die Mehrzahl der Arbeitenden (296 Personen) im Dienstleistungsbereich tätig. In Polen sank die Zahl der in einem legalen Arbeitsverhältnis gemeldeten Einwohner von 1989/1990 bis 2002/2004 um 25 %. (Raport społeczny Poska 2005: 143.)
19 Kin 2006.
20 Die Angaben der Rentenstelle beziehen sich auf den Kreis als kleinste räumliche Größe.
21 Die Schätzung bezieht sich auf die Angaben für das Jahr 2002. Dabei wurden die Angaben zur Höhe der Arbeitslosigkeit aus der Spalte der 45–54jährigen (226 Personen im Jahr 2002) in die Spalten 55–59 und ab 60 fortgeschrieben (Angaben: Statistik des Arbeitsamtes Bartoszyce und Urząd statystyczny w Olsztynie 2003: 50).

und im Kreis Bartoszyce lag sie 2003 bei 34 Prozent.[22] Eine höhere Arbeitslosigkeit ließ sich nur für die Kreise Braniewo im Westen und Gołdap im Osten der Wojewodschaft feststellen. Dem polnischen Sozialamt MGOPS[23] zufolge wies die Gemeinde Ende 2002 mit 37 Prozent eine der höchsten Arbeitslosenquoten in Polen auf.[24]

Tabelle 3: Beschäftigungsstruktur in Sępopol im Jahre 2003

2003	Absolut	Prozent (gerundet)
Einwohnerzahl	7233	100
Im produktiven Alter (Männer 18–64, Frauen 18–59)	4209	58
Personen, die den Arbeitsmarkt vorzeitig verlassen haben[25]	406	10
Arbeitslose	1122	27
Angestellte	411	10
Selbstständige mit weniger als fünf Mitarbeitern (außer Landwirte)	93	2
Beschäftigte in landwirtschaftlichen Kleinbetrieben mit überwiegender Subsistenzwirtschaft	1350	32

Quelle: Eigene Berechnung nach Angaben von Giedych 2005 und der Gemeindeverwaltung Sępopol

---

22 Urząd statystyczny w Olsztynie 2005: 102ff.; Tomczyk 2004: 20. An anderer Stelle werden für 2003 35,9 % Arbeitslose im Kreis Bartoszyce angegeben (Giedych et al. 2005: 76). Beata Pakuła nennt folgende Zahlen: Für 2003 35,9 % (2004 38,7 %) im Kreis Bartoszyce, 28,3 % in der Wojewodschaft Ermland-Masuren (2004 29,2 %) und 18,0 % in Polen (2004 19,1 %) (Pakuła 2005: 55).
23 Miejsko-Gminnego Ośrodka Pomocy Społecznej (MGOPS).
24 Angaben aus einem Papier des MGOPS-Sępopol (Charakterystyka Miasta i Gminy Sępopol).
25 Eigene Berechnung aufgrund Urząd statystyczny w Olsztynie 2003: 41ff. und Statistiken des Arbeitsamtes Bartoszyce. Nicht herausrechnen lassen sich Personen, die ein eigenes Unternehmen führen.

Während sich die prozentualen Angaben der Tabelle auf die Gesamtzahl der Einwohner beziehen, stellen die 411 angestellt Beschäftigten nur 10 Prozent der Bevölkerung im produktiven Alter dar.[26] Die Angaben sind leider nicht vollständig, da sowohl die Zahl der vor dem Erreichen des offiziellen Rentenalters aus dem Arbeitsmarkt entlassenen Personen fehlt, als auch keine Angaben über die Anzahl der mithelfenden Familienangehörigen in den Kleinlandwirtschaften gemacht werden können. In einer Studie zur wirtschaftlichen Situation in der Gemeinde geht man pauschal von jeweils zwei Personen aus, die in einem landwirtschaftlichen Betrieb arbeiten. Bei 674 landwirtschaftlichen Betrieben ergibt das eine Gesamtzahl von 1350 in der Landwirtschaft Beschäftigten.[27] Trotz dieser Unsicherheiten können wir jedoch aus den Angaben einen skizzenhaften Eindruck der wirtschaftlichen Situation gewinnen. Im Vergleich zu anderen Landkreisen der Wojewodschaft muss eine hohe Arbeitslosigkeit in der Gemeinde festgestellt werden. Gleichzeitig verfügen 40 Prozent der landwirtschaftlichen Betriebe der Gemeinde jeweils nur über maximal einen Hektar Land und weitere 20 Prozent erreichen eine maximale Größe von nur 5 ha. Daraus lässt sich schließen, dass ungefähr 60 Prozent der landwirtschaftlichen Betriebe subsistenzwirtschaftliches Niveau haben und tendenziell von Verarmung bedroht sind.[28] 299 Betriebe bewirtschaften zwischen 5 und 50 ha und machen damit 36 Prozent aller landwirtschaftlichen Betriebe aus. Bei den Letztgenannten ist davon auszugehen, dass sie neben der Subsistenzwirtschaft auch für den Markt produzieren. Gleichwohl ermöglichen diese Betriebe lediglich einen Lebensstandard deutlich unterhalb des landesweiten Durchschnitts.[29]

---

26 Pakuła 2005: 54.
27 Giedych et al. 2005: 76.
28 Bei den Kleinstlandwirtschaften handelt es sich häufig nur formal um Landwirtschaften. Sie dienen neben der subsistenzwirtschaftlichen Versorgung der Rentenabsicherung. Das polnische Rentensystem ermöglicht ab dem Besitz von einem Hektar die Mitgliedschaft in der landwirtschaftlichen Rentenkasse (KRUS), die für die Betroffenen deutlich bessere Bedingungen anbietet als die allgemeine Rentenkasse (ZUS). In der Regel muss man davon ausgehen, dass bei den Kleinstlandwirtschaften das Einkommen aus anderen Tätigkeiten erwirtschaftet wird. Einen wichtigen Zusatzverdienst, der sich auch bei wenigen Hektar auswirkt, stellen seit 2004 die von der EU gezahlten Flächengelder dar.
29 Den niedrigen Lebensstandard und die damit verbundene schwierige wirtschaftliche Situation bestätigen die Angaben der Schule, dass 5 Prozent (16 Schüler) hilfebedürftig, aber aufgrund der elterlichen Landwirtschaft von der Schulspeisung ausgeschlossen sind. Die staatliche Vorgabe geht also von einer Selbstversorgung landwirtschaftlicher Haushalte unabhängig von ihrer finanziellen Situation aus.

Ein weiterer Hinweis auf die wirtschaftliche Krise der Region findet sich, wenn wir die durchschnittlichen Bruttoeinkommen mit anderen Wojewodschaften vergleichen. Im Jahr 2001 führte die Wojewodschaft Mazowieckie mit 2682 Złoty[30] die Liste der Bruttoeinkommen an. Am unteren Ende befand sich mit rund 1790 Złoty u.a. die Wojewodschaft Warmińsko-Mazurskie, die damit auch unter dem gesamtpolnischen Durchschnittsverdienst von brutto 2045 Złoty lag.[31] Leider liegen viele statistische Daten nur auf der Kreis- oder Wojewodschaftsebene vor, sodass anhand dieser Angaben die Situation für Sępopol nur skizziert werden kann. Kommen wir noch einmal auf das Eingangszitat von Joanna Drozdowska zurück, so zeigt die hier entwickelte Argumentation die besondere Härte, mit der die Gemeinde Sępopol von der wirtschaftlichen Krise der letzten zwanzig Jahre getroffen wurde. Sie bewirkte die Schließung aller wichtigen Betriebe, die darauf folgende hohe Arbeitslosigkeit und eine biografische Perspektivlosigkeit, die häufig als einzige Zukunftsaussicht die Frühverrentung umfasst.

Deutlicher noch wird die wirtschaftliche Lage am Beispiel der Familie Kruk. Bis Anfang der 1990er Jahre führten die Kruks einen landwirtschaftlichen Betrieb, der im Zuge der Systemtransformation in Konkurs ging. Im Besitz der Familie erhalten geblieben sind das Wohnhaus und zehn Hektar verpachtetes Ackerland. Statistisch werden sie noch als landwirtschaftlicher Betrieb mit zehn Hektar eigenem Land gezählt. Neben der Gesamtpacht von 1500 Złoty pro Jahr erhalten sie auch 3000 Złoty EU-Landwirtschaftssubventionen. Weitere 6000 bis 9000 Złoty ergeben sich durch die saisonale Arbeitsmigration des Mannes, der jedes Jahr für zwei bis drei Monate nach Deutschland zur Spargelernte fährt.

5000 Złoty erwirtschaften sie mit dem Warenschmuggel aus Kaliningrad. Ihr monatliches Durchschnittseinkommen liegt zwischen 1292 und 1542 Złoty und damit unterhalb des statistischen Durchschnittseinkommens in der Wojewodschaft. Erwirtschaftet wird es überwiegend im informellen Sektor und im Graubereich halblegaler sowie illegaler Tätigkeiten.

An dem Beispiel der Familie Kruk ist nicht nur die Kombination prekärer Einkommensformen typisch, sondern auch die Verbindung von Schmuggel und saisonaler Arbeitsmigration in einem Haushalt. Häufig teilen sich die Eheleute die Arbeitsbereiche so auf, dass einer für mehrere Monate ins westliche Ausland fährt, und der andere regelmäßig dem Schmuggel nachgeht. Beata Kruk berichtet hierzu:

---

30 Der Wechselkurs betrug während meines Forschungsaufenthalts (2005–2006) ungefähr 1 Euro zu 3,50 Złoty.
31 Główny urząd statystyczny 2003: 188.

Frage: „Welche gibt es ..., sagen wir mal während eines Jahres, denkst du, dass der größere Teil des Familieneinkommens durch den Handel oder durch die Arbeit im Ausland erzielt wird?"
Beata Kruk: „Nein, nein, nein. Die Auslandsarbeit, je nachdem wie sie fahren, ergibt ein größeres Einkommen. Obwohl, weiß man das? Wenn man Strafmandate zahlen muss, verliert man den Verdienst, aber so ist das. Das heißt, das ist zusätzlich, wenn er wenigstens vier Monate [nach Deutschland, M.W.] fahren könnte, dann wäre das mehr. Aber dann ist es wieder so, mein Mann ist vier Monate nicht zu Hause [Ja, das ist auch so was, M.W.], ja. Und so, nun, das ist damit auch nicht, nicht, nicht so ... Wenn ich das Thema noch ein wenig vertiefe, dann fange ich gleich an zu weinen. Ich bin schrecklich empfindsam."[32]

Zwischen mir und der Interviewpartnerin besteht Übereinstimmung darüber, den Schmuggel mit dem neutralen Begriff des „Handels" zu umschreiben. Zeitweise fahren Beate und ihr Mann gemeinsam nach Kaliningrad, und auf einer der Fahrten lernte ich sie auch kennen. Die Fahrten zu zweit sind angenehmer, weil man die lange Wartezeit bei der Einreise nach Polen nicht alleine verbringen muss. Als ich sie kennenlerne, sind beide etwas nervös, da Beatas Mann in zwei Tagen in Norddeutschland zur Spargelernte erwartet wird und eine weitere Verzögerung bei der Grenzabfertigung seinen Zeitplan gefährdet. Im weiteren Gespräch wird deutlich, dass es prinzipiell möglich wäre, mit dem Schmuggel ein höheres Einkommen als mit der Saisonarbeit zu erzielen. Jedoch liegt Beata die umgekehrte Überlegung näher, nämlich durch eine verlängerte Saisonarbeit auf den Schmuggel verzichten zu können. Vor die Alternative gestellt, würde ihr die Entscheidung nicht leicht fallen, da zusätzliche Arbeitsmonate in Deutschland mit einer noch längeren Trennung von ihrem Mann verbunden wären. Festzuhalten ist an dieser Stelle nicht nur die Verbindung von Schmuggel und Saisonarbeit, sondern auch die positive Bewertung der Saisonarbeit im Vergleich zum Schmuggel. Grzegorz, ein anderer Schmuggler, betrachtet die Zeit, die er jedes Jahr in Frankreich bei der Weinlese verbringt, als „erholsame Arbeitspause" vom täglichen Stress an der Grenze. Selbst wenn es sich dabei um eine Übertreibung

---

32   Frage: „Jakie są, czy powiedzmy przez okres roku, czy możesz pomyśleć, że najwięcej dochodu rodzinnego są przez handel lub przez pracę za granicą?"
     Beata Kruk: „Nie, nie, nie. Praca za granicą tak o jak oni jeżdżą to więcej dochodu daje. Chociaż ja wiem? Spłacić mandaty to wtedy zarobku by było ale jest i tak. To znaczy to jest takie dodatkowe bo gdyby on wyjeżdżał na co najmniej 4 miesiące no to by było więcej tego. No ale znowu męża 4 miesiące nie mieć w domu [No tak to też jest.], no. I ten, no to też trochę tak jakoś nie, nie, nie tego. Jeszcze trochę bym pociągnęła ten temat i już bym się rozpłakała. Jestem strasznie uczuciowa."

handeln sollte, so wird doch die mit dem Schmuggel verbundene emotionale Belastung deutlich.

Dem fremden Beobachter wird in Sępopol die große Anzahl von Einzelhandelsgeschäften auffallen. Die folgende Tabelle zeigt die Entwicklung der selbstständigen Kleinunternehmen in den ersten Jahren der Systemtransformation:

Tabelle 4: Anzahl der Kleinunternehmen in Sępopol 1989 und 1995

Wirtschaftstätigkeit	31.12.1989	31.12.1995
Baugewerbe	17	9
Kfz-Werkstätten und Kleintransporte	9	13
Händler[33]	7	80
Schneidereien	4	0
Friseursalons	2	4
Haushaltswaren und Haushaltselektrik	2	5
Fotostudios	1	1
Schuhmachereien	1	1
Konditoreien	1	0
Steinmetz-Betriebe	1	1
Tierarztpraxen und Viehhandel	0	6
Arztpraxen	0	1
Forstwirtschaftliche Betriebe	0	4
Summe	45	125

Quelle: Angaben der Gemeindeverwaltung Sępopol

Aus der Tabelle wird ersichtlich, dass in den ersten Jahren der Systemtransformation in bestimmten Bereichen ein starker Zuwachs an neu gegründeten Unternehmungen stattfand. Dies betrifft vor allem die Bereiche Handel, Kfz-Reparaturen und Kleintransporte. Abgesehen von den Friseuren und den Kfz-Mechanikern handelt es sich um Berufsbereiche, die keine spezielle Ausbildung erfordern und sich daher für eine große Gruppe von Arbeitslosen als Erwerbsform eignen. In besonderem Maße trifft das auf den Bereich des Handels zu, unter dem hier in erster Linie der Einzelhandel zu verstehen ist. Leider war in der Gemeinde keine aktuelle Statistik verfügbar, daher basiert die nachfolgende Tabelle auf eigenen Beobachtungen und Befragungen:

---

33 Eine detaillierte Aufstellung der Händler ist nicht verfügbar. Nach mündlichen Auskünften gehört dazu der Handel mit Lebensmitteln, Drogeriewaren, Papier, Zeitschriften und Bekleidung.

Tabelle 5: Anzahl der Kleinunternehmen in Sępopol 2005

Wirtschaftstätigkeit	29.11.2005
Lebensmittel	13
Drogerie und Haushaltswaren	5
Gebrauchtkleiderhändler	3
Gastwirte	3
Friseursalons	3
Handel mit Bau- und Landwirtschaftsbedarf	2
Kfz-Werkstätten[34]	2
Arztpraxen	2
Steinmetz-Betriebe	2
Metzgereien	2
Bäckereien	2
Schustereien	1
Viehhandel	1
Fotostudios	1
Blumengeschäfte	1
Apotheken	1
Kioske	1
Haushaltswaren, Haushaltselektrik und Möbel	1
Schreibwarenhändler	1
Postfilialen	1
Banken	1
Summe	56

Quelle: Eigene Datenerhebung

Obwohl die Datengrundlagen der Tabellen 4 und 5 unterschiedlich sind,[35] lassen sich aus ihnen einige für die wirtschaftliche Entwicklung seit 1995 relevante Aussagen ableiten. In der Rückschau kann man für Mitte der 1990er Jahre von einem Boom der selbstständigen Kleinunternehmungen sprechen, deren Zahl sich anschließend bis 2005 wieder reduzierte. Auffallend sind die vielen Geschäfte mit einem identischen Angebot an Lebensmitteln, Drogeriewaren und Haushaltsartikeln, schließlich leben in dem Ort lediglich 2000 Menschen. Fasst

---

34 Das Kleintransportgewerbe bestand 2005 nur noch im informellen Bereich der Ökonomie.

35 Im Unterschied zu den Angaben in Tabelle 4, die auf den Meldedaten bei der Gemeinde beruhen, erfasst Tabelle 5 lediglich die sichtbaren Geschäfte.

man die Anzahl der Lebensmittel- und Drogeriewarenhändler zusammen, so finden wir 18 Geschäfte oder, bezogen auf die Stadt Sępopol, auf 120 Personen einen Laden. Gleichzeitig fährt die Mehrzahl der Einwohner regelmäßig in die Kreisstadt und tätigt dort die Einkäufe in preisgünstigen Discounterfilialen. In Sępopol selber kaufen viele Einwohner lediglich Kleinigkeiten. Um das Phänomen dieser kleinen Geschäfte des täglichen Bedarfs zu erkunden, sollen im Folgenden zwei Beispiele exemplarisch vorgestellt werden.

Hanna Michalska ist Ende 50, neben ihrem Einkommen aus einem kleinen Laden bezieht sie eine Witwenrente. Bei dem Interview ist ihre erwachsene Tochter anwesend, die mehrmals in den Gesprächslauf eingreift. Hanna Michalska führt in ihrem Geschäft eine beschränkte Auswahl an Lebensmitteln und Drogeriewaren:

Frage: „Sie hatten ihren eigenen Laden [Hatte ich.] hier [Ja, ja, ja.] womit hatten Sie ihr Geschäft eröffnet?"

Hanna Michalska: „Vor dreieinhalb Jahren, nein, es war der 1. September [Nein, 13. September.][36], aber seit dem 1. September [Aha.] 2002 habe ich die Dokumente. Das sollt' so ein kleiner Laden sein, ein Geschäftsbeginn für meinen Sohn oder meine Tochter. Das hängt davon ab, für wen es passt. Es ist einfach Tradition, weil ich schon Witwenrente bekam, und ich wollte für sie etwas machen, man sieht ja, wie es mit Arbeit ist, damit schon etwas vorbereitet ist. Ja (undeutlich), ich saß in dem Geschäft, es lief nicht besonders gut, und so musste man aufgeben. Für mich als Rentnerin ging es so, ich habe, hatte niedrigere Abgaben [Sehr niedrige Abgaben.], was ich zahlen musste, sehr wenig bezahlte ich für den Laden, nur 130 Złoty, im Winter 100..., 100..., 160 und nur die Krankenkassenabgaben. Ich brauchte keine Sozialversicherung zahlen, nur die Krankenkasse."[37]

36 Die Zwischenbemerkungen der Tochter werden in eckigen Klammern wiedergegeben.
37 Frage: „Pani miała własny sklep [Miałam.] tutaj [Tak, tak, tak.] kim Pani otworzyła tutaj sklep?"
Hanna Michalska: „Trzy i pół roku temu, nie, to było 1 sierpnia [Nie, 13 sierpnia.] ale od 1 sierpnia mam [Aha.] te dokumenty 2002 roku. I to miał być sklepik taki, rozkręcenie interesu dla syna albo dla córki. To zależy dla kogo to miało być. No po prostu tradycyjne, ponieważ ja byłam jeszcze na rencie rodzinnej i chciał po prostu dla nich coś wiadomo, jak z pracą jest, żeby po prostu kiedyś się ustawili. No (undeutlich) przesiedziałam w tym sklepiku, rozkręcić za bardzo się nie dało, i trzeba było zrezygnować. Jeszcze tak, jako, o ja, rencistka, to jeszcze mam, miałam mniejsze opłaty, [Bardzo małe opłaty.] to co na opłaty, bardzo mało pieniędzy płaciłam za lokal, tam było 130 złotych, zimową porą do 100..., 100..., 160 i składka zdrowotna tylko była. Nie była to składka zusowska tylko zdrowotna."

Hanna Michalska spricht von ihrem Geschäft in der Vergangenheit, da wir das Interview unmittelbar nach der Geschäftsaufgabe führen. Ihre Motivation zur Eröffnung des Ladens bestand in Anbetracht der hohen Arbeitslosigkeit darin, einem ihrer Kinder eine wirtschaftliche Absicherung zu verschaffen. Die Ausgangsbedingungen erschienen günstig, da die Miete für das Ladenlokal gering war und Frau Michalska als Rentnerin für vier Jahre von den Sozialabgaben befreit wurde und nur einen geringen Beitrag zur Krankenkasse zu entrichten hatte. 1500 Złoty investierte sie in die Erstausstattung, in Einrichtungsgegenstände und Waren. Von Beginn an war sie sich darüber im Klaren, dass die erfolgreiche Etablierung ihres Ladens angesichts der vielen bereits bestehenden Einzelhandelsgeschäfte nicht einfach werden würde. Als gelernte Verkäuferin hoffte sie, wie sie sagt, auf „irgendeine Intuition". Tatsächlich erwies sich das bald als Fehlkalkulation. Nicht nur, dass ihr Laden von der Straße nicht einsehbar war, zudem konnte sie die Preise der benachbarten Geschäfte nicht unterbieten. Während andere Geschäftsleute mit dem eigenen Wagen die Anlieferung übernahmen, fehlte ihr ein Fahrzeug, und so war sie auf die Unterstützung Dritter angewiesen. Daher kann es nicht erstaunen, dass nur wenige Kunden ihr Geschäft aufsuchten:

Hanna Michalska: „Das heißt, wie viele Kunden? [Wie viele Kunden?]. Sehr wenige, sehr wenige, weil, weiß ich, so 10, höchstens 15 Kunden, [Also, das war lächerlich.] lächerlich, nicht [Lächerlich.], aber ich sage ja, ein Kunde kam und kaufte, sagen wir mal eine Rolle Toilettenpapier, ein Zweiter kam und kaufte Erbsen, aber manchmal kaufte der Dritte mehr Sachen. [Ja, einer kam und ließ hier 1,50 Złoty, aber andere, wenn es gut lief, 30 Złoty.] Ja, ja, ... selten waren es 30, aber ..."[38]

Mit einem durchschnittlichen monatlichen Umsatz von 1500 bis 2000 Złoty war es ihr nicht möglich, das Geschäft gewinnbringend zu halten. Trotzdem führte sie es vier Jahre lang bis zum offiziellen Ende der Befreiung von den Sozialabgaben. Da die ab Januar 2006 monatlich zu entrichtenden Sozialabgaben von fast 700 Złoty den Gewinn ihres kleinen Ladens überstiegen hätten, schloss sie vorher das Geschäft.

---

38   Hanna Michalska: „Znaczy, ilu klientów było? [Ilu klientów?]. Bardzo mało, bardzo mało, bo to ja wiem, do 10, góra 15 klientów, było [Czyli to było śmieszne.] śmieszne, no [Śmieszne] ale ja mówię, że jeden klient przyszedł i kupił przypuśćmy rolkę papieru toaletowego, drugi przyszedł kupił groszek, no ale trzeci czasami więcej rzeczy kupił. [Tak, ktoś przyszedł zostawił powiedzmy 1,50 zł a inny 30 jak dobrze poszło.] No, no, ... tak 30 to rzadko było, ale ..."

Das zweite Interview, aus dem ich zitieren werde, wurde mit Bronisław Walicki geführt. Er ist ebenfalls Ende 50, jedoch hatte er aufgrund seiner langjährigen Auslandstätigkeit keine Möglichkeit, eine Frühverrentung in Anspruch zu nehmen. Bronisław Walicki verkauft Drogerie- und Haushaltswaren sowie als Besonderheit Gärtnereibedarf. Auch Bronisław Walicki musste wenige Monate, nachdem ich ein Interview mit ihm aufgezeichnet hatte, sein Geschäft aufgeben. Als Arbeitsloser konnte der 1949 Geborene die Vorruhestandsregelung nicht in Anspruch nehmen, da diese nur für die Jahrgänge bis 1948 gilt. Nachdem die zeitlich befristete Zahlung von Arbeitslosengeld ausgelaufen war, er aber auch keine Arbeit hatte finden können, sah er sich gezwungen, auf seine Ersparnisse zurückzugreifen. Von einem Bekannten, der aufgrund einer Erkrankung sein Geschäft aufgeben wollte, konnte er dessen Laden übernehmen. Den Impuls zur Eröffnung eines eigenen Geschäftes erhielt er durch eine finanzielle Unterstützung des Arbeitsamtes in Höhe von 11.000 Złoty. Der Betrag wurde als nicht rückzahlbarer Zuschuss gewährt, wenn das Geschäft während eines bestimmten Mindestzeitraums bestehen bliebe. Da der Laden nicht gewinnbringend zu führen war, übergab ihn Bronisław Walicki nach Ablauf des vom Arbeitsamt vorgegebenen Mindestzeitraums an einen Nachfolger.

Bronisław Walicki: „Meine Frau ist im Vorruhestand, sie arbeitet schon nicht mehr. Sie erhält nur 680 Złoty als Vorruhestandsgeld.[39] Was ist das, was sind heutzutage 680 Złoty, ich hatte tatsächlich nichts. Jetzt habe ich daher für mich den Laden, hier. Nun aber, verflucht, 730 Złoty muss ich allein Sozialabgaben zahlen im Monat, (5) das tut weh. Der Laden ist nicht teuer, weil wir rund 150 Złoty zahlen für, für den Laden, für den Laden, als Miete, weil er im Keller liegt. Nun, summa summarum, alles zusammen ergibt leicht 1000 Złoty. (3) [Und das ist schon eine Menge. M.W.] Aber 1000, alles über 1000 Złoty ist das, das, was dir bleibt. Das, was dir hier bleibt, aber damit du hier 1500 Złoty erarbeitest, bei diesem Umsatz, die Leute haben kein Geld."[40]

---

39 Das Vorruhestandsgeld beträgt 120 Prozent des Arbeitslosengeldes, für 2006 war dies ein Betrag von 626,28 Złoty. Der Betrag steigt bis auf 835,04 Złoty in Wojewodschaften mit erhöhter Arbeitslosenquote (Węcek 2006: 20).

40 Bronisław Walicki: „Żona jest na bezie, przed emerytalnym, ona już nie pracuje. Tylko ma 680 złotych ma przed emerytalnej. Co to jest, co to jest 680 złotych dzisiaj, prawda ja nie miałem nic. Więc, teraz ja to mam na siebie ten sklep, tu. No ale kurde, 730 złotych samego ZUS-u muszę zapłacić co miesiąc, (5) to jest ból. Lokal nie jest drogi, bo w granicach 150 złotych płacimy za, za lokal, za dzierżawę dla tego co jest w piwnicy. No suma sumarum to wszystko no 1000 złotych to tak leciutko. (3) [A to już jest kawałek.] Ale 1000, powyżej 1000 co ci zostanie, to, to

Unerwähnt bleibt in dem Interview die mehrmonatige saisonale Arbeit seiner Frau in Deutschland. Nur mit diesem Einkommen ist es ihnen möglich, ihren Lebensstandard zu sichern und einer Verarmung zu entgehen. Weder die Frührente noch der Gewinn aus dem Geschäft reichen aus, um die Armutsgrenze von mindestens 60 Prozent des durchschnittlichen Einkommens zu überschreiten.[41]

Bronisław Walicki und Hanna Michalska verdeutlichen beispielhaft die Versuche von Einwohnern, der Arbeitslosigkeit zu entgehen. Ein Einstieg in den Handel erfordert nur geringe fachliche und finanzielle Voraussetzungen. Im Fall von Bronisław wurde die Selbstständigkeit durch eine Zahlung des Arbeitsamtes unterstützt, die es ihm u.a. ermöglichte, eine Registerkasse, einen PC und Drucker zu kaufen. Die laufenden Kosten erscheinen aufgrund geringer Mieten zunächst überschaubar, bis sich zeigt, dass es nicht möglich ist, den Betrieb gewinnbringend zu führen. Die häufigen Besitzerwechsel der Geschäfte sind ein Ergebnis der unbefriedigenden Einkommensmöglichkeiten. Sowohl Hanna als auch Bronisław übernahmen ihren Laden schon von einem Vorbesitzer und konnten die Geschäfte anschließend an neue Pächter übergeben. Obwohl diese die negativen Erfahrungen kannten, hinderte das die neuen Pächter nicht daran, ebenfalls ‚ihr Glück zu versuchen'. Zusätzlich sind die strukturellen Ausgangsbedingungen im Laufe der Jahre tendenziell schlechter geworden, da mit zunehmender Motorisierung preiswerte Supermärkte im rund zwanzig Kilometer entfernten Bartoszyce in erreichbare Nähe gerückt sind. Geblieben sind aber Arbeitslosigkeit und wirtschaftliche Perspektivlosigkeit, aus denen sich die Motivation zur Eröffnung aussichtsloser Unternehmungen speist.

Die vielen Einzelhandelsläden mit identischem Warenangebot erscheinen als der sprichwörtliche Strohhalm, mit dem sich Betroffene zu retten versuchen. Wie nicht anders zu erwarten, ist die Lebensdauer der Geschäfte sehr kurz. Immer wieder öffnen oder schließen Läden, wechseln den Besitzer und werden nach einigen Monaten wieder neu eröffnet. Dies betrifft neben Lebensmittel- und Drogeriewaren auch Geschäfte mit gebrauchter Kleidung. Letztere wird aus dem Westen importiert und findet hier das rege Interesse von Kunden. Jedoch zeigte

---

jest twoje. Tu co ci zostanie ale na czysto, żeby zarobić 1500 złotych tutaj, przy takich obrotach ludzie nie mają pieniędzy."

41   Berechnung: Das Durchschnittseinkommen 2001 betrug in der Wojewodschaft 1790 Złoty, minus pauschal 30 Prozent entsprach das einem Nettodurchschnittseinkommen von 1258 Złoty. 680 Złoty sind 54 Prozent von 1258 Złoty. 2002 stellten 680 Złoty lediglich 47 Prozent des Durchschnittsverdienstes in der Wojewodschaft dar. Zu bedenken ist hierbei, dass das Interview 2006 geführt wurde und aufgrund des steigenden Durchschnittsverdienstes die Armutsgrenze weiter angehoben wurde. Berechnung nach: Główny urząd statystyczny 2003: 188f.

sich auch bei dieser Branche, dass allein im Zeitraum der Feldforschung von 2005 bis 2006 die Anzahl der Geschäfte zwischen einem und drei schwankte. Das vorliegende Buch wäre nicht geschrieben worden, wenn sich in dieser Situation nicht für eine größere Anzahl der Einwohner der Schmuggel als Alternative anbieten würde. Doch bevor wir den Schmuggel aus der Nähe betrachten, stellt sich in Anbetracht der schwierigen wirtschaftlichen Lage die Frage, warum einige Einwohner schlecht entlohnte Arbeitsverhältnisse dem informellen Grenzhandel vorziehen. Joanna Drozdowska ist mit Mitte 40 ungefähr zehn Jahre jünger als meine eben zitierten Interviewpartner. Joanna ist arbeitslos, erhält von der Gemeinde für sich und ihre zwei Kinder monatlich 86 Złoty Sozialunterstützung und arbeitet informell als Verkäuferin.[42] Für diese Tätigkeit erhält sie bei einer Sechstagewoche mit je sechs Stunden 100 Złoty pro Woche. Wie viele andere in vergleichbarer Situation versuchte auch sie sich im Schmuggeln:

Joanna Drozdowska: „Ich habe auch einmal probiert dorthin zu fahren, aber das ist bald gut drei Jahre oder mehr her. Ich sage, ich werde fahren und schauen, wie es dort ist. Wie sie das machen. Ja, und als ein Kollege meines Sohnes fuhr, nahm er uns mit im Minibus. Mein Gott. Wir sind so ungefähr um halb elf losgefahren am Abend und um halb acht am Morgen zurückgekommen. Und ich habe gesagt, im Leben. Wir mussten allein an der russischen Grenze von zwölf bis halb sieben stehen. Mir reichte es. Mir reichte das so. Sie schliefen alle, denn sie waren es gewöhnt, weil sie nicht zum ersten Mal da waren. Ich war zum ersten Mal mit ihnen gefahren, nur um das einmal zu sehen. Ich sagte, nie im Leben werde ich fahren."[43]

Obwohl der Schmuggel einen sicheren Gewinn verspricht, wirken die psychischen Belastungen abschreckend und sind erst nach einem längeren Gewöhnungsprozess zu bewältigen. Zu einem späteren Zeitpunkt wird darauf zurückzukommen sein. Vorerst sollte an dieser Stelle das Problem erst einmal skizziert werden. Doch um die ökonomisch-soziale Situation etwas genauer zu umreißen,

---

42 Ihr stehen auch Alimente zu, die sie jedoch nach ihren Angaben nur unregelmäßig erhält.

43 Joanna Drozdowska: „Także ja raz pojechałam spróbować ale to będzie już z dobre 3 lata albo i lepiej temu. Pojadę mówię zobaczyć jak to jest. Jak oni tego. No i tak syna kolega jechał, zabrał nas busem. Jejku. Wyjechaliśmy bodajże chyba gdzieś w pół do jedenastej wieczorem a wróciliśmy na w pół do ósmej rano. A ja powiedziałam w życiu. Myśmy tylko na ruskiej granicy stali od 12 bodajże do w pół 7. Ja miałam dosyć. Ja miałam tak dosyć. Oni wszyscy spali bo byli przyzwyczajeni do tego bo oni nie pierwszy raz. Ja pierwszy raz z nimi pojechałam zobaczyć tylko. Powiedziałam w życiu nie pojadę."

erscheint es notwendig, auf die Sozialunterstützung einzugehen, da sie für die Mehrzahl der Arbeitslosen die einzige finanzielle Hilfe darstellt. In Polen wird der Anspruch auf Arbeitslosengeld durch eine einjährige versicherungspflichtige Tätigkeit erworben, die in einem Zeitraum von 18 Monaten vor Beginn der Arbeitslosigkeit ausgeübt und mindestens mit dem staatlich festgelegten Mindesteinkommen von 899 Złoty entlohnt wurde. Die Höhe der Zahlungen ist abhängig von der Anzahl an Berufsjahren, während die Dauer der Zahlung von Arbeitslosenunterstützung vom prozentualen Umfang der Arbeitslosigkeit der Wojewodschaft abhängt, in der ein Arbeitsloser seinen Wohnsitz hat.[44] Für die Wojewodschaft Ermland-Masuren wurde im Jahre 2006 die maximale Bezugsdauer von Arbeitslosengeld von 18 auf 12 Monate gekürzt. Gleichzeitig betrug das Arbeitslosengeld 626,28 Złoty. Da in der Sozialgesetzgebung Arbeitslosigkeit nicht als Berechtigungsgrund für die Zahlung von Sozialhilfe vorgesehen ist, sind Arbeitslose nach dem Auslaufen des Arbeitslosengeldbezugs auf die Gutwilligkeit der jeweiligen Gemeindeverwaltungen und Sozialämter angewiesen. Als regelmäßige Unterstützung ist Sozialhilfe nur bei besonderen Umständen für Waisen, Obdachlose, Drogensüchtige, Alleinerziehende u.Ä. vorgesehen, jedoch werden Arbeitslose vom Sozialhilfebezug als ständiger Beihilfe ausdrücklich ausgenommen:[45] „Das Recht auf finanzielle Zuwendungen haben Personen und Familien, deren Einkommen die gesetzlich vorgeschriebene Einkommensgrenze (Einkommenskriterium) nicht übersteigt und auf die mindestens eine der o.g. Umstände zutrifft."[46] Arbeitslose haben jedoch die Möglichkeit, eine vorübergehende Beihilfe zu erhalten.[47] Obwohl mit der Individualisierung der Sozialhilfe eine größere Gerechtigkeit angestrebt wurde, erscheint die Umsetzung zweifelhaft, zumal die Bedürftigkeit des Antragstellers durch

---

44   Wenn in einer Wojewodschaft die Arbeitslosenquote niedriger als der Landesdurchschnitt ist, sinkt die Bezugsdauer auf sechs Monate; wenn die Quote mehr als 125 % über dem Landesdurchschnitt liegt, dann steigt die Bezugsdauer auf 18 Monate. 18-monatiges Arbeitslosengeld erhalten auch Arbeitslose, die ein Kind unter 15 Jahren betreuen oder deren Ehepartner arbeitslos ist und keine Unterstützung erhält (Węcek 2006: 20).

45   Ausgenommen sind „Personen, deren Bezugsdauer des Arbeitslosengeldes abgelaufen ist" (zitiert nach Kopacka-Klose 2008: 96f.).

46   Ebd. 58.

47   In ländlichen Regionen der Wojewodschaft Ermland-Masuren erhalten von den Arbeitslosen 24,7 % befristete Sozialhilfe, 13,1 % Wohnungsbeihilfe und 3,6 % ständige Sozialhilfe (Niedzielsli 2000: 93). Vgl. auch Raport społeczny Polska 2005: 149.

eine Befragung in seinem Wohnumfeld festgestellt wird, die innerhalb von 14 Tagen nach der Antragstellung erfolgt.[48]

Tatsächlich beschränkt sich die Zahlung von Sozialhilfe an Arbeitslose, soweit sie keine darüber hinausreichenden „besonderen Umstände" geltend machen können, auf geringe Summen, deren Mindesthöhe monatlich 30 Złoty beträgt und die deutlich unter den Leistungen ständiger Beihilfe bleiben. „Die hilfebedürftigen Personen, die kein Einkommen erzielen, bekommen in der Regel auch nur 35 % (bei Alleinstehenden) und 25 % (bei Familien)[49] des jeweiligen Einkommenskriteriums [...] als vorübergehende Hilfe."[50] Der polnische Soziologe Niedzielski bemerkt dazu, dass den Arbeitslosen eine dauerhafte Unterstützung fehlt und sie daher gezwungen sind, mit einer unsicheren Zukunft zu leben.[51] Für das Jahr 2002 zeigen die Unterlagen des Sozialamtes von Sępopol, dass 82 Prozent der Arbeitslosen kein Anrecht auf Arbeitslosengeld hatten, also über den Bewilligungszeitraum hinaus arbeitslos waren. Einen Eindruck von der niedrigen Unterstützung der Arbeitslosen gibt folgender Vergleich anhand der Sozialamtsstatistik der Gemeinde Sępopol. Im Jahr 2003 erhielten 15 Personen, die nicht unter der Rubrik „arbeitslos" geführt wurden, 20.183 Złoty an befristeter Sozialunterstützung, was einem Betrag von 1345 Złoty pro Person entsprach. Gleichzeitig erhielten 405 Arbeitslose 19.454 Złoty als befristete Sozialunterstützung, also pro Person eine Summe von 48 Złoty.[52]

Einen weiteren Einblick in die schwierige wirtschaftliche Situation der Einwohner von Sępopol liefern die Angaben der örtlichen Schule. 57 Prozent der Schüler kommen aus arbeitslosen Familien. Von diesen 249 Familien haben 214 kein Anrecht auf Zahlungen von Arbeitslosengeld.[53] 35 Prozent der Schüler erhalten aufgrund der wirtschaftlichen Situation ihrer Familien Unterstützung bei

---

48 Kopacka-Klose 2008: 100.

49 Die Beträge von 477 Złoty für Alleinstehende und 351 Złoty für Personen, die in einer Hausgemeinschaft leben, werden vom Sozialamt bei der Berechnung des Bedarfs zugrunde gelegt. Für Alleinstehende beträgt die maximale Leistungshöhe 444 Złoty (Kopacka-Klose 2008: 95). Vgl. auch Raport społeczny Poska 2005: 105.

50 Kopacka-Klose 2008: 100.

51 Niedzielski 2000: 97. Vgl. auch Gazon 2008: 50 und Droth/Grimm/Haase 2000: 82.

52 Sprawozdanie 2003: 2. Im Jahr 2004 teilten sich 1426 Personen eine Summe von 132.426 Złoty, pro Person sind das 93 Złoty (ebd. 4). Einschränkend muss hier bemerkt werden, dass für die Durchschnittsberechnung ein Bezugszeitraum von 12 Monaten zugrunde gelegt wurde, da der genaue Zeitraum nicht einsehbar war und nur die Daten für das gesamte Jahr zur Verfügung standen. Jedoch werden die Angaben der Betroffen durch die Berechnung bestätigt.

53 Wstępna Diagnoza 2005/2006.

der Anschaffung von Schulheften und Büchern sowie bei Kleidung, Fahrtkosten und Schulspeisung. Fünf Prozent erhalten diese Hilfen nicht, da ihre Familien einen kleinen landwirtschaftlichen Betrieb bewirtschaften, obwohl sie sich ebenfalls in schwierigen wirtschaftlichen Verhältnissen befinden.[54]

Erst wenn wir die Zahlungen mit den Preisen für Lebensmittel vergleichen, wird eine Annäherung an den Lebensstandard der Arbeitslosen und Sozialhilfeempfänger möglich. Daher wurden für das Jahr 2006 die Preise in einem Supermarkt von Bartoszyce erhoben, dessen Preise in der Regel niedriger als in Sępopol sind.

Tabelle 6: Lebensmittelpreise in Bartoszyce 2006

Produkt	Preis in Złoty
Äpfel, 1 kg	1,50
Apfelsinen, 1 kg	3,80
Butter, 250 g	2,90
Hüttenkäse	2,00
Joghurt	1,20
Käse, 1 kg	16,80
Mehl, 1 kg	1,20
Milch, 1 l	1,70
Orangensaft, 1 l	3,60
Schokolade, 100 g	2,60
Spaghetti, 500 g	2,50
Wodka, 0,5 l	16,00
Zucker, 1 kg	3,40

Quelle: Eigene Erhebung 2006

Zur Illustration der Lebensbedingungen, die sich hieraus für Arbeitslose ergeben, sollen an dieser Stelle beispielhaft Betroffene zu Wort kommen.

Frage: „Das heißt, vom Sozialamt erhalten Sie kein Geld? Sie erhalten die Genehmigung, am Gemeinschaftsessen teilzunehmen? Wenn Sie Hunger haben, können Sie etwas im Laden kaufen?"

---

54 Bei Landwirten legt das Sozialamt pauschal ein Einkommen von 194 Złoty pro Hektar zugrunde. Nach Berichten von Lehrern sind jedoch diese Familien häufig ebenfalls von Armut betroffen.

Kazimierz Nowak: „Nein, Geld geben sie mir überhaupt nicht, nur für den Laden [erhalte ich Einkaufsgutscheine, M.W.], sie [die Einkaufsgutscheine, M.W.] umfassen eine bestimmte Summe, für die ich etwas nehmen kann."
Frage: „Wie viel ist das zum Beispiel?"
Kazimierz Nowak: „Das ist insgesamt ..., beispielsweise, wenn sie für den Strom nicht zahlen, das sind 120 Złoty im Monat. Was sind 120 Złoty? [Fürs Essen.] Fürs Essen, aber dazu noch, beispielsweise muss ich 25 Złoty für den Strom bezahlen, das kommt auf 30 Złoty, weil die Überweisung auf der Post 3 Złoty kostet, nun, das, da bleiben 100 Złoty. Nicht einmal das, 90 Złoty bleiben mir für den Monat zum Essen. Und zum Geschäft (undeutlich). Was soll ich dort ..., Nudeln? Man weiß doch, diese Bedürfnisse habe ich nicht. Etwas Fett, das ist alles. Nun, und Brot. Was kann ich für die 90 Złoty im Monat bekommen? Das ist wahr. Heizmaterial muss ich selber organisieren."[55]

Die Liste der Zitate mit ähnlichem Inhalt ließe sich fortsetzen, ohne dass sich neue Erkenntnisse ergeben. Arbeitslose, deren einziges Problem die Arbeitslosigkeit ist, ohne über ein weiteres Handicap zu verfügen, erhalten in der Regel nicht mehr als einen Unterstützungsbetrag von zwei Złoty am Tag. Mit diesem Betrag ist es nicht einmal möglich, die Gasflaschen für den Herd zu bezahlen, auf dem sie sich ein warmes Essen zubereiten könnten:

Frage: „Wie ist das für Leute, die nichts haben, die keine Arbeit finden und bei denen das Arbeitslosengeld ausläuft?"
Barbara Lewandowska: „Nun, sie suchen. Kombinieren. Sie bemühen sich, irgendwas, im Sommer oder im Frühjahr irgendwo auf einer Landwirtschaft oder so und, und so ... Wissen Sie, tatsächlich weiß ich nicht wie. Ich wundere mich immer, wie jemand, diejenigen, wer keine Einkünfte hat, aber die Leute ..., denn es gibt sehr viele solcher Leute bei uns,

---

55   Frage: „To znaczy od opieki społecznej pan nie dostaje pieniędzy? Pan dostaje pozwolenie na jedzenie? Na głód kupić w sklepie coś?"
Kazimierz Nowak: „Nie, to w ogóle pieniędzy mi nie dają, tylko do sklepu oni mają sumę ile mogę wybrać przykładowo."
Frage: „Ile to jest przykładowo?"
Kazimierz Nowak: „To jest całe ..., przykładowo jak by za prąd mi nie płacili to jest 120 złotych miesięcznie. 120 złotych co to jest? [Na jedzenie.] Na jedzenie, ale z tego jeszcze przykładowo mam 25 za prąd, wychodzi tam 30, bo na poczcie 3 złote kosztuje wysłanie jeszcze, tego nie mojego, no, to, no to wychodzi 100 złotych. Nawet nie, 90 złotych wychodzi na miesiąc na jedzenie. I do sklepu (undeutlich). To co będę, makaron tam? Wiadomo takie to potrzebne nie mam. Tłuszcze jakieś, to wszystko. No chleb. Za te 90 złotych co ja nabiorę na miesiąc czasu? Taka prawda. Opał musze sam kombinować."

wo weder der Mann arbeitet, noch die Frau arbeitet. Nun, vielleicht erhalten sie vom Sozialamt ein paar Groschen, aber das sind Groschen. Sie haben schließlich Kinder. Meist haben sie einige...einige...mehrere Kinder, aber trotz alledem, wie leben sie? Sie leben, schließlich müssen sie das und essen und ..."[56]

Barbara Lewandowska ist ebenfalls arbeitslos und unterstützt ehrenamtlich Arbeitslose und Sozialhilfeempfänger. Ein Kommentar zu ihrem Bericht erübrigt sich, doch erscheint es sinnvoll, den angesprochenen Aspekt der Erntearbeit noch einmal aufzugreifen. Außerhalb der Wintermonate besteht die übliche Reaktion des Sozialamtes gegenüber Antragstellern darin, diese aufzufordern, sich in den umliegenden Dörfern als Erntehelfer zu verdingen. Eine Mitarbeiterin des Sozialamtes erwähnte, dass sich diese Praxis in der Gemeinde herumgesprochen habe, und daher in den Sommermonaten kein Antragsteller das Sozialamt aufsuchen würde:

Frage: „Wie viel kann man, wissen Sie zufällig, wie viel man beispielsweise mit Erdbeeren verdienen kann, zum Beispiel? Bezahlen sie im Akkord oder im Stundenlohn?"
Barbara Lewandowska: „Sie, sie [zahlen, M.W.] im Akkord, pro Korb. Aber wie viel für einen Korb? Ein Korb ..., ich weiß, dass meine Nachbarin, sie ist sehr fleißig, und täglich, so um vier am Morgen, fuhr sie los und so irgendwann am Nachmittag kam sie zurück, aber so um die 20, 30 Złoty verdiente sie täglich. Aber dafür muss man hart arbeiten, wirklich. Weil das eine schwere Arbeit ist. Wenn man irgendwohin ins Ausland fährt, dort ist es auch schwer, dort muss man auch hart arbeiten, man weiß das, ob bei Erdbeeren oder beim Spargel oder bei irgendwas anderem. Aber der Verdienst ist etwas besser."[57]

---

56   Frage: „Jak to jest dla ludzi, którzy nie mają, nie znajdują pracy i skończy się kuroniówka?"
     Barbara Lewandowska: „No, to szukają. Kombinują. Gdzieś starają się jeszcze jak jest lato, czy wiosna, no, to gdzieś tam w gospodarstwach, czy gdzieś a, a tak to ... Wie pan, ja właściwie to nie wiem jak. Ja się zawsze dziwię właśnie jak ktoś, który, kto nie ma żadnych dochodów, a jednak ci ludzie, bo są takich, bardzo dużo jest takich ludzi u nas, że ani mąż nie pracuje, ani żona nie pracuje, no może dostaną z opieki tam jakieś tam grosze, ale to są grosze. Mają dzieci przecież. Przeważnie mają kilko...kilka...kilkoro dzieci, a mimo wszystko jak oni żyją? No, żyją, bo przecież muszą i jeść i ..."
57   Frage: „Ile można, czy pani to wie przypadkowo, ile można zarabiać na truskawkach, na przykład. Jak oni płacą, na akord lub na godziny?"
     Barbara Lewandowska: „Oni na, oni na akord płacą, oni od skrzynek. Ale ile taka kobiałka? Koszt ..., wiem, że ta moja sąsiadka, ona jest bardzo pracowita, i ona tak gdzieś dziennie, tak jak rano wyjeżdżała, tak o 4 do którejś, no, to tak w południe

Bisher mag deutlich geworden sein, dass nicht nur die Arbeitslosigkeit ein zentrales Problem der Gemeinde darstellt, sondern für den betroffenen Kreis der Einwohner sich auch die Frage der wirtschaftlichen Organisation ihres Alltags stellt. Hilfe bei der Bewältigung dieser Probleme sollen die Arbeitslosen durch den 1994 in Sępopol gegründeten Verein der Arbeitslosen (poln.: Miejsko-Gminnego Stowarzyszenia Bezrobotnych w Sępopolu) erhalten.

Das Statut des Vereins zählt 27 Ziele auf, die von einer allgemeinen Unterstützung der Arbeitslosen bei der Arbeitssuche, der Gründung einer eigenen Firma über materielle Hilfsleistungen bis zur Organisation von Ferienfahrten für Kinder und Jugendliche aus arbeitslosen Familien reichen. Tatsächlich reduziert sich die Arbeit auf karitative Aufgaben wie die Verteilung von Lebensmittelspenden sowie von Weihnachtspäckchen für Kinder und Jugendliche bis zum Alter von 15 Jahren.[58] Für die kleine Gruppe ehrenamtlicher Mitarbeiter verbleibt darüber hinaus keine Zeit für ein Engagement in überregionalen Organisationen oder einer politischen Interessenvertretung. Im Sommer 2006 umfasste der Verein mit 1520 Mitgliedern 22 Prozent der Einwohner der Gemeinde Sępopol. Mitglieder können in erster Linie Arbeitslose mit Wohnsitz in der Gemeinde werden sowie Unterstützer, oder Personen, denen eine Ehrenmitgliedschaft gewährt wird. Jedes Mitglied muss einen monatlichen Beitrag von drei Złoty entrichten. Nach Abzug der laufenden Kosten für den Unterhalt eines Büros werden von den Geldern Weihnachtspakete an die Kinder der Mitglieder verteilt. Obwohl der Verein über sehr viele Mitglieder verfügt, ist deren Interesse an den Vereinszielen und -aktivitäten gering. Dementsprechend schwach ist die Teilnahme an den Mitgliederversammlungen, die überwiegend von weniger als zehn Personen besucht werden. Einzig im November und Dezember 1998 nahmen jeweils mehr als 50 Mitglieder an den Versammlungen teil, da zu diesem Zeitpunkt zwei Betriebe ihr Interesse an einer Ansiedlung in Sępopol zeigten, und deren Vertreter sowie der Bürgermeister an den Versammlungen teilnahmen.

Ein wichtiger Anlass für die Mitgliedschaft stellt die dem Verein vom Sozialamt übertragene Aufgabe der Verteilung von Lebensmittelspenden dar. Alle Mitglieder, die arbeitslos sind und ihren monatlichen Beitrag gezahlt haben, sind

---

wracała, ale tak za 20, 30 złotych zarobiła dziennie. Ale tam musiała się tak narobić, że naprawdę. Bo to ciężka praca. Bo jak się gdzieś pojedzie, no, za granicę, no to tam też jest ciężko, tam też jest praca ciężka, wiadomo, czy przy truskawkach, czy przy szparagach, czy tam przy czymś innym. No ale są zarobki nieco lepsze."

58 Die Weihnachtspakete umfassen Süßigkeiten im Wert von 50 Złoty. Sie werden aus den Mitgliedsbeiträgen sowie über Spenden von Privatleuten, Geschäften und der Gemeinde finanziert.

zum Empfang von Lebensmittelspenden berechtigt. Diese Lebensmittel werden von der ‚Lebensmittelbank' (poln.: Bank Żywności)[59] bereitgestellt.

Bei den Lebensmittelbanken[60] handelt es sich um ein System von Vereinen, mit deren Hilfe die Verteilung von Überschussprodukten an Bedürftige, in der Regel Empfänger von Sozialhilfe, organisiert wird. Das System kann insofern als eine Weiterentwicklung der ‚Lebensmitteltafeln' gelten, als hier nicht mehr Waren aus Einzelhandelsläden, Gaststätten etc. eingesammelt werden, sondern Produkte direkt von den Herstellern an eine zentrale Sammelstelle geliefert werden. Anders als die Lebensmitteltafeln, die nur Spenden weitergeben dürfen, sind die Lebensmittelbanken auch berechtigt, Nahrungsmittel zu kaufen. Neben Frankreich, Spanien, Italien und Rumänien verfügt vor allem Polen mit 15 regional organisierten Lebensmittelbanken über ein weit entwickeltes System.[61] Für Sępopol ist die in Olsztyn beheimatete Lebensmittelbank zuständig. Nach deren Angaben wurden im Jahr 2005 innerhalb der Wojewodschaft Ermland-Masuren 2800 Tonnen Lebensmittel entweder über die örtlichen Sozialämter oder über unabhängige karitative Organisationen verteilt. In Sępopol erfolgt die Verteilung der Lebensmittel über den Arbeitslosenverein in Kooperation mit dem Sozialamt.

Vom Sozialamt erhält der Verein die Namen bedürftiger Personen. Nachdem sie ihren Mitgliedsbeitrag entrichtet haben, sind diese zum Empfang der Lebensmittel berechtigt. Auf die Zusammensetzung der Waren in den einmal pro Quartal erfolgenden Lieferungen haben die Empfänger keinen Einfluss.[62] Den Transport aus dem ca. 100 Kilometer entfernten Zentrallager in Olsztyn nach Sępopol muss der Arbeitslosenverein selbst organisieren und finanzieren. Die Menge der Waren kann nur mit einem Lkw transportiert werden, der von einem örtlichen Betrieb bisher kostenlos zur Verfügung gestellt wurde.[63] Um Waren zu erhalten, muss eine Person pro Haushalt Mitglied im Arbeitslosenverein sein und

---

59 http://www.olsztyn.bankizywnosci.pl/o-nas.html vom 20.05.2010.

60 Obwohl sich die Organisation auf ehrenamtliche Helfer stützt, kommen nach deren eigenen Angaben nur 40 Prozent der gespendeten Gelder bei den Empfängern an, d.h., von einem gespendeten Złoty erhält der Empfänger Lebensmittel im Wert von 0,40 Złoty. Die Aufteilung der Gelder konnte nicht weiter in Erfahrung gebracht werden. (Die Angaben wurden einem Infoblatt der Bank Żywności w Olsztynie von 2006 entnommen).

61 Wagner 2009: 7; Rühmkorf 2008.

62 Zum Teil handelt es sich um Waren, die speziell für die Lebensmittelbank verpackt und als Spende gekennzeichnet werden.

63 Der Betrieb stellt den Lkw mit Fahrer für den Transport bereit und erhält dafür eine Spendenquittung sowie eine Lebensmittelzuteilung für den Fahrer.

Beiträge entrichten. Die Lebensmittelzuteilung erfolgt dann über diese Person für alle Mitglieder des Haushaltes. Im gesamten Jahr 2006 kamen folgende Lebensmittel pro Kopf zur Verteilung:

Tabelle 7: *Lebensmittelverteilung der Bank Żywności in Sępopol 2006*

Warenart	Menge	Einzelpreis in Złoty	Gesamtwert in Złoty
Grieß	2 kg	1,60/kg	3,20
Käse	1,4 kg	16,80/kg	23,52
Mehl	8 kg	1,30/kg	10,40
Milch	19 l	2,60/l	49,40
Nudeln	6 kg	2,00/kg	12,00
Quark	1 kg	1,90/100 g	19,00
Reis	4 kg	2,80/kg	11,20
Zucker	2 kg	3,40/kg	6,80

Quelle: Eigene Erhebung 2006

Im Jahr 2006 wurden demnach Lebensmittel mit einem Einzelhandelspreis von insgesamt 136 Złoty pro Kopf an den vom Sozialamt als hilfsbedürftig eingestuften Personenkreis verteilt. Wie schon erwähnt richtet sich die Zusammensetzung der Waren nach den jeweiligen Lagervorräten bei der Lebensmittelbank, nur ein Grundbestand von Zucker, Mehl, Nudeln, Milch und Hartweizengrieß wird bei jeder Lieferung verteilt. 2008 wurden beispielsweise auch Cornflakes, Müsli, Marmelade und Fertiggerichte ausgegeben, der Warenwert im Einzelhandel belief sich auf insgesamt 143 Złoty. Rein rechnerisch reduziert sich der Warenwert noch einmal um die Mitgliedsbeiträge von jährlich 36 Złoty. Für alleinstehende Arbeitslose beträgt damit der reale Zugewinn rund 100 Złoty jährlich bzw. etwa 8 Złoty monatlich.

Um jedoch ein reales Bild der Kosten bei der Verteilung von Lebensmitteln zu erhalten, wäre es notwendig, auch den erheblichen zeitlichen Aufwand sowie die Kosten für den Transport einzubeziehen. Diese Rechnung kann im Rahmen dieser Forschung nicht erstellt werden, jedoch erscheint der Aufwand für die Verteilung der Lebensmittel in einem ungünstigen Verhältnis zu ihrem Wert zu stehen. Gleichwohl bleibt festzuhalten, dass die Empfänger die Zuteilungen positiv bewerten und keine Stimmen zu vernehmen sind, die beispielsweise eine Umstellung auf Bargeldzahlungen fordern. Eine kritische Analyse sollte jedoch die strukturellen Auswirkungen der Verteilung von Lebensmitteln näher untersuchen. Die zeitliche Beanspruchung des Vereinsvorstandes durch die Verteilung lässt keinen Freiraum für ein politisches Engagement im Sinne einer gesellschaftlichen Interessenvertretung für die Arbeitslosen. Dieser Aspekt ist aber weder bei Gesprächen im Verein ein Thema noch wird er in den Statuten hervorgehoben. Allgemein geschätzt wird jedoch das karitative Engagement des Vereins. Sind es doch nicht nur die Arbeitslosen, die direkt davon profitieren, sondern zugleich bietet sich der Gemeindeverwaltung, den Geschäftsleuten und nicht zuletzt dem Vereinsvorstand die Gelegenheit, ihr altruistisches Engagement für eine Verbesserung der Lebensbedingungen von Arbeitslosen sichtbar zu machen. Folgt man dieser Interpretation, dann liegt die soziale Wirkung der Lebensmittelverteilung mehr auf einer psychologischen Ebene der Integration unterschiedlicher Kräfte einer lokalen Gesellschaft als in der konkreten Verbesserung der materiellen Lage von Arbeitslosen. Dies trifft umso mehr zu, wenn man die Art der Waren beachtet, die hier verteilt werden. Zum großen Teil handelt es sich um sättigende Kohlenhydrate (Zucker, Mehl, Nudeln, Grieß, Reis), während höherwertige mineral- und vitaminreiche Nahrungsmittel fehlen.[64]

Eine Möglichkeit, preiswert fehlende Nahrungsmittel im Haushalt zu ergänzen, bietet die Selbstversorgung aus einem Kleingarten. Zur Stadt Sępopol gehören 264 Kleingärten, von denen 92 nicht bewirtschaftet werden, da die Pächter aus Altersgründen oder auch aus fehlendem Interesse den Garten aufgegeben haben. Traditionell bauen viele Kleingärtner in ihrer Parzelle Gemüse und Obst an. Jüngere Kleingärtner hingegen nutzen ihren Garten eher zur Erholung und kaufen ihr Obst und Gemüse in den Supermärkten der Kreisstadt. Während die Vermutung bestand, dass es aufgrund der hohen Arbeitslosigkeit zu einer Zunahme der Selbstversorgung kommt, zeigt sich hier auch eine innere Logik. Einer Selbstversorgung mit Obst und Gemüse aus dem Garten haftet das Stigma an, traditionell zu sein, und zugleich zeigt man mit dem Kauf im Laden, dass man zumindest diese Möglichkeit der Teilnahme am Wirtschaftskreislauf noch besitzt, also nicht ausgeschlossen ist.

Das Interesse an sozialer Integration unterstützen auch Daten, deren Erhebung von der „Marienthal-Studie" angeregt wurde. Es handelt sich um die Statistik der Ausleihen und Leser der Bibliothek von Sępopol in den Jahren 1985 bis 2005. Vorweg sei noch einmal an das Ergebnis aus Marienthal erinnert, wo mit Beginn der Arbeitslosigkeit auch die Ausleihen in der örtlichen Bibliothek drastisch zurückgingen. Innerhalb von drei Jahren (1929–1931) sank die Zahl der Leser in Marienthal um knapp die Hälfte, und die verbliebenen Nutzer der Bibliothek liehen sich zugleich auch nur noch halb so viele Bücher aus.[65]

---

64 Die Bundesrepublik kritisiert das System der Lebensmittelbanken als uneffektiv und bevorzugt eine direkte finanzielle Hilfe (Wagner 2009: 7).
65 Jahoda/Lazarsfeld/Zeisel 1975: 57.

Tabelle 8: Entleihungen und Leser der Bibliothek Sępopol

Jahr	Leser*	Entleihungen	Bücher	Zeitschriften
1985	285	2349	4751	nicht erfasst
1989	260	2321	4890	361
1993	182	1628	4783	1014
1996	281	2458	5992	1332
2000	346	2744	5888	2013
2003	341	2655	5289	2191
2005	295	2572	5314	2013

Quelle: Statistik der Bibliothek 2006

* Erfasst werden Leser ab dem 16. Lebensjahr, jedoch keine Schüler.

Tabelle 9: Berufszugehörigkeit der Leser in der Bibliothek von Sępopol

Jahr	Arbeiter*	Landwirte	Angestellte	Auszubildende	Nicht identifiziert	Arbeitslose
1985	63	21	83	80	1	37
1989	48	20	79	66	9	38
1993	31	8	48	47	0	48
1996	17	9	41	140	4	70
2000	12	15	47	174	5	93
2003	15	11	34	145	14	122
2005	16	6	34	120	5	114

Quelle: Statistik der Bibliothek 2006

Die statistische Auswertung der Ausleihen zeigt im Verlauf von 20 Jahren eine hohe Kontinuität in der Anzahl der Leser. Nach einem deutlichen Rückgang der Leserzahl Anfang der 1990er Jahre stieg deren Zahl bis 2005 leicht über das Niveau von 1985 an. Das Gleiche trifft sowohl auf die Anzahl der Entleihungen als auch auf die Anzahl entliehener Bücher zu. Ein starker Anstieg erfolgte bei den Entleihungen von Zeitschriften und Zeitungen. Neben einer Erweiterung des diesbezüglichen Angebots spielt hier vermutlich das Interesse von Arbeitslosen an Annoncen und berufsbezogenen Informationen eine Rolle. Letzteres wird von den Bibliothekaren als Begründung angeführt und durch die regelmäßige Nutzung der Tageszeitungen durch Leser vor Ort bestätigt. Zudem kann es auch als Hinweis auf die schlechte finanzielle Situation der Leser interpretiert werden, die auf diese Weise die Ausgaben für Zeitungen vermeiden. Betrachten wir die berufliche Zusammensetzung der Leserschaft, sind zwei Bereiche besonders hervorzuheben. So hat die Zahl der Leser deutlich zugenommen, die sich in beruflicher oder universitärer Ausbildung befinden. Zugenommen hat auch die Zahl der arbeitslosen Leser, während gleichzeitig nur noch eine geringe Anzahl von Arbeitern statistisch erfasst wird. Beide Angaben sind als Ausdruck der wirtschaftlichen Entwicklung der letzten 20 Jahre zu verstehen, denn vermutlich wechselte ein Teil der Personen aus der Rubrik der Arbeiter in die Spalte der Arbeitslosen. Hervorzuheben ist aber die Kontinuität, mit der auch Arbeitslose das Angebot der Bibliothek nutzen. Im Gegensatz zur „Marienthal-Studie" deuten die Ausleihen von Büchern und Zeitschriften durch Auszubildende und Arbeitslose nicht auf eine Atmosphäre der Lethargie hin. Vielmehr scheint hier die Hoffnung zu bestehen, mit Bildung (im weitesten Sinn) die Lebenssituation zu verbessern. Anders ausgedrückt kann man die Statistik als Ausdruck eines Interesses der Arbeitslosen an Kultur, Bildung und einer Teilnahme am gesellschaftlichen Leben interpretieren. Deutlicher wird dies, wenn wir den prozentualen Anteil der arbeitslosen Leser mit ihrem Anteil an der Einwohnerzahl vergleichen. Im Jahr 2005 sind rund 30 Prozent der Leser arbeitslos. Bezogen auf die Gesamtzahl der Einwohner in der Gemeinde nutzen jedoch etwas weniger als drei Prozent das Angebot der Bibliothek. Nimmt man hingegen die Gesamtzahl der Arbeitslosen, dann zeigt sich, dass von ihnen gut zehn Prozent als Leser geführt werden. Demnach ist also das Interesse der Arbeitslosen am kulturellen Angebot der Bibliothek deutlich höher als in der Gesamtbevölkerung der Gemeinde.

KLEINHANDEL IST KEINE VERDIENSTVOLLE TÄTIGKEIT

Um ein umfassendes Bild von der sozialen Situation der Schmuggler zu erhalten, erscheint es hilfreich, auch jene Einwohner zu beschreiben, die nicht schmuggeln. Von besonderem Interesse sind in diesem Zusammenhang verarmte Arbeitslose. Der Alltagsverstand würde in ihrer wirtschaftlichen Situation einen starken Antrieb zur Aufnahme des Schmuggels vermuten. Da diese Annahme jedoch auch in einer lokalen Gesellschaft, in der Schmuggel zum Alltag gehört, nicht zwangsläufig zutrifft, ist es notwendig, die Gründe herausarbeiten, die den Zugang zu den Schmugglerkreisen erschweren oder die eine individuelle Entscheidung gegen eine Teilnahme verständlich machen. Welche Schwierigkeiten sich einer Person in den Weg stellen, die sich am Schmuggel beteiligen will, erfährt der Beobachter deutlich, wenn er sich denjenigen zuwendet, die an diesen Hürden gescheitert sind oder sie aus bestimmten Gründen meiden. Wir schlagen hiermit zwar einen Umweg ein, doch Umwege sind in der ethnographischen Feldforschung häufig die erkenntnisreichsten Wege.

Zbigniew, ein arbeitsloser Familienvater

Etwas abgelegen, am Ortsrand der Gemeinde, stehen lang gestreckte, eingeschossige Ziegelbauten. Sie stammen noch aus der Vorkriegszeit, in der sie den Arbeitern des Flachs verarbeitenden Werkes als Unterkünfte zur Verfügung standen. Seit fünf Jahren wohnen in einem der Gebäude Anna und Zbigniew Kowalski mit ihren sechs Kindern. Auf mein Klopfen hin fordert mich eine Frauenstimme auf einzutreten. Mit einem kräftigen Ruck wird die Tür von innen geöffnet. Ofenwärme schlägt mir entgegen. Am Herd steht eine große, korpulente Frau mittleren Alters. Auf dem Ofen köchelt ein Eintopfgericht, während neben dem Herd vier Fischfilets vorbereitet werden. Rechts vor dem Fenster befinden sich ein Tisch und zwei Stühle, gegenüber blickt man durch die offene Küchentür in das Wohnzimmer. Dort steht ein moderner Fernseher über dessen Satellitenantenne, wie mir Zbigniew mit stolzem Tonfall erzählt, über einhundert Programme empfangen werden können. Drei Kinder, das jüngste mit Schnuller im Mund, sitzen auf einem Sofa und verfolgen eine TV-Serie, vor sich haben sie einen Stuhl aufgebaut, der ihnen als Tisch für das gleichzeitig eingenommene Mittagessen dient. Während die Kinder essen, beobachten sie auf dem Bildschirm eine schick gekleidete Dame, die aus ihrem in einer US-amerikanischen Vorstadt gelegenen Haus tritt und sich in den wartenden Wagen gleiten lässt. Nachdem die Kinder ihr Mittagessen beendet haben, wird der Stuhl wieder an den Küchentisch gerückt. An das Wohnzimmer schließt sich ein weiterer Raum an, in dem neben Schrank und Wäschekorb drei Betten stehen. Die Wohnung offenbart die Armut der Familie und zeugt zugleich mit einer peniblen Ordnung von dem Bemühen, die Wohnqualität zu verbessern. Welcher Aufwand damit verbunden ist, wird im Badezimmer deutlich, wo am Putz eine Wasserlinie erkennbar ist, die von eindringendem Grundwasser stammt. In eigener Initiative legte Zbigniew die Wände trocken, baute eine Warmwasserheizung ein, die über einen Ofen mit Kohlefeuerung betrieben wird, und flieste die Wände. Die Baumaterialien stammten aus einer angrenzenden Fabrikruine. Mit Geschick sind blassblaue und grünblaue Fliesen zu einem Muster verbunden. In der Zwischenzeit hat Zbigniews Frau für uns Kaffee und selbst gebackenen Kuchen aufgetischt. Nach und nach kommen die Kinder in die Küche und bitten um ein Stück Kuchen.

Zbigniew lernte ich auf dem Gelände der Fabrikruine kennen, während er und ein Kollege mit Kohlegrus versetzte Erde siebten. Dort, wo früher die Kohlenhalde war, lagerte zwar keine Kohle mehr, aber das Erdreich war noch immer mit kleinsten Kohlestücken durchsetzt. Nachdem sie das Unkraut entfernt hatten, siebten sie das Kohle-Erde-Gemisch mit einem einfachen Drahtgitter. Verpackt in vier Säcken transportierten sie die Ausbeute des Tages anschließend auf einem selbst gebauten Handwagen nach Hause. Wir kamen ins Gespräch und so wurde ich zu einer Tasse Kaffee eingeladen. In den folgenden Wochen besuchte ich regelmäßig die Familie, und nachdem wir uns mehrere Monate kannten, bat ich Zbigniew um ein Interview, zu dem er sich sofort bereit erklärte. Im Anschluss kam es noch einmal zu einem Interview, um einige der unklar gebliebenen Zusammenhänge zu verdeutlichen. Bei meinen Besuchen bot sich immer ein ähnliches Bild: Erwartungsvoll beäugt von den Kindern, saß ich mit Zbigniew in der Küche, während seine Frau mit Hausarbeit beschäftigt war.

Ungefähr 1966 wurde Zbigniew Kowalski geboren, der zur Zeit unserer Gespräche „fast 40 Jahre alt ist", wie er erwähnt. Mit einer Schwester und zwei Brüdern wuchs er in der nur wenige Kilometer entfernten Kreisstadt auf. Im Alter von 20 Jahren verließ er seine Geburtsstadt, um in der Wojewodschaftshauptstadt Olsztyn zu leben. Nach dem Abschluss der berufsbildenden Schule (poln.: szkoła zawodowa) absolvierte er Weiterbildungen als Dachdecker und Installateur. Obwohl er sagt, „praktisch in ganz Polen gearbeitet zu haben", erwähnt er in den Gesprächen nur Arbeitsplätze innerhalb der Wojewodschaft Ermland-Masuren. Nachdem er einige Jahre an anderen Orten gearbeitet hatte, kehrte er in die elterliche Wohnung zurück und arbeitete in den Betrieben der örtlichen Gemeinde (poln.: Gminna Spółdzielnia). Weil er als neuer Mitarbeiter mit den unattraktivsten Arbeiten beauftragt wurde, wechselte er in die bäuerliche Maschinenstation (poln.: kółka rolnicza). Mit Beginn der Systemtransformation verlor er Anfang der 1990er Jahre seinen Arbeitsplatz in einem landwirtschaftlichen Staatsbetrieb.

Als es im gleichen Zeitraum zur Trennung seiner Eltern kam, zog Zbigniew gemeinsam mit seiner Frau in die Wohnung seiner Mutter. Da seine Eltern die Wohnung im Zuge der vergünstigten Wohnungsprivatisierungen für Betriebsangehörige mittlerweile als Eigentum erworben hatten, bedeutete der Umzug für Zbigniew eine Möglichkeit, die Ausgaben zu reduzieren. Unterstützt wurde die Entscheidung durch die Behinderung seiner Mutter, der seit ihrer Jugend der rechte Arm fehlte. Nachdem seine Mutter einige Jahre später unter tragischen Umständen starb, erwies sich die Wohnsituation für Zbigniew und seine Frau, die mittlerweile mit den ersten Kindern in der Wohnung lebten, als problematisch. Obwohl sich die Eltern getrennt hatten, waren sie formal nicht geschieden, sodass nach dem Tod der Mutter Zbigniews Vater die Wohnung erbte. Es kam zu erheblichen Auseinandersetzungen, in deren Verlauf ihnen der elektrische

Anschluss gesperrt wurde, und das Leben für Zbigniew und seine Frau durch vielfältige Schikanen unerträglich wurde. Besonders betonte er in dem Interview Belästigungen durch seinen alkoholabhängigen Vater, die zum Anlass für den Umzug nach Sępopol wurden.

Zum Zeitpunkt des Interviews lebte er dort gemeinsam mit seiner Frau und sechs Kindern im Alter von zwei bis zwölf Jahren in einer Zweizimmerwohnung. Zbigniews Frau ist arbeitslos und bezieht Sozialunterstützung. Er ist Frührentner, seit ihn ein abstürzender Dachziegel während einer kurzfristigen Beschäftigung als Bauarbeiter so schwer verletzte, dass er neben Kopfschmerzen epilepsieartige Anfälle zurückbehielt. Als ich das Interview führte, war Zbigniew aufgrund der Spätfolgen des Unfalls[66] seit zwei Jahren verrentet.[67] Immerhin verbessert die zunächst auf vier Jahre befristete Rente die wirtschaftliche Haushaltssituation über das Sozialhilfeniveau. Eine Weiterbewilligung der Rente hängt von den Ergebnissen erneuter Untersuchungen ab. Unklar bleibt, ob er zum Zeitpunkt des Unfalls legal angemeldet war, denn über die genauen Umstände möchte er nichts erzählen:

Zbigniew Kowalski: „Geboren wurde ich in Bartoszyce. Ich habe eine Facharbeiterausbildung. Abgesehen von der Ausbildung habe ich mich im ganzen Leben weitergebildet. Verschiedene Berufskurse habe ich abgeschlossen. Ich habe alle meine Qualifikationen verbessert, damit ich möglichst viele Berufe ausüben kann. Ich habe in vielen verschiedenen, in vielen Firmen gearbeitet, und in Olsztyn, in Olsztyn arbeitete ich auch und ... im Umland von Sępopol habe ich gearbeitet. Ich habe auch im Akkord gearbeitet in, in, praktisch kann man sagen, in ganz Polen habe ich gearbeitet, überall, wo es Arbeit gab. Aber das Leben ist hart. Solange das System bestand, gab es genug Arbeit. Und dann ging alles daneben. Unser ganzes System, das sogenannte System und die Arbeit und alles das ging den Bach hinunter, und es wurde immer schlechter mit der Arbeit. Und warum? Alles ging kaputt, weil jeder, der irgendeine Führungsposition hatte, der führte die sogenannte Privatisierung durch. Schön genannt durch die Regierung! Nett heißt das: Privatisierung. Aber das ist das Vernichten aller Firmen, aller Unternehmen, die es gibt, durch eine nicht gelungene und vermasselte Privatisierung. So wurde das gemacht."[68]

---

66 „Untersuchungen zu Langzeitarbeitslosen haben in vielen Fällen ergeben, dass der Auslöser für den Ausschluss vom Arbeitsmarkt ein Unfall oder eine beruflich bedingte Erkrankung gewesen war." (Boltanski/Chiapello 2006: 290)

67 Es handelt sich um eine Erwerbsunfähigkeitsrente, die zunächst alle vier Jahre durch eine amtsärztliche Untersuchung bestätigt werden muss.

68 Zbigniew Kowalski: „Urodziłem się w Bartoszycach. Wykształcenie mam zawodowe. Prócz wykształcenia przez całe życie szkoliłem się. Kończyłem różne kursy zawodowe. Podwyższałem wszelkie swoje kwalifikacje, żeby zrobić jak najwięcej

Das Interview fokussiert Zbigniews beruflichen Werdegang, den Verlust von Erwerbsarbeit und die daraus resultierende wirtschaftliche Notlage. Armut ist ein sichtbarer Begleiter seines Alltags, sei es beim Heizen mit minderwertigem Kohlengrus, bei der Wohnungseinrichtung oder bei der Kleidung und Ernährung. In diesem Kontext kann es nicht verwundern, wenn die wirtschaftliche Situation unvermeidliches Hauptthema ist. Obwohl er seine finanziellen Schwierigkeiten häufig anspricht, vermeidet er zugleich genaue Angaben. Im Verlauf vieler Gespräche und zweier Interviews kristallisiert sich langsam ein ungefähres Bild des familiären Einkommens heraus. Das Verschweigen von Daten zur Einkommenshöhe stellt in Gesellschaften mit starken Einkommensunterschieden eher den Regelfall als die Ausnahme dar.[69] In der Struktur des Interviews führt das Verschweigen oder Verstecken von Sachverhalten zum Übergewicht argumentativer Passagen, wohingegen Beschreibungen und Erzählungen nur in kurzen Ansätzen auftauchen. Erzählungen offenbaren durch ihren intuitiven Ablauf den emotionalen Kontext und machen somit das Persönlichkeitsbild weniger beeinflussbar, während in den argumentativen Darstellungsformen Ereignisse aus der heutigen Perspektive von dem Interviewpartner bewertet werden.[70] Indem die lebensgeschichtlichen Ereignisse argumentativ in einen ursächlichen Zusammenhang mit gesellschaftlichen Fakten gestellt werden, erhält die Biographie eine Zwangsläufigkeit, die aus äußeren Umständen resultiert, und das Individuum als Objekt anonymer gesellschaftlicher Umstände erscheint lässt. In dieser Form der argumentativen Präsentation entledigt sich der Erzähler der Verantwortung für seine Lebensentscheidungen und begibt sich in die Opferrolle. Es sind dann unabwendbare Umstände von nicht zu beeinflussenden Kräften, denen er handlungsunfähig gegenübersteht.

---

zawodów. Pracowałem w wielu innych, w wielu firmach, i w Olsztynie, w Olsztynie pracowałem, także i ... na terenie Sępopola pracowałem. Pracowałem też dorywczo w, w, praktycznie mówiąc, w całej Polsce pracowałem. Wszędzie, gdzie była praca. No, ale życie jest takie jakie jest, po prostu, póki się system nie zmienił było dobrze, tej pracy było. Ale zaczęło to wszystko szwankować. Zaczął się rozpieprzać ten cały nasz system, tak zwany z tą pracą, z tym wszystkim, i było coraz gorzej z tą pracą. A dlaczego? Dlatego po prostu to się rozpieprzyło, bo każdy, który miał władzę jakąkolwiek, że została przeprowadzona prywatyzacja tak zwana, pięknie to ujęta przez rząd. Ładnie to się nazywa prywatyzacja. A to jest rujnowanie wszystkich firm, wszystkich przedsiębiorstw jakie są, przez nieudane i nieudolne prywatyzację. Tak to się działo."

69 Es sei nur auf die weit verbreitete formale Verpflichtung von Arbeitnehmern hingewiesen, Stillschweigen über die Höhe ihres Lohns zu bewahren.
70 Loch/Rosenthal 2002: 224f.

Verstärkt wird die Selbstpräsentation als Opfer ungerechter Lebensumstände durch die Betonung von Fähigkeiten und Kenntnissen. In der einleitenden Sequenz des Interviews, in der Zbigniew auf die Frage nach seinem Lebenslauf antwortet, entwickelt er seine berufliche Qualifikation als den zentralen Aspekt seiner Selbstpräsentation. Zbigniew zeigt sich am Beginn des Interviews als mobile Person, die als Facharbeiter über ein weites Spektrum beruflicher Kenntnisse verfügt und in unterschiedlichen Betrieben sowie an verschiedenen Orten gearbeitet hat. Noch deutlicher wird diese Selbstdarstellung, wenn er im weiteren Verlauf des Interviews auf die Frage nach den Chancen, eine informelle Arbeit zu finden, antwortet:

Zbigniew Kowalski: „Das hängt von der Qualifikation ab, die man erfüllt. Weil nicht alle Leute alles machen können. Ich kann beispielsweise alles ausführen, alles machen. Ob in der Landwirtschaft oder auf dem Bau. Alles kann ich machen. Mit nichts habe ich Schwierigkeiten. Ich kenne mich mit allem aus. Für mich ist es sehr einfach [eine Arbeit zu finden, M.W.]."[71]

Zbigniew erfüllt mit dieser Selbstdarstellung die über Medien verbreiteten gesellschaftlichen Forderungen an Arbeitslose von qualifizierter Ausbildung, Weiterbildung sowie räumlicher und beruflicher Flexibilität. In der vorliegenden Analyse kann der Realitätsgehalt dieser Beschreibungen nicht überprüft werden. Von Interesse ist vielmehr die Frage nach der Wirkung der Aussage, die ja unabhängig von ihrer faktischen Grundlage besteht. Man muss davon ausgehen, dass der medial vermittelte gesellschaftliche Diskurs über Arbeitslose in Polen sich nur in Nuancen von der Berichterstattung in Deutschland unterscheidet.[72] Indem Zbigniew sich als Person präsentiert, welche die Forderungen erfüllt, betont Zbigniew seine gesellschaftliche Integration. „Wer in einer bestimmten Hinsicht einen niedrigen Wertigkeitsstatus besitzt, muss stets die Möglichkeit haben, in anderen Bereichen Anerkennung zu finden. Wenn man einen Menschen so

---

71   Zbigniew Kowalski: „To zależy, kto jakie kwalifikacje posiada. Bo nie wszyscy ludzie potrafią wszystko zrobić. Ja załóżmy potrafię wszystko wykonać, wszystko zrobić. Jak i w rolnictwie, jak w budownictwie. Wszystko potrafię zrobić. Nie mam trudności w niczym. Na wszystkim się znam. Dla mnie jest bardzo łatwo."

72   Tatsächlich werden in polnischen Zeitungsberichten die Ursachen der Arbeitslosigkeit in vergleichbarer Weise dem Individuum angelastet: Demnach entsteht Arbeitslosigkeit durch die hohen Lohnnebenkosten, die mangelnde Qualifikation der Arbeitslosen und die fehlende berufliche sowie geographische Mobilität. Dabei werden der niedrige Lebensstandard und die hohe grenzüberschreitende Mobilität der polnischen Arbeitnehmer ignoriert.

weit herabwürdigt, dass er seinen Wert auf keinem Gebiet mehr unter Beweis zu stellen vermag, bedeutet dies einen Angriff auf das, was seine Würde als Mensch ausmacht."[73] Auf einer symbolischen Ebene nutzt er das Interview, den Angriff auf seine Würde zu entkräften, indem er seine Fähigkeiten herausstellt.

In den Beschreibungen seiner Tätigkeiten, Fähigkeiten, und nicht zuletzt indem seine Kinder zum Hoffnungsträger für eine Verbesserung werden, eröffnen sich Wege zur Stabilisierung seines Selbstbildes. Würde er das nicht machen, so müsste er als knapp vierzigjähriger Familienvater und Invalide eine große psychische und soziale Bürde tragen. Mit der Anpassung an gesellschaftliche Werte und Normen gelingt es ihm, die Rolle eines sozialen Außenseiters zu vermeiden. Gleichwohl bleibt das Selbstbild fragil und erfordert gegenüber dem Interviewer die wiederholte Vergewisserung. Betrachtet man die Struktur des Interviewverlaufs, so fällt eine Sequenz aufgrund ihrer Länge sowie ihrer erzählenden Elemente auf. Eingeleitet wird die Sequenz mit der Frage nach den Hoffnungen, die er für seine Kinder hat. In der Antwort zieht Zbigniew einen Vergleich zwischen seiner Lebenssituation und den Zukunftshoffnungen für die Kinder. Dieser Vergleich fällt für ihn negativ aus. Aufgrund von Lebensalter, Krankheit und Armut sieht er keine Chancen für eine dauerhafte Verbesserung seiner Lebenssituation. Hoffnungen verbinden sich für ihn mit seinen Kindern, deren Ausbildung soll ihnen eine berufliche Zukunft, den Ortswechsel und vielleicht die Chance der Arbeitsmigration eröffnen.

Die Familie ist der Bereich, in dem Arme ihre Autonomie beweisen können, denn diese Sphäre des Privaten ist der letzte Bereich, den sie, zumindest dem Anschein nach, entsprechend eigenen Vorstellungen gestalten können. „Dieser Kreis der Familie ist emotional besetzt, denn er sorgt für die Sicherheit der Existenz und ist das sichtbare Zeichen einer identitätsstiftenden gesellschaftlichen Verankerung. Vater oder Mutter zu sein – wenn möglich noch von mehreren Kindern – ist eine Voraussetzung für die Konstitution und Reproduktion dieser Welt."[74] Die von Hoffnungen getragene Schilderung seiner familiären Situation korrespondiert mit Erfahrungen tief gehender Zerwürfnisse und Alkoholmissbrauch in Zbigniews Herkunftsfamilie. Wie weiter oben schon angesprochen, musste er nach dem Tod seiner Mutter feststellen, dass aufgrund der formal nicht geschiedenen Ehe seiner Eltern sein Vater die gemeinsame Wohnung erbte und nicht Zbigniew Kowalski: „Keine Gerichte, keine Gesetze, keine Miliz half mir dabei. Er konnte machen, was er wollte."[75]

---

73 Boltanski/Chiapello 2006: 403.
74 Paugam 2008: 147.
75 Zbigniew Kowalski: „Żadne sądy, żadne prawo, żadne milicja mi w tym nie pomogła. Mógł sobie zrobić co chciał."

Zbigniew sieht ein Anrecht auf die Wohnung, in der er zu dem Zeitpunkt des Todes seiner Mutter schon mehrere Jahre gemeinsam mit seiner Familie wohnte. Obwohl er sich moralisch im Recht fühlte, musste er die Wohnung seinem Vater überlassen. Gemeinsam konnte man nicht in der Wohnung leben, da die Alkoholabhängigkeit des Vaters Anlass für Konflikte war:

Zbigniew Kowalski: „Nach dem Tod meiner Mutter raffte er alles an sich, weil sie nicht geschieden waren. Und wir gingen leer aus. Weil er uns nicht hinauswerfen konnte, kappte er uns den Strom. Und so zogen wir aus. Was ist das für ein Leben ohne Strom? Sag schon, was ist das, das ganze Leben bei Kerzenschein zu sitzen, mit Grablichtern? Das Leben hat uns schwer getroffen, Mathias. Etwas stimmt hier nicht."[76]

Zbigniew hatte keine Möglichkeit, sich gegen den Anspruch des Vaters zu wehren, weil seinem moralisch begründeten Rechtsempfinden das formale Erbrecht des Vaters entgegenstand. Als Resümee bleibt ihm die Erfahrung erlittenen Unrechts, gegen das er sich nicht wehren konnte. Die gesellschaftlichen Institutionen erlebt er als anonyme Organe einer für ihn nicht handhabbaren Struktur. Er kann in diesem Konflikt die potenziellen Möglichkeiten zur Realisierung seiner Interessen nicht ausnutzen. Interessant ist nun der weitere Verlauf des Interviews:

Zbigniew Kowalski: „Du, Mathias, kannst du dir vorstellen, zwei Alkoholiker am Hals zu haben?[77] Keine Nacht durchgeschlafen. Was ist das für ein Leben? Die schlimmsten Dinge auf der Welt sind Krieg, Drogen und Alkoholismus. Schlimmere Dinge gibt es kaum auf der Welt. Weil das und das und das und da die Familien zerstört, unschuldige Leute zerstört. Mathias, uns hat das Leben sehr jämmerlich mitgespielt, das Leben. Armut, ja Armut, aber schau, Stille, wir haben Ruhe und Wärme. Keiner randaliert an der Tür, am Fenster, niemand tritt gegen die Tür. Praktisch Tag für Tag war bei mir die Miliz. Selbst die wollten ihn nicht mehr in die Milizstelle fahren, zum Entzug, zur Ausnüchterung, zurück und wieder dasselbe. Weggebracht und wieder zurück. Immer wieder dasselbe."[78]

---

76   Zbigniew Kowalski: „Po śmierci mojej matki on zagarnął wszystko, bo nie miał rozwodu. A myśmy nic nie mieli. Nie mógł nas wyrzucić, to wziął pozbawił nasz prądu. No i sami się wynieśliśmy. No, i co z tego życia bez prądu? No, powiedz, no, coś to przy świeczkach siedzieć całe życie, przy zniczach? Życie nas bardzo ciężko doświadczyło, Mathias. To nie jest tak."

77   Gemeint sind der Vater und dessen Freund.

78   Zbigniew Kowalski: „Ty, Mathias, wyobrażasz sobie 2 alkoholików mieć na głowie? Żadnej nocy nie przespanej. Co to za życie? Najgorsza rzecz na świecie jaka jest to wojna, narkotyki i alkoholizm. Już gorszych rzeczy chyba nie ma na świecie.

Offensichtlich führte das Zusammenleben zu einer schwer erträglichen Lebenssituation. Mit der Verlagerung des argumentativen Schwerpunktes weg von der rechtlichen Problematik zum Alkoholismus verbindet sich eine moralische Verurteilung des Verhaltens seines Vaters. Alkoholismus wird in der polnischen Gesellschaft als individuelle Schwäche definiert, und in Medien und Alltagsgesprächen ist die moralische Verurteilung der Alkoholiker Konsens. Daher führt Armut in dem Moment zur gesellschaftlichen Ausgrenzung, wenn sie im Alkoholkonsum sichtbar wird.[79] In der Beurteilung von Personen aus sozialen Unterschichten, die regelmäßig Alkohol zu sich nehmen, werden Alkoholismus und Armut in einen ursächlichen Zusammenhang gestellt, obwohl diese pauschale Verbindung nicht haltbar ist. Weder führt Armut zu Alkoholismus noch trifft die Umkehrung im Sinne einer zwangsläufigen Verbindung von Ursache und Wirkung zu.[80] Im Alltag wird in Polen die individualisierte Ursachenzuweisung von Alkoholmissbrauch und Armut mit dem Begriff des ‚pathologischen' Verhaltens ausgedrückt.[81] Es kommt zu einem „Selbstschuld-Paradigma"[82], d.h., Abweichungen von gesellschaftlichen Normen werden dem Individuum als krankhaftes Verhalten angelastet. Kennzeichnend für diesen Vorgang ist die Ableitung von Charaktereigenschaften aus physischen Merkmalen oder Verhaltensweisen. In der Konzeption der Sozialpathologie wird abweichendes Verhalten als Krankheit beschrieben.[83] ‚Pathologisch' beschreibt in dem Fall keine

---

Bo to i to i to i to niszczy rodzinę, niszczy niewinnych ludzi. (7) Nas życie, Mathias, bardzo żałośnie doświadczyło, nas życie. (4) Nędznie, nędznie, ale zobacz, ciszę, spokój mamy i ciepło. Nikt mi tam po drzwiach nie wali, po oknach nie wali czy po drzwiach nie kopie. Dzień w dzień prawie milicja u mnie była. Już oni siły nawet nie mieli wywozić ich na meliny, na wytrzeźwienie, na wytrzeźwiałkę i z powrotem to samo. Wywieli i powrotem to samo. W kółko to samo, w kółko to samo."

79 Wobei der Begriff des ‚Alkoholikers' in der alltäglichen Wahrnehmung willkürlich gehandhabt wird. Schon der öffentliche Genuss alkoholischer Getränke kann zur Stigmatisierung führen. Um den Käufer hochprozentiger alkoholischer Getränke zu schützen, werden die Flaschen beim Verkauf in neutrales Papier eingehüllt. Da jedoch nur Alkoholika eingewickelt werden, führt das zu der Schizophrenie, dass die neutrale Verpackung als Hinweis auf den Inhalt wahrgenommen wird.

80 Henkel 1998: 101.

81 Dabei handelt es sich in Polen nicht nur um eine umgangssprachliche Zuschreibung. Der Begriff ist auch in den Medien sowie in der populärwissenschaftlichen Literatur verbreitet.

82 Hödl 1997: 58f.

83 Ferchhoff/Peters 1981: 23. Dabei handelt es sich um eine Praxis, die im Kolonialismus zur Differenzierung zwischen so genannten ‚Wilden' und ‚Zivilisierten' an-

objektiv nachvollziehbare gesundheitliche Einschränkung, sondern die moralische Abweichung von gesellschaftlichen Normen. Als ‚pathologisch' wird eine Erscheinung definiert, deren Auswirkungen von der Gesellschaft als schädlich angesehen werden.[84] Wenn wir diese Überlegung auf die Gesellschaft anwenden, so müssten alle die Gesellschaft gefährdenden Einflüsse als ‚pathologisch' bezeichnet werden.[85] Bei der allgemeinen Zuweisung ‚pathologischen' Verhaltens gegenüber Arbeitslosen, die an der Armutsgrenze leben, handelt es sich um eine Konstruktion, in der soziale Machtverhältnisse zum Ausdruck kommen. Es handelt sich insofern um Machtverhältnisse, als die realen Lebensbedingungen der Arbeitslosen ignoriert werden und sie unter dem Signum der Hilfsbedürftigkeit entmündigt werden.[86] Arbeitslose stehen dann unter dem sozialen Druck, ihre moralische Integrität unter Beweis zu stellen, indem sie jegliches Verhalten meiden, das ihnen den Ruf des ‚Alkoholikers' einbringen könnte.

Vor diesem Hintergrund wird nachvollziehbar, warum Zbigniew den Umzug in die sanierungsbedürftige Wohnung einer Kleinstadt ohne Arbeitsmöglichkeiten als Erfolg schildert. Mit dem Umzug gelang es Zbigniew, den Belästigungen seines Vaters zu entfliehen und die eigene Distanz zum Alkohol deutlich zu machen. Am neuen Wohnort hat er Ruhe gefunden und kann mit seiner Familie ohne Belästigungen leben. Zwar sind die Lebensumstände ärmlich, jedoch ist es ihm gelungen, für seine Familie ein gewisses Maß an finanzieller Sicherheit aufzubauen und den familiären Alltag zu stabilisieren.

Der Vergleich mit dem Vater bietet Zbigniew Kowalski eine Gelegenheit zur Bestätigung seines Selbstwertgefühls, denn obwohl er in Armut lebt, ist es ihm gelungen, Verwahrlosung zu vermeiden. Seine Würde resultiert aus der Einsicht, das eigene Leben „verwirkt" zu haben, wie er sich ausdrückt, und zugleich eine relative wirtschaftliche und finanzielle Stabilität aufgebaut zu haben, die es ihm ermöglicht, für die Zukunft seiner Kinder zu sorgen. In der Wahrnehmung der Eltern relativiert die Aussicht auf eine erfolgreiche Sozialisation ihrer Kinder ihr eigenes Scheitern. Sozialisation ist als Prozess der Vermittlung bewusster und

---

gewandt wurde. Diese Sichtweise lies die einen „als energisch, dynamisch, aktiv, männlich, vorwärtsblickend und zielstrebig erscheinen [...], während die Unterdrückten als rückständig, antriebsarm, passiv, weiblich, arbeitsscheu und für den Tag lebend, zurückgeblieben und regressiv dargestellt wurden und daher der Hilfe derjenigen bedurften, die sich den Forschritt auf die Fahne geschrieben hatten."
(Wolf 1993: 339)

84 Durkheim 1961: 143f.
85 Vgl. zur Kritik an der Anwendung des Begriffes auf soziale Phänomene auch Welz 1991: 139.
86 Vgl. Castel 2008: 92.

unbewusster Elemente zu verstehen, ohne hier zu entscheiden, ob es sich aus Sicht der Betroffenen um einen gelungenen Entwicklungsgang handelt oder nicht.[87] Im Prozess der Sozialisation internalisiert der Heranwachsende neben gesellschaftlichen Normen auch familiäre Werte, dies kann auch eine Identifikation mit elterlichen Wunschvorstellungen einschließen.[88] In diesem Sinn basiert die Hoffnung von Zbigniew auf eine positive Zukunft seiner Kinder durchaus auf rationalen Überlegungen.

Haushaltsökonomie in der informellen Ökonomie

Seit drei Jahren erhält Zbigniew eine monatliche Rente in Höhe von 420 Złoty. Diese Erwerbsunfähigkeitsrente ist zunächst auf fünf Jahre befristet und wird nur nach einer erneuten ärztlichen Untersuchung verlängert. Zusätzlich erhält die Familie monatlich 1290 Złoty Sozialunterstützung, sodass der Sechspersonenhaushalt insgesamt 1710 Złoty zur Verfügung hat. Der Bargeldbetrag liegt deutlich niedriger als das vom Ministerium für Arbeit und Soziales angegebene absolute Existenzminimum. Für einen Fünfpersonenhaushalt wird ein Betrag von 1649,80 Złoty angegeben, dementsprechend für einen Achtpersonenhaushalt eine Summe von 2747 Złoty anzusetzen wären.[89]

In dieser Situation sind weitere Einkommen durch informelle Arbeitstätigkeiten sowie eine regelmäßige Unterstützung mit Naturalien über die Lebensmittelbank für die Familie existenziell notwendig. Über die Lebensmittelbank erhält die Familie alle drei Monate haltbare Grundnahrungsmittel mit einem Gegenwert von ca. 12 Złoty pro Person. Bei einem Achtpersonenhaushalt entspricht das Waren im Wert von rund 96 Złoty im Monat. Während kurzfristige unangemeldete Aushilfstätigkeiten von Zbigniew nur selten angenommen werden und daher finanziell nicht ins Gewicht fallen, gelingt ihm regelmäßig eine Aufbesserung des Einkommens über den Verkauf von Altmetall und gebrauchten Bauelementen. Als Quelle dient die benachbarte Ruine der stillgelegten Flachsfabrik. Allerdings lassen sich damit nur kleine Beträge erzielen, da allein der schon erfolgte Umfang des Abbruchs keine größeren Gewinne mehr zulässt. Leicht zu demontierende Elemente sind in der Fabrikruine nicht mehr vorhanden. Metall findet sich nur noch in der Armierung von Betonelementen, die mit dem Vorschlaghammer zerteilt werden müssen, oder in Abwasserrohren. Da Letztere unter den Fußböden verlaufen, sind sie nur mit mühsamen Ausschachtungsarbeiten zu bergen. Nach Schulschluss sind die Kinder regelmäßig damit

---

87 Tillmann 1993: 15.
88 Holzkamp 1995: 113f.
89 Danecka 2008: 110f.

beschäftigt, Metalle wie z.B. weggeworfene Getränkedosen mit einem selbst gebauten Handkarren zu sammeln. Bei dem örtlichen Schrotthändler erhalten sie für das Kilo Alteisen 0,45 Złoty. Obwohl die Kinder das eingenommene Geld überwiegend für sich behalten, tragen sie damit doch zum Familieneinkommen bei, indem sie einen Teil ihrer Wünsche auf diese Weise erfüllen. Außerdem werden gebrauchte und gereinigte Ziegelsteine und Pflastersteine für 0,35 Złoty das Stück verkauft.

Nach der Skizzierung der Einnahmen erweist es sich als sehr viel schwieriger, die Ausgaben zu umreißen. Monatlich sind 200 Złoty für die Wohnungsmiete aufzubringen. Hinzu kommen die Kosten für Strom (ca. 40 Złoty) und Flaschengas, das zum Kochen benötigt wird (ca. 60 Złoty). Demnach müssen ungefähr 300 Złoty als feste Kosten für die Wohnung eingeplant werden. Da zusätzliche Einkommensmöglichkeiten nur eingeschränkt bestehen, kommt verschiedenen Einsparmöglichkeiten eine herausragende Relevanz im Haushaltsbudget der Familie zu. An erster Stelle ist hier die Selbstversorgung aus dem Garten zu erwähnen, wo auch mit einem provisorischen Gewächshaus eine Verlängerung der Erntezeiten möglich ist. Kartoffeln, Möhren, Tomaten und Paprika werden im Herbst eingelagert und in den Wintermonaten verbraucht.

An Grundnahrungsmitteln werden neben Brot und Milch vor allem Öl, Margarine, Mehl und Zucker gekauft. Dabei handelt es sich um billige und sättigende Nahrungsmittel, die zum Teil in großen Mengen verbraucht werden. Darin zeigt sich ein Konsummuster, das als Indikator für Verarmung anzusehen ist.[90] Einen Einblick in die Ernährungsgewohnheiten gibt der Verbrauch von Zucker, da gerade Zucker im Verlauf des 20. Jahrhunderts zu einem billigen Nahrungsmittel geworden ist.[91] In dem acht Personen umfassenden Haushalt werden im Monat 15 Kilo Zucker verbraucht. Daraus ergibt sich ein Pro-Kopf-Verbrauch von 1,8 Kilogramm Zucker im Monat.[92] Bei einem Verbrauch in dieser Höhe

---

90 Thompson 1980a: 71. Während Thompson hier den Verbrauch von bestimmten Getreidearten zugrunde legt, ist es notwendig, die Konsummuster an den aktuellen Produktpreisen festzumachen.

91 Pieper 2005: 127.

92 Aus medizinischer Sicht wird eine Begrenzung des Zuckerkonsums auf 40 Gramm pro Tag, also 1,2 kg pro Monat empfohlen (Ziegler 1987: 134). Damit liegt der Verbrauch im vorliegenden Beispiel um ca. 35 Prozent höher. Im Einzelfall wird der Zuckerkonsum jedoch noch höher liegen, da zum einen der Altersunterschied zu beachten ist, und zum anderen nicht die in industriellen Nahrungsmitteln enthaltenen Mengen berücksichtigt werden können. Vergleichsweise wird für Westeuropa in den 1980er Jahren ein Zuckerkonsum von 50 kg pro Person und Jahr angegeben, der jedoch nicht den tatsächlichen Verbrauch der Konsumenten sondern lediglich die Ver-

muss man davon ausgehen, dass der Zucker nicht allein zum Süßen von Speisen und Getränken verwendet wird, sondern als sättigender Nahrungszusatz dient. Um die Kosten für den Zuckerkonsum möglichst niedrig zu halten, verwendet die Familie überwiegend geschmuggelten Zucker, wodurch sie gegenüber dem durchschnittlichen Ladenpreis monatlich ca. 22 Złoty einspart.

Auf die Frage nach seinen größten Ausgaben erwähnt Zbigniew die Kosten für Medikamente und Schulbücher. Neben diesen wiederholten Ausgaben war es ihm möglich, Fahrräder und ein modernes Fernsehgerät mit Satellitenanschluss auf Ratenzahlung zu erwerben.[93] Da Zbigniew aufgrund des nicht vorhandenen regelmäßigen Einkommens keinen Kredit erhielt, waren diese Anschaffungen nur möglich, indem ein Bekannter den Kaufvertrag unterschrieb und offiziell als Käufer auftrat. Einzig der örtliche Lebensmittelladen räumt auch Zbigniew einen Kredit ein. Bei dem Einkauf ‚mit dem Heft', wenn also die Beträge angeschrieben werden, handelt es sich um eine übliche Praxis, von der eine erhebliche Zahl von Einwohnern Gebrauch macht. Zwischenzeitlich belaufen sich seine Schulden im Lebensmittelgeschäft auf 2000 Złoty.

Bei der subsistenzwirtschaftlichen Organisation des familiären Haushaltes handelt es sich um eine komplexe Struktur mehrerer Strategien. Zu den Techniken subsistenzwirtschaftlicher Versorgung gehört das Sammeln von Kohlengrus auf den Lagerplätzen der Fabrikruine. Der Kohlengrus dient als Heizmaterial:

Zbigniew Kowalski: „Ich wühle schon seit sechs Jahren in der Erde mit dieser Kohle. Dank der Kohle, nur dank der Kohle sind meine Kinder so einigermaßen angezogen. Nun, und wir haben etwas zum Heizen, weil ich es mir sonst nicht leisten könnte, weil Heizmaterial schrecklich teuer ist. Aber es geht nicht nur ums Kaufen, die Kosten steigen für die Anfuhr von Heizmaterial und für das Zusägen, aber ich habe nicht genug dafür. Es reicht nicht, weil, nun es reicht eben nicht. Das ist die Wahrheit. Darum die Kohle, die eigentlich keine Kohle ist. Du hast selber gesehen, das ist halb und halb mit Sand vermischt. Nun, aber es brennt, das Wichtigste, es brennt und es gibt Wärme. Und wie ich es

---

kaufszahlen wiederspiegelt. (Ziegler 1987: 61) An anderer Stelle werden 40 kg Pro-Kopf-Verbrauch für Deutschland angegeben. (Bode 2010: 45)

93 Mit dem Besitz moderner technischer Geräte symbolisiert sich die Teilhabe an der Gesellschaft, da es partiell gelingt, den Konsumerwartungen gerecht zu werden und sozialer Ausgrenzung entgegenzuwirken. (Baumann 2009: 75) „Wer in einer bestimmten Hinsicht einen niedrigen Wertigkeitsstatus besitzt, muss stets die Möglichkeit haben, in anderen Bereichen Anerkennung zu finden. Wenn man einen Menschen so weit herabwürdigt, dass er seinen Wert auf keinem Gebiet mehr unter Beweis zu stellen vermag, bedeutet dies einen Angriff auf das, was seine Würde als Mensch ausmacht." (Boltanski/Chiapello 2006: 403)

mache? Mathias, ich sage dir, wie ich das mache. Ich fange im April oder im Mai an zu graben, es hängt davon ab, ob ich Zeit habe. Wenn auf dem Feld alles gemacht ist, gehe ich graben. Weil, die wichtigste Sache ist das Feld, dass gesät ist, damit man später im Winter etwas zu essen hat. Ich bestelle das Feld und gehe Kohle graben. Ich verkaufe nur so viel wie nötig, damit ich den Kindern etwas für die Schule kaufen kann. Aber mehr verkaufe ich nicht. Und für mich grabe ich so zwei Tonnen. Für den Winter zwei Tonnen Kohle und zwei Tonnen Grus für den Ofen und ich höre auf zu graben. [...] Aber viel ist davon nicht mehr da. So bekannt der Platz war, so ist er schon bis zum Ende ausgebeutet. Dort ist vielleicht noch so eine Tonne, vielleicht, wenn sie es nicht schon holen. Auf der zweiten Seite sind noch, auf der zweiten Seite war so ein Platz, dort sind vielleicht noch zwei bis drei Tonnen, höchstens zwei bis drei Tonnen. Ich habe eine Probe gemacht, ich weiß mehr oder weniger, wo es ist, aber es sind hohe Kosten, man muss viel wegräumen: Sträucher, Dreck, Gras, von dem allen muss man viel machen. Im kommenden Jahr wird es sehr schwer."[94]

In dem einleitenden Satz wird die Mühsal der Tätigkeit beschrieben und damit ein Grundthema vorgegeben. Mit dem Begriff „grzebie", der sich mit ‚wühlen' übersetzen lässt, wird die Mühsal der Arbeit hervorgehoben. Er wühlt in der Erde, um die notwendige Kohle zu erlangen und ein wenig Geld zu verdienen. Mit der Betonung des Arbeitsbegriffes wird auch auf den Anspruch einer nicht stigmatisierten Teilhabe an der Gesellschaft verwiesen, denn obwohl er eine

---

94 Zbigniew Kowalski: „Ja już tu grzebie w tej ziemi z tym węglem 6 lat. Dzięki temu węglu, dzięki temu węglu tylko moje dzieci jako tako są ubrane, no i mam czym palić, bo kupić bym nie miał za co, bo opał jest strasznie drogi. Ale nie tylko kupić, to trzeba koszty ponieść też i z przywiezieniem, i z pocięciem, a mnie nie stać na to. Nie stać, ponieważ no nie stać mnie, no. No taka jest prawda. Dlatego ten węgiel, to nie jest węgiel, widziałeś sam, to jest pół na pół z piachem taki. No, ale się pali, najważniejsze jest pali się, ciepło daje. I jak ja robię? Ja ci powiem, Mathias, jak ja to robię. Zaczynam kopać, od kwietnia lub od maja, zależy jak mi czas, jak na polu wszystko porobię idę kopać. Bo na polu jest najważniejsza rzecz, żeby obsiać, żeby było co potem zimą jeść. Pole obrabiam idę węgiel kopać. Sprzedaję tylko tyle ile mi trzeba, żeby kupić dzieciom do szkoły. A więcej nie sprzedaję. I kopie sobie 2 tony. Na zimę, 2 tony węgla i 2 tony miału do pieca. I przestaję kopać. [...]
A już tego dużo to nie jest. Już tak zwane co ten plac był, jest wybrany już do końca, tam jeszcze może z jakaś tona będzie, może jak nie wybiorą. Po drugiej stronie zostało, po drugiej stronie taki plac był, tam zostało może z jakieś 2–3 tony, góra, 2–3 tony. Mam próby porobione, wiem gdzie mniej więcej jest, ale duży koszt, trzeba dużo odwalać. Krzaki, brudu, trawy tego wszystkiego dużo trzeba. W przyszłym roku będzie bardzo ciężko."

Arbeitsunfähigkeitsrente bezieht, arbeitet er. Neben der subsistenzwirtschaftlichen Sicherung des Heizmaterials ermöglicht der Abbau von Kohlengrus auch den Verkauf der Überschüsse. Subsistenzsicherung, so lautet die Botschaft, ist eine mühevolle Arbeit, die überlegte Planung verlangt. Sie unterliegt einem Zeitmanagement und erfordert die Exploration verwertbarer Objekte. Von den äußerst begrenzten Vorräten werden nur die für den kommenden Winter benötigten Mengen plus eines Kontingentes für den Verkauf abgebaut. Ein Raubbau an den begrenzten Kohleressourcen findet nicht statt, da die Kosten für den Ankauf von Heizmaterial in den folgenden Jahren ungleich höher wären, als der aktuell zu realisierende Gewinn. Für den eigenen Bedarf wird auch keine Vorratshaltung angelegt, die über den kommenden Winter hinausreichen würde. Dagegen spricht die Gefahr des Diebstahls der Vorräte und, wie Zbigniew auf Nachfrage sagt, dass auch andere arme Leute auf die Kohle angewiesen sind.

Familie Kowalski und die lokale Gesellschaft

Als Familie Kowalski vor fünf Jahren nach Sępopol zog, war Zbigniew schon seit mehreren Jahren ohne ein regelmäßiges Einkommen. Seine Verbindung zu der Ortschaft beruhte auf einem Verwandten und einem Bekannten aus Bartoszyce, die beide in Sępopol arbeiteten. Zwar war die Wohnung in Sępopol sanierungsbedürftig, doch hatte sie den Vorteil benachbarter Gartenflächen, auf denen der Anbau von Gemüse möglich schien. Gegen einen Umzug sprach die hohe Arbeitslosigkeit in Sępopol und die schlechte Verkehrsanbindung des Ortes. In Anbetracht der mehrjährigen Arbeitslosigkeit von Zbigniew relativierte sich diese Überlegung, zumal er davon ausgehen konnte, am neuen Wohnort über einen Verwandten informelle Tätigkeiten ausführen zu können. Zunächst ergaben sich über den verwandtschaftlichen Kontakt auch Arbeitsmöglichkeiten, die jedoch durch den plötzlichen Tod des Verwandten nach kurzer Zeit versiegten. Vor diesem Hintergrund fällt es ihnen schwer, informelle Arbeitsmöglichkeiten zu erhalten:

Zbigniew Kowalski: „Mit der Arbeit ist es folgendermaßen. Einstweilen hat in dieser Zeit jeder Landwirt schon seine Leute. Es hat sich einfach so entwickelt, dass jeder Mensch, d.h., ein Landwirt, der die Leute beschäftigt, dass er schon seine Leute hat, denen er vertraut. Jeder von denen, die einstellen, der hat schon seine Leute. So haben die Leute damit auch kein Problem, weil, wenn die Zeit der Saisonarbeit beginnt, dann sind sie schon am Telefon, dass sie kommen, weil es ja Arbeit gibt."[95]

---

95 Zbigniew Kowalski: „Z tą pracą to jest w ten sposób. Każdy gospodarz przez ten czas przejściowy ma już swoich ludzi. Już to się wyrobiło, po prostu, że każdy ten

Zbigniews Suche nach Arbeit ist häufig erfolglos, da ihm die Kontakte zu potenziellen Arbeitgebern fehlen. Als erst vor wenigen Jahren hinzugezogener Einwohner sind ihm informelle Wege zur Aufnahme einer Arbeit weitestgehend verschlossen. In der Regel handelt es sich bei den angebotenen Saisonarbeiten um Tagelöhnertätigkeiten ohne steuerliche Anmeldung. Die Grundlage der Arbeitsverhältnisse bilden vertrauensvolle Beziehungen zwischen Unternehmern und Arbeitern auf der Basis von Erfahrungen. Das Vertrauen beruht entweder auf verwandtschaftlicher oder freundschaftlicher Empfehlung oder auf vorausgegangene Anstellungen bei demselben Arbeitgeber. In Anbetracht der geringen Anzahl von Arbeitsplätzen fällt es Zbigniew schwer, in den Kreis derjenigen zu rücken, die für schlecht bezahlte Saisonarbeiten angeheuert werden.

Ein Grund für den Umzug war die Hoffnung über die Selbstversorgung aus dem Garten eine Verbesserung der wirtschaftlichen Situation zu erreichen. Als Zbigniew begann, die brachliegenden Gartenflächen zu bearbeiten, stieß er auf den Widerstand der Eigentümerin. Erst nach längerer Zeit erhielt er die Erlaubnis zur Nutzung ihres Gartens: „Am Ende schließlich, sie trinkt gerne, ich gab ihr einmal Wodka, noch einmal Wodka, Zigaretten, ein wenig Gemüse aus dem Garten gab ich ihr: ‚Na gut, mach' den Garten, ich mache das sowieso nicht.'"[96]

Mit den Einladungen und den Geschenken hatte sich Zbigniew entsprechend seinen wirtschaftlichen Möglichkeiten und den sozialen Gepflogenheiten als umgänglicher Nachbar erwiesen und die Erlaubnis zur Nutzung des Gartens erwirkt. Das Grundstück wurde vom Unkraut befreit und an einer Stelle errichtete er ein kleines Gewächshaus. Nachdem der Garten wieder nutzbar gemacht worden war, erhob die Eigentümerin jedoch erneut ihren Anspruch:

Zbigniew Kowalski: „Im Frühjahr hatte sie es sich anders überlegt. Sie wird das Grundstück bearbeiten, weil der Garten vorbereitet ist und man nur noch zu säen braucht. Ich kochte vor Wut, jawohl! Nun gut, sei es wie es ist, nicht wahr, aber sie rief die Miliz, schickte, schick..., schickt..., schickte sie mir auf den Hals. Sie gab eine Klage bei der Miliz auf, dass, dass ich ohne Recht in ihrem Garten bin. Verflucht, sagte ich: Frau, wenn du gekommen wärst und geredet hättest, wozu die Miliz?' Sie hat es sich anders überlegt, die Sache ist erledigt. Aber nein, sie geht sofort zur Wache. Nun, ich wundere mich nicht,

---

człowiek, gospodarz, który zatrudnia, on już ma tych swoich ludzi, zaufanych. Każdy jeden, który, który bierze, to już ma swoich ludzi. Także ludzie z tym problemu nie mają, bo jest już praca sezonowa zaczyna się, to na telefon są, że przyjeżdżaj bo już jest robota."

96 Zbigniew Kowalski: „W końcu kiedyś tam, ona lubiała wypić, raz jej wódki dałem, drugi raz wódki, papierosy, trochę tam, z pola warzyw dałem: ‚No dobra, uprawiaj, ja i tak nie uprawiam.'"

denn sie ist wohl Alkoholikerin, vielleicht hat sich bei ihr dort etwas geändert, nicht wahr? Doch ich bin zur Gemeinde gegangen und sagte, solange sie das Land nicht bearbeitet, möchte ich es nutzen."[97]

Den ursprünglich privaten Charakter der Auseinandersetzung zwischen Nachbarn hat die Eigentümerin des Gartens mit der Anzeige öffentlich gemacht. Zbigniew wollte den gerichtlichen Streit vermeiden, war aber genötigt, auf die Anzeige zu reagieren. Er musste also auf der öffentlichen Ebene reagieren, hatte aber zugleich das Ziel, den Konflikt privat zu lösen. Unterstützung erhielt er in dieser Situation von einem Verwandten, der in der Gemeindeverwaltung arbeitete und damit eine offizielle Funktion innehatte und zugleich als Verwandter auch privat vermitteln konnte. Mit dem strategisch eingesetzten Kontakt gelang es Zbigniew, dem Konflikt wieder einen privaten Charakter zu geben und sich mit der Eigentümerin über die Modalitäten der Nutzung des Gartens zu einigen. Die lokale Position seines Verwandten in der Gemeindeverwaltung nutzte Zbigniew als eine strategisch einzusetzende soziale Ressource.

Unter dem Blickwinkel einer hierarchisch gegliederten lokalen Gesellschaft wird deutlich, dass die Eigentümerin des Gartens und Zbigniew Kowalski auf horizontal gleicher Ebene stehen, während davon auszugehen ist, dass die Vertreter der Gemeinde und der Polizei in einem vertikalen Hierarchieverhältnis zu den Kontrahenten stehen. Bedeutsam für den sozialen Kontext ist nun, dass auf der horizontalen Ebene, also zwischen der Eigentümerin und Familie Kowalski, der Konflikt nicht gelöst wird. Indes wird der Konflikt auch nicht auf der formalisierten Ebene administrativer Hierarchie über eine Anzeige gelöst. Vielmehr wird die Auseinandersetzung durch die Vermittlung sozial übergeordneter Instanzen auf informellem Weg gelöst. Weder auf der bürgerlichen Ebene gleichgestellter Einwohner noch in den hierarchischen Ebenen zwischen Einwohnern und Gemeindeverwaltung bestehen institutionalisierte Formen der Konfliktlösung. Vielmehr findet Konfliktlösung in einer spezifischen Verbindung von informellen und hierarchischen Strukturen statt. Der informelle Zugang zu hierarchischen Strukturen ist Voraussetzung zur Lösung des Konflikts.

---

97 Zbigniew Kowalski: „Wiosną się rozmyśliła. Ona będzie uprawiać, bo działka już jest doszykowana, tylko siać. Aż mnie krew zalała, no! No dobra, będziesz to będziesz, no, a ona wzięła na mnie milicję, nasłała, nas…, na…, nasłała. Na skargę poszła na milicję, że, że ja jej bezprawnie na działkę weszłem. Kurwa jego mać, mówię: ‚Kobieto, gdybyś ty przyszła powiedziała, po cóż ta milicja?' Rozmyśliłam się i wszystko i sprawa zamknięta. A ona nie, ona od razu na posterunek. No i ja tam się jej nie dziwię, bo to alkoholiczka może, może jej coś tam się jej zmieniło, no nie. Ale poszedłem do gminy i mówię, no skoro ona nie uprawia, to ja chcę uprawiać."

Neben dem Garten stellt die benachbarte Fabrikruine eine wichtige Ressource im Haushaltsbudget dar. Allerdings verliert die Familie immer wieder Gartenerzeugnisse und Rohstoffe aus der Fabrik durch Diebstahl. Mit einem Kollegen hatte Zbigniew Kowalski in den ehemaligen Sanitärräumen der Fabrik gusseiserne Abflussrohre ausgegraben. Nach sechs Stunden hatten sie mehrere Meter Rohre zusammen, die sie über Nacht im Garten lagerten. Am darauf folgenden Morgen mussten sie feststellen, dass die Metallrohre gestohlen worden waren. Immer wieder kommt es zu diesen kleinen Diebstählen in der Nachbarschaft. Einige Monate vorher wurden einem Nachbarn Eisenstangen gestohlen. In der folgenden Sequenz berichtet Zbigniew über die näheren Umstände:

Zbigniew Kowalski: „Einzig die Fahrräder halte ich dort [im Schuppen, M.W.], weil sie schrecklich klauen, schrecklich klauen sie. Hier kann man nichts halten. Kaninchen hatte ich – sie wurden gestohlen. Ein paar Hühner hielt ich wegen der Eier, nicht für das Fleisch, Ei, weil Ei kann man immer brauchen. Und auch Hühner kann man nicht halten, weil sie geklaut werden. Sie kommen in der Nacht und stehlen, Trinker sind es, die es einer dem anderen für einen halben Liter verkaufen. Einer dem anderen dort."

Frage: „Machen das die Leute so, ja?"

Zbigniew Kowalski: „Mathias, ich hatte vor zwei Jahren 170 Kaninchen. [So viele?] Ja, so haben sie sich vermehrt. Das alles, 170, von den sieb..., 170, ja. Schließlich haben wir vielleicht 20 während des ganzen Jahres gegessen, aber der Rest, der Rest wurde weggeholt. Leute haben sie weggenommen. Vor zwei Jahren, vor zwei Jahren, da waren es etwas weniger, es waren etwas weniger. So um die 70 Stück haben sie mir weggenommen, aber sie sind hier hergegangen, als wären es ihre eigenen. Sie nahmen sie sich. Nun was, wie viele Nächte wirst du nicht schlafen? Am Ende bist du erschöpft – und schläfst ein. Nun, wie sollst du aufpassen? Täglich kannst du nicht aufpassen, sie passen auf dich auf. Mit dem Garten geschieht dasselbe. Jedes Jahr kommen sie und stehlen, entweder stehlen sie Kartoffeln oder sie stehlen Kohl. Nun aber was soll man machen? Ich sähe jedes Jahr mehr, du sähst für die Diebe und damit etwas für dich bleibt, weil, wie wirst du es beobachten, ohne zu schlafen? Darum sähe ich immer mehr, ich pflanze, nehmen wir mal an, für mich sind 100 Kohlköpfe im Winter notwendig, ja, rund 100 Köpfe. Nun, ich pflanze aber immer 400, weil etwas für die Diebe da sein muss. Wenn sie dir die 100 wegnehmen, dann wirst du nicht genug zu essen haben. Und mit den Kartoffeln geschieht dasselbe. Mit den Gurken ist es dasselbe. Mit der Zwiebel auch. Sie kommen in der Nacht und nehmen mit..."[98]

---

98 Zbigniew Kowalski: „Rowery jedynie trzymam tam, bo kradną strasznie, strasznie kradną. Tu nic nie można utrzymać. Króle trzymałem – ukradli, kury trochę trzymałem dla tego jajka, nie to, że dla mięsa, jajko, bo jajko cały czas potrzebne, też i kur

Die Diebstähle werden mit gleichmütiger Ruhe geschildert, dabei handelt es sich für Zbigniew keineswegs um Banalitäten. Bedenkt man alleine die Arbeitszeit, die aufgewandt wurde, um an das Metall zu kommen, so wird deutlich, dass der Verlust für den Haushalt bedeutungsvoll ist. Beinahe unwahrscheinlich erscheinen die Mengen an Kohl und Kaninchen, die ihm regelmäßig gestohlen werden. Erstaunlicherweise werden aber nicht die wertvolleren Fahrräder gestohlen, sondern Kaninchen, Hühner und Kohl. Sie fallen einer Form von Mundraub zum Opfer, während die wertvolleren Fahrräder nicht angerührt werden. Eine Überprüfung seiner Angaben ist selbstverständlich nicht möglich, doch selbst wenn die Erzählung auf Übertreibungen beruht, so ist doch davon auszugehen, dass der Bericht die Wahrnehmung des Erzählers wiedergibt. Wenn wir die Realität als soziales Konstrukt begreifen, dann ist auch die objektiv falsche Wahrnehmung ein Teil der Alltagswirklichkeit. Da individuelle Wahrnehmungen auch ein Bestandteil der sozialen Welt sind, wird Letztere auch durch die subjektive Interpretation der Individuen gestaltet. Das Subjektive wird in diesem Prozess zu einem überindividuellen und damit objektiven Faktor der sozialen Welt. Zugleich hat sich damit die Qualität subjektiver Weltwahrnehmungen in einer Weise verändert, die als dialektische Spirale aufzufassen ist: Der individuelle Sachverhalt erscheint als soziale Gegebenheit und tritt damit auf qualitativ höherer Stufe in veränderter Form wieder auf. In dieser Überlegung sind individuelle und soziale Aspekte nicht zu trennen, beide Seiten bedingen sich wechselseitig. Für

---

nie można trzymać, bo kradną. Przychodzą w nocy i kradną pijaki, za pół litra sprzedają. Jeden drugiemu tam."
Frage: „Tak robią ludzi, tak?"
Zbigniew Kowalski: „Ja miałem, Mathias, 2 lata temu 170 królików. [Tyle, tak?] No wszystko mi się pokociło, to wszystko, 170, z tych siede..., 170, no, za uchwały to może że 20 zjedli przez cały rok, a resztę, powyciągali resztę. Ludzie powyciągali. 2 lata temu, 2 lata temu to trochę ich mniej było, trochę mniej ich było. To gdzieś mi koło 70 pociągnęli, ale to szli jak do siebie. Brali sobie. No co, ile nocy nie będziesz spał? W końcu będziesz zmęczony – zaśniesz. No, i co będziesz pilnował? Nie będziesz codziennie pilnował, oni ciebie pilnują. Z działkami to samo się dzieje, co roku chodzą, kradną, albo kartofle kradną, albo kapustę kradną. No, ale co zrobisz? Wysieje zawsze co roku więcej, bo i dla złodziei siejesz i żeby tobie zostało, bo co będziesz pilnował, nie będziesz spał? (5) Dlatego zawsze więcej sieję, sadzę, dla mnie kapusty załóżmy na zimę trzeba 100 główek, tak, o! 100 główek, no, ale zawsze sadzę 400, bo dla złodziei coś. Jak ci zabiorą te 100, to sam nie będziesz miał tyle co się najesz. No, z kartoflami to samo się dzieje. Z ogórkami to samo. Z cebulą to samo. Przychodzą w nocy i podbierają ..."

den hier vorliegenden Analysekontext bleibt also Zbigniew Kowalskis Darstellung der Realität der relevante Bezugspunkt.

Man kann die Reaktion von Zbigniew Kowalski als passive Strategie der Konfliktvermeidung beschreiben. Für den Versuch, die Gründe seiner Handlungsweise zu erkunden, erweist es sich als hilfreich, den Blick auf die Ergebnisse dieser Handlungen zu richten. Augenfälligstes Ergebnis ist die Vermeidung von Konflikten mit den Nachbarn. Der Konflikt wird ignoriert, so als wäre er eigentlich nicht vorhanden. Unterstützt wird diese Strategie der Vermeidung mit der Erklärung, es würde sich bei den Dieben um Alkoholiker handeln. Diese Erklärungsfigur erscheint als eine Form der Entschuldigung. Demnach kann man nicht reagieren, da der Diebstahl zum Wesen des Alkoholismus gehört. „Für einen halben Liter [Wodka, M.W.]" verkauft der Alkoholiker Dinge, die er findet. Der Alkoholabhängige genießt ein gewisses Maß an ‚Narrenfreiheit', bei ihm werden Handlungen entschuldigt, die einer nüchternen Person nicht zugestanden werden. Zudem wirkt die Erklärungsfigur auf zwei Ebenen, zum einen steht der Dieb zeitweise mit seinen Handlungen außerhalb der Gesellschaft, zum anderen wird dem Bestohlenen seine passive Reaktion nicht als Makel der Schwäche ausgelegt, da er diese Nachsicht gegenüber einer schwachen, in gewissem Sinne nicht voll zurechnungsfähigen Person walten lässt. Beide Seiten, der Dieb und der Bestohlene, können den Konflikt bestehen lassen, ohne als Gewinner oder Verlierer in Erscheinung zu treten.

Jedoch nicht die Verarmung dient als Erklärung, sondern ein mit Verarmung und Arbeitslosigkeit in Verbindung stehender Alkoholismus. Der Diebstahl zwischen Nachbarn deutet auf eine Erschütterung des lokalen Sozialwesens hin, der man mit der Stigmatisierung der Gruppe alkoholabhängiger Personen begegnet. Damit wird es möglich, den Widerspruch zu leben, täglich mit Nachbarn zu verkehren, denen man zugleich den Diebstahl des Eigentums unterstellt.

Im Übrigen handelt es sich beim Diebstahl von leicht erreichbaren Gütern minderen Wertes um keine Ausnahme. In der Region kommt es immer wieder zu vergleichbaren Fällen, so als beispielsweise im Nachbarort die Metallgitter über den Bodenlöchern von Kellerfenstern gestohlen und vermutlich als Schrott verkauft wurden. Aufschlussreich ist auch die folgende Begegnung während der Feldforschung, als ich einer Nachbarin dabei half, ihr Brennholz im Schuppen einzulagern. Für Heiterkeit sorgte der Vorschlag eines Nachbarn, wir sollten das Holz doch vor dem Schuppen stapeln, damit es trocknen könne. Der darin liegende Witz brauchte nicht erklärt zu werden, denn allen Umstehenden war sofort klar, dass das Holz dann schnell geklaut würde. Der Witz wird anschließend noch mit der Bemerkung ausgeschmückt, das Holz würde so schnell trocknen, dass man keine Spur mehr davon sehen würde. Niemand musste bei dieser Szene aussprechen, was als Selbstverständlichkeit allen bekannt war und daher mit Lachen quittiert wurde.

ARBEITSLOSE IM NETZ INFORMELLER TÄTIGKEITEN

Mit der im letzten Abschnitt dargestellten Familie Kowalski wird exemplarisch eine Lebenssituation aus der Gruppe von Arbeitslosen in Sępopol beschrieben. Arbeitslose, die mit einer minimalen Sozialunterstützung nur das physische Überleben bestreiten können, sind auf weitere Einkommensmöglichkeiten angewiesen. Obwohl der Schmuggel eine Einkommenssicherung darstellen könnte, vermeidet ihn jedoch ein großer Teil der Arbeitslosen. Um die Frage zu beantworten, warum selbst bei objektiver Verarmung nur ein kleiner Teil der Arbeitslosen dem Schmuggel nachgeht, soll die sozioökonomische Lebenssituation der Arbeitslosen in einer erweiterten Perspektive beschrieben werden.[99]

Bei einer Beschreibung von verarmten, arbeitslosen Nichtschmugglern fällt zunächst auf, dass sie überwiegend zu der Altersgruppe der 40- bis 50-Jährigen gehören. Der kürzeste Zeitraum ihrer Arbeitslosigkeit beträgt drei Jahre, teilweise sind sie aber auch seit über zehn Jahren ohne ein legales Beschäftigungsverhältnis. Sie leiden in besonderem Maß an den ökonomischen Auswirkungen der Systemtransformation, insoweit ihre Qualifikation auf dem Arbeitsmarkt keine Verwendung findet und einer fachlichen Neuorientierung oder regionalen Veränderung soziale, psychische oder physische Hürden entgegenstehen. Schon Mitte der 1990er Jahre wurden die Angehörigen dieser Altersgruppe, deren berufliche Neuorientierung gescheitert war, als ‚verlorene Generation' bezeichnet, und auch zehn Jahre später bilden sie weiterhin einen festen Bestandteil der Arbeitslosen. Bei den über 55-Jährigen sinkt die statistisch erfasste Arbeitslosigkeit rapide, da für diese Altersgruppe der Weg in eine Frühverrentung möglich ist, soweit die notwendigen 30 (für Frauen) bzw. 35 (für Männer) Anspruchsjahre erreicht wurden. Versucht man aus den Interviews ein Selbstbild der einzelnen Personen zu generieren, so erweist sich die berufliche Identifikation, verbunden mit einem materiellen Abstieg, als zentraler biografischer Bezugspunkt. Doch erst eine Analyse der sozialen und ökonomischen Faktoren im Alltagskontext der Akteure erhellt die Umstände ihrer Handlungen. Als Erweiterung des bisher erwähnten Beispiels sollen im Folgenden noch einige Einwohner von Sępopol vorgestellt werden.

---

99 Unter Berufung auf andere Quellen rechnet Wysocki für das Grenzgebiet mit einem Viertel der Arbeitslosen, die dem Schmuggel nachgehen. (Wysocki 2003: 30)

Krystyna Zając arbeitete nach dem Abschluss ihrer Ausbildung zur Maschinenschneiderin in einem Bartoszycer Bekleidungswerk, bis der Betrieb Anfang der 1990er Jahre den größten Teil seiner Angestellten entlassen musste. Als kurze Zeit danach in Sępopol ein Zuchtbetrieb für Garnelen eröffnete, fand sie dort zunächst Arbeit.[100] Jedoch wurde der Betrieb nach kurzer Zeit geschlossen und die Arbeiter entlassen. In den folgenden Jahren arbeitete Krystyna auf einer Erdbeerplantage, die sich einige Kilometer entfernt von ihrem Wohnort befindet. Obwohl die Arbeitsbedingungen denkbar unattraktiv waren, hatte sie diese saisonale Tätigkeit sechs Jahre beibehalten. Um rechtzeitig zum Arbeitsbeginn um fünf Uhr morgens auf dem Hof zu sein, machte sie sich in der Nacht mit dem Fahrrad auf den Weg. Während sie außerhalb der Erntezeiten stundenweise bezahlt wurde, erhielt sie in der Erntezeit einen pro Korb berechneten Akkordlohn. Bei einer günstigen Erntesaison konnte eine Arbeiterin maximal 15 Körbe ernten, für die sie jeweils 3,50 Złoty erhielt, sodass sie an einem Arbeitstag 52,50 Złoty verdienen konnte:

Krystyna Zając: „Das sind schwer erarbeitete Groschen, wirklich, aber wenn du noch geschickt mit den Händen arbeiten kannst, und dir das Kreuz noch nicht schmerzt, dann machst du noch zwei Reihen am Tag, aber es gibt Reihen, die reichen von hier bis nach Romankowo und noch weiter, vielleicht sind Sie dort gewesen. [Ja, ja.] Das, das ist schwer, wirklich schwer ist das, und du arbeitest bei Regen, das kümmert dich nicht, sie geben dir einen Umhang, Gummistiefel hast du selber und so arbeitest du, schwer ist es, wirklich. Es ist keine Arbeit für jedermann, nur für solche, die sich selber helfen können und starke Hände haben, Kranke gehen nicht dahin, wirklich. Ich machte das sechs Jahre."[101]

Deutlich wird die Anstrengung, die für Krystyna mit der Arbeit auf der Erdbeerplantage verbunden ist. Nur wer gesund ist, kann diese Arbeit aufnehmen, und auch dann bedeutet die Arbeit, bei jedem Wetter ungeschützt auf dem Feld, eine Herausforderung. Auf meine Frage, warum sie trotzdem über all die Jahre bei

---

100 Der Betrieb wurde auf dem Gelände der geschlossenen Flachsfabrik aufgebaut und nutzte die Wässerungsbecken für die Garnelenzucht. Zwei Jahren später wurde die Fabrik nach Kaliningrad verlagert.

101 Krystyna Zając: „To jest ciężki grosz zarobić, naprawdę, a gdzie jeszcze masz w rękach spryt i jeszcze cię krzyż nie boli, to jeszcze 2 rządki przez dzień, a są rzadki jak stąd do Romankowa i jeszcze więcej, może pan tam był. [Tak, tak.] To, to jest ciężko, naprawdę ciężko jest, i tak w deszczu robisz, ciebie nic nie obchodzi, dał ci płaszcz, masz swoje gumowce i robisz, ciężko jest, naprawdę. Nie jest praca w ogóle, jak ktoś sobie da radę i ma ręce, chore to nie pójdzie, naprawdę. Ja robiłam 6 lat."

dieser Arbeit geblieben ist, antwortet sie, der wirtschaftliche Zwang würde ihr keinen Ausweg lassen. Dabei ermöglicht der Akkordlohn im Verhältnis zu den lokalen Verdienstmöglichkeiten ein durchschnittliches Einkommen, doch relativieren die langen Arbeitszeiten von 12 Stunden und mehr, sowie die Kürze der Erntesaison den Gewinn. Nachteilig für sie wirkt sich aus, dass es sich nur um eine jeweils auf acht Monate befristete Arbeit handelt, sie also regelmäßig in den Wintermonaten arbeitslos ist. Begehrt sind Arbeitsplätze, die mindestens ein Jahr eine steuerrechtlich angemeldete Tätigkeit umfassen, da man damit das Anrecht erwirbt, zwölf Monate Unterstützung durch das Arbeitsamt zu beziehen.[102] Unbefristete Arbeitsverträge werden nur in seltenen Fällen abgeschlossen und sind für die Gruppe der Langzeitarbeitslosen kaum erreichbar. In Anbetracht der wirtschaftlichen Probleme sind die Arbeitslosen genötigt, auch unattraktive Arbeitsangebote anzunehmen, wie sie 2005 in der Landwirtschaft oder im Handwerk bei einem Stundenlohn von drei bis fünf Złoty üblich sind.

Ungeachtet individueller Differenzierungen zeigen die nachfolgenden Beispiele, wie sich die wirtschaftlichen Daten von Arbeitslosen gleichen. Nach 30 Jahren Berufstätigkeit als Schneiderin wurde Zofia Kowalska 2006 arbeitslos. Als Schneiderin in einem regionalen Großbetrieb brachte sie monatlich ungefähr 600 Złoty nach Hause und ihre Arbeitslosenunterstützung liegt mit 550 Złoty heute nur knapp darunter. Wirtschaftlich überleben kann die Familie mit zwei Kindern durch das Einkommen ihres Mannes von ungefähr 1200 Złoty und die subsistenzwirtschaftliche Nutzung eines Gartens. Neben den regelmäßigen Fixkosten von knapp 500 Złoty für Wohnung u.Ä. werden zusätzliche Ausgaben soweit möglich reduziert. So kann die Tochter aus finanziellen Gründen nicht an Klassenfahrten teilnehmen und die jährlichen Ausgaben von 500 Złoty für die Schulbücher beider Kinder stellen eine enorme Belastung für die Familie dar. Eine vage Hoffnung knüpft Zofia daran, in Deutschland die Pflege einer älteren Person übernehmen zu können. Der Kontakt wurde ihr durch eine Kollegin vermittelt, mit der sie sich im zweimonatigen Wechsel die Arbeit teilen möchte. Bei freier Fahrt, Unterkunft und Verpflegung würde sie für ihre 24stündige Anwesenheit monatlich 600 Euro (rund 2300 Złoty) ausgezahlt bekommen.

Handelt es sich bei den Pflegetätigkeiten um klassische Formen weiblicher Erwerbstätigkeit, so sind männliche Arbeitslose im Vorteil, wenn sie auf handwerkliche Ausbildungen zurückgreifen können. Kazimierz Nowak erhält hin und wieder die Möglichkeit, als ‚Schwarzarbeiter' Hausinstallationen zu machen, denn als ausgebildeter Starkstromelektriker, der bis Anfang der 1990er Jahre im Fernleitungsbau tätig war, verfügt er über einschlägige Erfahrungen. Häufiger

---

102 In den Jahren 2005/2006 erhielt man in der Wojewodschaft Warmia-Mazury maximal zwölf Monate Arbeitslosengeld.

jedoch bestreitet er seinen Lebensunterhalt mit kleinen Aushilfsarbeiten in der Nachbarschaft. Für einen Kreis fester Bekannter und Nachbarn erledigt er vom Hacken des Feuerholzes über Gartenarbeiten bis zur Wohnungsrenovierung alle anfallenden Aufgaben. Kazimierz' Wohnung liegt in einem kleinen Haus aus der Vorkriegszeit und ruft Erinnerungen an Bilder des Fotographen Walker Evans aus der Zeit der großen Depression in den Südstaaten der USA wach.[103] Ein Kachelofen, eingelassen in die Wand zwischen zwei Räumen, hat durch eine nicht zu überblickende Anzahl provisorischer Reparaturen seine Gestalt soweit verändert, dass man den ursprünglichen Zustand nur ahnt. Kazimierz' Geschick und Improvisationstalent ermöglichen ihm, die wichtigsten Dinge selber zu reparieren. Spätestens auf dem zweiten Blick erkennt der aufmerksame Besucher, mit welcher Mühe und Genauigkeit die Armut versteckt wird. Auf einem Schrank steht eine Vase mit zu Stroh getrockneten, verblassten Blumen, unter dem Fenster befindet sich ein Tisch, auf dem sorgfältig ein Telefon mit einem Zierdeckchen darunter drapiert wurde. Das akkurat platzierte Telefon, aus Geldmangel zwar seit Monaten abgeschaltet, symbolisiert Normalität. An den Wänden hängen selbst gemalte Bilder; einmal hat Kazimierz sogar einen Hobbymaler-Wettbewerb gewonnen. Die Wohnung spiegelt seine wirtschaftliche Not und zeigt zugleich die Bemühung, zumindest symbolisch Elemente seines vergangenen Lebensstandards aufrechtzuerhalten.

Ein zentrales wirtschaftliches Standbein von Kazimierz Nowak sind Gelegenheitsarbeiten, wobei der geringe Lohn üblicherweise mit Naturalien in Form von Mittagessen, Zigaretten und einem gemeinsamen Umtrunk ergänzt wird; zusätzlich erhält er gebrauchte Bekleidung und manchmal auch Einrichtungsgegenstände. Auf meine Frage, wann er sich das letzte Mal neue Kleidung gekauft habe, reagiert er lachend, er könne sich nicht mehr erinnern, denn seit er arbeitslos ist, lebt er nur von der abgelegten Kleidung seiner Nachbarn. In dieser Form der Entlohnung kommt neben dem Gebrauchswert auch eine soziale Beziehung zum Ausdruck, die als Reziprozität beschreibbar ist. „Unter Reziprozität versteht man wechselseitige Verpflichtungen und wechselseitige Anrechte mit einer Entsprechung der Leistungen zwischen Individuen oder Gruppen. Die Reziprozität ist dabei eine Gegenseitigkeit der Anrechte, nicht aber eine Gleichgewichtigkeit der Leistungen, wie etwa beim Warentausch."[104] Oder anders ausgedrückt unterscheiden sich Reziprozität und Warentausch, indem bei der Reziprozität die Form der sozialen Beziehung, hingegen beim Warentausch die Gleichwertigkeit des Inhalts zum Austausch kommt. Naturalleistungen oder Deputate waren ursprünglich in traditionellen Gutshöfen festgeschriebene Entloh-

---

103 Agee/Evans 1989.
104 Elwert 1991: 169.

nungsformen des Gesindes.[105] In subsistenzwirtschaftlichen bäuerlichen Landwirtschaften Polens war ein zusätzlicher Naturallohn noch in den 1990er Jahren üblich. Zwar ist diese Form der Entlohnung auch dem Mangel an Geld in einer Subsistenzwirtschaft geschuldet, doch liegt der soziale Sinn zugleich in einer stärker auf Dauerhaftigkeit gerichteten Beziehung, als dies bei monetärem Ausgleich der Fall ist, deren wechselseitige Verpflichtungen mit der Bezahlung der Arbeitskraft beendet sind.[106]

Tatsächlich führt die gleichzeitige Verbindung von Natural- und Geldlohn jedoch leicht zu Konflikten, wenn beide Parteien sich jeweils auf unterschiedliche Formen der Entlohnung beziehen. Kazimierz Nowak arbeitete mehrere Monate für den Inhaber einer Elektrofirma, den er schon seit vielen Jahren kannte, als es zu einem Konflikt kam:

Frage: „Aber das ist auch eine Schwarzarbeit, ja? Das ist nicht angemeldet?"
Kazimierz Nowak: „Nein, nein, nein. Wie denn? Jetzt anmelden? Aber hier habe ich schwarzgearbeitet und schließlich war das während dieser Jahre so. Und derjenige, der die Firma hat (undeutlich). Aber der machte auch alles schwarz. Nun, er bezahlte mir einfach weniger, als wenn er mich angemeldet hätte. Dann habe ich mich geärgert und gesagt: Bezahle mir zumindest das, was ich bekommen hätte, wenn ich angemeldet wäre, allei... alleine die Versicherung wäre 600 Złoty für einen [Monat, M.W.]. Aber hier arbeitete man vom Tagesanbruch bis ..., im Sommer war man den ganzen Tag am Arbeiten, weil das ging vom Morgen bis, bis 10 [Uhr am Abend, M.W.]. Schließlich im Sommer, vom Tagesanbruch an hat man gerackert und Mist dafür gekriegt. 400 Złoty zahlen sie dir für zwei Monate. Er sagte: ‚Und ich gab dir hier Zigaretten, oder nicht? Essen!' Ich sage: ‚Was ist das für ein Essen? ‚Ne Suppe mit, mit ... verdammt!' Ich sage: ‚Gib mir keine Zigaretten, gib mir vernünftige Arbeit, dann werde ich von dir keine Zigaretten nehmen und so.' So ist das. Sie nutzen es aus, diese Flegel. Aber er errichtete eine Firma. Ich baute ihm die ganze Firma auf. Bevor ich da war, hatte er solch einen schrottigen Tarpan [polnischer Lieferwagen, M.W.] und jetzt hat er drei [Autos mit, M.W.] Hubrampe. Er fährt nach Holland und mit Adam kauft er die Hubwagen in Holland und alles. Er hat genug. Wer kann da gegen ihn was sagen? Meine Sehnen sind durch diese Arbeit gerissen, alles umsonst. Auch die Autos hat er jetzt gewechselt, weil es ihm zu langsam war, weil er nicht überholen konnte, weil er nicht einen einholen konnte und oh, oh, da hat er sie gewechselt. Und jetzt hat er genug, um sich ein zweites, ein neues Auto zu holen. Er kann

---

105 Stegbauer 2002: 63ff. Darüber hinaus waren Deputatlöhne auch in anderen Branchen (z.B. in Brauereien) üblich.

106 Ulrich Mai beschreibt, wie der Schluck Wodka als Abschluss eines Handels (poln.: litkup) in regionalen dörflichen Gesellschaften bis in die Gegenwart Bestand hat (Mai 2001: 208). Dies kann man auch als symbolische Reziprozität interpretieren.

sich nun alles leisten, aber er kam aus dem Elend hier aus Lidzbark, weil er sagte (undeutlich), aus Lidzbark. Aber seinen Reichtum hat er hier auf dem Rücken der Armen gemacht. Alle arbeiten für ihn umsonst. Nun, genau bei ihm habe ich in den acht Jahren, als ich arbeitslos war, am längsten gearbeitet. Bis zu dieser Zeit war ich noch krankgeschrieben. Bei ihm fing ich an zu arbeiten, weil er sich nicht mit den Starkstromleitungen auskannte. Das heißt, ich brachte ihm bei, wie man mit der Zuleitung arbeitet und er mir, wie man [einen Hausanschluss, M.W.] macht. Weil ich mich wiederum mit den Leitungen auskannte, aber mit den Anschlüssen nicht, einer für den anderen, weißt du."[107]

Eine Annäherung an diese Textstelle setzt die gesellschaftliche Relevanz der Aussage voraus. Gingen wir davon aus, der Konflikt würde sich auf eine individuelle Konfrontation beschränken, etwa in dem Sinne, dass der Firmeninhaber sich aus inneren Motiven heraus ungerecht gegenüber seinem Arbeiter Kazimierz Nowak verhält, so wäre die Interviewstelle für eine gesellschaftskritische Analyse wenig ergiebig. An dieser Stelle soll jedoch der Versuch unternommen

107 Frage: „Ale to też jest na czarno tak? To nie jest zameldowane?"
Kazimierz Nowak: „Nie, nie, nie. A skądże? (5) Teraz zarejestrować? A tu po cichu robiłem a zresztą w tych latach takich. A ten co właśnie ma firmę (undeutlich). Ale to też po cichu wszystko. No, to on mnie mniej płacił jakby mnie zarejestrował po prostu. Od tego czasu się wkurzyłem jak powiedziałem, chociaż mnie to zapłać co byś mnie zarejestrował, to sam... same ubezpieczenie mnie to 600 złotych za jednego. A tu się robiło od świtu do ..., jak było lato to cały dzień w robocie, bo to od świtu do, do 10. Przecież w lato widno to się zapieprzało i gówno. 400 złotych ci zapłacił za 2 miesiące. On: ‚I tu papierosy ci dawałem mówi to co? Jedzenie.' Ja mówię: ‚Co to za jedzenie? Tam żeś zupy na, na kurde!' Ja mówię: ‚To nie dawaj mi papierosów, to daj dobrze zarobić, no to nie będę od ciebie tych papierosów brał i tego.' Taka robota. Wykorzystują te chamy. (4) A budował firmę. Ja mu budowałem całą firmę, bo jeszcze za mnie miał takiego grata tarpana a teraz ma 3 podnośniki. Jeździ do Holandii i o. Z Adamem właśnie podnośniki kupuje z Holandii i wszystko. Jego stać. A kto mu co zrobi? Ja mam ścięgna pozrywane swoją robotą, kurwa, za darmo. Samochody też tylko teraz zmienia, bo to mu za wolno chodzi, bo nie mógł pojechał, żeby nie było, że jednego dogonić i o, o, to se zmieni. Już na drugi ma. Nowy samochód. Jego na wszystko teraz stać a przyszedł z biedą tutaj z Lidzbarka, bo mówi (undeutlich), z Lidzbarka. A na ludziach tutaj, na tych biedakach się dorobił. Wszyscy mu za darmo robili. (7) No, właśnie u niego najdłużej robiłem przez te co nie robiłem, przez te 8 lat. Do tego czasu właściwie byłem na chorobowym. U niego zacząłem robić, bo on na liniach się nie znał. To znaczy, ja go nauczyłem linii robić, a on mnie nauczył właśnie instalację robić. Bo ja znowu linie robiłem a instalacji nie znałem. Także jedno w drugie, wiesz."

werden, den Text hinsichtlich seiner Aussagen über die lokale Gesellschaft zu interpretieren. Die gesellschaftlichen Rollen zwischen Kazimierz und dem Firmeninhaber sind klar verteilt: Der verarmte informelle Arbeiter steht dem zunehmend etablierten Unternehmer gegenüber. In der Rückschau macht Kazimierz eine vergleichende Gesamtrechnung mit dem Fazit, nur unzureichend entlohnt worden zu sein, wenn er seinen Lohn in Relation zum Gewinn des Unternehmers stellt.

In seiner Kritik an dem Unternehmer greift Kazimierz die gemeinsame Herkunft aus ärmlichen Verhältnissen auf und fordert damit die Solidarität mit den Angehörigen seiner Klasse. Symbolisch verdichtet zeigt sich dies in der Sequenz über die Anschaffung neuer Fahrzeuge, wird doch der neue, schnellere Wagen benötigt, um andere zu überholen. Der Firmenchef überholt aber nicht nur auf der Straße die anderen Verkehrsteilnehmer, vielmehr überholt er seine Mitmenschen ökonomisch und sozial. Dabei waren die Startbedingungen beider Kontrahenten ähnlich, beide kamen als Facharbeiter aus mittleren sozialen Schichten. Erst in der Folgezeit entschwand bei Kazimierz die Lebensperspektive, während der Firmenchef sich wirtschaftlich und sozial etablieren konnte. Kazimierz befindet sich mit seinen informellen Tätigkeiten immer wieder in der Situation, für einen geringen Lohn Arbeiten bei Leuten zu erledigen, denen es wirtschaftlich deutlich besser geht, und die, im Gegensatz zu ihm, eine anerkannte gesellschaftliche Position einnehmen.

Betrachten wir den Sachverhalt formal, dann wird deutlich, dass hier zwei Leistungen ausgetauscht werden: Arbeitsleistung gegen Geld und Naturalien. Diese Zweiteilung der Vergütung verbindet die Form traditioneller nachbarschaftlicher Hilfen mit modernen Formen anonymisierter Lohnverhältnisse. Insoweit gleicht die Situation anderen informellen Arbeitsbeziehungen, von denen Kazimierz berichtet. Zum Konflikt kommt es in diesem Fall, da der Lohn nicht als äquivalent zur geleisteten Arbeit angesehen wird, und zugleich die Reziprozität der sozialen Beziehung nicht mehr besteht.

Die Reziprozität in der Beziehung ist in dem Moment gestört, als sich die ökonomische und soziale Schere zwischen Kazimierz und dem Firmeninhaber öffnet. Wenn man davon ausgeht, dass die Intensität reziproker Beziehungen mit der sozialen Nähe steigt, so muss man im vorliegenden Fall auch den Umkehrschluss zugrunde legen.[108] Mit zunehmender sozialer Distanz verringert sich die Reziprozität der Beziehung und wird durch formalisierte Strukturen, in diesem Fall die Entlohnung mit Geld, ersetzt. Die lohnwerte Naturalleistung wird so lange akzeptiert, wie sie Ausdruck einer sozialen Verpflichtung ist, und die Partner sich sozial nahe stehen. Indem der Naturallohn eine soziale Beziehung

---

108 Stegbauer 2002: 160.

aufrechterhalten will, rückt er in die Nähe des Gabentausches, ohne mit ihr identisch zu sein. Im Unterschied zu zeremoniellen Gaben handelt es sich bei der Naturalentlohnung um eine Gabe mit Gebrauchswert, die zugleich einen Tauschwert ausdrückt. Der Empfänger wird moralisch verpflichtet, auch für zukünftige Arbeiten bereit zu sein, da die soziale Beziehung zum Geber nicht auf rein ökonomische Faktoren reduziert ist. Allerdings setzt die Naturalentlohnung die relative soziale Gleichstellung der beteiligten Partner voraus, soll sie als Form reziproker Beziehungen akzeptiert werden.[109] Im Verhältnis zwischen Kazimierz und dem Unternehmer kam es in dem Moment zum Konflikt, als aufgrund der zunehmenden ökonomischen Differenzierung die sozialen Unterschiede größer wurden. Der Naturallohn ist nicht auf ein ökonomisches Verhältnis zu reduzieren, sondern drückt auch eine persönliche soziale Beziehung aus. Im Fall eines Konfliktes, wenn ein Partner die Einkommensunterschiede nicht akzeptiert, ist die Reziprozität der sozialen Beziehung nicht mehr gegeben, und das Verhältnis erhält den Charakter von Ausbeutung.[110] In dem Moment, als die Naturalleistung ihres reziproken Charakters entledigt ist, führt der geringe finanzielle Tauschwert zur Forderung nach adäquater Bezahlung. Als Kazimierz sich um die äquivalente Entlohnung für die geleistete Arbeit betrogen sieht, kommt es zum Bruch mit dem Firmenchef, ja selbst dessen Hinweis auf die Naturalleistungen wird symbolisch verdichtet abgewertet mit der Bemerkung, er hätte ja nur Suppe und ein paar Zigaretten erhalten. Kennt man die polnischen Gepflogenheiten, so ist kaum vorstellbar, dass der Firmenchef nur Suppe aufgetischt hat, doch symbolisiert die Suppe die Differenz zwischen Lohn und Arbeitsleistung besonders deutlich, da der körperlich arbeitende Handwerker eben mehr als eine dünne Suppe benötigt, um seinen Arbeitseinsatz zu kompensieren.

Verstärkt wird der Konflikt, da die Beziehung anfänglich durchaus auf Elementen von Reziprozität aufgebaut war. Getauscht wurde das jeweils unterschiedliche Fachwissen: Kazimierz gab seine Kenntnisse der Starkstromtechnik dem Firmenchef weiter und erhielt als Gegenleistung eine Einweisung in die Installation der Hauselektrik. Innerhalb der auf Vertrauen basierenden reziproken Beziehungen konnte Kazimierz davon ausgehen, dass mit dieser informellen Übereinkunft keine wirtschaftliche Übervorteilung verbunden war. Mit der Beibehaltung der Naturalleistungen in Form von Verköstigung, Getränken und Zigaretten wurde diese informelle Übereinkunft zudem indirekt bestätigt. Es ist jedoch nicht die absolute ökonomische und soziale Differenz, die hier zum Konflikt führt, wie der konfliktfreie Umgang mit anderen Arbeitgebern zeigt, sondern der Vertrauensbruch. So arbeitet Kazimierz auch für den Besitzer eines

---

109 Mai/Buchholt 1987: 145.
110 Gouldner 1984: 87.

großen Landwirtschaftsbetriebes, bei dem er anstatt mit den üblichen drei Złoty mit fünf Złoty bezahlt wird. In dem Fall erfolgt eine Anerkennung seiner fachlichen Qualifikation, und der Austausch von Arbeitsleistung gegen Geld bewegt sich in einer beidseitig anerkannten Form. Die soziale Distanz und ökonomische Differenz wird in diesem Fall nicht infrage gestellt.

Im Haushaltsbudget von Kazimierz bilden die Naturalleistungen eine wichtige Position. Im Interview kommt er auf den Zusammenhang zwischen dieser Entlohnungsform und seinem sozialen Netzwerk zu sprechen. Erst die Unterstützung durch sein Netzwerk von Bekannten, Freunden und Nachbarn ermöglicht sein wirtschaftliches Überleben in Sępopol und bindet ihn an den Wohnort. Aufgrund der langen Arbeitslosigkeit verfügt er über keine finanziellen Reserven, mit denen er Fahrtkosten, Verpflegung und Unterkunft einer Arbeitssuche absichern könnte, und auch die kommunale Sozialfürsorge bietet in der Situation keine Unterstützung. Eine längere Abwesenheit aus seinem Heimatort kann vielmehr sein soziales Netz gefährden, da die Kontakte nur durch seine Aktivitäten lebendig bleiben. Bei vielen Gelegenheitsarbeiten in Haus und Hof nutzt man seine Hilfe, wobei in manchen Situationen auch der Aspekt einer sozialen Unterstützung eine Rolle spielt. Käme er nach längerer Abwesenheit in den Ort zurück, so bestünde die Befürchtung, nicht mehr in ausreichendem Maße in dieses Netz materieller Unterstützungen integriert zu sein, da mittlerweile andere Leute seine Position eingenommen haben könnten. Auf der Suche nach Arbeit ‚mäandert' Kazimierz täglich durch das Feld seines Netzwerkes, wird hier und da zu Bier und Zigaretten eingeladen, bis er irgendwo wieder eine kurzfristige Tätigkeit erhält.

Die Arbeitssuche im informellen Bereich ist zeitaufwendig und erfordert soziale Ressourcen. In Warschau könnte Kazimierz Nowak ein Vielfaches verdienen, doch bleibt die Überlegung abstrakt, da ihm dort die Kontakte fehlen, und er sich als Fremder in die anonyme Schlange der Arbeitslosen einreihen müsste. Anknüpfend an alte Beziehungen unternahm Kazimierz zwei Mal in Warschau und Danzig den Versuch, eine legale Arbeit zu finden. Dort, wo er gehofft hatte, aufgrund früherer Bekanntschaften einen Zugang zu Entscheidungsträgern zu finden, hatten sich mittlerweile neue Strukturen etabliert, die für ihn nicht mehr durchlässig waren. Seine Bitte um ein persönliches Gespräch wurde vom Pförtner mit dem Hinweis auf den offiziellen Bewerbungsweg beantwortet. Da seine sozialen Netze alter Arbeitsbeziehungen nicht mehr bestehen, ist Kazimierz auf Kontakte in seinem Wohnumfeld zurückgeworfen. In der Außenperspektive zeigt sich ein rationaler Hintergrund, denn die Vermittlung von Arbeitslosen erfolgt im erheblichen Umfang über informelle Kontakte.[111] Am Beispiel von Kazimierz Nowak wird deutlich, dass der Vorwurf der Passivität von Arbeitslosen bei der Arbeitssuche in einer verkürzten Perspektive lediglich deren Bemühungen auf dem formalen Arbeitsmarkt bewertet, ohne ihre Handlungen in der informellen Ökonomie einzubeziehen.[112]

Schmuggel als Statusverlust

In der bisherigen Diskussion konnten rationale Hintergründe herausgearbeitet werden, die Arbeitslose, gerade wenn sie von Verarmung bedroht sind, daran hindern, den Wohnort auf der Suche nach einer Arbeitsmöglichkeit zu wechseln. Gleichwohl bleibt die Frage bestehen, warum sie den Schmuggel nicht als alternative Einkommensmöglichkeit aufgreifen. So wie der Schmuggel und die damit verbundenen Personen allen Einwohnern bekannt sind, ist dies auch für die Arbeitslosen kein Geheimnis, decken sie doch ihren Bedarf an Zigaretten, Alkohol und Zucker über den Einkauf bei Schmugglern. Am Beispiel eines Zitats aus dem Interview mit Kazimierz Nowak sollen einige Aspekte der Abkehr vom Schmuggel detailliert dargestellt werden:

Frage: „Hatten Sie die Gelegenheit, mit Bekannten dorthin zu fahren, als ‚Ameise'[113]?"
Kazimierz Nowak: „Hatte ich und habe ich bis heute, aber was ist das schon, eine ‚Ameise'? Die, die fahren, haben nichts davon. Dieser hat, er hat was daran verdient, und der hat. Außerdem, ein paar Mal ist er reingefallen und doch macht es sich ihm bezahlt, weil er sich ein anderes Auto angeschafft hat. Das ist ein Geschäft. Was verdiene ich daran? Ich fahre zum Beispiel manchmal dorthin [zu einem Bekannten, M.W.], er bringt was zu mir nach Hause, damit ich mit seinem Wodka handele, mit seinen Zigaretten, wenn ich aber selber gerne trinke, dann ist es besser, damit nicht anzufangen. Wenn man damit anfängt, dann muss man aufhören mit dem Trinken und allem, damit nicht ..., weil da, da geht man gleich unter. Man verliert mehr als man gewinnt. Ich hatte hier auch ein gutes Angebot. Weil ich mich dafür eigentlich nicht eigne. In Danzig, weil ich weiß, wo die Kutter anlanden, wo die Fische billig sind, nicht wahr? Ich würde mit ihm zum Markt in

---

111 Obwohl auch in Deutschland informelle Kontakte bei der Vermittlung von Arbeitsplätzen von Bedeutung sind, muss aufgrund der Berichte von polnischen Arbeitslosen davon ausgegangen werden, dass diese Verbindungen in Polen eine deutlich stärkere Rolle spielen und nur in wenigen Fällen Arbeitsplätze über die Arbeitsverwaltung vermittelt werden.

112 Beispielsweise sei hier verwiesen auf Danecka 2005: 101; Gazon 2008: 49ff.

113 Als ‚Ameisen' (poln.: mrówki) werden die Schmuggler in Polen bezeichnet.

Bartoszyce fahren, um die Fische zu verkaufen. Ich habe nicht das Talent zum Handel. (Lachen) Hier Fische, da andere Ware. Und ich, ich kann nicht handeln. Ich würde das allen zum halben Preis geben (Lachen). Dafür muss man ein Händchen haben. Ich eigne mich nicht dafür."[114]

Kazimierz hat also prinzipiell Zugang zu den Schmugglern, doch hat er sich dagegen entschieden. Zunächst wertet er die Tätigkeit als ‚Ameise' als bedeutungslose Erwerbsform ab, die man nicht ernst nehmen kann, und erläutert seine Ablehnung mit dem Beispiel eines Schmugglers. Seine Entscheidung wird sachlich mit dem hohen Risiko und dem geringen Verdienst begründet und doch im anschließenden Satz relativiert, wenn er den wirtschaftlichen Erfolg eines anderen Schmugglers erwähnt. Obwohl dieser Schmuggler mehrmals Verlust gemacht hat, ist letztlich doch ein einträglicher Gewinn herausgesprungen, der ihm den Wechsel seines Wagens ermöglichte. Was hier zunächst als Widerspruch erscheint, löst sich im weiteren Verlauf des Interviews auf. Unter bestimmten Bedingungen sieht er den Schmuggel durchaus als gewinnbringend, doch ist der Gewinn abhängig von den verfügbaren Investitionsmitteln, und zudem befürchtet er, durch die ständige Verfügbarkeit von Wodka zum Alkoholkonsum animiert zu werden.

Es sind jedoch nicht nur diese Gründe, die ihn dazu veranlassen, sich nicht am Schmuggel zu beteiligen. Ein entscheidender Punkt, den er in dem Interview ausführlich beschreibt, ist der Aspekt des Handels. Der Schmuggler ist in erster Linie ein Händler, und Kazimierz beschreibt sich als Person, die nicht handeln kann. Er würde alles zum halben Preis abgeben, bemerkt er und macht zugleich mit seinem Lachen den Widerspruch zwischen der Handlung und der Aufgabe

---

114 Frage: „Czy miał pan takie okazje, znajomych tam pojechać i jako ‚mrówka?'"
Kazimierz Nowak: „Miałem, do dziś ja mam, ale co to za ‚mrówki'? Ci, co jeżdżą, to nic z tego nie mają. Ten ma, co się dorobił na tym, ma. Zresztą i parę razy już wpadł i jeszcze mu się opłaci, bo samochody zmienia. Na tym interes jest. Ja to co zarobię. Pojadę tam jeszcze przykładowo, on mi nanosi w domu, żebym handlował jego wódką, jego papierosami, jak ja sam lubię wypić to lepiej z tym nie zaczynać. (5) Z tym jak już się zaczyna, to już trzeba przestać i z piciem, ze wszystkim, żeby już nie, bo to, to tak, to się zginie. To tylko się straci więcej jak się zarobi. (4) Miałem tu jedną propozycję też dobrą. Bo ja się też nie nadają do tego. Do Gdańska, bo ja tam wiem, gdzie te kutry dopływają, nie co te ryby tanio. Z nim bym jeździł tego i na rynku po Bartoszycach sprzedawać. Ja nie mam tej żyłki do tego handlu takiego. Tu ryby jakieś, tu tego. (Lachen) No co ja nie umiem tak handlować. Ja tu za pół ceny bym oddawał dla wszystkich (Lachen). To trzeba mieć żyłkę do tego. Ja do tego się nie nadaję. (7)"

eines Händlers deutlich. Ein Händler, der die Waren unter Wert verkauft, ist ein Schildbürger, dessen Handlung nur mit einem Lachen quittiert werden kann. Während Kazimierz seine Abneigung gegen den Handel mit seinem fehlenden Talent begründet, also einer nicht zu hinterfragenden Charaktereigenschaft, wäre nach den sozialen Ursachen zu fragen, die ihm letztlich soweit zur Selbstverständlichkeit geworden sind, dass sie als quasi-natürliche Eigenschaft, als Habitus erscheinen. Zur Interpretation sei hier noch einmal Kazimierz mit einer Stelle aus seinem Interview zitiert, die sich unmittelbar an das obige Zitat anschließt:

Kazimierz Nowak: „Nun, wenn er unbedingt will, dass ..., nun, er hat ein Geschäft hier in Sępopol und ... und seine Frau hatte einen Schlaganfall (hustet), und jetzt verkauft er allein. Nun, verdammt, ich habe kein Talent zum Handeln. Er soll sich irgendeine Frau nehmen. Denn vor allem nimmt man Frauen. Ich sage ja, ich kann Fische holen, weil ich es kenne, und ich kenne sogar diese, sogar diese Fischer, weil ich dort schließlich oft welche geholt habe, dort in Danzig. Ich war viele Jahre dort. In der Werft habe ich gearbeitet und bei ‚Fosfor' [ein Düngemittelhersteller, M.W.] habe ich fünf Jahre gearbeitet."[115]

Für ihn ist die Arbeit des Händlers eine Tätigkeit für Frauen, die konträr zu seinen Arbeiten in einem Industriebetrieb oder beim Hochleitungsbau steht. Allein schon die Vorstellung, er würde auf dem Markt stehen und Fische verkaufen, erscheint ihm belustigend. Als Händler zu arbeiten, widerspricht seinem Selbstbild als Mann und Facharbeiter, der riskante Berufe ausübt, in denen ausschließlich Männer zu finden sind, und die zudem mit der Aura physisch anspruchsvoller, gefährlicher Tätigkeiten verbunden sind.[116] An einen Starkstromelektriker im Fernleitungsbau werden hohe körperliche Anforderungen gestellt, um auf frei stehenden Masten in 60 Meter Höhe Arbeiten an der Hochspannungstechnik sicher ausführen zu können. Dieser Tätigkeit steht der Handel mit Zigaretten und Fischen konträr gegenüber. Allenfalls kann Kazimierz die Fische besorgen, denn solange die Kutter anlanden, ist es ein Geschäft unter Männern, die sich auf ihr Handwerk verstehen. Wiederholt betont er, sich mit den Tätigkeiten der Fischer,

---

115 Kazimierz: „No, teraz na siłę jak będzie chciał, żebym ..., no, on sklep tu ma w Sępopolu i ... a jego żona miała wylew (kasłanie), i teraz sam sprzedaje. No, ja, kurde, nie mam żyłki handlowej. Niech bierze jakąś tam. A to przeważnie i kobiety biorą. Ja to mówię po ryby mogę ci jeździć, bo znam, i znam tych, nawet tych rybaków, bo tam często przecież się brało w Gdańsku tam. Już kupę lat byłem. W stoczni się robiło i w Fosforach 5 lat."

116 Die Feminisierung von Arbeitsbereichen geht historisch mit dem Verlust des Status einher. Castel verweist auf diesen Prozess am Beispiel der Büroarbeit im 20. Jahrhundert (Castel 2008: 309, Fußnote 89).

Händler und Schmuggler auszukennen. Doch die Arbeit, die sie ihm anbieten, widerspricht seinem Berufsethos und seinen beruflichen Erfahrungen. Mehrmals macht er im Verlauf des Interviews seine Qualifikation deutlich, die für unterschiedliche Arbeiten im Baubereich anwendbar ist und ihm einen Vorteil gegenüber anderen Arbeitslosen bietet.

Aufgrund seiner fachlichen Qualifikation war Kazimierz' Berufstätigkeit mit einem hohen sozialen Status verbunden: „Status ist das Attribut sozialer Anerkennung, das mit der jeweiligen sozialen Position verbunden ist, die aus der eigenen Verfügung über Reichtum, Wissen, Rang und Zugehörigkeit resultiert."[117] Man wird nun den Status eines Arbeiters, der Elektrofernleitungen baut, nur erfassen, wenn man neben dem finanziellen Gewinn auch seine „prozessgebundenen Qualifikationen"[118] wie Fachwissen, Kenntnis von Produktionsabläufen und situationsbedingten Entscheidungsspielräumen in Betracht zieht. Man kann hier von einer beruflichen Sozialisierung sprechen, die Kazimierz als Facharbeiter durchlaufen hat, deren Bestandteile bestehen neben der physisch und psychisch anspruchsvollen Aufgabe und den damit verbundenen relativ guten Verdienstmöglichkeiten[119] auch in seiner Stellung als Leiter einer Brigade und Ausbilder. Neben dem Fachwissen tragen der alltägliche Umgang mit gefährlichen Arbeitssituationen und die Härte der Arbeitsbedingungen zu seinem beruflichen Selbstbild bei. Die physischen und psychischen Herausforderungen werden nicht als Arbeitsbelastung angesehen, sondern zum Ausdruck der individuellen Leistung und somit zum Kristallisationspunkt der Identifikation.[120] Zieht man andere Untersuchungen als Vergleich heran, so bestätigt sich diese Verbindung von Identifikation und Berufsstolz, die aus der Arbeitsbelastung entsteht. Als Parallele sei hier eine Studie zur Situation von Fernfahrern erwähnt, die verschiedene Punkte der beruflichen Identifikation erwähnt. Identitätsstiftende Momente der Arbeit von Fernfahrern sind beispielsweise die eigenverantwortliche Durchführung von Aufgaben, das sichtbare Arbeitsergebnis, die (scheinbare) Freiheit einer Arbeit ohne Vorgesetzten, sowie Lust und Spannung, die von dem Risiko der Tätigkeit ausgehen, und die Befriedigung, physische und psychische Anforderungen zu bewältigen.[121] Vor diesem Hintergrund ist die Annahme, Arbeiter hätten durch den Verkauf ihrer Arbeitskraft „keine emotional-positive

---

117 Neckel 1991: 197.
118 Kern/Schumann 1985: 70ff.
119 So erzählt er, wie er einmal mit dem Taxi von Warschau ca. 300 km nach Hause fuhr, nachdem er den Zug verpasst hatte.
120 Kern/Schumann 1985: 308.
121 Plänitz 1983: 242ff.

Beziehung zu ihrer Tätigkeit im Betrieb"[122], als unzutreffende Verallgemeinerung bestimmter, vor allem monotoner industrieller Tätigkeiten zurückzuweisen. Mit zunehmendem zeitlichem Abstand zu seiner Arbeit im Fernleitungsbau geht auch der Verlust des Status und seiner beruflichen Identifikation einher. Gleichwohl wird in Gesprächen, wenn Kazimierz ausführlich seine frühere Arbeit beschreibt, deren identifikatorische Kraft erkennbar. In Anlehnung an die „Marienthal-Studie"[123] bestätigen auch andere Forschungen die mit Arbeitslosigkeit verbundene psychosoziale Erschütterung. Auf den Verlust identifikatorischer Bezugspunkte antworten die Betroffenen zum Teil, indem sie die Fassade der beruflichen Identität aufrechterhalten.[124] In einer Studie in den 1970er Jahren wurde in Nordrhein-Westfalen der Versuch einer Messung der individuellen Relevanz von Berufstätigkeit im Vergleich zur Freizeitorientierung durchgeführt. Lassen wir an dieser Stelle alle methodischen Probleme solch einer Messung einmal außen vor, so bleibt die sich abzeichnende Tendenz doch von Interesse. Die Studie zeigt eine stärkere Berufsorientierung von Facharbeitern und Angestellten gegenüber ungelernten Arbeitern sowie eine Tendenz, dass mit zunehmender Dauer der Arbeitslosigkeit die Bedeutung des gelernten Berufes für das Selbstwertgefühl steigt.[125]

Für Kazimierz Nowak könnte eine Arbeit als Händler oder Schmuggler nicht den sozialen Statusverlust ersetzen, der aus der Einzigartigkeit seiner früheren Arbeit resultiert. Der soziale Status eines Händlers kann abhängig von Faktoren wie Herkunft, Besitz und anderen Ressourcen zwar unterschiedlich sein,[126] jedoch kann man nicht davon ausgehen, dass deren Status im Wertesystem von Kazimierz einen adäquaten Ausgleich bietet. Sicherlich ist Kazimierz durch seine finanziellen Probleme, die Arbeitslosigkeit und die Vorschriften des Sozialamtes mit Statusverlust konfrontiert, würde er jedoch im Schmuggel tätig werden, so hätte er damit sein berufliches Selbstbild ein weiteres Stück demontiert. Der Schmuggel, und das gilt es an dieser Stelle im Vorgriff auf die weitere Analyse festzustellen, ist an der polnisch-russischen Grenze eben nicht das Handwerk wagemutiger Hasardeure, sondern ein Alltagsgeschäft von Frauen und Männern jeglichen Alters.

---

122 Deppe 1971: 85.
123 Jahoda/Lazarsfeld/Zeisel 1975.
124 Wacker 1977: 125f.
125 Fröhlich 1979: 163ff.
126 Mai/Buchholt 1987: 140.

Welche Faktoren hindern Arbeitslose am Schmuggeln?

Sicherlich ist es nicht möglich, allgemeingültig in einem einfachen Schema von Ursache und Wirkung die Frage zu beantworten, warum Arbeitslose trotz prekärer Situation nicht beim Schmuggel mitwirken. Gleichwohl soll hier der Versuch unternommen werden, auf der Basis der Beispiele einige Faktoren zu benennen, die einer Beteiligung am Schmuggel entgegenstehen.

Zu unterscheiden ist dabei zwischen psychologischen Motiven, die den Einzelfall aus individuellen Faktoren erklären, und soziologischen Ursachen, die aus äußeren sozialen Bedingungen resultieren. Betrachten wir zunächst die soziologischen Faktoren, so lassen sich einige Eckpunkte beschreiben, die einen Rahmen definieren, innerhalb dessen dann individuelle Bedingungen zur Ausgestaltung der Einzelfälle führen. Folgende Faktoren können mit hoher Wahrscheinlichkeit die Teilnahme am Schmuggel verhindern, ohne jedoch zwingend diese Wirkung entfalten zu müssen:

- die berufliche Sozialisation
- der soziale Status eines Kleinhändlers resp. Schmugglers
- die Verfügbarkeit finanzieller und sozialer Ressourcen
- die Nutzung informeller und subsistenzwirtschaftlicher Ressourcen zur Existenzsicherung
- die physische und psychische Belastung beim Schmuggel
- die Gleichsetzung des Schmuggels mit kriminellen Handlungen

Soweit eine berufliche Sozialisation stattgefunden hat, die zur Identifikation mit dem Beruf führte, wird der Arbeitslose in der informellen und illegalen Tätigkeit des Schmuggelns keinen adäquaten Ersatz sehen. Die identitätsstiftenden Werte des Berufes und der Erwerbsarbeit können dabei nicht, wie seit Anfang der 1990er Jahre oftmals behauptet, als Spezifika der realsozialistischen Gesellschaften mit ihrer garantierten Vollbeschäftigung interpretiert werden.[127] Vielmehr ist davon auszugehen, dass es sich bei den west- und osteuropäischen Systemen gleichermaßen um entwickelte Industriegesellschaften mit ausgeprägter identifikatorischer Betonung der Erwerbsarbeit handelt. In den europäischen Industriegesellschaften beruht die soziale Identität, wie Castel bemerkt, eher auf der Lohnarbeit als auf dem Eigentum.[128] Als grundlegend erweist sich die Studie über die „Arbeitslosen von Marienthal", in der die sozialen und psychischen

---

127 Thiede/Hammelmann 2006: 28.
128 Castel 2008: 264.

Auswirkungen der Arbeitslosigkeit beschrieben werden.[129] In der Arbeitslosigkeit verlieren die Individuen die über Erwerbsarbeit vermittelte soziale Orientierung und somit ihren sozialen Status.[130] Im Übrigen bezieht sich Jahoda auf „moderne Industriegesellschaften", worunter man bis in die 1980er Jahre unausgesprochen die westlichen kapitalistischen Gesellschaften verstand, also Gesellschaften, die aus heutiger Perspektive als ‚altindustrialisiert' zu bezeichnen sind und sich darin durchaus mit der gesellschaftlichen Situation in Polen vergleichen lassen. Seitdem das Gesellschaftssystem aber an die Individuen mit den sich als ‚modern' präsentierenden Anforderungen individuell gestalteter Biographien auf der Grundlage kultureller Lebensstile herantritt, erscheint die identifikatorische Kraft der Berufstätigkeit als ‚altmodisch' und wird synonym gesetzt mit der ‚unmodernen' Industriearbeit der realsozialistischen Gesellschaften. Ideologiekonform scheint hier eine „erblindete Sozialwissenschaft" zu ignorieren, dass „Arbeitslosigkeit [...] ein Gewaltakt [ist]. Sie ist ein Anschlag auf die körperliche und seelisch-geistige Integrität, auf die Unversehrtheit der davon betroffenen Menschen".[131] Obwohl der soziale Status eines Kleinhändlers sehr unterschiedlich sein kann, ist das gesellschaftliche Ansehen der Schmuggler deutlich niedriger als der Status beruflicher Tätigkeiten. Soweit der ausgeübte Beruf nicht nur unter dem Blickwinkel materiellen Tauschwertes ausgeübt wurde, sondern der gesellschaftliche Status auch ein zentraler Bezugspunkt der Identifikation war, erscheint der Schmuggel nicht attraktiv.

Vor diesem Hintergrund einer legalen Arbeit und einer Identifikation mit dem Beruf werden die physischen und psychischen Belastungen des Schmuggels als Stress erlebt und führen zu der Entscheidung, nicht zu schmuggeln. Im Übrigen bestätigt Krystyna Zając in ihrer Arbeitsbiographie, dass selbst physisch ermüdende und schlecht bezahlte Tätigkeiten keine ausreichenden Gründe für den Einstieg in den Schmuggel bieten müssen, wenn deren illegale Form als psychisch belastend erlebt wird. Auch Zofia Kowalska zieht die Suche nach einer befristeten informellen Pflegetätigkeit im Ausland mit den damit verbundenen Belastungen dem Schmuggel vor. Wie das Beispiel von Kazimierz zeigt, erwächst der Stress nicht unmittelbar aus den beruflichen Belastungen. Vielmehr werden die beruflichen Anforderungen als Herausforderungen interpretiert, die das Selbstbild gestalten, hingegen die Akteure Belastungen beim Schmuggel als Stress erleben. Zwar sind die konkreten physischen und psychischen Belastungen unterschiedlich, jedoch werden sie erst im Kontext des fehlenden gesellschaftlichen Status als Stress erlebt.

---

129 Jahoda/Lazarsfeld/Zeisel 1975.
130 Jahoda 1983: 48, 51.
131 Negt 2001: 10.

Dabei handelt es sich um objektiv nachvollziehbare Gründe, bei deren Nennung Gesprächspartner keine weitere Erklärung einfordern, obwohl im Hintergrund auch andere Faktoren beteiligt sein können. Vor allem ist hier die Verfügbarkeit finanzieller und sozialer Ressourcen zu erwähnen, die eine aktive Beteiligung am Schmuggel unterstützen oder verhindern. Ohne soziale Kontakte, die ein Vertrauensverhältnis begründen, sind die Möglichkeiten einer Beteiligung am Schmuggel ebenso verschlossen wie die Chancen, eine Aushilfstätigkeit zu bekommen. Zudem führt der geringe Umfang finanzieller Mittel, der Arbeitslosen zur Verfügung steht, schon bei kleinen Verlusten zu existenzieller Bedrohung und lässt somit auch nicht die Möglichkeit einer selbstständigen Schmuggeltätigkeit zu.

Ein anderer Aspekt, der Arbeitslose hindert, sich am Schmuggel zu beteiligen, besteht in dem notwendigen Zeitaufwand. Die fehlenden finanziellen Mittel führen dazu, dass mit unterschiedlichen informellen Tätigkeiten der tägliche Lebensunterhalt auf niedrigem Niveau gesichert werden muss. Der Mangel an Geld kann dabei nur mit dem Einsatz von Zeit ausgeglichen werden. Notwendige Arbeiten zur Sicherung der Subsistenz – Gartenarbeit, Reparaturen u.Ä. – lassen keinen zeitlichen Spielraum für eine regelmäßige Schmuggeltätigkeit bzw. erfordern die Entscheidung zwischen Schmuggel und Subsistenzarbeiten.

Zusätzlich zu den aufgeführten Gründen können biographische Erfahrungen mit Alkohol ebenfalls zur Abkehr vom Schmuggel führen. Soweit jemand zum unkontrollierten Genuss von Alkohol neigt, erfordert die beim Schmuggel gegebene Verfügbarkeit billigen Wodkas Selbstdisziplin oder eben den Selbstschutz, sich nicht mit dem Schmuggel zu befassen. Sicherlich spielt dieses Argument im Einzelfall von Personen mit individuellen oder familiären Alkoholerfahrungen eine Rolle, jedoch ist die dem Argument implizite Gleichsetzung von Schmuggel und Alkoholkonsum ein Vorurteil. Aus der Feldforschung ergeben sich keine Anzeichen eines gegenüber dem Bevölkerungsdurchschnitt erhöhten Alkohol oder Nikotinkonsums unter Schmugglern. Im Gegenteil trifft man häufig auf Schmuggler, die betonen, sie würden „transportieren aber nicht konsumieren". Im Fallbeispiel von Zbigniew unterstützt das gesellschaftliche Vorurteil eine Distanzierung vom Schmuggel, mit der an seine familiären Kindheitserfahrungen angeknüpft wird. Aufgrund der Relevanz, die dem Alkoholmissbrauch in seiner biographischen Erzählung zukommt, kann man davon ausgehen, dass diese Erfahrung ein psychisches Schema bildet, mit dem der Schmuggel in Verbindung gebracht wird. Der reale Zusammenhang zwischen Schmuggel und Alkohol wird von Zbigniew ausgeblendet und führt zur Gleichsetzung von Schmuggel und Alkoholmissbrauch. Psychische Schemata basieren auf Erfahrungen und werden mit hoher Wahrscheinlichkeit in Situationen abgerufen, die

Parallelen zu diesen Erfahrungen aufweisen.[132] Mit dem Schema gelingt es Zbigniew, die wirtschaftliche und soziale Organisation seines Lebens aufrechtzuerhalten. Wenn er den Schmuggel als alternative Einkommensmöglichkeit zulassen würde, könnte damit der Sinnzusammenhang seines Alltags infrage gestellt werden. Unterstützt wird seine Distanzierung durch seine Erkrankung, die für ihn eine Einschränkung seiner Leistungsfähigkeit bedeutet.

Vergleichen wir die Lebenssituation von Zbigniew und Kazimierz, so fallen einige Unterschiede ins Auge. Trotz schmerzlicher Schicksalsschläge wie Verlust seines Arbeitsplatzes und der Wohnung sowie dem Arbeitsunfall gelang es Zbigniew, seine Lebenssituation zu stabilisieren. Die Invaliditätsrente sichert ihm eine stabile finanzielle Grundlage, die er zudem über informelle Zusatzeinkommen aufbessern kann. Eine Beteiligung am Schmuggel verbindet sich für ihn mit einer Negierung gesellschaftlicher Normen und beinhaltet die Gefahr der Stigmatisierung und Exklusion. Dies ist besonders wirksam, da er sich aufgrund seiner wirtschaftlichen Situation schon am Rande der etablierten Gesellschaft bewegt. Gleichwohl Kazimierz schon seit über zehn Jahren arbeitslos ist, hat das Wertesystem seines Berufes weiterhin für ihn Gültigkeit, und die, wenn auch vage Perspektive, wieder in seinem Beruf arbeiten zu können, bietet ihm eine emotionale Sicherheit.[133] Für Zbigniew und Kazimierz wäre der Einstieg in den Schmuggel mit einem hohen wirtschaftlichen Risiko bei geringem finanziellem Gewinn verbunden. Eine Gefahr bestünde darin, die sozialen Gelegenheitsstrukturen zu verlieren und damit die dünne wirtschaftliche Basis ihres Alltags zu zerstören. Zugleich würden sie, und das scheint mir ein zentraler Punkt für ihre Abstinenz beim Schmuggel zu sein, die Stabilisierung ihres Lebens auf der symbolischen Ebene beruflicher Identifikation gefährden und damit ihr Selbstbewusstsein als Facharbeiter untergraben.

Bis zu diesem Zeitpunkt haben wir die Sphäre des Schmuggels nur gestreift und erste Aspekte des Phänomens von außen betrachtet. Mit dem folgenden Kapitel werde ich mich direkt dem Schmuggel zuwenden und lade den Leser zu einer Fahrt mit polnischen Schmugglern nach Kaliningrad ein.

---

132 Aronson et al. 2008: 63.
133 Kazimierz betont in den Gesprächen immer wieder den Versuch, im Verlauf der kommenden Monate eine legale Arbeit zu finden. Darauf hofft Zbigniew nicht mehr, eine wirtschaftliche Zukunft verknüpft er mit der Ausbildung seiner Kinder.

Eine Ethnographie des Schmuggels

Abseits vom Dorf liegt eines der roten Backsteinhäuser aus deutscher Zeit. Das Kopfsteinpflaster der Dorfstraße ist ausgefahren und verliert sich am Ortsrand in einem Feldweg, der zum Haus von Tomasz führt. Ein Zaun umschließt das Gehöft, vor dem ein Schäferhundmischling an seiner Kette zerrt. Als Tomasz vor einigen Jahren seinen Arbeitsplatz verlor und die Gelegenheit ergriff, sich frühverrenten zu lassen, erwarb er den Hof. Seitdem lebt er hier gemeinsam mit seiner Frau, die in einem festen Arbeitsverhältnis in der Wojewodschaftsstadt tätig ist, während er seine Rente mit Schmuggel aufbessert. Sein Alter ist schwer zu bestimmen, tiefe Furchen in seinem Gesicht lassen ihn älter erscheinen, aber Augen und Gesten verraten eine offene Herzlichkeit.

Wir sind verabredet, um am Abend nach Russland zu fahren, doch zunächst bereitet Tomasz eine warme Mahlzeit zu. Mittlerweile ist es dämmrig geworden, ich sitze vor dem Küchenfenster an einem Tisch, und unser Gespräch kreist um den Alltag, die Grenze und den Schmuggel. Der Hund, erzählt Tomasz, soll ihn vor Einbrechern schützen, denn erst kürzlich wurde der Versuch unternommen, in seiner Abwesenheit einen Teil seiner Waren zu stehlen. Neben dem Fenster hängt an der Wand ein Jahresplan, auf dem Tomasz die Dienstzeiten der polnischen Zöllner eingetragen hat. Tomasz richtet seine Fahrten nach ihren Einsatzplänen. Die Zöllner arbeiten in zwölfstündigen Schichten und stehen im Ruf, unterschiedlich ‚scharf' zu kontrollieren. Vermutlich kennt er die Dienstzeiten besser als manch ein Zöllner.

Während wir beim Essen sitzen, schlägt der Hund an, und Tomasz verlässt die Küche. Im Flur wickelt er ein Geschäft mit dem Förster ab, der, wie ich später erfahre, immer in der Dunkelheit kommt, um nicht gesehen zu werden. Nachdem er eine Stange Zigaretten gekauft hat, verhandeln sie noch über die Bedingungen, unter denen Tomasz sich Feuerholz aus dem nahen Wald holen kann, und zum Dank erhält der Förster noch eine Flasche Wodka. Für diese Gelegenheiten hat Tomasz einige Flaschen vorrätig, obwohl er, wie viele Schmuggler, nicht mit Wodka handelt. Da die Gewinnspanne beim Wodka klein und der Transport schwierig ist, lohnt sich der Schmuggel kaum. Zudem wird Wodka vor allem von Leuten mit Alkoholproblemen konsumiert, zu denen die Schmuggler enge Kontakte vermeiden. Befürchtet wird, dass deren Verhalten Nachbarn und Polizei auf den Schmuggler aufmerksam machen könnten.

Am späten Abend tauscht Tomasz auf dem Weg zur Grenze Złoty in US-Dollar um, die er für den Einkauf in Russland benötigt. Sobald wir an der Grenze ankommen, nimmt er Kontakt mit den wartenden Schmugglern auf. Wer regelmäßig hierher kommt, der kennt die Mehrzahl der Händler vom Sehen oder mit Vornamen. Obwohl die Benutzung von Mobiltelefonen im Grenzbereich untersagt ist, springen Informationen in Windeseile zwischen russischer und polnischer Seite hin und her. Fahrzeuge, die gerade die Grenzkontrollen passiert haben, fahren langsam an den wartenden Wagen der Gegenseite vorbei, mit kurzen Zurufen verständigt man sich über die aktuelle Situation an der Kontrollstelle. Während von der russischen Seite keine Kontrollen zu befürchten sind, interessiert hier vor allem, welche Zöllner auf der polnischen Seite kontrollieren. Über ein eingespieltes System von Spitznamen, mit denen die polnischen Zöllner bezeichnet werden, verständigen sich die Schmuggler. Wichtig ist auch die Information, ob eine Gruppe der mobilen Zollkontrolle vor Ort ist. Aufgrund ihrer schwarzen Kleidung werden sie ‚czarnóchy' (dt.: die Schwarzen) genannt. Sie sind gefürchtet, da sie dafür ausgebildet sind, gründliche Fahrzeugkontrollen durchzuführen. Allein ihre Erscheinung im schwarzen Arbeitsanzug verleiht ihnen den Ausdruck von Unnahbarkeit. Sind ‚czarnóchy' an der Grenze, so hat man zwar immer noch die Chance, einer Kontrolle zu entgehen, da sie nicht alle Fahrzeuge überprüfen, doch führt ihre Anwesenheit zu Verunsicherung. ‚Czarnóchy' sind es auch, die schneller als normale Zöllner einen Wagen in den ‚hangar'[1] beordern und dort unter Umständen in stundenlanger Arbeit zerlegen. Da sie als mobile Einheit nur sporadisch an der Grenze eingesetzt werden, fällt es den Schmugglern schwer, mit ihnen Kontakte zu knüpfen. Sie bleiben den Schmugglern gegenüber anonym und haben auch keine Spitznamen.

Die Einreise verläuft unproblematisch, ein schneller Blick des polnischen Zöllners in den Kofferraum, ein Stempel in den Pass und wir können zur russischen Seite vorrücken. Hier würde die Abfertigung ähnlich unproblematisch verlaufen, wäre ich nicht dabei. Meine Anwesenheit irritiert die russische Grenzbeamtin, und wie mir Tomasz hinterher sagt, fragt sie ihn mehrmals flüsternd,

---

1 Als ‚hangar' wird eine mit Werkstattgrube ausgestattete Halle zur Untersuchung von Fahrzeugen bezeichnet. Während Pkw nur bei akutem Verdacht in den ‚hangar' beordert werden, müssen Reisebusse routinemäßig die Halle anfahren.

warum ich denn hier sei, worauf er ihr antwortet, ich sei zu Besuch und würde gerne einmal Bagrationowsk kennenlernen. An diese Grenzestelle ‚verirrt' sich nur selten ein Reisender und so falle ich auf wie das sprichwörtliche ‚schwarze Schaf'. Da auch die russischen Grenzangestellten an dem Schmuggel verdienen, sich also an den illegalen Geschäften beteiligen, bleibt vermutlich bei ihnen ein Rest von Misstrauen gegenüber allen Auffälligkeiten bestehen, auch wenn die Annahme, meine Anwesenheit könnte ihnen Probleme bereiten, jeglicher Grundlage entbehrt.

Wenige Kilometer hinter der Grenze bildet eine Tankstelle unseren ersten Anlaufpunkt. Als Stammkunde besitzt Tomasz eine Kundenkarte, auf die er sechs Prozent Rabatt erhält. Neben den Zapfsäulen liegt jeweils ein Holzkeil, der von den Fahrern dazu benutzt wird, das Rad am Einfüllstutzen in eine erhöhte Position zu bringen. Damit wird es möglich, die bei der Befüllung verbleibende Restluft im Tank zu reduzieren und einige Liter mehr einzufüllen. Unser 180er-Mercedes fasst dank eines umgearbeiteten Tanks 95 Liter Diesel, zusätzlich wird noch ein 20-Liter-Kanister gefüllt. Im Reservekanister dürfen fünf Liter zollfrei eingeführt werden. Tomasz hat einen 20-Liter-Kanister, den er mit 15 Litern befüllt, weitere 5 Liter nimmt er in einem gebrauchten Ölkanister mit. Den Ölkanister wird der Zöllner nicht kontrollieren, und der nicht ganz befüllte 20-Liter-Kanister wird ihn auch nicht misstrauisch machen. Dieser Trick ermöglicht es ihm, statt der erlaubten fünf Liter zwanzig Liter nach Polen einzuführen.

Unser nächster Haltepunkt befindet sich wenige Kilometer hinter Bagrationowsk, auf einem asphaltierten Parkplatz, der als Stauraum für den Grenzverkehr angelegt wurde und unter den Polen ‚patelnia' (dt.: die Pfanne) heißt. Alle aus Russland herausfahrenden nichtrussischen Fahrzeuge sind gezwungen, an dieser Stelle zu warten, bis ihnen die Erlaubnis erteilt wird, an die Grenze vorzufahren, wo sie wiederum in einer Warteschlange eingereiht werden. Zur Weiterfahrt benötigt man einen Passierschein, den man am Ausgang des Platzes erhält. Wenn hier an manchen Tagen über einhundert Wagen stehen, müssen die Fahrer ein bis zwei Tage Wartezeit einplanen, bis sie zur Grenze durchgelassen werden, wo sie noch einmal die gleiche Zeit warten werden. Offiziell dient die ‚patelnia' als zusätzlicher Stauraum für Fahrzeuge, da im direkten Grenzbereich nicht genügend Stellflächen vorhanden sind, jedoch können Reisende aus westlichen Staaten unter Umgehung der ‚patelnia' direkt bis zum Grenzbereich vorfahren. In der Praxis werden nur Fahrzeuge mit polnischen Kennzeichen gezwungen, zunächst die ‚patelnia' anzufahren, wo die Fahrer die Wahl haben, entweder Wartezeiten bis zu mehreren Tagen in Kauf zu nehmen oder mit entsprechendem Schmiergeld einen Passierschein zu erwerben.

Kennt man sich aus, so gibt es Möglichkeiten, die Wartezeit auf der ‚patelnia' zu verkürzen. Tomasz erkundigt sich also zunächst bei anderen Fahrern danach, wer heute die Passierscheine ausgibt. Ist es jemand, den er kennt, so kann er mit etwas Schmiergeld die Wartezeit verkürzen oder er hat sogar so viel Glück, dass er ohne Bestechung abgefertigt wird. Üblicherweise kostet der Passierschein 10 bis 20 US-Dollar[2], wobei der Preis mit der Anzahl wartender Fahrzeuge steigt. Normalerweise ist vorgesehen, dass die Passierscheine der Reihe nach an die wartenden Fahrer ausgegeben werden, doch gibt es diese Situation nur, wenn weniger als zehn Fahrzeuge auf der ‚patelnia' stehen.

In der Zwischenzeit hat Tomasz zehn Stangen Zigaretten und zehn Kilo Zucker gekauft. Am Rand der ‚patelnia' stehen kleine Holzhäuschen, jedes mit einem Verkaufsraum und einem dahinter gelegenen Aufenthaltsraum für die Verkäuferin. Die hier angebotenen Waren – Zigaretten, Wodka, Zucker und Süßigkeiten – kann die Verkäuferin anscheinend in beliebiger Menge aus dem hinteren Raum hervorholen. Hier wird nur der Bedarf für den Schmuggel gedeckt, obwohl es sich nicht um zollfreie Waren handelt und die Läden jedermann offen stehen. Zwischen den Verkaufsständen bestehen zwar kleine Preisdifferenzen, jedoch haben die Schmuggler üblicherweise ihre festen Gewohnheiten bezüglich der Läden, in denen sie einkaufen, obwohl keine Abhängigkeiten oder Verpflichtungen zwischen den Verkäuferinnen und Schmugglern bestehen. Bei dem Zucker handelt es sich um ein polnisches Produkt, das in Russland verpackt wird und hier zwei Złoty billiger als in Polen ist. Mit Zucker kann man keinen großen Gewinn machen, zumal der Transport von zehn Kilo aufwendig ist, aber letztlich zählt in der Gesamtrechnung jeder Złoty, und da der Zuckerverbrauch für Konservierung und zum Süßen sehr hoch ist, lohnt sich der Einkauf. Tomasz wirft alle Waren zunächst in den Kofferraum, und wir begeben uns auf die Rückfahrt in Richtung Grenze. Manchmal kauft er in Bagrationowsk noch einen Sack Kohlen, der in Russland 20 Złoty günstiger ist, doch häufig scheut er den Dreck in seinem Kofferraum.

Vorteile ergeben sich aus Bekanntschaften, die im Verlauf von Jahren zwischen einzelnen Schmugglern und dem Grenzpersonal auf der russischen wie auf der polnischen Seite entstanden sind. Auch wenn es sich dabei zumindest teilweise um Beziehungen handelt, die auf Bestechung und Korruption aufgebaut sind, so erschöpfen sich diese Kontakte doch nicht darin. Eine wichtige Rolle spielt die individuelle Fähigkeit, soziale Beziehungen aufzubauen. Die Kontakte lassen sich gerade bei informellen Ökonomien nicht auf eine Sachebene reduzie-

---

2 Im Jahre 2008 stellte der russische Zoll die Zahlung von Bestechungsgeldern von US-Dollar auf Euro um. Bei zwanzig wartenden Wagen musste beispielsweise 2008 ein Betrag von 10 Euro für den Passierschein bezahlt werden.

ren, vielmehr sind sie deutlicher als in formellen Beziehungen durch individuelle Aspekte strukturiert. Als Tomasz auf der ‚patelnia' erfährt, dass Tatjana die Passierscheine ausstellt, gelingt es ihm, wie er sagt, für wenig Geld den Schein vor den anderen Fahrern zu erhalten. Um die Transaktion durchzuführen, wartet er, bis er Tatjana allein in der Ausgabestelle antrifft. Auch ich muss derweil im Wagen warten. In den vielen Jahren, die sich Tomasz und Tatjana kennen, hat sich zwischen ihnen ein Kontakt entwickelt, der nicht mehr auf der hier üblichen Korruption beruht, sondern von Sympathie getragen wird.

Eine entscheidende Kompetenz für den erfolgreichen Schmuggler ist seine Kommunikationsfähigkeit, die es ihm ermöglicht, sich auf aktuelle Entwicklungen einzustellen. Wer geschickt ist und zum Schmuggel nach Kaliningrad fährt, der hat schon vor der Grenzkontrolle die ersten Informationen zur aktuellen Situation eingeholt. Dazu gehört die Frage nach den Wartezeiten auf russischer Seite, wie viele Wagen auf der ‚patelnia' stehen und die Beobachtung, welche polnischen Zöllner an welchem Fahrstreifen bei der Einreise nach Polen kontrollieren. Diese Informationen nutzt der Schmuggler für erste Rückschlüsse über den vermutlichen Verlauf der Fahrt. Aus diesen Angaben kann sich beispielsweise ergeben, dass ausnahmsweise mehr Zigaretten geschmuggelt werden, wenn nur eine oberflächliche Kontrolle zu erwarten ist. Aber auch, dass bestimmte Verstecke im Wagen ungenutzt bleiben sollten, da der Zöllner hier grundsätzlich nachschaut. Jedoch wird sich der umsichtige Schmuggler zunächst selber ein Bild von der aktuellen Situation machen und erst nachdem er auf der ‚patelnia' war, seine Entscheidungen treffen. Viele Leute seien jedoch nicht geschickt genug, um ihre Chancen zu nutzen, bemerkt Tomasz, als wir eines Tages damit beschäftigt sind, auf dem Hof von Sergej unsere Waren zu verstauen. Neben uns sind zwei Polen auch dabei, ihre Zigaretten zu verstecken, und im Gespräch stellt sich heraus, dass sie den Passierschein gerade für 25 US-Dollar bei Sergej gekauft haben. Hierauf fragt sie Tomasz, warum sie denn nicht zur ‚patelnia' gefahren seien, denn schließlich könne man dort den Passierschein heute kostenlos bekommen. Kopfschüttelnd über so wenig Organisationstalent wendet sich Tomasz ab.

Vermeiden kann man die Wartezeiten auf der ‚patelnia', wenn man bei Sergej die Zigaretten gemeinsam mit dem Passierschein erwirbt. Zu Sergej kommt man, wenn man von Bagrationowsk zurück zur Grenze fährt und sich der Schlange wartender Wagen nähert. Kurz vor dem Ende der Fahrzeugschlange steht ein russischer Wagen in umgekehrter Richtung, sodass die beiden Insassen den ankommenden Verkehr beobachten können. Hier muss man zum ersten Mal den Passierschein vorweisen oder man gibt an, dass man zu Sergej fährt, dessen Haus hinter einem provisorischen Bretterverschlag nur eingeweihten Schmugglern bekannt ist. Sergej berechnet fünf US-Dollar Aufschlag für den Passierschein und einen etwas höheren Preis für die Zigaretten. Doch sind fünf US-Dollar Mehrausgaben bei Sergej gut angelegt, wenn man damit die Wartezeit verkürzen kann. Ob wirklich nur finanzielle Überlegungen andere Schmuggler davon abhalten, den Service von Sergej zu nutzen, lässt sich nicht mit Sicherheit feststellen. Darauf angesprochen wehrt man einfach mit einer abweisenden Handbewegung ab. Vermutlich gehört neben den notwendigen Informationen auch der Kontakt zu einem Beziehungsgeflecht dazu, um auf Sergejs Angebote einzugehen. Es handelt sich schließlich nicht um einen ‚normalen' Laden, in den jeder eintreten kann. Nicht nur, dass von außen kein Hinweis auf eine Einkaufsmöglichkeit besteht, auch die Tür wird erst auf ein Klopfen hin geöffnet. Für mich hat sich leider nie die Möglichkeit ergeben, das Haus zu betreten.

Wer bei Sergej eingekauft hat, nutzt die Gelegenheit, die Waren in einer der verschiedenen Garagen auf dessen Hof zu verstecken. Hier werden Kotflügel abgeschraubt, die Inneneinrichtung, Stoßstangen und andere leicht demontierbare Teile entfernt, um an die unterschiedlichsten Verstecke zu gelangen. Zum Teil sind die Autos für die Aufnahme von Schmuggelwaren schon entsprechend vorbereitet und werden nur als Transportfahrzeuge für diesen Zweck genutzt. Auf der polnischen Seite führen professionelle Kfz-Werkstätten den Umbau durch. Die Zigaretten werden aus der Stangenverpackung herausgenommen und dann als Einzelpäckchen verpackt. Mit Klebeband fügt man die Päckchen so zusammen, dass sie in die vorbereiteten Hohlräume passen und später leicht wieder herauszuziehen sind.

Dem Geschick der Schmuggler obliegt es, immer wieder neue Möglichkeiten für Verstecke ausfindig zu machen. Dabei kann man zwei Kategorien von Verstecken unterscheiden: Einmal sind es Hohlräume, an die man nur durch aufwendiges Demontieren von Fahrzeugteilen gelangt. Die zweite Kategorie von Verstecken ist dagegen leicht zugänglich. Hier soll der Zöllner, während er komplizierte Verstecke sucht, durch die Einfachheit überlistet werden. Beispiele für solch einfache Verstecke sind Zigarettenpackungen, die unter Zeitungen drapiert sind oder in den Taschen einer Jacke stecken, die auf dem Sitz liegt. Allerdings kalkuliert der Schmuggler auch damit, dass diese Zigaretten gefunden werden und den Zöllner von weiteren Nachforschungen abhalten. Der Schmuggler gibt sich dabei einfältig und ungeschickt, um nicht das Misstrauen des Zöllners zu wecken. Ein probates Mittel besteht darin, sich möglichst zerknirscht und betroffen zu geben, um so den Eindruck eines großen Verlustes zu erwecken, auch wenn es sich im Grunde um einen eingeplanten Verlust handelt. Ein unkalkulierbares Risiko stellen vor allem für das Aufspüren von Zigaretten abgerichtete Hunde dar, die durch die Fahrzeugbleche hindurch kleinste Tabakspuren wahrnehmen können. Dies kann sogar dazu führen, dass Hohlräume, die schon seit mehreren Tagen nicht mehr als Warenverstecke genutzt wurden, aufgrund von Restspuren von den Hunden entdeckt werden.

In diesem ‚Katz-und-Maus-Spiel' ist der Schmuggler gezwungen, immer etwas pfiffiger bzw. innovativer als der Zöllner zu sein. Vor einigen Jahren wunderten sich die Zöllner über die Zunahme eines bestimmten Nissan-Modells als bevorzugtes Schmugglerauto. In Polen war der Fahrzeugtyp innerhalb kurzer Zeit so begehrt, dass die Preise anstiegen. Durch einen Zufall wurden die Zöllner auf einen Hohlraum in der Dachverkleidung aufmerksam, der Platz für 100 Stangen Zigaretten bot. Nachdem daraufhin das Versteck standardmäßig kontrolliert wurde, waren die Wagen für die Schmuggler wertlos geworden und verschwanden wieder von der Grenze. In einer Anleitung für den fachgerechten Schmuggel müsste man aus dieser Episode noch eine weitere Lehre ziehen: Sinnvoll ist es, nicht die ausgetretenen Pfade der anderen Schmuggler zu gehen, sondern eigene Ideen zu entwickeln.

Auffällig ist eine Anzahl von Werkstätten, die kurz vor der Grenze ihre Dienste zur Reifenreparatur anbieten. Deren Geschäft besteht nicht im Flicken von Löchern, sondern hier werden Reifen mit Zigarettenschachteln gefüllt. Problematisch wird es immer, wenn bestimmte Kniffe nicht mehr nur auf wenige Schmuggler begrenzt sind, sondern kommerziell angeboten und dann von vielen übernommen werden. Wenn viele Schmuggler mit den gleichen Tricks arbeiten, bricht für alle das Geschäft zusammen, sobald die Zöllner die Praktik durchschaut haben. Zeitweise konnte man in Kaliningrad 10-Liter-Kanister aus Metall kaufen, die als Reservekanister für Fahrzeuge vorgesehen sind. Hierbei handelte es sich um speziell präparierte Kanister, die im unteren Teil sieben Stangen Zigaretten aufnehmen konnten, während in einem abgeteilten Bereich Benzin eingefüllt wurde. Öffnete der Zöllner den Kanister, so sah er nur das Benzin, auch das Gewicht des Kanisters täuschte einen gefüllten Benzinkanister vor.

Nachdem Tomasz alle Waren verstaut und alle Fahrzeugteile wieder angeschraubt und eingebaut hat, verlassen wir Sergejs Hof und fahren an das Ende der vor der Grenze wartenden Fahrzeugschlange. Wir stehen noch auf der Straße, ungefähr hundert Meter entfernt von einem weiteren Kontrollhäuschen. Erst wenn wir das Kontrollhäuschen erreicht haben, wird unser Passierschein vom Wachhabenden überprüft. Tomasz geht zunächst die Reihe der wartenden Kollegen ab, begrüßt Bekannte und holt Informationen über deren Wartezeit und andere Vorkommnisse ein. Wer hier professionell schmuggelt, unterbricht die Wartezeit hin und wieder, nicht nur um sich etwas Bewegung zu verschaffen, sondern auch um Informationen zu sammeln. Alle haben Zeit und versuchen der Langeweile zu entkommen; in Gruppen steht man zusammen, trinkt Kaffee und isst die mitgebrachten Brote. Stunde für Stunde rückt die Kolonne der wartenden Wagen nur um wenige Meter vor. Immer wenn der russische Posten sich dem Schlagbaum nähert, wird die Lethargie des fast endlosen Wartens unterbrochen und die Fahrer springen in ihre Fahrzeuge.

Es ist ein kalter Februartag, als ich mit Tomasz an der Grenze bin, für die Nacht werden mehr als 15 Grad Frost erwartet, grauer Schnee bedeckt den Platz vor dem Schlagbaum. Seit 22 Uhr stehen über 80 Fahrzeuge am selben Platz, eine Abfertigung scheint aus unbekannten Gründen nicht stattzufinden. Alle Fahrer versuchen, die Zeit mit Dösen zu überbrücken, am frühen Abend traf man sich noch zwischen den Fahrzeugen, jetzt verlässt kaum noch jemand seinen Wagen. Tomasz hat mich am Abend mit Piotr, einem anderen Schmuggler, bekannt gemacht, der mit seinem Wagen einige Fahrzeuglängen vor uns steht. Piotr schmuggelt seit Anfang der 1990er Jahre und ist an der Grenze als leidenschaftlicher Schachspieler bekannt. In der Wartezone braucht man ihn nicht zu suchen, denn als untrügliches Zeichen seiner Anwesenheit gilt ein verlassenes Schachspiel auf einem der Tische in einer Bar, doch mittlerweile fällt es ihm schwer, einen ebenbürtigen Gegner zu finden. Piotr lädt mich zur unvermeidlichen Partie ein, die mit einer Flasche der russischen Biermarke „Baltika Nr. 7" begossen wird. Obwohl ich kein guter Schachspieler bin, gewinne ich die Partie, und selbstverständlich muss dann eine Revanche gespielt werden, bei der wieder eine Flasche „Baltika Nr. 7" auf den Tisch kommt. Nachdem ich die Partie verloren habe, steht es ja unentschieden, sodass wir erneut mit einer Flasche Bier ans Brett müssen. In den folgenden Monaten werde ich alle Partien verlieren und ich kann mich des Eindrucks nicht erwehren, dass Piotr bei meinem Sieg strategisch nachsichtig war.

Leicht angetrunken begebe ich mich später zu unserem Wagen und versuche, auf dem Sitz etwas Schlaf zu bekommen. Dicht an dicht stehen die Fahrzeuge, und da es mittlerweile empfindlich kalt geworden ist, lässt man von Zeit zu Zeit den Motor an, um so wenigstens etwas Wärme zu erhalten. Über den Autodächern hat sich eine Glocke aus Abgasen gebildet, die von der Heizung in das Innere des Wagens geblasen werden. Zwei Stunden lang verfalle ich in einen Halbschlaf, bis mich die Mischung aus „Baltika Nr. 7" und Auspuffabgasen aus dem Wagen treibt. Am Rande des Platzes versuche ich, frische Luft zu atmen und kämpfe gegen meine Übelkeit an. Obwohl kaum ein Fahrer auf dem Platz zu sehen ist, bleibt mein Zustand nicht unbemerkt und sorgt am nächsten Morgen für ausgiebige Heiterkeit.

Tomasz erzählt, dass viele Leute den Stress des Wartens an der Grenze nicht aushalten und die Fahrten aufgeben. Ich selber mache die Erfahrung, dass mich die Warterei zermürbt und ermüdet, obwohl bei mir die Angst vor der Kontrolle wegfällt. Hinzu kommen Dreck und Müll, die einen bei Kälte und Hitze umgeben, oder Regen weicht den Boden zu einem schlammigen Platz auf, während zusätzlich Benzin- und Dieseldünste die Luft verpesten. In dieser Atmosphäre wärmt man Suppen auf, isst und versucht, die Stunden dösend an sich vorüberziehen zu lassen. Alle Ruhe ist jedoch äußerlich, denn im Hintergrund lauert die Ungewissheit über Erfolg oder Misserfolg der Fahrt. Nur in seltenen Momenten reißt die Spannung, und Fahrer brüllen sich im Streit an, drohen einander mit Schlägen. Doch bevor solch eine Situation eskaliert, greifen Bekannte der Streitenden beruhigend ein. Neben mir unterhalten sich zwei Schmuggler über die Auswirkungen des Stresses auf ihre Gesundheit. Jede Fahrt nach Russland verkürze ihr Leben um ein Jahr, vermuten sie.

Als wir während einer Schmuggelfahrt lange nach Mitternacht noch in der Bar sitzen, bricht mit einem Mal Geschrei aus, und alle rennen in eine Richtung. Wir begeben uns ebenfalls hinaus, und so sehen wir, wie einige Meter von unseren Fahrzeugen entfernt auf der Straße ein VW-Bus brennt. Die Flammen schlagen schon aus dem geöffneten Heck, und der Versuch des Besitzers, mit einem Feuerlöscher den Brand zu ersticken, mutet eher hilflos an. Von den Umstehenden wird er nicht unterstützt, vielmehr bleiben alle stehen und beobachten das Geschehen, ohne etwas zu unternehmen. Ich stehe mit einer Gruppe von Schmugglern zusammen, die sich darüber unterhalten, dass man den Brand mit einigen Feuerlöschern hätte ersticken können. Sie warten jedoch und schauen dem sich im Wagen ausbreitenden Feuer zu, bis die Feuerwehr aus Bagrationowsk eintrifft und den Brand löscht. Am darauf folgenden Vormittag beobachten wir, wie das ausgebrannte Autowrack auf einem Anhänger nach Polen transportiert wird. Obwohl ein Feuerlöscher in Polen und Russland zur Pflichtausstattung eines Pkw gehört, zuckt man nur mit den Achseln, als ich mich über den Grund der fehlenden Hilfsbereitschaft erkundigen möchte. Tomasz meint dazu, warum solle man seinen teuren Feuerlöscher für jemand anderen benutzen? Schließlich wüsste man noch nicht einmal, ob der später ersetzt würde. Hinterher ergänzt Tomasz noch, dass, wenn das Feuer bei einem der Fahrzeuge ausgebrochen wäre, die eng nebeneinander auf dem Warteplatz stehen, dann hätte jeder seinen Feuerlöscher geholt, um den eigenen Wagen zu schützen.

Solidarität gibt es hier nur, soweit sie nicht mit Kosten verbunden ist. Die Aussage, man wüsste nicht, ob der Feuerlöscher hinterher ersetzt würde, zeugt von einem tiefen Misstrauen unbekannten Personen gegenüber. Man ist einander fremd, obwohl man die gleiche Arbeit macht. Man erlebt den Anderen als Konkurrenten, dem man nur hilft, wenn man selber einen Vorteil davon hat. Bei einer Fahrt stellt sich heraus, dass ein Reifen unseres Wagens langsam Luft verliert. Es ist nicht dramatisch, doch die lange Wartezeit können wir nicht überbrücken. Die Suche nach einer Luftpumpe erweist sich als schwierig. Hilfe erhalten wir schließlich von dem Fahrer des Autos hinter uns. Denn wenn wir uns nicht bewegen können, dann kommt auch er nicht weiter.

Es ist zwölf Uhr am nächsten Tag, als wir endlich zur russischen Grenzkontrolle vorfahren können. Tomasz legt eine Anzahl US-Dollarnoten in seinen Reisepass, bevor er ihn dem Grenzschutz übergibt. Für jede Stange Zigaretten muss bei der russischen Kontrolle eine feste Summe gezahlt werden. Finden die russischen Zöllner Anhaltspunkte für unwahre Angaben, liegt es in ihrer Macht, das Auto zur Kontrolle in die Werkstatt zu beordern. Bewahrheitet sich ihre Vermutung, und der Schmuggler führt tatsächlich mehr Zigaretten mit, als er über das Bestechungsgeld angegeben hat, so kommt es zu einer gerichtlichen Anklage und Verhängung einer Geldstrafe wegen Schmuggels. Als Pfand wird der Wagen vom Zoll sichergestellt und das Visum eingezogen. Erst wenn die Strafe beglichen wird, erhält man den Wagen zurück und kann ein neues Visum beantragen.

Die staatlichen russischen Gerichte ahnden in diesen Fällen einen Verstoß gegen die Regeln einer informellen illegalen Struktur. Das Delikt des Schmugglers besteht ja nicht darin, russische Gesetze verletzt zu haben, denn bei den mitgeführten Zigaretten handelt es sich schließlich um offizielle, mit Steuerbanderole versehene Erzeugnisse, die in Russland legal erworben wurden. Zwar hat der Händler die Absicht zu schmuggeln, solange er sich jedoch innerhalb der russischen Grenzen bewegt, begeht er keine strafbare Handlung, und die vom russischen Zoll erhobenen ‚Gebühren' stellen lediglich eine Form illegaler Bereicherung dar. In diesem Fall sind aber die legalen staatlichen Gerichte eng mit den illegalen informellen Strukturen verwoben und unterstützen sie bei der Erhebung illegaler Gelder.

Diese Verbindung zwischen illegalen informellen Strukturen und legalen formalen staatlichen Organen wird von den polnischen Schmugglern respektiert. Während der Schmuggler versucht, den polnischen Zoll zu überlisten, wird er üblicherweise gegenüber der russischen Seite korrekte Angaben machen. Nachdem uns die Pässe, allerdings ohne US-Dollarscheine, zurückgegeben worden sind, gesteht mir Tomasz, dass er einige US-Dollar weniger als gefordert bezahlt hat. Da er als guter Kunde an der Grenze bekannt ist, weckt er kein Misstrauen. Mit einem kurzen Blick in den Kofferraum und in das Wageninnere ist die Abfertigung auf der russischen Seite abgeschlossen. In der Zwischenzeit hat sich Tomasz mit einer nach Kaliningrad einreisenden Frau kurz per Zuruf darüber verständigt, welche Zöllner auf der polnischen Seite an den beiden Fahrspuren Dienst haben. Als Erkennungszeichen haben die Schmuggler den Zöllnern Spitznamen gegeben. ‚Wielkie Łeb' (dt.: Großer Fänger) steht am linken Fahrstreifen und ‚Skarpetka' (dt.: Socke) kontrolliert die rechte Fahrspur. Die Chance für die

Schmuggler besteht nun, nachdem sie den russischen Kontrollbereich verlassen haben, darin, eine der beiden Fahrspuren, die zur polnischen Kontrollstelle führen, auszuwählen. Trotz seines Namens scheint ‚Wielkie Łeb' die bessere Wahl zu sein, jedenfalls ist die Fahrzeugkolonne auf seiner Spur deutlich länger als bei seinem Kollegen.

Bevor wir den russischen Grenzbereich verlassen, nutzt Piotr noch die Gelegenheit zum zollfreien Einkauf einiger Stangen Zigaretten und von zwei Flaschen Gin. Den Gin füllt er in Wasserflaschen um, die scheinbar achtlos in den Wagen gelegt werden, und die Zigaretten verschwinden an leicht zugänglichen Plätzen. Der zollfreie Einkauf ist zwar nicht billiger, als wenn man die Waren vorher in Kaliningrad gekauft hätte, doch hat man hier die Gewissheit, Markenprodukte zu erwerben. Man nimmt die qualitativ guten alkoholischen Getränke gern für den Eigenbedarf und muss für die Zigaretten keine Abgabe beim russischen Zoll bezahlen, da man die Zollkontrolle schon verlassen hat. Jedoch steht nur wenig Zeit zum Verstecken der Waren zur Verfügung, daher kann Piotr hier nur wenig einkaufen.

Obwohl die meisten Schmuggler mit dem Pkw lediglich ca. 30 Stangen Zigaretten mitnehmen, beobachte ich, wie in einem Wagen ungefähr 100 Stangen versteckt werden. Für den Fahrer ist das Risiko relativ groß, denn wenn mehr als 30 bis 40 Stangen Zigaretten gefunden werden, wird Strafanzeige erstattet und unter Umständen das Fahrzeug beschlagnahmt. Während der Grenzkontrolle sehe ich den Fahrer wieder, der sich an der Grenze bei dem grün markierten Fahrstreifen für jene Reisende, die keine Waren mit sich führen, eingeordnet hat. Der Zöllner wirft einen kurzen Blick in das Innere des Fahrzeugs, woraufhin er weiterfahren kann. Dass es sich hierbei um eine Absprache handelt, kann selbstverständlich nicht ausgeschlossen werden, nur sind die Sanktionen, wenn ein Wagen mit Waren auf dem grünen Fahrstreifen angetroffen wird, so hoch, dass die Schmuggler dieses Risiko nicht eingehen. Polnische Schmuggler nutzen daher den Fahrstreifen nur, wenn sie eine entsprechende Vereinbarung mit einem Zöllner getroffen haben. Sie fahren in der Regel weder über den grünen Streifen noch eröffnet ihnen Bestechung den Weg, vielmehr geschieht dies in einer Form des ‚Aushandelns' zwischen Schmugglern und Zöllnern. Auf der Grundlage der Beobachtungen erfolgt im folgenden Kapitel eine Interpretation der Situation bei der Grenzkontrolle.

SCHMUGGLER UND ZÖLLNER – AKTEURE IN EINEM ‚THEATER'

Während die Schmuggler an der Grenze auf die Zollkontrolle warten, kommentieren sie häufig den gesamten Vorgang als „Theater". Den Sozialwissenschaftler erinnert der Theatervergleich an die Analysen von Goffmann, in denen er soziale Situationen mit der Darstellung auf einer Bühne vergleicht.[3] Vor diesem Hintergrund bietet es sich an, den Vergleich mit einem Theater auch zum Ausgangspunkt für eine Interpretation der sozialen Situation an der Grenzkontrollstelle zu nehmen. Gehen wir von einem Theaterstück aus, bei dem Schmuggler und Zöllner wie auf einer Bühne agieren, dann ergibt sich ein Zugang, den Aufbau ihrer Kommunikation und sozialen Beziehung näher zu analysieren. Die von Goffmann entwickelte Konzeption bietet sich zur Erklärung der Situation an der Grenze an, da hier einer Differenzierung zwischen öffentlichen und nicht öffentlichen Bereichen, deren Existenz von allen Akteuren akzeptiert wird, eine zentrale Funktion zukommt. An mehreren Beispielen lässt sich diese Zweiteilung aufzeigen, die im Verlauf einer Schmuggelfahrt nicht allein auf den Umgang zwischen Zöllnern und Schmugglern beschränkt ist, sondern mit wechselnden Akteuren auf unterschiedlichen Bühnen stattfindet. Doch was macht die Metapher des Theaters so selbstverständlich? Oder anders ausgedrückt, worauf beruht die Verständigung zwischen Schmugglern und Zöllnern?

Wie Goffmann beschreibt, teilt sich das Theater in eine Hinterbühne, auf der die Aufführung vorbereitet wird und die nur für die Schauspieler zugänglich ist, sowie eine Vorderbühne, auf dem Publikum das Stück vorgespielt wird. „Die Darstellung des Einzelnen auf der Vorderbühne kann man als Versuch ansehen, als wolle er den Eindruck erwecken, seine Tätigkeit in dieser Region halte sich an gewisse Normen."[4] Auf die Hinterbühne sind zugleich diejenigen Abläufe und Verhaltensweisen verbannt, die nicht den Normen entsprechen und nur eingeweihten Personen zugänglich sein sollen. Die Vorderbühne stellt eine Fassade dar, deren Übereinstimmung mit den gesellschaftlichen Normen für die Öffentlichkeit sichtbar ist. Wie in einem Theater sind sich Akteure und Publikum aber durchaus der Trennung zwischen sichtbarer Vorderbühne und nicht einsehbarer Hinterbühne bewusst, ohne sie zu hinterfragen. Das Theaterstück wird für das Publikum aufgeführt, doch bleiben ihm weite Teile der Aufführung verborgen. Gleichwohl erlebt das Publikum im Theater keine Überraschung, denn der Besucher weiß in der Regel schon vorab, dass ein Theaterstück gespielt wird. Ver-

---

3   Goffmann 1969.
4   Ebd. 1969: 100.

folgt man den Gedanken weiter, so muss man sogar sagen, dass erst die Existenz einer Hinterbühne, auf der die Akteure ihren Auftritt vorbereiten können, die Aktion auf der Vorderbühne ermöglicht. Vorderbühne und Hinterbühne sind also existenziell aufeinander angewiesene Bereiche, die, wie Goffmann anschaulich darlegt, vergleichbar in unterschiedlichen sozialen Kontexten anzutreffen sind. Es ist nicht das reale Leben, der Alltag mit seinen Normen und Werten, sondern hier trifft man sich in einem geschützten Raum mit eigenen Normen. Sie spielen Alltag und haben dabei die Möglichkeit, Normen und Werte zu relativieren, ohne dass damit deren Gültigkeit außerhalb des Theaters infrage gestellt würde.

Auch die Grenzkontrollstelle kann, analog zum Theater, als solch ein geschützter Raum betrachtet werden. Nun sind Zöllner und Schmuggler hier nicht einfach in Schauspieler auf der einen und Publikum auf der anderen Seite zu trennen. Vielmehr treffen sie sich auf der Bühne und führen ein Stück auf, bei dem die Gesellschaft, sei es als anonyme Instanz, oder wie wir noch sehen werden, auch als konkrete Personen, das Publikum bildet. Da Zöllner und Schmuggler sich als Spieler auf der Bühne treffen, verfügen auch beide über Hinterbühnen, die aber weitestgehend voneinander getrennt sind, und auf denen sie sich unabhängig voneinander auf ihren Auftritt vorbereiten. Das Spezifische ihres Bühnenauftritts besteht im beiderseitigen Bewusstsein darüber, dass sie gemeinsam ein Spiel aufführen. Diese Kenntnis betrifft nicht nur das Thema des Stückes, sondern auch die Akteure, oder anders ausgedrückt, Schmuggler und Zöllner kennen sich. Sicherlich ist es keine Kunst, wenn der Schmuggler einen Zöllner identifiziert, der sich schließlich qua Funktion und Uniform zu erkennen gibt. Umgekehrt ist es für den Zöllner viel schwieriger in einem Reisenden den Schmuggler zu erkennen, dem man äußerlich seine Absichten nicht ansieht. Neben diesem strukturellen Sachverhalt kennen sich Schmuggler und Zöllner auch persönlich, d.h., sie erkennen sich wieder, was sich schon aufgrund der regelmäßigen und häufigen Grenzübertritte zwangsläufig ergibt. Entscheidend ist aber, dass es sich hier um eine Grenze handelt, an der der Schmuggel ein „offenes Geheimnis"[5] ist. Tatsächlich stimmen Zöllner, Grenzschützer und Schmuggler darin überein, dass zwischen 95 und 98 Prozent des Personenverkehrs zwischen Kaliningrad und Polen nur den illegalen Warentransport zum Ziel hat.[6] Daher kann ein Zöllner in den meisten Fällen davon ausgehen, an der Grenze einem

---

5   Haller 2000: 145.
6   Nicht erfasst wird dabei der Lkw-Verkehr. Vermutlich wird er nicht für den Schmuggel genutzt, da die Fahrzeuge mit Röntgengeräten durchleuchtet werden und die Transportunternehmer Lizenzen und Visa verlieren, wenn sie geschmuggelte Waren im Fahrzeug mitführen.

Schmuggler gegenüberzustehen.[7] Andrzej Tarkowski, der an fünf Tagen in der Woche mit einem Linienbus nach Kaliningrad fährt und mit Waren zurückkehrt, beschreibt die Situation in einem Interview:

Andrzej Tarkowski : „Sie erkennen uns, sie erkennen uns, sie erkennen uns. Wir fahren ja [regelmäßig]."
Frage: „Weil, wenn es täglich derselbe Autobus ist, dann ...?"
Andrzej Tarkowski : „Sie erkennen uns, sie kennen uns, wenn man so wie ich Tag für Tag fährt, dann sehe ich schon, dass dort derselbe ist. Du weißt ja, er schaut mich an, nickt mit dem Kopf, lächelt und weiß dann, worum es geht. Aber einige sind so fies, wen sie nicht kennen, den filzen sie, aber es gibt auch solche, die scherzen und lachen. Einige wissen einfach, dass man dort nicht zum Spaß hinfährt, dass man dorthin fährt und dort, man fährt einfach, um zu verdienen. Einfach um die Familie zu unterhalten und Schluss. Und ihre Aufgabe ist es einfach, es zu erschweren, dass wir Zigaretten mitnehmen. Nun, es gab auch andere, solche, die nehmen alles weg. Einige waren so, und es gab Verzweiflung und Weinen, Weinen, dass ... (3) Vor allem dann, wenn man übertrieben hat, wenn man zu viele Zigaretten mitgenommen hat – das muss man einfach können, wie viele man mitnimmt und man muss sie verstecken können. Verstecken. Nicht so, dass man irgendwie losfährt, irgendwo wegsteckt und losfährt. Einige legen sie in die Tasche, nicht wahr? Machen die Tasche voll und denken, dass der Zöllner es in der Tasche nicht findet. Schließlich sieht man das sofort in der Tasche. Oh, gestern war so ein Fall, er hatte alles in die Tasche gepackt. Und sie nahmen es ihm weg. Nun, sieben, sieben Stangen nahmen sie weg."[8]

---

7   An dieser Stelle sei folgendes anekdotenhafte Gespräch zwischen einem Schmuggler und einem Zöllner wiedergegeben, bei dem der Autor anwesend war: Auf die Frage des Zöllners, ob etwas anzumelden sei, antwortete der Schmuggler: „Nein, nur die legale Menge." Darauf die Gegenfrage des Zöllners: „Sind Sie Rentner?" Als der Schmuggler bejahte, erhielt er vom Zöllner die Antwort: „Na, das müssen Sie auch, denn mit der legalen Menge machen Sie ja bei jeder Fahrt Verlust." Offensichtlich war dem Zöllner bewusst, dass es sich bei den Angaben des Schmugglers um eine Falschdarstellung handelte.

8   Andrzej Tarkowski : „Poznają. Poznają, poznają. Bo jak my jeździmy."
Frage: „Bo jeżeli jest ten sam autobus codziennie to ...?"
Andrzej Tarkowski : „Poznają, znają, tak, tak, jak ja jeżdżę dzień w dzień a już widzę, że ten sam to tam. No, wiesz, tam tego, popatrzy, pokiwa głową, pośmieje się, no, i wiadomo, że tego. A niektóry taki jest wredny, co tam nie zna nie to tam ściągnie, a taki tak, który tak pożartuje i pośmieje się. Po prostu niektórzy wiedzą, że człowiek nie jedzie tam na rozkosze, że tam jechać i tam, po prostu jedzie żeby zarobić. Po prostu żeby tą rodzinę utrzymać i tyle. A im obowiązek jest, żeby po

Andrzej unterbricht mich, während ich die Frage formuliere, denn die Antwort ‚liegt ihm auf der Zunge'. Selbstverständlich, so könnte man diese Reaktion übersetzen, kennen sich Zöllner und Schmuggler. Zwar kennen sie sich nicht mit Namen, jedoch erkennt man sich wieder. Man gibt dies aber nicht offen zu, sondern allenfalls mit einem kurzen Nicken, einem Lächeln teilt man dem Gegenüber sein Wissen mit.[9] Dieses Erkennen ist wichtig, da damit eine Ebene von Vertrautheit geschaffen wird, die für den Schmuggler die Chancen vergrößert, unbehelligt die Kontrollen passieren zu können. Indem sich der Zöllner zu erkennen gibt, tritt seine Beziehung zu dem konkreten Schmuggler aus der Anonymität heraus. Der Schmuggler wird zu einer individuellen Person, dessen Lebenssituation ihn dazu zwingt, im Schmuggel seinen Lebenserwerb zu sichern, während es dem Zöllner obliegt, den illegalen Warenimport zu unterbinden. Damit stehen die Handlungen des Zöllners in einem Spannungsfeld zwischen „Selbstorientierung und Kollektivorientierung"[10], denn er muss entscheiden, ob er auf die strikte Anwendung staatlicher Vorgaben besteht, oder ob der individuelle Einzelfall, das vermutete oder tatsächliche Schicksal des Schmugglers sein Verhalten beeinflusst.

Andrzej erkennt den Zwiespalt der Zöllner, die zwischen Pflichterfüllung und moralisch begründetem Verständnis für die Notlage der Schmuggler zu entscheiden haben. Zusätzlich ist der Zöllner in seinen Entscheidungen durch die Kontrollfunktion seiner Vorgesetzten eingeschränkt, denen eine nachlässig

---

  prostu utrudnić te, te papierosy zabrać. No, także to nie takie, byli tacy, że zabierali wszystko zabierali. Niektórzy to i tak było i rozpacz i płacz, płacz był, że (3). Już jak za dużo przesadziłeś, dużo papierosów wziełeś to, to po prostu umieć, ile wziąć po prostu i umieć schować. Schować. Nie tak, że tam pojechać byle gdzie naczepić, i jechać. Niektórzy to w te torby mają, nie. Nakładą w te torbę, nie, i myślą, że co celnik nie znajdzie w torbie. Przecież to od razu widać w torbie. O, wczoraj taki był incydent, on w torbie schował wszystko. I zabrał mu. No, 7, 7 zabrał tych bloków."

9 Die einzige Person, die diese Regel durchbricht und die ihm bekannten Zöllner offen begrüßt, ist der ‚pilot' (dt.: Reiseleiter) des Linienbusses. Seine Aufgabe ist es, die Fahrgäste bei den Grenzformalitäten zu unterstützen und für einen reibungslosen Ablauf des Grenzübertritts zu sorgen. Während sich die Schmuggler aufgrund der Ausübung illegaler Geschäfte an der Grenze aufhalten, ist seine Anwesenheit ein Bestandteil seiner legalen Tätigkeit. Auf dieser Grundlage begegnet er den Zöllnern als ebenbürtiger Partner, der seiner täglichen Arbeit nachgeht. Die Schmuggler hingegen werden formal als anonyme Reisende behandelt, die nicht beruflich mit der Grenze verbunden sind. Gleichzeitig nutzt der ‚pilot' seine Position auch, um selber Waren zu schmuggeln.

10 Abels 2007b: 156.

durchgeführte Kontrolle nicht auffallen darf. Der Schmuggler überschreitet den tolerierten Rahmen seiner Rolle, wenn er die Waren nicht versteckt, und damit den Zöllner zur offenen Komplizenschaft herausfordert.[11] Wer die Zigarettenstangen sichtbar in seiner Tasche transportiert, fordert eine Reaktion der Zöllner heraus, während nicht offensichtlich mitgeführte Waren dem Zöllner die Möglichkeit einräumen, gerade diese Stelle zu übersehen. Die Kunst des Schmugglers besteht darin, dem Zöllner eine Brücke zu bauen, die ihm eine Entscheidung zwischen oberflächlicher und genauer Kontrolle erleichtert. „Man darf nicht übertreiben", sagt Andrzej sinngemäß und spricht damit an, dass die Akteure sich ihren Rollen gemäß verhalten müssen. Zum ‚Handwerkszeug' des Schmugglers gehört auch ein aus Erfahrung resultierendes Fingerspitzengefühl für die tolerierbare Warenmenge. Auf der anderen Seite verletzt der Zöllner die stillschweigende Übereinkunft, nur einen Teil der Waren zu beschlagnahmen, wenn er intensiv nach weiteren Verstecken sucht. Das Geheimnis des Schmuggels ist zwar allen Akteuren bekannt, erfordert aber von ihnen die Einhaltung der an Grenzübergängen üblichen Regeln. In den differierenden Ansprüchen wird ein sozialer Konflikt sichtbar, der mit der Konstruktion eines ‚offenen Geheimnisses' entschärft werden kann. Die Tatsache des Schmuggels wird öffentlich nicht thematisiert, doch kennen alle Beteiligten diesen Vorgang und damit ist er zugleich öffentlich und geheim. „Der Doppelcharakter des offenen Geheimnisses ermöglicht es aber, soziale Normen gleichzeitig zu unterlaufen als auch aufrechtzuerhalten, da die Normverletzung nicht öffentlich ausgesprochen wird und keine sozialen Konsequenzen nach sich zieht."[12]

Da es sich hier um informelle Regelungen handelt, die zudem auf einer subtilen Ebene ausgehandelt werden, kann der Schmuggler im konkreten Einzelfall durchaus auch schärfer kontrolliert werden. Selbstverständlich kennt man den Ruf einzelner Zöllner, die entweder oberflächlich oder gründlich kontrollieren, doch ein entscheidendes Kriterium ist der persönliche Kontakt, der zwischen Schmuggler und Zöllner besteht. Da es für die Organisation des Schmuggels aber bedeutsam ist, von welchem Zöllner man kontrolliert wird, verständigen sich die Schmuggler untereinander anhand eines Systems von Spitznamen, das allen Schmugglern an der Grenze bekannt ist. Es sind immer Besonderheiten im Verhalten oder im Äußeren, aus denen die Namen entstanden sind: ‚Ksiądz' (dt.: Priester) heißt so, da er scheinbar der Wirklichkeit entrückt seiner Arbeit nachgeht; ‚Rolnik' (dt.: Bauer) wird jemand genannt, der vom Dorf kommt; ‚Skarpetka' (dt.: Socke) nennt man denjenigen, der früher mit seiner Mutter Socken

---

11 Der offene Transport ist nur möglich, wenn der Zöllner bestochen und so zum Komplizen wird. Jedoch erfordert das umfangreiche Vorbereitungen und Absprachen.
12 Haller 2000: 145.

auf dem Markt verkaufte; während ‚Wielkie Łeb' (dt.: Großer Fänger) seinem Namen alle Ehre macht, geht ‚Diskoteka' mit schlenkernden Armen an den Fahrzeugen entlang.

Frage: „Heißt das, dass man die Aufgabe hat, die neuen Zöllner kennenzulernen, wie sie abfertigen, und wer sie sind?"
Marian Wojakowski: „Ja, ja, ja, ja, ja. Man muss wissen, wie sie heißen. Jeder hat seinen Namen. Dort rechts hast du jetzt ‚Garbinos', er hat so eine Adlernase, die größte. Der Zweite ist auch einer mit großer Nase, das ist ‚Garbinos 2' (Lachen). Und eine Blondine nennen wir ‚Barbi'. Einer hat solche Arme, dass er wie ein Affe geht, man sagt ‚King', er wird ‚King' genannt (Lachen). Man muss regelmäßig fahren, um den Rhythmus nicht zu verlieren, damit man sieht, was passiert."[13]

Im Einzelfall ermöglicht es diese Verständigung, einen bestimmten Zöllner für die Kontrolle auszuwählen, indem man sich an der Fahrzeugschlange seines Kontrollpunktes anstellt. Dabei ist nicht die Frage der Korruption angesprochen, sondern es handelt sich um eine kommunikative Ebene deutlich unterhalb dieser Schwelle. In diesem Beispiel besteht keine Absprache zwischen Zöllner und Schmuggler, die Information, welcher Zöllner an welchem Fahrstreifen Dienst hat, ist jedoch auch für die Fälle von Korruption bedeutsam.

Dem Zöllner Robert Zaremba stelle ich im Interview die Frage, ob die Zöllner die Spitznamen kennen:

Robert Zaremba: „Ich muss dir sagen, teilweise ja. Zum Beispiel wusste ich nicht, wie sie mich bezeichneten, obwohl sie bestimmt irgendeinen Spitznamen für mich hatten. Dagegen diejenigen, die ihnen besonders zu schaffen machen, die wissen genau [wie sie genannt werden, M.W.]. Diejenigen, die dort länger arbeiten. Weil es welche gibt, die seit 10 und 12 Jahren dort arbeiten, sie wissen genau, wie man sie nennt. Schließlich übernehmen wir das teilweise, dass wir uns selbst so nennen (Lachen). Manchmal sind die Namen auch treffend, aber manchmal, manchmal sind es einfach solche gemeinen Schimpfwörter.

---

13 Frage: „Znaczy, jest takie zadanie poznać tych nowych celników i jak oni odprawią, jacy oni są?"
Marian Wojakowski: „Tak, a tak, tak, tak. Wiedzieć jak się nazywają. Każdy ma swoją nazwę. Tam masz tak jak teraz na prawym ‚Garbinos', taki ma orli nos, największy. Drugi jest tak też z dużym nosem, to ‚Garbinos 2' (Lachen). Czy ‚Barbi' blondynka taka jest. Jeden taki ręce ma tak jak małpa, chodzi to mówi ‚King' na niego, nazywają ‚King' (Lachen). Trzeba jeździć, żeby nie wypaść z rytmu, żeby patrzeć, co się dzieje."

[Nun ja, ja.] Das hängt immer davon ab, wie sie uns sehen, oder? Den einen Tag können sie uns für super halten, und den zweiten Tag zeigt sich leider, dass wir schlecht sind."[14]

In dem Interviewausschnitt wird eine Gemeinsamkeit zwischen Schmugglern und Zöllnern deutlich, die eine zwar begrenzte, aber doch erkennbare Solidarität einschließt. Als Akteure der Grenzsituation sind Schmuggler und Zöllner durch ein informelles Netz von Kommunikationswegen miteinander verbunden. Ihre Kommunikationsorte sind neben der Grenzkontrollstelle auch die Wohnorte, da die Zöllner nicht nur in der grenznahen Region wohnen, sondern sogar aus denselben Orten stammen und häufig als Jugendliche dieselben Schulen besucht haben. Es gibt also strukturelle räumliche Bedingungen, die Gelegenheiten zur Kommunikation zwischen den sozialen Gruppen bieten. Gleichwohl bleibt der zentrale Kommunikationsraum die Grenze, denn, wie der Schmuggler Marian Wojakowski in einem Interview sagte, man muss vor Ort sein, um die Veränderungen mitzubekommen. An der Grenze erhält man die notwendigen Informationen und hat die Möglichkeiten, die Zöllner kennenzulernen. Für den Schmuggler verbessern sich seine Chancen, wenn er über ausgeprägte Kommunikationsfähigkeiten verfügt, da er sich damit die Möglichkeit eröffnet, den Zöllner von seiner Aufgabe abzulenken, indem der Kontakt auf eine individuelle Ebene gehoben wird. Je nach Fähigkeiten erfolgt die Kontaktaufnahme möglichst in lockerer Alltagsform, wie im folgenden Beispiel deutlich wird.

Mit Marian Wojakowski stand ich eines Tages am polnischen Kontrollpunkt, als wir von einem ihm unbekannten Zöllner kontrolliert wurden. Aus einiger Entfernung hatten wir gesehen, wie er einen Korb mit Zigaretten füllte, die er in einem Fahrzeug gefunden hatte. Als wir an der Reihe waren, sprach ihn Marian mit der Bemerkung an, er hätte wohl eben vorgehabt, mit dem Korb Pilze zu sammeln, worauf der Zöllner eher einfältig antwortete, er benötige den Korb für die beschlagnahmten Zigaretten. Marians Versuch, mit der Bemerkung eine lockere Ebene herzustellen, wurde zwar durch die steife Reaktion des Zöllners vereitelt, das hinderte Marian aber nicht daran, die unverbindliche Unterhaltung

---

14 Robert Zaremba: „Powiem ci, że po części tak. Ja na przykład się nie dowiedziałem jak na mnie mówili, chociaż mówili na mnie pewnie jakoś tam, nie. Natomiast ci, którzy im się tak znacząco dają we znaki, to doskonale wiedzą. Ci, którzy tam pracują dłużej. Bo są tacy, którzy pracują po 10 lat i 12 to oni doskonale wiedzą, jak się na nich mówi. Zresztą, to się potem czasami i u nas przyjmuje, że my tak mówimy. (Lachen) Także czasami jest to trafione a czasami, czasami jest to po prostu wredna ksywa taka. [No tak, tak.] To wszystko, no, nie wiem, to zależy od tego jak, jak oni nas widzą. Mogą nas widzieć super jednego dnia, a drugiego dnia, no, niestety okazuje się, że jesteś tym złym."

weiterzuführen. Ohne seine Arbeit zu unterbrechen, ging der Zöllner tatsächlich auf das Gespräch ein. Obwohl dieser distanziert blieb, gelang es Marian, einen ersten Kontakt zu knüpfen, der sich vielleicht bei der nächsten Fahrt durch eine nachsichtige Kontrolle bezahlt macht.

Während sich die Kommunikation zwischen den Schmugglern auf die Weitergabe von Informationen konzentriert, ist in den Gesprächen zwischen Schmugglern und Zöllnern nicht die Sachebene, sondern die Beziehungsebene relevant. Die Themen sind nur insoweit von Bedeutung, als sie die Vermittlung der emotionalen Ebene unterstützen. Grundlage der Kommunikation ist die Fähigkeit des Schmugglers, souverän mit der Situation umzugehen und gleichzeitig höflichen Respekt zu bewahren. Im günstigen Fall verfügt der Schmuggler über die Chuzpe, seine Rolle als ‚selbstbewusster Bürger mit berechtigtem Geschäftsinteresse' während der Grenzkontrolle zu spielen.

Kommunikative Fähigkeiten nehmen nicht nur bei der Grenzkontrolle, sondern im gesamten Umfeld des Schmuggels eine zentrale Rolle ein. Neue Informationen ermöglichen es dem Schmuggler, kurzfristig auf aktuelle Veränderungen zu reagieren, die Planung seiner Fahrten zu ändern oder günstige Bestechungsmöglichkeiten und Aufklärung über diensthabende Zöllner zu bekommen. Von zentraler Bedeutung sind diese Fähigkeiten für Schmuggler, die mit dem Pkw unterwegs sind und ihre Fahrten selbstständig organisieren. Gehört es auch zu den Strategien erfolgreicher Schmuggler, zu allen Personen Kontakte zu pflegen, so nehmen die Gespräche mit anderen Schmugglern doch den größten Raum ein. Während der Wartezeiten vor der Grenzkontrolle stehen sie in kleinen Gruppen zusammen oder gehen die Kolonne der Fahrzeuge entlang, um Bekannte zu treffen und unverbindliche Gespräche zu führen. Oberflächlich betrachtet bietet sich so eine Möglichkeit, der Langeweile der stundenlangen oder auch mehrtägigen Wartezeiten zu entgehen. Zugleich handelt es sich um den notwendigen Aufbau von Kontakten, die zu einem anderen Zeitpunkt nützlich sein können. In seinen Bemühungen die Kontakte breit zu streuen, muss der Schmuggler zugleich auch darauf achten, dass er zu einigen Personen intensivere Beziehungen unterhält, die ihm bei eventuell auftretenden Problemen weiterhelfen können. Dann kann er sich relativ sicher sein, die entscheidenden Informationen zu bekommen.

Im Regelfall kennen sich also Schmuggler und Zöllner, wenn sie sich bei der Grenzkontrolle begegnen. Auf der einen Seite stehen die Zöllner mit ihrer Aufgabe, den Warenverkehr zu kontrollieren, und auf der anderen Seite die Schmuggler mit ihrem Bestreben, möglichst viele Güter unentdeckt nach Polen einzuführen. Schmuggler und Zöllner verhalten sich als Akteure in einer sozialen Rolle. Beispielhaft wird dieses Rollenverständnis deutlich, als ich an einem willkürlich gewählten Tag Marian auf seiner Fahrt begleite. Bei der Kontrolle tritt der polnische Zöllner mit der Frage an den Wagen heran, ob wir etwas anzumelden hätten. Hierauf antwortet Marian: „Na, eine Flasche Wodka, eine Stange Zigaretten und zehn Päckchen Zucker, wie immer."[15] Der Zöllner grinst, nickt und beginnt, den Wagen zu kontrollieren, indem er einen Blick in den Kofferraum wirft, die Sachen auf dem Rücksitz anhebt, unter die Sitze und in den Motorraum schaut. Mit dem Ergebnis gibt er sich zufrieden und wir können weiterfahren.

Auf einer oberflächlichen Ebene entsprechen Frage und Antwort den formalen Vorschriften einer Grenzabfertigung. Es gibt jedoch in der Antwort von Marian noch eine zweite Ebene, die sich aus einem Unterton, aus kleinen Anfügungen und nonverbalen Elementen zusammensetzt. Auf dieser Ebene macht Marian deutlich, dass er den Zöllner, und der Zöllner ihn kennt. Einmal ist es der Beginn seiner Antwort, die hier mit „na" wiedergegeben wird und dem das polnische Füllwort „no" zugrunde liegt. Mit „no" wird in diesem Fall etwas umschrieben, das man im Deutschen mit „na, du weißt schon" übersetzen könnte. In dem Nachsatz „wie immer" weißt Marian dann sogar ausdrücklich auf die Regelmäßigkeit seiner Fahrten hin. Sie spielen legalen Kleinhandel, obwohl sie sich des realen Sachverhaltes bewusst sind. Solange der Zöllner keine Anhaltspunkte findet, die auf einen Schmuggel hinweisen, kann das Spiel fortgesetzt werden.

Die jeweiligen Rollen sind so konzipiert, dass „das Individuum in spezifischen Situationen zu spezifischen Aktivitäten verpflichtet"[16] ist. Vergleichbar mit gesellschaftlichen Normen regeln Rollen das soziale Leben, indem sie den Interaktionspartnern Verhaltenssicherheit ermöglichen. Mit der Rolle sind bestimmte Erwartungen verbunden, die ein Spektrum von Verhaltensweisen umfassen, ohne beliebig zu sein. Ob der Zöllner eine oberflächliche oder akribisch genaue Kontrolle vornimmt, ist wiederum von verschiedenen Faktoren abhängig, doch gehören beide Reaktionen zum Spektrum seiner Verhaltensweisen.

Frage und Antwort sind ritualisiert, der Zöllner muss die Frage stellen und der Schmuggler wird selbstverständlich keine andere Antwort geben, als dass er die legale Warenmenge mit sich führt. In einem anderen Beispiel wird der ritualisierte Ablauf noch einmal deutlich. Wieder erfolgen Frage und Antwort zwischen Zöllner und Schmuggler, doch als ich auch gefragt werde, nimmt mir der Zöllner das Wort aus dem Mund und antwortet stellvertretend für mich, dass es bei mir genauso sei. Er unterbricht mich, weil er von einer feststehenden Antwort ausgeht, die Teil des Rituals während der Grenzkontrolle ist.

---

15 Notiz aus dem Feldtagebuch ohne Bandaufzeichnung.
16 Goffmann 1982: 255.

Das Frage-und-Antwort-Ritual erleichtert es den Akteuren, ihre Rollen auf der Grenz-Bühne einzunehmen, und ihr Handeln signalisiert die für Grenzen übliche Normalität.[17] Außerdem stellt die Kontrolle einen entscheidenden Punkt im Ablauf des Schmuggels dar, denn erst an dieser Stelle wird aus dem reisenden Kleinhändler ein Schmuggler, der die Menge seiner Waren verschweigt. Mit seiner Antwort und seinem Verhalten verdeutlicht der Schmuggler aber auch, dass er die Autorität und die Aufgabe des Zöllners akzeptiert. Auf der anderen Seite erklärt sich der Zöllner dazu bereit, sein Gegenüber als Reisenden zu akzeptieren, ihn einer Kontrolle in der üblichen Form zu unterziehen und den tatsächlichen Grund des Grenzübertritts zu ignorieren. Über dieses Ritual gelingt es Zöllnern und Schmugglern, eine Situation scheinbarer Anonymität herzustellen, die es ihnen ermöglicht, das Wissen um den eigentlichen Sachverhalt zu ignorieren.[18]

Man kann also sagen, sie wahren den Schein oder spielen ihre Rollen, und in diesem Rollenspiel entwickeln diejenigen die größte Sicherheit, die die eigene Rolle mimisch, gestisch und verbal überzeugend auszufüllen vermögen. Die Akteure ‚spielen' den normalen Ablauf einer Grenzkontrolle, wie sie an jeder anderen Grenze Europas verlaufen könnte. Im Sinne von Goffmann handelt es sich bei diesem ‚Spiel' um eine differenzierte Interaktionsleistung, die vom Individuum die Distanz zur eigenen Rolle erfordert.[19] Dazu gehört beispielsweise auch die Vermeidung von Provokationen gegenüber den Zöllnern, wie beispielsweise eine Szene im Linienbus verdeutlicht. Als ein Mitfahrer während der Kontrolle das Rauchverbot ignoriert, wird der vom ‚pilot' (dt.: Reiseleiter) mit der Bemerkung zurechtgewiesen, ob er nicht etwas diplomatischer sein könnte. ‚Diplomatisch' bedeutet in diesem Fall nicht nur unauffälliges Verhalten, sondern eine Distanz zur Rolle des Schmugglers, dessen Handlungen die Organe des Staates herausfordern. Rollendistanz ist jedoch nicht mit unterwürfiger Anpassung gleichzusetzen. Vielmehr meint es die Fähigkeit, dem Zöllner unverkrampft entgegenzutreten, ihn in ein bangloses Gespräch zu verwickeln und sich auf diese Weise den Anschein eines harmlosen Reisenden zu geben. Die

---

17 Girtler 1992: 26, 68.
18 Die stillschweigende Übereinkunft, den Schmuggel nicht als solchen zu erwähnen, obwohl sich alle Beteiligten dessen bewusst sind, hat eine Parallele in den Interviews. Auch in den Interviews zu dieser Forschung gelingt es dem Interviewer und dem Interviewten über lange Strecken, sich über den Schmuggel zu unterhalten, ohne ihn explizit so zu bezeichnen. Diese Form der stillschweigenden Übereinkunft erfordert allerdings, dass der Sachverhalt beiden Gesprächspartnern als Selbstverständlichkeit präsent ist. Erst unter dieser Voraussetzung genügen Umschreibungen.
19 Goffmann 1969: 112ff.

Fähigkeit zur Rollendistanz garantiert freilich keine gelungene Schmuggelfahrt, doch steigen die Chancen erheblich, dass der Zöllner die entspannte Atmosphäre mit einer oberflächlichen Kontrolle ‚belohnt', und beide den Vorgang zufrieden abschließen können.

Es gehört zur Professionalität der Schmuggler, auch den Zöllnern zuzugestehen, dass sie ihre Aufgabe erfüllen müssen. So gehört die Beschlagnahme von Waren zum einkalkulierten Geschäftsrisiko, auf die der professionelle Schmuggler gelassen reagiert. Sowohl gegenüber den Vertretern staatlicher Autorität als auch in seinem gesamten Verhalten bemüht er sich, möglichst unauffällig zu sein. Während der Kontrolle verhält sich der Schmuggler freundlich und hilfsbereit, indem er dem Zöllner mit kleinen Handreichungen zu erkennen gibt, dass er seine Arbeit unterstützt. Er hebt beispielsweise Gegenstände an, hält die Wagentür oder öffnet Taschen, natürlich nur, wenn sich an diesen Stellen gerade keine Schmuggelwaren befinden.

Komplementär zum Verhalten der Schmuggler steht die Autorität der Zöllner, die durch aufrechte Haltung, gemessenen Gang oder ihre Stimmlage deutlich gemacht wird. Dies kann dazu führen, dass sie selbst auf kleine Unstimmigkeiten, die sich während der Abfertigung ergeben, unter Umständen lautstark und mit scharfen Worten reagieren. Jedoch muss dieser autoritäre Umgangston nicht zwangsläufig zu einer strengen Kontrolle führen. Bei der Kontrolle eines Linienbusses herrschte eine Zöllnerin die Passagiere an, weil sie einen Teil ihrer Gepäckstücke im Fahrzeug zurückgelassen hatten. Daraufhin wurde vermutet, dass sie besonders pflichtbewusst ihrer Aufgabe nachgehen würde. Entgegen allen Befürchtungen kam es aber in der anschließenden Kontrolle nicht zu außergewöhnlichen Beschlagnahmungen. Vielmehr erweckte ihr Verhalten den Eindruck, als habe sie damit lediglich ihre Autorität deutlich machen wollen.

Im Übrigen werden die Rollen von Zöllnern und Schmugglern auch nach der Beschlagnahme von Waren wieder aufgenommen. Nehmen wir das Beispiel eines Schmugglers, in dessen umgearbeitetem Pkw mit Unterstützung von Hunden eine große Anzahl Zigarettenstangen entdeckt wurde. Da sich Zöllner und Schmuggler kennen, müsste die Entdeckung eigentlich dazu führen, dass sich der Zöllner nicht nur an die Person, sondern auch an das Versteck erinnert.[20] Bei der nächsten Fahrzeugkontrolle wird der Zöllner die Kontrolle aber wieder so handhaben, als hätte es den Vorfall nicht gegeben. Die Schmuggler interpretieren dies dahin gehend, dass sie gezwungen sind, von Zeit zu Zeit eine Abgabe zu entrichten, und damit das Recht erwerben, unbehelligt ihren Geschäften nachzugehen. Anders ausgedrückt: Die Beschlagnahme von Schmuggelgut gehört zu

---

20 Die Daten von Schmugglern werden erst elektronisch erfasst, wenn umfangreiche Mengen, in der Regel mehr als 30 Stangen Zigaretten, beschlagnahmt werden.

den Aufgaben des Zöllners, die er erledigen muss, sobald er einen Hinweis findet. Ohne einen konkreten Anhaltspunkt geht er jedoch von der Unschuldsvermutung aus und kann sein Wissen, dass über 95 Prozent der Grenzgänger schmuggeln, ignorieren. Lucyna Gadowska, die seit einigen Jahren im Linienbus zwischen Polen und Kaliningrad schmuggelt, erklärt das Verhältnis zwischen Zöllnern und Schmugglern folgendermaßen:

Lucyna Gadowska: „Ich meine, das liegt wohl daran, was jemand für ein Mensch ist. Es stimmt nicht, dass Zöllner grundsätzlich schlechte Menschen sind, sie erledigen einfach ihre Arbeit. Ihre Arbeit, genauso wie ich meine. Ich sehe die Sache so, wenn ich Zöllnerin wäre, wäre ich nicht besser als sie, weil, um ihre Arbeit zu behalten, müssen sie arbeiten. Und ihre Arbeit besteht darin, dass sie etwas finden und uns das wegnehmen, was wir zu schmuggeln versuchen. Richtig? Und sie, wirklich, weil es hier keinerlei Arbeit gibt, aber sie haben eine richtig gute Arbeit im Vergleich zu uns. Sie wollen nicht an unserer Stelle sein, keiner von ihnen. Aber der Unterschied beruht darauf, dass einer sehr sympathisch ist und trotzdem seine Sachen macht, ein anderer schimpft und macht auch seine Sachen, macht dasselbe wie der andere, nur weißt du, wenn jemand mit uns normal redet und sagt: ‚Nun, es tut mir leid, aber ich muss es beschlagnahmen.' ‚Nun, ich habe es unabsichtlich gefunden, ich wollte ja nichts finden, aber ich fand nun mal etwas.' Nun, das ist etwas anderes (Interviewer lacht), aber es ist etwas anderes, wenn jemand sagt: ‚Nun, wieder habt ihr die Taschen vollgestopft' und so weiter. Nur dieser Unterschied besteht zwischen ihnen."[21]

Die gleiche Berechtigung, mit der die Zöllner ihre Funktion ausüben, beansprucht die Schmugglerin für ihre Aufgaben. Hinter ihrer umgangssprachlichen Beschreibung, „ein Zöllner sei sympathisch", stehen seine konkreten Verhal-

---

21 Lucyna Gadowska: „Ja powiem, że to zależy chyba od tego, jakim się jest w ogóle człowiekiem. Nie ma, że są źli celnicy, oni po prostu wykonują pracę. Swoją pracę, tak samo ja. Ja sobie zdaję sprawę, że gdybym ja była celniczką, ja bym nie była lepszą od nich, bo żeby się utrzymać w tej pracy, to oni musza pracować. A ich praca polega na tym, żeby znaleźć i zabrać nam to, co my próbujemy przemycić. Prawda? I oni, naprawdę, ponieważ tutaj pracy nie ma jako takiej, a oni mają dość dobrą pracę, w porównaniu z nami. To nie chcą się znaleźć na naszym miejscu, żaden z nich. A różnica polega na tym, że jeden jest bardziej sympatyczny a robi swoje, drugi tam pokrzyczy i też robi swoje, robi to samo co tamten, tylko wiesz, jak ktoś z tobą rozmawia normalnie i mówi: ‚No, przykro mi bardzo, ale ja to musze zabrać, no, niechcący to znalazłem, no, nie chciałem znaleźć, ale znalazłem.' No, to jest inaczej (Interviewer lacht), a inaczej, jak ktoś mówi: ‚No, znowu się napakowali' i coś tam. Tylko taka jest różnica między nimi."

tensweisen und Äußerungen während der Kontrolle, aus denen der Respekt gegenüber den Schmugglern deutlich wird. Im respektvollen Umgang des Zöllners erfährt der Schmuggler die Anerkennung seiner Rolle als Kleinhändler. In einem anderen Interview beschreibt ein Schmuggler das Verhalten der Zöllner deutlich, wenn er sagt, dass sie nur an drei, vier Stellen nachsehen und dann die Kontrolle beenden, wenn sie nichts finden. Die Unsicherheit besteht für den Schmuggler darin, dass die Stellen, an denen gesucht wird, variieren. Einmal wird hinter der Türverkleidung nachgesehen, während ein anderes Mal vielleicht der Fahrzeughimmel genau abgeklopft wird.

Vor welchem Hintergrund sich die Sympathie des Zöllners entwickelt, wird deutlich, wenn anstatt der Annahme eines diffusen Psychologismus das Handeln auf konkrete soziale Faktoren zurückgeführt wird. Dem Verständnis zwischen Zöllnern und Schmugglern liegt eine Nähe ihrer Gefühlswelten zugrunde, die auf dem geringen sozialen Abstand beruht. Schmuggler und Zöllner haben vielfach dieselben Schulen besucht und waren in ähnlichen Arbeitszusammenhängen. Wenn ein Zöllner den Spitznamen ‚Skarpetka' (dt.: Socke) erhält, dann verweist der Name auf seine frühere Tätigkeit als Händler von Strümpfen u. Ä. auf einem Markt und seine soziale Nähe zu Schmugglern, die in räumlicher Nachbarschaft ihre Waren angeboten haben. Auch wenn Zöllner unter ihren Familienangehörigen Schmuggler haben, ist das ein Hinweis auf die soziale Nähe zwischen beiden Personengruppen. Schmuggler gehören nicht den untersten sozialen Schichten an oder fallen durch Alkoholkonsum auf. In der weit überwiegenden Mehrheit handelt es sich bei den Schmugglern nicht um Personen, die eine kriminelle Karriere durchlaufen haben oder soziale Außenseiter sind. Andererseits gibt es Beispiele dafür, dass ehemalige Schmuggler zum Zoll gegangen sind, oder umgekehrt Zöllner nach ihrer Entlassung mit dem Schmuggel begonnen haben. Obwohl es sich dabei um Einzelfälle handelt, ist man sich der dünnen Linie bewusst, die beide Seiten voneinander trennt. Die soziale Nähe wird in der Alltagserfahrung als Verständnis oder Sympathie beschrieben. Zugrunde liegt ihr aber die Kenntnis des sozialen Kontextes und die damit verbundene Lesbarkeit der symbolischen Kommunikationsebene, die gegenseitiges Verständnis und Vertrauen ermöglicht. Das Verhalten der Schmuggler wird von den Zöllnern akzeptiert, da es ihren sozialen Erfahrungen und Ausdrucksformen nicht fremd ist. Tomasz Morawski ist Zöllner und berichtet im Interview von seinen Erfahrungen:

Tomasz Morawski: „Ich denke, man kann bestimmt sagen, die Hälfte von ihnen müsste nicht wirklich fahren und würde anders zurechtkommen. Ja, diese, diese kleinen ‚Ameisen', Schmuggler, weil [im Original deutsch], wie ich sage, ich meine, viele Leute fahren nicht, weil sie wirklich müssen. Aber so wie ich schon früher, vorher gesagt habe, da sind auch Leute, die wenig transportieren, die mit Demut das Strafmandat nehmen, wie ich sage, sie protestieren nicht, ich sage, sie kalkulieren das Risiko ein. Nun, einmal gelingt es ihnen, einmal nicht, und, und, dieser ..., aber die Jungen sind wirklich schrecklich und, wissen Sie, es werden auch Drohungen ausgesprochen. Ich sage Ihnen, einmal hat man meine Kollegin bei der Arbeit am Fahrstreifen angefahren. Sie dirigierte das Auto zur Halle, in jenes Gebäude zur allgemeinen Kontrolle. Als sie vor dem Auto herging, wurde sie von dem Wagen angerempelt. Ganz zu schweigen davon, dass uns auch die Hände am Kofferraum oder zwischen den Türen eingeklemmt werden. Das sind alltägliche Sachen, nicht, auch, auch, wie ich sage, die Jungen ärgern einen wirklich ohne Skrupel. Wie ich sage, sie versuchen gegen uns zu kämpfen, uns einschüchtern, nicht wahr? Beispielsweise gab es auch solche Fälle, dass einem von uns ein Sarg vor das Haus geliefert wurde, nun solcherart Dinge, nein, es ist witzig, im Moment (flüstert)."[22]

Dem Zöllner obliegt die Aufgabe, zwischen unterschiedlichen Anforderungen abzuwägen. Auf der einen Seite ist er verpflichtet, die unkontrollierte Einfuhr von Gütern zu unterbinden, während die Abfertigung der Fahrzeuge nicht nur gründlich, sondern auch zügig erfolgen soll, auf der anderen Seite sieht sich der Zöllner dem Anspruch der Schmuggler gegenüber, die erwarten, dass er ‚ein Auge zudrückt'. Die Aussage des Zöllners Tomasz Morawski ist widersprüchlich: Einerseits erkennt er die Not der Schmuggler an, andererseits differenziert er dahin gehend, dass die Hälfte von ihnen auch andere Arbeit finden könnte.

Tatsächlich besteht ein Widerspruch zwischen seiner realen Erfahrung, dass täglich Waren an der Grenze beschlagnahmt werden, und der öffentlichen Vorstellung von Kleinhändlern, die nur geringe Mengen schmuggeln. Auch wenn der einzelne Schmuggler nur geringe Warenmengen mit sich führt, so ergeben

---

22 Tomasz Morawski: „Tego myślę, że mówię śmiało, połowa z nich mogłaby nie jeździć naprawdę i mogłaby sobie poradzić. Nie, tych, tych mróweczek, przemytników, bo mówię, no, weil, wielu, ludzi jeździ, bo naprawdę musi. A to tak jak już wcześniej mówiłem poprzednio, to są, to są też ludzie, którzy wożą mało, którzy z pokorą przyjmują mandat, mówię, nie protestują, mówię, wkalkulowują to w ryzyko. No, raz im się uda, raz nie, i, i, ten, ale ci młodzi są naprawdę straszni i to dochodzi, wie pan, do gróźb. To mówię, potrącono też koleżankę w pracy na przykład na pasie. Ona podprowadzała to auto do tej hali, do tego budynku, do kontroli szczegółowej. Idąc przed tym autem została potrącona przez to auto, a juz jakieś przytraśnięcia dłoni bagażnikiem czy drzwiami. Czy ten to nagminna rzecz, nie, także, także mówię, ci młodzi się naprawdę nie szczypią i bez skrupułów. Mówię, próbują z nami walczyć, nas zastraszyć, nie. Także okazały się przypadki, na przykład dostarczania trumny pod dom, no, tego typu rzeczy, nie, także jest wesoło, momentami (flüstert)."

die Anzahl der Fahrten und die Menge der Schmuggler letztlich eine große Menge von Schmuggelgut.[23] Zudem steht seine Aufgabe, den Schmuggel zu verhindern, im Gegensatz zu dem moralisch begründeten Anspruch der Schmuggler auf nachsichtige Behandlung. Aus diesen Widersprüchen entsteht für den Zöllner eine Situation der kognitiven Dissonanz,[24] da er die Kontrollaufgabe eines korrekten Zöllners mit dem Anspruch nachsichtigen Verhaltens als Nachbar oder Bekannter des Schmugglers miteinander vereinbaren muss. Hier stehen sich unterschiedliche Erfahrungen und Ansprüche gegenüber, die zu einem Spannungsverhältnis führen, und die Tomasz in seinen Äußerungen zu vermitteln sucht. Er löst das Problem, indem er zwischen zwei Gruppen von Schmugglern unterscheidet: Die eine Gruppe sichert mit dem Schmuggel ihr wirtschaftliches Überleben, und die andere Gruppe erwirtschaftet darüber hinausgehende Profite. Solange er keine größere Warenmenge findet, passt der Grenzgänger in die Kategorie der tolerierbaren Schmuggler. Dass die Gesamtmenge der Güter überwiegend von der Häufigkeit der Schmuggelfahrten abhängt, ignoriert er, denn seine Aufgabe beschränkt sich auf die einzelne Kontrolle.

Neben der Beurteilung der Warenmenge beruht seine Meinung auch auf dem Verhalten des Schmugglers während der Kontrolle oder der Erteilung eines Strafmandates. Der Begriff „Demut" beschreibt die Rollenakzeptanz der Akteure, die sich in einem der Situation angemessenen Verhalten äußert. Innerhalb des hierarchischen Verhältnisses hat der Schmuggler die Entscheidungen des Zöllners zu akzeptieren. Reagiert der Schmuggler mit Drohungen oder Gewalt, so verlässt er das tolerierte Verhaltensspektrum seiner Rolle. Ob der im konkreten Fall betroffene Schmuggler aggressiv reagiert, spielt eine untergeordnete Rolle, denn schon allein die Befürchtung einer gewaltsamen Reaktion wirkt für den Zöllner abschreckend.

Es ist jedoch nicht nur die latente Drohung, die den Zöllner auf eine intensive Kontrolle verzichten lässt. Kommt es während einer Fahrzeugkontrolle zu Beschädigungen, ohne dass Schmuggelgut gefunden wird, so kann der verantwortliche Zöllner verpflichtet werden, für die Kosten aufzukommen. Der Zöllner ist also gefordert, genau zu überlegen, ob Anhaltspunkte für eine weitergehende Kontrolle bestehen. Im Einzelfall kann das zu einem verbalen ‚Tauziehen' zwischen Schmugglern und Zöllnern führen, wie in einem Beispiel beobachtet werden konnte. Dabei handelte es sich um einen neuen BMW der Oberklasse, der mit vier jungen Polen besetzt war. Während der Wagen auf einer speziellen Kontrollgrube und vier Zöllner mit Werkzeug, so genannte ‚czarnóchy' (dt.: die Schwarzen), bereitstanden, drohte der Fahrer mit Regressforderungen im Falle

---

23 Die Aufdeckungsquote wird mit 3–40 Prozent angegeben (Wysocki 2003: 19).
24 Aronson et al. 2008: 164.

einer Beschädigung seines Fahrzeugs. Sein vehementes Auftreten verunsicherte die Zöllner offensichtlich, zumal auch der Wert des Autos abschreckte. Überhaupt war das Erscheinen eines neuwertigen Wagens der Oberklasse am Grenzübergang zwischen den alten und häufig ramponierten Fahrzeugen außergewöhnlich. Auch dass die Insassen kaum dreißig Jahre alt waren, konnte Misstrauen wecken. Entweder hatten sie tatsächlich kein Schmuggelgut im Wagen oder sie transportierten eine außergewöhnlich große Warenmenge und spekulierten auf den Bluff ihres resoluten Auftretens. Mindestens eine Stunde währte die angespannte Atmosphäre in der Halle, ohne dass eine Entscheidung getroffen wurde. Nachdem in der Zwischenzeit der Linienbus, in dem ich unterwegs war, abgefertigt worden war, konnte ich den Ausgang der Szene nicht mehr beobachten. Gerade weil es sich in der beschriebenen Situation um einen außergewöhnlichen Fall handelte, wurde der Konflikt deutlich, in dem die Zöllner sich befanden. Die Bühne, auf der sich die Akteure trafen, war einsehbar, doch zugleich blieb deren Aufführung für unbeteiligte Personen undurchschaubar.

Für Uneingeweihte und unbeteiligte Reisende führt die Differenzierung zwischen öffentlichen und nicht öffentlichen Abläufen zu Verunsicherungen, und die fehlende Transparenz untergräbt das Vertrauen zu den Vertretern der staatlichen Ordnung.[25] Deutlicher noch als auf der polnischen Grenzseite ist dies auf der russischen Seite der Fall. Während die mangelnde Kenntnis des Grenzablaufes auf der russischen Seite für unbeteiligte Reisende zum Fallstrick werden kann, betrifft die Differenzierung zwischen öffentlichem und nicht öffentlichem Bereich während der Kontrolle durch den polnischen Zoll nur das Zusammenspiel mit den Schmugglern. Ohne die schon weiter oben vorgenommene Schilderung zu wiederholen, sei daran erinnert, dass sich auf der öffentlich zugänglichen Vorderbühne der Kontrollablauf nicht von anderen Grenzkontrollen unterscheidet, hingegen auf der Hinterbühne ein stillschweigendes Abkommen besteht. Auf der russischen Seite mögen die langen Wartezeiten bei dem uneingeweihten Besucher allenfalls Unwillen hervorrufen. Erst die Kenntnis der Hinterbühne ermöglicht aber die reibungslose Integration in die Grenzstruktur. Nehmen wir als Beispiel das Verhalten eines russischen Grenzschutzangehörigen. Mit autoritärem Gestus steht er in Uniform vor dem Schlagbaum und regelt den geordneten Zugang der Fahrzeuge zur Kontrolle. Als Repräsentant staatlicher Organe wacht er gestenreich über die Einhaltung von Gesetzen und Normen. Soweit die

---

25 Transparenz von betrieblichen Arbeitsabläufen wird von Personalberatern als zentrales Kriterium zur Stabilisierung von Vertrauen und letztlich zur Steigerung von Effizienz gesehen (Körte/Remmers 1999: 22). Nicht für jeden Reisenden zugänglich und damit nicht öffentlich ist die Kenntnis der Bestechungsgelder, die auf russischer Seite zu entrichten sind.

Vorderbühne, doch was geschieht auf der Hinterbühne? Tatsächlich regelt er den Zutritt zur Grenzabfertigung nach der Zahlung von Bestechungsgeldern, nationaler Zugehörigkeit und Wartezeit. Wer ein über dem üblichen Satz liegendes Schmiergeld entrichtet, wird als Erster vorgelassen. Außerdem erhalten russische Staatsangehörige bevorzugten Zugang zur Kontrolle und erst danach kommen jene polnischen Schmuggler, die nur die normalen Abgaben leisten.

Die Differenzierung zwischen Vorder- und Hinterbühne wird im Übrigen auch gegenüber anderen Institutionen aufrechterhalten, wie aus folgendem Beispiel ersichtlich ist. Mit Marian Wojakowski fuhr ich an einem Tag nach Kaliningrad, an dem auf der polnischen Grenzseite der Kontrollbesuch einer EU-Kommission stattfand. Die Schmuggler waren darüber informiert und nutzten die Gelegenheit für ihre Fahrten. Erstaunlicherweise gingen sie davon aus, an diesem Tag nur oberflächlich kontrolliert zu werden. An der Grenze wussten selbst die russischen Händler über den Besuch der EU-Kommission Bescheid. Einen ersten Hinweis auf die außergewöhnliche Situation gaben polnische Zöllner und Grenzschützer, die in Ausgehuniform, Krawatte und weißem Hemd ihrer Arbeit nachgingen. Zudem erweckten sie den Eindruck besonderer Geschäftigkeit. Und tatsächlich wurden an diesem Tag die Fahrzeuge in einem für diesen Grenzübergang atemberaubenden Tempo abgefertigt. Auf der russischen Seite der Grenze konnten wir dann auch die Auswirkungen sehen, denn in dem üblicherweise mit weit über 100 Fahrzeugen angefüllten Stauraum standen diesmal nur wenige Wagen. Die schnelle und reibungslose Abfertigung bestand denn auch nur in einer kurzen Überprüfung der Dokumente, einem Blick in den Kofferraum und in das Fahrzeuginnere. Dann überreichte man die Papiere und verabschiedete uns mit den Wünschen für eine gute Weiterfahrt. Marian war begeistert und kommentierte die Situation dahin gehend, dass es diesmal wirklich eine Abfertigung war, die europäischem Standard entspräche. Jedenfalls hatte sich die polnische Verwaltung bemüht, der EU-Kommission das Bild einer normalen Grenzkontrollstelle zu vermitteln, bei der die schnelle Abfertigung und das Erscheinungsbild der Grenzschützer und Zöllner den Eindruck von Professionalität erwecken.[26] Auf der Vorderbühne vermittelte man die Normalität harmloser Reisender, obwohl der Kontrollpunkt auch an diesem Tag nur von Schmugglern überschritten wurde.

Die Terminologie der Vorder- und Hinterbühne legt zwar den Vergleich mit einem Theater nahe, und auch von den Akteuren wird die Grenze, wie wir gesehen haben, als Theater beschrieben, jedoch vergleichen die Schmuggler die Grenze auch mit einer Fabrik. Der Schmuggel erfolgt mit einer Selbstverständlichkeit und Routine, bei der sich auch der Vergleich mit einer normalen

---

26 Goffmann 1969: 102.

Erwerbsarbeit aufdrängt. Tatsächlich sprechen die Schmuggler auch davon, dass sie „zur Arbeit fahren", wenn sie sich untereinander oder mit dritten Personen unterhalten. Der Zöllner Tomasz Morawski vergleicht die alltägliche Routine mit den Arbeitsabläufen in einer Fabrik: „Das ist wie in einer Fabrik am Fließband. Du weißt schon jetzt, zu der und der Uhrzeit kommt der und der." In einem anderen Gespräch führt er seine Sichtweise noch weiter aus:

Tomasz Morawski: „Jeden Tag zur selben Zeit muss man dieselben Leute abfertigen. Man weiß schon, jetzt kommt wieder der Autobus mit den und den Leuten. Jetzt kommt Person X mit dem Pkw, dann kommt Person Y. 95 Prozent der Leute fahren nur wegen des Handels über die Grenze. Man hat nach ein paar Wochen das Gefühl, verrückt zu werden. Immer die gleiche Leier."[27]

Für Tomasz bedeutete die Routine Stress, was ihn dazu veranlasste, die Arbeit an der Kontrollstelle gegen eine Bürotätigkeit zu tauschen, bei der er nicht mehr mit den Schmugglern konfrontiert wird. Der Stress entsteht aus der sich täglich wiederholenden Routine, die von ihm verlangt, so zu tun, als wüsste er nicht, dass er gerade einen Schmuggler kontrolliert. Zusätzlich kennt er viele der Schmuggler persönlich, da er in der Nähe des Grenzübergangs aufgewachsen ist und bis heute dort wohnt. Der emotionalen Anspannung zwischen der Routine seiner beruflichen Handlungen und der persönlichen Erfahrung seines privaten Alltags fühlte er sich nicht gewachsen. Als ich ihn nach diesen Gesprächen für ein Interview treffe, kommt er noch einmal auf diesen Aspekt seiner Arbeit zu sprechen:

Tomasz Morawski: „Nun, ich sage, es gibt verschiedene Methoden, nicht wahr? Es gibt Leute, die fahren von Montag bis Freitag und behandeln das wie eine normale Arbeit und am Wochenende machen sie frei, zum Beispiel. Na ja, ich sage, es, es gibt keine Regeln, nicht. Auf jeden Fall ist immer Verkehr [Ja.] und das, und das blockiert die Grenze, wie Sie gesehen haben."[28]

Einer der angesprochenen Akteure, der täglich an der Grenze zu einer festen Uhrzeit erscheint, ist Leszek Jakóbik. In der Regel fährt er von Montag bis Frei-

---

27 Das Gespräch wurde ohne Bandaufzeichnung geführt und unmittelbar im Anschluss schriftlich aufgezeichnet.
28 Tomasz Morawski: „No mówię, no różne są metody, nie. Są ludzie którzy jeżdżą od poniedziałku do piątku, traktują to jak normalną pracę a weekend sobie robią wolne, na przykład. To, to, to mówię, nie ma reguły, nie. Także w każdym bądź razie ruch jest na okrągło [Tak.] i to, i to blokuje tą granicę tak jak pan widział."

tag mit dem Linienbus nach Kaliningrad und kommt jeweils am späten Nachmittag wieder zurück. Leszek ist zwar Frührentner, doch hat er sich damit einen Rhythmus aufgebaut, der einer normalen Arbeitswoche entspricht:

> Leszek Jakóbik: „Ich sage: ‚Das ist deine Arbeit, Herr Zöllner, nicht wahr?' (Lachen) Und ein anderer sagt: ‚Nun, nein, mein Herr, das ist Ihre Arbeit. Guten Tag auch, Ihre Arbeit.' Das ist meine Arbeit, nicht, so zum Spaß reden wir so darüber. Weißt du, was die Alten sind, die verhalten sich so oder so, aber die Jungen, die nerven (undeutlich), nun ja. Wir nehmen unsere Sachen und Schluss."[29]

Wie an einem Fabrikarbeitsplatz wiederholen sich die Tätigkeiten an der Kontrollstelle. Dieselben Akteure kommen jeweils zur gleichen Zeit und mit den immer gleichen Anliegen zur Grenze. Tatsächlich hat die Grenze den Status einer informellen fabrikähnlichen Erwerbsmöglichkeit erlangt. Wie in einem Großbetrieb kennen sich viele Akteure nur vom Sehen, ohne dass engere Kontakte zwischen den Kollegen bestehen. Schmuggler, die schon seit mehreren Jahren an der Grenze tätig sind, kennen mindestens zwei Drittel der Akteure, wenn auch nur wenige mit Namen. Selbst der ‚Betriebsausflug' der – um im Bild zu bleiben – ‚Arbeitsgruppe Linienbus' wird als gelungene Veranstaltung erinnert, ohne dass es zu weiteren ‚außerbetrieblichen' Kontakten kam.[30] Gemeinsame Planungen oder der Austausch von Informationen beziehen sich nur auf die Arbeitszeiten. Desgleichen beschränken sich die Kontakte zwischen Schmugglern und Zöllnern auf den formalen Rahmen der Grenzkontrolle. Und auch in Fällen von Bestechung werden Zöllner und Schmuggler schon aus Selbstschutz keine weiteren Kontakte miteinander pflegen.[31]

Als soziales System weist die Grenzekontrollstelle durchaus strukturelle Parallelen mit einer Fabrik auf: Handlungen wiederholen sich und identische Personen sind zyklisch anwesend. Sicherlich darf man den Fabrikvergleich nicht überstrapazieren, denn in vielen anderen Elementen sind die Unterschiede größer als die Gemeinsamkeiten. Im Arbeitsablauf besteht aber ein struktureller Zusammenhang zwischen den Akteuren, deren gemeinsames Ziel der reibungslose

---

29 Leszek Jakóbik: „Mówię: ‚To twoja praca, panie celniku, no?' No co, bo drugi powie: (Lachen) ‚No, nie panie, to pana praca. Dzień dobry, pana praca.' To jest moja praca, no, i tak na wesoło tak tego tam. Wiesz, co takich starszych co tak nie tak, ale tych młodych to tam trzepią. A jeszcze jak trzepie (undeutlich), to tak. Zabieramy to i tam tego."

30 Vgl. das Kapitel „Die Freiberufler".

31 Dass es Bestechung gibt, bestätigten auch Zöllner, wenn ich das Bandgerät ausgeschaltet hatte.

Verlauf der Grenzkontrollen ist. Dieses Ziel erreichen die Akteure nur, wenn sie verbal und nonverbal miteinander kommunizieren und ihre Kooperationsbereitschaft signalisieren.

Beim strukturellen Zusammenhang zwischen Zöllnern und Schmugglern zeigt sich noch eine deutlich weitergehende Abhängigkeit. Beide sind insoweit aufeinander angewiesen, als erst ihr Zusammenspiel den Schmuggel ermöglicht: „Ein gedeihlicher Schleichhandel aber ist ohne Einverständnis und Mitwirkung der Überwachungsbehörden nicht denkbar."[32] Während Braudel mit dieser Anmerkung in erster Linie auf die Bestechung der staatlichen Grenzorgane durch Schmuggler verweist, zeigt das aktuelle Beispiel vielmehr einen tiefer liegenden strukturellen Zusammenhang. Nehmen wir an, die Grenze könnte jederzeit ohne Kontrolle überquert werden, so wäre die Verdienstmöglichkeit der Schmuggler zerstört, da jeder potenzielle Kunde ohne fremde Hilfe billige Waren auf der russischen Seite einkaufen könnte. Im eigentlichen Sinn ist es denn auch nicht die Grenze, die den Schmuggel ermöglicht, sondern erst die Grenzkontrolle. Ohne Kontrollen könnte jeder in unbegrenzter Menge Waren einführen, sodass sie – zumindest in der Grenzregion – nicht mehr gewinnbringend zu verkaufen wären. Erst durch die Kontrolle und die mit dem Transport verbundenen Kosten sowie die physischen und psychischen Anstrengungen werden die Waren zu einem mit Gewinn handelbaren Gut. Im System des Schmuggels nehmen die Zöllner eine zentrale Funktion ein, denn letztlich ermöglichen sie den Schmuggel, indem sie den illegalen Grenzverkehr sowohl tolerieren als auch einschränken. Ein fein justiertes Gleichgewicht zwischen Toleranz und Kontrolle sichert den Schmugglern ihre Einkommensmöglichkeit. Eine zu große Toleranz würde zu einem Preisverfall führen, während eine umfassende Kontrolle den Schmuggel als alltägliche Erwerbsform unmöglich machen würde. Im letzten Fall würde der Schmuggel allenfalls in Mafiastrukturen überleben.

Dieser systemische Zusammenhang zwischen den Schmugglern und den polnischen Zöllnern ist auch für die negative Bewertung der russischen Grenzorgane durch die polnischen Schmuggler verantwortlich. Während man kaum einmal Klagen über das Verhalten der polnischen Zöllner hört, sind Vorwürfe gegenüber den Russen und sogar Befürchtungen bezüglich ihres Verhaltens beständig zu hören. Auf den ersten Blick ist das erstaunlich, denn im Grunde haben die Schmuggler von den russischen Zöllnern weniger unerwartete Reaktionen zu befürchten als von den Polen. Schließlich ist jeder Schmuggler über die Höhe der ‚Gebühren', die er beim russischen Zoll entrichten muss, informiert. Hingegen kann er nicht planen, in welchem Umfang seine Waren vom polnischen Zoll beschlagnahmt werden, und wie hoch die Geldstrafen ausfallen werden. Dem-

---

32 Braudel 1986: 463f.

nach müssten die Befürchtungen und Vorwürfe eigentlich den polnischen Zoll treffen. Dies geschieht jedoch aus einem strukturellen Grund nicht, der den Schmugglern zwar nicht in dem Sinne bewusst ist, dass sie den Zusammenhang verbalisieren könnten, der jedoch vorbewusst ihre Handlungen leitet. Die spezifische Form der Kontrolle und die Beschlagnahme eines Teils des Schmuggelgutes auf der polnischen Seite sind aus den oben beschriebenen Gründen für den Schmuggel konstitutiv, wohingegen die Kontrolle wie auch die Erhebung von ‚Gebühren' auf russischer Seite für den Schmuggel nicht notwendig sind. Im Gegenteil schmälern Zahlungen, die der Schmuggler auf der russischen Seite zu leisten hat, lediglich seinen Verdienst. Selbstverständlich verringert sich sein Gewinn auch durch die Kontrolle der polnischen Zöllner, jedoch ‚erkennt' (eben vorbewusst) der Schmuggler den Sinn ihrer Tätigkeit für seinen Schmuggel. Daher beklagen sich die polnischen Schmuggler über die angeblich „unberechenbaren" Forderungen des russischen Zolls und der Grenzpolizei, obwohl deren Forderungen informell festgelegt sind und einen deutlich geringeren Verlust ausmachen als die Beschlagnahme von Waren durch den polnischen Zoll.[33]

DIE ÖKONOMIE DES SCHMUGGELS

Während der Schmuggel an der Grenze im Kontakt zwischen polnischem Zöllner und Schmuggler realisiert wird, hat sich in deren Umfeld zugleich ein erweitertes Feld von Profiteuren entwickelt. Um den Kern von Akteuren, die den Transport der Waren über die Grenze durchführen, gruppieren sich weitere Profiteure in konzentrischen Kreisen. Zur Veranschaulichung erscheint es sinnvoll von Akteuren 1., 2., 3., 4. und 5. Ordnung zu sprechen, wobei die Akteure erster Ordnung die eigentliche Wertschöpfung des Schmuggels realisieren. Mit der Einteilung in fünf Ordnungsklassen wird zugleich die unterschiedliche ökonomische Abhängigkeit vom Schmuggel beschrieben. Der Anteil des Einkommens aus dem Schmuggel am jeweiligen Gesamteinkommen ist bei den Akteuren erster und zweiter Ordnung am höchsten und sinkt bei den Akteuren der dritten bis fünften Ordnung. Einschränkend muss hinzugefügt werden, dass nicht alle Schmuggler ihre wirtschaftliche Existenz ausschließlich über den Schmuggel absichern. Vielmehr bildet der Schmuggel in den überwiegenden Fällen nur ein Standbein des familiären Einkommens. Jedoch kann dies innerhalb der Darstel-

---

33 Unterstützt wird die negative Meinung der polnischen Schmuggler gegenüber den russischen Behördenvertretern durch eine in Polen weit verbreitete und historisch begründete kritische Haltung gegenüber Russland.

lung des Ordnungsschemas insoweit vernachlässigt werden, als die Einteilung auf dem Umfang der Schmuggelaktivitäten beruht. In der schematischen Darstellung wird die wirtschaftliche Verflechtung von Akteursgruppen in den Schmuggel dargestellt:

Akteure 1. Ordnung realisieren den Schmuggel:
in Russland: Schmuggler, Zigaretten- und Wodkaproduzenten
in Polen: Schmuggler, Endverbraucher

Akteure 2. Ordnung üben Tätigkeiten aus, die ausschließlich mit dem Schmuggel verbunden sind:
in Russland: Ladenbesitzer und Verkäuferinnen von Schmuggelwaren, Toilettenfrau vor der Grenzschranke, Besitzer und Verkäuferinnen der Bars und Imbissstuben, informelle Vorkontrolleure zur Grenzabfertigung[34]
in Polen: Großhändler von Schmuggelwaren

Akteure 3. Ordnung erwirtschaften ein regelmäßiges Nebeneinkommen durch den Schmuggel bzw. haben eine Kundschaft, die zu mehr als 50 Prozent aus Schmugglern besteht:
in Russland: Zoll, Grenzpolizei, Kontrolleur auf der ‚patelnia'[35], Verkaufsstellen in der Stadt Kaliningrad, Duty-free-Shop im Grenzbereich, Toilettenfrau auf der ‚patelnia'
in Polen: Wechselstuben; Transporteure, die Waren nach Westeuropa bringen

Akteure 4. Ordnung erwirtschaften ein gelegentliches Nebeneinkommen über die Schmuggelstruktur:
in Russland: Kfz-Werkstätten[36], Betreiber der Linienbusverbindung, Prostituierte
in Polen: Kfz-Werkstätten, Betreiber der Linienbusverbindung, Einzelhändler in Polen, Zoll[37], Visabeschaffer[38]

---

34 Dabei handelt es sich um mafios organisierte Akteure, die nicht bei der Grenzadministration angestellt sind, aber den Zugang zur Grenze und zu den offiziellen Stellen organisieren.

35 Der Kontrolleur gehört zu den offiziellen Organen der Grenzadministration. Seine legale Funktion ermöglicht ihm aber zugleich über Schmiergelder ein zusätzliches Einkommen.

36 Die Werkstätten dienen dazu, Fahrzeuge für den Schmuggel umzuarbeiten, z.B. den Tank zu vergrößern, Hohlräume zu schaffen oder Reifen mit Zigaretten zu füllen.

Akteure 5. Ordnung profitieren indirekt vom Schmuggel:
in Russland: Geschäftsleute durch den Zufluss an Kaufkraft
in Polen: Gemeindeverwaltungen durch die Einsparung von Sozialunterstützung, Geschäftsleute durch den Zufluss an Kaufkraft

Auf der Grundlage dieser schematischen Darstellung lassen sich folgende Schlussfolgerungen ziehen. Vor allem auf der russischen Seite hat sich neben den Warenproduzenten eine Anzahl von Akteuren angesiedelt, die von der Verkäuferin, deren Laden nur das Sortiment der Schmuggelgüter umfasst, bis zur Toilettenfrau, deren Kunden ausschließlich Schmuggler sind, reichen.

Als Schmuggler sind Polen und Russen in jeweils gleichem Umfang aktiv. Betrachtet man jedoch nicht nur die aktiv schmuggelnden Personen, sondern erweitert den Blickwinkel auf die nachgeordneten Profiteure, so zeigt sich ein Übergewicht der russischen Teilnehmer. Auf Kaliningrader Seite der Grenze sind 16 Instanzen in unterschiedlichem Umfang in den Schmuggel involviert, auf polnischer Seite sind es zwölf Gruppen. Während beim polnischen Zoll nur einzelne Akteure Schmiergelder als zusätzliches Einkommen nutzen, stellt die Zahlung von informellen ‚Gebühren' für die russischen Zöllner und die Grenzpolizei ein regelmäßiges zusätzliches Einkommen dar. Welchen Umfang der Gewinn für die Akteure der zweiten bis vierten Ordnung hat, kann nicht allgemeingültig festgestellt werden. Je nach Risikobereitschaft, persönlichen Interessen und Beziehungen sowie Umfang des Schmuggels variiert der Profit nachgeordneter Instanzen. Ersichtlich ist aus der Aufstellung aber die Breite einer Infrastruktur, die sich um den Schmuggel angesiedelt hat. Bei den Akteuren der zweiten Ordnung ist davon auszugehen, dass deren Tätigkeiten ausschließlich von der Schmuggelökonomie abhängt, hingegen bei allen anderen Akteuren der Schmuggel nur einen zusätzlichen Anteil ihrer Beschäftigung ausmacht. Dieser Anteil kann jeweils sehr unterschiedlich sein und ist von individuellen Faktoren abhängig. Die Akteure zweiter Ordnung stellen die infrastrukturelle Basis des Schmuggels her, ohne selber am Warentransport direkt beteiligt zu sein. Obwohl auch die überwiegende Mehrzahl der Schmuggler noch über weitere Einkommen verfügt, bilden sie in dieser Darstellung die Akteure erster Ordnung, da von ihren Handlungen alle weiteren beteiligten Personengruppen abhängig sind.

---

37 Gemeint ist hier Korruption beim polnischen Zoll, die zwar immer wieder, aber letztlich doch nur vereinzelt auftritt.

38 Das Visum muss persönlich auf dem russischen Konsulat in Danzig beantragt und anschließend einige Tage später abgeholt werden. Um die Fahrkosten von ca. 100 Złoty zu sparen, bieten Firmen die Visabeschaffung als Dienstleistung für 50 Złoty an.

Lediglich zwei Gruppen von Schmugglern bestreiten ihren Lebensunterhalt ausschließlich über den Schwarzhandel. Auf der einen Seite sind es diejenigen, die mit umfangreichen Warenmengen in möglichst kurzer Zeit einen großen Gewinn erwirtschaften. Dies gelingt nur mit der Zahlung entsprechender Schmiergelder und bleibt doch beständig dem Risiko einer gerichtlichen Verfolgung ausgesetzt. Auf der anderen Seite sind es Akteure, die kleine Warenmengen im Linienbus mit sich führen und über keine weiteren Einnahmen, sei es aus regulärer Arbeit oder in Form von Sozialleistungen, verfügen. Ihnen fehlen die finanziellen, sozialen und psychischen Ressourcen, um sich im größeren Umfang am Schmuggel zu beteiligen. Sie sind nicht in der Lage, Rücklagen zu bilden, und schon die Zahlung eines höheren Strafmandates bringt sie an den Rand des wirtschaftlichen Ruins.

Die Schmuggelwaren

Der Schmuggel konzentriert sich auf eine kleine Auswahl von Waren, die von Zigaretten, Kraftstoff und Wodka bis zu Zucker reichen. Keine Rolle spielen an dieser Grenze der Rauschgiftschmuggel oder der so genannte ‚Menschenhandel'. Beides würde aufgrund der Insellage der Region Kaliningrad innerhalb der Europäischen Union keinen Sinn machen, denn nur ein Transport über Luft- und Seewege zwischen dem Mutterland und Kaliningrad wäre ohne Überschreiten einer EU-Grenze möglich. Wie marginal der Schmuggel von Drogen ist, zeigt die Information eines polnischen Zöllners, der bei der Einreise in die Kaliningrader Oblast bei einem aus Polen kommenden Fahrer Rauschgift fand.[39]

Ein Teil der Produkte wird in Kaliningrad ausschließlich für den Schmuggel hergestellt. Investigative Journalisten gehen davon aus, dass die Zigarettenmarke „Jin Ling" der BTF (Baltic Tobacco Factory) in Kaliningrad ausschließlich für den Schwarzmarkt produziert wird.[40] Aufgrund eigener Beobachtungen relativiert sich deren Bericht. Obwohl man diese Zigarettenmarke in Kaliningrad in den Kiosken und Läden nicht sieht, ist es doch jedermann möglich, sie in den entsprechenden Geschäften zu kaufen. Dabei handelt es sich zwar um die auf Schmuggler spezialisierten kleinen Läden unmittelbar am Grenzübergang und um Verkaufsplätze in den Festungsanlagen der Stadt Kaliningrad, die jedoch allen potenziellen Kunden zugänglich sind. Letztere übernehmen die Funktion von Großhändlern, jedoch ist es jedem Kunden möglich, auch nur einzelne Schachteln zu erwerben. Gleichzeitig ist das Warenangebot dieser Kaliningrader Ge-

---

39 Wysocki erwähnt dagegen die Einfuhr von Rauschgift aus Kaliningrad als neue Entwicklung (Wysocki 2003: 51).
40 Shlegnov 2008.

schäfte mit Getränken, Frischfleisch, Konserven und sonstigen Haushaltsprodukten umfangreicher als in den auf den Schmuggel spezialisierten Läden am Grenzübergang. Sollte der zitierte journalistische Bericht stimmen, dann kann man vermuten, dass es sich bei diesen Verkaufsstellen nicht um offizielle Läden handelt, sondern um eine parallele Struktur der russischen Schattenwirtschaft. In welchem Umfang sich diese mafiose Schattenwirtschaft auf die Möglichkeit des Schmuggels eingerichtet hat, wird an einem weiteren Beispiel deutlich. So gibt es in Kaliningrad spezielle Wodkaabfüllungen in handelsüblichen Bierflaschen. Bei der Einreise wird so der polnische Zoll getäuscht, denn von den niedrigprozentigen Produkten wie Bier können entsprechend größere Mengen zollfrei eingeführt werden.

Sowohl von der Quantität als auch vom finanziellen Gewinn entfällt das größte Kontingent auf den Zigarettenschmuggel. Maria Janicka antwortet auf die Frage, ob es nicht besser wäre, westliche Zigarettenmarken anstatt russischer Billigprodukte zu schmuggeln:

Maria Janicka: „Nein. Der Gewinn ist größer. Von den teuren Zigaretten hat man ein wenig mehr Gewinn, aber dann ist es auch so, nehmen wir einmal an, wenn die Zöllner etwas wegnehmen, und die Zigaretten kosten 8, 9 Dollar, wenn sie die nehmen, dann ist das für uns sehr viel [Verlust, M.W.]. Besser, sie nehmen die Zigaretten, die 2 Dollar kosten, das ist ein großer Unterschied. [Sicher, ja, ja.] Genau das befürchten die Leute. Höchstens nimmt man ein Paket von den Teuren mit, angeblich die erlaubte Menge, denn dann zeigen sie, dass sie das eine Paket haben, aber wenn sie mehr haben, und es wird gesehen und weggenommen, dann haben sie viel Verlust. Darum nimmt man die kleine Menge, aber ich denke, sie haben ihre Systeme an der Grenze, denn sie transportieren Marlboro und in großen ... Weil, wenn ich dort im Transit in dem [Duty-free-, M.W.] Laden bin, sehe ich, für wie viel sie ‚LM', ‚Marlboro' und ‚Kent' kaufen, die unterschiedlichen, besseren Zigaretten, ich sehe, wie viel sie transportieren. Aber das sind Lkw, solche Autos, die auf Verabredung fahren."[41]

---

41 Maria Janicka: „Nie. Zysk większy jest. Jeżeli te droższe papierosy trochę większy zysk jest, ale jak z kolei celnicy nam zabiorą a papierosy to 8, 9 dolarów kosztują przypuśćmy co nie, jak zabiorą, no, to i dla nas to dużo. To lepiej niech zabierają te papierosy, które kosztują 2 dolary, to jest różnica dużo. [No tak, tak.] Także właśnie ludzie się boją. Najwyżej po jednym pakiecie tych droższych przewożą, niby to na legal to wtedy wiadomo, że przewiezie ten jeden pakiet, a więcej jak zobaczy zabierze, no, to już strata duża. Dlatego małe ilości a na pewno sądzę, że mają układy na granicy, bo przewożą Marlboro i to dużymi ... Bo jak ja tam jestem w tranzycie w tym sklepie to ja widzę po ile kupują ‚LM', ‚Marlboro', później ‚Kenty', tam różne

Der letzte Satz bedarf einer Erklärung, da ich der Ansicht bin, dass in den Lkw keine Schmuggelwaren mitgeführt werden. Maria Janicka ist auf die Einnahmen aus ihrem Schmuggel existenziell angewiesen, jedoch gelingt es ihr nur, relativ kleine Warenmengen mit dem Linienbus zu transportieren. Sie beschreibt ihre Tätigkeit daher im Kontrast zu anderen Schmugglern, denen es möglich ist, größere Mengen und Qualitätsware zu transportieren. Um sich an dieser Form des Schmuggels zu beteiligen, sind jedoch soziale Kontakte ebenso notwendig wie relativ umfangreiche finanzielle Mittel. Da Maria Janicka beide Ressourcen fehlen, erlebt sie sich als Gegenpol zu der Mehrzahl von Schmugglern. Für die meisten Schmuggler reduziert sich das Verlustrisiko durch den Einkauf der billigen Marken „Jin Ling" und „Monte Carlo". Gleichwohl werden diese Marken auch als Schmuggelgut nach Westeuropa exportiert und beispielsweise an Berliner S-Bahnhöfen verkauft. Meist nehmen die Schmuggler eine Stange westlicher Markenzigaretten offen durch die Zollkontrolle. Sollten die anderen Waren bei der Kontrolle entdeckt werden, so wird die vorgezeigte Stange Zigaretten nicht beschlagnahmt, denn sie gilt als legal eingeführte Ware.

Neben den Zigaretten spielt der mitgeführte Wodka nur eine untergeordnete Rolle. Auch hierbei wird im Grenzgebiet die erlaubte Menge von einer Flasche Alkohol einer westlichen Markenware erworben und beim Zoll deklariert. Im Gegensatz zu den handlichen und gewinnbringenden Zigarettenpackungen ist es jedoch unattraktiv, größere Mengen Wodka mit sich zu führen. Außer der geringen Preisdifferenz und dem Gewicht der Ware befürchtet man zudem beim Weiterverkauf den täglichen Umgang mit alkoholisierten Kunden. Nimmt man größere Mengen Wodka mit, so werden die Flaschen vor der Grenzkontrolle in unverdächtige leere Limonadenflaschen und Wasserkanister umgefüllt. Ebenfalls eine untergeordnete Rolle spielt der Transport von Zucker. Kurioserweise wird der Zucker als polnisches Produkt offiziell nach Russland exportiert, dort verpackt und ungefähr zwei Złoty günstiger als in Polen verkauft. In den Geschäften mit den Schmuggelwaren wird er in 1-kg-Packungen zu je zehn Stück angeboten. Jedoch handelt es sich dabei eher um ein Gelegenheitsgeschäft, da der Gewinn gering und die Ware schwer ist. Ein großer Teil des Zuckers dient dem Eigenverbrauch oder wird in der Nachbarschaft verkauft. Mit diesen Gelegenheitskäufen, zu denen auch preisgünstige Süßigkeiten, Lebensmittel und manchmal sogar ein Sack Kohlen gehören, sinken die Unkosten, jedoch würde man nicht allein deswegen die Fahrt unternehmen.

Dagegen stellt der Transport von Kraftstoffen, also Benzin und Diesel, einen wichtigen wirtschaftlichen Faktor dar. Der Transport erfolgt insoweit in einem

---

takie te lepsze papierosy, no, to ja widzę po ile przewożą. Ale to tiry, takie samochody, które na układach jadą."

Graubereich des Schmuggels, als die privaten Kraftfahrzeuge mit wenigen Litern im Tank in Russland einfahren, dort vollgetankt werden und der Sprit anschließend in Polen verkauft wird. Für den Eigenbedarf führt man noch einmal 15 bis 20 Liter in Kanistern mit, die in der Regel ausreichen, um die kurzen Fahrtstrecken zwischen Wohnort und Grenze zu überbrücken. Für einen lukrativen Gewinn reicht in der Regel das normale Tankvolumen der Fahrzeuge aus, doch wird teilweise auch ein vergrößerter Tank eingebaut. Da es sich um ein fest angebrachtes Wagenteil handelt, sieht der Zoll den darin mitgeführten Kraftstoff nicht als Schmuggelgut an. Komplizierter ist die Situation für Reisebusse, seitdem 2006 aufgrund neuer Vorschriften der im Tank enthaltene Kraftstoff bei der Einreise nach Russland gemessen wird. Damit wird es möglich, bei der Rückkehr aus Russland die Menge des eingeführten Kraftstoffes zu überprüfen. Gleichwohl gibt es durchaus Wege, die Regelung zu unterlaufen. So wird beispielsweise bei zwei getrennten Tankbehältern einer bei der Einreise mit Wasser gefüllt, sodass die Tankanzeige einen vollen Behälter vortäuscht. Daneben konnte man aber auch 2006 während der Wartezeit auf russischer Seite der Grenze leere Reisebusse beobachten, die schon nach kurzer Zeit ohne Passagiere nach Polen zurückkehrten. Vermutlich sind sie nur zum Tanken auf die Kaliningrader Seite der Grenze gefahren.

Festzustellen ist, dass die Auswahl der geschmuggelten Waren insoweit auch im historischen Vergleich mit anderen Schmuggelfällen typisch ist, als Waren ausgewählt werden, die leicht zu transportieren sowie schnell verkäuflich sind und deren Besitz und Verbrauch legal ist. Zudem nutzt man die verbilligte Einkaufsmöglichkeit in Kaliningrad, um nebenher für den eigenen Haushalt preisgünstige Waren zu erwerben. Diese Form des zusätzlichen Einkaufs für den Eigenverbrauch verdeutlicht die relativ kleinen Gewinnspannen beim Schmuggel, denn selbst kleinste Einsparungen sind attraktiv genug, um dafür zusätzliche Zeit und Kraft zu investieren.

Im Übrigen sei noch kurz der illegale Transport von Waren in die umgekehrte Richtung, also von Polen nach Kaliningrad, erwähnt. Anfang der 1990er Jahre führte man vor allem gebrauchte Kleidung sowie Elektrogeräte nach Russland ein. Während des Forschungszeitraums konnte man jedoch beobachten, wie ein von Russland erlassenes Verbot von Fleischimporten aus der EU mit der Einfuhr ganzer Wagenladungen unterlaufen wurde. Daneben gab es auch den informellen Transport von anderen Lebensmitteln, deren Preisniveau in Kaliningrad höher als in Polen war. Beispielsweise nahm der Linienbus auf seiner Fahrt im Frühsommer größere Mengen Erdbeeren mit, für die es einen festen Abnehmer in Kaliningrad gab.

Gewinn und Verlust im Schmuggelgeschäft

Um zu ermitteln, welchen Gewinn die Schmuggler erwirtschaften, ist es notwendig, Einnahmen und Ausgaben gegenüberzustellen. Bei den hier vorgenommenen Berechnungen handelt es sich um Annäherungswerte, die auf durchschnittlichen Angaben beruhen. Im Einzelfall kann der Gewinn einer Schmuggelfahrt sowohl nach oben als nach unten differieren. Neben schwankenden Wechselkursen zwischen US-Dollar, Euro, Złoty und Rubel spielen verschiedene Faktoren eine Rolle, von denen hier die wichtigsten kurz zu erwähnen sind. Beispielsweise kann das Tankvolumen verschiedener Pkw und Kleinbusse zwischen 40 und 100 Liter betragen. Die Kosten für russische Mehrfachvisa sowie für eine Kraftfahrzeugversicherung belaufen sich insgesamt auf 2200 Złoty. Welcher Betrag davon auf die einzelne Fahrt entfällt, ist abhängig von der Anzahl der Fahrten. Versicherung und Visum sind zwar jeweils ein Jahr gültig, jedoch muss in der Regel nach drei Monaten ein neuer Reisepass beantragt werden, wenn dieser vollgestempelt ist.

Eine kleine Gruppe von Schmugglern transportiert umfangreiche Warenmengen von mehr als den üblichen 30 Stangen oder übernimmt den Transfer nach Westeuropa, um sie dort mit deutlich höherem Gewinn als in Polen zu verkaufen. Bei der Ausfuhr aus Kaliningrad bestehen unterschiedliche Möglichkeiten, mit teilweise relativ hohen Zahlungen Sonderbedingungen auszuhandeln, die eine schnelle Rückkehr nach Polen ermöglichen. Diese Fahrten rentieren sich nur, wenn große Warenmengen mitgeführt werden. Andererseits befinden sich im Linienbus Personen, die aufgrund fehlenden Kapitals nur eine kleine Warenmenge mit sich führen und deren Gewinn bei einzelnen Fahrten unter 50 Złoty betragen kann. Vor dem Hintergrund dieser Einschränkungen lassen sich folgende Durchschnittsberechnungen aufstellen: Eine Stange Zigaretten „Jing Ling" kostet in Kaliningrad 8 Złoty und wird für 24 Złoty in Polen weiterverkauft, d.h., pro Stange ist theoretisch eine Einnahme von 16 Złoty möglich.[42] Ein Schmuggler, der mit dem Pkw unterwegs ist, wird mindestens 27 Stangen Zigaretten[43] mit sich führen. Zusätzlich transportiert er noch 10 Kilogramm Zucker,

---

42 Die Werte variieren aufgrund von Änderungen der Wechselkurse, da alle Waren außer Benzin und Diesel mit USD bezahlt werden. So kostete die Stange „Ying Ling" am 14.02.2006 in Kaliningrad 2,20 USD, das entsprach einem Betrag von ungefähr 7,30 Złoty. Weiterverkauft wurde die Stange für 21 Złoty, also mit einem Gewinn von 13,70 Złoty.

43 Da der polnische Zoll erst oberhalb einer beschlagnahmten Warenmenge von dreißig bis vierzig Stangen den Schmuggel zur Anzeige bringt, versucht man unterhalb

zwei Flaschen Wodka sowie 40 Liter Benzin[44]. Für ihn ergibt sich folgende Rechnung der Einnahmen und Ausgaben:

Durchschnittlich mögliche Einnahmen bei der Fahrt mit dem Pkw:
- 432 Złoty bei 27 Stangen Zigaretten
- 10 Złoty bei 10 Kilo Zucker
- 20 Złoty bei 2 Flaschen Wodka
- 40 Złoty bei 40 Liter Benzin

Insgesamt ist es also möglich, mit einer Schmuggelfahrt einen Bruttogewinn von 502 Złoty zu erwirtschaften. Davon abzuziehen sind verschiedene Ausgaben für ‚Gebühren', die auf der russischen Seite an Zoll und Grenzpolizei zu leisten sind, sowie eine russische Kfz-Versicherung:

Durchschnittlich anfallende Ausgaben bei der Fahrt mit dem Pkw:
- 60 Złoty an der Schranke des Warteplatzes ‚patelnia'
- 2 Złoty pro mitgeführter Stange Zigaretten bei der russischen Grenzkontrolle (bei 27 Stangen entspricht das einem Betrag von 54 Złoty)
- ca. 20 Złoty für eine zusätzliche russische Kfz-Versicherung

Abzüglich dieser Unkosten von 134 Złoty ergibt sich in unserem Beispiel ein minimaler Gewinn von 368 Złoty. Nicht berechnet sind hierbei die einmaligen Kosten für das Fahrzeug und den eventuell durchgeführten professionellen Umbau. Im vorliegenden Beispiel handelte es sich um einen Gebrauchtwagen, der für 800 Złoty erworben und in einer Kfz-Werkstatt für 2000 Złoty umgearbeitet worden war.[45]

Jedoch handelt es sich bei dem angegebenen Gewinn nur um einen Annäherungswert, der aufgrund der Beschlagnahme von Waren durch den polnischen Zoll oder durch veränderte ‚Gebührenzahlungen' in Russland Schwankungen unterliegt. Beispielsweise reduzierten sich für Czesław Kaminski die Einnahmen durch die Beschlagnahme eines großen Teils seiner Waren auf 150 Złoty, wobei allein 100 Złoty mit dem Transport von Diesel erwirtschaftet wurden. Da der

---

dieser Mengen zu bleiben. Bei der Beschlagnahme wird lediglich ein Bußgeldbescheid ausgestellt.

44 Diesel und Benzin sind in Russland ungefähr zwei Złoty billiger als in Polen, sodass jeweils ein Złoty Gewinn für den Schmuggler und ein Złoty Ersparnis für den Endabnehmer bleiben.

45 Der Wagen bot nach dem Umbau Versteckraum für 23 Stangen Zigaretten, weitere fünf bis zehn Stangen wurden an leicht zugänglichen Plätzen untergebracht.

Verlust durch die beschlagnahmten Waren seine Einnahmen überstieg, versuchte er dies mit weiteren Fahrten auszugleichen. Jedoch ist die technisch mögliche Aufeinanderfolge der Schmuggelfahrten mit dem Pkw durch die langen Wartezeiten begrenzt. In den Jahren 2005/2006 musste man von mindestens 36 Stunden ausgehen, die bei jeder Witterung, unter einfachsten Bedingungen vor dem Schlagbaum zu verbringen waren. Unter diesen Voraussetzungen waren nur zwei bis drei Fahrten pro Woche machbar. Mehrheitlich legten die Schmuggler zwischen den Fahrten drei Ruhetage ein, sodass sie sechs Touren in einem Monat durchführten.[46]

Etwas anders sieht die Rechnung für Schmuggler aus, die eine Linienbusverbindung nutzen. Nur ein Teil der Schmuggler fährt bis in die Stadt Kaliningrad, während die Mehrzahl schon kurz hinter der Grenze aussteigt. Dort haben sie bis zur Rückkehr des Busses mehrere Stunden Gelegenheit, ihre Einkäufe zu tätigen. Warum es ein kleiner Teil der Schmuggler vorzieht, die Waren in der Stadt Kaliningrad einzukaufen, ist nicht ausschließlich wirtschaftlich zu erklären. Einerseits ist bei den Großhändlern in Kaliningrad die Stange Zigaretten etwa 1,60 Złoty preiswerter, andererseits ist die Busfahrkarte aber auch acht Złoty teurer, sodass sich erst oberhalb einer Menge von sechs Stangen der Aufwand lohnt.[47] Gehen wir in unserem Beispiel von einer Fahrt bis Kaliningrad-Stadt aus, so wird der Schmuggler im Durchschnitt 15 Stangen Zigaretten, drei Flaschen Wodka und zehn Kilo Zucker einkaufen. Nehmen wir an, dass pro Stange ein Gewinn von 16 Złoty erwirtschaftet wird, so ergibt sich folgende Rechnung:

Durchschnittlich mögliche Einnahmen bei der Fahrt mit dem Linienbus:
- 240 Złoty bei 15 Stangen Zigaretten
- 30 Złoty bei 3 Flaschen Wodka
- 5 Złoty bei 5 Kilo Zucker

---

46 Zu einer Veränderung führte die Einführung der kostenpflichtigen Visa mit dem Beitritt Polens zum ‚Schengen-Raum' der EU Ende 2007. Damit entstanden für die polnischen Schmuggler zusätzliche Kosten, die sich im vorliegenden Fall auf rund 1300 Złoty für ein Jahresvisum beliefen. Legt man 60 Fahrten für den Zeitraum von einem Jahr zugrunde, dann stiegen die Kosten pro Fahrt um rund 20 Złoty. Für Schmuggler, die regelmäßig Waren transportieren, stellte dies keine nennenswerte Belastung dar. Die Veränderungen führten jedoch zu einer Professionalisierung des Schmuggels, bei gleichzeitiger Reduzierung von Gelegenheitsschmuggel.

47 Für einige Schmuggler ist es zur Gewohnheit geworden bis in die Stadt zu fahren, um dort Waren für den persönlichen Bedarf zu kaufen, da ausgewählte Lebensmittel in Kaliningrad preiswerter als in Polen sind.

Insgesamt nimmt der Schmuggler in diesem Fall 275 Złoty ein. An Ausgaben sind die Busfahrkarte sowie ‚Gebühren' für den russischen Zoll und die Kosten für ein Strafmandat abzuziehen.[48] Darüber hinaus erhöht die Beschlagnahme von Waren (in der Regel Zigaretten) den Verlust durch den verlorenen Einkaufswert und den verlorenen Gewinn.

Durchschnittlich anfallende Ausgaben bei der Fahrt mit dem Linienbus:
- 24 Złoty für die Busfahrkarte
- 15 Złoty für ‚Gebühren' beim russischen Zoll
- 32 Złoty Warenwert von vier beschlagnahmten Stangen
- 64 Złoty entgangener Gewinn durch die Beschlagnahme von vier Stangen
- 25 Złoty für das Strafmandat

Insgesamt sind in unserem Beispiel 160 Złoty an Unkosten angefallen, sodass ein Gewinn von 115 Złoty erwirtschaftet wurde. Jedoch handelt es sich hierbei um eine Durchschnittsrechnung, die im Einzelfall deutlich nach oben oder unten abweichen kann. Oberhalb dieses Durchschnittsbetrags bewegt sich eine kleine Anzahl von Schmugglern, die im Bus den Zugang zu bevorzugten Plätzen haben und mit Zustimmung des ‚pilot' bis zu 25 Stangen Zigaretten unterbringen können. Am unteren Ende der Gewinnskala befinden sich Akteure, die nur zehn Stangen Zigaretten schmuggeln, womit ihnen abzüglich ihrer Unkosten lediglich 20 bis 30 Złoty Gewinn pro Fahrt bleiben. Um den Durchschnittsertrag zu errechnen, ist es zusätzlich notwendig, die Anzahl der technisch durchführbaren Fahrten zu berücksichtigen. Handelt es sich um einen Linienbus, überschreiten die Fahrzeiten i.d.R. nicht den Zeitraum von zwölf Stunden. Dies ermöglicht den Schmugglern vier bis sechs Fahrten pro Woche.

Betrachten wir an dieser Stelle noch den Verdienst, der bei der Benutzung eines Kleinbusses erwirtschaftet wird. Der Kleinbus ist mit acht Personen besetzt, von denen sieben als Tagelöhner jeweils 25 Złoty für eine Fahrt erhalten. Alle acht Personen im Kleinbus führen jeweils mindestens drei Stangen Zigaretten und eine Flasche Wodka für den Besitzer des Wagens mit.

Durchschnittlich mögliche Einnahmen bei der Fahrt mit dem Kleinbus:
- 576 Złoty bei 24 Stangen Zigaretten
- 80 Złoty bei 8 Flaschen Wodka
- 100 Złoty bei 100 Liter Diesel

---

48 Während es bei der Pkw-Kontrolle nur vereinzelt zur Beschlagnahme von Waren kommt, wird im Bus bei jeder Kontrolle ein Teil des Schmuggelgutes beschlagnahmt.

Insgesamt werden mit einer Fahrt 756 Złoty eingenommen, von denen folgende Unkosten abzuziehen sind:
- 48 Złoty für ‚Gebühren' für den russischen Zoll, 2 Złoty pro Zigarettenstange
- 60 Złoty ‚Gebühr' für den Passierschein am Warteplatz
- 5 Złoty zusätzliche Kfz-Versicherung
- 175 Złoty für sieben Tagelöhner zu je 25 Złoty[49]
- eine nicht bekannte Summe für spezielle Fahrzeuggenehmigungen der russischen Grenzpolizei[50]

An festen Unkosten ergibt sich damit ein Betrag von 368 Złoty, nach deren Abzug pro Fahrt ein Gewinn von 388 Złoty für den Besitzer des Kleinbusses übrig bleibt. Rechnet man diesen Erlös auf sechs Fahrten pro Woche hoch, dann verbleibt ein Gewinn von 2208 Złoty. Davon abzuziehen wären wiederum die Anschaffungskosten für den Kleinbus sowie der Fahrzeugverschleiß.

Eine etwas andere Rechnung ergibt sich für den so genannten ‚Touristenbus', der von einer Schmugglergruppe angemietet bzw. ihr im Auftrag eines Unternehmers zur Verfügung gestellt wird. Die Gruppe besteht aus sieben Personen, von denen jeder eine Fahrkarte bezahlt und jeweils mindestens 30 Stangen Zigaretten sowie bis zu zehn Flaschen Wodka einkauft.

Durchschnittlich mögliche Einnahmen bei der Fahrt mit dem ‚Touristenbus':
- 720 Złoty bei 30 Stangen Zigaretten
- 80 Złoty bei 8 Flaschen Wodka

Durchschnittlich anfallende Ausgaben bei der Fahrt mit dem ‚Touristenbus':
- 25 Złoty für die Busfahrt
- 48 Złoty für ‚Gebühren' für den russischen Zoll, 2 Złoty pro Zigarettenstange
- 120 Złoty Verlust von durchschnittlich 5 Stangen
- 100 Złoty für ein Strafmandat

Ein Schmuggler im ‚Touristenbus' kann demnach bei einer Fahrt durchschnittlich 495 Złoty verdienen.

---

49 Die Angaben beziehen sich auf die Jahre 2005/2006. 2008 stieg der Lohn der Tagelöhner auf 50 Złoty. Dem entsprach auch eine Steigerung der Verdienstmöglichkeiten auf dem legalen Arbeitsmarkt.

50 Nach Angaben von Schmugglern muss man für die informelle Erlaubnis, die russische Grenzsperre ohne Wartezeit anfahren zu können, im Monat 600 USD bzw. ca. 2000 Złoty bezahlen. Dieser Betrag bietet den einzigen Orientierungspunkt für die Berechnung der Sondergenehmigung.

Aus den hier zusammengestellten Daten lassen sich jetzt die theoretisch möglichen Monatseinkünfte der unterschiedlichen Schmugglergruppen errechnen. Dabei kommt man zu folgendem Ergebnis:[51]

- bei 6 Fahrten im privaten Pkw: 2208 Złoty
- bei 20 Fahrten im Linienbus: 2300 Złoty
- bei 10 Fahrten im ‚Touristenbus': 4950 Złoty[52]
- bei 24 Fahrten im Minibus: 8832 Złoty
- bei 24 Fahrten als Tagelöhner im Minibus: 600 Złoty

Der durchschnittliche regionale Nettoverdienst in einem legalen Arbeitsverhältnis bewegt sich zwischen 900 und 1.400 Złoty. Wysocki erwähnt, dass ein Viertel der Arbeitslosen mit Wohnsitz in Grenznähe dem Schmuggel nachgeht und damit monatlich einen Betrag von 3.000–4.000 Złoty erwirtschaftet.[53]

Eine Hürde stellt für Schmuggler der Verkauf ihrer Waren dar, der für sie erst lohnend wird, wenn sie ihre Waren nicht im Einzelverkauf an Endabnehmer, sondern komplett an Zwischenhändler veräußern. Zum Problem wird der Weiterverkauf für diejenigen, die nicht über die notwendigen Kontakte verfügen und nur mit geringem Kapital in den Schmuggel einsteigen. Aufgrund des geringen Kapitalbedarfs, mit dem der Schmuggel im Linienbus möglich ist, kommt es dort immer wieder zu der Situation, dass Mitfahrer nur über einen minimalen Bargeldbetrag verfügen und erst nach Verkauf ihrer Waren weitere Fahrten unternehmen können. Wenn die Schmuggelfahrt zudem mit geliehenem Geld durchgeführt wurde, wird damit unter Umständen eine Spirale der Verschuldung in Gang gesetzt. Daher ist man in der Regel bemüht, die Waren unmittelbar nach Beendigung einer Fahrt an Zwischenhändler zu verkaufen. Für den Schmuggler verringert sich dadurch zugleich das Risiko, von Polizei oder Grenzschutz entdeckt zu werden. Umfangreiche Warenlager stellen ein erhebliches Risiko dar, da die Aufdeckung eine Strafanzeige nach sich ziehen würde. Eine Ausnahme bildet die Lagerung von Diesel, da weder die Herkunft zu erkennen ist, noch das Risiko einer Selbstentzündung besteht. Ende des Winters werden manchmal 2000 Liter Diesel in einer Garage oder einem Schuppen gelagert, die, mit Beginn

---

51 Zugrunde gelegt wurden die technisch möglichen Fahrten auf der Basis einzuplanender Wartezeiten. Im größeren Umfang ist der Schmuggel nur möglich, wenn die Wartezeiten durch umfangreiche Schmiergelder verkürzt werden.

52 Grundlage der Schätzung sind pro Person 30 Stangen Zigaretten und drei Fahrten pro Woche, abzüglich der Strafmandate. Bedingt durch die Wartezeiten sind mehr als drei Fahrten pro Woche kaum möglich.

53 Wysocki 2003: 30.

der Frühjahrsbestellung, vor allem von landwirtschaftlichen Betrieben in großen Mengen aufgekauft werden. Der Weiterverkauf und Transport nach Zentralpolen oder Westeuropa erfolgt nicht nur über spezialisierte Großhändler, sondern wird auch von Schmugglern selber organisiert. Je weiter westlich die Waren verkauft werden, umso mehr Gewinn lässt sich erwirtschaften. Daher sind auch Schmuggler, die die Waren aus Kaliningrad holen, an einem Weitertransport nach Westpolen oder Deutschland interessiert. Für die Stange „Jing Ling" erhält man in der Wojewodschaft Ermland-Masuren zwischen 20 und 24 Złoty, in Schlesien wird die Stange für 30 Złoty und in Berlin für 60 bis 80 Złoty verkauft. Um nicht aufzufallen, werden bei Fahrten nach Deutschland keine Fahrzeuge mit dem Kennzeichen der Wojewodschaft Ermland-Masuren benutzt. In einem Fall berichtete ein Schmuggler, wie sie Kränze mit sich führten und beim Zoll angaben, auf dem Weg zu einer Beerdigung in Deutschland zu sein. Welche Mengen dabei jeweils transportiert werden, richtet sich nach den technischen Möglichkeiten und der Risikobereitschaft. Das Spektrum reicht von 100 bis 3000 Stangen Zigaretten, die mit präparieren Fahrzeugen befördert werden.[54]

Leszek Jakóbik fährt regelmäßig mit dem Linienbus nach Kaliningrad und beschreibt den Weiterverkauf folgendermaßen:

Leszek Jakóbik: „Es ist nicht gut, wenn du zu viel nimmst. Es gibt Leute, die hier aufkaufen. Nehmen wir mal Kuba. Kuba sagt nicht, dass er nach Westen fährt. Er hat einen Zwischenhändler, und von dort bringen sie die Sachen in den Westen. Siehst du? Unter anderem auch nach Deutschland [Sicher.], nach Deutschland. Sie fahren mit dem Auto über Szczecin und ebenso über Poznań (undeutlich). Die Polizei weiß, dass etwas gebracht wird. Über, über Poznań fahren sie. Auch verschiedene Reisegruppen. Das Meiste wird in den Westen gebracht. [...] Ich werde mich auch darum kümmern, wie man etwas dort, dort nach London bringt. Schließlich kostet, dort kostet ein Päckchen so viel wie hier eine ganze Stange. Lohnt sich das etwa nicht? Für sich allein, man könnte das sogar für den halben Preis abgeben. Beim ersten Mal kann man das so sagen, damit man keine Schwierigkeiten bekommt, aber sonst ..."[55]

---

54 Wobei nach Auskunft deutscher Zöllner an der polnischen Westgrenze der Transport auch mit ‚Ameisen' erfolgt, die kleinste Warenmengen über die Grenze tragen und an abseits gelegenen Sammelpunkten abliefern. Größere Warenmengen werden häufig unter der Zuhilfenahme von CB-Funkgeräten transportiert, mit denen Gruppen von Schmugglern die Bewegungen der Zollfahnder auf den Verkehrsverbindungen beobachten.

55 Leszek Jakóbik: „Za dużo będziesz wiedział też nie dobrze. Biorą stąd są ludzie, którzy skupują. Załóżmy Kuba. Kuba nie powiedział, że na zachód wozi. Że

Für den Weitertransport eignen sich vor allem Zigaretten, da sie in großen Mengen leicht verstaut werden können und mit hohem Gewinn verkäuflich sind. Dagegen sind Wodka, Diesel, Benzin und Zucker für die lokalen Märkte in Grenznähe bestimmt, soweit sie nicht dem Eigenverbrauch der Schmuggler dienen. In der Kette verschiedener Weiterverkäufer kommt es selbstverständlich zu einer Verteuerung der Waren, und wenn Leszek überlegt, einen Teil seiner Zigaretten auf eigene Rechnung in London zu verkaufen, so steht dahinter der Anreiz eines deutlich höheren Gewinns. Jedoch vernachlässigt er dabei die nicht unerheblichen zusätzlichen Kosten sowie die sozialen Kontakte, die am Zielort erst einen zuverlässigen Verkauf garantieren. So handelt es sich bei Leszek eher um die Überlegung, einen Besuch bei seiner in London lebenden Tochter mit einem kleinen Zusatzeinkommen zu verbinden, wie es vielfach bei Reisen nach Westen geschieht. Wer aus der Region kommt und zur Saisonarbeit nach Deutschland, England oder Spanien fährt, wird in vielen Fällen auch mehrere Stangen Zigaretten mitnehmen. Dabei handelt es sich immer um begrenzte Mengen, die neben dem Eigenverbrauch im Kreis der Arbeitskollegen verkauft werden.[56]

In einem Fall berichtete mir ein Schmuggler, er sei mit 300 Stangen Zigaretten kurz vor der deutschen Grenze vom polnischen Zoll aufgebracht worden. Die Waren wollte er noch auf der polnischen Seite einem Aufkäufer übergeben. Wäre ihm das gelungen, dann hätte dies einen Gewinn von 3000 Złoty eingebracht, so jedoch verlor er seine Waren und musste eine Strafe bezahlen.[57] Obwohl es sich als äußerst schwierig erwiesen hat, im Rahmen der Forschung detaillierte Informationen über die Transportwege der Waren nach Westen zu erhalten, war es möglich, anhand von Beobachtungen und einzelnen Bemerkungen den Verlauf grob zu erkennen. In den letzten Jahren scheint die Aufteilung der Warenmengen auf mittlere Größen von 100–300 Stangen Zigaretten üblich geworden zu sein, während in den 1990er Jahren in einer Tour noch mehrere

---

pośrednika ma i tam na zachód wożą. Widzisz? Do Niemiec właśnie między innymi [No tak.], do Niemiec. Pod Szczecin tam wożą, pod Poznań wożą, bo tak samo i samochód (undeutlich). Policja to wiadomo, że coś to jedzie. Przez, przez Poznań jadą. Wycieczki rożne też. Wszystko na zachód w większości. […] Ja tak samo tam będę musiał zorientować się jak je do tej, do tego Londynu wziąć. No, bo też tam kosztuje, paczka kosztuje tyle jak tutaj cały pakiet. Czy nie warto wziąć? Samo przez się, nawet i za pół ceny oddać to też, nie. Tak mówiąc to pierwszy raz to tak wiesz, żeby nie było jakieś tam kłopoty z tym były, ale tego no."

56   In einem Fall wurden 15 Stangen Zigaretten mitgenommen, als eine Frau zur Spargelernte nach Deutschland fuhr.

57   Pikanterweise verdient er sich das Geld wieder mit dem Schmuggel kleiner Warenmengen an der Kaliningrader Grenze.

Tausend Stangen per Lkw transportiert wurden. In einem Beispiel berichtete mir ein Geschäftsmann, der seit einigen Jahren einen legalen Betrieb unterhält, wie er während mehrerer Jahre regelmäßig 3000 Stangen Zigaretten nach Deutschland brachte, bis er in Deutschland zu acht Monaten Gefängnis verurteilt wurde. Bekannt sind in der Region auch Firmen, deren Fahrzeuge für den Zigarettenschmuggel nach Deutschland genutzt wurden.

Doch nicht jeder Schmuggler reizt der große Gewinn, denn während der Kleinhandel als ‚Ameise' ein kontinuierliches Einkommen ermöglicht, drohen bei umfangreichen Geschäften auch strafrechtliche Konsequenzen. Als ein Schmuggler gefragt wurde, ob er nicht alle zwei Wochen 500 Stangen Zigaretten bereitstellen könnte, schlug er das Angebot aus, denn um diese Menge bereitzuhalten, hätte er täglich eine Tour unternehmen müssen und neben dem damit verbundenen Stress auch deutlich höhere Unkosten gehabt. In den Worten, „lieber ein kleiner Handel als ein goldenes Erbe", fasste er seine Lebenseinstellung zusammen.

Die Menge der Waren

Frage: „Kann man sagen, dass die Mehrzahl der Leute, die an der Grenze sind, aufgrund des Handels fahren?"
Czesław Kaminski: „Nein, nun selbstverständlich. 95 Prozent. Nur wenige fahren dort so wie du. Das ist wie eine Nadel im Heuhaufen, dass jemand nichts hat, das gibt es nicht. Jeder fährt, warum sollte man nur so fahren?"[58]

Auch wenn die Angaben über den Anteil der Schmuggler am Grenzverkehr nur auf Schätzungen beruhen, so stimmen Zöllner, Schmuggler und Vertreter der Gemeindeverwaltungen doch in ihren Angaben mit unseren Beobachtungen überein. Allerdings beziehen sich diese Angaben nur auf den privaten Verkehr mit Personenwagen und Bussen ohne den beruflichen Lkw-Verkehr. Letzterer wird kaum für den Schmuggel genutzt, da die Fahrzeuge an der Grenze eine Röntgenschleuse passieren, und die Firmen den Verlust ihrer Transportlizenz befürchten.

Da es sich beim Schmuggel um eine informelle Tätigkeit handelt, können alle Angaben zu den Warenmengen nur auf Schätzungen beruhen. Neben der

---

58 Frage: „I można powiedzieć, większość ludzi, którzy tutaj są na przejściu granicznym, to przez handel jadą?"
Czesław Kaminski: „Nie, no oczywiście. Tam 95 %. To nieliczni tam jadą o tak jak ty, Się trafił jakiś tam rodzynek, że nic nie wiezie, a tak to nie. Każdy jedzie, po co jeździć tak o?"

statistisch erfassten Anzahl der Grenzübertritte und der beschlagnahmten Waren bieten die Feldbeobachtungen am Grenzübergang Bezledy-Bagrationowsk eine Ausgangsbasis für die Schätzung der geschmuggelten Warenmengen.[59]

Pro Stunde passieren je 20 polnische und russische Pkw,[60] zwei polnische Minibusse und ein Reisebus (entweder im Linienverkehr oder als so genannter ‚Touristenbus') die Grenze. Die Hälfte der Pkw ist mit zwei Personen besetzt, in den Minibussen sitzen jeweils acht Mitreisende, und in einem Reisebus befinden sich durchschnittlich 15 Personen. Insgesamt überqueren pro Stunde ungefähr 83 aus Russland kommende Personen den Grenzübergang Bezledy. Jeder Reisende führt die legale Menge an Zigaretten (eine Stange) und Wodka (eine Flasche) mit, sodass jeweils 83 Stangen Zigaretten und 83 Flaschen Wodka pro Stunde legal eingeführt werden. Nehmen wir jetzt noch an, dass folgende Mengen an Schmuggelgut transportiert werden:[61]

- 20 Pkw à 25 Stangen = 500 Stangen
- 2 Minibusse à 30 Stangen = 60 Stangen
- 15 Reisende im Reisebus à 10 Stangen = 150 Stangen

Rechnet man die legale Warenmenge hinzu, so werden in einer Stunde 793 Stangen Zigaretten am Grenzübergang Bezledy-Bagrationowsk nach Polen eingeführt. Innerhalb eines Tages ergibt sich daraus eine Menge von 19.032 Stan-

---

59 Der Unsicherheitsfaktor ist dabei jedoch hoch, da man nur von einzelnen Beobachtungen auf eine Gesamtzahl hochrechnen kann. Unbeachtet bleibt die Spannbreite der bei einzelnen Fahrten geschmuggelten Waren. Beispielsweise werden im Pkw im Einzelfall 100 Stangen Zigaretten transportiert, während andere Schmuggler nur 20 Stangen mit sich führen, hingegen die Mehrzahl der Fahrer ungefähr 30 Stangen im Wagen hat. Desgleichen reicht die Bandbreite des Schmuggelguts einer Person im Linienbus von 10 bis 30 Stangen Zigaretten.

60 Die Angabe von durchschnittlich 40 Pkw, die innerhalb einer Stunde bei der Einreise nach Polen abgefertigt werden, beruht auf meinen Beobachtungen auf der russischen Grenzseite. Hochgerechnet auf ein Jahr entspricht das einem Umfang von ca. 350.000 Fahrzeugen. Bei Bruns (2010: 89) findet sich die Angabe von ca. 60 innerhalb einer Stunde abgefertigten Pkw. Hochgerechnet auf ein Jahr ergibt sich daraus ein Fahrzeugaufkommen von ca. 500.000.

61 Die Aufstellung berücksichtigt nur Zigaretten, da sie die größte Warenmenge und den größten Wert darstellen. Da keine Aussage über den Umfang des Schmuggels der russischen Staatsbürger gemacht werden kann, wird hier nur die Anzahl der polnischen Fahrzeuge zugrunde gelegt.

gen bzw. im Verlauf eines Jahres rund 6,8 Millionen.[62] Im Jahr 2006 beschlagnahmte der polnische Zoll an den drei Übergängen Gronowo, Bezledy und Gołdap 325.000 Stangen.[63] Nach Angaben des Grenzschutzes, die auch mit Beobachtungen in unserer Forschung übereinstimmen, wird der Grenzübergang in annähernd gleichem Umfang von russischen und polnischen Staatsbürgern überquert.[64] Die russischen Fahrzeuge benutzen ausschließlich die Fahrspur für Reisende, die keine Waren zu verzollen haben. Obwohl auch hier oberflächlich kontrolliert wird, können sie deutlich schneller einreisen als die polnischen Fahrer. Polnische Schmuggler benutzen diesen grün gekennzeichneten Übergang nicht, da sie mit empfindlichen Strafen rechnen müssen, wenn bei ihnen unangemeldete Waren entdeckt werden. Für die russischen Schmuggler hingegen rentieren sich die Fahrten trotzdem, da sie aufgrund der schnelleren Abfertigung mehrmals täglich nach Polen einreisen können und keine ‚Gebühren' an die russischen Grenzbehörden zahlen müssen. Außerdem fällt es ihnen auch leichter, in ihren Heimatorten mit großem Zeitaufwand Waren in den Fahrzeugen zu verstecken. Für die Polen hingegen würde ein vergleichbarer Aufwand einen längeren Aufenthalt in Russland mit erhöhten Kosten bedeuten.

Die Anzahl der Fahrten

Die Menge der Fahrten, die ein Schmuggler unternimmt, ist abhängig vom Verkehrsmittel und den eingesetzten finanziellen Ressourcen.[65] Diese Faktoren geben einen Rahmen der Möglichkeiten vor, innerhalb dessen alle weiteren Entscheidungen von den individuellen Zielen und Interessen abhängig sind. Eingeschränkt wird die freie Entscheidung durch die Teilnahme an einer Schmugglergruppe, im Minibus oder in den ‚Touristenbussen'. Hat man sich dafür entschieden, so sind die Fahrten für den einzelnen Schmuggler verpflichtend. Demgegenüber genießen Schmuggler größere Freiheiten, wenn sie, wie Maria Janicka, mit dem Linienbus fahren:

---

62 Pauschal kann man diese Menge auf die drei wichtigsten Grenzübergänge hochrechnen und von 24 Millionen Stangen überwiegend illegal eingeführter Zigaretten ausgehen.
63 Vgl. auch die Angaben von Bruns 2010: 87ff.
64 Ebd. 88.
65 Am Grenzübergang Gołdap-Gusew ist es auch möglich, mehrmals täglich zwischen beiden Ländern zu pendeln, da dort die mit dem Fahrrad einreisenden Schmuggler schneller abgefertigt werden (vgl. Wysocki 2003: 71).

Frage: „Wie oft fahren Sie durchschnittlich?"
Maria Janicka: „Ich ..., jetzt, nun, als mein Mann erkrankte, starb, in diesem Moment hatte ich überhaupt keine Selbstdisziplin mehr. Ich mach die Augen auf und: ‚Ach, heute fahre ich nicht, ich habe es nicht nötig.' Denn als mein Mann noch lebte, fuhr ich Tag für Tag. Und jetzt war ich vorgestern nicht, letzte Woche war ich zwei Tage nicht und jetzt werde ich wieder zwei Tage nicht fahren, weil, nun, ich hab diese Beerdigung. So ist das jetzt, aber es ist so, dass ich viermal in der Woche fahre. Man kann sagen, durchschnittlich viermal in der Woche. Öfter fahre ich nicht. Ich habe keine Lust mehr. Ich weiß nicht für wen."[66]

Maria Janicka fährt mit dem täglich verkehrenden Linienbus und hätte aufgrund kurzer Fahrzeiten die Möglichkeit, an sieben Tagen in der Woche zu fahren. Abgesehen von einer kleinen Sozialunterstützung ist sie finanziell ausschließlich von den Einnahmen aus dem Schmuggel angewiesen. Neben der wirtschaftlichen Notwendigkeit ist ihre Motivation zur täglichen Busfahrt auch von der persönlichen Stimmung abhängig. Darüber hinaus nutzt sie die zeitliche Flexibilität, um anderen Verpflichtungen nachzukommen. Diese flexible Zeiteinteilung findet sich auch bei denjenigen, die mit dem eigenen Pkw unterwegs sind, wie in dem folgenden Zitat aus dem Interview mit Beata Kruk deutlich wird:

Frage: „Wie oft fährst du nach Russland?"
Beata Kruk: „Jetzt einmal die Woche. Und jetzt war ich nicht, war ich nicht, seit einer Woche war ich nicht, denn von letztem Sonnabend zu Sonntag bin ich gefahren. Nun, das ist eine Woche her. Ah, nun, hier renovieren wir und da, da, da müssen wir Sachen kaufen, einkaufen und so. Und wenn der Meister hier war, musste man für den kochen ..."[67]

---

66 Frage: „I średnio jak często pani jedzie?"
    Maria Janicka: „Ja ..., teraz, no, jak mój mąż chorował, umarł w tej chwili i nie mam dyscypliny nad sobą żadnej. Oczy otworzę a: ‚Nie pojadę dzisiaj, nie potrzeba dla mnie.' Bo jak mąż był to ja dzień w dzień jeździłam. A w tej chwili wczoraj nie byłam, w tamtym tygodniu 2 dni nie byłam, teraz znowu nie będę 2 dni, bo, no, pogrzeb ten mam. Także już teraz tak, no, ale jest tak, że 4 razy w tygodniu jadę. Tak średnio można powiedzieć. 4 razy w tygodniu. Więcej nie jeździłam nic. Nic mi się już nie chce. Nie mam dla kogo."
67 Frage: „Jak często teraz średnio jedziesz do Rosji?"
    Beata Kruk: „Teraz raz na tydzień. I teraz nie byłam, nie byłam, nie byłam tydzień, bo w tamtą z soboty na niedzielę przyjechałam. No to tydzień. A, no, bo tutaj mam remont i to, to, to, to kupić, to, to dokupić i o, tak, o. A tu jak majster był, to trzeba i ugotować ..."

Im Unterschied zu Maria Janicka, der die Fahrten nach Russland eine unangenehme Last sind, verhindern bei Beata Kruk in der aktuellen Situation des Interviews die häuslichen Umstände häufigere Fahrten. Beata fährt mit dem Pkw und muss für eine Fahrt deutlich längere Wartezeiten einplanen, sodass es ihr nicht möglich ist, mehr als zwei oder drei Touren in einer Woche zu unternehmen. Hier ist immer die Belastung durchwachter Nächte aufgrund der langen Wartezeiten an der Grenze mit in die Überlegung einzubeziehen. Schmuggler halten das nur für kurze Zeit mehrere Tage hintereinander durch.

Wer mit dem Pkw mehrere Fahrten hintereinander durchführt oder innerhalb eines Tages häufiger die Grenze passiert, muss sich durch die Bestechung des russischen Grenzschutzes und Zolls eine entsprechende Möglichkeit eröffnen. Neben den Unkosten steigt damit selbstverständlich auch der Gewinn, wenn man an den wartenden Fahrzeugen vorbeigeschleust wird, wie Beata Kruk in der folgenden Sequenz berichtet:

Beata Kruk: „Nun, wenn ich 24 Stunden oder 36 Stunden stehe, dann ist klar, dass ich nicht das verdienen werde, was er hat. Und er ist täglich dort. Ihnen gelingt es sogar, drei Autos in der Schlange zu überholen. Sie fahren in der russischen Reihe und überholen sie. Ihnen gelingt das. Ruhig war es, als die Kommission [der EU, M.W.] dort war. Es gab keine Fahrten über den Kanal, weil sie alle schnell abfertigten, und hier die Polizisten standen, aber noch besser machen es die Kanalfahrer. Beide Reihen stehen, aber am Kanal fahren sie. Durchfahrt auf Durchfahrt. Weil sie fünf Dollar von jedem Wagen nehmen, für die Polizisten, die sie durchlassen. Hier leuchtet die [grüne] Lampe, aber fahren darf nur die Kanalreihe. So machen sie das, nicht. Und, und, und wenn es nicht diese Ehrgeizigen geben würde, dann, dann ginge es schneller, wirklich schnell würde es gehen."[68]

Zwischen der Mehrzahl der Schmuggler, die sich auf eine kleine Warenmenge beschränken und als so genannte ‚Ameisen' die Grenze überqueren, und denjenigen, die größere Mengen transportieren, besteht ein Interessengegensatz. Da die Anzahl der pro Stunde durchgelassenen Fahrzeuge konstant bleibt, geht die

---

68 Beata Kruk: „No, bo jak ja stoję 24 godziny czy tam 36, no, to wiadomo, że ja już nie będę miała takiego zarobku jak on ma. A on jest codziennie. Oni się potrafią nawet wbijać 3 auta na górze tam. Jadą rosyjskim paskiem i tam się wbijają, no. Tak nawet potrafią robić, no. Był spokój jak była ta komisja. Nie było kanału, bo nie wpuszczali, bo tu policjanci a jeszcze lepiej robią ci kanalarze. Te dwa rzędy stoją a ten od kanału idzie. Zapust za zapustem. Bo oni 5 dolców od wózka niosą dla tego policjanta co puszcza. Tu się światło pali a te jedzie kanału rząd. No, i tak potrafią robić, no. I, i, i właśnie, żeby nie było tych wbitek. takich o. to, to szybciej. naprawdę szybko by to szło."

schnellere Abfertigung einer Gruppe zulasten der anderen Fahrer. Wer in einer der normalen Schlangen steht, betrachtet daher die Fahrer, die schneller vorankommen mit Misstrauen:

Beata Kruk: „Sie sind immer vorn. Nun, ich sage, du stehst 24 Stunden und schaust, fährst nach Russland rein, und er fährt wieder zurück. Du stehst so lange auf der Straße, aber er fährt schon wieder zurück. Nun, er ist Erster. Nun, da kann dir der Kragen platzen. Aber wer zahlt, fährt. Aber wenn ich 20 Stangen habe, wenn ich allen etwas zahlen würde, wozu sollte ich dann noch fahren?"[69]

Tatsächlich führt der Interessengegensatz nur selten zum offenen Konflikt mit Gewaltandrohung.[70] Vielmehr ergibt man sich in ein unabwendbar erscheinendes Schicksal, denn das Reglement der Grenzkontrollen wird der einzelne Schmuggler nicht verändern.

Während die Schmuggler im Linienbus und im Pkw selber die Häufigkeit ihrer Fahrten festlegen, sind die Tagelöhner und die Mitfahrer im so genannten ‚Touristenbus' in ihren Entscheidungsfreiräumen eingeschränkt. Im ‚Touristenbus' ist es zwar durchaus möglich, dass ein Mitfahrer fehlt, doch wird eine relativ hohe Zuverlässigkeit von den Organisatoren der Gruppe erwartet. Noch strikter sind die Verpflichtungen für die Tagelöhner, die im Minibus fahren. Bei einer Absage muss ein Ersatz vorhanden sein, um die Fahrt der Gruppe nicht zu gefährden. Von den russischen Kontrollstellen wird der Minibus, unabhängig von der erteilten Genehmigung, nur bevorzugt abgefertigt, wenn alle sieben Sitzplätze besetzt sind.[71]

---

69 Beata Kruk: „Oni zawsze są przed tym. No, mówię, stoisz 24 godziny patrzysz, wjeżdżasz do Rosji, on wyjeżdża. Ty stoisz póki od drogi a on już znowu wyjeżdża. No, on pierwszy. No, to aż krew zalewa. Ale jak płacą jadą. A żeby jak ja wiozę tam te 20 pakietów, żeby jak chciała każdemu płacić, to po co mnie tam jeździć?"

70 Während der Wartezeit auf dem Pkw-Platz vor der russischen Grenzschranke konnte ich einmal eine lautstarke, von Drohungen begleitete Auseinandersetzung unter Schmugglern beobachten. Der Konflikt entstand, als Schmuggler mit Schmiergeldzahlungen versuchten, sich eine bessere Position in der Schlange der wartenden Kollegen zu erkaufen. Bevor es zur Gewaltanwendung kam, beruhigten sich die Parteien.

71 In einem Fall führte dies dazu, dass von den auf russischer Seite wartenden Pkw-Fahrern eine Person gegen Zahlung von 20 Złoty mit über die Grenze fuhr. Von der polnischen Seite kam sie kurze Zeit später wieder in einem einreisenden Wagen zurück und stieg wieder in ihren eigenen Wagen ein. Möglich war dieses Manöver aufgrund der unterschiedlichen Wartezeiten zwischen der Ein- und Ausreise.

STRAFMANDATE DES POLNISCHEN ZOLLS

Frage: „Welche Strafe erhalten Leute für den Schmuggel?"
Tomasz Morawski: „Wenn es nur eine geringe Menge ist, erhält man ein Strafmandat, und ein Strafmandat kann bis zu 1500 Złoty betragen. Wenn es aber eine größere Menge ist, also sagen wir mal 800 oder 8000 Zigaretten, mehr oder weniger und höher, in dem Fall ist es eine gerichtliche Straftat, und man erhält eine höhere Geldbuße, aber das hängt von der Menge und der wirtschaftlichen Situation des Betroffenen ab und so, ja. Aber ich meine, das sind keine harten Strafen, wenn wir die Strafen mit denen in Deutschland vergleichen, die deutsche Zöllner verhängen."[72]

Tomasz Morawski ist Zöllner und zu ergänzen ist hier, dass das Mindeststrafmandat zunächst 90 Złoty betrug und 2006 auf 150 Złoty erhöht wurde. Theoretisch könnte schon für ein Päckchen Zigaretten eine entsprechende Strafe verhängt werden, tatsächlich fallen die Strafmandate jedoch deutlich milder aus. Während Schmuggler, die in ihrem eigenen Pkw fahren, nur sporadisch ein Strafmandat erhalten, werden bei den Linien- und ‚Touristenbussen' immer Mandate ausgestellt. Jedoch muss der Pkw-Schmuggler sein Strafmandat alleine tragen, während die Reisenden im Bus die Kosten untereinander aufteilen. Die Kontrollen der Pkw sind kürzer, oberflächlicher und beschränken sich in der Regel auf wenige Punkte des Fahrzeugs, während immer ein Teil der Busreisenden einer Leibesvisitation und das Fahrzeug einer genauen Kontrolle unterzogen werden.[73] Wie Maria Janicka berichtet, bekommen die Reisenden im Bus in der Regel ein gemeinsames Strafmandat ausgestellt:

Frage: „Aber zum Beispiel heute, erhielten Sie heute ein einzelnes Mandat?"
Maria Janicka: „Nein, nein, nein. Nein, kein persönliches. Nie bekommt man ein persönliches Mandat."

72　Frage: „Jakie kary dostają ludzie za przemyt?"
　　Tomasz Morawski: „Jeżeli to są niewielkie ilości to jest to mandat, i mandat może być do 1500 złotych, a jeżeli jest to jakaś tam większa ilość, czyli powiedzmy 800 nie 8000 papierosów nie mniej więcej o i w górę, to wtedy jest sprawa karna przed sądem i jakaś tam grzywna, która już może byc wyższa, ale to zależy od ilości, od sytuacji materialnej tego sprawcy i ten nie także to. Ale to nie są wydaje mi się zbyt surowe kary, jeżeli odniesiemy do kar, które były, były, były w Niemczech, które nakładali Niemieccy strażnicy także."

73　Die Kontrolle eines Reisebusses nimmt immer ein bis zwei Stunden in Anspruch, ein Pkw hingegen wird in der Regel in fünf bis zehn Minuten abgefertigt.

Frage: „Aber man nahm Ihnen auch etwas weg?"
Maria: „Sie nahmen mir etwas weg. Von allen nahmen sie ein wenig, ein wenig von allen.
Frage: „Aber warum geben sie kein persönliches Mandat, ich verstehe das nicht, für den ganzen Autobus? Nach welchem Prinzip geschieht das?"
Maria: „Sie geben das Mandat dem ganzen Autobus, wegen ihrer, der Bequemlichkeit der Zöllner. Wenn sie individuelle Mandate geben würden, heute waren wir vielleicht 30 Personen, dann müssten sie für jeden eines ausschreiben. Bis Mitternacht würden sie Mandate schreiben (Lachen). Bis Mitternacht. Jedem für 90 Złoty. Bis Mitternacht würden sie Mandate schreiben. Ein Autobus würde dort stehen und auf den anderen warten. Der Nächste wartet, weil sie nur drei Autobusse am Tag abfertigen würden. So ist es für sie angenehmer. Früher erhielten wir ein Strafmandat für zwei Päckchen Zigaretten. Sie gaben den Frauen Mandate, daher versteckten wir nichts am Körper. Aber im Autobus wurde schon immer gehandelt. Damals mehr im Autobus. Aber jetzt haben sie ein wenig die Vorschriften geändert, da sie sehen, dass die Vorschrift, ein individuelles Strafmandat für jeden auszustellen, viel Zeit beansprucht."[74]

Das Interesse der Zeitersparnis ist sicherlich nicht so einseitig, wie Maria Janicka es beschreibt, denn auch den Schmugglern ist daran gelegen, möglichst schnell wieder zu Hause anzukommen. Indem sie die äußeren Umstände in den Vordergrund ihrer Argumentation stellt, gelingt es ihr, die eigene Rolle als passiv und weniger bedeutend erscheinen zu lassen. Gleichwohl wird in ihrer Beschreibung der enge sachliche Zusammenhang zwischen dem Schmuggel als

---

74 Frage: „Ale na przykład dzisiaj czy pani dostała taki osobny?"
Maria Janicka: „Nie, nie, nie. Nie, osobisty nie. Nikt nie dostał."
Frage: „Ale zabrali od pani?"
Maria Janicka: „Zabrali ode mnie. Z wszystkich ściągnęli trochę, po trochę z wszystkich."
Frage: „Ale dlaczego osobisty mandat nie dali, ja to nie rozumiem, tylko na, na cały autobus? Na jakiej zasadzie to jest?"
Maria Janicka: „Oni na cały autobus dają dla swoich, dla swojej wygody celnicy. Bo gdyby mieli indywidualne mandaty dawać a jest, było nas dzisiaj 30 chyba osób to każdemu by musieli pisać. Do północy by pisali mandaty (Lachen). Do północy. No każdemu po 90 złotych. Do północy mandaty by pisali. Drugi autobus by siedział, stałby i czekał by na następny. Następnemu to oni by robili 3 autobusy przez dobę tylko. Także oni tak samo wygodni są. Co kiedyś my dostawaliśmy za 2 paczuszki mandat. Dostawały kobiety to wtedy my nic nie brałyśmy na siebie. A w autobusie to już ogólny był handel. Wtedy więcej w autobus. A teraz trochę tam zmienili te przepisy. No bo wiedzą, że przecież tyle czasu zajmie im. Indywidualny mandat każdemu."

Massenphänomen und der Kontrolle deutlich, denn erst die Menge der wartenden Fahrzeuge erzeugt einen Rationalisierungsdruck in der Abfertigung. Eine Beschleunigung des Verfahrens liegt also im Interesse aller Beteiligten. Die Zöllner erleichtern sich damit ihre Aufgabe und die Schmuggler haben die Möglichkeit größere Mengen von Waren am Körper versteckt zu schmuggeln, ohne Gefahr zu laufen, deshalb ein höheres Strafmandat als ihre Kollegen zahlen zu müssen.

Schauen wir uns die hier beschriebene Situation einmal genauer an, so zeigt sich noch eine weitere Vereinfachung der Kontrolle. Das Strafmandat wird zwar für den gesamten Bus ausgestellt, jedoch darf es den Betrag von 1500 Złoty nicht übersteigen. Erfordert die Menge der beschlagnahmten Waren ein höheres Mandat, so müsste eigentlich eine gerichtliche Strafsache eingeleitet werden. Dies wird umgangen, indem man zwei Strafmandate auf zwei Personen aufteilt. In der von Maria Janicka beschriebenen Situation beschlagnahmte der Zoll insgesamt 120 Stangen Zigaretten, für die eine Strafe von 2146 Złoty erhoben wurde. Ausgeschrieben wurden die Strafmandate auf die Namen von zwei Mitfahrern. Bezahlen müssen die Strafmandate alle Schmuggler zu gleichen Teilen, ausgenommen werden die – allerdings nur selten anzutreffenden – ‚echten' Reisenden, die nicht schmuggeln. In diesem Fall mussten die 29 Schmuggler mit jeweils 74 Złoty ein relativ hohes Mandat bezahlen.[75] Um die Bezahlung sicherzustellen, hat der ‚pilot' des Busses die Pässe der Reisenden im Anschluss an die Passkontrolle eingesammelt und sie erst nach Entrichtung des Betrages zurückgegeben. Die Summe händigt er anschließend denjenigen aus, auf die die Mandate ausgeschrieben wurden. Welche Person im Strafmandat namentlich erwähnt wird, sprechen die Schmuggler untereinander ab. Wobei manche Schmuggler den ihnen überreichten Betrag als Kredit für ihre nächsten Fahrten nutzen. Dies ist möglich, da sie den Betrag in bar erhalten, die Überweisung jedoch erst im Verlauf von zwei Wochen fällig wird.[76]

---

75 In der Regel beliefen sich die Strafmandate 2006 auf 600–700 Złoty für den gesamten Bus, wovon jeweils 20–30 Złoty von den einzelnen Personen gezahlt werden mussten.

76 Diese Praxis ist zwar verbreitet, doch liegt darin auch ein erhebliches Risiko, wenn Waren in umfangreichen Mengen beschlagnahmt werden, neue Strafmandate auflaufen und der fällige Betrag die finanziellen Möglichkeiten der Betroffenen überschreitet. Bei nicht gezahlten Strafmandaten, die sich in Einzelfällen auf über 1.000 Złoty belaufen können, wird bei der Grenzkontrolle der Pass eingezogen. Damit fällt die Verdienstmöglichkeit aus und der Schmuggler muss zudem eine Gerichtsverhandlung befürchten.

Aus der Praxis, das Strafmandat gleichmäßig auf alle Schmuggler zu verteilen, resultiert jedoch eine Benachteiligung derjenigen, die nur eine geringe Menge an Waren mit sich führen:

Paweł Szymański: „Das heißt, mit dem Mandat hat es Folgendes auf sich. Ich habe zum Beispiel eine Stange (unverständlich), ja, so viel wie ich mitnehmen kann, diejenige neben mir hat auch eine Stange, aber sie hat außer dem noch mehr, und wenn die Zöllner etwas finden, dann wird das später durch alle geteilt. Auch der, welcher eine Stange dabeihatte und derjenige, der drei hatte. Und das ist auch so eine Ungerechtigkeit, nicht, weil ich ehrlich fahre, und jemand fährt und nutzt die anderen aus, weil er mehr mitnimmt, aber wir gemeinsam dafür bezahlen. Er behält noch 10 Złoty übrig, und ich muss noch 10 Złoty drauflegen."[77]

Obwohl Paweł Szymański ein beschönigendes Beispiel wählt, wird das Problem doch deutlich. In der täglichen Praxis handelt es sich nicht um die Differenz zwischen Reisenden, die eine Stange oder drei Stangen mit sich führen,[78] vielmehr entsteht der Konflikt mit Schmugglern, die deutlich mehr Waren als ihre Kollegen transportieren. Mit einer umfangreicheren Warenmenge steigt automatisch auch die beschlagnahmte Menge und somit die Höhe des Strafmandates. Da alle Mitreisenden den gleichen Anteil am Strafmandat zahlen müssen, fällt jedoch der Verlust prozentual geringer aus, je mehr Waren die einzelne Person mit sich führt. Vor diesem Hintergrund kommt es im Linienbus zu unterschwellig geäußerten Unmutsäußerungen, da es einer kleinen Gruppe möglich ist, mit Einverständnis des ‚pilot' deutlich mehr Zigaretten im Fahrzeug zu verstecken. Für die anderen Schmuggler entsteht mit den steigenden Beträgen der Strafmandate eine Zwangssituation, in der sie einem drohenden Verlustgeschäft nur begegnen können, indem sie ebenfalls ihre Warenmenge vergrößern. Es gibt jedoch nur beschränkte Versteckmöglichkeiten, und zudem erfordert das umfangreiche Investitionskosten beim Einkauf, die von ärmeren Schmugglern nicht aufgebracht werden können. Der Konflikt ist im Linienbus latent vorhanden und führt zum

---

77 Paweł Szymański: „Znaczy to jest taka kara ten mandat. No bo ja na przykład mam pakiet (unverständlich), no, nie, co mogę przywieźć, ta niby z boku też ma pakiet, ale ona ma oprócz tego jeszcze więcej, i jak znajdą celnicy, to idzie to na wszystkich później. No, i ten co wziął pakiet i ten co wziąć 3. I to jest takie też niesprawiedliwe, no, nie, no, bo ja jadę uczciwie a ktoś jedzie i na kimś żeruje, bo on weźmie więcej a wspólnie się płaci. Jemu zostaje 10 złotych a ja musze dołożyć 10 złotych."

78 Seine Beschreibung ist an dieser Stelle auch sachlich nicht korrekt, denn Reisende, die offensichtlich nicht schmuggeln, sind von der Bezahlung eines Strafmandates ausgenommen. Die Einfuhr von einer Stange Zigaretten ist legal.

distanzierten Umgang zwischen den Gruppen, ohne offen auszubrechen, solange die bevorzugte Gruppe vom ‚pilot' unterstützt wird.

Wenn der Schmuggel die wirtschaftliche Basis der Akteure bildet, so führt die Beschlagnahme von Waren zur Intensivierung des informellen Kleinhandels, da der Verlust nur über eine Steigerung des Handelsvolumens auszugleichen ist. Als Czesław Kaminski mit seinem Pkw aus Kaliningrad zurückfuhr, beschlagnahmte der polnische Zoll Zigaretten im Wert von 300 Złoty und stellte zusätzlich ein Strafmandat in der gleichen Höhe aus. Um den Verlust auszugleichen, brach Czesław nach kurzer Pause zur nächsten Schmuggelfahrt auf. Nachdem auch bei dieser Fahrt all seine Waren beschlagnahmt wurden, wiederholte sich dieser Vorgang noch zweimal. Erst mit der fünften Schmuggelfahrt brach seine Pechsträhne ab, und er konnte wieder einen Gewinn erwirtschaften. Insgesamt hatte er bei den vier vorhergehenden Fahrten über 2000 Złoty verloren und lediglich 400 Złoty mit dem Verkauf von Diesel erwirtschaftet. Obwohl die Verstecke in seinem Fahrzeug beim Zoll mittlerweile bekannt waren, ließ man Czesław in den folgenden Wochen unbehelligt die Kontrolle passieren. Mit dem Verdienst war es ihm dann auch möglich, die Strafmandate zu bezahlen und einen Gewinn zu erzielen.

KORRUPTION, BESTECHUNG UND ‚GEBÜHREN'

In den polnischen Medien finden sich immer wieder Berichte über Korruptionsfälle beim polnischen Zoll und Grenzschutz. Im Extremfall wurden schon ganze Einheiten, die an einem Grenzübergang zusammengearbeitet hatten, mit dem Vorwurf der Korruption entlassen und strafrechtlich verurteilt. Während der Forschung wurde in den Interviews von Angestellten des Grenzschutzes und des Zolls nur bei abgeschaltetem Mikrophon über Korruption gesprochen. Nach diesen Berichten deutet in vielen Fällen ein überdurchschnittlicher Lebensstandard bei einigen Kollegen auf die Annahme von Schmiergeldzahlungen hin. Die Bestechung erfolgt unsichtbar, d.h. nicht in direkten Kontakten, sondern über Mittelsmänner wie Verwandte oder Bekannte. Während sich beim polnischen Zoll lediglich vage Korruptionshinweise finden lassen, beruht die russische Zoll- und Grenzschutzkontrolle auf nicht zu übersehender Korruption.

Die polnischen Schmuggler müssen den russischen Grenzangestellten Schmiergelder nach informell einheitlichen Tarifen entrichten. Während von den Fahrern im Pkw eine Gebühr von einem halben US-Dollar pro Stange Zigaretten erhoben wird, brauchen die Schmuggler im Reisebus pro Person nur 1,50 US-Dollar zahlen. Weniger offensichtlich ist die Korruption bei denjenigen, deren

Fahrzeuge bevorzugt von der russischen Seite abgefertigt werden. Während einer der Schmuggelfahrten beobachtete ich beispielsweise einen Kleinbus, der lediglich mit dem Fahrer besetzt innerhalb weniger Stunden mehrmals die Kontrollen passierte. Da für die anderen Fahrzeuge deutlich längere Wartezeiten bestanden, musste eine langfristige Absprache mit dem russischen Grenzschutz bestehen. Dabei handelt es sich um jeweils auf einen Monat befristete ‚Sondergenehmigungen', die, obgleich sie informell sind, für einen festen Tarif angeboten werden.

Ein anderer Hinweis auf Korruption wurde ebenfalls auf der russischen Seite auf dem Pkw-Warteplatz unmittelbar vor der Grenzbarriere sichtbar. Zum Verständnis muss man sich den Ablauf vergegenwärtigen: Während des Wartens in Dreierreihe können aus jeweils einer Warteschlange alle 15 Minuten fünf Fahrzeuge in den Kontrollbereich einfahren. Die anderen Fahrer achten darauf, so dicht wie möglich hinter dem vorderen Wagen zu bleiben, damit keine Fahrzeuge von einer benachbarten Autoschlange einscheren. Während einer Fahrt wurde dieses Prinzip auffällig durchbrochen, und man forderte uns auf, bei nächster Gelegenheit an den vier vor uns stehenden Wagen vorbeizufahren und uns an die Spitze der wartenden Wagen zu stellen. Der Grund für dieses Manöver lag darin, dass die vier Wagen einem Schmuggler gehörten, der eine Absprache mit einem polnischen Zöllner hatte, dieser Zöllner jedoch zu diesem Zeitpunkt am Kontrollpunkt noch nicht mit seiner Arbeit begonnen hatte. An diesem Beispiel werden die Tücken der Korruption deutlich, die sich nicht in der Absprache erschöpfen, sondern eine genaue Planung erfordern. Als ein Problem erweist es sich dabei, dass die Zöllner innerhalb ihrer zwölfstündigen Schichten an unterschiedlichen Fahrstreifen eingesetzt werden und dieser Rhythmus von ihnen nicht beeinflussbar ist. Um dennoch einen bestimmten polnischen Zöllner zu erreichen, standen den auf der russischen Grenzseite wartenden Schmugglern zwei Möglichkeiten offen: Entweder sie fuhren zügig ‚über den Kanal'[79], also auf dem Weg neben den Fahrzeugschlangen, oder sie reihten sich in die wartenden Wagen ein und hatten das Risiko unkalkulierbar langer Wartezeiten. Ausnahmsweise hatten die Fahrer an diesem Tag die zweite Möglichkeit gewählt. Doch jetzt entstand ein neues Problem, denn der russische Posten hatte ihre

---

79 Der Warteplatz für die Pkw unmittelbar vor der Grenzschranke ist auf der einen Seite von einem meist trockenen Regenwasserkanal begrenzt, an dem sich wenige Meter weiter Bars, Toiletten und kleine Läden anschließen. Die Fahrzeuge lassen den schmalen Kanal mittig unter sich und können auf diese Weise zwischen den wartenden Pkw und den Bars bis zur Schranke vorfahren. Wurden vorher auf russischer Seite die entsprechenden ‚Gebühren' gezahlt, werden sie bevorzugt in den Kontrollbereich eingelassen.

Strategie durchschaut. Jetzt lag es in seiner Macht zu entscheiden, zu welchem Zeitpunkt er die vier Fahrzeuge vorlassen würde. Beeinflussen konnten die Schmuggler ihn nur durch zusätzliche Zahlungen. Hätten sie sich jedoch entschieden, ‚über den Kanal' zu fahren, so wären dafür ebenfalls zusätzliche Zahlungen zu leisten gewesen. Diese Fahrten ersparen zwar die langen Wartezeiten, doch sind hohe Schmiergeldzahlungen notwendig, die wiederum nur mit einer entsprechend umfangreichen Warenmenge aufgefangen werden können. In diesem Beispiel zeigt sich, dass die Probleme der Korruption nicht allein die Grenzkontrolle bei der Einreise nach Polen betreffen, vielmehr bestehen auf russischer Seite eine Anzahl von Stellen, die bereit sind, mit Schmiergeldern den Schmuggel zu erleichtern. Daher beziehen sich die folgenden Beispiele auf die russische Seite der Grenze und die Praxis der Schmiergeldzahlungen.

Die Fahrt ‚über den Kanal' kostet 50 bis 70 US-Dollar. An einem beliebigen Tag verzeichnet das Feldtagebuch acht wartende Fahrzeuge, die – an den wartenden Wagen vorbei ‚über den Kanal' – innerhalb kurzer Zeit zur Kontrollstelle vorgelassen werden. Da zugleich die Anzahl der abgefertigten Wagen pro Stunde gleich bleibt, verlängert jedes Fahrzeug auf dem ‚Kanal' die Wartezeit der anderen Schmuggler. Eine entscheidende Funktion hat der russische Posten des Grenzschutzes, der abwechselnd aus jeder Fahrzeugschlange vier bis fünf Wagen durch die Schranke lässt. Manchmal sammeln die Fahrer einer Fahrzeugschlange untereinander Geld, das sie dem einweisenden russischen Grenzangestellten geben, damit er mehr als fünf Fahrzeuge durchlässt. Ergreift man im richtigen Zeitpunkt diese Initiative, dann gelingt es durchaus, bis zu sechs Stunden früher zu Hause zu sein. Anstatt nur für eine einzelne Fahrt kann man aber auch mit der Zahlung eines monatlichen Pauschalbetrags von 600 US-Dollar die Fahrzeugschlange einen Monat lang zu umgehen. Im Jargon der Schmuggler wird diese Fahrt als „na zajaw" bezeichnet, was man mit ‚kurz besuchen' übersetzen kann.[80] Um unter diesen Bedingungen einen Gewinn zu erwirtschaften, ist es notwendig, täglich mindestens eine Fahrt zu unternehmen, da allein 50 Prozent des Umsatzes für die Schmiergeldzahlungen zu veranschlagen sind.[81] Wer ‚na zajaw' fährt, macht diese Fahrten nicht einmalig, sondern fährt häufiger als die Mehrheit der polnischen Schmuggler.[82]

---

80 ‚Na zajaw' ist ein Slangausdruck und hat hier die Bedeutung von ‚spontan fahren'. Aber ‚mieć zajawkę' bedeutet ‚verrückt sein', ‚być na zajawce' heißt ‚handeln ohne nachzudenken' und ‚zajawa' kann auch die Bedeutung von ‚Spaß' haben.

81 Das Risiko, trotzdem bei der polnischen Kontrolle entdeckt zu werden, ist in diesen Zahlungen noch nicht berücksichtigt.

82 Ich konnte einen Fahrer, der ‚na zajaw' fuhr beim Einpacken von ungefähr 100 Stangen Zigaretten beobachten, die er ohne Probleme nach Polen einführte.

Neben diesen Abgaben, mit denen Pkw-Schmuggler ihre Wartezeiten verkürzen, werden vom russischen Zoll und der Grenzpolizei weitere regelmäßige Zahlungen verlangt. Legt man die Definition der Antikorruptionsorganisation „Transparency International" zugrunde, dann handelt es sich hierbei um Bestechungsgelder, die gezahlt werden, um die vorteilnehmende Person zu veranlassen, die ihr obliegenden Pflichten zu vernachlässigen.[83] Ein Beispiel ist die Zahlung von 20 US-Dollar, die für den Passierschein beim Verlassen der ‚patelnia', also des ersten Warteplatzes vor der Grenze für Pkw, verlangt wird. Offiziell wird die Bescheinigung kostenlos abgegeben, jedoch nutzt der Posten die Gelegenheit für einen zusätzlichen Verdienst, sobald sich eine Reihe wartender Fahrzeuge gebildet hat.[84] Die polnischen Schmuggler müssen also schon für den Zugang zur Grenze eine entsprechende Gebühr entrichten. Im Anschluss werden während der Grenzkontrolle noch zwei informelle Zahlungen notwendig, die von den Zollangestellten und der Grenzpolizei erhoben werden. Bei der Polizei sind ein US-Dollar pro Schmuggler zu entrichten, während sich der Tarif der Zollangestellten nach der Menge mitgeführter Zigaretten richtet und 0,50 US-Dollar pro Stange Zigaretten beträgt.[85] Üblicherweise verlaufen die Kontrollen nach der Abgabe dieser ‚Gebühren' reibungslos, d.h., die russischen Zöllner begnügen sich mit einem flüchtigen Blick in den Kofferraum, und der Schmuggler überreicht dem Polizisten den Pass mit dem Geld. Kommt es jedoch zu einer Kontrolle, so überprüfen die Zöllner, ob der Schmuggler tatsächlich die korrekte Warenmenge angegeben und die entsprechende Bestechungssumme gezahlt hat. Ist dies nicht der Fall, so wird das Fahrzeug vom russischen Grenzschutz als Pfand sichergestellt, und es kommt zur Anklage an einem offiziellen Kaliningrader Gericht. Erst nach Bezahlung der Strafe wird der Wagen freigegeben, und der Schmuggler kann seine Tätigkeit wieder aufnehmen. Von einem Schmuggler

---

83 „Transparency International has chosen a clear and focused definition of the term: Corruption is operationally defined as the misuse of entrusted power for private gain. Transparency International further differentiates between ‚according to rule' corruption and ‚against the rule' corruption. Facilitation payments, where a bribe is paid to receive preferential treatment for something that the bribe receiver is required to do by law, constitute the former. The latter, on the other hand, is a bribe paid to obtain services the bribe receiver is prohibited from providing." (Transparency 2009)

84 Wenn weniger als zehn Fahrzeuge auf die Abfertigung warten, wird keine Gebühr für die Ausstellung des Passierscheins verlangt. Die Kosten für den Passierschein folgen einer stringenten Logik von Angebot und Nachfrage.

85 Seit 2008 verlangt der russische Zoll die Bezahlung in Euro (ein Euro pro Zigarettenstange).

erfahre ich, dass er dafür belangt wurde, sieben Stangen weniger angegeben zu haben. Man beschlagnahmte sein Fahrzeug, und das Gericht verurteilte ihn nur zur Abgabe der sieben Stangen. Da es sich um illegale Gelder handelt, die hier mithilfe staatlicher Rechtsmittel eingetrieben werden, kann man in diesem Fall von einer Mafiastruktur sprechen.

In der Transformationsphase hat sich in Russland ein nur schwer zu durchschauendes Geflecht von legalen und illegalen Strukturen herausgebildet. „Die schwierige Unterscheidung zwischen poststaatlicher Wirtschaftspolitik und wirklich ‚freiem' Unternehmertum, der ungebrochene Einfluss mafioser Kräfte auf die Schattenwirtschaft, besonders aber der fließende Übergang zwischen Legalem und Illegalem beschwören geradezu das Bild einer alles durchdringenden kriminell-mafiosen Gesamterscheinung herauf."[86] Die Etablierung mafioser Strukturen steht ursächlich im Zusammenhang mit der Schwäche des Staates, den Schutz durch Polizei, Gerichte und andere Organe aufrechtzuerhalten. Während die Mafia Schutz anbietet, zieht sich der Staat aus seinen Aufgaben zurück: „The mafia differs from organized crime in its relation to the state. The mafia and the state are both agencies that deal in protection. While the mafia *directly* impinges on the state's jurisdiction, organized crime does not. Furthermore, the mafia is willing to offer protection both to *legal* (but poorly protected by the state) and *illegal* transactions."[87] Deutlich wird hier die Verbindung der strafrechtlichen Belangung von Schmugglern durch die legalen russischen Justizorgane mit den illegalen Forderungen von ‚Gebühren' durch die Grenzangestellten. Die mafiose Organisation schützt die Einkommensmöglichkeiten der Grenzangestellten, während der Staat ihr Einkommen nicht gewährleistet.

WIDERSPRÜCHLICHE ANFORDERUNGEN – ALS ZÖLLNER AN DER GRENZE

Ende Oktober 2005 nahm ich an einem sonntäglichen Kindergottesdienst in Sępopol teil. In seiner Predigt erzählte der Pfarrer über die Begegnung von Jesus mit den Zöllnern:

„Dann ging Jesus wieder hinaus an den See. Alle kamen zu ihm und er sprach zu ihnen. Als er weiterging, sah er einen Zolleinnehmer an der Zollstelle sitzen: Levi, den Sohn von Alphäus. Jesus sagte zu ihm: ‚Komm, folge mir!' Und Levi stand auf und folgte ihm. [...]

---

86 Bonavita 1999: 32.
87 Varese 2001: 5.

Die Gesetzeslehrer von der Partei der Pharisäer sahen, wie Jesus mit diesen Leuten zusammen aß. Sie fragten seine Jünger: ‚Wie kann er sich mit den Zolleinnehmern und ähnlichem Volk an einen Tisch setzen?' Jesus hörte es und er antwortete ihnen: ‚Nicht die Gesunden brauchen den Arzt, sondern die Kranken. Ich bin nicht gekommen, solche Menschen in Gottes neue Welt einzuladen, bei denen alles in Ordnung ist, sondern solche, die Gott den Rücken gekehrt haben.'"[88]

Der Pfarrer hatte einige Kinder aufgefordert, an den Altar zu treten und Fragen zu stellen. Die Zöllner, so erklärte er den Bibeltext, seien keine guten Menschen, da sie von den Menschen Steuern verlangten und von den Einnahmen immer einen Betrag für sich behielten. Sie bereicherten sich auf Kosten der anderen Menschen, und daher stelle Jesus sie zur Rede.

Die negative Beschreibung der Zöllner in der Bibel gehört zum Alltagswissen der Christenheit. Bei den Griechen war der Zöllner ein Pächter, der das Recht der Zolleinnahme für einen begrenzten Zeitraum vom Staat erworben hatte.[89] Der Zöllner war eigentlich ein Steueraufkäufer, und da er dieses Recht zu einem festen Geldbetrag erworben hatte, bestand sein Interesse darin, möglichst viel Gewinn mit dem Amt zu erwirtschaften.[90] Damit waren Konflikte zwischen den Zöllnern in ihrer Funktion als Steuereintreiber und den Händlern, die von ihnen zu Abgaben gezwungen wurden, vorgezeichnet. Eine griechische Quelle macht dieses Problem auch außerhalb der Bibelüberlieferungen deutlich: „Wir zürnen den Zolleintreibern und sind über sie unwillig, nicht, wenn sie das Sichtbare der eingeführten Waren herausnehmen, sondern wenn sie nach Verborgenem suchen und in fremden Gepäckstücken und Frachtgütern das Unterste zuoberst kehren. Freilich, dies zu tun gestatten ihnen die Gesetze, und sie schaden sich selbst, wenn sie es nicht tun."[91] Obwohl das Ansehen der Zöllner in der historischen Überlieferung nicht ausschließlich negativ ist, beklagen viele Dokumente die unrechtmäßige Erhebung von Zöllen. An dieser Stelle soll weder dem historischen Aspekt noch der Bibelexegese nachgegangen werden, sondern vielmehr auf den aktuellen Bezug während der oben geschilderten Messe hingewiesen werden.[92]

---

88   Gute Nachricht Bibel 2000: 48.
89   Herrenbrück 1990: 37ff.
90   Ebd. 226, 292.
91   Ebd. 80.
92   Herrenbrück stellt fest, dass entgegen der weit verbreiteten Gleichsetzung von Zöllnern und Sündern in der Bibel die Zöllner nicht automatisch negativ geschildert werden (Ebd. 285f.).

Ihren Reiz erfährt die Szene, wenn man die Bedeutung des Schmuggels für die Besucher des Gottesdienstes und deren täglichen Umgang mit den Zöllnern bedenkt. In der Kirche wurde kein Bezug zur aktuellen Situation hergestellt, jedoch gehören die Konflikte zwischen Zöllnern und Schmugglern zur alltäglichen Erfahrungswelt. Auf einen weiteren Aspekt der negativen Darstellung machte mich ein Zöllner aufmerksam. Im katholischen Glauben ist der Apostel Matthäus Schutzpatron der Finanzbeamten, Zöllner und des Grenzschutzes, aber auch der Alkoholiker und Diebe.[93] Die Zöllner sind sich also ihres negativen Images durchaus bewusst, und vor diesem Hintergrund soll hier ihre Darstellung des Schmuggels untersucht werden. Als Basis dienen Interviews und Gespräche, die ich mit zwei Zöllnern außerhalb ihrer Dienstzeit führte. Der Kontakt zu ihnen wurde nicht über offizielle Wege aufgebaut, sondern entwickelte sich im Verlauf der Feldforschung. Für die Interviews trafen wir uns an verschiedenen Orten, und auf ihr Verlangen hin wurden Teile der Interviews nicht aufgezeichnet.

Zöllner, so erfahre ich in den Interviews, werden allgemein so angesehen, als hätten sie eine besonders lukrative Tätigkeit, weil sie einen überdurchschnittlichen Verdienst und zudem die Möglichkeit eines informellen Zusatzeinkommens haben. Hier schließt sich der Kreis mit der biblischen Beschreibung der Zöllner, jedoch stellt sich aus deren heutiger Perspektive die Arbeit deutlich weniger attraktiv dar. Mit einem monatlichen Eingangsgehalt von 1200 Złoty netto verfügt ein Zöllner über ein Einkommen, das im regionalen Vergleich leicht oberhalb des realen Durchschnittsverdienstes liegt. Manch ein Schmuggler wird aber einen höheren Gewinn mit geringerem Zeitaufwand erwirtschaften, und so bleibt die Versuchung, sich bestechen zu lassen, durchaus attraktiv. Meine Interviewpartner berichten von Kollegen, deren Lebensstandard die Unterstellung, sie hätten illegal Gelder angenommen, nahe legt.[94]

Meine Interviewpartner beklagen sich denn auch darüber, dass sie beispielsweise vom eigenen Geld die Batterien für ihre Taschenlampen kaufen müssen. Erweist sich ein Verdacht auf mitgeführtes Schmuggelgut als falsch und bei der Fahrzeugkontrolle werden Teile der Innenverkleidung beschädigt, so müssen sich die verantwortlichen Zöllner an der Begleichung des Schadens beteiligen. Ein Interviewpartner erwähnt das Beispiel eines Lkw, dessen Isolation auf seine Veranlassung hin zerschnitten worden war, und für deren Reparatur er mit 600

---

93 Es sei nur am Rande angemerkt, dass der Vorname des Autors (Mathias) mit der polnischen Version von Matthäus (Mateusz) gleichgesetzt wird.

94 Hier sei aber ausdrücklich darauf hingewiesen, dass die polnischen Zöllner nach unseren Ergebnissen nur in Ausnahmefällen Bestechungsgelder der Schmuggler annehmen. Gleichwohl sind eine Anzahl von Korruptionsfällen aufgedeckt worden, die manchmal zur Entlassung einer kompletten Schicht geführt haben.

Złoty zur Kasse gebeten wurde. Zudem sind sie auch immer wieder Beleidigungen bis zur direkten physischen Bedrohung durch Schmuggler ausgesetzt. Neben der nächtlichen Beschädigung von Privatwagen berichtet ein Zöllner von wiederholten Anrufen, bei denen nur die Sirenen eines Rettungswagens oder Ähnliches zu hören waren. Doch auch der Dienst bei der Fahrzeug- und Personenkontrolle erweist sich bei näherer Betrachtung als anstrengend. In einer zwölfstündigen Schicht kontrollieren in der Regel sechs Zöllner vier Abfertigungsstreifen. Vor allem in den Nächten führen die langen Arbeitszeiten zu Übermüdung, sodass sie nicht mehr gewillt oder in der Lage sind, genaue Kontrollen vorzunehmen.

Welche Vorstellungen aber haben die Zöllner von den Motiven der Schmuggler? Robert Zaremba beantwortet die Frage folgendermaßen:

Robert Zaremba: „Allgemein möchte ich so sagen, wie es im letzten Artikel in der ‚Gazeta Wyborcza'[95] über Braniewo stand. Als die Redakteurin Arbeit suchte, und innerhalb eines Tages fand sie Arbeit, als Lehrer, Koch, als Kosmetikerin, im Laden, als Putzfrau und noch anderes (unverständlich). Aber die Arbeitslosigkeit beträgt 43 Prozent und diese, diese, die kleinen Unternehmer sagen, dass die Leute einfach nicht arbeiten wollen, und zum Teil sage ich, dass es auch eine Gruppe von Leuten gibt, die keine Chance haben, Arbeit zu bekommen, nicht?"[96]

Seine Antwort spiegelt den Zwiespalt recht gut wieder, dass man einerseits eine Gruppe von Schmugglern wahrnimmt, die aus wirtschaftlicher Notlage den Schmuggel als Ausweg sieht, und andererseits diejenigen, die mit dem Schmuggel ein einträgliches Einkommen erwirtschaften. Letztere haben denn auch keine Veranlassung, die informelle Tätigkeit gegen eine legale Arbeitsstelle einzutauschen. Welchen Umfang die beiden Gruppen tatsächlich haben, kann im Rahmen der Forschung nicht beantwortet werden und ist letztlich auch nur schwer zu quantifizieren, da es vermutlich ein breites Übergangsfeld zwischen ihnen gibt. Bedeutender ist das in der Sequenz veranschaulichte Verständnis für einen Teil der Schmuggler, da hierin auch die Bereitschaft zu einem nachsichtigen Umgang mit ihnen zu sehen ist. Gleichzeitig ist man sich als Zöllner aber nicht sicher,

---

95 Überregionale polnische Tageszeitung.

96 Robert Zaremba: „Że generalnie może odpowiem tak, z ‚Gazety Wyborczej', z ostatniego artykułu o Braniewie, gdzie pani redaktor szukała pracy, w ciągu jednego dnia znalazła pracę, jako nauczyciel, kucharz, pewnie manikiurzystka, to tam w sklepie, sprzątaczka i jeszcze coś tam, (unverständlich) a bezrobocie jest 43 % i w odpowiedzi tych, tych, takich drobnych przedsiębiorców, którzy mówią, że ludzie po prostu nie chcą pracować, a po części powiem tak, że jest też taka grupa osób, która nie ma szansy na pracę, nie?"

was für eine Person man bei der Abfertigung gerade vor sich hat, und so entsteht eben auch immer wieder der Eindruck des schnell und leicht verdienten Geldes:

Tomasz Morawski: „Es reicht, eine lächerlich kleine Menge dieser Zigaretten zu holen, dass, dass wie ich sage, weil, wenn das so ist, ich sage mal zehn Złoty für, für eine Stange, dann reichen zwanzig Stangen, und man hat wirklich nicht wenig Geld, weil, wenn die Arbeitslosenunterstützung, ich weiß nicht, kennen sie die Summe? [Ja, ja.] Das sind 400 oder 500 Złoty, abhängig vom Alter beträgt, ich sage, da braucht man zwei oder drei Fahrten und sie haben die Unterstützung, nicht, mit vier Fahrten haben sie das Mindesteinkommen."[97]

Einer meiner Interviewpartner vom Zoll berichtete, dass er an seinem ehemaligen Arbeitsplatz von Leuten gefragt worden war, warum er nicht auch mit dem Schmuggel anfangen würde. Seine Arbeit brachte ihm einen Verdienst von 800 Złoty netto ein, während manche Schmuggler in kürzerer Zeit den doppelten Betrag erwirtschaften. Als Zöllner hat er sein Einkommen zwar ebenfalls verbessert, jedoch bleibt die Ungewissheit, welchen Gewinn diejenigen machen, denen er tagtäglich an der Grenze gegenübertritt. Emotional entsteht daraus eine schwierige Situation, denn der einem illegalen Erwerb nachgehende Schmuggler erscheint als die wirtschaftlich erfolgreichere Person.

Verstärkt wird das Problem durch den sich stetig wiederholenden Ablauf an der Grenze, bei dem täglich oder an bestimmten Wochentagen dieselben Personen erscheinen.[98] Von den Zöllnern wird dieser gleichförmige Ablauf als Stress empfunden:

Frage: „Ist es Stress bei der Abfertigung?"
Robert Zaremba: „Am Anfang, da, da ist Adrenalin. Im gewissen Sinn haben alle das Syndrom ‚die Mütze aufzuhaben', man erhält eine Uniform und fühlt sich wichtig. Und das, das ist so eine, eine Betäubung. Du gehst dorthin und bist allgemein eine wichtige Person, triffst Entscheidungen, du fühlst, dass du etwas, etwas Großes dort zu erledigen

---

97 Tomasz Morawski: „To wystarczy przewieźć tak śmieszne ilości tych papierosów, że, że mówię, bo jeżeli to jest, mówię, 10 złotych na, na takiej sztandze, to wystarczy 20 sztang i naprawdę to są niezłe pieniądze, bo jeżeli zasiłek dla bezrobotnych, to nie wiem, zna pan kwotę? [Tak, tak.] To jest 400 czy tam 500 złotych w zależności od stażu, to mówię, to są 2 czy 3 kursy i oni mają ten zasiłek, nie, przy 4 kursach mają minimalną pensję."

98 Den Grenzübergang Gołdap-Gusev überqueren Schmuggler mit Fahrrädern sogar mehrmals innerhalb eines Tages. Das ist an anderen Grenzübergängen aufgrund des zeitlichen Aufwandes für eine Fahrt nicht möglich.

hast. Und das ist die erste Zeit, wenn du alle richtig attackierst und engagiert bist. Du suchst alles. Anschließend vergeht das. Das vergeht anschließend, weil du weißt, dass das ein Kampf mit Windmühlenflügeln ist. Bei manchem vergeht das schneller und bei manchem vergeht das langsamer. Ich dagegen denke, dass man einen goldenen Mittelweg finden muss. Aber es ist schwierig, ihn zu finden, wirklich schwer. Und manche haben ihn bis heute nicht gefunden, und das, das ist, nach meiner Ansicht ist das schrecklich. Ich weiß nicht, ich will hier kein Philosoph sein oder, oder was anderes, ein Phantast, der sagt, dass der Zöllner ein netter Mensch sein soll, der, wenn eine Großmutter kommt, ihr erlaubt, alles mitzuführen. Aber man muss wissen, wann man aufhören soll, nicht, wie viel man erlauben kann, nicht, und vor allem muss man wissen, dass das Menschen sind. Nun, solange man sich daran erinnert, nun dann ist mehr oder weniger alles in Ordnung. In dem Moment, in dem man das vergisst, und man sieht nur noch die Mütze und den Schraubenzieher, nun da, nun, das ist schlecht. Dann sollte man sich davon ausruhen."[99]

Taucht ein unbekannter junger Zöllner bei der Abfertigung auf, so wissen auch die Schmuggler, dass er die Kontrolle meist besonders gründlich durchführt und bemüht ist, sich nicht in ein Gespräch verwickeln zu lassen. Als wir auf der Rückfahrt von Kaliningrad von einem jungen und unerfahrenen Zöllner kontrolliert werden, kommentiert der Schmuggler Marian Wojakowski sein Verhalten: „Das wird nicht lange dauern, dann wird auch er ruhiger werden." Im Hintergrund steht dabei sicherlich auch die Drohung, dass man, sollte er sich nicht an-

---

99   Frage: „Czy to jest stres na pasie?"
    Robert Zaremba: „Na początku to, to jest adrenalina. Każdy ma w pewnym sensie syndrom czapki, także dostaje mundur i czuje się ważny. I to, to jest taki, taka narkoza. Idziesz tam no i generalnie jesteś kimś ważnym, podejmujesz decyzje, czujesz, że masz coś, cos dużego do zrobienia tam. I wtedy jest to taki pierwszy okres kiedy atakujesz wszystkich po prostu prawie, że od krwi. Będziesz szukał wszystkiego. Potem to przechodzi. Potem to przechodzi bo widzisz, że to jest walka z wiatrakami. I niektórym to przechodzi szybciej a niektórym to przechodzi wolniej. Natomiast ja myślę, że trzeba znaleźć jakiś złoty środek. Ale ciężko jest go znaleźć, naprawdę ciężko. I niektórzy nie znajdują go do dzisiaj a to, to według mnie to jest straszne. Bo nie wiem ja tutaj nie chcę być jakimś nie wiem filozofem czy, czy kimś innym, dziwakiem, który mówi, że tam celnik powinien być miłym panem, który jeżeli idzie babcia, staruszka to pozwala jej przewieźć wszystko. Natomiast no trzeba wiedzieć kiedy wystopować nie, na ile można sobie pozwolić nie i przed wszystkim trzeba wiedzieć, że to są ludzie. No i dopóki się o tym pamięta nie no to jest mniej więcej wszystko w porządku. W momencie kiedy traci się to a widzi się tylko tamtą, tą czapkę i ten śrubokręt no to, no to jest źle. I wtedy trzeba odpocząć od tego."

passen, auch zu rabiaten Mitteln greifen könnte. Der Zöllner müsste dann neben dem zunehmenden Stress am Arbeitsplatz auch mit Konfrontationen in seiner Freizeit rechnen. Vermutlich könnte der Zöllner nicht einmal auf das Verständnis seiner Kollegen zählen. Für alle Beteiligten ist es in der Situation sinnvoll, einen Kompromiss zu finden, wie er in dem obigen Zitat erwähnt wird. Der Zöllner ist nicht derjenige, der jede Person unkontrolliert einreisen lässt, doch er ist auch nicht der verständnislose Vollstreckungsbeamte staatlicher Ziele. Seine ‚Kunst' besteht darin, einen goldenen Mittelweg zwischen beiden Seiten zu finden. Damit hat er die Möglichkeit, den Stress in seinem Arbeitsalltag zu reduzieren und eine zentrale Rolle im sozialen Ablauf der Grenzkontrolle zu übernehmen, die den Erfolg der Schmuggler sicherstellt. Beide Aspekte bedingen sich wechselseitig, denn indem er Verständnis aufbringt, reduziert sich auch sein Stress.

Auf die Frage, welche Gefühle er mit seiner Arbeit verbindet, berichtet der Zöllner Robert Zaremba von den Problemen im Umgang mit Anfeindungen:

Robert Zaremba: „Du machst das nicht [die Arbeit, M.W.], damit, damit du dabei zusätzliche Depressionen fühlst. Das Wort Aggression kann man nicht erfahren, oder, ich weiß nicht, man will anonym bleiben, immer Anonymität bewahren, nicht? Du weißt, generell weißt du, dass du dazu keine Chance hast. Nun, ich sage mal, die Stadt ist so klein, alle, alle kennen sich, weil sie noch nicht jenes Niveau erreicht hat. Wenn wir fünfzigtausend oder sechzigtausend hätten, nicht, dann kommt der Moment, dass du anonym bist. Hier dagegen, wenn dich Krysia nicht kennt, dann kennt dich ihre Freundin Henia, und sie erzählt es dann. Außerdem haben die Leute hier nichts zu tun, sie haben kein Kino, sie haben keine anderen komischen Dinge. Zu Hause gibt es eine TV-Serie, der Mann hat sein Bier, oder die Frau, die Frau hat Langeweile, sie rührt die Suppe und beschäftigt sich mit nichts weiter. Sie erzählen sich, was so geschieht."[100]

---

100 Robert Zaremba: „Nie robisz tego, żeby, żeby nie czuć jakiś tam dodatkowych depresji. Słów agresji nie doświadczać, czy, nie wiem, chcesz być anonimowy, jeszcze ciągle zachować anonimowość, nie? Wiesz, wiesz generalnie, że nie masz na to szans. No, nie, bo miasto jest na tyle tak powiem małe, wszyscy wszystkich znają, bo jeszcze nie osiągnęliśmy tego poziomu. Gdybyśmy byli nas tam 50 tysięcy, 60 tysięcy nie pojawia się taki, taki moment, że jesteś anonimowy. Natomiast tutaj to jak cię nie zna pani Krysia to zna cię pani Henia, która jest koleżanką pani Wiesi i jej powie. Poza tym generalnie ci ludzie nie mają co tutaj robić, oni nie mają kina, nie mają jakiś innych dziwnych rzeczy. Oni mają telenowele w domu, męża z piwem albo, albo żonę, żonę w wałkach, która tam kręci jakąś zupę i tam niczym się nie zajmuje. Oni po prostu sobie opowiadają to co się dzieje."

Für Robert Zaremba besteht das Problem im Verlust der Anonymität gegenüber den Schmugglern. Er wohnt in der Nähe des Grenzübergangs in einer Kleinstadt, die über zehntausend Einwohner hat, in der sich aber doch viele Leute wiedererkennen. Daher wird er auch außerhalb seines Arbeitsplatzes Personen begegnen, die er an der Grenze kontrolliert hat. An einer anderen Stelle des Interviews erwähnt er, dass der Grenzübergang bis auf Ausnahmen, deren Umfang er auf weniger als fünf Prozent schätzt, nur dem Schmuggel dient. Auch die Personen, die er kontrolliert hat und denen er anderenorts begegnet, werden demnach Schmuggelgut transportiert haben. Jedes Zusammentreffen wird ihn daran erinnern, entweder nicht alle Waren gefunden zu haben, und damit seine Aufgabe als Zöllner nicht erfüllt zu haben, oder vielleicht doch so viel beschlagnahmt zu haben, dass er aggressive Reaktionen befürchten muss. Entscheidend ist dabei nicht die persönliche Bekanntschaft, denn auch wenn man sich nicht persönlich kennt, so spricht sich doch herum, wer beim Zoll angestellt ist. Während die Anonymität einer Großstadt ihm Schutz vor Nachstellungen bieten würde, ist er hier der Beobachtung durch die Schmuggler und andere Einwohner ausgesetzt.

Betrachtet man die Situation genau, so zeigt sich, dass an die Zöllner unterschiedliche Anforderungen von außen herangetragen werden, die von ihnen nicht zu kontrollieren sind. Der Zöllner erlebt dies als Verlust der Steuerungskompetenz in einer sozialen Situation. Die fehlende Anonymität und die widersprüchlichen Erwartungen, denen die Zöllner ausgesetzt sind, erzeugen Stress. Stress kann definiert werden, „als die negativen Gefühle und Überzeugungen, die immer dann auftreten, wenn Menschen sich nicht in der Lage fühlen, die Anforderungen ihrer Umwelt zu bewältigen"[101]. Eine Möglichkeit, die Kontrolle wiederzuerlangen, besteht für den Zöllner darin, einen Ausgleich zwischen den sich widersprechenden Anforderungen herzustellen. Damit ist es ihm nicht nur möglich, aggressiven Reaktionen der Schmuggler vorzubeugen, sondern er handelt in dem Bewusstsein einer internalen Kontrollüberzeugung[102]. Deshalb besteht der einzige Ausweg aus diesem Dilemma in einer nachsichtigen Kontrolle, wie sie von der Mehrheit der Zöllner durchgeführt wird.

Im folgenden Kapitel wird der Versuch unternommen, die Schmuggler jenseits ihrer individuellen Besonderheiten als soziologische Gruppen zu beschreiben.

---

101 Lazarus/Folkmann 1984, zitiert nach Aronson et al. 2008: 494.
102 Internale vs. externale Kontrollüberzeugung: „Dieser Begriff bezeichnet unsere Tendenz, entweder anzunehmen, dass etwas geschieht, weil wir es kontrollieren beziehungsweise steuern, oder aber davon auszugehen, dass es außerhalb unserer Kontrolle liegt, ob etwas gut oder schlecht läuft." (Aronson et al. 2008: 495.)

Typologien des Schmuggels

In der Soziologie ist es eine eingespielte Technik, durch Typenbildung die Einzelfälle in einen strukturellen Zusammenhang zu stellen.[1] Der Typus stellt zwar immer eine Abstraktion vom Einzelfall dar, soll aber gleichwohl eine Gruppe von individuellen Fällen in ihrem Wesen repräsentieren.[2] In welcher Form dies letztlich geschieht, kann unterschiedlich sein. Am weitesten entfernt sich die Typenbildung vom Einzelfall, wenn ein Idealtypus konstruiert wird. Wie schon der Begriff nahe legt, handelt es sich dabei um ein theoretisches Hilfsmittel, das sich von den empirischen Ereignissen löst. Fischer-Rosenthal sieht denn auch einen Widerspruch zwischen der Bildung von Idealtypen und dem Verstehen eines Zusammenhangs aus der hermeneutischen Interpretation: „‚Verstehen' erfordert eine nachvollziehende, rekonstruktive Arbeitsweise, ist Hermeneutik. Die Idealtypenbildung konstruiert vorab einen Begriffsrahmen, dem die Wirklichkeit zuzuordnen ist; dies ist die Grundoperation des Messens."[3]

Gleichwohl hier eine fundamentale Kritik vorgebracht wurde, hat sich die Zusammenfassung von Einzelfällen zu Typen in der qualitativen Sozialforschung zu einer verbreiteten Technik entwickelt. Jedoch handelt es sich dabei weniger um die Bildung von Idealtypen als generell um Typen, deren Abstraktionsgrad unterschiedlich sein kann. In welcher Form und aufgrund welcher Kriterien Kategorien gebildet werden, ist letztlich abhängig von dem Erkenntnisinteresse.[4] Eine Strukturierung der Einzelfälle kann aufgrund formaler und inhaltlicher Kriterien geschehen, oder man orientiert sich entlang hervorgehobe-

---

1   Gerhard 1991: 438; Flick 2009: 523f.
2   Lueger 2000: 57.
3   Fischer-Rosenthal 1991: 81.
4   Gerhard 1986: 71.

ner Merkmale bzw. teilt die Fälle in eine Skalierung ein.[5] Dementsprechend wird die Typenbildung auch weniger als festgelegte Methode denn als Sammelbegriff für verschiedene Verfahren beschrieben, deren konkreter Ablauf sich an den jeweiligen Methoden der einzelnen Forschungen orientiert.[6] Diese reichen von hermeneutischen Verfahren der Inhaltsanalyse bis zu einem eher mechanistischen Vorgehen, bei dem in Form einer Kreuztabelle die Fälle aufgrund von Vergleichsdimensionen in Kategorien eingeteilt werden.[7]

Ziel einer Typenbildung ist es, die Regelmäßigkeiten von sozialen Handlungen zu beschreiben, denen ein gemeinsamer Sinn zugrunde liegt.[8] Ausgehend vom Einzelfall findet in der Typenbildung eine Verallgemeinerung von Erkenntnissen auf gesellschaftliche Zusammenhänge statt.[9] Der Typus stellt eine Beziehung zwischen dem Einzelfall und der Struktur her und macht so die Differenzen der kulturellen Erscheinungen deutlich:[10] „Fallübergreifend müssen also gesellschaftliche Strukturen ermittelt werden, die in den Entwicklungsprozessen der analysierten Fälle ‚drinstecken'."[11] Aus den verschiedenen Anleitungen zur Typenbildung seien an dieser Stelle als Beispiel die Ausführungen von Uta Gerhard und Ulrich Flick skizziert. Gerhard beschreibt folgende fünf Schritte:[12]

- Rekonstruktion des Einzelfalls
- Kontrastierung der Einzelfälle
- Ermittlung eines Idealfalls
- Analyse des Einzelfalls im Vergleich mit dem Idealfall
- Herleitung des Einzelfalls aus den Strukturen

Eine leichte Abwandlung an dem Modell nimmt Gerhard bei der Entwicklung des „Stufenmodells empirisch begründeter Typenbildung"[13] vor. Zunächst werden Vergleichsdimensionen entwickelt, nach denen anschließend die Fälle gruppiert werden, um sie in der dritten Stufe auf inhaltliche Sinnzusammenhänge hin zu interpretieren. Dabei handelt es sich um ein zirkuläres Verfahren, da es an dieser Stelle eventuell wieder neu aufgenommen wird, wenn man entweder neue

---

5   Flick 2009: 415.
6   Seipel/Rieker 2003: 195.
7   Kelle/Kluge 1999: 88ff.
8   Weber 1976: 14.
9   Flick 2009: 524.
10 Gerhard 1986: 50f.
11 Gerhard 1991: 438.
12 Ebd.
13 Gerhard 1999: 261.

Vergleichsdimensionen entdeckt oder die vorhandenen relativiert. Erst wenn dieser Prozess abgeschlossen ist, erfolgt die Charakterisierung der Typen. Flick beschreibt die Typenbildung als vierstufiges Verfahren:[14]

- Fallrekonstruktion
- Kontrastierung der Fälle
- Interpretation struktureller Zusammenhänge zwischen den Fällen
- Vergleich der Fälle entsprechend minimaler und maximaler Differenzen

Sehen wir von den einzelnen Besonderheiten einmal ab, so treffen sich die verschiedenen Techniken darin, dass erstens für mehrere Fälle übereinstimmende Kriterien gesucht werden, die idealerweise aus den Fällen entwickelt werden. Zweitens werden die Einzelfälle entsprechend dieser Kriterien gruppiert, wobei die Einzelfälle sowohl entsprechend ihrer Überschneidungen als auch Differenzen verglichen werden. Abschließend wäre es dann notwendig, den Zusammenhang innerhalb der einzelnen Gruppen und deren Bezug zu gesellschaftlichen Strukturen zu klären.

Wie die nachfolgenden Beispiele zeigen, müssen Typisierungen nicht besonders ausdifferenziert sein, sondern teilen das Forschungsfeld in einfache Kategorien ein. So unterscheidet die Theorie der ‚alltäglichen Lebensführung' eine traditionelle und eine methodische Lebensweise.[15] Als traditionell wird eine Orientierung an überlieferten Normen beschrieben, die auch in der Gegenwart handlungsleitend sind. Die ‚methodische Lebensführung' hingegen unterliegt einer rationalen Planung. Als dritten Typus beschreiben Jurczyk und Rerrich eine postmoderne Form der alltäglichen Lebensführung, die „weniger von Zweckrationalität bestimmt [ist] als von Offenheit und Kontingenz"[16].

Max Weber unterscheidet in einer Analyse zur Arbeitsleistung drei Typen. Der erste Typus wird aufgrund der technischen Beschaffenheit der Arbeit und der Arbeitsmittel gekennzeichnet. Der zweite Typus differenziert sich nach der sozialen Organisation der Arbeit, hingegen dem dritten Typus die Unterscheidung zwischen Subsistenz- und Marktstrategie zugrunde liegt.[17]

Vor dem Hintergrund der von Weber entwickelten Typen wird auch die Einteilung von Schmugglern, wie sie bei Girtler zu finden ist, verständlich. Girtler unterscheidet drei Typen von Schmugglern: der Alltagsschmuggler, der soziale

---

14 Flick 2009: 523f.
15 Jurczyk/Rerrich 1993: 39ff.
16 Ebd. 41.
17 Weber 1976: 62f.

Rebell und der gewerbsmäßige Schmuggler.[18] Der Alltagsschmuggler ist eher unsicher, da ihm die professionelle Routine fehlt. Der gewerbsmäßige Schmuggler hingegen organisiert sein Geschäft strategisch wie ein Unternehmen.[19] Der soziale Rebell wiederum rechtfertigt den Schmuggel als Notwehr gegen die Ungerechtigkeiten des Staates.[20] Daneben differenziert Girtler anhand der technischen Durchführung drei Schmuggeltypen.[21]

Es ist hier nicht beabsichtigt, die angeführten Beispiele im Detail darzustellen und einer kritischen Interpretation zu unterziehen. Vielmehr sollen sie den Prozess der Typenbildung illustrieren, vor dessen Hintergrund die nachfolgende Kategorisierung der Schmuggler erfolgt. Die hier vorgenommene Typisierung beruht auf dem interpretierenden Fallverstehen der objektiven sozialen Zusammenhänge auf der Grundlage eines Vergleichs einzelner Fälle. Die Basis dieser Interpretation bilden die Interviews sowie die Ergebnisse der teilnehmenden Beobachtung. Der analytische Fokus liegt dabei auf der unterschiedlichen sozioökonomischen Organisation der Schmuggler. Eng verbunden mit der sozioökonomischen Organisation ist die Technik des Schmuggels, die an der Benutzung unterschiedlicher Transportmöglichkeiten gebunden ist. Welche Nutzungsmöglichkeiten einem Schmuggler offenstehen, und welche Gründe ihn veranlassen, dem Schmuggel nachzugehen, ist dagegen von individuellen Faktoren abhängig und differenziert sich noch einmal innerhalb der einzelnen Typen. Fünf unterschiedliche Organisationsformen des Schmuggels bilden die Grundlage, auf der sich fünf Typen von Schmugglern unterscheiden lassen:

1. Die Selbstständigen

Als Selbstständige werden hier diejenigen bezeichnet, die mit dem eigenen Pkw allein oder mit dem Ehepartner nach Kaliningrad fahren. Sie entscheiden selbstständig über die Häufigkeit ihrer Fahrten und die Warenmengen. Da sie in eigener Verantwortlichkeit handeln, müssen sie auch die informellen und formalen Formalitäten selbstständig erledigen.

---

18   Girtler 1992: 172ff.
19   Ebd. 189f., 263.
20   Ebd. 193.
21   Ebd. 176ff. Girtler unterscheidet offenen, versteckten und heimlichen Schmuggel, letzterer beschreibt den Warentransport über die ‚grüne Grenze'. Im vorliegenden Fall erfassen diese Kategorien nicht den Ablauf an der Grenze, da der Schmuggel zugleich versteckt und offen abläuft, eben als offenes Geheimnis.

2. Die Freiberufler

Sie fahren im Linienbus oder einem anderen Verkehrsmittel, das nach einem offiziellen Fahrplan verkehrt. Die Fahrkarten werden legal verkauft und jeder kann in dem Bus mitfahren. Jeder Mitfahrer ist auf sich allein gestellt und entscheidet eigenständig, an welchen Tagen er fährt und wie viele Waren er mitnimmt. Obwohl es häufig über Jahre immer die gleichen Personen sind, die die Verkehrsverbindung nutzen, bestehen zwischen ihnen keine Verpflichtungen.

3. Das Kollektiv

Einige Schmuggler chartern einen alten Reisebus – bzw. bekommen ihn für den Schmuggel vom Eigentümer zur Verfügung gestellt – und fahren dann gemeinsam als ‚Arbeitskollektiv'. Es handelt sich dabei um geschlossene Gruppen. Nur durch Empfehlung erhält man Zugang zu ihnen, und nur wenn ein Platz frei wird, kann eine neue Person einsteigen. Die Fahrten sind für die Gruppenmitglieder verpflichtend, und die geschmuggelten Warenmengen umfangreich.

4. Die Unternehmer

Die Unternehmer gibt es in zwei Formen: Eine Gruppe besitzt mehrere Pkw, die mit jeweils einem Fahrer besetzt sind und gemeinsam nach Kaliningrad fahren. Die zweite Gruppe sind Besitzer von Kleinbussen, die jeweils mit sieben Mitfahrern täglich über die Grenze fahren. Um den Schmuggel als Unternehmer zu betreiben, benötigt man ein umfangreiches Startkapital für die Anschaffung von einem oder mehreren Wagen. Darüber hinaus erfordert diese Organisationsform soziale und organisatorische Kompetenzen.

5. Die Tagelöhner

Im Tagelöhnerverhältnis arbeiten Schmuggler in den Kleinbussen auf Rechnung des Wagenbesitzers. Ihre Verdienstmöglichkeiten sind zwar im Vergleich mit den anderen Organisationsformen eingeschränkt, doch haben sie den Vorteil, ohne eigenes Kapital in den Schmuggel einsteigen zu können. Außerdem müssen sie die Schmuggelformalitäten nicht selbstständig organisieren, da dies von den Unternehmern erledigt wird.

Das entscheidende Differenzierungsmerkmal der fünf Typen ist die soziale Organisation ihrer Schmuggeltechnik. Äußerlich unterscheiden sich die verschiedenen Typen in erster Linie durch die von ihnen genutzten Fahrzeuge. Jeder Typus nutzt eine spezielle Fahrzeugart in einer jeweils besonderen Weise. Zwar nutzen sowohl die ‚Freiberufler' wie die ‚Kollektive' Reisebusse, jedoch handelt es sich bei den einen um offizielle Linienbusse und bei den anderen um private

‚Touristengruppen'. Jede Form der Fahrzeugnutzung bedingt nicht nur eine besondere soziale Organisationsform, sondern hängt auch von den finanziellen und sozialen Ressourcen der Individuen ab. Der Zugang zu den einzelnen Typen ist an die Verfügungsgewalt über diese Ressourcen gebunden und hängt vom Einzelfall ab. Gleichzeitig eröffnet jede Schmuggelform jeweils unterschiedliche Gewinnchancen. Allerdings bedeutet dies nicht, dass es in allen Fällen den Individuen gelingt, die möglichen Profite eines Typus zu realisieren. Im Einzelfall kann also die finanzielle Situation der Individuen eines Typus sich deutlich unterscheiden. Da jedoch die soziale Organisationsform das entscheidende Kriterium der Typisierung ist, bleibt der Typus davon unberührt.

DIE SELBSTSTÄNDIGEN – „FRÜHER WAR ES GUT, UND HEUTE IST ES FÜR MICH NOCH BESSER!"

Als es mir auch nach einigen Wochen des Feldaufenthaltes nicht gelungen war, nähere Kontakte zu Schmugglern aufzubauen, bat ich eine mir mittlerweile vertraute Einwohnerin um Unterstützung. Sie war sofort engagiert und stellte mich einem Verwandten namens Edmund vor, der sich ebenfalls bereit erklärte, mir behilflich zu sein. Ehemals angestellt beim örtlichen PGR umgab ihn der Ruf eines umgänglichen Vorgesetzten, mit dem man ‚Pferde stehlen könne'. Nach einigen Tagen machte er mich mit Marian Wojakowski bekannt. Marian hatte offensichtlich kein Problem mit meinem Wunsch, ihn bei der Schmuggelfahrt zu begleiten. Vielmehr versuchte er, Edmund mit der Argumentation, es würde sicherlich eine unterhaltsame Fahrt werden, auch zur Teilnahme zu überreden. Da Edmund sich jedoch nicht überzeugen ließ, bestellte mich Marian für den folgenden Tag um 9 Uhr zu sich. Vorher instruierte er mich noch, die entsprechenden Vorbereitungen zu treffen: Verpflegung für zwei Tage mitzunehmen; bequeme Kleidung anzuziehen, mit der man stundenlang im Wagen sitzen könne; einen Schlafsack oder eine Wolldecke einzupacken und auch an einen warmen Pullover für die im März noch empfindlich kalten Nächte zu denken. In den folgenden Monaten unternahmen wir noch mehrere Fahrten und mehrmals besuchte ich Marian zu Hause.

Marian Wojakowski wohnt gemeinsam mit seiner Frau und einem Kind in einer Eigentumswohnung, die seiner Frau als Dienstwohnung zur Verfügung gestanden hatte, bis sie ihnen vor wenigen Jahren zum Kauf angeboten wurde. In den letzten Jahren haben sie die Wohnung modernisiert und umgebaut. Einbauküche, ein modernes TV-Gerät und die Möblierung zeugen im lokalen Vergleich von einem relativen Wohlstand. Während einer der Fahrten führten wir das

Interview, dessen Auswertung die Basis der folgenden Interpretation bildet. Die 36-stündige Wartezeit an der Grenze bot ausreichend Gelegenheit für ein Interview, auch wenn wir häufiger durch Ereignisse in unserer Umgebung unterbrochen wurden: Bekannte wurden begrüßt, man tauschte Neuigkeiten aus, die Fahrzeugkolonne bewegte sich einige Meter voran und erforderte alle Aufmerksamkeit, oder unser Gespräch geriet ins Stocken und wir dösten eine Weile im Halbschlaf. Aufgrund der äußeren Gegebenheiten handelte es sich um eine außergewöhnliche Interviewsituation, die durch die Einbettung in den Alltag des Schmuggels gekennzeichnet war. Unter diesen Rahmenbedingungen erscheint das Interview streckenweise wie ein Alltagsgespräch und erinnert an die von Girtler beschriebene Form eso-epischer Interviews[22]. In der Transkription sind die Unterbrechungen, in denen das Tonbandgerät ausgeschaltet wurde, als Pause markiert.

Die Rekonstruktion biographischer Daten

Marian Wojakowski wurde vor 53 Jahren in Sępopol geboren. Hier ging er auch zur Schule und verbrachte die meiste Zeit seines Lebens. Nach Abschluss der achtklassigen Grundschule besuchte er eine weiterführende Schule mit landwirtschaftlicher Spezialisierung. Den Hintergrund für diese Wahl bildete der bäuerliche Betrieb der Eltern. Obwohl Marian wenig Neigung verspürte, im Agrarbereich zu arbeiten, stellte die landwirtschaftliche Ausbildung die Voraussetzung dar, eventuell den Betrieb erben zu können. Der ‚stumme Zwang der Verhältnisse' ließ eine berufliche Laufbahn in der Landwirtschaft schon allein deshalb selbstverständlich erscheinen, weil es sich um einen Betrieb von herausragender Größe handelte, der ohne die als Selbstverständlichkeit angesehene Mitarbeit der Familie nicht erfolgreich zu bewirtschaften war. Innerhalb mehrerer Jahre hatten Marians Eltern die Landwirtschaft von zunächst 8 ha auf 15 ha und schließlich auf 30 ha vergrößert. Mit 300 Mastschweinen sowie vier Traktoren und zwei Mähdreschern, die auch für Lohnarbeiten bei anderen Landwirten eingesetzt wurden, verfügte der Hof über eine überdurchschnittliche Wirtschaftskraft. Nachdem die Landwirtschaft Ende der 1980er Jahre von Marians Bruder übernommen worden war, ging der Betrieb jedoch in Konkurs. Ausschlaggebend waren die veränderten Wirtschaftsbedingungen und Kredite mit inflationären Zinssätzen, die zum Ruin führten.[23] Durch den Verkauf der Tiere und der

---

22   Girtler 2001: 147ff.
23   Als Auswirkung der extrem hohen Inflation Ende der 1980er Jahre erfolgte 1990 eine Anpassung der Zinszahlungen von Krediten an die Inflationsrate. Verschuldete landwirtschaftliche Betriebe waren in der Regel nicht mehr in der Lage, die Zinsen

Maschinen sowie die Verpachtung der Felder gelang es, das Wohnhaus zu behalten. Marian beobachtete diese Entwicklungen nur noch aus der Ferne, da er seinen Militärdienst leistete, anschließend die Mittelschule besuchte und den schon beim Militär erworbenen Pkw-Führerschein um die Fahrerlaubnis für Lkw erweiterte. Zehn Jahre arbeitete Marian Wojakowski landesweit im Fernverkehr. Nach seiner Heirat und der Geburt von zwei Söhnen erreichte er eine wirtschaftliche Verbesserung durch einen Berufswechsel. Mit einer Qualifizierung im Bereich Gastronomie begann er im Restaurant seiner Heimatstadt als Kellner zu arbeiten. Dass es sich gegenüber seiner früheren Tätigkeit als Fernfahrer um eine wirtschaftliche Verbesserung handelte, mag zunächst Erstaunen hervorrufen, jedoch wurde der niedrigere Grundverdienst durch großzügige Trinkgelder mehr als ausgeglichen.

Marian arbeitete die folgenden zehn Jahre als Kellner bis mit zunehmender wirtschaftlicher Krise Ende der 1980er Jahre das Restaurant nicht mehr weitergeführt werden konnte, und er zu einem Restaurant in der Kreisstadt wechselte. Die Zeit des Zusammenbruchs des gesellschaftlichen Systems fällt für ihn mit dem Scheitern seiner ersten Ehe zusammen. Seine persönliche Situation erscheint in diesem Zeitraum wie ein Spiegel der gesellschaftlichen Krise. Mit der Scheidung war sein Lebensstandard grundlegend gefährdet. Ohne Wohnung und mit Unterhaltszahlungen belastet, begann er einen Neuanfang. Nach kurzer Zeit heiratete Marian erneut und bekam mit seiner zweiten Frau ein Kind. Zunächst arbeitete er noch im Restaurant, als jedoch die Verdienstmöglichkeiten schlechter wurden, entschloss er sich, zusätzlich ein Taxi zu betreiben. Doch schon nach einem halben Jahr gab er beide Tätigkeiten auf, um sich auf den Schmuggel zu konzentrieren. Ungefähr seit 1993 ist er arbeitslos gemeldet, und der Schmuggel wurde seitdem zu seinem hauptsächlichen Erwerbszweig.

Im Rückblick hat sich seine Lebenssituation in den letzten 15 Jahren deutlich verbessert. Seine Frau hat einen festen Arbeitsplatz, er selber geht regelmäßig dem Schmuggel nach, während das gemeinsame Kind noch die allgemeinbildende Schule besucht. Eine Eigentumswohnung, zwei Autos und die Aussicht auf das Erbe einer Haushälfte zeugen von einem gefestigten Lebensstandard deutlich

---

zu bedienen, sodass „in vielen Fällen eine Art Bauernlegen von Seiten der Banken einsetzte" (Bachmann 2006:16). Umgekehrt hatte man mit Beginn der Inflation die Kreditzinsen zunächst nur verzögert den Inflationsraten angepasst. Dies führte zu der Situation, dass in manchen Fällen der Geldertrag aus einer zweitägigen Lohnmaat zur Bezahlung eines Mähdreschers genügte (Wagner 2001: 49ff.). Als Konsequenz spaltete sich die ländliche Gesellschaft auf in Gewinner und Verlierer; die Kriterien hierfür glichen denen eines Glücksspiels.

oberhalb des lokalen Durchschnitts. Zusätzlich zum Schmuggel arbeitet er seit Kurzem wieder für einen befreundeten Hotel- und Restaurantbesitzer bei besonderen Feierlichkeiten als Kellner. Bisher unerwähnt blieb seine Nebentätigkeit als Imker. Seit 30 Jahren betreibt er eine Imkerei, die zu Zeiten der Volksrepublik ein wichtiges Zusatzeinkommen abwarf. Mittlerweile sind die Gewinnspannen zwar geringer geworden, woraufhin er den Umfang der Imkerei reduziert hat, sie jedoch nicht komplett aufgegeben.

Die Selbstpräsentation in der erzählten Biographie

Marian Wojakowski: „Mein Kollege sagt immer, dass man sparsam sein soll und niemals habgierig, (Lachen) dass man sparsam sein soll, aber nicht habgierig. Er redete immer so. Manche Kollegen wurden erwischt wegen irgendwelcher Sachen und bei irgendeinem kleinen Handel, wegen irgendwelcher kleinen, geringfügigen Gelder. Den Gierhals erkennst du sofort, wie meine Großmutter sagte. Bis 30 nicht verheiratet, bis 40 nicht reich und mit 50 ist man dumm (Lachen). Na, wo ich jetzt 53 bin, da werde ich nicht mehr reicher werden als ich schon bin."
Frage: „Aber das reicht? Geht es dir gut?"
Marian Wojakowski: „Mir geht es gut, und ich brauche nichts, keine Häuser, Paläste, weil man alles unterhalten muss, alles muss man unterhalten. Woher nimmt man später das Geld? Aber für unser Kind, für die Wohnung lege ich was zurück. Da muss man ein wenig beisteuern. Wenn sie studiert, muss man auch ein paar Złoty haben. (7) Und wenn sie heiratet, irgendwo hier am Ort, dann überlegt man sich auch etwas, auch im Wald in Masuny werde ich dann nicht mehr mähen müssen, der Schwiegersohn mäht alles. (Lachen) Ich warte darauf, ich nehme die Angel, Fische, ich werde bei den Bienen sein und die Bienenkörbe umstellen oder die Rähmchen machen; dich stechen sie, na, dann machst du die Rähmchen und ich gehe, nehme Hütchen, Rauch und setze sie zärtlich hinein (Lachen)."
[Pause in der Aufzeichnung.]
Marian Wojakowski: „Manchmal gibt es dort Arbeit, wenn Ernte ist. Mein Bruder muss dort schuften, doch die rechte Hand weiß nicht, was die linke macht. Es sind nur wenige Tage, aber Arbeit von Montag bis Sonnabend. (Lachen) Ich fahre dann langsam mit dem Fahrrad, weißes Hemd, goldenes Kettchen, so fahre ich hin, zum Kaffee komme ich, (Lachen) so als Geschenk. Ich sage: ‚Wie geht es euch?' Ich sage, ‚Immer besser.' (Lachen) Ich sage, wenn sie sagen, dass die Mutter meint, ihr Brüder, drei Brüder, ihr sollt einander helfen, sie sagen, dass es um mich geht, dass ich ihnen helfen soll, ich sage: ‚Nun ich habe zwei Brüder, aber kein Schwanz will mir helfen.' (Lachen) Wenn ich was mache, will mir keiner von den Brüdern helfen, weder der eine noch der andere, weil sie sich angewöhnt haben, dass ich mit dem Fahrrad komme, um ihnen zu helfen. Wer jetzt mehr Geld haben will, der muss mehr arbeiten. (7) Mein Bruder fährt am 1. nach Deutschland, dort wird er

zwölf Stunden im Feldsalat arbeiten. Ja, ist es da nicht besser hier zu liegen? [Kann schon sein. M.W.] Lieber hinlegen, nicht? Und später am Morgen zählt man nur das Geld."[24]

Marian gibt die Aufforderung zur Bescheidenheit als seine Lebenshaltung mit den Worten eines Kollegen wieder und führt ihn damit als Zeugen an, der seine Einstellung bestätigt. In dem von Marian benutzten Begriff einer sparsamen Person klingt Genügsamkeit durch. Darin liegt eine Selbstbeschränkung, die bestärkt wird, indem er von einer Person berichtet, deren Verhalten er als durchtrieben und habgierig beschreibt. Zur Bestätigung wiederholt er seine Aussage und stellt sie doch zugleich mit einem Lachen infrage. Die mit einem Lachen

---

24 Marian Wojakowski: „Jak mój kolega zawsze mówił, że trzeba być oszczędnym,a nie być nigdy chytrym, (Lachen), oszczędnym żeby być, a chytrym nie być. Zawsze on mówił. Kolegów wyłapał, na takim jakimś małym czymś, i, na jakiś małych, przy handlach, na tym, na jakiś małych, drobnych pieniądzach. Od razu chytruska poznasz. Jak moja babka mówiła. Do 30, nie żonaty, do 40 nie bogaty, to do 50 głupowaty już, (Lachen). No, jak ja teraz mam 53 lata, to ja już bogatszy nie będę jak jestem."
Frage: „Ale to wystarczające jest? Dobrze ci?"
Marian Wojakowki: „Dla mnie jest dobrze i nic, mi nie potrzebne jakieś domy, pałace, bo to wszystko to utrzymać, utrzymać to wszystko. Skąd pieniędzy później nabrać? Ale dla dziecko na mieszkanie jeszcze się uzbiera. Tam trochę jest, się dołoży. Studiować jak będzie też trzeba parę złotych. (7) A jak się ożeni gdzieś tutaj, na miejscu, też cos się tu wymyśli, no też o, w lesie w Masonach nie będą musiał już kosić, zięć pokosi wszystko, to tego. (Lachen) Ja zaczekam, wędki wezmę, ryby, przy pszczołach, czy ul przestawić, czy ramki robić, ciebie, żądlą, to ty przy ramkach rób, a ja się pójdę, kapelusik, dymek wezmę, se powstawiam delikatnie. (Lachen)" [Pause]
Marian Wojakowki: „Tam jak jest, nieraz, jak robota, żniwa. Brat zasuwa tamten, nie mogą końca z końcem związać, dnia mało, a roboty od poniedziałku do soboty. (Lachen) Ja rowerkiem sobie delikatnie, biała koszulka, złoty łańcuszek, se zajeżdżam, na kawkie jadę, (Lachen) to z darów. Ja mówię: ‚Jak się żyje?' Ja mówię: ‚Coraz lepiej.' (Lachen). O mówię, jak mówi, że ten, matka mówi, to wy bracia, 3 bracia, by se pomogli jeden drugiemu, mówi że tego, chodziło o mnie, żebym ja pomógł, ja mówię: ‚No mam 2 braci, żadne huj mi nie chce pomóc.' (Lachen) Jak coś robię, żaden mi nie chce pomóc, ani ten ani tamten, bo poprzyzwyczajani, że im, a to, że ja jadę rowerkiem, żeby pomóc. Teraz, kto chce mieć pieniądze to więcej pracuje. (7) No brat, do Niemiec jedzie pierwszego, tam będzie po 12 godzin pracował, przy sałacie. Tak, to nie lepiej tu poleżeć? [Może być tak.] Lepiej poleżeć, nie? I rano, później, pieniążki przeleżeć tylko."

unterlegte Aussage deutet auf eine innere Anspannung hin, die aus einem Widerspruch resultiert. Es ist die Widersprüchlichkeit zweier unvereinbarer Sachverhalte oder zwischen Erwartung und Realität, die, indem sie zusammengebracht werden, eine Spannung aufbauen und zur affektiven Entladung streben.[25] Freud beschreibt das Lachen als Reaktion in einer sozialen Situation, in der z.B. eine unangepasste Geste ausgeführt wird und daraus eine Spannung entsteht, auf die mit Lachen reagiert wird:[26] „Wir würden sagen, das Lachen entstehe, wenn ein früher zur Besetzung psychischer Wege verwendeter Beitrag von psychischer Energie unverwendbar geworden ist, sodass er freie Abfuhr erfahren kann."[27] Gemeinsam ist den Definitionen, dass das Lachen seine Energie aus einer Konfliktsituation bezieht, die entweder in einer inneren Anspannung des Individuums oder einem äußeren Kontrast besteht, in jedem Fall handelt es sich aber um eine Inkongruenz. Zum Lachen veranlassen Aussagen, denen ein Widerspruch zwischen manifestem und latentem Inhalt immanent ist, bei dem etwas anderes ausgesprochen wird als das, was tatsächlich gemeint ist. Auch das einen Bericht begleitende Verlegenheitslachen entsteht aus einem Widerspruch zwischen zwei Sachverhalten, wobei es sich um die Divergenz zwischen Handlung und Selbstdarstellung oder auch einen Bruch gesellschaftlicher Normen handeln kann. Grundlegend ist die Existenz zweier Ebenen, einer in Sprache und Normen manifestierten Schicht und einer Handlungsebene, die im Widerspruch zueinander stehen. Aus dem Bewusstsein des Widerspruchs entsteht eine emotionale Spannung, die durch das Lachen ausgedrückt wird. Auch bei Marian liegt seinem Lachen ein Widerspruch zwischen gesellschaftlichen Normen und individuellen Handlungen zugrunde, der auch in anderen Sequenzen des Interviews deutlich wird.

Marian Wojakowski: „Und da gab es auch immer etwas. Wenn man unterwegs war, blieb immer Diesel übrig. Dann hat man ein paar Säcke mit Samen woanders abgeladen, es gab immer mehr ... immer nahm man etwas mehr Waren mit, die man während der Fahrt gut verkaufen konnte, die Leute warteten schon. Bindfaden für den Mähbinder, Schabeplatten[28], solche Sachen, ne. Du hast ein paar Złoty gegeben und etwas blieb immer übrig."[29]

---

25 Bachmaier 2007: 9, 13; Genazino 2004: 141f.; Berger 1998: XI, 73.
26 Freud 1958: 155.
27 Ebd. 119.
28 Werkzeug zur Herstellung von Fasern bei der Hanf- und Flachsverarbeitung.
29 Marian Wojakowski: „I to też zawsze coś tam. Jak się jechało to zawsze paliwa zostało. To siemię się wywiozło parę worków, od razu więcej się dał ... zawsze się towaru więcej brało a towar był chodliwy to się sprzedawało po drodze, ludzie czekali.

Marian erzählt in dieser Sequenz von seiner Arbeit im Fernverkehr. Durch die Veruntreuung von Waren bot sich ihm die Möglichkeit der Bereicherung. Kennzeichnend für diese Form der Kleinkriminalität ist der geringe Warenumfang, der es erlaubt, mit einem überschaubaren Risiko den Geschäften nachzugehen. Betrachten wir jetzt beide Interviewstellen zusammen, so wird die Interpretation der vom Lachen begleiteten Sequenzen noch einmal deutlicher. Der Bruch gesellschaftlicher Normen, der mit dem Ausnutzen von Bereicherungsmöglichkeiten verbunden ist, zeugt von einem subtil realisierten Betrug. Man kann die darin erkennbare ‚Intelligenz‘ auch mit den Begriffen ‚schlau‘, ‚raffiniert‘ oder ‚pfiffig‘ und im Polnischen eben mit dem Wort ‚chytry‘ umschreiben.[30] Raffiniert bzw. chytry ist in dem Fall nicht derjenige, der sich durch einen großen Betrug bereichert, da er das Risiko der Entdeckung eingeht, wie Marian ja auch am Beispiel von Kollegen deutlich macht. Als tatsächlich raffiniert erweist sich derjenige, dem es gelingt, mit unauffälligen Möglichkeiten der Bereicherung seinen Lebensstandard zu verbessern. Wie sich im weiteren Verlauf des Interviews noch zeigen wird, hat Marian Wojakowski damit einen zentralen Aspekt seiner Überlebensstrategie deutlich gemacht.

Seitdem Marian einen relativ guten Lebensstandard erreicht hat, misst sich seine Lebensqualität nicht nur am materiellen Wohlstand, sondern auch an seiner frei verfügbaren Zeit. Seine Einkünfte ermöglichen ihm die Renovierung eines Hauses, das er einmal erben wird, und auch seiner Tochter wird er das Studium finanzieren können. Dabei sieht er seine Zukunft mehr in der Lebensform eines ‚Privatiers‘, dessen alltägliches Einkommen gesichert ist und der seinen Interessen nachgehen kann. Doch bisher ist das ein Wunschbild, noch muss er mit regelmäßigen Schmuggelfahrten für den Lebensunterhalt seiner Familie sorgen. Deutlich wird hier der Widerspruch zwischen seiner aktuellen Situation und dem in die Zukunft verlagerten Wunschbild. Im Interview folgt eine Unterbrechung der Aufzeichnung, die sich aus der Ablenkung durch äußere Ereignisse an der Grenze ergibt. Gleichwohl setzt Marian das Interview nach dieser Unterbrechung fort, indem er den Gedankengang eines geruhsamen Lebens aufgreift und auf seine gegenwärtige Situation bezieht. Im Verhältnis zu seinen Brüdern schei-

---

Sznurek do snopowiązałek, płyty paździerzowe, no takie. Parę złotych dałeś i zawsze zostawało."

30 ‚Chytrość‘ umfasst die Bedeutungen von ‚Arglist‘ bis ‚Schlauheit‘ und ‚Geldgier‘. Als ‚chytry‘ wird auch jemand beschrieben, der versucht, in seinem Verhalten schlauer als andere Personen zu sein und beispielsweise deren Unwissen zum eigenen Vorteil nutzt. In diesem Wortgebrauch hat der Begriff eine deutlich negative Konnotation. Der hier als Kontrast angeführte Begriff ‚oszczędny‘ verstärkt das Augenmerk auf finanzielle Aspekte.

nen die Zukunftsträume schon verwirklicht. Während die anderen arbeiten, kann er spazieren fahren, ausstaffiert mit Accessoires, die von seinem Lebensstandard erzählen: Das weiße Hemd symbolisiert eine saubere Arbeit, das goldene Kettchen deutet auf Wohlstand hin, und die langsame, ruhige Fahrradfahrt zeigt den Freizeit-Radfahrer, eben denjenigen, der nicht mit dem Rad fahren muss, sondern es sich leisten kann, beschaulich mit dem Fahrrad unterwegs zu sein. Er kommt dann auch nicht zum Arbeiten, sondern zum sonnabendlichen Kaffee vorbei, wie er sagt, „als Geschenk" und lacht dabei, denn es handelt sich um ein ‚Danaergeschenk'. Das „Geschenk" besteht darin, bei den Geschwistern den Unterschied zwischen seinem und ihrem Lebensstandard zur Schau zu stellen. Damit wird ein familiärer Konflikt deutlich, dem hier nicht weiter nachgegangen werden soll und der in die Jugend unseres Protagonisten zurückreicht.

Die ästhetischen Ausdrucksformen entwickeln sich in Abhängigkeit von den materiellen Existenzbedingungen und symbolisieren die Zugehörigkeit ihres Trägers zu bestimmten gesellschaftlichen Schichten.[31] Dritte Personen erkennen den distinktiven Charakter der ästhetischen Ausdrucksformen nicht allein aufgrund einer bewussten Verbindung mit ihren ökonomischen Grundlagen, sondern jene sind vielmehr auf einer vorbewussten Ebene als Erfahrung internalisiert.[32] Im Einzelfall genügt die Zurschaustellung der Symbole, um beim Betrachter eine Zuordnung von Status und Person zu ermöglichen. Symbole entfalten ihre distinktive Kraft jedoch nur, wenn sie auf ein seltenes und erstrebenswertes Gut hinweisen.[33] Solch ein erstrebenswertes Gut kann eben auch Freizeit sein, deren Symbolgehalt sich im Kontrast zur körperlichen Arbeit entfaltet. Zudem steigert die Präsentation von Freizeit die Wirkung der materiellen Objekte, denn implizit liegt hierin die Aussage, dass der Wohlstand nicht durch harte Arbeit mühsam erwirtschaftet werden muss, sondern für den Träger eine Selbstverständlichkeit ist. Distinktives Verhalten hat sein Ziel erreicht, wenn es gelingt, die positiven Merkmale als natürliche Eigenschaften erscheinen zu lassen.[34] In diesem Sinn schreibt Veblen: „Nicht zu arbeiten zeugt von Reichtum und wird deshalb zum konventionellen Merkmal der gesellschaftlichen Stellung, und diese Betonung der Verdienstlichkeit des Reichtums führt zu einer erhöhten Bewertung der Muße."[35]

Am Ende der Sequenz vergleicht Marian seine Wartezeiten während der Schmuggelfahrten an der Grenze mit der saisonalen Arbeitsmigration seines

---

31 Bourdieu 1982: 100, 355.
32 Ebd. 137.
33 Neckel 1991: 241.
34 Ebd. 245.
35 Veblen 1958: 56.

Bruders. Reduziert auf ihre physischen Aspekte erscheint der Schmuggel als eine Möglichkeit, das Geld ‚im Schlaf' zu verdienen, während Marians Bruder sich stundenlang bei der Salaternte bücken muss. Beide Situationen sind wahr und sind es zugleich nicht, da jeweils entscheidende Faktoren ausgeblendet werden.[36] Jedoch ist dies nebensächlich, weil Marians eigentliche Intention gerade damit erfüllt wird: Es gelingt ihm, sein erfolgreiches Lebensmodell darzustellen. Wie aber sieht dieses Modell seines Lebens aus? Welche Veranlassung gab es für einen Berufswechsel, wo doch die Arbeit als Kellner ihm über Jahre ein überdurchschnittliches Einkommen gesichert hatte?

Marian Wojakowski: „Nein, das war nicht schlecht. Aber später mit dem Fall des Kommunismus begannen sie alles zu liquidieren. Da ging ich nach Bartoszyce und fing an, zur Grenze zu fahren, und hier ist es noch besser. (Lachen) Die Leute hatten immer weniger Geld, und im Restaurant lief es nicht so gut. Man muss dahin flüchten, wo das Geld ist."[37]

Wie schon beim Wechsel des Berufs vom Fernfahrer zum Kellner war auch beim Schmuggel die Chance auf ein verbessertes Einkommen die treibende Kraft. Dabei findet die berufliche Veränderung nicht innerhalb des Berufsfeldes, z.B. in Form einer Qualifizierung statt, sondern erfolgt umfassend oder mit seinen Worten, als „Flucht dorthin, wo Geld zu verdienen ist". Nicht dem Beruf mit einem spezifischen Inhalt gilt sein Interesse, relevant ist für ihn der finanzielle Nutzen seiner Tätigkeit, der ihm, in Relation zu den lokalen Möglichkeiten, einen relativ guten Lebensstandard ermöglicht. Zugleich richtet sich sein Interesse über den materiellen Gewinn hinaus auf die Anerkennung etablierter Schichten. Die Kombination aus finanzieller Sicherheit und sozialer Anerkennung bildet das zentrale Element seiner Lebenseinstellung, deren Ursachen in seiner Schulzeit liegen, als ein Lehrer ihn als „dumm wie ein Schneemann"[38] beschimpfte. Heute, so erzählt er, kenne er genug Lehrer, die versuchten, vom Schmuggel zu leben, jedoch keine Ahnung von den Schlichen und Tricks hätten.

---

36 Tatsächlich bewertet der Bruder die saisonale Arbeitsmigration deutlich positiver als den Schmuggel. Da jedoch die Einkünfte aus der Arbeitsmigration nur einen Teil des Lebensstandards decken, sieht er sich gezwungen, zusätzlich dem Schmuggel nachzugehen.

37 Marian: „Nie. No, to nie było źle. Ale później już komuna upadła, zaczęli te likwidować wszystko. To przeszłem do Bartoszyc i zaczęłem na granice jeździć i tu jeszcze lepiej (Lachen). Ludzie zaczęli mieć coraz mniej pieniędzy i w restauracji się zrobiło nie bardzo. Trzeba uciekać tam gdzie jest pieniądz."

38 Wollte man die hier wortwörtlich wiedergegebene Metapher ins Deutsche übersetzen, so könnte man den Ausdruck ‚dumm wie Bohnenstroh' verwenden.

Also, so seine rhetorische Frage, wer ist denn nun in Wirklichkeit der „Schneemann"? Diese Verletzung aus der Schulzeit, von der zu vermuten ist, dass sie nicht nur ein singuläres Ereignis war, erwähnt er häufig in seinen Erzählungen. Wahrscheinlich spielte diese Etikettierung als „Schneemann" auch in seiner Familie eine Rolle und erklärt die provokante Darstellung seiner Lebenssituation gegenüber seinen Geschwistern.

Mit der Präsentation von Wohlstand und Muße ist es ihm möglich, die Bedeutung seiner Person gegenüber Dritten darzustellen und darüber das eigene Selbstwertgefühl zu steigern.[39] Die Darstellung von Muße funktioniert allerdings nur in überschaubaren lokalen Gesellschaften, in denen das Verhalten auch wahrgenommen wird.[40] In kleinstädtischen Gesellschaften mit landwirtschaftlichen Strukturen und einem strengen Arbeitsethos fällt der Müßiggänger deutlich ins Auge. Allerdings darf sich die betreffende Person auch nicht so weit von den Werten der lokalen Gesellschaft entfernen, dass ihr Verhalten negativ bewertet wird. Zumal wenn der Wohlstand auf illegalen Erwerbsformen beruht, ist die Gefahr von Ausgrenzung hoch. Soziale Anerkennung und materieller Wohlstand stehen zueinander in einem fragilen Verhältnis und bedürfen einer ausgleichenden Strategie. Marian gelingt der Ausgleich durch eine selbst auferlegte Begrenzung seiner materiellen Wünsche, die er mit einer Taktik unauffälliger kleiner Schritte verwirklicht. Insoweit ist die Beschreibung des Wochenendausflugs zu seinen Brüdern symptomatisch, da hier die Gratwanderung zwischen zur Schau gestelltem Lebensstandard und einer gewissen Bescheidenheit – symbolisiert durch das Fahrrad – deutlich wird.

Frage: „Aber mir erscheint es so, dass dein Einkommen sogar größer ist, verglichen mit deiner Frau?"
Marian Wojakowski: „Größer, größer. [Ja.] Ich will mich noch irgendwo ein wenig vergnügen, ich muss noch ein paar Złoty haben. (Lachen)."
Frage: „Warum das?"
Marian: „Nun, um irgendwohin zum Vergnügen fahren zu können, vielleicht zum Schwimmbad in Olsztyn oder irgendwo. Mit einem Kollegen fahren wir dorthin. Hier kann man sich entspannen, man muss sich entspannen. Und mit meiner Frau waren wir vor Kurzem auf einem karitativen Ball des Rotary-Klubs in Bartoszyce im ‚Bartos', für Geschäftsleute. (Lachen)"[41]

---

39 Veblen 1958: 52.
40 Ebd. 95.
41 Frage: „Ale mi się wydaje, że twoje zarobki nawet są większe w porównaniu z żoną?"

Die Einladung erhielt er aufgrund seiner Bekanntschaft mit dem schon erwähnten Eigentümer eines Hotel- und Restaurantbetriebes. Gemeinsam mit den renommierten Persönlichkeiten der lokalen Geschäftswelt, Ärzten, Unternehmern und Politikern führte Marian Wojakowski, der arbeitslose Schmuggler und Gelegenheitskellner, seine Frau zum Ball. Eigentlich, so ergänzt er die Geschichte, sollten alle Schmuggler zu solchen Veranstaltungen eingeladen werden, schließlich wären sie auch ‚Geschäftsleute'. Lassen wir seine Sichtweise an dieser Stelle erst einmal so stehen und bleiben noch bei der Bedeutung, die mit der Einladung für Marian verbunden ist. In symbolischer Verdichtung zeigt sie die gesellschaftliche Akzeptanz seiner Person und verdeutlicht seine Anstrengung, als Teil des lokalen Establishments zu gelten. Marian ist nicht nur bekannt, sondern mit ihm tauschen auch die lokalen Politiker und Unternehmer auf der Straße Neuigkeiten aus. Dass die Einwohner des Städtchens Marian kennen, ist für ihn weniger von Bedeutung als sein Kontakt zu Gruppen mit sozialem Prestige. In welchem Maße diese Kontakte über ein kurzes Gespräch auf der Straße hinausgehen ist dabei für ihn nicht relevant, vielmehr reicht ihm die symbolische Akzeptanz aus. Im Übrigen muss betont werden, dass Personen, die nicht durch ihre gesellschaftliche Position auffallen, üblicherweise keine Einladung zu dem Ball des Rotary-Klubs erhalten. Marian Wojakowski erhält die Einladung denn auch durch seine Beziehungen oder mit anderen Worten, die Einladung ist Resultat seiner sozialen Kompetenzen und der von ihm aufgebauten sozialen Netze. Eine zentrale Funktion hat dabei die schon mehrmals erwähnte Bekanntschaft zu einem Hotel- und Restaurantbesitzer, mit dem er einen Teil seiner Freizeit verbringt:

Marian Wojakowski: „Und wenn wir angeln gehen, denn wir gehen immer gemeinsam angeln, dann trinken wir ein Gläschen, und wenn er zu Hause ein Fest gibt, da bin ich als Ehrengast eingeladen, zu allen Festen, und dort ist es immer elegant. Bei ihm dort sind nur Geschäftsleute und Ärzte sind dort. Aber ich bin nur ein gewöhnlicher Schmuggler und dazu noch so eine kümmerliche Brasse (Lachen), nicht diese großen Fische, eine Brasse.

Marian Wojakowski: „Większe, większe. [Tak] Ja jeszcze muszę się trochę gdzieś rozerwać, muszę mieć parę złotych. (Lachen)"
Frage: „Dlaczego, jak?"
Marian Wojakowski: „No na rozrywki gdzieś o pojechać jak na basen czy gdzieś tam w Olsztynie o z kolegą se pojedziemy. Się tutaj od stresować odstresować, od stresować odstresować się trzeba. No z żoną byliśmy niedawno na balu charytatywnym Rotami w Bartoszycach w ‚Bartosie', dla biznesmenów. (Lachen)"

Aber das macht nichts, aber das Wichtigste ist, dass ich nichts von ihnen erwarte. Und ich schmunzle nur darüber, dass sie schwer arbeiten."[42]

Marian ist eigentlich nur ‚ein kleiner Fisch' oder ein ‚Waisenknabe'[43], also eine Person, die über bestimmte Fertigkeiten oder Qualifikationen einer vergleichbaren Gruppe nicht verfügt. Im vorliegenden Kontext wird hier die Differenz zwischen der beruflichen Qualifikation und gesellschaftlichen Stellung der Geschäftsleute und Ärzte und dem Schmuggler Marian ausgedrückt, der jedoch als ‚ein kleiner Fisch' im Schwarm untertaucht und soziale Netze knüpft, die er zu seinem Vorteil nutzt. Die von ihm erwähnte Brasse ist unter Anglern nicht der Rede wert, von Bedeutung sind nur die großen Fische, doch die werden gefangen und verspeist, während man die Brasse in den Fluss zurückwirft. Um zu überleben, müssen kleine Fische geschickt sein, und für Marian hat diese Geschicklichkeit mehrere Aspekte. An erster Stelle steht die Pflege sozialer Kontakte. Dazu gehört es, allen Konflikten aus dem Weg zu gehen und sich zu informieren, um letztlich den eigenen Vorteil zu erkennen. Zwar beschreibt er sich als „unscheinbare Brasse", doch liegt gerade darin seine Stärke. Bleiben wir bei dem Bild, so wird es dem kleinen Fisch gelingen, durch die Maschen des Fangnetzes hindurchzuschlüpfen, seien es nun die Maschen der Justiz oder der Moral. Man wird den kleinen Fisch nicht fangen und im Zweifelsfall nicht einmal des Fangens für würdig befinden. Die Brasse bleibt frei, und Marian behält seine Unabhängigkeit. Er begnügt sich mit einer Randposition und weiß doch, dass er nur zu warten braucht, bis die Leute mit einer Bitte auf ihn zukommen.

Die Bienen als Symbol des Schmuggels

Bisher wurde die Imkerei nur beiläufig erwähnt, an dieser Stelle erscheint es sinnvoll einen intensiveren Blick darauf zu werfen, lässt sich doch am Beispiel der Bienenzucht die Lebenseinstellung von Marian Wojakowski symbolisch verdichtet darstellen. Seit 30 Jahren betreibt er erfolgreich eine kleine Imkerei, die einen wichtigen Aspekt der Kontinuität in seinem Leben bildet. Gelernt hat

---

42   Marian Wojakowski: „A tak pojedziemy se na ryby, bo na ryby zawsze jeździ ze mną, i po kielichu wypijemy, i imprezę w domu robi to jestem gościem honorowym zapraszanym na każdą imprezę, na tym bardzo elegancko. Tam u niego biznesmeni, sami lekarze są. A ja tylko zwykły przemytnik i to jeszcze taki słaby leszcz (Lachen), nie te grubej ryby, leszcz. Ale nic, ale najważniejsze, że ja nic od nich nie chcę. I tylko się śmieję, że oni ciężko pracują."

43   Der polnische Begriff ‚leszcz' bezeichnet umgangssprachlich sowohl den Fisch ‚Brasse' als auch eine Person, die man im Deutschen ‚Waisenknabe' nennt.

er den Umgang mit Bienen von Kollegen, denen er bei der Pflege ihrer Bienenstöcke half. Als er später eigene Bienen hatte, schaute er sich den einen oder anderen Kniff bei anderen Imkern ab. In der Zeit der Planwirtschaft war dies eine sichere, gut bezahlte Nebentätigkeit, wurde doch der Honig zu garantierten Preisen abgenommen. Der Markt brach zusammen, als sich der Staat Ende der 1980er Jahre aus direkten Wirtschaftstätigkeiten zurückzuziehen begann. Marian rettete die Bienenzucht über die Transformation hinweg, es gelang ihm, den Betrieb an die neuen Bedingungen anzupassen und im kleineren Umfang weiterzuführen, während andere Imker aufgaben. In den Sommermonaten steht er ein oder zwei Mal im Monat auf dem örtlichen Markt und verkauft seinen Honig. Und auch auf seinen Schmuggelfahrten hat er meist einige Gläser Honig im Wagen und nutzt die Wartezeit an der Grenze zum Verkauf und zur Aufnahme von Bestellungen. Marian Wojakowski kommentiert den Verkauf: „Wenn du etwas tust, dann macht es sich bezahlt. Alle sagen, Bienen würden sich nicht auszahlen. Für mich machen sich Bienen bezahlt."[44]

Machen sie sich tatsächlich bezahlt? Jedenfalls nicht, wenn man die notwendige Arbeitszeit mit dem erzielten Gewinn vergleicht. Bezahlt machen sie sich erst, wenn die Rechnung nicht ausschließlich ökonomischen Kriterien folgt. Die Arbeit an den Bienenstöcken ist schließlich für Marian eine Form der Entspannung, ein Hobby, aus dem er zudem noch einen finanziellen Gewinn ziehen kann. Wirklich bezahlt macht sich die Arbeit vielleicht selbst dann nicht, wenn der Kunde mit veredeltem Zuckerwasser betrogen wird und die Anzahl der Bienenvölker steuerlich nicht erfasst ist.[45] Füttert man die Bienen mit Zuckerwasser, den sie dann auch in Honig verwandeln, so ist das zwar in Laboruntersuchungen nachweisbar, doch, erklärt Marian, kann man den Nachweis nicht mehr führen, wenn die Bienen Sirup erhalten. Ob das im Einzelfall tatsächlich gemacht wird, ist hier nicht von Interesse, bedeutsam ist vielmehr, die Möglichkeiten zu kennen. Die Bienen symbolisieren in diesem Fall den geschickten Umgang mit Gesetzen, Vorschriften, Normen, die ausgelegt oder umgangen werden, um den individuellen Vorteil zu sichern.

Doch der Umgang mit Bienen ist nicht jedermanns Sache, sie können stechen und nicht jeder traut sich die Arbeit eines Imkers zu. Will man an sein Ziel gelangen, darf man sich vom Bienenschwarm nicht einschüchtern lassen. So macht der Imker eine Arbeit, die Fachkenntnisse erfordert und von anderen

---

44 Marian Wojakowski: „Coś robisz wszystko się opłaci. Każdy mówi pszczoły się nie opłacają. Dla mnie się opłacają pszczoły."
45 Obwohl es sich dabei um eine Praxis handelt, die angeblich in Polen weit verbreitet ist, soll hier ausdrücklich gesagt werden, dass dies im vorliegenden Beispiel nicht der Fall ist.

Menschen gemieden wird, obwohl sie das Produkt schätzen. Honig wird auf diesem Weg zu einem besonderen Süßstoff, der sich durch Qualität und Preis vom Zucker unterscheidet. Mit dem Beginn der industriellen Zuckerraffinade wandelte sich der Zucker seit dem Ende des 19. Jahrhunderts von einem Luxusprodukt zu einem billigen Nahrungsmittel. Im Gegensatz zum Zucker steht Honig nicht jederzeit an jedem Ort in unbegrenzter Menge zur Verfügung. Oder wie Marian es ausdrückt: „Nur ein Habenichts süßt mit Zucker!" Der Honig ist hier zu einem Mittel der Distinktion geworden,[46] denn „durch den demonstrativen Konsum wertvoller Güter erwirbt der vornehme Herr Prestige."[47] Auf den hohen Zuckerverbrauch in armen Haushalten wurde schon an anderer Stelle hingewiesen. Bei der Aussage von Marian handelt es sich also durchaus um einen realen gesellschaftlichen Fakt.

Während der Gebrauch von Honig so zum Zeugnis einer gehobenen Lebensart wird, bestätigt der sprichwörtliche Bienenfleiß, dass auch dem guten Leben Arbeit vorangeht:

Marian Wojakowski: „Gut leben nur fleißige Leute, die sich zu helfen wissen."
Frage: „Jemand, der sich helfen kann? Was heißt das, in welchem Sinn, sich zu helfen wissen?"
Marian Wojakowski: „Na, hier etwas verdienen, hier verdienen, hier etwas machen, hier etwas ändern. Und dann hat man Geld und lebt. Aber die Mehrheit wartet nur auf die Sozialhilfe. Doch diejenigen, die sich am wenigsten zu helfen wissen, sind diejenigen, die bei der Gemeinde arbeiten, auf den Ämtern, und wenn ihr Betrieb zerfällt, dann sind sie ratlos. Man sitzt auf der Bank und heult. Man kann sich nicht helfen. (Lachen) Man weiß keinen Rat. Sie sind daran gewöhnt, der Kommunismus hat sie gelehrt, man ist in der Partei, und es gibt einen Führer. Und so soll es sein, und sie sollen ihm was geben. Die meisten Leute sagen, man soll mir eine Wohnung geben, man soll mir Möbel geben (Lachen), alles soll ihnen gegeben werden, aber jetzt gibt keiner etwas, es gibt nichts mehr. (8) Wenn ich viel Arbeit habe, dort mit der Imkerei, bei den Bienen oder bei der Renovierung, dann stelle ich von Zeit zu Zeit noch zwei Leute an. Ich, als Arbeitsloser, beschäftige zwei Leute (Lachen)."[48]

---

46 Honig wurde im antiken Ägypten als göttliche Gabe verehrt, und in Griechenland verglich man die Erotik des Kusses mit der Süße des Honigs (Ziegler 1987: 34f., 118).
47 Veblen 1958: 85.
48 Marian Wojakowski: „Tylko dobrze żyją ludzie pracowici i zaradni. Najgorzej mają legaci i niezaradni."
Frage: „Zaradni? Co to znaczy, w jakim sensie zaradni?"

Die Zuschreibung von Hilflosigkeit als vorgebliche Eigenschaft von Sozialhilfeempfängern knüpft an eine nicht nur in der lokalen Gesellschaft weitverbreitete Ansicht an. Dagegen verkörpert Marian als ‚selbstständiger Unternehmer' sowohl das Gegenteil eines Empfängers sozialer Transferleistungen als auch der abhängig beschäftigen Angestellten. Zwar ist auch er formal arbeitslos, doch wird dies in Anbetracht seiner unternehmerischen Aktivitäten zu einer Marginalie, denn schließlich hält ihn die eigene Arbeitslosigkeit nicht davon ab, Arbeiter informell zu beschäftigen.

Zugleich bestätigen die Bienen seine Lebenseinstellung, dass sich Habgier nicht auszahlt. Dazu erzählte er folgende Geschichte: Vor einigen Jahren wurden ihm Bienen aus Nepal angeboten, deren Königin die dreifache Größe einheimischer Bienenköniginnen hatte. Es waren große, schöne, gelbe Bienen, die von mehreren Kollegen angepriesen wurden. Marian schaffte sich auch ein nepalesisches Bienenvolk an, doch entgegen allen Erwartungen produzierten die Bienen keinen Honig und starben mit Einbruch der winterlichen Kälte. Auf einer symbolischen Ebene verdeutlicht dieses Erlebnis auch seine Einstellung zum Schmuggel, die darin besteht, sich mit kleinem Gewinn zu begnügen und den schnellen Reichtum zu meiden. Denn auch beim Schmuggel haben die bescheidenen ‚Ameisen' den dauerhaften Erfolg, wenn sie als ‚kleine Fische' täglich kleine Warenmengen über die Grenze bringen.

Gleichwohl bleibt ein Widerspruch zwischen dem Bienenfleiß, der denjenigen eigen ist, die sich zu helfen wissen, und dem Anspruch, das Leben zu genießen und dabei nicht (viel) arbeiten zu müssen. Die Bienen symbolisieren nicht nur Fleiß und Erfolg, sondern auch Ruhe und Gelassenheit, die der Imker bei seiner Arbeit benötigt. Betrachtet man diese Aspekte im Kontext gesellschaftlicher Ideologie, so wird man erkennen, dass nur diejenigen mit Gelassenheit ihren Wohlstand genießen können, die vorher dafür gearbeitet haben. Nicht die Arbeit ist das Symbol für kommenden Wohlstand, sondern die Lebensart zeugt von vorausgegangenem Fleiß. Noch als Ruheständler wird Marian die Imkerei

---

Marian Wojakowski: „A tu coś zarobi, tu zarobi, tu coś zrobi, tu coś zamieni. I z tego ma pieniądze i żyje. A większość siedzi tylko z opieki. A najbardziej niezaradni to są ci co pracowali w gminach, na urzędach, i zakład ich się rozpadł i wtedy są bezradni. Siada na ławce i płacze (Lachen). Se nie radzi. Nie poradzi se. Przyzwyczajony, komuna nauczyła, że jest w partii, jest kierownikiem. I ma być, mają mu dać. I tak większość ludzi zawsze mówi, a niech dają mi mieszkanie, a niech dają mi meble. (Lachen) Wszystko niech dadzą i teraz już nikt nie daje, już nikt nic nie ma. (8) No, jak mi się zbierze praca tam przy pasiece, przy pszczołach tam czy przy remontach od czasu do czasu tak mam po dwóch ludzi zatrudnionych jeszcze, ja jako bezrobotny zatrudniam dwóch ludzi (Lachen)."

betreiben und angeln gehen, mit der Ruhe und Gelassenheit, die zu einem gesicherten Leben gehören, eben als Zeichen der Distinktion.

Marian und die lokale Gesellschaft

„Die feinen Unterschiede"[49] (Bourdieu), an denen soziale Differenzierungen der lokalen Gesellschaft deutlich werden, betreffen nicht nur die Präsentation von Erfolg, sondern können auch zum negativen Symbol der sozialen Position werden. Als Beispiel führt Marian Personen mit gesellschaftlich herausgehobenen Positionen an, die ihren Urlaub als Erntearbeiter im Ausland verbringen. Seine Kritik richtet sich gegen die Kombination einer sozial anerkannten beruflichen Stellung mit einer landwirtschaftlichen Hilfstätigkeit und mündet in den Satz: „Sie sollten sich schämen." Kritisiert werden Personen, die sich seiner Meinung nach nicht dem Image ihrer gesellschaftlichen Stellung entsprechend verhalten. Es sind moralische Kriterien, an denen sich seine Kritik orientiert, die nicht mit sachlichen Fakten begründet wird. Hinter der Verurteilung steht die Verletzung des Vertrauens, die aus der Übereinstimmung von Verhalten und gesellschaftlicher Position, also von Form und Inhalt erwächst. Das Verhalten der Vertreter der lokalen Elite entspricht in dem Moment ihrer Erntehelfertätigkeit nicht den an ihre gesellschaftliche Rolle geknüpften Erwartungen. Dritte Personen nehmen die Handlungen des Individuums nicht mehr als Ausdruck der persönlichen Integrität wahr und reagieren mit einem Entzug von Vertrauen.[50] „Vertrauenswürdig ist, wer bei dem bleibt, was er bewusst oder unbewusst über sich selbst mitgeteilt hat."[51] Marian ist dafür sensibilisiert, denn sein Lebensstil basiert auch auf der Trennung von Form und Inhalt, auf der Differenz zwischen äußerer Darstellung und realer Tätigkeit. Der Form nach ist er Geschäftsmann, der sich im elitären Kreis des Rotary-Klubs zeigt, während er in seinen Handlungen, also inhaltlich, der arbeitslose kleine Schmuggler ist.

Marian Wojakowski: „Hast du den Talmud gelesen, etwas Jüdisches, oder hast du ihn nicht gelesen? [Nein, nein, ich habe ihn nicht gelesen.] Du hast ihn nicht gelesen? Weißt du, wann sich ... weil dort steht geschrieben, wann sich ein Reicher mit Armen anfreundet. Weißt du, wann sie sich anfreunden? Wenn er den Armen für etwas benötigt, nur dann. Aber wenn er ihn schon nicht benötigt, dann braucht er seine Bekanntschaft nicht. Das heißt, die Armen sollen spüren, wenn ein Reicher etwas will, er ihn ruft und etwas von ihm will. Sicher will er ihn dabei mit etwas betrügen, oder? Entweder etwas billiger

---

49   Bourdieu 1982.
50   Luhmann 2000: 108.
51   Ebd. 48.

kaufen, etwas, was wertvoller ist, oder dass er für ihn arbeitet. [Ja.] Denn wenn er etwas bauen wollte oder irgendwas erledigen lassen wollte, dann könnte er auch eine Firma nehmen, oder? Aber er weiß, dass die Armen es für einige Groschen machen. So ist die Wahrheit."[52]

Ausgehend von der religiösen Einleitung wird hier eine Situation beschrieben, die sich tagtäglich in der Region wiederholt. Arbeitslose und Sozialhilfeempfänger führen gegen einen geringen Lohn Arbeiten bei der Renovierung von Wohnhäusern und Gebäuden durch, hacken Holz und erledigen andere Arbeiten. Die Beziehung zwischen den gesellschaftlichen Schichten beruht auf einem Nutzenkalkül, bei der sich die Oberschicht nur mit den unteren Schichten abgibt, um einen Gewinn zu erzielen. In vielen Fällen betrügen und übervorteilen die Angehörigen der Oberschicht die Armen, sei es, dass der Arme den Wert von Waren nicht kennt oder gezwungen ist, seine Arbeitskraft für ein geringes Entgelt zur Verfügung zu stellen. Marians Stellung ist ambivalent; zwar beklagt er das Ausnutzen billiger Arbeitskraft, aber er kennt seine prekäre Stellung, wenn er gleichzeitig als ‚Arbeitgeber' auftritt, der preiswerte Schwarzarbeit in Anspruch nimmt. Lassen wir die moralische Seite außer Acht, so entsteht aus der Differenz zwischen Handlungen und Aussagen eine Doppelbödigkeit bzw. eine Art Zwickmühle, die je nach Situation eine Anpassung erforderlich macht. Während einerseits das Ausnutzen der billigen abhängigen Arbeitskraft beklagt wird, ist es zugleich möglich, für den eigenen Nutzen dieselbe Arbeitsleistung für geringen Lohn einzufordern. Die Widersprüchlichkeit des Verhaltens führt zu einer sozialen Verunsicherung, da Handlungen für dritte Personen nicht mehr vorhersehbar sind. Man ist sich der sozialen Zusammenhänge nicht sicher. Vor diesem Hintergrund gibt die nachfolgende Sequenz einen Einblick in die fragilen sozialen Beziehungen der lokalen Gesellschaft:

---

52 Marian Wojakowski: „Talmud czytałeś, trochę żydowski, czy nie czytałeś? [Nie, nie, nie czytałem.] Nie czytałeś? Wiesz kiedy się ... bo tam pisze jak bogaty zaprzyjaźnia się z biednym. Wiesz kiedy się zaprzyjaźnię? Jak mu ten biedny do czegoś jest potrzebny tylko. A jak już nie potrzebny to już mu znajomość nie potrzebna. To znaczy biedny powinien wyczuć, że jak bogaty coś chce, woła go to coś on od niego chce. No na pewno go chce oszukać na czymś nie. Albo coś tanio kupić, coś tam ma jakiegoś wartościowego, albo coś żeby coś tam mu zrobił. [Tak.] Bo jakby chciał coś pobudować czy coś tam, coś zrobić to by se najął firmę nie. A wie tam biedny to za grosze zrobi tam. No taka prawda."

Frage: „Wie ist das in Sępopol? Haben die Leute untereinander Vertrauen?"
Marian Wojakowski: „Nein, das gibt es nicht, nein! (mit Nachdruck) Gibt es nicht. Ich bin durch ganz Polen gefahren. Hier ist die schl... schlimmste Gesellschaft. Einer kann den anderen nicht ausstehen. Weil hier alles vermischt ist. (Lachen). Nach dem Krieg kam alles in die wiedergewonnenen Gebiete[53], aus Litauen, aus Weißrussland, die Ukrainer der Aktion Weichsel[54] wurden aus dem Rzeszower Gebiet hergebracht. Und noch in der Schule hetzten sie gegen Ukrainer, gegen sie. In der Schule lernten sie so die Feindschaft, nicht, jener ist so, die Einen sind so, und die Anderen sind so, aber er ist solch ein Ukrainer. Das ist das Gleiche, wenn ich zu dir sagen würde: ‚du Deutscher'. Und du würdest zu jemandem sagen: ‚Du Ukrainer', dann ist der Kerl sogleich empört. (Lachen) Aber was macht das: ‚du Pole' oder was? Nun, was, was hat das zu sagen? (8) Aber die Leute hier sind ein übles Volk, oh übel. Sie reden auf der einen Seite so und untereinander so. (Lachen)"
Frage: „Aber was heißt das? In welchem Sinn übel?"
Marian Wojakowski: „Überhaupt neidisch, missgünstig."
Frage: „Aber wie ist das?"
Marian Wojakowski: „Diejenigen, die es ein wenig besser haben, gegen die hat man schon etwas, das ist gleich schlecht, dass jemand etwas hat."
Frage: „Aber wie ist das, zum Beispiel, wenn Leute nach Russland fahren, haben sie es etwas besser? Gibt es dann gleich so einen Neid?"
Marian Wojakowski: „Ja, weil er zu den Russen fährt, ist er gleich so einer."
Frage: „Aber in welchem Sinn? Ist es nicht – kann man das so sagen? – gefährlich, nicht, weil es ..."
Marian Wojakowski: „Aber sie, diese Leute interessiert das nicht. Sie interessiert nur, dass du fährst, also hast du. Sie denken, wenn du fährst oder du bist gefahren und hast Benzin oder Wodka oder Zigaretten. Man fährt nach Russland und hat alles. Sie denken, dass es hier einfach im Straßengraben liegt, und du hingehst und es einsammelst. Sie verstehen nicht, dass es was kostet. (Lachen)"[55]

---

53 Als ‚wiedergewonnene Gebiete' bezeichnete die polnische Regierung nach 1945 Landesteile, die bis Kriegsende zu Deutschland gehörten und anschließend Teile des polnischen Staates wurden (Ermland/Masuren, Pommern, Schlesien). Mit dem Begriff wurde eine historisierende Zugehörigkeit der Gebiete zu Polen ausgedrückt, die an die Herrschaft der Piasten im Mittelalter anknüpfte.
54 Unter dem Kodewort ‚Aktion Weichsel' (pol.: Akcja Wisła) erfolgte 1947 (teilweise auch noch in den nachfolgenden Jahren) die Umsiedlung ukrainischer Aufständischer aus dem Südosten von Polen in die ehemals deutschen Gebiete. Damit wurden die Kämpfe der ukrainischen Unabhängigkeitsbewegung beendet.
55 Frage: „Jak to jest w Sępopolu. Czy ludzie mają takie zaufanie między sobą?"

Mit Nachdruck stellt er fest, dass es kein Vertrauen in der lokalen Gesellschaft gibt. Als Begründung dient ihm ein auf historischen Ereignissen basierender ethnisch-nationaler Kontext. An dieser Stelle soll nicht der Relevanz einer gesellschaftlichen Differenzierung entlang ethnischer Kategorien nachgegangen werden.[56] Anzumerken ist, dass hier ein in Polen populärer Topos zur Beschreibung der regionalen Gesellschaft in den ehemals deutschen Gebieten verwandt wird. Marian Wojakowski führt zwar eine ethnische Kategorie ein, distanziert sich aber zugleich davon, indem er die Rolle des Berichterstatters übernimmt. Lassen wir die ethnische Erklärung einmal beiseite, bleibt als Kern der Sequenz die Beschreibung einer sozialen Differenzierung der Einwohner, die von Neid und Missgunst begleitet wird. Erinnern wir uns in dem Zusammenhang an seine

> Marian Wojakowski: „Nie ma, nie! (mit Nachdruck) Nie ma. Ja jeździłem po całej Polsce. Tu jest naj... najgorsze społeczeństwo. Jeden drugiego nienawidzi. Bo to wszystko wymieszane jest (Lachen). Wszystko po wojnie na tereny odzyskane pozjeżdżało z Litwy, z Białorusi, tam te Ukraińcy z akcji Wisła, z rzeszowskiego poprzywożeni. I to jeszcze tak jak uczyli w szkołach to buntowali przeciwko Ukraińcom, przeciwko tym. W szkole uczyli tak nienawiści, tak, nie, że ten, ci są tacy, ci są tacy, ale no, taki Ukrainiec, no tak samo ja bym do ciebie powiedział: ‚ty Niemcu'. A już byś powiedział: ‚ty Ukraińcu', to, to już oburzony gość jest (Lachen). A co to ma do rzeczy: ‚ty Polaku' czy coś? No co, co to ma do rzeczy? (8). Ale ludzie u nas to wredny naród, oj wredny. Porozmawiaj sobie między sobą jak (Lachen)."
> Frage: „Ale co to znaczy? W jakim sensie wredny?"
> Marian Wojakowski: „W ogóle zazdrośni, zawistni."
> Frage: „Ale jak to jest?"
> Marian Wojakowski: „Który troszeczkę ma lepiej to te już na niego, już złe, że ktoś coś ma."
> Frage: „Ale jak to jest na przykład jeżeli ludzie jadą do Rosji, to oni mają już trochę lepiej, ale czy to jest taka nienawiść już?"
> Marian Wojakowski: „Tak, bo on do Ruskich jeździł, już on tego."
> Frage: „Ale w jakim sensie? Czy to nie jest – można tak powiedzieć? – niebezpieczne, nie, bo to jest ...?"
> Marian Wojakowski: „Ale to ich, tych ludzi to nie interesuje. Ich tylko, że ty jeżdzisz, że ty masz. Oni myślą, że pojedziesz albo mówię pojechał do Ruskich czy paliwo przywiózł, czy wódkę, czy papierosy. No, pojechał do Ruskich i przywiózł. Oni myślę, że tu leży normalnie w rowie, przychodzisz, nabierasz się. (Lachen) Oni nie rozumieją, że to kosztuje."

56 Zur weiteren Information sei auf folgende Literatur zu diesem Aspekt verwiesen: Blanke 2001; Hunecke 1999; Kossert 2001; Łukowski 2002; Mai 2005; Sakson 1998; Wagner 2001.

Meinung über die lokalen Eliten, so war Marians Urteil auch von Neid und Missgunst getragen.

Die lokale Gesellschaft ist in verschiedene Gruppen differenziert, zwischen denen kein Vertrauen besteht. Vielmehr „redet man einmal so und ein anderes Mal so" oder anders ausgedrückt: Man kann sich auf die Einwohner nicht verlassen. Die Basis der sozialen Differenzierung und der beschriebenen Verhaltensweisen ist in den Unterschieden im Lebensstandard zu suchen. Maria Jarosz spricht von einem „transformationsbegleitenden kulturellen Trauma" [57], verbunden mit Misstrauen gegenüber herrschenden gesellschaftlichen Gruppen. Neid richtet sich gegen die wirtschaftlich Erfolgreichen, zu denen auch Marian als Schmuggler gehört. Der Schmuggel ermöglicht ihm – im Vergleich zum durchschnittlichen lokalen Existenzniveau – einen überdurchschnittlichen Lebensstandard, bei dem man zudem unterstellt, dass er mit wenig Aufwand erreicht wird. Während Marian diese Sichtweise provoziert, stellt er selbst die mit dem Schmuggel verbundenen Kosten in den Vordergrund. Jedoch führt nicht die öffentliche Zurschaustellung eines Lebensstandards zur Differenzierung, sondern schon die Tätigkeit des Schmuggelns an sich wird von den Nachbarn als Ausdruck eines relativen Wohlstandes interpretiert.

Frage: „Aber besteht auch Feindschaft zwischen den Leuten, dass sie zum Beispiel Leuten irgendwelchen Schaden zufügen?"
Marian Wojakowski: „Nein, nein, nein, nein. Schaden eher nicht, weil hier ist es damit ruhig, weil jeder dem anderen schaden könnte, und man fürchtet sich, etwas zu machen, damit später ihm nichts geschieht. Jener macht nicht, weil er weiß, das könnte ihm auch passieren. (Lachen) Schau auch mal, oh ja, wie in Sępopol, so wie, wie man sieht. Wenige, die zu jemandem gehen. Kaum, dass einer zum anderen geht."[58]

Solange man selber befürchtet, dass einem Schaden zugefügt werden könnte, schädigt man auch seine Nachbarn nicht. In dieser Perspektive besteht so etwas wie ein ‚Gleichgewicht des Misstrauens', wobei die eigene Verletzlichkeit den nachbarschaftlichen Kontakt einschränkt. Verstärkt wird dieser Effekt durch die

---

57 Jarosz 2005: 145f.
58 Frage: „Ale czy istnieje też taka nienawiść między ludźmi, że na przykład zrobią jakąś krzywdę przeciw ludziom?"
    Marian: „Nie, nie, nie, nie. Raczej krzywdy nie tego, bo tu w tym jest spokojne, bo każdy jeden drugiemu może zrobić krzywdę, i ten się boi zrobić, żeby później jemu nie zrobili. Ten nie zrobi bo on wie, że może zrobić (Lachen). Także zobacz, o tak, jak w Sępopolu, tak jak, jak widać. Mało kto do kogoś przychodzi. No, mało kto jeden do drugiego chodzi."

ökonomische Differenzierung, die sich aus illegalen Tätigkeiten herleitet und die handelnden Personen angreifbar macht, weil sie bei den staatlichen Behörden denunziert werden könnten. Der soziale Rückzug in die vertrauten Beziehungen innerhalb der Familie verstärkt den Vertrauensverlust nach außen und setzt einen sich selbst verstärkenden Prozess steigenden Misstrauens in Gang.

Haushaltsökonomie zwischen Arbeitslohn und Schmuggel

Frage: „Ist es heute besser als in den Zeiten des Kommunismus, wie kann man das vergleichen?"
Marian Wojakowski: „Für mich ist es heute besser. Ein wenig habe ich von diesen Bienen, von der Schwiegermutter erbe ich das Försterhaus, im Wald, so ein schönes, ehemals deutsches, am Wasser. Ich bin dort mit Wohnsitz gemeldet. Meine Frau wohnt hier in Sępopol. Es gibt ein Häuschen, eine schöne kleine Wohnung. Man hat ein paar Złoty, man hat ein Auto und kann irgendwohin fahren. Dann schaut man, wer wo in welchen Lokalen sitzt, mit welchem Auto man sich bewegt, ja? (Lachen) Nun, man kann sehen, dass jemand Geld hat."[59]

Obwohl Marian seit 13 Jahren arbeitslos ist, hat sich die Lebenssituation seiner Familie in diesem Zeitraum durch die Diversifizierung der Arbeitsfelder und der Berufstätigkeit seiner Ehefrau verbessert. Ohne das Einkommen in dieser Sequenz direkt zu erwähnen, verweisen die Statussymbole auf einen gehobenen Lebensstandard: Wochenendhaus, Eigentumswohnung, Auto sowie das notwendige Geld für Ausflüge. Der Lebensstandard wird sichtbar durch bestimmte Lokale, die man aufsucht, den Wagen, den man fährt, und den zur Schau gestellten Müßiggang. Öffentlich gezeigt wird auch der regelmäßige Verkauf von Honig, der zwar keine Erklärung für seinen Lebensstandard bietet, Außenstehenden aber eine legale Einkommensmöglichkeit präsentiert.

Tatsächlich stellt das Einkommen aus der Imkerei nur einen kleinen Teil seiner Einkünfte dar. Das Einkiloglas Honig verkauft er für 15 Złoty, schätzungsweise setzt er während einer halbjährlichen Saison pro Woche maximal fünf Gläser ab, die auf das Jahr bezogen ein Monatseinkommen von 150 Złoty er-

---

59   Frage: „Teraz jest lepiej jak kiedyś w czasie komuny jak porównywać?"
     Marian Wojakowski: „Dla mnie teraz jest lepsza. Trochę mam z tych pszczół, po teściowej zostanie mi leśniczówka poniemiecka, ładna w lesie nad wodą, zameldowała mnie na stałe. Żona mieszka tutaj w Sępopolu. Domek ma. Ładne mieszkanko. Jest parę złotych, jest czym pojeździć samochodem. Bo przeważnie się patrzy gdzie kto przebywa w jakich lokalach, czy jakim się wozi samochodem, nie? (Lachen) No to widać, że ktoś ma pieniądz."

möglichen. Abzuziehen sind dabei noch Unkosten in unbekannter Höhe. Da in Russland die Gewinnspannen für Honig deutlich höher liegen, versucht Marian, seinen Honig auch dort zu verkaufen. Sein wichtigstes ökonomisches Standbein ist der kontinuierlich durchgeführte Schmuggel. Bei der teilnehmenden Beobachtung wurden die Erfahrung und das Geschick deutlich, mit denen er seinen Handel betreibt, sodass man ein durchschnittliches Nettoeinkommen von 2300 Złoty aus dem Kleinhandel schätzen kann.[60] Ein zweites Standbein des Haushaltseinkommens der Familie Wojakowski ist der mit 1000 Złoty anzusetzende Verdienst von Frau Wojakowska. Wie schon erwähnt, geht seine Frau einer legalen Vollzeitbeschäftigung nach. Obwohl sie den niedrigeren Verdienst hat, handelt es sich doch um eine für das Haushaltseinkommen zentrale Größe, da ihr Einkommen kalkulierbar ist und die familiäre Sozialversicherung garantiert.

Ungeachtet der teilweise auf Schätzungen beruhenden Angaben kann man von einem Nettohaushaltseinkommen in Höhe von ungefähr 3300 Złoty ausgehen. Damit liegt das Haushaltseinkommen sowohl über dem polnischen Durchschnittseinkommen von 2500 Złoty pro Kopf als auch über den realen lokalen Nettoeinkommensmöglichkeiten von 1000 Złoty, das bei zwei berufstätigen Personen einem Haushaltseinkommen von 2000 bis 2500 Złoty entspricht. Sicherlich sollte der hier vorgenommene Vergleich zwischen Marians Haushaltseinkommen mit dem durchschnittlichen individuellen Einkommen mit der gebührenden Vorsicht behandelt werden, gleichwohl ist der Vergleich gerechtfertigt, da in vielen Haushalten nur ein Mitglied ein sozialversicherungspflichtiges Einkommen bezieht.

Über das Einkommen hinaus stellt der Besitz von zwei gebrauchten Mittelklassewagen, einer bezahlten Eigentumswohnung und einem Wochenendhaus einen wichtigen Aspekt der Haushaltsökonomie dar, da sie neben dem realen Wert zugleich einen sozialen Standard symbolisieren. Auf der subsistenzwirtschaftlichen Ebene werden – neben Gemüse aus dem eigenen Garten – die Kosten für Lebensmittel auch durch den Kauf eines ganzen Schweins begrenzt. Das Schwein wird für 470 Złoty gemeinsam mit einem Bekannten erworben, vom Schlachter ohne offizielle Meldung verarbeitet und zu gleichen Teilen geteilt. Inklusive Lohn für den Schlachter gibt er für die verarbeitete Schweinehälfte ungefähr 300 Złoty aus. Obwohl weder das Gemüse aus dem eigenen Garten noch der Erwerb von Wurst und Fleisch aus der Schattenwirtschaft finanziell

---

60 Der Verdienst als Aushilfskellner bleibt hier unberücksichtigt, da sich damit sein Einkommen nicht erhöht. Der Verdienst einschließlich der Trinkgelder, die er bei einer Feierlichkeit erhält, entspricht ungefähr dem Gewinn aus einer Schmuggelfahrt (ca. 300 Złoty, vgl. das Kapitel: „Gewinn und Verlust im Schmuggelgeschäft"). Dabei entfällt für den Wochenendeinsatz als Kellner jeweils eine Schmuggelfahrt.

notwendig sind, werden sie als Möglichkeiten zur Einsparung genutzt. Dabei werden finanzieller und zeitlicher Aufwand in Bezug zum Gewinn gesetzt, bevor in einem zweiten Argumentationsstrang qualitative Argumente wie ökologischer Anbau und Geschmack erwähnt werden. Auch bei der Anstellung von dritten Personen für bestimmte Arbeiten werden die Kosten in Beziehung zu den Verdienstmöglichkeiten gesetzt, über die Marian verfügt, wenn er die gewonnene Zeit für den Schmuggel nutzt. Während für einen Arbeitslosen bei vier Złoty Stundenlohn in zwei Tagen maximal 80 Złoty zu bezahlen sind, kann Marian beim Schmuggel die drei- bis vierfache Summe innerhalb von zwei Tagen verdienen.[61]

Schmuggel als Alltagspraxis

Seit 1993 betreibt Marian Wojakowski den Kleinhandel an der Kaliningrader Grenze. Rechtlich handelte es sich auch damals um geschmuggelte Waren, da die Einfuhr ohne Zolldeklaration oder Steuererklärung erfolgte. Da jedoch die Kontrollen von Zoll- und Grenzbehörden äußerst nachsichtig waren und im Zweifelsfall die Einfuhr mit Bestechung erwirkt werden konnte, wurde der Schmuggel eher als akzeptable Ordnungswidrigkeit denn als strafbares Delikt erlebt. Von dieser Ausgangssituation ausgehend beschreibt er rückblickend den Beginn seines Grenzhandels:

Marian Wojakowski: „Man sitzt zu Hause an seinem Platz, und das ist teuer und so. Denke ich. Wo habt ihr Geld, dass einmal im Jahr, – man wird immer älter, später wird man nicht mehr gehen, oder? [Ja.] Später werde ich zu Sylvester nicht mehr ausgehen. Es gibt die Gelegenheit, also gehe ich. Ob es so viel kostet oder so viel. Angeblich arbeiten die Leute, doch Geld haben sie nicht. Was ist das? Kann man wirklich in dem Russland ein paar Złoty erarbeiten oder was? Nun, wenn ich mir das ansehe, zu Hause mache ich die Einkäufe, hier ein Schwein, das und das, ich gehe in den Laden. Von meiner Frau nehme ich nichts. Nur von meinem Geld. Aber wenn ich nicht fahren würde? Doch die Grenze wird es weiter geben, es gab sie, sie besteht, und sie wird bestehen. Grenze, Gastronomie und Bordelle, Liederlichkeit, die drei ältesten Gewerbe der Welt. <u>Sie gehen nie unter (Lachen)</u>. So war es, oder nicht? [Nun ja.] Die drei ältesten Gewerbe der Welt. Sie gehen schließlich nie unter. Seit dem Beginn der Welt."[62]

---

61 Unberücksichtigt bleibt dabei die unterschiedliche Stundenzahl von 20 Arbeitsstunden bei der Renovierung und ca. 36 Stunden, die Marian an der Grenze verbringt.

62 Marian Wojakowski: „Na miejscu siedzą w domu a to drogo, a to tak. Ja myślę. To gdzie wy macie pieniądze, że raz w roku, człowiek coraz starszy już później nie będzie chodził, nie. [No.] Ja później nie będę już chodził na sylwestra. Jest okazja się

Als Marian vor 13 Jahren mit dem Schmuggel begonnen hatte, war er auf der Suche nach neuen Erwerbsmöglichkeiten. Während sich in dieser Zeit hoher Arbeitslosigkeit ein Teil der Bevölkerung in die Privatheit zurückzog, überlegte Marian, welche Chancen er in seinem Leben hätte und wie er Geld verdienen könnte, wobei er weder Reichtum anhäufen wollte noch perspektivisch den Aufbau einer Geschäftstätigkeit plante. Vielmehr suchte er eine Möglichkeit, einen regional überdurchschnittlichen Lebensstandard zu verwirklichen und gleichzeitig eigenen Interessen nachgehen zu können. Die Grenze machte ihn wirtschaftlich unabhängig und garantiert ein zuverlässiges Einkommen. Hinter seiner rhetorischen Frage, wie er seinen Lebensunterhalt ohne die Grenze sichern würde, wird die Relevanz des Schmuggels für ihn deutlich. Eine Schließung der Grenze würde für ihn genau die gleichen negativen Auswirkungen haben, wie sie der Wegfall von Kontrollen haben würde. In beiden Fällen käme es zu einem Zusammenbruch des Marktes. Indem er Grenzen, Kneipen und Bordelle nebeneinanderstellt, schafft er einen Zusammenhang zwischen dem Schmuggel von Alkohol und Zigaretten mit Barbetrieb und Prostitution. Den gemeinsamen Hintergrund bildet ein Verhalten, das er mit dem Begriff „kurestwo" beschreibt, der eine Mischung aus Liederlichkeit, Wollust und allgemein nicht den ethischen Normen entsprechendem Verhalten umschreibt. Grenzen eröffnen immer die Möglichkeiten zu illegalen Einkünften. Grenzen, Kneipen und Bordelle haben gemeinsam, dass sie den Raum für halblegale und illegale Aktivitäten bereitstellen. In allen drei Bereichen obsiegen Lust und Begierde über bürgerliche Werte und Ordnung. An die Stelle moralisch-ethischer Normen treten borniete individuelle Interessen.

Marian gehört zu einer lokalen Gruppe von Schmugglern mit langjähriger Erfahrung. Seine Fahrten unternimmt er immer allein, gleichwohl ist er an ‚seinem Arbeitsplatz' bekannt. Die Häufigkeit seiner Fahrten wird vor allem durch den notwendigen Zeitaufwand für eine Schmuggelfahrt sowie durch anfallende andere Arbeiten in seiner Imkerei und als Aushilfskellner bestimmt. Im Forschungszeitraum benötigte er für die Rückkehr von der Grenze in der Regel eineinhalb Tage, wobei die Zeiten in Ausnahmefällen auch manchmal zwischen acht und sechzig Stunden variieren konnten. Üblicherweise fährt er ein bis zwei

---

idzie. Czy tyle kosztuje, czy tyle. Niby pracują i pieniędzy nie mają ludzie. Co to jest? Czy to naprawdę się zarabia w tej Rosji parę złotych czy co? No, ja patrzę w domu to zakupy robię, to świniaka, to, to, do sklepu chodzę. Od żony nie biorę. Za swoje. Ale jakby tu nie jeździł. Ale granica będzie, była, jest i będzie. Granica, gastronomia i burdele, kurestwo. Najstarsze trzy zawody świata. <u>Oni nigdy nie zginą</u> (Lachen). No, tak było, nie. [No tak.] Najstarsze trzy zawody świata. One przecież nie zginęły. Od początku świata."

Mal in der Woche in das Kaliningrader Gebiet. Eine gewisse Regelmäßigkeit der Schmuggelfahrten erwächst aus der Notwendigkeit, in Kontakt mit den Vorgängen an der Grenze zu bleiben. Nur so ist gewährleistet, immer die neuesten Entwicklungen zu kennen. Wie der Broker den Börsenkurs verfolgt, so muss der Schmuggler den Wandel an der Grenze überblicken: „Man muss fahren, damit man nicht den Anschluss verpasst, damit man sieht, was geschieht."[63]

Schon bei seinen Tätigkeiten als Fernfahrer und Kellner beruhte Marians Erfolg auf seinen kommunikativen Fähigkeiten. Sie ermöglichten es ihm, auf eigene Rechnung nebenbei Geschäfte zu tätigen und verhalfen ihm zu ansehnlichen Trinkgeldern. Als Kellner bediente er nicht nur, vielmehr hatte er an der Bar den Überblick, wo man in Zeiten des realsozialistischen Mangels auch zu fortgeschrittener Stunde noch Getränke bekam, wem er zuhören musste oder wer unterhalten werden wollte. Seine kommunikative Kompetenz und Kontaktfähigkeit ist auch die Grundlage seines Erfolgs beim Schmuggel. Er kennt die Personen, die auf russischer Seite bestochen werden müssen, und weiß auch, wann er die Zahlung von Bestechungsgeldern umgehen kann. In den Stunden an der Grenze ergibt sich die Gelegenheit, mit bekannten Personen einige Worte zu wechseln und neue Kontakte zu knüpfen. Häufig erfährt man nur bereits Bekanntes, meist redet man über den frustrierenden Alltag an der Grenze, doch manchmal bekommt man auch wichtige Hinweise. In jedem Fall gelingt es einem aber, zumindest die endlose Langeweile der Warterei zu verkürzen. Kontakte werden aufgefrischt, gehalten und erweisen sich eventuell als hilfreich.

Auf der Grundlage der dargestellten Zusammenhänge ist es jetzt möglich, die Frage nach den Gründen zu beantworten, die Marian veranlassen, dem Schmuggel nachzugehen. Sein persönlicher Ausgangspunkt war die Verschlechterung der wirtschaftlichen Situation zu Beginn der 1990er Jahre, als er auf der Suche nach neuen Erwerbsmöglichkeiten war. Der mit dem Grenzhandel verbundene Bruch moralischer Normen relativierte sich für ihn vor dem Hintergrund vergleichbarer Erfahrungen in anderen Arbeitsverhältnissen. Obwohl er damals Arbeit suchte, war die wirtschaftliche Situation der Haushaltsgemeinschaft mit dem Einkommen seiner Ehefrau sowie durch die Imkerei und andere Aushilfstätigkeiten grundsätzlich gesichert. Diese Sicherheit machte es ihm möglich, sich im Graubereich des stillschweigend geduldeten Kleinhandels zu etablieren. Als 2004 mit dem Beitritt Polens zur Europäischen Gemeinschaft die Grenzkontrollen verschärft wurden, hatte sich Marian soweit in die informellen Strukturen des Schmuggels eingearbeitet, dass er sich den Veränderungen anpassen konnte. Neben der beschriebenen Kommunikationsfähigkeit beruht sein Erfolg auf einer

---

63 Marian Wojakowki: „Trzeba jeździć, żeby nie wypaść z rytmu, żeby patrzeć co się dzieje."

Eigenschaft, die vielleicht am treffendsten mit dem Wort ‚Chuzpe' zu beschreiben ist. Gemeint ist eine individuelle Mischung aus Dreistigkeit, Pfiffigkeit und Selbstverständlichkeit, mit der er den aus der Widersprüchlichkeit seiner sozialen Rollen als Schmuggler und anerkannter Bürger für sich in Einklang bringt.

Im folgenden Kapitel wird eine weitere Form der sozialen Organisation des Schmuggels vorgestellt. Sie lässt sich mit Freiberuflern vergleichen, die an einem gemeinsamen Ort jeweils individuellen Tätigkeiten nachgehen. Die moderne Form selbstständiger Netzdesigner, Architekten, Journalisten usw., die sich einen Büroraum teilen, kann hierbei als Beispiel dienen. Ein Schwerpunkt der Darstellung liegt dabei auf der Frage nach der Bedeutung von Vertrauen und Misstrauen in der lokalen Gesellschaft.

DIE FREIBERUFLER – „MIT EINER LEGALEN ARBEIT HÄTTE MAN WENIGER STRESS"

Es ist früher Morgen in einer Kleinstadt unweit der Grenze, als ich auf einem Parkplatz gemeinsam mit einer Gruppe von Schmugglern auf einen Bus warte, der im täglichen Linienverkehr Polen und Kaliningrad verbindet. Schon vor einigen Wochen hatte mich eine Mitfahrerin in die Gruppe eingeführt, und ich war seitdem mehrmals mit ihnen nach Kaliningrad gefahren. Es sind vier Männer und sechs Frauen, die hier zusammenstehen. Bis wir losfahren, wächst unsere Gruppe auf 25 Mitreisende an, die überwiegend über 50 Jahre alt sind. Einige kommen im eigenen Pkw oder werden von ihren Ehemännern mit dem Wagen gebracht; vier Frauen, deutlich jünger als die Mehrzahl der Reisenden, pendeln täglich aus einer 80 Kilometer entfernten Kleinstadt. Dass es sich um Schmuggler handelt, erkennen die Eingeweihten an der einfachen Kleidung, die auch an warmen Tagen aus mehreren Schichten Hemden, Jacken und Mänteln besteht. Außerdem führt jeder mehrere stabile Plastiktüten mit sich, die sich besonders für den kleinen Grenzhandel eignen. Alle fahren mehrmals in der Woche mit dem Bus, manche haben sich ihre Arbeit in eine Fünf- oder Sechstagewoche mit freiem Wochenende eingeteilt. Selten gibt es Veränderungen in der Zusammensetzung der Mitfahrer, nur wenige sind in den letzten Jahren neu hinzugekommen.

Es herrscht eine Atmosphäre wie beim morgendlichen Arbeitsbeginn, man begrüßt sich, tauscht Neuigkeiten über Familie und Bekannte aus, kommentiert die kleinen Probleme des Alltags und spekuliert über die Arbeitsbedingungen des bevorstehenden Tages. Untereinander herrscht eine freundlich distanzierte Umgangsweise, die Kontakte sind auf die Arbeitszeit begrenzt, denn nähere Bekanntschaften werden hier nicht geschlossen. Wenn Mitfahrer untereinander private Kontakte haben, so bestanden diese schon vor ihrer Zeit als Schmuggler. Es handelt sich um Arbeitskontakte, doch wer Geburtstag bzw. Namenstag hat, gibt für die Kolleginnen und Kollegen eine Runde Wodka aus. Bei der Geburt eines Kindes sammelt man ebenso für ein Geschenk wie man beim Tod des Ehegatten einer Kollegin einen Kranz spendet. Zwar kann jeder den Bus benutzen, man trifft jedoch nur selten fremde Mitreisende an.

Zurück zum heutigen Morgen: Mittlerweile fährt auch unser Bus auf den Parkplatz. Während er sich dem gewohnten Halteplatz nähert, erfasst eine plötzliche Hast und Unruhe die wartende Gruppe. Bepackt mit Tüten und Taschen rennen alle los, und noch bevor der Bus zum Stehen kommt, hat sich am hinteren Eingang eine drängelnde Menge gebildet, wobei jeder mit körperlichem Einsatz versucht, als Erster in den Bus zu gelangen. Als der ‚pilot'[64] mich sieht, öffnet er die vordere Tür und lässt mich dort einsteigen; eine andere Schmugglerin, die ebenfalls die Gelegenheit nutzen will, wird von ihm daran gehindert und auf die hintere Tür verwiesen. Die Szene ruft bei dem Beobachter Erstaunen hervor, denn jeder Reisende verfügt über seinen angestammten Platz, wobei es sich immer um einen Doppelsitz handelt, bei dem der zweite Sitz frei bleibt. Würde man den zweiten Platz belegen, so müsste man mit erheblichem Protest der betroffenen Person rechnen, der so weit geht, dass unbeteiligte Reisende sich nur auf Anweisung des ‚pilot' setzen können. Prinzipiell bin ich zwar auch von diesem Problem betroffen, da ich aber gleich zu Beginn einer Schmugglerin zugesichert habe, einen Teil ihrer Waren zu übernehmen, darf ich ihren Nachbarplatz besetzen.

Bevor wir losfahren, hält noch ein Kleintransporter neben unserem Bus, und Kisten mit Fleischwaren werden im Kofferraum des Busses verstaut. Es ist die Zeit des Importverbotes von Fleischwaren nach Russland.[65] Später, bei der Einreise nach Russland, müssen zwar alle Mitreisenden den Wagen verlassen, jedoch werden die russischen Zöllner den Stauraum des Busses auf keinen Fall untersuchen. 26 Złoty kostet die Rückfahrkarte bis in die Stadt Kaliningrad, doch die meisten Mitreisenden verlassen den Bus schon wenige Hundert Meter hinter der Grenze, an einer Stelle, die mit einer Vielzahl von Verkaufsständen auf den Bedarf der Schmuggler spezialisiert ist. Zu jedem Stand gehört ein kleiner sepa-

---

64 Als Reiseleiter ist es seine Aufgabe für die reibungslose Durchführung der Fahrt zu sorgen. Dazu gehören die Grenzformalitäten, die Verhinderung von Beschädigungen am Fahrzeug sowie das Einsammeln der Gelder für das obligatorische Strafmandat.

65 Russland verbot zeitweise den Fleischimport aus Polen und anderen EU-Ländern, weil diese angeblich Fleisch aus an der Schweinepest erkrankten Beständen exportierten.

rater Raum, der von außen wie eine Garage aussieht. Hier haben die Schmuggler die Möglichkeit, ungesehen ihre Waren zu verstauen. Mittlerweile hat unser Bus die polnische Seite der Grenze erreicht, und während wir warten, entwickelt sich eine rege Betriebsamkeit unter den Mitfahrern. Man verständigt sich darüber, welche Zöllner Dienst haben und schätzt daraufhin die Chancen ab, bei der Einreise vielleicht nur oberflächlich kontrolliert zu werden. Über Mobiltelefone werden die Informationen an Freunde und Bekannte weitergegeben, die daraufhin ihre Fahrten mit dem Pkw oder einem anderen Bus planen.

Nachdem wir die Kontrolle hinter uns gelassen haben, steigen die meisten Mitfahrer wenige Hundert Meter hinter der Grenze auf russischer Seite aus, nur eine kleine Gruppe setzt die Fahrt bis in die Stadt Kaliningrad fort. Bei der Weiterfahrt herrscht im Bus eine gelöste Atmosphäre, in Plastikbechern wird Wodka gereicht, und mit dem ‚pilot' leeren wir gemeinsam eine Flasche. In Kaliningrad halten wir an den alten Befestigungsanlagen, in deren Katakomben Großhändler Waren unterschiedlichster Art feilbieten. Zwar handelt es sich nicht um eine reguläre Haltestelle der Buslinie, jedoch wissen Fahrer und ‚pilot', dass alle Reisenden das gleiche Ziel haben. Während Fahrer und ‚pilot' allein weiterfahren, erledigen die anderen Mitfahrer ihre Einkäufe und werden auf der Rückfahrt auch an dieser Stelle wieder abgeholt. Zwar sind die Fahrtkosten bis in die Stadt Kaliningrad höher als bis zum ersten Verkaufstand an der Grenze, jedoch gleicht der etwas niedrigere Kaliningrader Preis für Zigaretten und Wodka die Differenz aus. Mit vollgepackten Tüten und Taschen sowie zusätzlichen Großpackungen Zucker stehen die Fahrgäste nachmittags am verabredeten Haltepunkt.

Kurz vor der Grenze betankt der Fahrer noch den Bus und verstaut im jetzt leeren Kofferraum zusätzlich sechs Benzinkanister. Nachdem am ersten Halteplatz hinter der Grenze auch die anderen Mitfahrer zugestiegen sind, entwickelt sich im Bus eine hektische Betriebsamkeit, um die Schmuggelware vor der Zollkontrolle zu verstecken. Jeder Reisende führt bis zu zehn Stangen Zigaretten sowie einige Flaschen Wodka und mehrere Kilo Zucker mit. Man öffnet die Stangenverpackung der Zigaretten, fügt die einzelnen Packungen mit Klebeband aneinander und befestigt sie an verschiedenen Körperstellen, so werden Arme, Beine und Bauch ‚ausgepolstert'. Beliebt ist auch die Schamgegend, da hier bei den Zöllnern und Zöllnerinnen die größte Scheu vor einer genauen Leibesvisitation besteht, – ganz im Gegensatz zu der Situation im Bus, wo man ohne große Scham die Waren unter Hosen und Röcken verstaut. Jetzt erweist sich die Vielzahl der übereinander getragenen Kleidungsstücke als hilfreich, da sich in allen Taschen Waren verstauen lassen. Zusätzlich werden Versteckmöglichkeiten im Bus genutzt, die jedoch relativ eingeschränkt sind, da es sich um ein neuwertiges Fahrzeug handelt und der ‚pilot' auf eventuelle Beschädigungen achtet. Aber auch so findet man Verstecke, in den Falten der Gardinen, unter scheinbar achtlos im Gepäckfach liegenden Zeitungen, zwischen den Sitzen und in Mülltüten, die an den Lehnen hängen. Einzelne aus der Verpackung gelöste Zigaretten verschwinden in Briefumschlägen, die scheinbar achtlos liegen bleiben, und kleine Hohlräume im Fahrzeug werden ebenfalls gefüllt. Auch die Funktion der vielen Tüten und Taschen erweist sich als sinnvoll, denn die Taktik beruht darauf, möglichst viele unterschiedliche Dinge mit sich zu führen, in und zwischen denen sich Waren verstecken lassen. Im Inneren einer Tischuhr werden Zigaretten versteckt, ebenso in einem Zuckerstreuer und zwischen Kleidungsstücken. Zusätzlich werden Waren von Tütensuppen bis zu Haushaltsgegenständen in Russland gekauft, die man zum einen selber nutzt oder auch weiterverkauft, die aber vor allem von den versteckten Zigaretten ablenken sollen. Der Inhalt von Wodkaflaschen wird in Limonadenflaschen umgefüllt, die dann auf den Sitzplätzen liegen bleiben. Von der russischen Grenzkontrolle, die zwischendurch den Wagen betritt und die Pässe einsammelt, nimmt niemand Notiz, sieht man einmal davon ab, dass in jedem Pass ein Dollarschein liegt. Nachdem wir die russische Grenzkontrolle verlassen haben, stehen wir noch zwei Stunden im Niemandsland zwischen den Grenzen, bevor wir einen freien Platz an der polnischen Kontrollstation zugewiesen bekommen. Meine Mitfahrer nutzen die Gelegenheit zu einem zollfreien Einkauf internationaler Markenware von Alkohol und Zigaretten. Diese höherwertigen Waren werden anschließend als legaler Einkauf beim Zoll deklariert. Zur Zollkontrolle fährt der Bus auf polnischer Seite in eine ‚Hangar' genannte Halle mit Grube, wo das Fahrzeug auch von unten kontrolliert wird. Da diese Vorrichtungen nicht an allen Grenzübergängen vorhanden sind, vermeiden einige Busse diesen Übergang. Alle Passagiere müssen mit ihrem Gepäck das Fahrzeug verlassen und sich zur Zollkontrolle begeben. In einem abgeteilten Raum werden wir nach Geschlechtern getrennt zu zweit aufgerufen, müssen Taschen und Tüten öffnen, eventuell sogar ausräumen und werden auch am Körper abgetastet. Die beschlagnahmten Zigaretten und Wodkaflaschen stapeln sich dabei am Rande des Tisches. Nur wenigen Mitreisenden gelingt es, die Kontrolle zu passieren, ohne dass ein Teil ihrer Waren vom Zoll eingezogen wird. Andererseits sind aber auch Fälle selten, bei denen ein Schmuggler alle Waren verliert, die er in Taschen und am Körper mit sich führt. Nachdem wir die Personenkontrolle passiert haben, sammeln wir uns in einem Gebäude, in dem Wechselstuben und Cafés ihre Dienste anbieten. In der Zwischenzeit wird das Fahrzeug von innen und außen nach versteckten Waren durchsucht.

Je nachdem wie lange die Fahrzeugkontrolle dauert, warten wir hier manchmal bis zu zwei Stunden auf die Freigabe des Busses. In der Zwischenzeit werden die am Körper versteckten Zigaretten wieder in Plastiktüten verstaut. Während wir warten, beobachte ich eine Frau, deren Bus die polnische Kontrolle noch nicht passiert hat, die, von den Zöllnern unbehelligt an der Kontrollstelle vorbei geht und ihre Waren in einer Bar unterstellt. Als sie wieder in den Bus einsteigt und, jetzt ohne Schmuggelwaren, auf die Kontrolle wartet, hat sie auf diese Weise 30 Stangen Zigaretten unbemerkt über die Grenze gebracht. Wie ihr das möglich war, bleibt ihr Geheimnis und wird auch von meinen Mitfahrerinnen mit Erstaunen registriert. Einige Tage später beobachte ich, wie sie wieder zu Fuß die Kontrollstelle passiert, um dann zu ihrem Bus zurückzukehren.

Nachdem der Bus den Hangar verlassen hat, sammeln sich alle Mitfahrer vor dem Fahrzeug, wo der ‚pilot' die Pässe verteilt. Er händigt die Pässe nur aus, wenn zuvor der auf jeden Mitfahrer entfallende Anteil des zu bezahlenden Strafmandates entrichtet wurde, erst danach gibt er den Zutritt zum Bus frei. Bei allen Passagieren wurden zwei bis vier Stangen Zigaretten beschlagnahmt, die entweder am Körper oder im Wagen versteckt waren. Das dafür zu entrichtende Strafmandat wird jedoch nicht auf die einzelnen Personen ausgestellt, sondern als Sammelmandat je nach Umfang auf ein oder zwei freiwillige Mitfahrer ausgeschrieben. Ausgenommen von der Aufteilung des Strafmandates sind unbeteiligte Reisende sowie Fahrer und ‚pilot'. Die diesmal zu entrichtende Strafe von 620 Złoty wurde in zwei Mandate von je 310 Złoty aufgeteilt, sodass auf die 24 Mitfahrer jeweils 30 Złoty entfallen. Erst nachdem dieser Betrag dem ‚pilot' übergeben wurde, öffnet er die Wagentür zum Einsteigen. Diese Form der gesammelten Strafmandate hat für alle Beteiligten den Vorteil einer vereinfachten und damit beschleunigten Abfertigung. Zum einen ist es auf diese Weise möglich, die Zigaretten aus dem Bus, für die keine Einzelperson verantwortlich zu machen ist, dem Strafmandat zuzuschlagen, zum anderen würde das Ausschreiben einzelner Mandate einen erheblich größeren Zeitaufwand erfordern. In der Regel ist es kein Problem, einen Mitfahrer zu finden, der sich bereit erklärt, das Strafmandat auf seinen Namen ausstellen zu lassen. Er bekommt das Geld vom ‚pilot' ausgehändigt und hat damit in den nächsten Tagen Gelegenheit, den Betrag zu überweisen. Da man die Überweisung mit mehreren Wochen Verzögerung vornehmen kann, werden die Gelder auch gerne als ‚Kredit' für den Einkauf bei der nächsten Schmuggelfahrt genutzt. In manchen Fällen haben sich diese Beträge auf mehrere Tausend Złoty angesammelt, und den Betroffenen droht der Entzug des Reisepasses an der Grenzkontrollstelle.

Während wir den Grenzbereich verlassen, suchen die Mitfahrer ihre Waren, die im Bus versteckt sind, aber nicht vom Zoll gefunden wurden. Sobald eine Polizeistreife am Straßenrand zu sehen ist, fordert der ‚pilot' alle auf, schnell Platz zu nehmen, um möglichst unauffällig zu erscheinen. Am frühen Abend sind wir wieder zurück, meine Mitfahrer sind zufrieden, das Strafmandat hat den einkalkulierten Umfang nicht überschritten, mit kurzem Gruß verlassen alle den Bus. An dieser Stelle verlassen wir die Beschreibung der Schmuggelfahrt im Linienbus und wenden uns zunächst der Lebenssituation eines Mitfahrers zu.

Die Rekonstruktion der Lebenssituation von Andrzej Tarkowski

Andrzej Tarkowski lerne ich im Autobus kennen, der im täglichen Linienverkehr grenznahe polnische Ortschaften mit Kaliningrad verbindet. Gemeinsam mit zwei gleichaltrigen Kollegen nutzt Andrzej den Bus, um an sechs Wochentagen nach Russland zu fahren. Zusammen bilden sie eine Gruppe, die ihre festen Plätze im Bus hat und den Schmuggel mit großer Gelassenheit durchführt. Überhaupt erwecken sie den Eindruck, als wäre der Schmuggel für sie ein routiniertes Alltagsgeschäft. Mit Gleichmut lassen sie die Grenzkontrollen über sich ergehen. Nur selten vernimmt man von ihnen Unmut über lange Wartezeiten und ausgiebige Kontrollen oder Klagen über den Verlust von Waren, wie sie von ihren Mitreisenden häufig geäußert werden. Die Routine, mit der Andrzej und seine Kollegen ihre Waren transportieren, zeigt sich auch in der Ruhe, mit der sie auf die Beschlagnahme eines Teils ihres Schmuggelgutes reagieren. Der Verlust von Waren gehört zum einkalkulierten Betriebsrisiko, und so wäre es unsinnig, sich darüber weitere Gedanken zu machen.

Das Interview führen wir nach einer gemeinsamen Rückfahrt von Kaliningrad. Obwohl Andrzej in Bartoszyce wohnt, bittet er mich, ihn in meinem Wagen in ein nahe gelegenes Dorf mitzunehmen. Es handelt sich um die Arbeitersiedlung eines ehemaligen Staatsgutes (poln.: PGR). Hier, wo seine Eltern und Verwandten wohnen, wurde er geboren und hier hält sich Andrzej auch heute noch am liebsten auf. Das Landleben würde er eigentlich seinem Wohnsitz in der Stadt vorziehen. Auf dem Land finde man mehr Vergnügungen, so könne man, erzählt Andrzej, in den nahen Seen angeln. Es ist ein warmer Sommerabend. Vor dem Wohnhaus seiner Eltern sitzen mehrere Leute an einem Tisch, von Zeit zu Zeit kommen Nachbarn vorbei. Ich parke nur wenige Meter entfernt am Straßenrand. Wir bleiben im Wagen sitzen, Vorübergehende grüßen uns, Kinder halten mit ihren Fahrrädern kurz am Wagen, ohne dass dadurch unser Gespräch unterbrochen wird.

Andrzej Tarkowski wuchs in der Arbeitersiedlung der PGR auf. Als wir uns kennenlernen, ist er Anfang 40. Einen Beruf hat er nicht gelernt. Auch ohne Ausbildung standen ihm nach Abschluss der Hauptschule verschiedene Arbeitsmöglichkeiten in den staatlichen Landwirtschaftsbetrieben und auf dem Bau offen. Andrzej begann in einer Genossenschaft der Gemeinde[66] als Beifahrer. Zu seinen Aufgaben gehörte der Transport von Produkten kleinbäuerlicher Landwirtschaften und von Wildsammlungen in den zentralen Betrieb sowie die Verteilung von Obst und Gemüse im ganzen Land. Vielfach handelte es sich um Nachtfahrten, da Gemüse und Früchte in den Morgenstunden angeliefert wurden. Achtzehn Jahre war Andrzej als Beifahrer in der Genossenschaft angestellt, bis man ihm Anfang der 1990er Jahre kündigte. Zu seinen Aufgaben gehörten die Be- und Entladungen, und da ihm die Tätigkeit gefiel, unternahm er keine Anstrengungen zur beruflichen Veränderung. Es war eine abwechslungsreiche Tätigkeit, die ihn durch ganz Polen führte, zudem fiel immer etwas Obst und Gemüse für ihn ab. Diese kleinen Vergünstigungen hatten in der polnischen Mangelwirtschaft eine hohe Bedeutung und steigerten seine Arbeitszufriedenheit. Noch heute erinnert er sich daran, wie er von einer Fahrt Tüten mit Mandarinen nach Hause brachte. Nach seiner Entlassung fand er einen neuen Arbeitsplatz in einem Sägewerk.

Gemeinsam mit seiner Frau und zwei schulpflichtigen Kindern lebt Andrzej seit einigen Jahren in Bartoszyce. Seine Frau hat einen festen Arbeitsplatz als Verkäuferin, und die ältere Tochter besucht die berufsbildende Schule mit der Perspektive, ebenfalls Verkäuferin zu werden. Nachdem er seinen ersten langjährigen Arbeitsplatz bei der Genossenschaft verloren hatte, nutzte er gemeinsam mit seiner Frau die freien Wochenenden im Sägewerk für Fahrten nach Kaliningrad. Als er nach fünf Jahren erneut den Arbeitsplatz verlor, gelang es ihm nicht mehr, eine neue Beschäftigung zu finden, und er begann eine regelmäßige Tätigkeit als Schmuggler. Seine Frau begleitet ihn schon seit einigen Jahren nicht mehr, da sie ihre arbeitsfreien Tage als Ruhepause benötigt. Andrzej dagegen fährt von Montag bis Sonnabend mit dem Linienbus nach Kaliningrad. Durch die Regelmäßigkeit hat er dem Schmuggel die zeitliche Form eines legalen Arbeitsverhältnisses mit einer Sechstagewoche und zehnstündigen Arbeitszeiten gegeben. Tatsächlich hat er eine 60-Stunden-Woche, auch wenn er den größten Teil der Zeit untätig wartend vor der Grenzkontrollstelle verbringen muss.

Die Berufsbiographie von Andrzej bezeugt eine Kontinuität an seinen Arbeitsplätzen, die typisch für die Lebenssituation im Staatssozialismus war. Das Normarbeitsverhältnis und die häufig lebenslange Zugehörigkeit zu einem Betrieb, wie sie in den westeuropäischen Staaten bis in die 1970er Jahre ver-

---

66 Die ‚Gminna Spółdzielnia' (GS) war eine Genossenschaft in kommunaler Verwaltung, die unterschiedliche Produktions- und Dienstleistungsbetriebe unter gemeinsamer Leitung vereinte. Dabei handelte es sich in der Regel um Versorgungsbetriebe des täglichen Bedarfs (Lebensmittelläden, Bäckereien, Schlachtereien etc.). Nur wenige dieser Genossenschaften wurden nach 1990 weitergeführt.

breitet waren, traf man in Polen noch bis zum Beginn der Systemtransformation an.[67] Auch die Frage einer Berufsausbildung war für ihn von untergeordneter Bedeutung, da für ungelernte Arbeiter ausreichend Arbeitsplätze zur Verfügung standen. Aufgrund der niedrigen technologischen Entwicklung bestand ein großer Arbeitsmarkt für gering qualifizierte Arbeiter in der Schwerindustrie und in den landwirtschaftlichen Staatsgütern. Zwar gelang es Andrzej nach der ersten Entlassung zunächst einen Arbeitsplatz zu finden, seitdem jedoch haben sich seine Chancen erheblich verschlechtert. Als ungelernter Arbeiter teilt er in der Region das Schicksal einer kaum übersehbaren Menge Arbeitsloser, denen nur Arbeiten mit niedrigster Entlohnung oder Schwarzarbeiten angeboten werden. In dieser Situation bot der informelle Kleinhandel mit geschmuggelten Waren eine Alternative mit hohen Gewinnaussichten.

Mit dem Verdienst aus dem Schmuggel verfügt seine Familie im regionalen Vergleich über ein überdurchschnittliches Einkommen. Sein monatlicher Verdienst aus dem Schmuggelgeschäft beläuft sich auf mindestens 1000 Złoty, wobei er ergänzt, dieser Verdienst sei leicht zu erreichen, sodass ein höherer Betrag anzunehmen ist.[68] Legt man die Sechstagewoche mit 24 Arbeitstagen im Monat zugrunde, so reicht ein Gewinn von 41 Złoty pro Fahrt aus, um ein monatliches Einkommen von 1000 Złoty zu erwirtschaften, wobei die Spanne des maximal möglichen Gewinns bis zu 3000 Złoty im Monat reicht. Als Verkäuferin verdient seine Frau bei Vollzeitbeschäftigung und Sechstagewoche im Monat 800 Złoty. Insgesamt verfügt der Vierpersonenhaushalt über ein monatliches Einkommen von 1800 bis 3000 Złoty. Die Spannbreite ergibt sich aus dem unsicheren Gewinn, der mit dem Schmuggel zu erzielen ist. Realistisch erscheint es, von einem durchschnittlichen monatlichen Haushaltseinkommen von 2500 Złoty auszugehen. Entlastet wird die Haushaltskasse außerdem durch die Versorgung mit Kartoffeln, Gemüse und Obst aus dem eigenen bzw. elterlichen Garten. Aufgrund seiner Arbeitslosigkeit erhält Andrzej zur monatlichen Wohnungsmiete von 600 Złoty vom Sozialamt eine Zuzahlung von 300 Złoty. Daher fallen für die Familie nur 300 Złoty an Mietzahlungen plus ca. 100 Złoty für Heizung und Energie an. Betrachtet man die Einnahmen und Ausgaben des Haushalts, so zeigt sich, dass es ohne den Gewinn aus dem Schmuggel nicht möglich wäre, die existenziell notwendigen Ausgaben zu decken.

---

67 Davies 2000: 375ff.; Jäger-Dabek 2003: 17ff., 150ff.; vgl. auch Sennett 2000.
68 Andrzej macht nur ungefähre Angaben über seine finanzielle Situation. Jedoch erschließt sich sein Haushaltseinkommen aus seinen Angaben in Verbindung mit Beobachtungen über die Gewinnspannen im Schmuggel und Durchschnittswerten für legale Beschäftigungsverhältnisse im Einzelhandel.

Die Relevanz des Schmuggels im Alltag

Andrzej Tarkowski: „Später verlor ich meine Arbeit, ich arbeitete dann wieder in einem Sägewerk, die Bäum... (unverständlich), ich arbeitete danach mit Holz. Fünf Jahre arbeitete ich, dann bekam ich die, diese Kuroniówka[69], diese, damit und nach dieser Arb..., dieser, dann habe ich überhaupt nicht mehr gearbeitet, niemand arbeitet, eigentlich fahre ich nur zu diesen Russen dort."[70]

Nachdem Andrzej Tarkowski fast 25 Jahre in formellen Arbeitsverhältnissen beschäftigt war, bestreitet er seinen Lebensunterhalt seit fünf Jahren durch informelle Wirtschaftstätigkeiten. Mit dem Schmuggel erwirtschaftet er einen erheblichen Teil des Haushaltseinkommens. Der zeitliche Rahmen seiner Fahrten innerhalb einer Sechstagewoche unterscheidet sich kaum von dem Arbeitsrhythmus, seiner früheren Arbeit als Beifahrer. Wechselnde Strecken und unterschiedliche Verkehrsbedingungen beeinflussten die Fahrzeiten während seiner Tätigkeit als Beifahrer, so wie heute die Wartezeiten an der Grenze nicht vorhersehbar sind und dazu führen, dass er zu unterschiedlichen Zeiten von den Schmuggelfahrten zurückkehrt. Ungeachtet dieser äußeren Übereinstimmungen zwischen dem informellen Kleinhandel und einem normalen Arbeitsverhältnis unterscheidet Andrzej beide Tätigkeiten. Der Kleinhandel ist für ihn keine Arbeit, die vergleichbar mit einer festen Anstellung innerhalb einer betrieblichen Struktur ist. Die Differenzierung zwischen Arbeit und informeller Tätigkeit wird durch seine Wortwahl hervorgehoben: „Niemand arbeitet, eigentlich fahre ich nur so zu den Russen". Vor diesem Hintergrund bitte ich ihn um einen Vergleich zwischen dem Schmuggel und einer regulären Tätigkeit, verbunden mit der Frage, welche Tätigkeit er vorzieht:

Andrzej Tarkowski: „Nein, es ist besser zu arbeiten. Weil man, wenn man arbeitet, dann, wie man weiß, dann stresst man sich dort nicht. Man führt einfach seine Arbeit aus und dann wird man vielleicht wie früher im Alter Rente bekommen, so sagt man. Für die Rente ist es auch besser zu arbeiten. Nun, aber was soll man machen, wenn du irgend-

---

69   Jacek Kuron war von 1989–1990 und 1992–1993 Sozial- und Arbeitsminister und führte das Arbeitslosengeld ein, das seitdem umgangssprachlich als ‚Kuroniówka' bezeichnet wird.

70   Andrzej Tarkowski: „Później straciłem pracę, później pracowałem znowu w takim, tartaku, takie drzew... (unverständlich), przy drzewni później pracowałem. 5 lat pracowałem, ale też 5 lat popracowałem, poszedłem na tą, taką kuroniówkę, taką, żeby to i po tej pra..., tej, już w ogóle nie pracowałem, nikt nie pracuje, tako tylko do tych ruskich tam o jeżdżę. "

wohin gehst, gibt es nichts, sie brauchen niemanden für die Arbeit, oder? Oder sie melden dich nicht an [bei der Sozialversicherung, M.W.], damit man arbeitet, aber nicht angemeldet ist. So ist das, nicht?"[71]

Für ihn ist der Schmuggel nur ein Job, der eine Möglichkeit bietet, wirtschaftlich zu überleben, jedoch näher an der Arbeitslosigkeit als an einem Beruf zu verorten ist. Sein Ziel bleibt ein legales Arbeitsverhältnis mit einem gesicherten Einkommen und Sozialversicherung. Bedenkt man die Routine und äußere Gelassenheit, mit der er dem Schmuggel nachgeht, so mag sein Urteil erstaunen. Mit seiner ersten Aussage „besser ist es zu arbeiten" betont er noch einmal die Unterscheidung zwischen Kleinhandel und einer legalen Arbeit. Wenn es besser ist, zu arbeiten, als zu schmuggeln, dann liegt der Rückschluss nahe, dass der Kleinhandel keine Arbeit im eigentlichen Sinn ist, auch wenn Andrzej dem Schmuggel die äußere Form eines normalen Arbeitsverhältnisses gegeben hat. Gegen eine Tätigkeit im informellen Sektor führt er den mit dem Schmuggel verbundenen Stress und die fehlende soziale Absicherung an. Die Problematik bezüglich der Rente und der Arbeitslosenversicherung erscheint so einsichtig, dass ich sie an dieser Stelle nicht weiter thematisieren möchte. Stattdessen wollen wir noch einen Blick auf den zweiten Faktor werfen, den mit dem Kleinhandel verbundenen Stress.

Den Stress thematisiert er nicht nur als Folge der Grenzkontrollen oder aus dem Verhalten der Grenzangestellten, vielmehr variiert Andrzej das Thema dahin gehend, dass der informelle Charakter des Kleinhandels eine Quelle von Stress darstellt. Während er als Arbeiter gegen wirtschaftliche und soziale Unsicherheiten abgesichert war, ist er diesen Risiken im informellen Sektor schutzlos ausgesetzt. Dabei spielt die Frage seines Gewinns nur eine untergeordnete Rolle, da er aufgrund seiner Erfahrungen und Fähigkeiten von einem durchschnittlichen Einkommen ausgehen kann. Beschlagnahmungen von Waren sind bei dieser Rechnung einkalkuliert und werden mit anderen Fahrten ausgeglichen. Ein fundamentaler Unterschied zwischen einem Normalarbeitsverhältnis und Arbeiten im informellen Sektor besteht in der Individualisierung der wirtschaftlichen Unsicherheiten. Verglichen mit den weisungsgebundenen Tätigkeiten eines Beifahrers entspricht der Verantwortungsbereich eines Kleinhändlers im informellen Sektor den Aufgaben eines selbstständigen Unternehmers. Konnte er als Arbeiter

---

71 Andrzej Tarkowski: „Nie, lepiej pracować. Bo człowiek jak pracuje, to tam, wiadomo, tam nie stresuje się. Tylko po prostu wykonuje tą robotę i później jak może jak kiedyś się na starość to on będzie miał tą rentę jak mówią. Jakieś emerytury także lepiej pracować. No ale co, jak gdzieś pójdziesz to po prostu nic, nie potrzebują do roboty no. Albo nie rejestrują, żeby robić a nie rejestrowany być. O tak, no?"

davon ausgehen, eine Aufgabe nach Anweisungen zu erfüllen, so liegen jetzt Ankauf und Verkauf der Waren ebenso wie deren Transport, also die wirtschaftliche und logistische Planung seiner Tätigkeit, in seiner eigenen Verantwortung. Zusätzlich erweist sich die Illegalität seines Kleinhandels als Stressfaktor, obwohl er diesen Aspekt nicht in den Vordergrund stellt. So antwortet er auf die Frage nach dem mit dem Schmuggel verbundenen Stress auch folgendermaßen:

Andrzej Tarkowski: „Das heißt, zu Beginn war es Stress, aber als man sich irgendwie schon, schon daran gewöhnt hatte, dann gab es schon nicht mehr diesen Stress. Früher gab es, war es, gab es Stress, man war schon so nervös, wenn, wenn man an die Rampe ging, nicht, man wusste nicht, ob man Zigaretten verliert oder nicht verliert, weil man wusste, das ist mein Geld. Ich kaufte alles, Dollar und russisches Geld, und ich kaufte die Zigaretten, um sie mitzunehmen, damit man etwas verdient. Das war, war, ist, ist Stress."[72]

Im Kontext dieser Überlegungen wird deutlich, warum für Andrzej Tarkowski der informelle Kleinhandel mit geschmuggelten Waren keine akzeptable Alternative zu einem festen Arbeitsverhältnis darstellt. Äußerlich zeigt er während der Kontrolle keine Anzeichen von Nervosität oder Stress, doch deutet der sprachliche Wechsel von der Vergangenheits- in die Gegenwartsform („Das war, war, ist, ist Stress.") darauf hin, dass er den Schmuggel auch nach Jahren noch als Stress empfindet. Der wirtschaftliche Gewinn aus dem Schmuggel sichert zwar den Lebensunterhalt seiner Familie, gibt Andrzej jedoch keine dauerhafte berufliche Perspektive.

Als Beifahrer hatte Andrzej einen zufriedenstellenden Arbeitsplatz. Die Kündigung bedeutete die Notwendigkeit, eine andere weniger zufriedenstellende Arbeit aufzunehmen und zugleich das Leben im Dorf gegen eine Stadtwohnung einzutauschen. Den Kleinhandel mit geschmuggelten Waren begann er zunächst in seiner Freizeit als willkommenen Zuverdienst, doch nötigte ihn die wirtschaftliche Notlage, daraus eine regelmäßige Tätigkeit zu machen. Im Rahmen der ihm zur Verfügung stehenden Möglichkeiten reagierte Andrzej damit auf seine sich wandelnde wirtschaftliche Situationen. Äußere Umstände verlangten von ihm Entscheidungen, die er als Verschlechterung erlebte. Während Andrzej vor 1990 auch als ungelernter Arbeiter berufliche Wahlmöglichkeiten hatte, so ist sich die

---

72 Andrzej Tarkowski: „To znaczy był stres z początku, a jak człowiek już jak, już przyzwyczai się, to już, nie ma tego stresu. Kiedyś był, on był, był stres, taki człowiek taki nerwowy był, jak, jak już na tą rampę przyszedł nie, nie wiadomo czy te papierosy straci, czy nie straci, bo to wiadomo to i moje pieniądze. Wszystko kupiłem dolary i te pieniądze, i kupiłem te papierosy żeby przewieźć, żeby człowiek zarobił. To był, był, jest, jest stres."

Familie heute der Tatsache bewusst, dass die Chancen der Kinder mit einer Berufsausbildung steigen. Auf jeden Fall deutet der Besuch einer berufsbildenden Schule bei der Tochter ebenso wie die weiterführende Schule seines Sohns darauf hin, dass sie im Schmuggel keine erstrebenswerte Zukunftsperspektive sehen.

Als Schmuggler an der Grenze

Während ein Teil der schmuggelnden Mitfahrer an vier bis fünf Werktagen im Linienbus anzutreffen ist, gibt es auch Tage, an denen deutlich weniger Personen den Bus benutzen. Ohne eine konkrete Absprache untereinander zu treffen, meiden die Schmuggler bestimmte Tage. Ich frage Andrzej, wovon die Entscheidung abhängt:

Andrzej Tarkowski: „Sie fahren nicht. Oh, manchmal, manchmal schauen sie nach der Schicht, wenn einige, wenn schlechte Zöllner da sind, nicht, solche, die alles wegnehmen, dann fahren sie nicht. Sie befürchten, dass ..., weil sie viel wegnehmen, manchmal fürchten die Frauen, warum soll man fahren, wenn, wenn man alles wegnimmt, und warum soll man dann dorthin fahren? Aber sie wissen, welche Zöllnerinnen[73] gut sind, nicht, die Zöllner und dann fahren viele Frauen dorthin und eben Männer und Frauen. Nun, sie wissen, dass da auch noch eine gute Schicht ist."
Frage: „Das heißt, mehr oder weniger weißt du immer, welches Team dort an der Grenze ist?"
Andrzej Tarkowski: „Ja, ein Team, dort ist ein Team. Nun ja, ja. Oh, manchmal, wenn wir kommen, nicht, dorthin fahren, sehen wir, wer dort ist, wer da ist, welche Zöllner da sind, und schon weiß man, dass, oh, der ist gut, der ist gut, der geht. Und schon weiß man, dass man fahren kann. Die Zöllner sind nicht so schlecht. Sie haben kein schlechtes Wesen, **ja**. Nun es ist einfach schwer hier, in Polen ist es schwer. Oh, die Frau, die dort sitzt [er zeigt auf eine Frau vor dem Haus, M.W.] sie arbeitet jetzt in der Tschechoslowakei, sie ist jetzt für einen Urlaub gekommen. Morgen fährt sie nach Tschechien. Irgendwo dort packt sie am Band Fernseher in Kartons, irgendwo dort."[74]

---

73 Andrzej spricht hier von Zöllnerinnen, da es sich mehrheitlich um Frauen handelt, die im Linienbus schmuggeln und an der Grenze von weiblichen Zollangestellten kontrolliert werden.
74 Andrzej Tarkowski: „Nie jeżdżą. O nieraz, nieraz patrzą na zmiany jak niektórzy, jak złe są celnicy, nie, że są jak wszystko zabierają to nie jadą. Boją się, że bo zabiorą nieraz kobiety boją się, po co pojedzie jak, jak wszystko zabierze i po co tam pojechać? A wiedzą, które celniczki dobre są, nie, celniki, to i dużo jedzie kobiet,

Als Kleinhändler beobachtet man die Grenze, kennt die diensthabenden Zöllner und kann deren Verhalten einschätzen. An dieser Stelle wird ein Unterschied zwischen formellem und informellem Sektor deutlich. In der Regel macht ein Arbeiter im formellen Sektor die Aufnahme seiner täglichen Arbeit nicht von der Person seines Vorgesetzten oder anderen Rahmenbedingungen abhängig. Dagegen ist der Schmuggler täglich vor die Entscheidung gestellt, zu fahren oder die Fahrt aufzuschieben. In Andrzejs Wortwahl wird eine Distanz zum Verhalten anderer Mitfahrerinnen deutlich, die ihre Entscheidung für oder gegen eine Schmuggelfahrt von den diensthabenden Zöllnern abhängig machen. Zwar passt auch Andrzej seine Arbeitstätigkeit an die wechselnden Situationen bei der Grenzkontrolle an, doch verzichtet er bei unbeliebten Zöllnern nicht auf seine Fahrten. Dabei beobachtet auch er die Grenze und kennt die Vor- und Nachteile der einzelnen Zöllner.

Einen zentralen Aspekt in dem Interviewzitat stellt die Unterscheidung der Zöllner nach ihrem Verhalten bei der Grenzkontrolle dar. Grundsätzlich gesteht Andrzej den Zöllnern aber zu, kein „schlechtes Wesen" zu haben. Vielmehr zeugt die Nachsicht der Zöllner von ihrer humanen Haltung gegenüber der wirtschaftlichen Notlage der Schmuggler. Mit dem sehr leise gesprochenen „ja" wird der vorherige Satz noch einmal verstärkt. Andrzej senkt an dieser Stelle die Stimme, sie wird kaum hörbar, man erhält den Eindruck, er sei aus einer tief gehenden Überlegung heraus zu dieser allgemeinen Einschätzung gekommen. Im Gespräch tritt eine kurze Pause ein, und Andrzej scheint den Kontext seiner Aussage noch einmal zu überdenken, um anschließend auf die wirtschaftlichen Probleme in Polen zu verweisen. Den Zöllnern sind diese natürlich bekannt, und daher kann der Schmuggler eine milde Beurteilung erwarten:

Frage: „Wie ist das, man weiß, dass …, nun ich bin nur ein paar Mal gefahren, aber ich kenne schon einige Zöllner, das heißt, die Zöllner sind bekannt, aber sind für dich, für die Leute, die auch fahren, ich meine, erkennen die Zöllner sie …?"

jedzie tam i mężczyzn właśnie i kobiet. No wiedzą, że taki jeszcze dobra zmiana jest."
Frage: „To znaczy to zawsze wiesz mniej więcej jaka ekipa tam jest na granicy?"
Andrzej Tarkowski: „Ekipa tak, ekipa jest tam. No tak, tak. O nieraz o jak my przyjeżdżamy nie, tam jeździmy, zobaczymy kto jest na tym, kto jest, jacy celnicy są i już wiadomo, że o ten jest dobry, ten jest dobry, ten będzie. I już jest wiadomo, że można już jechać. Że już takie nie są złe celnicy. Nie są złe, **ja**. No, po prostu tu ciężko jest, w Polsce ciężko jest. O ta pani co siedzi to ona teraz w Czechosłowacji pracuje, teraz przyjechała na razie na urlop. Jutro wyjeżdża do Czech. Gdzieś tam telewizory i tam jakieś przy taśmie oni składają do pudełka gdzieś tam."

Andrzej Tarkowski: „Sie kennen sie, sie kennen sie. Weil, wenn wir fahren …"
Frage: „Weil, wenn das täglich derselbe Autobus ist, dann …?"
Andrzej Tarkowski: „Sie kennen sich, sie kennen sich, ja. So wie ich Tag für Tag fahre, ich sehe schon, dass derselbe dort ist. Du weißt, jener dort schaut, nickt mit dem Kopf, Lachen, nun, und man weiß, dass er es ist. Aber manche sind so hinterhältig, die das dort nicht kennen, die nehmen von uns [die Waren, M.W.] und andere, die machen sich lustig und lachen über uns. Einige wissen einfach, dass man nicht zum Vergnügen dorthin fährt, dass man dorthin fährt und dort einfach fährt, um etwas zu verdienen. Einfach, damit die Familie ernährt werden kann, nicht mehr. Und es ist einfach ihre Pflicht das zu erschweren, die Zigaretten wegzunehmen."[75]

Schmuggler und Zöllner treten sich nicht als anonyme Gruppe mit bestimmten Aufgaben, Verpflichtungen und Intentionen gegenüber, sondern sie kennen sich auch als Individuen, obwohl man kaum den Namen des Anderen weiß. Man kennt sich und zeigt dies durch ein Lächeln oder Kopfnicken. Es sind kleine Zeichen des Wiedererkennens, die zwischen Zöllnern und Schmugglern ausgetauscht werden. Indem dies nicht öffentlich geschieht, ist es ihnen möglich, zwei Rollen mit unterschiedlichen Erwartungen zu verbinden. Formal begegnen sich beide Personen im Rahmen ihrer gesellschaftlichen Rollen als Reisende und als Vertreter administrativer Organe. Mit kaum sichtbaren Zeichen verständigen sie sich zugleich als Individuen darüber, dass sie neben den öffentlichen Rollen auch private Interessen verfolgen. Die Berechtigung, die privaten Interessen über die öffentlichen Gesetze zu stellen, entsteht für die Zöllner aus der vermuteten ökonomischen Notlage, in der sich die Schmuggler befinden. Andrzej entspricht diesem Bild voll und ganz, schmuggelt er doch „[…] damit die Familie ernährt werden kann, mehr nicht." Im Nachsatz „mehr nicht" wird das Ziel einer Linderung der konkreten Notlage betont. „Mehr" wäre die persönliche Bereicherung

---

75 Frage: „Jak to jest bo wiadomo, że no ja tylko parę razy jechałem ale już poznaję niektórych celników, to znaczy celnicy są znani, ale czy dla ciebie, czy ci ludzie, którzy jadą też to znaczy czy celnicy poznają ich?"
Andrzej Tarkowski: „Poznają, poznają. Bo jak my jeździmy …"
Frage: „Bo jeżeli jest ten sam autobus codziennie to …?"
Andrzej: „Poznają, znają, tak. Tak jak ja jeżdżę dzień w dzień a już widzę, że ten sam to tam. No wiesz, tam tego, popatrzy, pokiwa głową, pośmieje się no i wiadomo, że tego. A niektóry taki jest wredny, co tam nie zna nie, to tam ściągnie, a taki tak, który tak pożartuje i pośmieje się. Po prostu niektórzy wiedzą, że człowiek nie jedzie tam na rozkosze, że tam jechać i tam, po prostu jedzie żeby zarobić. Po prostu żeby tą rodzinę utrzymać i tyle. A im obowiązek jest żeby po prostu utrudnić te, te papierosy zabrać."

über das Lebensnotwendige hinaus, „mehr" wären kriminelle Strukturen, „mehr" wäre ein Gewinn, der sich öffentlich sichtbar in Statussymbolen präsentiert.

Mit einer stillen Übereinkunft, die ein fester Bestandteil der ritualisierten Grenzkontrolle ist, respektieren Kleinhändler und Zöllner sich in ihren sozialen Rollen und unterschiedlichen Aufgaben. Andrzej trennt hier die Pflicht des Zöllners von einer individuellen Haltung des Zöllners. Der ‚gute' Zöllner wird aber in Anbetracht der wirtschaftlichen Not des Kleinhändlers nicht auf die volle Durchsetzung des staatlichen Anspruchs auf Verzollung der Waren bestehen. So beschreibt Andrzej denn auch die Aufgabe des Zöllners mit dem Wort „utrudnić", was sowohl ‚erschweren' als auch ‚verhindern' bedeuten kann. Soweit der Zöllner den Schmuggel nur erschwert, hält er dem Kleinhändler die Option des Schmuggels offen. Wesentlicher Bestandteil des Arrangements ist, dass die Zöllner nur den Schmuggel kleiner Mengen tolerieren.

Zum Konflikt kommt es, wenn eine Seite sich nicht an die stille Übereinkunft hält. Dabei kann es sich um Zöllner handeln, die alle Waren beschlagnahmen und damit den Kleinhändler ins wirtschaftliche Unglück stürzen, oder um Schmuggler, die eine große Warenmenge mit sich führen. Doch auch Schmuggler, die ihre Waren nicht sorgfältig verstecken, provozieren das Eingreifen der Zöllner. Auch der gutmütigste Zöllner wird offensichtliches Schmuggelgut beschlagnahmen, da er sonst in einen offenen Konflikt mit seiner offiziellen Rolle käme. Daher ist der Kleinhändler gezwungen, die geschmuggelten Waren so zu verstecken, dass sie nicht auffallen. Der gutmütige Zöllner wird mit der Beschlagnahmung einiger Päckchen Zigaretten seine Pflicht als erfüllt ansehen und nicht weitersuchen.

Im Übrigen spiegelt sich diese stille Übereinkunft auch im Interview wieder. Erst in der Mitte des Interviews bezeichnet Andrzej zum ersten Mal den Kleinhandel als Schmuggel. Doch bleibt dieser Begriff auch im weiteren Gespräch die Ausnahme, während er es vorzieht, von „den Fahrten zu den Russen" zu sprechen. Der Begriff Schmuggel wird vermieden, obwohl doch alle Beteiligten den Sachverhalt kennen. Dieser Umgang gehört zu den Regeln des Schmuggels, die nach außen eingehalten werden und zugleich ein Geheimnis bilden.

Die soziale Differenzierung der Schmuggler im Linienbus

Im Linienbus dominieren 40- bis 60-jährige Frauen, Männer sowie jüngere oder ältere Frauen bilden eine Minderheit. Überwiegend haben die Mitfahrerinnen und Mitfahrer schon ein langjähriges Berufsleben hinter sich und beziehen eine Form der Früh- oder Altersrente, nachdem sie zu Beginn der Systemtransformation arbeitslos wurden. Der Schmuggel stellt für die Mehrzahl der Mitfahrer ein ergänzendes Einkommen zur Rente oder zum festen Einkommen des Ehepartners dar. Es sind nur einzelne Personen, die ausschließlich auf den Verdienst aus dem Linienbus-Schmuggel angewiesen sind. Eine Ursache dafür sind die geringen Gewinnspannen, die der Schmuggel im Linienbus ermöglicht. Die Möglichkeiten, Waren zu verstecken sind sowohl in den mitgeführten Taschen als auch am Körper oder im Fahrzeug begrenzt.

Das Spektrum der erlernten und überwiegend auch ausgeübten Berufe der Mitreisenden reicht von einfachen Anlerntätigkeiten ohne Ausbildung bis zum Studium. In Anbetracht der hohen Arbeitslosigkeit sind selbstverständlich nicht nur Frauen von der vergeblichen Suche nach einem Arbeitsplatz betroffen, doch sehen sie sich in besonderem Maße dem Problem einer Reintegration in den Arbeitsmarkt ausgesetzt.[76] Der Schmuggel bietet hier nicht nur allgemein eine Alternative, sondern wird von Frauen bevorzugt, weil die Bindung an den Fahrplan eine schnelle Rückkehr garantiert, und sie auf diese Weise Haushalt, Familie und Erwerbsarbeit verbinden können. Die Benachteiligung, die Frauen auf dem ersten Arbeitsmarkt erfahren, setzt sich auch im informellen Sektor insofern fort, da die meisten von ihnen nur die Erwerbsmöglichkeiten mit den geringsten Gewinnchancen zu nutzen imstande sind. Zum Teil liegt dies ursächlich am Rückzug der Frauen in häusliche Arbeitsbereiche, von der Subsistenzwirtschaft bis zur Altenpflege.[77] Soweit sie sich auf diese Tätigkeiten konzentrieren, sind sie weder zeitlich noch finanziell in der Lage, sich in größerem Umfang dem Schmuggel zuzuwenden. So beschreiben sich die Frauen auch im Vergleich mit anderen Schmugglern als die „Ärmsten" in der Kette der Händler.

---

76 Der Gender-Aspekt geschlechtsspezifischer Differenzierungen wird hier nur kursorisch angesprochen. Anzumerken ist aber, dass sich Frauen innerhalb der verschiedenen Möglichkeiten, die der Schmuggel bietet, häufiger als Männer in untergeordneten Positionen befinden, gleichwohl aber mit dem Schmuggel einen wichigen Beitrag zum Haushaltseinkommen leisten. Pointiert kann man sagen, die Frauen befinden sich in ihrem Arbeitsbereich in einer strukturell unterprivilegierten Situation, nehmen aber zugleich im familiären Bereich eine wirtschaftlich starke Position ein. In welchem Umfang diese Stellung auch soziale Konsequenzen nach sich zieht, kann leider im Rahmen dieser Forschung nicht beantwortet werden. Verwiesen sei hier aber auch auf die Arbeit von Bettina Bruns (2010: 194ff.). Bruns zeigt das Beispiel einer alleinerziehenden Mutter, die nach der Geburt ihres Kindes arbeitslos wurde und in Ermangelung wirtschaftlicher Alternativen ihren Lebensunterhalt nun mit dem Schmuggel bestreitet. Zur Feminisierung der Armut in Polen vgl. auch Emigh/Szelény 2001; Tarkowska 2000.

77 Pine 2002: 153.

Die wirtschaftliche Situation der Schmuggler im Linienbus unterscheidet sich je nach den familiären Bedingungen und weiteren Einkommensquellen. Im Einzelfall ist es daher notwendig, die konkreten Lebensbedingungen zu untersuchen, um die Relevanz des Schmuggeleinkommens zu erfassen. Das Spektrum reicht von der alleinstehenden Rentnerin ohne weiteres Einkommen bis zu dem gut situierten Rentner, der eine vergleichsweise hohe Rente aufgrund einer leitenden Position bezieht. Daneben trifft man aber auch diejenigen an, die eine niedrige Rente beziehen oder deren Ehepartner nur über einen geringen Lohn verfügen. Während bei einem guten formellen Einkommen der Schmuggel eine Konsumsteigerung ermöglicht, dient das Einkommen bei den Geringverdienern zur Sicherung ihres Lebensunterhaltes. Am schlechtesten stehen Leute, die als ältere Alleinstehende keinen Rentenanspruch haben und gänzlich auf das Schmuggeleinkommen angewiesen sind. Bei den geringen Gewinnspannen, die im Linienbus zu erwirtschaften sind, bedeutet der Verlust von Waren schnell den wirtschaftlichen Ruin, wenn es nicht möglich ist, den Verlust durch ein reguläres Einkommen auszugleichen. Dies kann dazu führen, dass den Alleinstehenden nach mehrmaligen Verlustgeschäften das Geld für den nächsten Einkauf fehlt. Auf meine Frage nach ihrem durchschnittlichen Gewinn antwortet die 40-jährige Lucyna Gadowska:

Lucyna Gadowska: „Ich muss dir sagen, dass ich das schon lange nicht mehr ausgerechnet habe. Ich rechne jetzt schon nicht mehr aus, wie viel ich verdiene. Am Anfang rechnete ich, wie viel ich zum Beispiel täglich verdiene, wie viel ich in der Woche verdiene. Im Moment rechne ich nicht mehr, weil das Groschen sind. Es ist schon schade um meine Gesundheit. Man könnte nur ärgern, wenn man nachrechnet, dass ich so wenig verdient habe. Aber, nun, ich weiß nicht. Wenn man so oft fährt, tatsächlich täglich, so wie zur Arbeit, wenn man aufsteht und fährt, nun das Gehalt ergibt einen Verdienst, nun, sogar 30 Złoty [ca. 9 Euro] täglich, nicht? Das sind rund 700, 800 Złoty. Nun das ist die Hälfte der Rente, die mein Mann erhält, wenn ich täglich fahre. Ich verdiene die Hälfte von dem, was er hat."[78]

---

78 Lucyna Gadowska: „Powiem ci, że już dawno nie liczyłam. Już teraz to nie liczę ile ja zarabiam. Na początku liczyłam ile mi wychodzi dziennie na przykład, ile zarabiam w tygodniu. W tej chwili to już nie liczę, bo to są grosze. To już szkoda mi zdrowia. Tylko się można zdenerwować czasem jak przeliczysz, że tak mało zarobiłam. Ale, no nie wiem. Jak się tak jeździ często, rzeczywiście codziennie, tak jak do pracy, jak się wstaje i jedzie, no, to pensja jest zaród, no, nawet 30 złotych dziennie, nie? To jest koło 700, 800 złotych. No, to jest połowa renty, którą ma mój mąż jeżeli codziennie jeżdżę, nie. To zarobię połowę tego co on ma."

Lucynas Ehemann kam als Invalide aus dem Irakkrieg zurück und schied aus der Armee aus. Als Offizier verfügt er über eine vergleichsweise gute Rente, parallel hatte seine Frau, seit die Kinder weiterführende Schulen besuchten, schon während seiner aktiven Berufszeit mit dem Schmuggel begonnen, um auf diese Weise das Haushaltseinkommen zu verbessern.

Zum Zeitpunkt des Interviews fährt Lucyna seit vier Jahren regelmäßig an vier bis fünf Werktagen mit dem gleichen Linienbus. Beim zu erzielenden Gewinn gibt sie mit 700 bis 800 Złoty einen Mindestbetrag an, der für sie selbst unter schlechtesten Bedingungen ohne Probleme zu erwirtschaften ist. Das Verschweigen der Einkünfte entspricht einer auch in anderen gesellschaftlichen Bereichen verbreiteten Praxis. Tatsächlich sieht die Rechnung für einen Schmuggler im Linienbus in vielen Fällen deutlich günstiger aus und kann den doppelten bis dreifachen Gewinn umfassen. Zu beachten ist allerdings, dass es sich dabei immer um durchschnittliche Angaben handelt, bei denen die Menge der beschlagnahmten Waren einen großen Unsicherheitsfaktor darstellen.

Größere Beträge wird man in der Regel nur mit einer regelmäßigen Teilnahme erwirtschaften können, denn im Einzelfall werden durchaus auch umfangreiche Mengen beschlagnahmt. In Relation zu den entweder nicht vorhandenen oder gering entlohnten Verdienstmöglichkeiten sowie niedrigen Renten stellt der Schmuggel eine bedeutende Einkommensstrategie dar. Einschränkend muss hier allerdings festgestellt werden, dass es nur denjenigen Schmugglern gelingt, einen relativ guten Gewinn mit den Fahrten im Linienbus zu erwirtschaften, die in ihrem Haushalt ein weiteres regelmäßiges Einkommen haben, mit dem Verluste ausgeglichen werden können.

Eine andere Möglichkeit zur Steigerung der Gewinnmargen ergibt sich für einige ausgewählte Mitfahrerinnen aufgrund ihrer guten Kontakte zu dem ‚pilot' und dem Fahrer. Sie ermöglichen ihnen, einen Teil ihrer Waren an bestimmten Stellen innerhalb des Fahrzeugs unterzubringen, von denen andere Mitfahrer ausgeschlossen sind. Dieses Beispiel führt uns dazu, die soziale Situation im Linienbus einmal genauer zu betrachten.

Rivalität und Kooperation in einer Schmugglergruppe

Am Morgen, wenn die Kleinhändler auf den Autobus warten, spielt sich immer wieder die gleiche Szene ab: Man begrüßt sich, kleine Gruppen stehen zusammen und unterhalten sich. Die Ruhe der Wartenden wird erst unterbrochen, wenn der Bus in Sichtweite kommt. Während man, solange der Bus nicht zu sehen ist, relativ locker beisammensteht, wird die Gruppe, wenn der Bus auf den Parkplatz einschwenkt, zu einer schiebenden, drängenden und schubsenden Masse. Sobald der Bus zum Stehen kommt und die Tür sich öffnet, versuchen alle gleichzeitig, sich in das Fahrzeug zu quetschen. Tüten und Taschen verhaken sich ineinander, Ellbogen drücken gegen Körper, während sich die Resolutesten nach vorne drängen:

Frage: „Wenn der Autobus auf den Parkplatz fährt, wollen alle sofort in den Bus hinein. Warum ist das so, denn Plätze sind reichlich vorhanden?"
Andrzej Tarkowski: „Ja, ja, weil jeder dort seinen Platz sucht, damit … Oder manchmal, wenn man auf der Rückfahrt nicht schnell seine, sein, seine Zigaretten sucht, die dort irgendwo kleben, man macht schnell, um seine Zigaretten irgendwo zu finden. So ist das."
Frage: „Aber ist es nicht so, dass über die vielen Jahre, die du fährst, dass eigentlich jeder seinen Platz hat, wo man weiß, und dort sitze ich, so ist das doch?"
Andrzej: „Das heißt, ich habe auch meinen Platz, ich habe dort hinten einen Platz und dort bin ich immer. Einige wissen einfach, dass ich da sitze, und lassen mich da hin. Aber einige, zum Beispiel sagt so eine Unfreundliche, ,was?, hier saß ich aber leider'. Nun ich sage: ,Schließlich sitze ich dort seit so langer Zeit und …', aber sie lässt mich nicht, macht nicht frei."
Frage: „Sind das immer mehr oder weniger dieselben Leute, die fahren?"
Andrzej: „Ja das ist derselbe, dieselben. Da, da fährt schon fast immer die gleiche Gruppe."[79]

Andrzej Tarkowski reagiert mit einem doppelten „ja" auf meine Frage und bestätigt die ihm vertraute morgendliche Szene. Erscheint seine Begründung auf den ersten Blick einleuchtend, so stellt sich doch die Frage, warum man seinen

---

79 Frage: „Jak przyjedzie autobus do parkingu to każdy od razu chcieli wejść do autobusu. Dlaczego jest tak, bo miejsca jest wystarczająco?"
Andrzej Tarkowski: „Tak, tak, bo każdy miejsca swoje szuka tam żeby … Albo nieraz jak już z powrotem nie leci do swoich, swoje, swoich papierosów szukają, gdzieś tam powkładają, gdzieś lecą, żeby papierosy swoje znaleźć. Takie jest."
Frage: „A czy to nie jest tak, że przez te kilka lat jak jedziesz, że prawdziwie każdy ma swoje miejsce, gdzie wiadomo a tam siedzę, tego i tak jest?"
Andrzej Tarkowski: „Znaczy ja też mam swoje miejsce, ja tam mam takie z tyłu miejsce i tam zawsze na swoje miejsce. Po prostu niektórzy wiedzą, że ja tam siedzę i puszczają mnie. A niektórzy na przykład taka, że wredna, że ,co, ja tu siedziałam i niestety'. No, ja mówię: ,no, przecież ja tam tyle czasu ja siedzę i …', ale i nie puszcza nie, nie puszcza."
Frage: „To zawsze są mniej więcej tacy sami ludzie, którzy jadą?"
Andrzej Tarkowski: „Tak to jest ten sam, same. To, to już ta sama ekipa prawie jeździ."

Platz suchen muss, wenn täglich dieselben Personen mit dem Bus fahren. Jeder möchte ‚seinen' Platz einnehmen, doch stehen den Mitfahrern bestimmte Plätze nur aufgrund von Gewohnheitsrechten zu. Vor diesem Hintergrund soll an dieser Stelle der Frage nach den kooperativen bzw. konkurrierenden Strategien der Schmuggler im Linienbus nachgegangen werden.

Als Ausgangspunkt der nachfolgenden Überlegungen dient eine allgemeine Definition für eine soziale Gruppe: „Eine Gruppe ist ein soziales Gebilde, das überschaubar und von Dauer ist und eine Grenze nach außen hat. Die Mitglieder fühlen sich in irgendeiner Weise einander verbunden und verfolgen gemeinsame Ziele. Intern weist die Gruppe eine Struktur auf, die das gemeinsame Handeln bestimmt."[80] Betrachten wir die hier aufgezählten Merkmale einmal genauer und fragen uns, ob sie tatsächlich auf die Mitfahrer im Linienbus zutreffen. Die ersten drei genannten Kriterien, nämlich Überschaubarkeit, Dauer und äußerliche Begrenzung wird man leicht bestätigen, handelt es sich doch bei unserer Gruppe um eine überschaubare Anzahl von Personen, die räumlich durch den Bus und zeitlich durch die Fahrzeiten begrenzt wird. Zudem hat die Gruppe Bestand, sowohl während der einzelnen Fahrten als auch im Verlauf mehrerer Jahre. Seit dem Jahrtausendwechsel fanden nur noch vereinzelte personelle Veränderungen in der Zusammensetzung der Gruppe statt.[81] Schwieriger wird die Frage nach der Art der Verbundenheit zwischen den Mitfahrern und, damit eng verknüpft, in welchem Umfang tatsächlich gemeinsame Ziele die Schmuggler zusammenbringen. Um sich diesen Fragen anzunähern, wird es notwendig sein, Aspekte eines gemeinsamen Handelns herauszuarbeiten, um so eine Aussage über die Gruppenstruktur machen zu können.

In den vergangen vier bis fünf Jahren hat sich die Zusammensetzung der Linienbus-Schmuggler kaum verändert. Kommt ein unbeteiligter Reisender hinzu, so hat er Schwierigkeiten, einen der freien Sitzplätze zu bekommen, da alle ständigen Mitfahrer versuchen, einen Doppelplatz zu besetzen. Dabei besteht eine feste Sitzplatzverteilung, die neu Hinzukommende nicht infrage stellen können. Jeder ihrer Versuche führt dazu, sie lautstark des Platzes zu verweisen. Obwohl also eine festgefügte Ordnung herrscht, kommt es jeden Morgen beim Einsteigen zu einem Gedränge, das den Eindruck erweckt, als kämpfe jeder um seinen Platz. Auf die Frage nach den Gründen erzählt die 50-jährige Maria Janicka:

Maria Janicka: „Schubsen, ja? [Ja.] Einfach, weil es so wenige [Sitzplätze, M.W.] gibt. Hier ist ein Platz besetzt, weil jemand daneben sitzt. Ich zum Beispiel sitze vor allem so

---

80 Abels 2007b: 244.
81 Simmel 1898: 319, zit. nach Abels 2007b: 250. Für den Bestand einer Gruppe ist die personelle Kontinuität nicht zwingend.

vorne, und genauso wollen einige dort nach vorne gehen, weil sie schätzen, dass es dort besser ist, nun aber Pustekuchen, nicht? Ja, sie schubsen sich, sie wollen ihren Platz besetzen, das ist alles, das ist so ein Quatsch."

Frage: „Aber ist es nicht so, dass nach so vielen Jahren, ist es da nicht so, dass praktisch, weil ich gesehen habe, dass Sie die ganze Zeit praktisch ihren Platz haben, dort und ..."

Maria: „Mich haben sie auch versucht wegzusetzen, aber da ist Leszek, das ist derjenige, das ist derjenige, der mir immer Plätze be..., belegt."

Frage: „Ja, und Leszek hat immer seinen Platz [Ja.] dort und sie [Ja, ja.], sie ..."

Maria: „Leszek hat keine Probleme, er steigt in Dobry Miasto ein, da ist sein Platz frei, er steigt allein ein, aber ich bitte immer und sage: ‚Leszek, halte mir dort einen Platz frei, weil ich fahren werde.' Nun, aber wie oft war es, dass die Tasche dort stand, nun manchmal gelingt es mir, mich hinzusetzen, obwohl ich vielleicht nur einmal in der dritten Reihe saß, als Leszek nicht da war, aber sonst sitze ich eigentlich in der zweiten [Reihe, M.W.]. Nun die Leute können das nicht verstehen, dass dort jemand sitzt. Es kommt eine Neue, er setzt sich hin, wo er will, aber er überlegt das nicht, er versteht nicht, dass wir schließlich schon so viele Jahre fahren, aber da sollte es schon so sein, dass jeder an seinem Platz ist, weil jeder seinen Platz kennt, jeder kennt seine Verstecke [Ja.], und wenn wir auf einem anderen Platz sitzen, dann ist der fremd, wir wissen nicht, was da los ist, wie das ist, nun, jeder kennt seinen."[82]

---

82 Maria Janicka: „Pchają się, tak? [Tak.] Po prostu bo jedni tak. Tu miejsce zajęte na przykład, no, to kto bliżej. Ja na przykład przeważnie tak z przodu siedzę i tam tak samo niektórzy chcą na przód iść bo uważają, że lepiej, no, ale to jest guzik, prawda? No, pchają się, chcą swoje miejsca zająć, to wszystko, to jest błacha."
Frage: „Ale czy to nie jest, że przez tyle lat, czy to nie jest tak, że prawdziwie, bo widziałem, pani, cały czas prawdziwie ma swoje miejsce, tam i ..."
Maria Janicka: „Też mnie podsiadali, próbowali, ale to Leszek, to ten, to ten, mi zawsze zajmu... zajmowali."
Frage: „Tak, i Leszek zawsze ma swoje miejsce [Tak.] tam i oni [Tak, tak.] oni ..."
Maria Janicka: „Leszek bezproblemowo, on siada w Dobrym Mieście to jego miejsce jest wolne, on sobie siada, ale ja zawsze proszę i mówię: ‚Leszku, weź mie tam miejsce zajmij, bo będę jechała.' No ale ile razy było, że o torba jest, no to czasami mi się uda usiąść, chociaż ja raz siedziałam chyba tylko na trzecim, Leszek nie było właśnie, ale tak raczej na drugim siedzę. No ludzie tego nie mogą zrozumieć, że ktoś tam siedzi. Przychodzi nowa, on sobie siada tam gdzie chce, ale on tego nie zdaje, nie rozumie, że w sumie my tyle lat jeździmy, to jednak, nawet to, powinniśmy już tam i siedzieć, bo każdy swoje już miejsce zna, każdy swoje skrytki zna, [No tak.] i jak my przejdziemy na drugie miejsce to jak obce, nic, nie wiemy co tam, jak tam, a jednak, no każdy swoje zna."

Der rationale Sinn dieses zum Gewohnheitsrecht gewordenen Anspruchs auf einen bestimmten Sitzplatz liegt darin, dass man dort die Verstecke für Waren kennt. Da es sich um eine informelle Regelung handelt, hat man jedoch im Streitfall nur wenige Möglichkeiten, seinen Anspruch durchzusetzen, und ist auf die Solidarität der Gruppe angewiesen. Offensichtlich treffen die Schmuggler keine Absprachen, die sich seit Jahren wiederholende tägliche Rangelei zu vermeiden. Dies kann dahin gehend interpretiert werden, dass nur ein punktueller Zusammenhalt in der Gruppe besteht, der in eng begrenzten einzelnen Situationen zur Kooperation führt. Gleichzeitig rivalisieren die Schmuggler um die Sitzplätze mit den besten Verstecken.

Mit einem Beispiel aus dem Interview mit Andrzej Tarkowski lässt sich die Rivalität zwischen den Schmugglern verdeutlichen. Zum Verständnis sei daran erinnert, dass für die Reisenden im Autobus ein gemeinschaftliches Strafmandat ausgestellt wird. Die Höhe des Strafmandates richtet sich nach der Menge des gefundenen Schmuggelgutes und wird von allen Schmugglern zu gleichen Teilen bezahlt:

Andrzej Tarkowski: „Ja selbstverständlich. Er hatte es so schlecht versteckt, dass **wir** seinetwegen Strafmandate bezahlen müssen, eben mehr [Mandate, M.W.]. Eben weil er die Waren schlecht versteckt hatte. Hätte er sie so versteckt, dass man nichts gefunden hätte, so wenig als möglich, hätten wir ein geringeres Mandat gehabt."[83]

In welchem Umfang der Zoll Waren beschlagnahmen kann, hängt unter anderem davon ab, wie gut oder schlecht die Waren versteckt wurden. Andrzej gibt dem einzelnen Schmuggler die Schuld, wenn überdurchschnittlich viele Waren beschlagnahmt werden. Nicht der Zöllner ist schuld an der Höhe der Strafe, sondern der Kleinhändler, dessen Ware gefunden wurde, da er sie schlecht versteckt hatte, oder anders ausgedrückt, weil der Kleinhändler nicht sorgfältig genug gearbeitet hatte. Andrzej betont die individuelle Schuld einzelner, indem er sagt, dass „wir", also die Gruppe, für ihn bezahlen mussten: „**my** musieliśmy płacić za niego"[84]. Der gruppeninterne Konflikt, der durch den Umfang der Beschlagnahme ausgelöst wird, verdeutlicht die Rivalität der Schmuggler im Linienbus.

Alle Kleinhändler im Bus zwischen Polen und Kaliningrad teilen sich das Strafmandat untereinander, ungewiss ist nur die Höhe der Strafe. Was vorder-

---

83 Andrzej Tarkowski: „No oczywiście. On musi tak źle schował, że my musieliśmy płacić za niego mandaty, właśnie więcej. Właśnie, że źle schował. Żeby jak schował żeby nie zabrał nic, jak najmniej, to byśmy mieli mniejszy mandat jest."

84 In der ausdrücklichen Nennung des ‚my' (wir) wird eine Betonung deutlich, die so nicht ins Deutsche übersetzbar ist und in der Transkription besonders markiert wird.

gründig als solidarische Handlung erscheint, trägt Züge einer Entsolidarisierung, da die Kleinhändler sich gegenseitig für die Höhe der Strafe verantwortlich machen. Die Schuldzuweisung gegenüber Einzelnen ist nicht zu trennen von der individuellen Arbeitsweise der schmuggelnden Kleinhändler. Ohne Absprachen arbeitet jeder Kleinhändler im Linienbus auf eigene Rechnung und entscheidet in eigener Verantwortung über Warenmenge, Verstecke, Arbeitszeiten usw. Gegenüber den trennenden Faktoren treten Elemente der Kooperation zurück. Ihre größte Gemeinsamkeit liegt eigentlich nicht in den konkreten Schmuggelaktivitäten begründet, sondern in dem strukturellen Zwang, der sie veranlasst, einer informellen Tätigkeit nachzugehen. Mögen sie diese Übereinstimmung auch erkennen, so ist ihre alltägliche Arbeit doch von einem hohen Grad an Individualisierung gezeichnet. Die Kleinhändler im Linienbus beschreiben sich als Gruppe, Mannschaft oder Equipe und machen damit eine über Monate oder Jahre bestehende tägliche Arbeitsroutine deutlich. Während der langen zeitlichen Existenz der Gruppe haben sich Gewohnheiten und informelle Regeln ausgebildet, deren Respektierung nicht mit Gewissheit erwartet werden kann. Im Konfliktfall gibt es keine abgestimmte informelle Schlichtung, und man ist auf fremde Hilfe durch den Busfahrer oder ‚pilot' angewiesen. Sind beispielsweise alle Doppelplätze von je einem Kleinhändler belegt, sehen sich weitere Fahrgäste einer Mauer von Ablehnung gegenüber. Erst mit dem Eingreifen des ‚pilot', dessen Autorität nicht widersprochen wird, kann solch ein Konflikt gelöst werden. Dabei liegt die Ursache der Konflikte gleichbleibend in der drohenden (im Fall der Belegung von Sitzplätzen) oder tatsächlichen (bei einer Erhöhung des Strafmandates) Reduzierung des Gewinns einer Schmuggelfahrt.

Während die Schmuggler im Linienbus seit vier bis fünf Jahren in unveränderter Konstellation mit dem Bus fahren, haben sich intern vier Untergruppen gebildet, die jeweils eigene Interessen verfolgen und in einem hierarchischen Verhältnis zueinander stehen. An der Spitze dieser Hierarchie stehen der Fahrer, der ‚pilot' und eine Schmugglerin, die über einen privaten Kontakt zu dem ‚pilot' verfügt. Diese Bekanntschaft sichert ihr einen der besten Sitzplätze im Bus mit einem guten Versteck, den ihr kein Mitfahrer streitig machen würde. Ein Ergebnis der bevorzugten Stellung ist die Möglichkeit, dass sie größere Warenmengen im Bus in Verstecken unterbringen kann, die nur dem Fahrer und ‚pilot' zur Verfügung stehen. Zudem handelt es sich um Verstecke, die zwar offensichtlich sind, aber vom Zoll nicht kontrolliert werden. Der zweite Platz in der Gruppenhierarchie wird von fünf jungen Frauen eingenommen. Jeden Morgen kommen sie gemeinsam mit dem Pkw aus einer entfernten Kleinstadt zur Bushaltestelle. Mit großer Routine schmuggeln sie bei jeder Fahrt pro Person ungefähr 25 Stangen Zigaretten sowie einige Flaschen Wodka. Üblicherweise werden im Linienbus jedoch nur 10 bis 15 Stangen Zigaretten von einer Person befördert, von denen fünf Stangen direkt am Körper und der Rest in Tüten bzw. im Bus versteckt werden. Die fünf Frauen kalkulieren die Beschlagnahme einer über dem Durchschnitt liegenden Warenmenge ein, ohne dadurch ihren Gewinn zu schmälern, denn der Verlust gleicht sich durch den Gewinn, den sie mit den restlichen Waren erwirtschaften, aus. Da jedoch immer eine größere Warenmenge dieser Gruppe beschlagnahmt wird, treiben sie mit ihrer Technik die Gebühr des gemeinsamen Strafmandates in die Höhe. Deshalb kommen sie mit der dritten Gruppe in Konflikt. Bei ihnen handelt es sich um ältere Frauen, die nur eine geringe Menge an Waren mit sich führen und in schwierigen wirtschaftlichen Verhältnissen leben. Sie erhalten nur eine geringe Sozialunterstützung, sind daher auf die Einkünfte aus dem Schmuggel angewiesen und haben häufig Probleme, die Investitionskosten für die Fahrten aufzubringen. Sobald die Kosten für ein Strafmandat eine bestimmte Höhe überschreiten, droht für diese dritte Gruppe die Fahrt zum Verlustgeschäft zu werden. Um dies abzuwenden, müssten sie ebenfalls ihre Warenmenge erhöhen, jedoch fehlen ihnen dazu die finanziellen Voraussetzungen und der Zugang zu den entsprechenden Versteckmöglichkeiten im Bus. Da der Zoll nur ein gemeinschaftliches Strafmandat für den gesamten Bus ausstellt, trägt die Gruppe der älteren Frauen einen Teil der durch die jüngere Gruppe verursachten Kosten mit.[85] Eine vierte Gruppe, zu der auch Andrzej Tarkowski zu rechnen ist, nutzt die sich bietenden Möglichkeiten im Linienbus, ohne sich um diese Auseinandersetzungen zu kümmern. Sie halten sich aus den Konflikten heraus und schmuggeln kontinuierlich eine durchschnittliche Warenmenge, die ihnen einen sicheren Gewinn ermöglicht. Die Bevorzugung einzelner Mitfahrerinnen durch den ‚pilot' und die unterschiedlichen Schmuggelstrategien führen zu einem Konflikt zwischen den wirtschaftlich besser gestellten und ärmeren Schmugglern. Allerdings beschränkt sich der Konflikt auf eine unterschwellige Missstimmung und verhaltene Äußerungen, ohne offen auszubrechen. Tatsächlich würde es den ärmeren Schmugglern auch schwer fallen, sich Gehör zu verschaffen, solange die andere Gruppe durch die Autorität des ‚pilot' gedeckt wird.

---

85   Während der teilnehmenden Beobachtung ergab sich folgende Situation: Von einer jüngeren Frau wurden zehn Stangen beschlagnahmt, sie behielt jedoch noch weitere 15 Stangen Zigaretten, die einen Bruttogewinn von 225 Złoty ermöglichten. Gleichzeitig verlor eine ältere Frau aus der dritten Gruppe vier Stangen Zigaretten beim Zoll und behielt noch sechs Stangen. Damit erwirtschaftete sie einen Bruttogewinn von 90 Złoty, von dem abzüglich der Unkosten (Strafmandat, Warenverlust, Fahrkarte) nur ein Nettobetrag von ca. 10 Złoty blieb.

Parallel zu diesem Konflikt besteht zwischen den Kleinhändlern im Linienbus eine fragile Kooperation. Einerseits sind sie als Kleinhändler in ihren Entscheidungen unabhängig und eigenverantwortlich, andererseits haben sie sich informelle soziale Strukturen geschaffen, die sie als Gruppe in Erscheinung treten lassen. An familiären Ereignissen wie Taufe, Hochzeit oder Todesfall nimmt die Gruppe mit einem Geschenk oder Kranz Anteil. Hat ein Kleinhändler Geburtstag, so ist das ein willkommener Anlass für einen gemeinsamen Umtrunk im Kreis der Kollegen. Geradezu legendär ist ein Betriebsausflug, der die Kleinhändler in das alte Ostseebad Swetlogorsk[86] in der Region Kaliningrad führte. An einem warmen Sommertag kam die Idee auf, am nächsten Tag doch ‚blauzumachen' und anstatt nach Kaliningrad doch weiter bis nach Swetlogorsk ans Meer zu fahren. Den Fahrplan des Linienbusses konnte man getrost ignorieren, da mit uninformierten Fahrgästen am Kaliningrader Busbahnhof nicht zu rechnen war. Am Strand bereitete man ein ausgiebiges Picknick, bei dem auch an Getränken aller Art nicht gespart wurde, und als man am Nachmittag die Heimfahrt antrat, war es für alle ein gelungener Tag. Gleichwohl bleibt der Gruppenkontext zerbrechlich. In der Informalität des Kleinhandels und der Illegalität des Schmuggels ist die Position des einzelnen Akteurs unsicher. So sind sie gezwungen, täglich ‚ihren Platz' zu verteidigen. Nur auf diesem Weg können sie sicher sein, nicht von Konkurrenten um ihren Profit gebracht zu werden. Die Schmuggler haben eine fragile soziale Arbeitssituation, deren solidarische Basis dünn und von starken Rivalitäten gekennzeichnet ist. Vielleicht besteht der ‚legendäre' Aspekt des Betriebsausfluges auch darin, dass gerade an diesem Tag die latenten Konflikte keine Rolle spielten.

Im nächsten Kapitel widmen wir uns ebenfalls Schmugglern, die mit großen Reisebussen zwischen Polen und Kaliningrad verkehren. Jedoch handelt es sich nicht um Fahrzeuge, die im Linienverkehr fahren, sondern sie werden von festen Gruppen unter dem Deckmantel einer ‚touristischen Reisegruppe' gechartert.

DAS KOLLEKTIV – MIT „HUGO BOSS" AN DIE GRENZE

Bisher wurden Touristenbusse, die als Schmugglerbusse zwischen Russland und Polen verkehren, nur am Rande erwähnt. Zu erkennen sind diese Busse an einem Schild an der Frontscheibe, das die Fahrt als ‚touristische Reise' ausweist. Selbstverständlich sind hier nicht die modernen klimatisierten Reisebusse überwiegend deutscher Veranstalter gemeint, deren Gäste während der Sommermo-

---

86 Es handelt sich um das ehemalige Ostseebad Rauschen (bis 1945).

nate als sogenannte ‚Heimwehtouristen' in die ehemaligen ostpreußischen – heute russischen – Dörfer und Städte reisen. Bei den Touristenbussen, von denen hier die Rede ist, handelt es sich um alte Fahrzeuge mit zerschlissenem Interieur, in denen nur sechs bis acht Passagiere die 50 Sitzplätze belegen. Ein unbedarfter Beobachter könnte der Ansicht sein, es würde sich um die Belegschaft eines Kleinbetriebes handeln, die ihren jährlichen Betriebsausflug in die benachbarte Region unternimmt. Doch dem ist nicht so. Vielmehr handelt es sich um professionelle Schmugglergruppen, die mit hohem Einsatz und entsprechendem Risiko arbeiten. Erkennbar sind sie für den eingeweihten Beobachter an ihrer einfachen Kleidung, zu der weite Röcke oder Hosen ebenso gehören wie mehrere Schichten von Blusen und Jacken. Alles sollte möglichst weit sitzen und so Platz für Schmuggelware bieten. Auch die obligatorischen stabilen Tragetaschen, deren Aufdruck der Edelmarke „HUGO BOSS" wie ein Hohn auf die Kleidung der Schmugglerinnen erscheint, dürfen nicht fehlen. Während des Forschungszeitraums war es nicht möglich, zu diesen Gruppen professioneller Schmugglerinnen einen engen Kontakt aufzubauen, denn deren Verstrickung in illegale Strukturen ließ sie sehr viel vorsichtiger agieren als die Schmuggler, die im Linienbus oder mit privaten Pkw unterwegs sind. Obwohl es sich aus Sicht der Schmuggler vermutlich um einen ‚Betriebsunfall' handelte, gelang es mir doch einmal, an solch einer Fahrt in einem touristischen Schmugglerbus teilzunehmen.

Über die Bekanntschaft zu Kaja kam der Kontakt zustande. Kaja ist eine quirlige Frührentnerin von Mitte 50. Ihr vorzeitiges Ausscheiden aus dem Arbeitsprozess ist keiner Erkrankung geschuldet, sondern ein Resultat der Arbeitsmarktpolitik. Da ihre Rente nur für einen sehr einfachen Lebensstil ausreicht und Kaja zudem vor Tatendrang strotzt, ist sie beständig auf der Suche nach zusätzlichen Einkommensquellen. Sie kennt jeden im Dorf, und alle kennen sie. Ihre Stärke sind soziale Kontakte, und so wird man sie auch kaum einmal allein antreffen. Am Schmuggel hatte sie bisher in verschiedenen Konstellationen teilgenommen, doch war dies aus unterschiedlichen Gründen immer nur für einen begrenzten Zeitraum und mit meist geringem Gewinn möglich. Nach einiger Zeit schienen jedoch ihre Bemühungen auf der Suche nach einer lukrativen Schmuggelmöglichkeit Erfolg versprechend zu verlaufen. Über Bekanntschaften zu ehemaligen Arbeitskollegen hatte sie Kontakt zu jemandem geknüpft, der regelmäßig drei Autobusse mit Schmugglern über die Grenze verkehren lässt. Von ihm erhielt sie das Angebot, einen Bus zur Verfügung gestellt zu bekommen, wenn es ihr gelänge, eine Schmugglergruppe zu organisieren.

Solch eine Gruppe soll möglichst sieben Personen umfassen. Bei weniger als sechs Mitfahrern sind die Unkosten für den Bus, an denen sich die Schmuggler beteiligen müssen, zu hoch, würden mehr als acht mitfahren, könnte man nicht genug Gewinn erwirtschaften, da die Möglichkeiten Waren zu verstecken, begrenzt sind. Doch Kajas Problem besteht zunächst darin, eine ausreichende Anzahl interessierter Mitfahrerinnen und Mitfahrer zu organisieren. Immer wieder springen Leute im letzten Moment ab, die vor den Mühen und Risiken zurückschrecken. Als die Abfahrt für die kommende Nacht um drei Uhr festgelegt wird, erhalte ich um 22 Uhr die Nachricht, dass wieder nicht genügend Leute zusammengekommen sind und die Fahrt abgesagt wird. Und noch eine zweite Aufgabe gilt es zu lösen. Obwohl die Organisatorin der Schmugglergruppe kein Neuling an der Grenze ist, möchte der Besitzer der Touristenbusse, den Kaja mittlerweile als ihren ‚Chef' bezeichnet, die neue Gruppe zunächst anlernen. Deshalb sollen sie bei einer erfahrenen Schmugglergruppe ‚in die Lehre gehen', also einmal in deren Bus mit nach Kaliningrad fahren.

Einige Tage später ist es dann soweit. Um 14 Uhr sind wir am vereinbarten Treffpunkt, einem Parkplatz, der auch von anderen Schmugglern regelmäßig benutzt wird, und warten auf unseren Bus. Während wir warten, trifft ein weiterer Touristenbus ein, den sieben, mit prall gefüllten Plastiktüten bepackte Passagiere schnellen Schrittes verlassen. Kurz danach kommt ein leerer Bus an und bleibt mit offenen Türen auf dem Parkplatz stehen. Auf die Frage einer Mitfahrerin, warum wir nicht einsteigen, entgegnet Kaja, wir sollten lieber auf die Leute warten, die eigentlich mit dem Bus fahren, damit wir ihnen nicht ihre Plätze wegnehmen. Es ist Anfang Februar, die Sonne steht schon tief am Horizont und bei acht Grad minus versuchen wir die aufsteigende Kälte zu vertreiben, indem wir von einem Bein aufs andere trippeln. Zwei etwa 30 Jahre alte Männer kommen in einem japanischen Sportwagen an, zünden sich Zigaretten an und unterhalten sich durch die geöffnete Bustür mit dem Fahrer. Ein Benzinkanister wird aus dem Laderaum des Busses geholt und in den Kofferraum des Sportwagens gestellt. Als eine Gruppe von Passagieren auf den Bus zugeht und einsteigt, fragt unsere Organisatorin Kaja sie, ob das Fahrzeug ihrem ‚Chef' gehöre. Sie verneinen, und nach wenigen Minuten trifft auch ihr ‚Chef' in einem nicht mehr ganz neuen Audi ein. Von ihm bekommen wir mitgeteilt, dass unser Bus eine Stunde später als verabredet abfahren wird. Tatsächlich sammeln sich um 15 Uhr sechs Frauen und ein Mann um den Fahrer des Audis, und wenig später trifft auch der Bus ein.

Nachdem die erste Gruppe eingestiegen ist und auch wir Plätze gefunden haben, gibt es vor dem Bus einen Disput zwischen dem ‚Chef' und dem Organisator der anderen Schmugglergruppe, der zugleich die Funktion des ‚pilot' hat. Ursache ist ein Missverständnis zwischen dem ‚Chef' und Kaja. Demnach sollte sie mit nur einer Kollegin an der Fahrt teilnehmen, um die Techniken zu erlernen, während Kaja jetzt schon mit einer ganzen Schmugglergruppe aufgelaufen ist. Er schlägt vor, dass wir mitfahren, aber nicht schmuggeln, sondern nur die legale Menge mitnehmen, wir bekämen dafür eine kostenlose Fahrt. Es ist 16:30 Uhr, als wir endlich den Parkplatz verlassen. Kajas Gruppe sitzt hinten im Bus, vorne hat die andere Gruppe ihre Plätze eingenommen. Man bleibt während der Fahrt getrennt, auch kommt es im weiteren Verlauf der Fahrt kaum zu Gesprächen zwischen den Gruppen. Als wir um 17 Uhr an der Grenzstation ankommen, werden zunächst Złoty in US-Dollar getauscht, die für den Einkauf in Russland notwendig sind, da man trotz des Wechselkursverlustes mit US-Dollar günstiger einkaufen kann. In den russischen Läden, die nur auf den Einkauf der Schmuggler eingestellt sind, sind zwar alle Preise in US-Dollar und Rubel angegeben, doch hätte man in Złoty oder Rubel einen höheren Kaufpreis zu entrichten.

Nach dem Geldtausch entrichten die Mitfahrerinnen im Schutz ihrer Kolleginnen, die einen Halbkreis um sie bilden, ihre Notdurft. Toiletten sind an diesem Grenzübergang nicht vorhanden. Die Grenzformalitäten werden innerhalb einer Stunde erledigt. Gegen 18 Uhr halten wir auf russischer Seite wenige Hundert Meter hinter den Grenzanlagen an einer Tankstelle, neben der sich mehrere hölzerne Verkaufsstände befinden. Mittlerweile ist es dunkel geworden, auf dem Platz flackert eine Neonreklame. Zielstrebig verteilt sich die Schmugglergruppe auf drei Verkaufsstände, der Handel erfolgt routiniert, besondere Absprachen müssen nicht getroffen werden. Jede Schmugglerin hat ihre bevorzugte Einkaufsstelle, und indem man sich aufteilt, kann der Einkauf schnell erledigt werden. Gemeinsam mit Kaja betrete ich einen Laden. Ein einfach gehaltener Verkaufsraum, linker Hand eine Theke, dahinter ist das Angebot aufgereiht: Zigaretten russischer Produktion und Westmarken, Wodka in unterschiedlichen Variationen sowie russische Süßigkeiten. Rechts neben der Theke führt eine Tür in einen Nebenraum. Jeder Verkaufsstand besteht aus zwei Räumen, vorne werden die Waren ausgegeben, in einem Nebenraum befindet sich die Minimalausstattung für durchwachte Nächte: Fernseher, Bett und Campingtoilette. Als wir eintreten, kommt eine junge Frau aus dem Nebenraum und stellt sich gelangweilt hinter die Theke. Im Radio spielt ein russischer Sender Popmusik.

Anhand von Einkaufslisten, die jede Schmugglerin mit sich führt, kaufen sie jeweils 25 bis 30 Stangen Zigaretten verschiedener Marken. Gegenüber der Theke befindet sich ein Tisch, auf dem sich die eingekauften Waren stapeln. Zunächst öffnen sie die Stangenverpackungen der Zigaretten, dann werden die einzelnen Schachteln so mit Klebeband aneinander befestigt, dass sie jeweils für bestimmte Verstecke geeignet sind. Andere Päckchen werden zu einer Fläche verbunden oder zu langen Reihen geformt und anschließend mit dunklen Plastiktüten umwickelt. Die leichten Tüten aus dünnem Kunststoff gehören ebenso zum

Angebot des Ladens wie Klebeband. Gleich neben der Tür zum Nebenzimmer befindet sich ein Schrank aus Holz, dessen Fächer mit kleinen Vorhängeschlössern gesichert sind, in denen professionelle Schmugglerinnen Klebeband, Tüten und ein Messer aufbewahren, damit sie bei der Grenzkontrolle den Zöllnern nicht als Beweismittel in die Hände fallen. Die Schmugglergruppe bewegt sich mit einer Selbstverständlichkeit zwischen dem privaten Nebenraum und dem Verkaufsbereich hin und her, die auf große Vertrautheit schließen lässt.

Mit schnellen und konzentrierten Handgriffen wird in der folgenden Stunde die Ware vorbereitet. Eine Frau kauft zehn Flaschen Wodka zu jeweils einem halben Liter und füllt diese in vorbereitete leere Limonadenflaschen um. Eine angetrunkene Flasche Wodka wird sie später offen in ihr Gepäcknetz legen, daneben eine Flasche mit Saft und die umgefüllten Limoflaschen. Nachdem die Vorbereitungen soweit abgeschlossen sind, befestigen sie einen Teil des Schmuggelguts mit Klebestreifen am Körper und verstauen es zwischen Schichten verschiedener Kleidungsstücke. Mit den restlichen Zigaretten verlassen wir den Laden und begeben uns zu dem schon wartenden Bus, der zwischenzeitlich an der Tankstelle getankt hat. Die Schmugglergruppe verschwindet mit dem Bus einige Meter weiter im Dunkeln. Dort wird das Fahrzeug mit den restlichen Zigaretten präpariert, wobei man keine Beobachter haben möchte. Die Gruppe von Kaja muss derweil warten, Enttäuschung macht sich breit, hatte man doch gehofft, in die Fahrzeugverstecke eingeweiht zu werden.

An der Grenze entrichten alle den üblichen Betrag von eineinhalb US-Dollar pro Stange an den russischen Zoll. Da vor uns keine Fahrzeuge warten, geht die Abfertigung auf russischer Seite schnell. Bereits um 21 Uhr treffen wir an der Kontrollstelle ein, und eine halbe Stunde später stehen wir schon vor der polnischen Zollabfertigung. Hier müssen wir eine längere Zeit auf die Abfertigung warten. Allmählich wird es empfindlich kalt, da der Motor im Grenzraum abgestellt wird. Während wir in einem separaten Raum individuell kontrolliert werden, bleiben der Fahrer und der ‚pilot' im Bus. Als wir wieder einsteigen, machen alle Schmugglerinnen ein zerknirschtes Gesicht. Angeblich wurden 25 Stangen Zigaretten gefunden, für die 1000 Złoty Strafe zu entrichten sind. Diese Angaben sind nur vage, denn auch jetzt wird Kajas Gruppe nicht eingeweiht. Die bedrücke Stimmung hält an, bis wir auch den letzten Kontrollpunkt passiert haben, und schlägt plötzlich in eine entspannte Atmosphäre um, als Zöllner und Grenzsoldaten außer Sichtweite sind. Mit dem zerknirschten Gesicht gab man den Zöllnern zu verstehen, dass sie ihre Arbeit offensichtlich gründlich gemacht hatten. Andernfalls wären sie vielleicht doch auf den Gedanken gekommen, noch einmal nach versteckten Waren zu suchen. Davor sollte die Miene des enttäuschten Schmugglers, der ohne Gewinn zurückkehrt, schützen. Hinter der Grenze ist diese Schauspielerei nicht mehr nötig.

Jetzt haben andere Dinge Priorität. In der ersten Ortschaft halten wir an einer offiziellen Bushaltestelle. Der einzige Mann in der Schmugglergruppe, der sich schon kurz vorher alte Sachen übergezogen hatte, kriecht unter den Wagen, wirft die in schwarze Plastiktüten verpackten Zigaretten seinen Kolleginnen zu, die sie im Fahrzeug verstauen. Nach wenigen Minuten ist der Vorgang erledigt und wir setzen unsere Fahrt fort. Der Bus vermeidet jetzt die grenznahe Straße, auf der wir am Nachmittag gefahren sind, stattdessen nehmen wir einen weiten Umweg, bis wir uns wieder unserem Zielparkplatz nähern. In einem Waldstück wird noch ein zweiter kurzer Halt eingelegt. Diesmal klettert eine Mitfahrerin in den Gepäckraum und wieder kommen die schwarz eingewickelten Verpackungen zum Vorschein. Als auf der Straße ein Wagen vorbeifährt, hockt sich schnell eine Frau vor das geöffnete Gepäckfach, sodass ihre Kollegin nicht im Scheinwerferlicht sichtbar wird. Auch im Innenraum werden mittlerweile mit Schraubendreher und anderem Werkzeug Teile der Verkleidung abgebaut, hinter denen weitere Warenpäckchen zum Vorschein kommen. Während der Weiterfahrt teilt man die mit unterschiedlichen Markierungen versehenen Päckchen auf ihre Besitzer auf. Beim Strafmandat spielt diese Aufteilung keine Rolle, denn die Unkosten trägt man, wie im Linienbus, gemeinsam.

In der Frühe um vier Uhr trifft unser Bus wieder auf dem Parkplatz ein, von dem vor über 12 Stunden unsere Fahrt begann. Zigaretten und Wodka sind in Tüten und Taschen verstaut. Als der Bus hält, ergreift jeder seine Sachen und verlässt eilig das Fahrzeug. Noch während wir aussteigen, rollt langsam ein Polizeifahrzeug auf den Parkplatz. Schnell versuchen die Schmuggler den Parkplatz zu verlassen, geduckt rennen sie zwischen parkende Autos, verstecken sich hinter Büschen und Sträuchern. Innerhalb weniger Sekunden scheint der Platz leer zu sein, bis auf Kajas Gruppe, die keine Schmuggelware bei sich führt, und Michał aus der anderen Schmugglergruppe. Bepackt mit mehreren Tüten schaffte er es nicht, rechtzeitig zwischen den Autos zu verschwinden. Betont ruhig gehen die Frauen aus Kajas Gruppe zu ihm, stellen ihre Taschen ab, und gemeinsam bilden sie eine unbeteiligt wartende Gruppe Reisender. Die beiden Polizisten sind bei laufendem Motor in ihrem Wagen geblieben, den sie in die Reihe der parkenden Autos gestellt haben. Einige Minuten später fahren sie wieder los, drehen langsam eine Runde und halten am anderen Ende des Platzes an. Mit ruhigen Bewegungen hat Michał seine Tüten gegriffen, um sie hinter der Bank den Blicken der Polizisten zu entziehen. Wir wollen ein Taxi rufen, doch kennt keiner die Telefonnummer. Michał ruft von seinem Mobiltelefon eine der immer noch hinter einem Gebüsch kauernden Kolleginnen an, damit diese ein Taxi bestellt. Als das Taxi kommt, steigen wir ein und lassen Michał allein auf der Sitzbank zurück. Die Frauen hocken noch immer in ihren Verstecken und beobachten die beiden Polizisten, die am anderen Ende des Parkplatzes ihren Wagen verlassen. Im Vorbeifahren erkennen wir, dass sie sich über eine am Boden liegende Person beugen und anscheinend auf einen Rettungswagen warten, wie wir im Sprechfunk des Taxis mithören.

Nachspiel

Vier Tage später bin ich wieder mit Kaja und zwei weiteren Frauen unterwegs zu dem Treffpunkt auf dem bekannten Platz. Von Kajas Gruppe sind nach der abenteuerlichen Fahrt nur noch drei Frauen am Schmuggel interessiert. Die Anstrengungen unserer nächtlichen Fahrt, die primitiven Bedingungen im ungeheizten Bus sowie die Leibesvisitationen durch die Zöllnerinnen haben sie abgeschreckt. Nur drei Frauen unserer Gruppe sind übrig geblieben und erhalten die Gelegenheit, sich einer Gruppe von vier Frauen und einem Mann, die schon länger für den ‚Chef' arbeiten, anzuschließen. Als wir in den Bus einsteigen, hält wieder der ‚Chef' mit seinem Audi neben uns. Gleichzeitig kommt ein anderer Wagen auf uns zu, und es entwickelt sich ein kurzer Disput. Anschließend erkundigt sich der ‚Chef' nach meinem Interesse und äußert seine Sorge, dass ich „den Leuten Probleme machen könnte". Vor allem die Russen, so argumentiert er, würden manchmal Schwierigkeiten machen, und sollte das der Fall sein, so könne ich in Zukunft nicht mehr mitfahren. Wenn der polnische Zoll mich nach meinem Interesse frage, solle ich mich als Historiker ausgeben, der Informationen zur Geschichte sammelt. Kaum sitze ich wieder im Bus, fordert mich jedoch der ‚pilot' auf, den Wagen zu verlassen, ich könne hier nicht mitfahren. Die Aufforderung ist eindeutig. Später erfahre ich, dass man bei der Rückkehr den Haltepunkt gewechselt hat, da der alte Parkplatz nicht mehr sicher sei.

Ergänzungen

Die Schmuggler erledigten ihre Einkäufe anhand individueller Listen und kennzeichneten ihre Waren, die sie im Fahrzeug versteckten, d.h., die Einkäufe erfolgten auf Bestellung. Daneben gab es noch sogenannte ‚private' Zigaretten, bei denen es sich, soweit dies zu beobachten war, um die am Körper versteckten Waren handelte. Wer die Bestellungen aufgab, kann nicht mit Sicherheit gesagt werden, doch liegt eine gewisse Logik in der Annahme, dass der Besitzer des Autobusses nicht nur den Fahrpreis und die Einnahmen aus dem Verkauf von Diesel kassiert. Sein Interesse, eine neue Gruppe in der Methode des Schmuggels anzulernen, deutet jedenfalls ebenso auf eine weitergehende Verstrickung hin wie die uns eingeräumte Möglichkeit der Mitfahrt, ohne den üblichen Fahrpreis zu entrichten. Ob der ‚Chef' aber noch weitere Auftraggeber oder Kompagnons hatte, bleibt der Spekulation überlassen. Auf jeden Fall werden bei dieser Schmuggelform relativ große Beträge erwirtschafte. Welche Summen die einzelne Schmugglerin verdient, lässt sich nicht genau beziffern. Aus den in Beobachtungen und Gesprächen erhaltenen Informationen lässt sich folgende Rechnung aufstellen:

Jede Schmugglerin bezahlte für die Busfahrt 25 Złoty, sodass der Busbesitzer einen Betrag von 175 Złoty als Unkostenbeitrag erhielt. Dessen Aufgabe war es, den Fahrer zu entlohnen und den Wagen bereitzustellen. Nehmen wir an, jede Schmugglerin hätte die bei anderen Schmuggelfahrten üblichen 25 Stangen Zigaretten gekauft, so ergibt sich bei sieben Personen eine Summe von 175 Stangen. Ziehen wir 25 Stangen als Verlust ab, dann können wir davon ausgehen, dass 150 Stangen geschmuggelt wurden, die auf dem regionalen Markt einen Gewinn von 1500 Złoty erbringen. Bei einem erheblichen Teil der Zigaretten handelte es sich zudem um westliche Marken, die zu einem höheren Preis in Westeuropa verkauft werden, während die regionalen Märkte überwiegend ‚Armutsmärkte' sind, auf denen die billigsten Zigarettenmarken verkauft werden.

Eine denkbare Variante der Organisation dieser Arbeitsweise im Touristenbus könnte folgendermaßen aussehen: Den Schmugglern wird ein Bus bereitgestellt, für den sie den normalen Fahrpreis entrichten. Ihre Waren kaufen sie entsprechend den Bestellungen des Busbesitzers, der ihnen die Zigaretten zum üblichen Preis abnimmt. Er agiert als Großhändler, sammelt die Waren und transportiert sie entweder in Eigenregie nach Deutschland und England bzw. verkauft sie an Personen, die den Transport übernehmen. Sofern der Bus, eventuell mit verschiedenen Gruppen, täglich verkehrt bzw. mehrere Fahrzeuge gleichzeitig laufen, ist es ihm auf diesem Weg möglich, erhebliche Beträge zu erwirtschaften. Nehmen wir an, die Schmugglerin verkauft ihre Zigaretten mit 10 Złoty Gewinn an den Busbesitzer, dann ergibt sich für sie ein Gewinn von 214 Złoty. Aus dem Verkauf von Wodka und Zucker hätte sie darüber hinaus noch einen weiteren Verdienst. Der Besitzer des Busses erzielt aus dem Verkauf des vollen Dieseltanks zunächst einen Gewinn von einem Złoty pro Liter. Nehmen wir einen unteren Wert von mindestens 200 Liter Diesel an, so ergibt sich daraus ein Betrag von 200 Złoty. Pro Stange Zigaretten wird er vermutlich noch einmal 10 Złoty verdienen, das ergibt bei 150 Stangen 1500 Złoty. Sein täglicher Bruttoverdienst an einem Fahrzeug liegt demnach bei 1700 Złoty.

Als Großhändler minimiert der Besitzer des Busses sein Risiko, weil die Schmugglerinnen als selbstständige Subunternehmer für ihn arbeiten. Werden die Waren beschlagnahmt, so macht der Großhändler zwar keinen Gewinn, doch die Frauen verlieren den Kaufpreis der Waren und müssen das Strafmandat bezahlen. Theoretisch ist es ihnen möglich, ihr Schmuggelgut selber auf dem Markt oder an andere Großhändler zu verkaufen, doch tatsächlich wäre das sinnlos. Zum Verkauf auf dem Markt fehlt ihnen die Zeit und ein Verkauf an andere Großhändler brächte keinen höheren Preis. Den Schmugglerinnen ist es innerhalb dieses Systems möglich, einen deutlich höheren Betrag zu erwirtschaften als mit anderen Schmuggelformen oder in legalen Arbeitsverhältnissen. Gleichzeitig hat der Organisator den größten Profit, ohne in der Phase des Schmuggels ein Risiko einzugehen. Selbst wenn alle Waren beschlagnahmt würden, hätte er zwar einen Verdienstausfall, brauchte aber keine strafrechtlichen Sanktionen zu fürchten. Offiziell hat er nur einer Reisegruppe einen Bus mit Fahrer vermietet. Da er das Schmuggelgut nicht bei der Ankunft des Busses in Empfang nimmt, sondern es entweder einzeln bei den Frauen abholt oder von ihnen zu einem Sammelpunkt bringen lässt, minimiert er die Gefahr, entdeckt zu werden.

In welchem Umfang der Zoll und die Grenzangestellten in das Geschäft verwickelt sind, bleibt ein Feld offener Spekulationen. Beobachten lassen sich nur folgende Fakten: Der von den Schmugglerinnen deutlich gezeigte Stimmungsumschwung nach Verlassen der Grenzkontrollen lässt den Schluss zu, es habe sich um eine gespielte Bestürzung gehandelt, mit der die Zöllner von weiteren Kontrollen abgehalten werden sollten. Schließlich müssen die Zöllner Waren bei der Kontrolle beschlagnahmen, wenn sie nicht Gefahr laufen wollen, aufzufallen. Werden sie andererseits nicht fündig, so können sie veranlasst sein, genauer nach Schmuggelgut zu suchen. Indem die Schmugglerinnen den Zöllnern Waren anbieten, die sie leicht finden, halten die Frauen den Zoll von intensiveren Nachforschungen ab. Erstaunlich war, mit welcher Akribie die Zöllner den Innenraum des Busses durchforschten, während sie in den leeren Gepäckraum nur einen Blick warfen und keine Anstalten machten, unter den Wagen zu schauen. Da die Zöllner das geschäftliche Interesse dieser touristischen Reisegruppen kennen, ist es unwahrscheinlich, dass sie sich mit einer erfolglosen Kontrolle zufriedengeben. In einem bestimmten Umfang ist der Verlust von Waren nicht nur eingeplant, sondern wird von den Schmugglern sogar beabsichtigt. Die im Innenraum des Fahrzeugs versteckten Zigaretten waren also von vornherein als ‚Köder' ausgelegt, der die Zöllner von der weiteren Suche ablenken sollte.

Insgesamt handelt es sich um eine komplexe Organisationsform des Schmuggels mit Hinweisen auf professionalisierte hierarchische Strukturen, die Aspekte von organisierter Kriminalität erkennen lassen. Ob hier allerdings im Hintergrund eine Mafia des Zigarettenschmuggels bzw. eine mafiose Organisation die Fäden zieht, oder ob es sich letztlich um lokal begrenzte Formen professionellen

Schmuggels handelt, kann im Rahmen dieser Forschung nicht mit endgültiger Sicherheit beantwortet werden.[87]

DIE UNTERNEHMER – „DIE NACHBARN SCHAUEN EINEM IN DEN KOCHTOPF!"

Als ich kurz nach meiner Ankunft in Sępopol den Kontakt zu Kleinhändlern suchte, nannte man mir Edward Staniszki. An ihn sollte ich mich wenden, so sagte man mir, denn er sei hier im Ort der erfahrene Schmuggler. Obwohl ihn alle kannten, gelang es mir erst einmal nicht, mit ihm in Kontakt zu treten, was auch daran lag, dass ich keinen Vermittler fand, der mich ihm hätte vorstellen können. Die Alternative hätte darin bestanden, unvorbereitet bei ihm zu klingeln und mit meinem Anliegen ‚hereinzuplatzen'. Aus verschiedenen Gründen schien mir dieser Weg nicht sinnvoll, zumal ich lange Zeit Edward nicht persönlich zu Gesicht bekam und somit gar nicht sicher war, um welche Person es sich handelte. Als ich ihn nach einigen Monaten kennenlernte, verstand ich, in welchem Ausmaß die Fahrten zur Grenze einen täglichen Rhythmus vorgeben, dass kaum Zeit für eine zufällige Begegnung blieb. Ich begegnete Edward an der Grenze, als mich zum wiederholten Male ein Schmuggler im Pkw mitnahm. Eine ganze Nacht hatten wir in der Autoschlange vor dem russischen Grenztor gewartet, während die Abfertigung selbst für erfahrene Schmuggler ungewöhnlich schleppend verlief. Am Morgen ging ich die Kolonne der Fahrzeuge entlang und beobachtete in einer speziellen Fahrspur für Kleinbusse einige mir bekannte Leute. Es waren Nachbarn aus Sępopol, die am frühen Vormittag mit ihren Kleinbussen auf die Grenzabfertigung warteten. Sie standen mit mehreren Wagen, alle voll besetzt, dicht hintereinander. Edward war nicht zu übersehen: Mit einigen Mitfahrern war er ausgestiegen und gemeinsam saßen sie auf der Mittelabsperrung der Straße. Ich setzte mich zu ihnen und wir unterhielten uns über die Willkür der Grenzabfertigung und die Mühsal des Wartens.

Als täglicher Grenzgänger ist Edward an der Grenze bekannt. Obwohl wir noch nicht miteinander gesprochen hatten, war ich ihm als Nachbar ein Begriff und er war auch über meine Fahrten nach Kaliningrad orientiert. In der Folgezeit bat ich ihn um ein Interview, wozu er grundsätzlich bereit war. Schwieriger war es schon, einen freien Termin zwischen seinen Fahrten zu finden. An einem sei-

---

[87] Aus dem Beispiel sollte deutlich geworden sein, dass der Zugang zu den hier beschriebenen Kreisen professionell organisierter Schmuggler innerhalb eines Forschungszeitraumes von zwei Jahren nicht zu erlangen ist.

ner arbeitsfreien Tage, die sich ergaben, als er ein neues Visum beantragen musste, trafen wir uns in seiner Wohnung zu einem Interview. Mehrmals wurden wir durch Anrufe oder Besucher unterbrochen, die sich nach der Abfahrtszeit für den folgenden Morgen erkundigten.

Eine Skizze der Lebenssituation von Edward Staniszki

Edward Staniszki lebt bis heute in der Wohnung, in der er 1960 geboren wurde und die er jetzt mit seiner Frau und zwei Kindern bewohnt. Sein Lebensmittelpunkt, so kann man feststellen, hat sich seit seiner Geburt nicht verschoben. Nach Abschluss der Schule und einer Ausbildung zum Mechaniker arbeitete er in der örtlichen Flachsfabrik. Ein tiefgreifender Wandel seines Lebens verbindet sich für ihn mit den Jahren um 1990, als er aufgrund einer chronischen Erkrankung seine Arbeit aufgeben musste und gleichzeitig im Rahmen der Systemtransformation die ehemaligen Kollegen arbeitslos wurden. Da sich keine alternativen Arbeitsmöglichkeiten boten, begann er den Transport von Saisonarbeitern nach Deutschland zu organisieren. Kurze Zeit darauf fing er mit dem Schmuggel an. Als ich ihn kennenlernte, ging er bereits seit 15 Jahren dem Schmuggel nach und gehört damit zu denjenigen Einwohnern, die seit Öffnung der Grenzen nach Kaliningrad vom Schmuggel leben. Die Invalidität bewahrte ihn vor einer formalen Arbeitslosigkeit. Gleichzeitig war Edward mit Anfang dreißig zu jung für ein Leben als Rentner, zudem lebte er, bedingt durch die niedrige Invalidenrente, in einer prekären finanziellen Lage.[88] In dieser Situation bot der Schmuggel von Waren aus Kaliningrad einen Ausweg:

Frage: „Von Beginn an, wie fuhren Sie nach Russland? Fuhren Sie mit einem Kleinbus?"
Edward Staniszki: „Nein. Ich fuh..., am Anfang fuhr ich mit einem Kollegen im Syrena [polnische Automarke, M.W.]. Aber noch, noch früher fuhren wir mit einem Nyska [polnische Automarke, M.W.], den Nyska mieteten wir uns. Kein Bus, sondern nur den Nyska, unser Nyska, ja. Wir miet... mieteten uns den immer. Nun, der Kollege fuhr, nun man fuhr in 6, 7 [Stunden]. Aber dort [an der Grenze, M.W.] stand man, weil sie nicht 24 Stunden geöffnet war, nur von 8 bis 20 Uhr, 12 Stunden, es wurde bereits Nacht. <u>Das war hier so (Lachen)</u>. Nun aber, so fuhr man einmal, zweimal, dreimal, oh, ja, oh, man fuhr, weil unsere Konserven dort billiger waren, die aus Morlin und die aus Ostróda. Was beispielsweise bei uns 4 Złoty kostete, kam dort auf 2 Złoty. Ja, bis nach Kaliningrad fuhr man. Man fuhr dort zum Basar. [...] Und später, ja, später fuhr man mit dem Kollegen im

---

88 Da der Bezug von Arbeitslosengeld zeitlich befristet ist, erscheint die unbefristete Invalidenrente zumindest denjenigen als Vorteil, die in der Lage sind, den Betrag mit informellen Arbeiten aufzubessern.

Syrena, später fuhr man noch mit einem Nachbarn im Pkw. Und dann kaufte man einen Polonez [polnische Automarke, M.W.], später mit dem Polonez, später dann ein wenig mit dem Bus, nicht mit dem, den ich jetzt habe, weil ich auch einen Ford hatte, aber er war auch rot, aber jetzt fahre ich mit dem. Schon das 7. Jahr, sieben Jahre fahre ich mit dem, dem Bus, ja und das, das <u>alles geht langsam voran (Lachen)</u>."[89]

Edward beschreibt die Jahre seiner Schmuggeltätigkeit als Erfolgsgeschichte eines langsamen aber stetigen wirtschaftlichen Aufstiegs. In den ersten Jahren fuhr er gemeinsam mit einem Kollegen zuerst in einem Pkw und dann in einem polnischen Kleinbus nach Kaliningrad. Zunächst waren die Fahrten noch recht unprofessionell, man nutzte die preisgünstigen Einkaufsmöglichkeiten in Russland für Waren des täglichen Bedarfs und musste sich auf langwierige Grenzformalitäten einstellen. Allmählich wurden die Fahrzeuge größer und moderner, während Edward gleichzeitig seine Kenntnisse soweit erweiterte, dass er seine Schmuggeltechnik professionalisieren konnte. Im Verlauf der Jahre war der Schmuggel für Edward von einem gelegentlichen Nebenerwerb zur Haupteinnahmequelle geworden. Mit der Anschaffung eines Kleinbusses und der Organisation einer Schmugglergruppe hatte er sich zu einem Unternehmer der informellen Ökonomie entwickelt. Edward erzählt die Erfolgsgeschichte eines Kleinunternehmers in der informellen Ökonomie, der mittlerweile sieben Personen beschäftigt. Zwar handelt es sich um ein illegales Gewerbe, doch ist der Erfolg gleichwohl offensichtlich. „Das alles geht langsam voran", so beschreibt er lachend das positive Resümee seines Lebens.

Dabei vollzieht sich der wirtschaftliche Erfolg seines informellen Unternehmens unter schwierigen Rahmenbedingungen. Während in den ersten Jahren

---

89   Frage: „Czy pan od początku jak pan jeździł do Rosji? Czy pan jechał minibusem?"
Edward Staniszki: „Nie. To ja jech... ja to z początku jeździłem z kolegą syrenką. A to jeszcze, jeszcze na początku to jeździliśmy nyska taką, nyskę się wynajmowało. Nie bus tylko ta nyskę, nysy nasze no. To zawsze się tego wynaj... wynajmowano. No, kolega jechał, no, jechało się w 6, 7. A tam się stało te, bo to było nie całodobowa, tylko od 8 do 8, no, 12 godzin, no, no noc już stało. <u>To już tu było (Lachen)</u>. No ale tak się pojechało raz, drugi, trzeci tam, o, tak, o, pojechało się, bo to nasze konserwy były tańsze, te z Morlin, te Ostróda. Jak przykładowo u nas 4 złote to tam wychodziło 2 złote. No, to aż do Kaliningradu się jeździło. Jeździło się na bazar tam. [...] A później, tak, no, później z kolegą syrenką się jeździło, później z takim sąsiadem się znów jeszcze osobówką jeździło. A no później się kupiło polonoza, póżnij polonoza, póżnij troszeczkę busem nie tym, te o co tego, bo miałem też forda ale czerwonego też, no, a teraz tym się jeździ, no. Już 7, 7 rok się tym jeździ tym, tym busem, no, i to, to <u>wszystko jest powoli do przodu (Lachen)</u>."

nach Öffnung der Grenze die Schmuggler nur oberflächlich kontrolliert wurden, erschweren mittlerweile schärfere Grenzreglements den illegalen Kleinhandel. Neu errichtete Werkhallen ermöglichen die technische Untersuchung einzelner Fahrzeuge und mit den mobilen Spezialisten steht auch das Personal für genaue Kontrollen zur Verfügung. Unter diesen erschwerten Umständen unterstreicht der Erfolg seiner Schmuggeltätigkeit die Professionalität, mit der er sein Unternehmen organisiert.

Edward und sein soziales Umfeld

Frage: „Hast du immer die gleiche Gruppe, die fährt?"
Edward Staniszki: „Jawohl."
Frage: „Das sind immer dieselben?"
Edward Staniszki: „Dieselben, dieselben. Dort der Nachbar, hier die Nachbarin, die Schwester, nun, und hier Nachbarinnen, eine Nachbarin mit ihrer Tochter. Ja, sie geht wieder zur Schule, ab September. Nun, sie ist schon 18, nicht. Weil, wenn man dort nicht vorschriftsmäßig 18 Jahre alt ist, kann man fahren, aber man darf die Norm nicht mitnehmen. Sie sind gerade erst angekommen, wie sind sie losgefahren, um sechs, um sechs morgens sind sie losgefahren und jetzt ist es halb sieben, nicht? [Ja.] Ja, ja, ja. Nun das, nun das sind, verflucht, 12 Stunden, 12,5 Stunden.[90] Nun, und so ist das mit alledem. Weil man es so hört, weil, weil hier auch eine Nachbarin mit einem anderen Kollegen fährt, mit diesem Tomasz, der den schwärzlichen und auch den weißen Bus fährt."[91]

Edward Staniszki fährt mit seinem Kleinbus in einem Turnus zur Grenze, bei dem auf drei Arbeitstage ein freier Tag folgt. Wenige Hundert Meter hinter der Grenze enden die Fahrten auf einem Platz, der von speziellen Verkaufsständen

---

90 Der Abschnitt bezieht sich darauf, dass Edward während des Interviews die Rückkehr seiner Nachbarn mitbekam. Sie waren am Morgen um 6 Uhr ebenfalls mit einem Kleinbus losgefahren und kamen am Abend um 18:30 Uhr zurück.

91 Frage: „Czy masz zawsze starą ekipę, która jedzie?"
Edward Staniszki: „Tak jest."
Frage: „To są zawsze tacy sami?"
Edward Staniszki: „Ci sami, ci sami. Tam sąsiad jest, tu sąsiadka, siostra, no, i tu sąsiadki, sąsiadka i córka. No, ona teraz idzie do szkoły znów od września. No, to tak już 18 lat ma, no. Bo tam prawidłowo jak 18 lat nie ma to może jechać, ale, że bez normy. Przyjechali dopiero, jak pojechali, o 6, o 6 pojechali rano, to jest wpół do 7, nie [Tak.]. No, no, no. No to, no to jest, kurwa, 12 godzin, 12,5 godziny. No, i tak to jest z tym wszystkim. Bo tak człowiek słyszy, bo, bo tu też sąsiadka jeździ z drugim kolegą, z tym Tomaszem, tym czarniawym, biały bus też."

gesäumt wird, die auch von den großen Linien- und Touristenbussen zum Einkaufen genutzt werden. Bei seinen Mitfahrern handelt es sich um eine feste Gruppe, die für einen Tageslohn von 25 Złoty[92] pro Person Zigaretten und Wodka für Edward transportieren. In welchem Umfang die Gruppe Waren nach Polen einführt, kann hier nur vermutet werden. Edward gibt im Interview die vom Zoll tolerierte Menge mit zwei Stangen Zigaretten und zwei Flaschen Wodka pro Person an. Jedoch erwähnt er an anderer Stelle auch die Beschlagnahmung von zehn Stangen Zigaretten sowie die Ausstellung verschiedener Strafmandate, aus der sich auf eine umfangreichere Menge von Waren schließen lässt. Die mitfahrenden Tagelöhner sind insoweit am Risiko des Schmuggels beteiligt, als sie bei der Beschlagnahmung der Waren auch ihren Tagesverdienst verlieren. Andererseits brauchen sie sich weder um die Formalitäten der Grenzabfertigung zu kümmern noch müssen sie die Waren kaufen. Ihre Aufgabe besteht einzig darin, als Fahrgäste im Kleinbus zu sitzen und bei der Rückfahrt einen Teil der Waren versteckt am Körper zu transportieren. Edward finanziert den Einkauf der Waren und kümmert sich als Organisator der Gruppe um die notwendigen Formalitäten, die Versteckmöglichkeiten im Wagen und den Weiterverkauf. Sein Verdienst errechnet sich aus dem Verkauf der Zigaretten, des Wodkas sowie von jeweils rund 100 Litern Diesel, die er im Tank seines Fahrzeugs transportiert.

Während des Interviews registriert Edward die Rückkehr eines anderen Schmugglers, der ebenfalls mit dem Kleinbus und den entsprechenden Mitfahrern in Kaliningrad war. Obwohl wir uns bei geschlossenen Fenstern im Gespräch befanden, hatte er die Fahrzeuggeräusche identifiziert. Aus der räumlichen Nähe der Häuser und Wohnungen des Städtchens ergibt sich eine soziale Kontrolle, die für Edwards Tätigkeit von Bedeutung ist. Die Nachbarn kennen voneinander nicht nur die Lebenssituation, sondern auch persönliche Dinge lassen sich nur schwer verheimlichen. Aus der sozialen Nähe entstehen für Edward Probleme, auf die im Folgenden einzugehen ist:

Frage: „Aber es ist so, wie du gesagt hast, dass es dort immer acht oder sieben Personen sein müssen?"
Edward Staniszki: „Acht Personen. Oder wenigstens sollen es sieben sein, aber nur manchmal. Es liegt auch daran, welcher Russe am Tor steht und so. Nehmen wir an, man fährt heran und sie durchsuchen uns, dass man mit sieben Personen zurückfahren muss, nicht?"
Frage: „Aber muss man zum Beispiel, wenn jemand keine Zeit hat oder krank wird?"
Edward Staniszki: „Und, und dann gibt es jemanden als Ersatz."

---

92 Diese Angabe bezieht sich auf das Jahr 2006, im Jahr 2008 erhielten sie für eine Fahrt 50 Złoty.

Frage: „Unbedingt?"
Edward Staniszki: „Nun, es soll schon irgendwo jemand, man soll schon jemand für den Platz finden, aber wie man so sagt: ‚Nimm keine Fremden!' Nun, einer sagt nichts, aber ein anderer tratscht gleich irgendwo und, nicht, und, ja? Aber am Besten ist es, wenn man mit acht Personen fährt. Und wenn man zum Beispiel morgen nicht fahren kann, beispielsweise, nicht? Nun, dann ruft man an, sagt, morgen habe ich was zu erledigen oder so. Nun, in dem Fall gibt es schon jemanden, den man für den Fall fin..., für den Platz findet und, und so."
Frage: „Gibt es überhaupt viele interessierte Leute, die wollen und Plätze suchen?"
Edward Staniszki: „Gibt es, gibt es, gibt es. Viele fragen, aber man sagt ab. Nun, wenn es schon nur die alten [Mitfahrer, M.W.] sind, ist alles in Ordnung. Schließlich, nun der, nun, wenn er fährt, wenn der Nachbar beispielsweise seit fünf Jahren mit mir fährt oder ein anderer, nun dann sagst du nicht: ‚Du bleibst hier, weil ich ...!', [Klar, ja.], und später gibt man es ihm nicht, er wird sich rächen, weil er beleidigt ist, derjenige, der schon fünf Jahre fährt. Und er kann das Telefon nehmen, und schon kommen sie und machen Ordnung. Nun, nun, und so ist alles verbunden, dass man nicht sagen kann: ‚Geh, Jurek, du fährst nicht!', oder jener. Das ist nicht so, du wirst nicht fahren, zum Beispiel, nicht? Nun, dann kann es gleich einen Anruf geben und ..."[93]

---

93 Frage: „Ale jest tak jak mówiłeś, że zawsze musi być 8 lub 7 osób tam?"
Edward Staniszki: „8 osób. No to już najmniej może 7 być ale to sporadycznie też jak ktoś jest, jak Ruski na bramie jest i jeszcze. Weźmie jak się podjeżdża i przerzuci, że 7 to może cofnąć z powrotem. No."
Frage: „Ale trzeba na przykład jeżeli ktoś nie ma czasu lub choruje?"
Edward: „A, a to ktoś jest w zastępstwie."
Frage: „Powinien?"
Edward: „No, powinien gdzieś już ktoś, już kogoś znaleźć, żeby na te miejsce, ale też jak to się mówi: ‚Obcych nie bierze!' Po co tam kto ma wiedzieć co tam, nie? Takie swoje już co każdy tego, no. No bo jeden nic nie powie, a drugi zaraz wypapla gdzie i, no i, no. Ale to najlepiej jest jak się jedzie to 8 osób. A jak o przykładowo jutro nie może jechać przykładowo nie. No to zadzwoni czy powie ja jutro mam coś załatwić czy coś no to już w ten czas się kogoś już na te konto się zna... miejsce się znajdzie i, i tak o."
Frage: „Czy w ogóle dużo ludzi chętnie chcą, którzy chcieli i szukają miejsce?"
Edward: „Jest, jest, jest. Dużo się pyta ale się odmawia. No, jak ci sami są stali, no to już, przecież, no, tego, no, jak ten jeździ, jak sąsiad jeździ ze mną przykładowo 5 lat czy tam tego, no, to nie powiesz: ‚Ty zostań, bo ja ...!', [Jasne, tak.] i później się temu nie dać, zemści się, bo wtedy jest obrażony ten co 5 lat jeździł. I może telefon i już przyjeżdżają i porządek robią. No, no, i to jest tak związane to wszystko jest, że

Von der russischen Grenzadministration hat Edward die Genehmigung, mit seinem Kleinbus eine den Linienbussen vergleichbare regelmäßige Verkehrsverbindung durchzuführen. Die Erlaubnis ist aber daran gebunden, dass alle Plätze des Kleinbusses besetzt sind. Sobald ein Platz nicht besetzt ist, kann das Fahrzeug vom russischen Grenzposten mit der Aufforderung zurückgeschickt werden, sich in die Schlange der wartenden Pkw einzureihen. In diesem Fall müsste Edward entweder ein bis zwei Tage Wartezeit in Kauf nehmen oder entsprechend hohe Bestechungsgelder zahlen. Seine Schmuggelfahrt würde damit sowohl für ihn als auch für seine Mitfahrer zum Verlustgeschäft. Aus diesen technischen Vorgaben entsteht ein Abhängigkeitsverhältnis zwischen den Mitfahrern und Edward, da sie den Schmuggel nur gemeinsam erfolgreich durchführen können. Als Organisator der Schmugglergruppe liegt die Entscheidung über die Häufigkeit der Fahrten theoretisch in seinem Ermessen, tatsächlich handelt es sich aber um eine wechselseitige Abhängigkeit, da den Mitfahrern an einem kontinuierlichen Einkommen gelegen ist. Andererseits besteht für den einzelnen Schmuggler die Verpflichtung, regelmäßig an den Fahrten teilzunehmen. Dabei handelt es sich um eine informelle Verpflichtung, die zwischen ihnen nicht näher verhandelt werden muss, da sie sich aus der Struktur des Schmuggels ergibt und den Charakter einer Selbstverständlichkeit hat. Sollte ein Mitfahrer ausfallen, so informiert er Edward frühzeitig, der damit die Möglichkeit hat, eine Ersatzperson zu finden. Im nachfolgenden Interviewzitat von Witold Zagórski, der regelmäßig bei Tadek, einem anderen Organisator einer Kleinbus-Schmugglergruppe, wird die wechselseitige Verpflichtung deutlich:

Frage: „Aber wissen Sie jetzt schon, ob Sie morgen auch fahren werden?"
Witold Zagórski: „Ja, ich fahre morgen. Tadek weiß, dass ich fahre, weil er sagt gleich Bescheid, wann wir fahren, er uns braucht. Nun, und daran muss man sich halten, weil er sich auf, auf die Leute verlässt, so ist das. Aber wenn einer mal nicht fährt, noch einmal nicht fährt, dann nimmt er jemand anderen, ja, weil, weil, es war zeitweise so, dass es keine Plätze gab, wenn man damals fragte, sich an jemanden wandte, weil, ich habe den Edward gefragt, weil ich den gut kenne, er sagt, dass er zur Zeit nichts hat, da sie komplett sind. Hier muss man auch zuverlässig sein."[94]

---

94   nie możesz powiedzieć: ‚Idź, Jurek, nie jedziesz!', czy tam tego. To też nie jest tak, ty nie będziesz jeździł przykładowo, nie? No, to zaraz telefon może być i ..."
    Frage: „Ale teraz wiadomo co jak czy jutro pan też jedzie?"
    Witold Zagórski: „Tak, jutro jadę. Tadek to wie, że jadę, bo on mówi od razu kiedy jedziemy, potrzebuje. No, i tak trzeba się trzymać tego, bo jemu zależy na, na ludziach, i to jest. A raz ktoś nie przyjdzie, drugi nie przyjdzie to weźmie następnego nie, no, bo, bo był taki czas, że jak kiedyś się pytałem to nie było miejsca gdzieś do

Organisator und Mitfahrer sind darauf angewiesen, dass Vereinbarungen zuverlässig eingehalten werden. Versäumt der Mitfahrer die Abfahrt, dann läuft er Gefahr, seinen Arbeitsplatz zu verlieren. Umgekehrt möchte er sich auch auf den Organisator verlassen können, denn nur so kann er sein Einkommen mit einiger Zuverlässigkeit planen. Dabei gibt es eine Reserve von Personen, die bei dem Ausfall eines Mitfahrers einspringen. Sollte keine Ersatzperson bei der Abfahrt bereit stehen, und die russische Seite auf Vollzähligkeit achten, wird schon mal aus der Schlange wartender Pkw ein Mitfahrer angeworben, dessen Aufgabe darin besteht, den Bus durch die Grenzkontrollen zu begleiten. Hat der Kleinbus die Grenze passiert, so wird der Mitfahrer sofort wieder zurückkehren. Da der Grenzübergang nicht für Fußgänger geöffnet ist, wird er auf der polnischen Seite einen Wagen anhalten und auf diesem Weg nach wenigen Stunden wieder bei seinem Kollegen ankommen, der in der Zwischenzeit weiterhin auf die russische Grenzabfertigung wartet. Möglich sind diese Aktionen, da die Kleinbusse innerhalb von sechs bis acht Stunden die Grenzkontrollen passieren, während die Pkw-Schlange in der gleichen Zeit nur wenige Meter vorrückt.

Edward beschreibt neben den technischen Aspekten seiner Fahrten auch die soziale Zusammensetzung seiner Gruppe. Bei den Mitfahrern handelt es sich, wie Edward sich ausdrückt, nicht um Fremde. Doch wer ist schon ein Fremder, wenn im kleinstädtischen Wohnumfeld meist jeder jeden kennt? Wenn sich alle mindestens oberflächlich kennen, stellt sich die Frage, wer als Fremder für eine Aufnahme in die Gruppe nicht infrage kommt? Es sind dann auch weniger fremde Personen, die nicht in die Gruppe aufgenommen werden, sondern diejenigen, denen man Unzuverlässigkeit unterstellt. Potenziell unzuverlässig sind Personen, denen man nicht zutraut, Verschwiegenheit zu bewahren oder die zum Alkoholkonsum neigen. Gegenüber diesem Personenkreis fehlt das Vertrauen, Informationen über den Schmuggel nicht an Dritte weiterzugeben.

Vertrauen hat Edward zu denjenigen Personen, mit denen ihn eine langjährige Bekanntschaft oder Verwandtschaft verbindet. Die Grundlage seines Vertrauens in die Verschwiegenheit und Zuverlässigkeit seiner Mitfahrer ist die langjährige persönliche Erfahrung oder die Vermittlung durch eine Person, die über sein Vertrauen verfügt. Auf dieser Basis erhalten Personen Zugang zu der Schmugglergruppe, indem sie von Nachbarn empfohlen werden oder in einem verwandtschaftlichen Verhältnis mit den Nachbarn verbunden sind. Edward muss sich auf seine Mitfahrer verlassen können, und zugleich erwarten diese auch von ihm eine Absicherung ihrer Erwerbsmöglichkeit. Aus dieser Abhängigkeit entsteht eine wechselseitige Verpflichtung, die zu einer Kontinuität der

---

kogoś żeby się, bo ja tego Edward pytałem, bo jego znam dobrze, on mówi, że na razie ma komplet. Także tutaj też musi być taki pewny, no."

Gruppe führt. Für außenstehende Personen ist der Zugang zu solch einer Schmugglergruppe durch eine doppelte Hürde versperrt. Um mitfahren zu können, muss es zunächst einen freien ‚Arbeitsplatz' geben, und der Interessent muss das Vertrauen von Edward oder einem Mitfahrer besitzen. Interessenten müssen also über die soziale Ressource seit Langem bestehender persönlicher Kontakte verfügen, um Zugang zu einer Schmugglergruppe im Kleinbus zu erlangen. „Nimm keine Fremden!", dieser Aussage liegt nicht nur die Annahme einer höheren Zuverlässigkeit zugrunde, wenn neben dem Arbeitsverhältnis weitere Bezugspunkte mit sozialen Verpflichtungen bestehen, sondern auch die Entschärfung potenzieller Konflikte durch die Einbindung des sozialen Umfeldes in die illegale Aktivität.

Tatsächlich bieten Verwandtschaft, Nachbarschaft und Bekanntschaft den Ausgangspunkt für die Entwicklung eines stabilen Vertrauensverhältnisses zwischen Edward und seinen Mitfahrern. Wie weit die Definition einer verwandtschaftlichen Beziehung dabei reicht, wird in einem weiteren Zitat aus dem Interview deutlich, in dem Edward über einen Kollegen berichtet, der mit einem eigenen Kleinbus nach Kaliningrad fährt: „Er ist o.k., ich nenne ihn Patenkind, Patenkind, doch ich bin nicht der Patenonkel, aber man kann das so sagen. Nun, so ist das."[95]

Edward spricht von ihm als „Patenkind", obwohl es sich nicht um eine formale Patenschaft handelt, sondern der familiäre Umgangston ist ein Ausdruck für eine enge Bekanntschaft, die einer Verwandtschaft ebenbürtig ist. An diesem Punkt berühren sich die Begriffe von Verwandtschaft, Nachbarschaft und Bekanntschaft und werden im Alltagsverständnis von Edward zum Ausdruck sozialer Nähe und Vertrautheit. In diesem Fall wird der Begriff von „Verwandtschaft" aus dem Kontext natürlicher (Blutsverwandtschaft) oder kultureller (Patenschaft) Definitionen herausgelöst und als Ausdruck eines persönlichen Verhältnisses benutzt. Das aus der verwandtschaftlichen Beziehung resultierende besondere Vertrauensverhältnis löst sich partiell aus seinem Kontext und wird damit offen für weitere Personen. Der Sachverhalt von Verwandtschaft wird in Wechselwirkung mit den sozialen Gegebenheiten konstruiert.[96]

An Interessenten mangelt es nicht, obwohl die Entlohnung der Mitfahrer auf Tagelöhnerbasis vergleichsweise gering ausfällt. Das Angebot an potenziellen Mitfahrern mag zwar die Löhne auf einem niedrigen Niveau halten, doch hat Edward auch eine Art Verpflichtung, seine alten Mitfahrer weiterzubeschäftigen. Hier wirkt die Illegalität ihrer Tätigkeit als Beschäftigungsgarantie. Während

---

95 Edward Staniszki: „Na chuj go, bo tak go przezywał chrzestny, chrzestny i ja nie chrzestny ale tak można tego. No, i tak o."
96 Hacking 1999: 46.

Verwandtschaft und Bekanntschaft als Ausgangspunkt für ein vertrauensvolles Verhältnis dienen, wird durch die Teilnahme am Schmuggel wiederum das Vertrauen gestärkt, sodass eine zirkuläre Bewegung entsteht, die die Gruppe enger zusammenbindet. Durch ihre Teilnahme wird der Schmuggel auch zum Geschäft der Mitfahrer, sie werden nicht nur zu Mitwissern, sondern übernehmen eine aktive Rolle, die sie veranlasst, aus eigenem Interesse Stillschweigen zu bewahren. Für Edward bedeutet das Vertrauensverhältnis zu seinen Mitfahrern eine Absicherung vor Denunziationen. Da die Waren in seinem Auftrag und auf seine Rechnung transportiert werden, ist für ihn das Risiko einer Zollkontrolle wesentlich größer als für seine Mitfahrer. Tatsächlich würde der Mitfahrer bei einer Denunziation nur ein geringes Risiko eingehen, da es nur zu einer Strafverfolgung käme, wenn Schmuggelgut in größeren Mengen, gefunden würde. Käme es zum Konflikt zwischen ihm und seinen Mitfahrern oder mit anderen Einwohnern, so böte ihnen der Anruf beim Grenzschutz eine diskrete Möglichkeit der Rache. Edward wird also bemüht sein, Konflikte schon im Vorfeld zu vermeiden und die Erwartungen seiner Mitfahrer nicht zu enttäuschen.[97]

Frage: „Wie schauen die Leute überhaupt auf den Handel, denken die Leute, dass es leicht verdientes Geld ist?"
Edward Staniszki: „Ja, ja, weil einige dort einmal, zweimal waren und gesehen haben, wie viel dort Zigaretten kosten, und hier. Aber sie berechnen dabei nicht, dass sie dir entweder etwas wegnehmen oder das, oder das, dies, nun das, dass sie nicht die Kosten berechnen. Nun, weil, hier nimmst du so viel oder so viel für die Zigaretten, aber die Leute rechnen nicht. Nun, das, das ist solch ein Neid, solcher, so wie der Pfarrer manchmal quatscht: ‚Oh, manchmal fahren sie am Sonntag zu den Russen.' Nun, warum werden sie dorthin fahren, gibt der Pfarrer was? Er schimpft noch, dass man ihm was geben soll. Nun, schließlich, und auch, wenn es um welche Blumen oder irgendwas geht, fahre ich zur Kirche und ... (Pause)."[98]

---

97 Im Übrigen liegt darin begründet, warum es dem Autor nicht gelang, an den Fahrten in einem Kleinbus teilzunehmen. Obwohl am Ende des Forschungsaufenthaltes das Vertrauensverhältnis des Autors zu Edward diese Möglichkeit eröffnet hätte, hätte seine Mitnahme immer den Ausschluss und damit den Verdienstausfall eines anderen Schmugglers bedeutet.

98 Frage: „Jak ludzie w ogóle patrzą na handel, czy ludzie myślą, że to jest taki lekki chleb?"
Edward Staniszki: „Tak, tak, bo niektórzy raz byli, drugi i zobaczyli ile tam papierosy kosztują i tu, ale to nie liczą, że tutaj albo ci zabiorą, albo to, albo to, tego, no to, to nie liczą tych kosztów, takich tych. No, bo tutaj weźmiesz tyle czy tyle za papierosy a ludzie nie liczą. No, jest, jest taki, taka nienawiść, taki, tak jak i proboszcz

Mit seiner fünfzehnjährigen Erfahrung im Schmuggel gehört Edward zu den erfahrenen und professionellen Kleinhändlern. Vor dem Hintergrund seiner Professionalität grenzt er sich gegenüber Schmugglern ab, die nur gelegentlich die Grenze für ein Geschäft nutzen. Professionalität definiert sich bei ihm anhand der betriebswirtschaftlichen Konzeption, den aus der Differenz zwischen Einkaufs- und Verkaufspreisen erzielten Gewinn mit langfristigen Kosten in Beziehung zu setzen. Weiterhin gehört dazu die Planung, zu welchen Tageszeiten mit den geringsten Wartezeiten zu rechnen ist und die besten Chancen für einen erfolgreichen Schmuggel bestehen. Es handelt sich hierbei um eine rationale Arbeitsorganisation, wie sie jeder Unternehmer durchführt. Darüber hinaus ist die Gruppe der Schmuggler durch ein System von Abhängigkeiten und Verpflichtungen miteinander verbunden. Edward als der Organisator seines Unternehmens trägt nicht nur das Risiko einer strafrechtlichen Verfolgung, sondern erwirtschaftet einen vielfach höheren Gewinn als seine Mitfahrer. Sein Gewinn ergibt sich eben nicht allein aus der Differenz zwischen Ein- und Verkauf, sondern erst nach Abzug der Kosten. Von den verschiedenen Ausgaben erwähnt er nicht zufällig die Beschlagnahme von Waren, während andere Kosten nur angedeutet werden, stellt doch die Beschlagnahme von Waren den bedeutendsten Kostenfaktor dar, der zudem auch Personen, die keinen betriebswirtschaftlichen Blickwinkel einnehmen, leicht vermittelbar ist. Kommt Edward ohne Waren von der Grenze zurück, so ist der Verlust offensichtlich. Im anderen Fall, wenn er die Waren unbeschadet nach Hause bringt, ist es schwieriger zu vermitteln, welche Ausgaben für ihn mit dem Geschäft verbunden sind. Tatsächlich muss er auf der Ausgabenseite die Kosten für Schmiergelder, Visagebühren, Fahrzeugsondergenehmigungen und Kraftfahrzeuge sowie den Lohn seiner Mitarbeiter berücksichtigen. In der Betonung der Kosten liegt auch die Strategie verborgen, den Gewinn möglichst gering darzustellen und ihn auf diesem Wege moralisch zu rechtfertigen. Mit der Betonung der Betriebs- und Lohnkosten kann Edward sein Unternehmen so lange legitimieren, wie materieller Reichtum für Außenstehende nicht sichtbar wird. Vor diesem Hintergrund erscheint es selbstverständlich, dass Edward einen deutlich größeren Gewinn als seine Mitfahrer aus dem Schmuggel erwirtschaftet. Akzeptiert wird der unterschiedliche Gewinn, solange die wirtschaftlichen Unterschiede nicht sichtbar sind. Gleichwohl kann diese Strategie nicht alle Konflikte beseitigen, und so ist Edward immer wieder in seiner Arbeit gefährdet:

nieraz gadał: ‚O, do Ruskich nieraz jeżdżą w niedzielę.' No, to co pójdą, ksiądz da? Jeszcze krzyczy żeby dać jemu, no. No, przecież i też jak jakieś kwiaty czy coś ja jeżdżę do kościoła i ... (Pause)."

Edward Staniszki: „Ich hatte sie vier Mal im Haus. Den Grenzschutz. Nun, wie man sagt: Diesmal bin ich dran, verflucht."
Frage: „Das heißt, das ist so eine Gehässigkeit der Leute?"
Edward Staniszki: „So ist es. Gehässigkeit. Weil jemandem etwas gelingt. Nicht, nicht so, dass beide sich betrinken, fahren, dahin fahren, eine Fahrt machen, sich betrinken und betrunken gehen, dann würde man über sie lachen. Nun, das ist ein Trinker, der nichts hat. Aber wenn jemand schon etwas davon hat, weil, es lohnt sich immer, wenn man Groschen auf Groschen legt, sammelt sich etwas an, und schon ist das etwas, und schon gibt es den Neid. Aber und, und manche sind früher auch mit ihren Pkw gefahren, und jetzt fahren sie mit mir. Weil, siehst du, das sind zu viele Unkosten. So ist das. Es ist eine Feindschaft zwischen den Leuten, weil, ich sage, ja, wie ich gesagt habe, dass die Nachbarin besser weiß, wie, verdammt, was ich gekocht habe als alles andere. So ist das, hier ist das so."
Frage: „Also, solch ein Neid zwischen den Leuten hier, gab es den früher auch, oder hat der zugenommen?"
Edward Staniszki: „Im Endeffekt eskalierte er in den letzten Jahren. Weil einst gab es das dort nicht, das war so nicht. Weil alle waren, wie man sagt, in der Waage, gleich. Aber wenn man schon ein wenig mehr hat, und andere haben weniger, dann schon, ist es schon schlecht. Weil, wenn du eine Flasche gibst, ist es in Ordnung. Wenn du sagst, gib einen aus, das ist schon schlecht. Was, du hast nichts? Das Beste ist, man macht nichts, und ... Und wenn sie kommen, und du willst nichts geben, vor was ängstigst du dich? Ich gebe nichts, ja."[99]

---

99 Edward Staniszki: „Ja miałem 4 razy wjazd do domu. Pogranicznicy. No, to ja teraz jak to się mówi, kurwa."
Frage: „To znaczy to jest taka nienawiść ludzi?"
Edward Staniszki: „Tak jest. Nienawiść. No, bo komuś coś się udało. Nie, nie tam, że poszedł obaj, o, tego a napił się pojechał, pojechał zrobił kurs napił się i pijany chodził, wtedy by się śmieli. No, bo pijak bosy. A jak się komuś już cos tego, bo zawsze coś jest, bo jak grosz do grosza to zawsze się zbierze, nie, i tu już jest, i tu już jest taka zazdrość. Ale i, i jak niektórzy jeździli samochodami swoimi też a teraz ze mną jeżdżą. Bo widzisz, za duże koszty są. Tak to jest. Jest nienawiść ludzka, bo to ja mówię, że jak mówiłem, że sąsiadka lepiej wie jak, kurwa, co mam ugotowane jak tego. Tak jest, tu tak jest."
Frage: „Czyli taka zazdrość między ludźmi tutaj czy kiedyś też było lub rozniosło się ostatnio?"
Edward Staniszki: „To w sumie się nasiliło w ostatnich latach. Bo tam przedtem to nie tego, tak nie było. Bo wszyscy na jednej jak to się mówi wadze byli, na równo. A jak teraz już troszeczkę tego, wyżej to już, niżej to już, już źle. Bo nie dasz flaszkę to jest dobrze. Jak powiesz, no, funduj, to już źle. A co ty nie masz? To najlepiej

Der auf Schmuggel beruhende Kleinhandel ist mit dem Risiko einer Beschlagnahme von Waren verbunden. Dieses dem System des Schmuggels immanente Risiko wird von Edward mit relativer Gelassenheit getragen. Ohne Razzia ist der Schmuggel zumindest auf dem von ihm betriebenen Niveau über mehrere Jahre kaum durchzuführen, und so hat er sich mit diesem Risiko abgefunden.

Das System der sozialen Einbettung des Schmuggels in die Nachbarschaft ist selbstverständlich begrenzt durch die technisch mögliche Anzahl der Mitfahrer. Schon allein aus diesem banalen Grund kommt es zur Ausschließung von Personen, die misstrauisch die Aktivitäten der Schmuggler beobachten. Jedoch weckt nicht jede Form des Schmuggels nachbarlichen Neid. Mit misstrauischem Blick verfolgen vor allem weniger erfolgreiche Nachbarn Edwards Tätigkeit. Als professioneller Schmuggler sieht Edward die Tätigkeit aber als tägliche Arbeit mit wechselndem Risiko, bei der er einmal mehr und einmal weniger verdient bzw. der notwendige Aufwand täglich wechselt. Den Wendepunkt zwischen belächeltem und neidvoll beobachtetem Schmuggler stellt die Akkumulation von Kapital dar. Edward beschreibt den ersten Fall hier am Beispiel einer Person, die ihren Gewinn für alle sichtbar sogleich wieder ausgibt.

Wenn wir den „Trinker" in seiner Beschreibung als Metapher verstehen, so bezieht sie sich allgemein auf erfolglose Einwohner der Kleinstadt. Ihnen gegenüber reagiert man nicht mit Neid, da es ihnen nicht gelingt, ihren Lebensstandard zu verbessern. Für Edward jedoch trifft dies nicht zu, ja, kann einfach aufgrund von Beobachtung und Erfahrung nicht zutreffen, da er von Montag bis Sonnabend täglich eine Schmuggelfahrt macht, wodurch Warenmengen in erheblichem Umfang anfallen und Anlass für Spekulationen bieten. Zudem wissen oder ahnen die Nachbarn den Wert seines Schmuggelgeschäftes, da, wie er sich ausdrückt „die Nachbarin besser als man selber weiß, was man im Kochtopf hat", also keine Geheimnisse bewahrt werden können. Man kennt in der Nachbarschaft den Umfang seines Schmuggels, obwohl bei ihm keine äußeren Anzeichen auf materielle Unterschiede hindeuten.

Die Spreizung der Einkommensschere führt seit den 1990er Jahren in der lokalen Gesellschaft zum Anstieg von Neid. Edward erfährt den Neid der Nachbarn nicht nur durch Denunziationen, die zu Hausdurchsuchungen führen, sondern an ihn wendet man sich auch mit der Bitte um einen Kredit. Weder kann er allen Bitten entsprechen noch ist es ihm möglich, jede Bitte abzulehnen. Hier ist er gefordert, mit Geschick zwischen Großzügigkeit und Vernunft zu agieren, ohne Leute zu verärgern. Wie problematisch das Austarieren seiner Handlungen den Nachbarn und potenziellen Bittstellern gegenüber ist, wird in seiner ange-

---

zrobić nie ma nic i. A jak oni przyjdą a ty nie chcesz dać, co się boisz? Nie oddam, no."

deuteten Reaktion sichtbar: „Das Beste ist, man macht nichts". Würde er mit dem Schmuggel kein Geld verdienen, dann käme er auch nicht in den Verdacht des Geizes. Nach außen vermeidet Edward alle Zeichen, die Rückschlüsse auf sein Einkommen zulassen. Im Interview unterstreicht er zusätzlich den ethischen Kontext seines relativen Wohlstandes durch die Betonung von Sparsamkeit und der Investition in das Studium seiner Kinder. Soweit es ihm wirtschaftlich besser als anderen Leuten in seinem Umfeld geht, beruht dieser Unterschied demnach auf seiner umsichtigen Wirtschaftsweise. Indirekt bezichtigt er zugleich materiell schlechter gestellte Leute der Verschwendung. Sie seien eben selber ihres Unglücks Schmied und schauten dabei mit Neid auf die wohlhabenden Nachbarn.

Obwohl man vermuten könnte, er hätte damit den Zusammenhang von Neid und Wohlstand ausreichend geschildert, fügt er als weitere Erklärung noch den finanziellen Aufwand beim Schmuggel an. Abgeschreckt durch die Höhe der Kosten haben sich einige Leute Edward angeschlossen und ihren Schmuggel auf eigene Rechnung aufgegeben. Hinter dieser Aussage werden verschiedene Motive sichtbar. Edward betont seine soziale Motivation, wenn er gescheiterten Schmugglern eine Verdienstmöglichkeit bietet. Außerdem unterstreicht er sein professionelles Handeln, denn ihm gelingt es, die mit dem Schmuggel verbundenen sozialen und finanziellen Probleme zu lösen. Darüber hinaus liegt in der Erwähnung der Kosten auch eine Rechtfertigung des eigenen Gewinns. Wenn andere Schmuggler zur Geschäftsaufgabe aufgrund der Unrentabilität ihres Handels gezwungen waren, so dient ihm das als Legitimation für seinen Gewinn. Um den von Neid und Unwissen getragenen Denunziationen zu begegnen, verfolgt Edward eine doppelte Strategie. Sie beruht zum einen darauf, den Gewinn seines Geschäftes nicht öffentlich sichtbar zu machen und zum anderen auf der Einbeziehung seines sozialen Umfeldes. So wie er Nachbarn und Verwandten eine Erwerbsmöglichkeit verschafft, hat er auch für den Pfarrer des Ortes schon Waren nach Kaliningrad transportiert. Damit ist es ihm möglich, Kritiker zu entwaffnen:

Frage: „Aber sind die Pfarrer generell dagegen oder reden sie nur so?"
Edward Staniszki: „Im Allgemeinen."
Frage: „Was heißt das, im Allgemeinen, nur?"
Edward Staniszki: „Hier gibt es zu viele solcher Aufwiegler. Solche unterwürfigen Frömmler; das dort und das, das und das, das, und das, das da. Ich kümmere mich überhaupt nicht darum; ich fahre dorthin. Ich habe schon nicht nur einen Pfarrer dorthin, ich habe schon verschiedene Pfarrer hingefahren, auch dorthin, weil sie in Kaliningrad eine Gemeinde haben. Und sie untersteht dort auch unserer Gemeinde, und aus Olsztyn habe ich schon Pfarrer dorthin gefahren. Ich habe nachts Computer transportiert, damit dort die

Russen sich nicht darüber hermachen, nicht. Damit sie nicht alles rausnehmen. Schließlich riefen sie dort an, nun, mit wem telefonierten sie? ‚Fährst du?' [...] Es fällt mir leicht, dass ich fahre, aber in der Nacht transportiert man alles, weil der Russe, der Russe dort mehr oder weniger in der Nacht schläft, nicht. [...] Nun aber, so, das Schlimmste sind solche, solche, die, welche dorthin gehen zum, zum Pfarrer und sich einschmieren, ja. Das ist das Schlimmste, wie man so sagt, die sich einschleimen, nun und so, ja. Ich war dort, als noch der vorherige Pfarrer war, nun, und er war bei der, wie heißt es doch gleich? Beim Weihnachtsbesuch, nun dort kommen sie einmal im Jahr, nicht.[100] Und er sagt: ‚Wie geht es dir, Edward?' Ich sage: ‚Alles in Ordnung.' ‚Aber ich sehe dich nicht in der Kirche.'"[101]

Zwischen den Schmugglern und der lokalen Gesellschaft besteht ein Konflikt, der in der Auseinandersetzung mit den Pfarrern deutlich wird. Als Repräsentant der lokalen Öffentlichkeit obliegt es dem Pfarrer, die Einhaltung des sonntäglichen Arbeitsverbotes einzufordern. Mit dieser normativen Forderung spricht er gezielt die Schmuggler an, von denen auch der Sonntag als Arbeitstag genutzt wird. Nicht der Schmuggel selbst wird vom Pfarrer gerügt, sondern die Entweihung des Sonntags durch Schmuggler, die am Feiertag arbeiten. Edward kennt die Vorwürfe, die nicht nur von Vertretern der Kirche, sondern auch von gläubigen Laien erhoben werden, und beantwortet sie mit der herablassenden Formulierung, es handele sich um „unterwürfige Frömmler". In der Wortwahl wird

---

100 Zwischen Weihnachten und Heilige Drei Könige besucht der Pfarrer alle Gemeindemitglieder zu Hause, segnet die Wohnungen und erhält von den Familien eine Spende.

101 Frage: „Ale czy w ogóle księża są przeciwko temu lub tylko mówią?"
Edward Staniszki: „Ogólnie."
Frage: „Jak to ogólnie, tylko?"
Edward Staniszki: „Tu za dużo jest tych takich podżegaczy. Dewotek takich (Lachen), że tam a to, to a to, to, a to, to tam. Ja to się wcale tym nie przejmuję, bo ja tam jadę. Ja już tam nie jednego księdza, ja już księdza przewiozłem tam też, bo tam jest parafia za Kaliningradem. Też jest i podlega pod ta naszą parafię, nie, i z Olsztyna księdza przewoziłem. Przewoziłem i w nocy komputery, żeby tam Ruskie się nie czepiali, nie. Wszystko ściągnął. Przecież tam, o, zadzwonił, no to, do kogo zadzwonił? ‚Jedziesz?' [...] To nic, że ja jeżdżę, ale w nocy się przewoziło wszystko, bo Ruska, Rusek śpi w nocy tam mniej więcej, nie. [...] No, ale to tak najgorsze takie, o takie, co tam pójdą do, do księdza i tam smarują, tak. To tak jak najgorzej jak to się mówi bez mydła włażą (Lachen), no i tak, o. Ja tam był jeszcze poprzedni był proboszcz taki, no, i był na tym, jak to się nazywa? Po kolędzie, no tam przychodzi raz do roku, no. I mówi: ‚Jak tam, panie Edward?' Ja mówię: ‚W porządku.' ‚A nie widzę w kościele.'"

eine distanzierte Haltung zum kirchlichen Anspruch auf ein Mitspracherecht bei der alltäglichen Lebensführung der Gemeindemitglieder deutlich. „Frömmler" sind in dem Zusammenhang Personen, deren Verhalten sich an den formalen Kriterien öffentlich sichtbaren Glaubens orientiert. Edward stellt sich aber nicht außerhalb der kirchlichen Gemeinde, deren Regeln er aber nur so lange akzeptiert, wie sie seine wirtschaftlichen Entscheidungen nicht einschränken. Wenn Edward mit seiner Gruppe am Sonntagvormittag nach Kaliningrad fährt, liegt es in seiner Verantwortung, dass acht Gemeindemitglieder keine Gelegenheit zum Besuch des Gottesdienstes haben.

Wie gelingt es nun Edward, den latenten Konflikt zwischen dem kirchlichen Anspruch auf den sonntäglichen Kirchgang und seiner Entscheidung, auch an Sonntagen zu arbeiten, zu entschärfen? Zwar sagt er, dass er sich nicht um des Pfarrers Ansicht kümmere, doch gilt das nur insoweit, als er nicht gewillt ist, sein Verhalten der normativen Forderung zu unterwerfen. Tatsächlich ist er gezwungen, den Konflikt zu begrenzen, zumal die Illegalität des Schmuggels auf stillschweigende Toleranz der lokalen Gesellschaft angewiesen ist. Edwards Strategie besteht darin, die Kirche zum Nutznießer seiner Aktivitäten zu machen, sei es, indem er für den notwendigen Blumenschmuck in der Kirche sorgt oder für die Gemeinde Transporte nach Russland unternimmt. Da die Sępopoler Kirche eine enge Verbindung zu einer Partnergemeinde in Kaliningrad unterhält, nutzen die Pfarrer das Angebot von Edward für Fahrten nach Russland. Er konfrontiert den Pfarrer mit dessen eigenem zwiespältigen Verhalten: einerseits die Forderung, auf die sonntäglichen Fahrten zu verzichten, und andererseits die Dienste beim Transport von Waren und Personen nach Russland zu nutzen.

Neben dieser pragmatischen Ebene, bei der beiderseitige Interessen von Kirchengemeinde und Schmuggler zur Konfliktlösung beitragen, wird die Gültigkeit von Normen auch in einem Diskurs ausgehandelt. An einer Stelle des Interviews fragt Edward, ob man am Sonntag zum Pfarrer gehen solle, anstatt zur Grenze zu fahren. Diese Frage ist insoweit rhetorisch, als der Besuch der Messe soziale Norm ist, jedoch verbirgt sich hinter der Formulierung eine andere Intention. Die Fahrt nach Russland erfolgt ja aus der Notwendigkeit, für den Lebensunterhalt zu sorgen, wohingegen weder der Gottesdienst noch der Pfarrer für ‚volle Teller' sorgen werden. Das moralische Gebot, am Sonntag nicht zu arbeiten, wird mit den Anforderungen wirtschaftlicher Notwendigkeiten konfrontiert. Undeutlich bleibt, welcher Maßstab bei der Definition wirtschaftlicher Notwendigkeiten zugrunde gelegt wird. Indem das Argument nicht näher spezifiziert wird, erscheint es als Ausdruck eines übergeordneten Interesses, das dem Handeln immanent ist. Edward argumentiert nicht mit dem Einzelinteresse, sondern bezieht sich auf die Notwendigkeit, für den Lebensunterhalt zu sorgen. Sollte das sonntägliche Arbeitsverbot den Schmuggel verhindern, so die implizite Logik des Arguments, würde dies Not und Armut nach sich ziehen. Durkheim beschreibt Moral als die Unterordnung von Einzelinteressen unter ein Gesamtinteresse.[102] In Anlehnung an die Durkheimsche Argumentation kann man die Sichtweise der Schmuggler dahin gehend interpretieren, dass sie keine egoistischen Gewinnerwartungen veranlassen, am Sonntag zu arbeiten, vielmehr sehen sie sich durch die Lebensumstände dazu gezwungen. Das Individuum erscheint in dieser Perspektive nicht als handelndes Subjekt, sondern als Objekt struktureller Lebensumstände. Während der reale Verdienstausfall gering wäre, wenn sie am Sonntag nicht arbeiten würden, unterstellt das Argument eine existenzielle Bedrohung. Auf der damit eingenommenen Opferhaltung beruht die Moralität der Argumentation.

Edward nimmt sich die Freiheit, die kirchlichen Forderungen so zu interpretieren, dass sie seinen Alltag nicht beeinträchtigen. Die kritische Haltung wird nicht zur Konfrontation führen, da der Pfarrer schließlich auf die Unterstützung durch Edward angewiesen ist und sich als Nutznießer des Schmuggels ebenfalls in einer Abhängigkeit gegenüber den Schmugglern befindet. Beide, der Pfarrer und der Schmuggler, verfolgen ihre Interessen und akzeptieren, dass es dabei Übereinstimmungen und Differenzen gibt. Moralische Unterstützung erfährt Edward durch andere Schmuggler. Während einer gemeinsamen Wartezeit an der Grenze spreche ich die Äußerung des Pfarrers an, um die Ansichten der Schmuggler zu erfahren. Sie stören sich an dem Verhalten des Pfarrers und fordern für sich das gleiche Recht ein, mit dem auch Ärzte, Polizisten und Krankenpfleger an Sonntagen arbeiten. Von einem Kollegen kommt der Vorschlag, dem Pfarrer mit der Begründung, man sei arbeitslos, kein Geld mehr zu geben.

Die Interviewsequenz, in der Edward von seinem Gespräch mit dem Pfarrer berichtet, zeugt auch von Edwards Selbstbewusstsein, mit dem er dem Schmuggel nachgeht. Auch im nachfolgenden Teil des Interviews wird dieses Selbstbewusstsein deutlich, wenn Edward die Kooperation einer Gruppe von Kleinbusbesitzern beschreibt, die ihre Fahrten gemeinsam unternehmen:

Edward Staniszki: „Nun, ihr Sohn [einer Nachbarin, M.W.] wohnt auch hier. Auch Tadek, der den blauen Bus hat, [Ja.] nicht, er fährt auch von hier. Ja, ja. Und hier sind auch die Lewandowskis, die das [Objekt anonymisiert, M.W.] haben. [Ja.] Nun, der Sohn fährt auch, ja, ihrer dort, ja. Noch einer, der Michał, fährt auch. Ja, unsere Gruppe besteht aus fünf, fünf Bussen, ne. Man kann auch alleine fahren. Aus Sępopol fahren noch zwei Busse, zwei oder drei manchmal, aber das ist etwas anderes. Nur wir sind so, wie sie sagen, die Ältesten, <u>ich sage so, ich bin der älteste Führer, verdammt (Lachen)</u>, ich bin, dass ich der Älteste, ne, davon, ne, der Erfahrenste bin. Ja, ja und so. Wenn alle mit einem Mal

---

102 Abels 2007b: 22.

fahren, dann stehen dort vier Busse, eine Besprechung ist das (Lachen), ja, das ist so. Wer fährt und holt Karten [den Passierschein für die Kontrollstelle, M.W.]? Weil, einer wegen der Karten fährt, weißt du, der Jüngste, der von den Lewandowskis, die das [Objekt anonymisiert, M.W.] haben, er fährt dann gleich zu zweit und holt für alle die Karten. Für fünf Busse. Wojtek braucht dann nicht mehr zu fahren. Man nimmt die Karten und stellt ihm dann irgendwo im Laden die Zigaretten hin. Sie liegen in einem Laden. Zack, zack fährt er nur hin, packt ein und fährt weiter. Ja, so ist das (Lachen) ja, so ist das, nicht."[103]

Als einer der ‚dienstältesten' Kleinhändler des Ortes verfügt Edward über eine langjährige Erfahrung. Selber beschreibt er sich nicht als Händler, sondern bezeichnet sich als „prowadir", womit er auf einen Begriff zurückgreift, der die Aspekte des Transportes und der Leitung verbindet. Und tatsächlich prädestiniert ihn seine Erfahrung zur Leitung einer Gruppe von Schmugglern, die, wie er, mit ihren Kleinbussen unterwegs ist. Fünf Besitzer von Kleinbussen bilden eine Interessengemeinschaft, die sich darin manifestiert, dass sie gemeinsam fahren, den Schmuggel arbeitsteilig organisieren und sich in Notfällen, wie beispielsweise einer Fahrzeughavarie, helfen. Dieser lockere, auf Unterstützung zielende Zusammenschluss ist für den Schmuggel an der Kaliningrader Grenze ungewöhnlich, da hier jeder Schmuggler bemüht ist, sein eigenes Geschäft zu betreiben, ohne bei Dritten Unterstützung zu suchen.[104] Die Kooperation der fünf Kleinbusbesitzer muss auch von der Zusammenarbeit zwischen Edward und seinen Mitfahrern unterschieden werden. Während zwischen ihnen ein hierarchisches Verhältnis besteht, organisieren sich die Fahrzeugbesitzer als gleichberechtigte Mit-

---

103 Edward Staniszki: „No, a jej syn znów mieszka tutaj. Tutaj Tadek to też co ma takiego pomarańczowego busa, [Tak.] no, no to też jeździ tu stąd. No, no. A znów jest tutaj Lewandowskis te co mają [anonymisiert, M.W.]. [Tak.] No to też jeździ syn, no, ich tam, no. Jeszcze jeden ten Michał co jedzie. No tak, nasza ekipa taka jest 5, 5 busów, no. Można tak oswojo jeździć. Jeszcze jeździ 2 busy z Sępopola, 2 czy 3 zaraz ale to już nie tego. Tylko my to tak o jak to się mówi najstarsi, ja jako mówię najstarszy ten prowadir, kurwa (Lachen), że ja tego, że najstarszy, no, z tym no jestem stażem. No, no i tak, o. Jak wszyscy niech na raz podjada to 4 busy stoi, narada jest co tego, (Lachen) no, bo to tak jest. Kto jedzie po kartki? Bo jeden jedzie kartki, to wiesz jedzie ten najmłodszy, ten, co tam Lewandowskis, ten co szklarnię ma, to on jedzie już o 2 to nam wszystkim kartki bierze już. Na 5 busów. To już Wojtek nie jedzie. Bierze kartki i tylko aby w sklepie ma, zostawia tam gdzie papierosy. W sklepie zostawione są w jednym sklepie. Tylko pach przyjeżdża się i zabiera i jedzie. No, to takie, o no, (Lachen) no, i tak to jest no."

104 Beispielsweise ist es außerhalb dieser Gruppe für den Fahrer ein Problem, bei der Havarie seines Fahrzeugs von anderen Schmugglern unterstützt zu werden.

glieder einer Gruppe. Edwards informelle Leitungsfunktion ist als Ergebnis seiner langjährigen Erfahrung zu verstehen. Man kann hier von einer fast ständischen Form der Gemeinschaftsbildung sprechen, bei der Professionalität des Schmuggels und Erfahrung die Grundlage bilden und sich eine Berufsgruppe mit dem Ziel der Professionalisierung zusammengetan hat. Anders ausgedrückt, es gelingt ihnen durch die Zusammenarbeit, den Arbeitsablauf zu rationalisieren. Da sie täglich zur Kaliningrader Grenze fahren, kann man sich zudem vorstellen, dass sie dort nicht nur bekannt sind, sondern auch als Gruppe eine zumindest symbolische Macht darstellen.

Soziale Verunsicherung führt zu Vertrauensverlust

Für Edward erweist es sich als zentrales Problem, wem er soweit vertrauen kann, dass er ihn in bestimmte Techniken einweiht. Über sein Beispiel hinaus stellt sich die Frage nach der Herstellung und Aufrechterhaltung vertrauensvoller sozialer Beziehungen für die lokale Gesellschaft. Die wiederholten Denunziationen bei den Zollbehörden mit den darauf folgenden Hausdurchsuchungen verdeutlichen die Bedeutung vertrauensvoller Kontakte für die Schmuggler. Das folgende Beispiel, in dem Vertrauen bzw. Misstrauen zum handlungsleitenden Kriterium werden, lässt sich durch eine Vielzahl von Beobachtungen ergänzen:

Als in einem Reisebus, der als touristisches Fahrzeug gekennzeichnet ist und üblicherweise von einer festen Gruppe genutzt wird, zusätzlich eine weitere, ihnen unbekannte Schmugglergruppe mitfährt, kommt es bei der Rückfahrt zum Eklat. Nach dem Passieren der Zollkontrolle fehlen einige Stangen Zigaretten, die weder vom Zoll beschlagnahmt wurden noch in den Verstecken auffindbar sind. In der folgenden Auseinandersetzung wird die neu hinzugekommene Gruppe beschuldigt, die Zigaretten an sich genommen zu haben. Ohne den Konflikt beigelegt zu haben, ging man am Ende der Fahrt auseinander. Innerhalb der räumlichen Einheit des Touristenbusses befand sich die neu hinzugekommene Gruppe in der Rolle des Fremden. Vertrauen bestand jeweils innerhalb der beiden Gruppen, während man außenstehenden Personen mit Misstrauen begegnete.

Misstrauen findet man aber nicht nur zwischen den Schmugglern, sondern auch innerhalb der lokalen Gesellschaft. Ein Teil der Einwohner begegnet den Schmugglern mit Misstrauen und verzichtet aus Vorsicht auf den Kauf der geschmuggelten Waren. Sie sind der Ansicht, dass es sich bei den Waren um qualitativ minderwertige Produkte handelt, die entweder spezielle für den Schmuggel produziert werden oder von den Schmugglern verfälscht werden. So lehnen es diese Einwohner ab, den preisgünstigen Kraftstoff russischer Produktion zu kaufen. Im Gespräch unterstreichen sie dabei ihre eigenen schlechten Erfahrungen, die dazu führten, dass der Motor nicht mehr richtig lief oder der Verbrauch um ein Vielfaches anstieg. Ihrer Ansicht nach verlängern die Schmuggler den Kraftstoff mit fremden Stoffen, um so ihren Gewinn zu steigern.[105] Dem gegenüber stehen die positive Erfahrungen von anderen Kunden und die Logik des Marktes für geschmuggelten Kraftstoff. Da der Kraftstoff ausschließlich auf dem lokalen Markt verkauft wird und nicht in größeren Mengen gelagert werden kann, ist der Schmuggler auf einen festen Kundenstamm in seinem Umfeld angewiesen. Eine Minderung der Qualität seiner Ware würde sich schnell herumsprechen und sein Geschäft dauerhaft schädigen. Die Sicherstellung der Qualität ist also auch in der Struktur des Schmuggels verankert und relativ unabhängig von dem moralischen Verhalten des einzelnen Schmugglers.

Vertrauen ist eine „sozialmoralische Ressource"[106], die im wirtschaftlichen und sozialen Leben eine wichtige Rolle spielt. In Anlehnung an Simmel spricht Luhmann vom Vertrauen als „elementare[m] Tatbestand des sozialen Lebens"[107]. Doch wie lässt sich Vertrauen definieren? Vertrauen richtet sich auf ein zukünftiges Verhalten, das sich der Einflussnahme entzieht und über das Ungewissheit herrscht.[108] Wer vertraut, der verzichtet auf weitere Informationen zur Handlungsabsicherung.[109] Vertrauen bezieht sich auf eine zweite Person, deren Handlungen und Verhalten auf die vertrauende Person zurückwirken:

„In knappster Form lässt sich Vertrauen demnach als etwas beschreiben, das über prinzipielle Handlungsautonomie verfügende Menschen in einem wie immer bestimmten sozialen Kontext interaktiv erzeugen können und müssen; es ist also ein Ergebnis sozialer Prozesse, das sich dann in Beziehungs- und Handlungsformen Ausdruck verleiht, die durchaus unterschiedlich aussehen können."[110]

---

105 Tatsächlich konnten während der Feldforschung diese Vorbehalte durch die Erfahrungen anderer Nutzer des geschmuggelten Kraftstoffes widerlegt werden. Letztlich zeigte auch die Erfahrung des Autors, der während des Feldaufenthaltes bei den Schmugglern Diesel tankte, dass hier keine minderwertige Qualität verkauft wurde. Darüber hinaus besteht in der polnischen Gesellschaft eine spürbare Neigung, in Alltagssituationen von betrügerischen Absichten auszugehen. Dies reicht von der Annahme, Imker würden gepanschten Honig auf dem Markt verkaufen bis zum vermuteten Betrug bei der Führerscheinprüfung.
106 Neckel 2008: 23.
107 Luhmann 2000: 1.
108 Nuissl et al. 2002: 50.
109 Luhmann 2000: 27.
110 Nuissl et al. 2002: 70.

Sennett unterscheidet formelles und informelles Vertrauen. Formelles Vertrauen beruht auf der Annahme, dass im Kontakt zweier Partner allgemein anerkannte Normen und Regeln eingehalten werden. Informelles Vertrauen beruht darauf, dass sich die Partner über einen langen Zeitraum kennen und daraus ihre zukünftigen Erwartungen ableiten.[111] Eine andere Interpretation des Vertrauensbegriffes geht von der Unterscheidung zwischen traditionellen und modernen Gesellschaften aus.[112] In traditionellen Gesellschaften entsteht Vertrauen aus Bekanntheit, während dem Fremden mit Misstrauen begegnet wird. Im Grunde besteht zwischen beiden Interpretationen kein Widerspruch, denn bei der hier im Kontext traditioneller Gesellschaften beschriebenen Form handelt es sich ja um informelles Vertrauen. Jedoch würde diese Überlegung zu kurz greifen, wollte man informelles Vertrauen ausschließlich bei traditionellen Gesellschaften verorten. Obwohl in traditionellen Gesellschaften Vertrauensbildung stärker auf interpersonalen Kontakten beruht, besteht auch in modernen Gesellschaften informelles Vertrauen: „Zwar ist Vertrauen nur in einer vertrauten Welt möglich; es bedarf der Geschichte als Hintergrundsicherung. Man kann nicht ohne jeden Anhaltspunkt und ohne alle Vorerfahrungen Vertrauen schenken."[113] Zu den Erfahrungen, die den Aufbau von Vertrauen ermöglichen, gehört eben auch der persönliche Kontakt, der sich über einen längeren Zeitraum entwickelt. Bezieht man diese Überlegung auf die informelle Ökonomie des Schmuggels, so handelt es sich um formelles Vertrauen, wenn sich die Schmuggler auf das Verhalten der Grenzadministration verlassen. Informell ist dagegen das Vertrauen der Schmuggler untereinander und zu anderen Einwohnern. Da sich das informelle Vertrauen in langen Zeiträumen entwickelt, nimmt man Bekannte, Verwandte und langjährige Nachbarn in eine Schmugglergruppe auf, hingegen neu hinzugezogene Einwohner ausgeschlossen werden.

Für Luhmann, so könnte man seine Perspektive zusammenfassen, ist Vertrauen nicht ‚blind', denn die Grundlage für Vertrauen sind Erfahrungen, Informationen und letztlich die Vertrautheit zwischen Personen.[114] „Vertrauen, als die Hypothese künftigen Verhaltens, die sicher genug ist, um praktisches Handeln darauf zu gründen, ist als Hypothese ein mittlerer Zustand zwischen Wissen und Nichtwissen um einen Menschen."[115] Gleichwohl ist der Kontakt von einem Rest an Unsicherheit gekennzeichnet, der, ausgehend von der Vorerfahrung, als ‚Vorschuss' auf zukünftiges Verhalten mit Vertrauen überbrückt wird. Es ist dem-

---

111 Sennett 2005: 55. Vgl. Kapitel „Die Objektivierung des Subjektiven", Fußnote 57.
112 Strasser/Vosswinkel 1997: 220.
113 Luhmann 2000: 23.
114 Ebd. 40, 46, 80.
115 Simmel 1992: 393.

nach nur sinnvoll von Vertrauen zu sprechen, wenn im interpersonalen Kontakt tatsächlich Handlungsalternativen bestehen, die für den vertrauenden Interaktionspartner zu negativen Konsequenzen führen können.[116] Vertrauen entwickelt sich aber nicht nur in einem zeitlichen Rahmen, sondern erfordert die Teilnahme am sozialen Leben. Die Integration in die lokale Gesellschaft mit ihren Normen, Werten und Ritualen bildet demnach eine Ausgangsbasis für vertrauensvolle Beziehungen. In dieser Perspektive handelt es sich bei Vertrauen auch um eine reziproke Beziehung, bei der die Einhaltung der gesellschaftlichen Normen, Werte und Rituale gegen Vertrauen getauscht werden. Vertrauen entsteht aus Reziprozitäts- und Kooperationsbeziehungen.[117] „Dadurch, dass man sich an die sozialen Regeln des Austausches hält, zeigt man den anderen an, dass man gewillt ist, sich auch an andere soziale Regeln zu halten. Ein solches Verhalten schafft Vertrauen, Vertrauen in die Bindung, darin, dass auch in anderer Beziehung auf einen Verlass ist."[118] Im konkreten Fall erhalten beispielsweise nur diejenigen Zugang zu einer Schmugglergruppe, die in dem Ruf stehen, auch verschwiegen zu sein. Der ‚gute Ruf' stellt eine Art sozialer Vorleistung dar, die mit Vertrauen beantwortet wird.

In einer informellen Ökonomie werden Vertrauen und Misstrauen zu den entscheidenden Kriterien, auf denen soziale Beziehungen aufgebaut werden können.[119] Ohne vertragliche und einklagbare Absicherungen müssen die Wirtschaftspartner auf die Einhaltung ihrer Abmachungen vertrauen. Dabei ist es unbedeutend, ob es sich um Vereinbarungen wie die Höhe der Entlohnung für eine Schmuggelfahrt, um selbstverständliche Bedingungen wie der Bewahrung von Stillschweigen, oder um Vertrauen in die Qualität der Waren handelt. Illegale ökonomische Tätigkeiten erfordern zudem ein hohes Maß an Vertrauen, um der Gefahr von Denunziation zu begegnen. Im Falle einer Kontrolle oder Verhaftung müssen die Partner sich auf eine stabile Vertrauensbasis verlassen können. Auf der anderen Seite führt die beständige Erneuerung des Vertrauens zu einem starken sozialen Bindemittel innerhalb der illegalen Strukturen:[120] „Die Konspiration bewirkt wiederum zweierlei: eine gesteigerte Abhängigkeit vom Partner, der einen verraten könnte, und daraus folgend eine gruppenbildende Kohäsion, in der die sozialen Beziehungen zwischen den Teilnehmern enger und intensiver werden."[121] Im Kontext der illegalen Ökonomie des Schmuggels führt die Kom-

---

116 Luhmann 2000: 28f; Koller 1997: 13.
117 Valle 2005: 309.
118 Stegbauer 2002: 75.
119 Zierenberg 2008: 90.
120 Luhmann 2000: 57.
121 Zierenberg 2008: 108.

bination von Vertrauen und Misstrauen zu einem parzellierten Alltag zwischen der Schmugglergruppe und gruppenfremden Personen. Indem die Schmuggler ihre Beziehungen und ökonomischen Strategien gegenüber der Mehrheitsgesellschaft abschotten, werden die Strukturen für Außenstehende undurchsichtig. Öffentliche Ordnung wird aber in gewissem Umfang auch durch die Offenlegung sozialer Beziehungen hergestellt.[122] Die Parzellierung der lokalen Gesellschaft führt zu einer Verstärkung des Misstrauens zwischen der Mehrheitsgesellschaft und den Schmugglern.

Ein Ausdruck dieses Prozesses ist das Misstrauen eines Teils der Mehrheitsgesellschaft gegenüber der Qualität geschmuggelter Waren. Ihr Misstrauen resultiert nicht zwangsläufig aus schlechten Erfahrungen mit den Waren, sondern ist vielmehr ein Produkt der abgeschotteten sozialen Gruppen. In einer Untersuchung über den sogenannten Berliner ‚Polenmarkt', der sich in den 1990er Jahren etablierte, findet sich ebenfalls der Vorwurf des Betrugs, den die informellen Kleinhändler angeblich ausüben.[123] Der Betrugsvorwurf wird von Ursula Weber als Reaktion auf den gesellschaftlichen Transformationsprozess interpretiert. Die Geschichten vom Betrug sind „moderne Sagen", in denen sich eine soziale Verunsicherung ausdrückt, die aus undurchsichtigen gesellschaftlichen Veränderungsprozessen resultiert. Auch der Schmuggel entstand vor dem Hintergrund einer sozialen Verunsicherung als Folge des gesellschaftlichen Transformationsprozesses. Zudem beruht der informelle Kleinhandel mit seinen illegalen Elementen per se auf einem enormen Ausmaß von undurchsichtigen Bereichen und fördert damit den Betrugsverdacht. Aufgrund der quantitativen Bedeutung des Schmuggels für die lokale Gesellschaft der Forschungsregion ist davon auszugehen, dass die sozialen Auswirkungen, die hier mit den Begriffen von Vertrauen und Misstrauen beschrieben werden, auch die Mehrheitsgesellschaft beeinflussen. Zumal, wie Luhmann feststellt, Misstrauen die strukturelle Tendenz hat, sich im sozialen Kontakt zu bestätigen: „Ein falsch oder doch unsicher eingestelltes System bringt sich in ein Gleichgewicht mit einer Umwelt, und zwar nicht dadurch, dass es sich aufgrund seiner Wechselwirkung korrigiert, sondern dadurch, dass es sich in seinen Wirkungen bestätigt findet und dadurch neuen Ursachen Ansatzpunkte gibt."[124] Gefangen in einem System von Unsicherheit und undurchsichtigen sozialen Beziehungen verstärkt sich bei einem Teil der Gesellschaft das Misstrauen nicht nur gegenüber den Waren der Schmuggler, sondern auch innerhalb der lokalen Gesellschaft. Zudem wird das soziale Misstrauen durch die verstärkte wirtschaftliche Differenzierung innerhalb

---

122 Goffmann 1982: 267f.
123 Weber 2002: 164ff.
124 Luhmann 2000: 98.

der polnischen Gesellschaft unterstützt. Wie Untersuchungen in verschiedenen Staaten bestätigen, kommt es zum Verfall der sozialen Beziehungen bei zunehmender ökonomischer Ungleichheit.[125]

Edward und seine Kollegen sind bei ihrer Form des Schmuggels auf weitere ‚Mitarbeiter' angewiesen. Diese ‚Mitarbeiter' werden im lokalen Kontext häufig als ‚Statisten' bezeichnet, dabei erfüllen sie eine wichtige Rolle in dem ‚Theater an der Grenze'. Als weitere soziale Form der Organisation des Schmuggels möchte ich die ‚Statisten' im folgenden Kapitel näher darstellen und zugleich die Frage nach den emotionalen Belastungen der Schmuggler stellen.

DIE TAGELÖHNER – „FÜR MICH IST ES WENIGER STRESS"

Der Schmuggel im Kleinbus, so wie er hier am Beispiel von Edward geschildert wurde, ist nur möglich, wenn mehrere Personen zusammenarbeiten. Wie schon erwähnt, müssen als unabdingbare Voraussetzung für die schnelle Abfertigung des Kleinbusses alle Sitzplätze besetzt sein. Es wurde schon darauf hingewiesen, dass dies der Grund für die Organisation von Schmugglergruppen ist. Die Schmugglergruppen im Kleinbus bestehen immer aus dem Organisator und sieben Mitfahrern, die gegen einen Festbetrag mitfahren. Es ist das Ziel dieses Kapitels, die Lebenssituation und Motivation der Tagelöhner zu analysieren.

Skizze der Lebenssituation von Witold Zagórski

Witold Zagórski ist gebürtig aus Sępopol und Anfang fünfzig. Aufgrund einer chronischen Erkrankung kann er seinen Beruf als Automechaniker nicht mehr ausüben. Als er Anfang zwanzig war, diagnostizierte man die Erkrankung, und kurze Zeit danach wurde er zum Frührentner. Im täglichen Kontakt ist die Erkrankung zunächst nicht sichtbar, gleichwohl schränkt sie ihn körperlich ein. Witold ist verheiratet und hat zwei Kinder. Gemeinsam wohnen sie in einem Haus, das sie mit einer Erbschaft erworben haben. Seine Frau arbeitet als Angestellte in einem Büro und Witold erledigt Gelegenheitsarbeiten. Zur regelmäßigen Aufbesserung seiner Rente trägt in erster Linie seine Tätigkeit als Tagelöhner im Schmuggel bei. Witold stammt aus einer Familie, die einen eigenen Hof bewirtschaftet, der von seinen Geschwistern weitergeführt wird. Welche Gründe Witold veranlassen, dem Schmuggel nachzugehen, wird deutlich, wenn man seine wirtschaftliche Situation im biographischen Zusammenhang erfasst.

---

125 Wilkinson/Pickett 2010: 41ff.

Für notwendige Medikamente muss er monatlich 140 Złoty aufwenden, und vor diesem Hintergrund beschreibt er im Interview seine wirtschaftliche Situation folgendermaßen:

Witold Zagórski: „So sieht das aus, aber als Rente bekomme ich nicht viel, weil ich 520 Złoty erhalte. Ich habe nur sehr kurz gearbeitet, daher erhalte ich nur die niedrigste Familienrente. Derzeit ist das, selbst wenn ich ausrechne, was ich habe, dann habe ich nicht einmal, nur, wenn ich das Lebensminimum berechne, habe ich weniger als das Minimum. (Unverständlich) Aber heute erhält man bei dieser Krankheit keine Rente mehr, denn ich habe viele solcher Bekannte, die erst seit Kurzem an dieser Krankheit erkrankt sind, die haben keine Chance. [...] Nun, aber dazu kommt noch, wenn ich zum Optiker kam und ein Rezept hatte, dass ich mir eine Brille machen lassen soll. Die Brille musste ich bezahlen, damals war meine Rente kleiner, sie kostete mich 460 Złoty, aber ich hatte 480 Złoty monatlich. Nicht, solche Scherze gibt es. Nun, man lacht darüber, aber es ist so. Aber wie können wir uns helfen?"[126]

Die Interviewsequenz verdeutlicht seine schwierige finanzielle Situation, da die Rente nur die Ausgaben für Medikamente und Lebensmittel deckt. Ein wichtiger Posten im Haushaltseinkommen ist der Verdienst seiner Frau. Als Angestellte verfügt sie über ein regelmäßiges Einkommen von ungefähr 1200 Złoty im Monat. Mit dem legalen Haushaltseinkommen ist es der vierköpfigen Familie zwar möglich ihren Lebensunterhalt zu sichern, doch wirft jede zusätzliche Ausgabe finanzielle Probleme auf. Während das jüngere Kind noch die örtliche Schule besucht, erhält das ältere Kind für den Besuch einer weiterführenden Schule ein Stipendium. Da jedoch nur ein Teil der Ausbildungskosten von diesem Stipendium abgedeckt wird, müssen die Eltern für den Rest aufkommen. Vor diesem wirtschaftlichen Hintergrund wird verständlich, warum Witold seine Rente mit dem Schmuggel aufbessert:

---

126 Witold Zagórski: „To tak to wygląda, no, a renty mam niewiele, bo mam 520 złotych. Ja bardzo krótko pracowałem także, ja dostawałem tą rentę rodzinną, taką minimalną. W której obecnie to nawet gdyby wyliczono to co mam to bym nawet nie miał tego tylko, no, jakoś tak naliczane do minimum, bo ja mam mniej niż mi minimum wychodzi. (unverständlich) A, a obecnie, to, na tą chorobę to nawet się nie dostaje renty, bo mam dużo znajomych takich, którzy krótko chorują na tą chorobę, to nie ma żadnych szans. [...] No, ale to tak jeszcze dochodzi jak ja od okulisty wyszedłem dostałem receptę żeby sobie okulary zrobić. Okulary mnie kosztowały, wtedy miałem mniej tej renty, kosztowały mnie 460 złotych a ja 480 na miesiąc mam. No, i takie to są parodie nieraz, no. No, i się śmiejsz, także że jest jak jest. No, ale no co my na to poradzimy?"

Frage: „Wie oft handeln Sie durchschnittlich? Vier Mal, fünf Mal in der Woche? Wie oft?"

Witold Zagórski: „Nun, so drei, vier Mal fährt man. Weil man nur selten die ganze Woche fährt. Das gab's, das man so fuhr, aber man fährt so drei, vier Mal. Man muss auch andere Dinge im Haushalt erledigen, ja man fährt aus Notwendigkeit, nun es ist bekannt, dass das ein Verdienst ist. Man kann so rechnen, dass es nicht viel ist, aber wenn ich kürzlich eine Rentenerhöhung von 20 Złoty erhielt und hier habe ich am Tag 25, ist das ein Unterschied. Das [die Rentenerhöhung, M.W.] war für einen Monat. Nun, aber ich freue mich über das, was ich habe. Ich beklage mich nicht, früher haben sie mich mit Bedauern angesehen, vielleicht sogar mit Mitleid, und heute gibt es welche, die mich beneiden. Weil, du hast immer einen Groschen, aber ich habe nichts. Nun, weil, weil es keine Arbeit gibt, die Frau arbeitet nicht, er arbeitet nicht, und sie haben Kinder. In dieser Umgebung, so wie hier, fühle ich mich, ich weiß nicht, vielleicht sogar in solch, solch einer mittleren Position, ja, auf jeden Fall nicht an letzter Stelle, am schlechtesten. Ja, ich bin in der Situation, dass ich physisch gesund bin, ich kann irgendwohin gehen, wohin fahren oder so, aber wenn jemand Invalide[127] ist, nun, dann ist es das Ende, das ist schlechter."[128]

An drei oder vier Tagen in der Woche nimmt Witold an den Schmuggelfahrten teil. Die Anzahl der Fahrten und die Tage, an denen er fahren will, muss er mit dem Besitzer des Kleinbusses abstimmen. Diese zeitliche Einteilung ermöglicht es ihm auch, anderen Verpflichtungen wie häuslichen Aufgaben und Gelegen-

---

127 Witold Zagórski bezeichnet sich an dieser Stelle nicht als Invalide, da er bei den alltäglichen Arbeiten durch seine Erkrankung keine Einschränkungen hat.

128 Frage: „Jak często pan średnio jedzie na handel? 4 razy, 5 razy co tydzień? Jak często?"

Witold Zagórski: „No tak, że 3, 4 razy się jedzie. Bo tam cały tydzień to tam mało kiedy. Bywało tak, że się jechało, ale tak, że 3, 4 razy się pojedzie. Bo, bo są inne sprawy domowe do załatwienia, no, to się jedzie z konieczności, no, bo wiadomo, bo to jest zarobek, nie. No, to tak o policzyć, że to nie jest dużo, nie, ale jak ja ostatnio dostałem podwyżkę w ZUS 20 złotych a ja tu mam za dzień 25, dlatego jest różnica. To jest tam na miesiąc, nie. No, ale cieszę się z tego co mam. Ja tam nie narzekam, bo kiedyś to tak z ubolewaniem na mnie patrzyli, może z litością nawet, a dzisiaj są tacy co mi zazdroszczą. Bo, że ty masz stały grosz, nie, a ja nie mam nic. No, bo, bo nie ma pracy, żona nie pracuje, on nie pracuje i dzieci mają. Także, no, tak według tego środowiska, tak jak tutaj jest, to ja bym się czuł, ja wiem, może na takim, takiej średniej pozycji nawet, nie, przynajmniej nie na tej ostatniej, najgorszej. No, jestem w takiej sytuacji, że fizycznie jestem zdrowy, nie, no, także mogę sobie tam gdzieś pójść, pojechać czy coś, ale tak jakby ktoś jest inwalidą, no, to już wtedy koniec, to już gorzej."

heitsarbeiten nachzukommen. Die Schmugglergruppe bietet ihm einen zeitlich flexiblen Rahmen, sodass er den Umfang der Fahrten an seine Interessen anpassen kann. An welchen Tagen und wie oft ein Tagelöhner fährt, ist eine Frage der Absprache mit dem Organisator der Gruppe. Legen wir die Angaben von Witold zugrunde, so nimmt er im Monat an 14 Fahrten teil und verdient damit 350 Złoty. Wenn wir jetzt annehmen, dass er an zwei Tagen keinen Verdienst hat, da die Waren beschlagnahmt werden, so bleibt ihm immer noch ein Gewinn von 300 Złoty. Im Vergleich mit der Rentenerhöhung von monatlich 20 Złoty zeigt sich für Witold der wirtschaftliche Sinn seiner Schmuggelfahrten. Witold geht aber in seinem Vergleich noch einen Schritt weiter. Er setzt seine Lebenssituation in ein Verhältnis zu Personen, die aktuell erkrankt sind, aber keine Rente erhalten, und zu Invaliden, die nur auf ihre Rente angewiesen sind, da sie körperlich nicht in der Lage sind, eine Nebentätigkeit auszuüben. Vergleichsweise geht es Witold wirtschaftlich gut, denn mit dem Schmuggel kann er sein Einkommen auf ein durchschnittliches lokales Niveau anheben. Während Witold früher eher Mitleid und Bedauern erfuhr, beneiden ihn heute Einwohner um seine materielle Lebenssituation. Insoweit ist seine Biographie auch eine Erfolgsgeschichte.

Entscheidend für die positive Beurteilung seiner Lebenssituation ist die Möglichkeit eines kontinuierlichen Nebeneinkommens. Deutlich schlechter sieht die wirtschaftliche Situation für Familien aus, deren Angehörige arbeitslos sind. Selbst wenn sie vom Schmuggel leben, fehlt ihnen doch eine Form der Grundsicherung, wie sie Witold durch seine Rente erhält. Erst die Kombination von Sozialleistung und zusätzlichem Einkommen sichert seinen Lebensstandard. Dabei nimmt Witold in einer Form am Schmuggel teil, die nur einen geringen Gewinn ermöglicht. Jedoch erschließt sich der Sinn seiner Teilnahme nicht aus der absoluten Höhe des Gewinns, sondern muss in Relation zum Haushaltseinkommen und der Lebenssituation gesehen werden. Während eine große Zahl von Einwohnern arbeitslos ist, oder nur Arbeitsplätze mit niedriger Bezahlung verfügbar sind, wird die Kombination von Sozialleistung und informeller Tätigkeit, wie sie Witold praktiziert, zu einem erstrebenswerten Modell. Die Logik seines positiven Urteils über seine Lebenssituation erschließt sich im Vergleich mit dem lokalen Umfeld sowie in der biographischen Erfahrung. Seine Beurteilung entsteht in der Relation, denn wie „das plötzliche Nachlassen von Zahnschmerzen beim Betroffenen auch große Glücksgefühle auslösen kann, so kommt dies bei Zähnen, die nicht wehtun, äußerst selten vor."[129] Bedenkt man den Einschnitt, den seine Erkrankung bedeutete, als er mit Anfang zwanzig zum Rentner wurde, so ist es ihm gelungen, seine persönliche und familiäre Lebenssituation zu stabili-

---

129 Baumann 2009: 59.

sieren. Im Gegensatz zu dieser positiven Beurteilung seines Lebensstandards steht die nachfolgende Sequenz aus dem gleichen Interview:

Frage: „Können Sie ihre wirtschaftliche und familiäre Situation, sagen wir einmal der letzten zehn Jahre, vergleichen? Ist sie gleich geblieben oder hat sie sich verbessert oder verschlechtert?"
Witold Zagórski: „Nein, es wird immer schlechter. Mit damals kann man das nicht vergleichen, weil, weil alles ... schließlich hat meine Frau, ich weiß nicht, vielleicht seit drei, vier Jahren keine Gehaltserhöhung erhalten. Ich habe im Verlauf von zwei Jahren, ich weiß nicht, vielleicht eine Erhöhung von 20 Złoty erhalten, insgesamt. Aber alles andere wird teurer. Kraftstoff wird teurer, und wenn der Kraftstoff teuer wird, dann wird auch das Brot teurer und alles andere. Das ist alles in so einer Kette, dass, dass man nicht damit zurechtkommt. Und alles wird teurer. Möbel werden teurer, nicht, und, und andere Erzeugnisse, irgendwelche Lebensmittel. Alles zieht dann nach. Bei uns ist es auch tragisch, kann man sagen, denn hier gibt es keine Arbeit. Nichts, hier weiß man nichts (undeutlich), hier kann man nirgendwohin gehen. Weil es hier keine Konkurrenz gibt, zahlen sie was sie wollen. Wenn sie Leute für eine körperliche Arbeit einstellen, dann zahlen sie vier Złoty in der Stunde. Was sind vier Złoty? Eine Schachtel Zigaretten, nicht unbedingt die russischen. Für eine Stunde. Das ist so, wenn sie überhaupt ehrlich zahlen, so, ja. In fünf Stunden sind das 20 Złoty. Aber wenn ich zur Grenze gehe habe ich 25 Złoty, im Sitzen."[130]

---

130 Frage: „Czy jak pan porównuje swoją sytuację rodzinną i ekonomiczną, powiedzmy ostatnich 10 lat, powiedzmy? Jest na tym samym poziomie lub polepszyła się, pogorszyła się?"
Witold Zagórski: „Nie, no jest coraz gorzej. Tam tego nie ma co tam porównywać, bo, bo wszystko przecież zarobki u żony, to ona podwyżki nie miała, nie pamiętam, ale ze 3, 4 lata. Ja dostałem w ciągu chyba 2 lat podwyżki, nie wiem ile, może z 20 złotych w sumie, no. A, a wszystko idzie w górę. Paliwo idzie w górę, jak już paliwo droższe to jest, i chleb droższy i w ogóle te inne. To jest taki łańcuch tego wszystkiego, że, że za tym nie można zdążyć, no. I wszystko drożeje. I meble drożeją, no, i, i tam jeszcze inne przetwory jakieś, żywność. To wszystko się ciągnie właśnie, tak. Także u nas jest tragicznie, można tak powiedzieć, bo nie ma gdzie zarobić. Nie ma, nie ma gdzie tutaj wiedząc (undeutlich), tu nigdzie nie pójdziesz, bo tu nie ma konkurencji dla nich, tu płacą ile chcą. Do pracy fizycznej jak biorą tu płacą 4 złote na godzinę. To, co to jest te 4 złote? Paczka papierosów a może nie ruskich. Tak na godzinę. To jeszcze jak, jak zapłaci szczerze, to, tak. 5 godzin to jest 20 złotych. A jak pojedzie na granice ma 25, siedząc, no."

Diese zur ersten Sequenz konträre Darstellung kommt zustande, da Witold sich nicht auf den Lebensstandard seiner Familie bezieht, sondern einen breiteren Maßstab wählt. In dieser Sequenz hat ein Wechsel der Perspektive stattgefunden, der Lebensstandard wird von ihm nicht mehr im biographischen Verlauf und im Vergleich mit den anderen Einwohnern in seinem Wohnumfeld beurteilt, sondern er wählt einen größeren, historischen und geographischen Rahmen. Festgestellt wird eine allgemeine wirtschaftliche Benachteiligung, die sich darin äußert, dass bei steigenden Preisen lediglich niedrige Löhne gezahlt werden. Witold ist es gelungen, seine persönliche Lebenssituation in einem wirtschaftlichen Umfeld von hoher Arbeitslosigkeit, niedrigen Löhnen und steigenden Preisen zu stabilisieren. Unter diesen Rahmenbedingungen beneiden ihn andere Einwohner um seine stabile wirtschaftliche Situation. Und in dieser Konstellation wird auch die Relevanz des Schmuggels für ihn verständlich. Obwohl es sich bei den 25 Złoty, die er am Tag erhält, nur um einen geringen Betrag handelt, ist er im Ergebnis mit anderen Löhnen konkurrenzfähig.

Deutlich wird in der Interviewsequenz auch, dass die Einwohner kaum eine Chance haben, sich gegen schlechte Löhne zu wehren. Die hohe Arbeitslosigkeit stellt den Hebel dar, mit dem die Löhne auf ein Minimum gesenkt werden. In diesem Kontext bietet der Gewinn aus der Tagelöhnertätigkeit im Schmuggel eine wirtschaftlich sinnvolle Alternative zu einem legalen Stundenlohn. Zudem handelt es sich bei den angebotenen Arbeiten häufig um körperlich anstrengende Tätigkeiten in der Landwirtschaft. Demgegenüber hat der Schmuggel auch den Vorteil, dass er keine physischen Anstrengungen erfordert, denn, wie Witold sagt, er verdient sein Geld „im Sitzen". Es sind weniger physische Anstrengungen, die mit dem Schmuggel verbunden sind, als psychische Belastungen:

Frage: „Ist es Stress, dorthin zu fahren?"
Witold Zagórski: „Ja, sehr."
Frage: „Ist es jetzt mit dem Kleinbus weniger Stress?"
Witold: „Ja sicher, ja sicher, weil ich mich um nichts kümmern muss. Weil, weil, wenn ich dorthin fahre, habe ich ..., werde ich dafür bezahlt, weil, weil ich nichts habe. Und ich fahre und kehre zurück. Aber wenn ich allein fahre, dann muss man überlegen, und es kann sein, sie haben sich dort etwas ausgedacht, vielleicht, vielleicht funktioniert der Vergaser nicht, vielleicht der Reifen, es kann sein, dass man etwas machen muss, aber dort, dort ist man nicht zu Hause, alles kostet. Man muss alles kaufen, ja, und noch was anderes, wenn man früher mit dem Pkw fuhr, wartete man 12 Stunden und so. Und heute stehen die Personenwagen zwei Tage. Nicht alle wollen dorthin fahren. Weißt du, die, die fahren, ja, es ist nur so, als ich früher gefahren bin, wollte ich es ausprobieren. Die Versi-

cherung, die grüne Karte hatte ich von einer Firma, damit war ich kostenlos versichert. Und (undeutlich) man muss bezahlen. Das waren auch irgendwelche Kosten."[131]

Unmittelbar vor dieser Interviewsequenz erzählte Witold von den Belastungen, die die Fahrten im eigenen Pkw mit sich brachten. Aufgrund seiner Erkrankung unternahm er diese Fahrten immer gemeinsam mit einer zweiten Person, so erhielte er für den Fall, dass sich körperliche Probleme einstellen sollten, Unterstützung. Stress entsteht für Witold aber nicht nur aus seiner Krankheit, sondern als psychisch belastend beschreibt er die Unsicherheiten des Schmuggels insgesamt. Vor dem Hintergrund dieser Informationen ist die einleitende Frage in der obigen Interviewsequenz zu verstehen. Wenn Witold mit dem eigenen Pkw nach Kaliningrad fährt, so ist er allein verantwortlich für alle technischen, administrativen und sozialen Erfordernisse. Dabei sind es nicht allein die technischen Probleme, die beispielsweise eine Havarie am Wagen mit sich bringen würde, sondern ihn belastet vielmehr die Kombination technischer Probleme mit eventuell anfallenden zusätzlichen Kosten bei ihrer Beseitigung. Verunsichernd wirkt auch der Aufenthalt in einem anderen Land mit anderen Gepflogenheiten, einer anderen Sprache usw. „Tam człowiek nie ma swojego", sagt Witold in einem Satz, den man sinngemäß übersetzen könnte mit „dort ist man nicht zu Hause". Der Aufenthalt in Kaliningrad verbindet sich für Witold mit einem Gefühl der Fremdheit. Der daraus resultierenden Unsicherheit entgeht er als Mitglied der Schmugglergruppe im Kleinbus. Hier sind seine Aufgaben begrenzt, und bei Problemen trägt er keine Verantwortung. Zudem braucht er im Fall unvorhergesehener Ereignisse keinen finanziellen Verlust zu befürchten. Sollte der Schmuggel nicht gelingen, so verliert er nur seinen Tagesverdienst von 25 Złoty.

---

131 Frage: „Czy to jest stres pojechać tam?"
Witold Zagórski: „No, bardzo."
Frage: „Teraz z minibusem mniej stres?"
Witold Zagórski: „No na pewno, no na pewno, bo mnie nic nie obchodzi. Bo, bo jak pojadę tam to ja mam ..., za to mi płacą, bo, bo, bo ja nic nie mam. I ja jadę i wracam, no. A jak swoim się jechało to trzeba myśleć, a może coś tam kombinowali, może, może gaźnik wysiądzie, może koło, może cos trzeba zrobić, a już tam, to tam człowiek nie ma swojego, to wszystko kosztuje. Trzeba wszystko kupić, no, i druga rzecz, że dawniej jechało się samochodem się stało do 12 godzin i tego. A dzisiaj 2 doby stoją samochody osobowe, no. Nie każdy chce tam jechać, no. Wiesz, ci, ci co jeżdżą, no tylko z tym, że dawniej tak jak ja jeździłem, chciałem spróbować to. Te ubezpieczenie, ta zielona karta to było z firmy, w której ja byłem ubezpieczony była za darmo. A (undeutlich) trzeba było zapłacić. No, to też już były jakieś koszta."

Am Beispiel von Witold Zagórski zeigt sich, dass die Teilnahme an einer Schmugglergruppe im Kleinbus sinnvoll ist, obwohl andere Formen des Schmuggels bessere Verdienstmöglichkeiten bieten. Ein zentraler Punkt ist in diesem Fall die Reduktion von Stress. Da in den Interviews und in der teilnehmenden Beobachtung die psychische Belastung beim Schmuggel an verschiedener Stelle angesprochen wird, soll dies hier zum Ausgangspunkt genommen werden, den mit dem Schmuggel verbunden Stress näher darzustellen.

Die psychische Belastung beim Schmuggel

Frage: „Manche Leute sagen, die Handelsfahrten, das ist leicht verdientes Geld, ist das richtig?"
Witold Zagórski: „Das ist nicht so leicht. Ich sage ja, wenn jemand psychisch, diese dann …, das ja, aber ja, das ist Stress. Ich sehe das bei den Leuten. Die Leute sind auch gestresst. Wenn sie am Fahrstreifen stehen, auf die Abfertigung warten, sitzen sie dort nervös, weil, weil man nicht weiß, wie er [der Zöllner, M.W.] ist, obwohl die Zöllner unterschiedlich sind. Es gibt, es gibt diese sehr gewissenhaften, die viel kontrollieren, aber einigen geht es nicht darum, schließlich sehen sie, dass dort etwas ist, und du weißt nicht, in was für einer Stimmung er ist. Einmal war dort solch ein Personenwagen, der von dort kam und mehr [Waren, M.W.] hatte, als wir im Bus mitführten. Er war so zugepackt wie, wie nur möglich. Er rechnete damit, dass es ihm gelingt oder so. Oder es sind solche speziellen schwarzen Brigaden, die mit dem Hund kommen, die die ganze Person kontrollieren und Leute kontrollieren und das Auto und den Hund nehmen, der alles sucht, nun, dann nehmen sie alles, weil der Hund nichts durchgehen lässt. So ist das, das ist hier sicherlich nicht, das ist nicht so einfach, es ist nur eine Notwendigkeit."[132]

---

132 Frage: „Niektórzy ludzie mówią, jazda na handel to jest taki lekki chleb. Czy to prawda?"
Witold Zagórski: „On nie jest taki lekki. No, mówię jak ktoś już psychicznie, to, oni tam to, to tak, ale tak, o, to jest stres. Ja widzę po tych ludziach. Ludzie też są zestresowani. Bo jak stoi na pasku, czeka na odprawę, siedzi się, denerwuje, bo, bo nie wie jak on mu, chociaż no są różni celnicy. Są, są bardziej tacy skrupulatni, którzy bardziej kontrolują, a niektórzy tam nie zależy przecież oni wiedzą, że tam jest i nie wiesz jaki on będzie miał humor, jak. Bo bywa, że z takiego osobowego, który jedzie stamtąd więcej ma jak my, tu jak my w busie wieziemy. No, tak napakowany, że, że jak jest tylko można. No, on liczy na to, że się uda albo coś. Albo są specjalne takie brygady czarne, te co z psem chodzą, którzy biorą całkiem na osobną kontrolę, i ludzi kontrolują i samochód, i pies węszy tam, szuka wszystkiego, no to wtedy już wszystko wybiorą, bo pies nie przepuści. Takie tu na pewno to nie jest, nie jest takie lekkie, tylko to jest konieczność."

Witold beschreibt die psychische Anspannung der Schmuggler, wenn sie im Grenzbereich auf die Kontrolle warten. Diese Anspannung entsteht aus der Unsicherheit über den Verlauf der Kontrolle. Ohne den Stress offen zu zeigen, sitzt man im Wagen und versucht die Anspannung auszuhalten. Wer jedoch die Situation kennt, dem fällt die unterdrückte Anspannung auf, so wie Witold sie schildert. Witold bricht den zweiten Satz ab, und damit lässt er an dieser Stelle zwei Interpretationen zu. Wer psychisch stabil ist, der wird den Schmuggel ohne Anspannung durchführen können, wer hingegen nicht über diese innere Stabilität verfügt, wird den Schmuggel als Stress erleben. Zwar lässt die Analyse an dieser Stelle beide Interpretationen zu, und der weitere Verlauf der Interviewsequenz bestätigt diese Differenzierung, jedoch betont Witold den Stress. Er hatte schließlich auch die eigenverantwortlich organisierten Fahrten als Stress beschrieben, der ihn dazu veranlasste, sich der Gruppe im Kleinbus anzuschließen.

Im weiteren Verlauf der Sequenz schildert er, wie er einen Schmuggler beobachtet, der allein im Pkw deutlich mehr Waren transgportiert, als sie mit acht Personen im Kleinbus mit sich führen. Im Kontext der Interviewsequenz zeigt er damit das Beispiel eines Schmugglers, der über die psychische Gelassenheit verfügt, das hohe Risiko beim Transport großer Warenmengen einzugehen. Betrachtet man das Beispiel im erweiterten Zusammenhang des Interviews, dann erzählt er damit auch etwas über die im Kleinbus transportierten Warenmengen. Erwähnenswert wird das Ereignis für Witold, weil es sich um eine außergewöhnlich große Menge von Zigaretten handelt; wobei sein Maßstab die eigenen Erfahrungen im Kleinbus sind, die sich demnach auf kleinere Mengen von Zigaretten beziehen. Betrachtet man den technischen Ablauf der Fahrten im Kleinbus, so erweist es sich als durchaus sinnvoll, wenn auf diesen Fahrten nur eine begrenzte Menge von Waren transportiert wird. Aufgrund der schnellen Abfertigung ist es der Gruppe im Kleinbus möglich, tägliche Fahrten zu unternehmen. Der Gewinn entsteht weniger durch eine Steigerung der pro Fahrt geschmuggelten Waren als durch die Anzahl der Fahrten. Zugleich hat der Organisator des Kleinbusses ein Interesse, seine besondere Lizenz, die ihm diese Schmuggelfahrten erst ermöglicht, nicht zu verlieren. Daher wird er sich mit der Warenmenge im Rahmen einer Ordnungswidrigkeit bewegen. Da die Anspannung mit der Menge der geschmuggelten Waren zunimmt, reduziert sich mit der Mengenbegrenzung im Kleinbus auch der Stress für die Mitfahrer.

Wie spannungsgeladen die Atmosphäre zwischen den Schmugglern ist, während sie vor dem russischen Schlagbaum auf die Abfertigung warten, zeigt deutlich eine andere Sequenz aus dem Interview mit Edward Staniszki, der im vorherigen Kapitel vorgestellt wurde. Die Frage zielte eigentlich auf die Gründe, welche die russische Administration veranlassten, die erleichterte Grenzabfertigung für Kleinbusse einzuführen. Edward beantwortet die Frage aus seiner Schmugglerperspektive mit einer etwas veränderten Zielrichtung:

Frage: „Aber warum haben die Russen eine besondere Fahrspur für Kleinbusse eröffnet, wenn Kleinbusse nicht mehr bezahlen?"
Edward Staniszki: „Das, das, damit man die Grube umfahren kann, ja? [Ja.] Und damit es nicht so viel Lärm gibt. Dort, und das ist so, die Haut [ist so dünn, M.W.], man muss nur ein Streichholz hineinwerfen, um es anzuzünden. Wie oft bin ich, manchmal kann man von oben nicht zur Toilette gehen, weil man sieht, ja, weil man sieht, was los ist. Verdammt, es ist so wie in einem Labyrinth (Lachen), oder man hastet durch. Ich weiß nicht warum, aber der Fahrstreifen ist, ein normaler Fahrstreifen ist das oben nicht. Damit in der Grube ein Fahrstreifen ist. Das nicht. Ja, ja, oben, wie die Autobusse fahren, Busse ja, und, und Laster. Das ist alles."[133]

Die ‚Grube' ist wie ein Irrgarten, in dem man Gefahr läuft, sich zu verlaufen oder man überquert ihn so schnell wie möglich. Man kann hier den Eindruck eines brodelnden Kessels gewinnen, in dem die Emotionen kurz vor der Explosion stehen. Es ist einerseits die räumliche Enge der dicht gedrängt stehenden Fahrzeuge, die hier beschrieben wird, andererseits verweist Edward Staniszki damit auf die psychische Belastung der dort wartenden Fahrer. Ihre Nerven sind zum Zerreißen gespannt, sodass ein ‚Funke' oder ein Wort genügen würde, um die Emotionen ‚zur Explosion' zu bringen. Was Edward hier als Labyrinth schildert, ist tatsächlich ein überschaubares Areal. Labyrinthisch verworren sind hier aber die Emotionen, die eine Atmosphäre der Anspannung erzeugen. In dieser Anspannung wird der Stress deutlich, den die Wartezeit für die Schmuggler bedeutet.

Die Schmuggler nennen eine Vielzahl von Faktoren als Grund für die psychische Belastung. Neben der Wartezeit ist der finanzielle Verlust bei der Beschlagnahmung von Waren ein zentrales Element von Stress. Von einigen Schmugglern wird dieser Stress als Furcht vor den Zöllnern beschrieben, deren Verhalten man nicht einschätzen kann. So führt jeder Schichtwechsel zu einer

---

133 Frage: „Ale dlaczego Rosjanie otworzą oddzielny pas dla minibusów, jeżeli minibusy więcej nie płacą?"
Edward Staniszki: „To, to żeby w dołek wjeżdżać, tak? [Tak.] A nie to za duży harmider by był. Tam i tak jest skóra, tylko zapałkę wziąć i podpalić. To ja tyle nie, nieraz nie można do ubikacji przejść z górki, bo widzi, no bo widzisz jak chodzi tam. Tak, kurwa, tak jak w labiryncie (Lachen) albo przefrunąć. Nie to ja wiem, że tego, ale że pas jest, że normalnie pas na górce jest nie. Na a żeby na dołku był pas. No, to nie. No, no na górce jak autobusy idą, busy no i, i towarowe. No, i to wszystko."

Verunsicherung, und neue Zöllner, mit denen die Schmuggler noch keine Erfahrungen haben, werden zunächst misstrauisch betrachtet. Im Umgang mit den Zöllnern führt aber nicht nur der drohende finanzielle Verlust zum Stress, sondern auch die körperliche Durchsuchung bei der Kontrolle. Vor allem die Durchsuchung der Kleidung und das Abtasten des Körpers werden als emotional belastende Verletzungen der Intimsphäre beschrieben.[134]

Der Schmuggel, so lässt sich hier feststellen, bedeutet, vorsichtig ausgedrückt, für die Mehrzahl der Akteure eine psychische Belastung. Doch wie gehen die Schmuggler mit dem Stress um, wenn die Versuche, die Anspannung zu ignorieren, nicht ausreichen?

Kaja Firkowska: „Weil es schwer ist, nehmen viele Leute Medizin, damit ... Eines Tages war ein Rettungswagen an der Grenze, und mit Sirene nahmen sie jemanden auf der Bahre mit. [...] Das war vielleicht auch eine Frau, die sofort so gestresst war, oder so? Ich nehme dort sofort Tabletten. Ich nehme am Morgen sieben Tabletten, und so fahre ich los. Und ich habe welche dabei, um auch am Nachmittag etwas zu nehmen, weil es keinen Ausweg gibt. Nur, dass ich ..."
Frage: „Tabletten für das Herz?"
Kaja Firkowska: „Sogar für das Herz, gegen Bluthochdruck, damit er nicht steigt. Aber gleich, wenn ich sehe, dass er steigt, lege ich mir Tabletten unter die Zunge, damit ich keinen Herzinfarkt bekomme. Warum auch? Irgendjemandem noch Probleme machen? Na, an der polnischen Grenze sterben, das ist ja noch in Ordnung aber schlimmer wäre es an der russischen. Ja, ja. (Lachen)"[135]

---

134 Wobei gleichzeitig die intimen körperlichen Partien gerne als Versteck genutzt werden, da auch bei den Zöllnern hier die größte Scheu vor Berührungen besteht. Ein erfolgreicher Warentransport erfordert vom einzelnen Schmuggler die Bereitschaft, seine persönlichen Grenzen zu überschreiten.

135 Kaja Firkowska: „Bo trudno, dużo osób na te leki to by... Któregoś dnia karetka była na granicy i to na sygnale kogoś zabrali na noszach, no. [...] No, to też może kobieta się zestresowała od razu, czy co. Ja to tam tabletkami się okładam od razu. Ja z samego rana 7 tabletek biorę i tak jadę. I z sobą na południe też tak coś, no, bo to innego wyjścia nie ma. Tylko, że ja ..."
Frage: „Tabletki na serce?"
Kaja Firkowska: „Nawet na serce, na nadciśnienie, żeby ni podniosło się, no. A już jak patrzysz się podnosi to pod język tabletki biorę, żeby zawału nie dostać. Po co? Jaki kłopot jeszcze komu, nie? No, jeszcze na Polskiej granicy umrzeć to jeszcze dobrze a gorzej na ruskiej. No, (Lachen) no."

Kaja Firkowska ist 56 Jahre alt und seit mehreren Jahren Frührentnerin.[136] Mit dem Schmuggel bessert sie regelmäßig ihre Rente auf. Dabei hat sie in den letzten Jahren unterschiedliche Formen des Schmuggels ausprobiert. Als das Interview stattfindet, fährt sie mehrmals in der Woche als Tagelöhnerin nach Kaliningrad. Obwohl Kaja einen resoluten Eindruck macht und ausgesprochen aktiv ist, erlebt sie selbst nach mehrjähriger Erfahrung die Schmuggelfahrten als psychische Anspannung. Da sie Probleme mit zu hohem Blutdruck hat, nimmt sie schon am Morgen vor Beginn der Fahrt die ersten Beruhigungstabletten, und während des Tages folgen dann weitere.

Vor allem von Frauen wird die Einnahme von Tabletten erwähnt, mit denen sie versuchen, der psychischen Belastung entgegenzuwirken, doch nicht jeder Schmugglerin gelingt dies, und manch eine gibt daher die Fahrten wieder auf. Andere Hilfsmittel, mit denen dem Stress begegnet wird, sind Zigaretten und Alkohol. Raucher berichten von einer Zunahme ihres Zigarettenkonsums während der Wartezeit vor einer Kontrolle. Alkohol hingegen wird nur von den Mitfahrern im Kleinbus oder in einem der großen Busse getrunken. Wer für das Führen eines Fahrzeugs verantwortlich ist, wird schon allein um der Polizei keinen Anhaltspunkt für eine zusätzliche Kontrolle zu geben, keinen Alkohol trinken.

Witold Zagórski: „Früher hat meine Frau, wenn sie manchmal fuhr, ein Gläschen getrunken. Ja, sie sagt: ‚Dann werde ich weniger Angst haben.' Weil, weil das, nun später sagte sie, dass sie nicht mehr fahren will, weil sie sich noch irgendwelche schlechte Gewohnheiten aneignet oder so."[137]

Obwohl Alkohol als Mittel zur Stressreduzierung genutzt wird, darf man dessen Verbreitung unter den Schmugglern nicht überschätzen. Nicht nur diejenigen, die ein eigenes Fahrzeug führen, trinken während der ‚Arbeitszeit' keinen Alkohol, generell unterscheiden sich Schmuggler in ihrem Konsum von Zigaretten und Alkohol nicht von der restlichen Bevölkerung. Er transportiere Zigaretten, rauche aber selber nicht, kommentierte ein Schmuggler meine Nachfrage. Gleichwohl wird hier deutlich, dass Personen mit Alkoholproblemen im Schmuggel durchaus einer Gefährdung ausgesetzt sind.

---

136 Vgl. auch die Darstellung von Kaja Firkowska im Kapitel „Das Kollektiv oder mit ‚HUGO BOSS' an die Grenze".

137 Witold Zagórski: „Kiedyś żona nieraz jak jechała to sobie wypili tam po kieliszku. No, mówi: ‚To ja się będę mniej bała.' Bo, bo tego no i później ona mówi, że ona nie chce jeździć, bo jeszcze wpadnie w jakiś nałóg albo coś i ten."

Doch nicht für alle Schmuggler stellt der Stress ein Problem dar, das sie besonders hervorheben. Nichtsdestotrotz wird man kaum einen Schmuggler finden, der der Beschlagnahmung seiner Waren mit Gleichmut begegnet, geht es hier doch immer um die Frage von Gewinn oder Verlust. Manch einer hat sich aber im Verlauf der Zeit an die psychischen Belastungen gewöhnt. Zwei Schmuggler, von denen der eine mit dem Linienbus und der andere mit dem Personenwagen regelmäßig nach Kaliningrad fährt, sollen hier beispielhaft zitiert werden:

Frage: „Sind die Fahrten mit dem Autobus nach Russland oder zur Grenze, ist das auf irgendeine Art Stress?"

Leszek Jakóbik: „Nehmen wir mich, ich habe keinen Stress. Ich weiß nicht, was das ist. Ich fahre normal, für mich, nehmen wir an, wenn zur Mafia (undeutlich). Aber was macht das für mich für einen Sinn? Ich fahre, steige ein und fahre."[138]

Frage: „Wenn du diese Arbeit hier [an der Grenze, M.W.] mit einer anderen Arbeit vergleichst, zum Beispiel, als du Lkw gefahren bist, welche Arbeit ist besser, wenn es nicht nur um den Verdienst geht, um das Gefühl, um den Stress und so?"

Marian Wojakowski: „Das ist eine Frage der Gewohnheit. Der Organismus gewöhnt sich daran. Und besser zum Schmuggel nach Russland fahren. Wenn du willst, wenn du willst, arbeitest du, stehst du in der Nacht auf, du willst nicht schlafen und fährst. (5) Wenn du nicht willst, trinkst du und fährst nicht."[139]

Leszek Jakóbik und Marian Wojakowski nehmen den Schmuggel mit Gleichmut. Beide schmuggeln schon seit mehreren Jahren und haben sich an die Bedingungen gewöhnt. Der Schmuggel bietet ihnen nicht nur ein Einkommen, sondern sie sehen darin auch den Vorteil, einer unabhängigen Tätigkeit nachzugehen. Beide fahren auf eigene Rechnung und sind in ihren Planungen unabhängig von anderen Schmugglern. Leszek Jakóbik fährt durchschnittlich an fünf Tagen mit

---

138 Frage: „Czy wjazd do Rosji teraz autobusem, czy to na granicę, czy to jest stres w jakimś sensie?"
Leszek Jakóbik: „Załóżmy ja, ja nie mam stresu. Ja nie wiem co to takiego jest. Ja jadę normalnie, sobie jadę, załóżmy, no, do mafii (undeutlich). A jaki to sens jest dla mnie? Jadę, wsiadam i jadę."

139 Frage: „Jak porównywać pracę tutaj lub takie prace jak jechałeś na przykład ciężarówką, jaka praca jest lepsza jeżeli chodzi nie tylko o zarobki, o uczucie, o stres i jak jest?"
Marian Wojakowski: „To jest kwestia przyzwyczajenia. Organizm się do tego przyzwyczaja. I najlepiej na przemycie, do Rosji jeździć. Kiedy chcesz, kiedy chcesz, pracujesz, budzisz się w nocy, nie chce ci się spać i jedziesz. (5). Nie chcesz, popiłeś, nie jedziesz."

dem Linienbus nach Russland, Marian Wojakowski ungefähr zwei Mal pro Woche mit dem eigenen Pkw.

Da Marian mit dem Pkw fährt, sind die körperlichen Belastungen schlafloser Nächte für ihn wesentlich größer als für Leszek. Aber Marian hat sich daran gewöhnt und zudem ist er ungefähr zehn Jahre jünger als Leszek. Wenn er aber von Gewöhnung spricht, so bedeutet das auch, dass ihm die psychische Belastung bekannt ist. Für Leszek entsteht Stress aus dem Kontakt mit mafiosen Strukturen, oder, etwas weiter gefasst, durch die Abhängigkeit von anderen Schmugglern. Als auf sich allein gestellter Schmuggler sieht er aber keinen Grund für Stress.

Unsere Beispiele nennen also zwei Begründungen für einen stressfreien Schmuggel: Gewöhnung und Selbstständigkeit. Sicherlich spielt hierbei die Frage der individuellen psychischen Konstellation insoweit eine Rolle, als sie eine Grundlage für den Umgang mit Stress bildet. Zugleich lässt sich eine als Stress empfundene psychische Belastung beim Schmuggel nicht auf individualpsychologische Aspekte reduzieren. Im Vergleich wird vielmehr deutlich, dass bei zunehmender finanzieller Abhängigkeit vom Schmuggel auch eine Steigerung des Stressempfindens geschildert wird. Am stärksten unter Stress leiden diejenigen, deren wirtschaftliche Situation ausschließlich oder überwiegend vom Schmuggel bestimmt wird, die aber mit dem Schmuggel nur einen geringen Gewinn erwirtschaften. Dagegen klagen diejenigen am wenigsten über Stress, die mit dem Schmuggel ein regelmäßiges Einkommen erwirtschaften und zugleich im familiären Haushalt über weitere Einkommen verfügen.

Gleichwohl bleibt festzuhalten, dass auch von Schmugglern mit einer guten wirtschaftlichen Basis der Schmuggel nur ausnahmsweise als stressfrei beschrieben wird. Und so kann es nicht erstaunen, wenn für andere die psychische Belastung ausschlaggebend für eine Abkehr vom Schmuggel ist:

Frage: „Welches Gefühl war das für Sie [an der Grenze], weil man selbstverständlich lügen muss?"[140]

Joanna Drozdowska: „Ja genau, das ist das Schlimmste."

Frage: „Wie fühlten Sie sich dort, wie war das?"

Joanna Drozdowska: „Das ist gerade das Schlimmste, und zwar deshalb, weil ich so ein Stresskopf bin, und deshalb, weil ich gerade nicht lügen kann, ich kann das nicht, das war für mich sogar so eine Verleugnung von etwas, dass ich weiß, dass ist unwahr, das war schrecklich. Ja, und ich habe mir nur angesehen, wie sie reden, ich habe den Kopf geschüttelt, (Lachen) nicht mehr, und das war für mich schrecklich, darum habe ich viel-

---

140 Das Thema ‚Lüge an der Grenze' wurde in der vorherigen Interviewsequenz von Joanna Drozdowska angesprochen.

leicht aufgehört. Ich weiß auch nicht, ich weiß es nicht, vielleicht, wenn ich es ein paar Mal probiert hätte, wäre es anders. Aber das erste Mal gelang es mir nicht. Das heißt, es gelang mir, weil das, was ich mitbringen wollte, brachte ich mit, aber schrecklich war es."[141]

Joanna Drozdowska hat die Konsequenzen aus dieser Erfahrung gezogen und anschließend eine schlecht bezahlte, ebenfalls informelle Arbeit in einem landwirtschaftlichen Betrieb angenommen. Dabei war ihre Fahrt ein wirtschaftlicher Erfolg, doch die notwendigen sozialen Anforderungen haben sie von weiteren Touren abgehalten.

Mit den folgenden Kapiteln verlassen wir die empirische Ebene und werden den Versuch unternehmen, den Schmuggel im sozialen Kontext zu interpretieren. Vor dem Hintergrund historischer Entwicklungen soll das Phänomen in seiner gesellschaftlichen Funktionalität erfasst werden.

---

[141] Frage: „Jakie uczucie to było dla pani, no, bo oczywiście trzeba kłamać?"
Joanna Drozdowska: „No właśnie, a to jest najgorsze."
Frage: „Jak pani się czuła tam na tym, jak to było?"
Joanna Drozdowska: „To jest właśnie najgorsze, bo dlatego, że takim stresowcem jak ja jestem, a dlatego, że właśnie nie umiem kłamać, nie potrafię to, to dla mnie, to było nawet jakieś zaprzeczenie czemuś, co wiem, że jest nieprawdą, to było okropne. No, i po prostu ja tylko patrzyłam jak oni mówią, to głową kiwałam (Lachen), więcej nie, i to było dla mnie straszne, dlatego może tak przeżyłam. Także, no nie wiem, no nie wiem, może gdybym parę razy tak popróbowało by było inaczej. A pierwszy raz się nie udało tak. To znaczy udać się udało, bo co mieli przewieźć to przewieźli, ale przeżyłam okropnie."

Zwischen Toleranz und Verschwiegenheit –
die Reaktionen der lokalen Gesellschaft

Der Schmuggel an der Kaliningrader Grenze hat eine spezifische soziale Form, die an anderer Stelle schon als „Massenphänomen"[1] beschrieben wurde. Diese spezifische Erscheinungsweise des Schmuggels ist von einer allgemeinen Form des Schmuggels zu unterscheiden. Während die allgemeine Form unzählige Male anzutreffen ist,[2] tritt die spezifische Form nur unter bestimmten konkreten geographischen und historischen Bedingungen auf.[3] In seiner Form als Massenphänomen hat sich der Schmuggel vor dem Hintergrund der Systemtransforma-

---

1   Haller 2000.
2   Ungezählt sind die Urlaubsreisenden, die mehr als die vorgeschriebene Warenmenge bei der Rückkehr mitführen. Doch würde sich vermutlich jeder von ihnen dagegen wehren, in ihren Motivationen, ihren Handlungen und in dem sozialen Ablauf ihres illegalen Warentransfers mit den in dieser Arbeit beschriebenen Schmugglern gleichgesetzt zu werden. Und zu Recht, denn die individuelle Handlung mag in der Form gleich erscheinen, doch erst im gesellschaftlichen Kontext wird ihre spezifische soziale Erscheinungsweise sichtbar. Gleichzeitig bereitet die massenhafte individuelle Erfahrung aber auch den Boden für die Interpretation des Schmuggels als ‚Kavaliersdelikt'.
3   Eine Vermischung der unterschiedlichen Erscheinungsformen liegt beispielsweise der Aussage eines Schmugglers zugrunde, der, angesprochen auf die Zukunft, bemerkte, er mache sich keine Sorgen, denn Grenzen und Schmuggler gäbe es immer. Hier irrt er vermutlich gleich zweimal: Die Europäische Union führt gerade in den letzten Jahren vor, wie vormals ‚ewige' Grenzen verschwinden, und selbst wenn sich die Grenze zu Russland als stabiler erweisen sollte, so ist es doch fraglich, ob die tolerante Haltung gegenüber dem Schmuggel bestehen bleibt, wenn sich die ökonomischen und sozialen Bedingungen in Polen und Russland ändern.

tion in Polen mit seinen Prozessen der sozialen und ökonomischen Differenzierung herausgebildet. Eine Voraussetzung für den Schmuggel ist natürlich der Preisunterschied für Waren, die zwischen Russland und Polen gehandelt werden. Dabei handelt es sich zwar um wichtige Aspekte des Schmuggels, doch beschreiben sie nicht die spezifische Form des Phänomens. Vielmehr handelt es sich hierbei nur um die materielle Grundlage, ohne die der Schmuggel nicht existieren würde. Spezifisch für den Schmuggel an der Kaliningrader Grenze ist jedoch die tolerante Haltung der lokalen polnischen Gesellschaft gegenüber dem Schmuggel. Ohne diese Toleranz gegenüber den Schmugglern würde es, so kann man mit Sicherheit sagen, den Schmuggel nicht in dieser Ausprägung geben.

Es stellt sich also die Frage, wie es der lokalen Gesellschaft gelingt, tolerant auf den Schmuggel zu reagieren. Um sowohl die zwischen unterschiedlichen sozialen Gruppen übereinstimmenden als auch differierenden Beschreibungen des Phänomens erfassen zu können, orientiert sich die Interpretation am Ansatz der sozialen Repräsentation. Wie Flick feststellt, verweist die Untersuchung der sozialen Repräsentation auf die Abgrenzung zwischen sozialen Gruppen. Die Abgrenzung ergibt sich aus der Übereinstimmung in der Definition eines Sachverhalts.[4] Als Grundlage der Analyse dienen die Beschreibungen des Schmuggels durch die Schmuggler selbst sowie die Darstellungen in den Interviews mit den lokalen Eliten. Die Beantwortung der Frage nach den Ursachen der Toleranz erfordert es, dass im weiteren Verlauf des Kapitels auch auf die Relevanz des Armutsbegriffes sowie auf historische Entwicklungslinien eingegangen wird, die für die Einstellung der polnischen Gesellschaft zum Schmuggel eine Rolle spielen.

DIE EINSTELLUNG DER AKTEURE ZUM SCHMUGGEL

Lassen wir zunächst an ausgewählten Beispielen die Schmuggler zu Wort kommen. Wie beschreiben sie ihre Tätigkeit?

Paweł Szymański: „Nun, das ist hier auch kein Honigschlecken! Und, und für wen ist es besser geworden? Für Unternehmer, das ist eine einfache Rechnung. Ja, für sie geht es voran. [...]"
Frage: „Aber im Allgemeinen sind Sie jetzt arbeitslos?"
Paweł Szymański: „Arbeitslos. [...] Es ist schwer. In dieser Gegend ist es besonders schwer. Ich sage ja, nicht? Hier gibt es noch eine Möglichkeit, weil die Grenze besteht.

---

4   Flick 1996: 100, 109f.

Wenn nichts geht, dann zieht einen die Grenze an. Das ist bekannt. Zigaretten, Alkohol und, und natürlich Kraftstoff. Ein Teil davon geht bestimmt nach Deutschland. Nun, da schließt sich der Kreis, es ist bekannt, wie der Schmuggel geht. So weiß sich ein jeder zu helfen, nicht wahr? Ja, ja, wenn die Grenze nicht wäre, dann hätten wir ein ernsthaftes Problem. Das wäre wirklich ein Problem, weil die Grenze unsere Probleme ein wenig mildert. Dort, wo es sie nicht gibt, das ist eine Tragödie."[5]

Paweł Szymański lebt zusammen mit seiner Frau und der gemeinsamen Tochter in der Nähe von Sępopol. Paweł betont die Schwierigkeiten, in der Nähe seines Wohnortes einen Arbeitsplatz als Elektriker zu finden. Seine letzte Anstellung im einhundert Kilometer entfernten Olsztyn endete damit, dass er sich von seinem Arbeitgeber um die Bezahlung von Überstunden betrogen sah. Um den wirtschaftlichen Absturz seiner Familie zu verhindern, geht er in Zeiten der Arbeitslosigkeit dem Schmuggel nach, da der Verdienst seiner Frau nicht für den Lebensunterhalt der Familie ausreicht. Für ihn stellt der Schmuggel eine von der Not vorgegebene Erwerbsmöglichkeit dar, die er als belastend beschreibt.[6] Paweł ist Handwerker und würde eine legale Arbeit in seinem Beruf dem Schmuggel vorziehen. Gleichwohl bietet sich die illegale Tätigkeit als Ausweg an, um der drohenden Verarmung und dem sozialen Abstieg zu entgehen. Vor dem Hintergrund der strukturellen wirtschaftlichen Situation und der daraus resultierenden hohen Arbeitslosigkeit wird die illegale Tätigkeit des Schmuggels nicht als beschämend beschrieben, denn die moralischen Implikationen einer illegalen Er-

---

5   Paweł Szymański: „No, także tu żadnego miodu nie ma. A, a tu tylko jest dla kogo lepiej? Dla przedsiębiorców, bo jest proty prezlicnik. Tak wtedy w linii prostej idzie."
    Frage: „A w ogóle pan teraz jest na bezrobotnym?"
    Paweł Szymański: „Na bezrobotnym. [...] No, ciężko jest. W tym rejonie przynajmniej ciężko. No, to mówię, no, no jest ta jeszcze możliwość, że tu jest ta granica. Co nie, no, to tak się trochę tego, to, to tak ciągnie jeszcze. Wiadomo jak to jest. Papierosy, alkohol i, na pewno paliwo. Część tego na pewno i do Niemiec idzie. No, to jest takie koło się zamyka, jak to przemyt to wiadomo. No, jakoś każdy sobie tam radzi, co nie. No, no gdyby nie granica to by był problem. Naprawdę byłby problem, bo to jeszcze ta granica trochę rozładowuje temat. Tam gdzic tego nie ma to, to jest tragedia."

6   Diese Interpretation gilt auch für Akteure, die ausdrücklich die Vorteile des Schmuggels betonen. Um solche Zusammenhänge zu erfassen, ist es dann allerdings notwendig, eine umfangreiche Analyse des Einzelfalls vorzunehmen, wie sie in der Methode der Feinanalyse nach Rosenthal vorliegt (vgl. Rosenthal 1995: 221ff.).

werbstätigkeit sind im regionalen Kontext einer Massenbewegung des Schmuggels relativiert:

Frage: „Ist es eine Schande dorthin zu fahren, oder wie ist das?"
Marek Zieliński: „Die wirtschaftliche Situation zwingt dazu, ja, wenn ich nichts zum Leben habe, dann muss ich etwas machen, zur Arbeit stellt mich keiner mehr ein, und Rente oder Frührente habe ich auch nicht, nichts habe ich, ich bin arbeitslos, also fahre ich. Schließlich fahren die Leute zur Arbeit nach Westen, wer mobil ist, aber hier ist es leichter sich einfach ins Auto zu setzen, loszufahren und etwas zu besorgen: gelingt es, dann ist es gut, wenn nicht, nun, Pech. [Unverständlich] die Leute fahren, doch wie sagt man, mit einem kleinen Löffel esse ich langsam, aber werde immerhin satt. Doch an der Grenze kann man mit einer Schöpfkelle essen."[7]

Marek Zieliński und Paweł Szymański sind Anfang 50 und gehören damit zu einer Generation, deren Angehörige erhebliche Probleme auf dem Arbeitsmarkt haben und zugleich noch zu jung sind, um eine Frühverrentung in Anspruch nehmen zu können.[8] Obwohl die Frühverrentung in vielen Fällen nur eine wirtschaftliche Grundsicherung ermöglicht, bietet sie eine Basis, auf der mit Hilfe einer Nebentätigkeit der Lebensstandard gesichert werden kann. Aufgrund ihres Alters und der familiären Bindungen wird die Möglichkeit einer Arbeitsmigration von diesem Personenkreis selten in Betracht gezogen.

---

7   Frage: „Czy to jest wstyd jechać tam, lub czy jak to jest?"
    Marek Zieliński: „To jest sytuacja ekonomiczna zmusza do tego, no, jak ja nie mam na chleb to coś musze robić, do pracy nikt mnie nie zatrudni, ale ja nie mam ani renty nie mam, ani emerytury, nic nie mam, bez pracy jestem, to jadę. To przecież po to jadą na zachód ludzie, tam, kto bardziej taki obrotny, nie, a tutaj łatwiej, wsiadł w samochód, pojechał, kupił, uda się, to dobrze, nie uda się, no to trudno. [Unverständlich] jeżdżą co jak to się mówi, małą łyżką dłużej będzie jadł, ale się naje, a tam chochlą można się naje."

8   Mit 26 % ist die Anzahl der Personen, die in Polen zwischen dem 55. und 65. Lebensjahr arbeiten, der niedrigste Wert in der EU. Zum Vergleich: In Deutschland arbeiten im gleichen Lebensalter 42 %, in Großbritannien 56,2 % und in Schweden sogar 69 % der erwerbsfähigen Bevölkerung. Polen hat damit das niedrigste Renteneintrittsalter in der EU. Nur ein Viertel der Männer geht erst mit dem 65. Lebensjahr, und nur ein Fünftel der Frauen mit dem 60. Lebensjahr in Rente (Kin 2006: Gazeta Olsztynska, Dziennik Elbląski, Nr. 4 (301)). Castel gibt für diese Altersgruppe eine Erwerbsquote von 56 % für Frankreich und von 76 % für Schweden an (Castel 2008: 352).

Der Zusammenhang zwischen wirtschaftlicher Notlage und illegaler Erwerbsform erscheint den Bewohnern der Region evident und wird in der lokalen Gesellschaft nicht infrage gestellt. Wer schmuggelt, lautet die verbreitete Ansicht, dem steht keine Alternative zur Verfügung. Obwohl es keine konkreten Angaben über den Umfang des Schmuggels gibt, wird die regionale wirtschaftliche Bedeutung sehr hoch eingeschätzt. Nach einer gängigen Vorstellung beruht das Wirtschaftsleben der Region auf dem illegalen Grenzhandel.[9] Die regional weite Verbreitung des Schmuggels spielt zudem bei dessen Tolerierung eine entscheidende Rolle, da die Normen für kriminelles Handeln durch die kollektive Aktion neu definiert werden. Mit der Beschreibung des Schmuggels als eine aus der Not erwachsene Erwerbsform mit körperlichen und seelischen Belastungen wird die Verschiebung der Normen als Ausnahme beschrieben, die unter bestimmten Rahmenbedingungen erfolgt.

Für die Akteure handelt es sich jedoch um eine Tätigkeit mit diskriminierenden Elementen, die ein Resultat ihrer prekären Lebenssituation ist. In der Region begegnet und beurteilt man den Schmuggel zwar mit Nachsicht und Toleranz, ja, akzeptiert ihn sogar als notwendiges Vorgehen, doch zugleich besteht die Strafverfolgung durch Zoll, Grenzschutz und Polizei. Damit wird der Schmuggel nicht verhindert, doch dem Akteur bleibt die Fragilität seiner Handlungen am Rande gesellschaftlicher Legalität präsent. Maria Janicka beschreibt in einem Interview ihre Gefühle während einer Kontrolle durch polnische Zöllnerinnen:

Maria Janicka: „Ich verliere viel [viele Waren, M.W.]. So ist das. Das Leben an der Grenze macht keinen Spaß, man fühlt sich ein wenig erniedrigt."
Frage: „In welchem Sinn ‚erniedrigt'"?
Maria Janicka: „Wissen Sie was? Die Berührungen durch die Zöllnerin, sie wollen überhaupt nicht mit uns reden und diskutieren, weil sie uns ansehen, als gehörten wir einer niedrigeren Klasse an, weil wir schmuggeln, richtig? Aber sehr viele der Zöllner sind auch zum Schmuggel gefahren, bevor sie Zöllner geworden sind. Und sie kennen alle Verstecke, kennen alles, aber sie haben alles ganz schnell vergessen. Auch das, dass schon viele Zöllner wegen Bestechung entlassen wurden, weil sie Dollars genommen haben."[10]

---

9   Dabei handelt es sich um eine Übertreibung, die den subjektiven Eindruck der Einwohner ausdrückt. Ungeachtet dessen stellt der Schmuggel einen regional wichtigen Wirtschaftsfaktor dar.

10 Maria Janicka: „Tracę dużo. Tak to jest. To jest życie nie wesołe na tej granicy, taki człowiek czuje się poniżony trochę."
    Frage: „W jakim sensie ‚poniżony'?"
    Maria Janicka: „Wie pan co? Te dotykanie przez tą celniczkę, rozmawiać z nami i dyskutować w ogóle nie chcą, bo uważają, że my już tej niższej klasy jesteśmy, bo

Die soziale Situation einer spezifischen Form der Zollkontrolle und das Verhalten der Zöllner erlebt Maria Janicka als psychische Belastung. Maria Janicka beschreibt ein Gefühl der Erniedrigung, wenn sie bei der Zollkontrolle am Körper abgetastet wird. Die Berührungen der Zöllnerin bei der Leibesvisitation sind für sie auch nach mehreren Jahren nicht zur Routine geworden und werden als Verletzung der Intimsphäre erlebt. Verstärkt wird das Gefühl von Minderwertigkeit durch Gesten und Bemerkungen, oder indem Zöllner „nicht mit ihnen reden und diskutieren". Die Verweigerung einer Kontaktaufnahme unterbindet den Aufbau einer Beziehungsebene, symbolisiert soziale Distanz und stigmatisiert den Schmuggler als Angehörigen einer unterlegenen sozialen Gruppe.[11]

Maria Janicka reagiert auf die soziale Distanzierung der Zöllner, indem sie betont, auch Zöllner wären als Schmuggler aktiv gewesen. Vor diesem Hintergrund vollzieht Maria mit ihrem Hinweis eine soziale Gleichstellung zwischen Schmugglern und Zöllnern. In Interviews bestätigen Zöllner, dass bis zum Beitritt Polens zur EU 2004 nicht nur die Korruption verbreitet war, sondern auch Kollegen geschmuggelt hätten. Wenn beide Seiten illegalen Praktiken nachgehen oder in der Vergangenheit nachgegangen sind, dann besteht auch keine Veranlassung, die Schmuggler zu diskriminieren. Indirekt bestätigt Maria damit aber auch die Illegalität ihrer Tätigkeit. Da es sich jedoch um eine verbreitete Praxis handelt, ist es ihr möglich, die illegale Handlung in ihre Identität zu integrieren, ohne zugleich kriminalisiert zu werden. Die Illegalität wird gleichsam durch die Quantität der Handlungen und ihre Verbreitung relativiert und eröffnet so die Möglichkeit, sie zu tolerieren. Anders ausgedrückt: Die Erscheinungsform des Schmuggels als Massenphänomen bietet einen Schutz vor der Kriminalisierung der Akteure.

Innerhalb der Gruppe von Schmugglern gehört Maria Janicka zu denjenigen, die wirtschaftlich besonders schlecht gestellt sind, da sie ihren Lebensunterhalt ausschließlich über den Schmuggel auf niedrigem Niveau bestreitet. Während die Mehrheit der Schmuggler entweder individuell oder innerhalb ihres Haushaltseinkommens über weitere Einkommensquellen verfügen, gibt es eine kleine Gruppe, die nur vom Schmuggel lebt. Da Maria Janicka zudem nur im Linienbus schmuggelt, fällt ihr Gewinn auch sehr klein aus. Als alleinstehende Witwe beschränken sich ihre Einkünfte auf den Schmuggel und eine monatliche Sozialunterstützung von 110 Złoty. Solange sie keine legale Arbeit findet, was in An-

---

    przemycamy, prawda? Ale bardzo dużo celniczek póki zostali celnikami, bardzo dużo właśnie z nich jeździli na przemyt. I oni wszystkie te zakamarki, wszystko znają, ale oni bardzo szybko zapomnieli. I nie zdają sobie jeszcze z tego sprawy, że już tylu celników zostało zwolnionych za łapówki, za branie tych dolarów."

11   Stromberger 1972: 225.

betracht ihrer geringen Qualifizierung und ihres Alters unwahrscheinlich ist, sie aber keine Rentenansprüche hat, ist sie auf den Schmuggel existenziell angewiesen. Neben der Betonung psychosozialer Belastungen, denen die Schmuggler ausgesetzt sind, gehört zu ihrem Selbstbild auch die Überzeugung, einer anstrengenden Arbeit nachzugehen. Lucyna Gadowska, eine andere Informantin, macht diesen Aspekt noch einmal deutlich. Sie ist Mitte 40 und trägt seit fünf Jahren mit ihren regelmäßigen Fahrten einen Teil zum Haushaltseinkommen bei:

Lucyna Gadowska: „Ich fahre lieber zur Grenze und verdiene 20 oder 30 Złoty, als dass ich zum MOPS[12] gehe und Geld hole. Weil ich hier fühle, dass ich gearbeitet habe, schwer gearbeitet habe und schwer geschuftet habe, um zu schmuggeln. Und beim MOPS holen sich meist diejenigen Unterstützungen, die es angeblich brauchen, nicht wahr? Aber dort gibt es nur so winzige Summen als Hilfe für die Leute, dass es besser ist, dass es nur diejenigen bekommen, die es wirklich brauchen. Oder vielleicht bin ich einmal gezwungen Sozialhilfe vom MOPS anzunehmen, aber solange ich mir noch selber helfen kann, da denke ich gar nicht daran und nehme es nicht in Anspruch. Weißt du, das ist so, vielleicht sieht man das in unserer Gesellschaft als den letzten Rettungsanker an, nicht wahr?"[13]

Schmuggler, so kann man das Zitat von Lucyna zusammenfassen, sind diejenigen, die sich durch eigene Initiative aus einer wirtschaftlichen Notlage befreien. Dabei bewertet sie den Schmuggel positiver als den Bezug von Sozialunterstützung, denn der Schmuggel gibt ihr das Gefühl, aus eigener Kraft den Lebensunterhalt zu erwirtschaften. Indem sie sich als arbeitsam, aktiv oder rührig beschreiben, grenzen sie sich gegen die Bezieher staatlicher Sozialunterstützung ab. Implizit verweist sie damit aber auch auf eine soziale Hierarchie, bei der Schmuggler zwischen dem negativ bewerteten Bezug von Sozialunterstützung und dem positiv bewerteten legalen Arbeitsverhältnis stehen. Sicherlich ist es eine Frage der Perspektive, ob man den Schmuggel als leicht verdientes Geld oder als nervenaufreibende Tätigkeit beschreibt. In jedem Fall ist es aber für die

---

12   Miejski Ośrodek Pomocy Społecznej (dt.: Städtisches Zentrum für Sozialhilfe).
13   Lucyna Gadowska: „Ja wolę pojechać na granicę zarobić 20 czy 30 złotych niż iść do MOPS-u po takie pieniądze. Bo tutaj czuję, że zarobiłam, ciężko zarobiłam i ciężko zapracowałam, żeby je przemycić. A tam mówię, tam z tego korzystają, no wszyscy korzystają, którzy niby potrzebują, nie. Ale tam są znikome fundusze na pomoc ludziom, że lepiej niech korzystają ci, którzy rzeczywiście nie są w stanie zrobić już. MOPS czy te Opieki Społeczne, to, no może, może kiedyś będę zmuszona, ale póki sobie radzę to staram się nawet nie zawracać głowy, nie korzystać z tego nie. Wiesz, to jest takie, może tak u nas przyjęte w społeczeństwie naszym, że to jest też ostatnio taka deska ratunku, nie."

Schmuggler bedeutsam, die industriösen Tugenden, abgeleitet vom „lateinischen Ursprungsbegriff industrius (fleißig, beharrlich, regsam)"[14], wie Aktivität, Selbstständigkeit und Fleiß hervorzuheben, um so eine Parallele zu einer legalen Arbeit herzustellen.

DIE LOKALE ELITE UND DER SCHMUGGEL

Nachdem bisher die Schmuggler ihre Tätigkeit beschrieben haben, erfolgt an dieser Stelle ein Wechsel der Perspektive, bei der die Ansichten der lokalen Elite dargestellt werden. Unter dem Begriff Elite werden hier Personen verstanden, die in der lokalen Gesellschaft eine politische Funktion oder einen akademischen Beruf ausüben.[15] Zum Verständnis der lokalen Gesellschaft, wie es in den nachfolgenden Interviewzitaten deutlich wird, ist es notwendig, noch einmal zu erwähnen, dass die Tatsache des Schmuggels allen Einwohnern bekannt ist, aber keiner direkt darauf angesprochen werden möchte:

Zofia Rysowa: „Auch über solche Dinge wie den Schmuggel kann ich dir nichts erzählen, weil ich das einfach nicht kenne. Ich bin darüber überhaupt nicht orientiert."
Frage: „Aber hast du überhaupt davon gehört?"
Zofia Rysowa: „Nun, ich habe es gehört. Im ‚Goniec Bartoszycki' [lokale Wochenzeitung, M.W.] habe ich etwas gelesen oder sagen wir, auch im Radio gehört. Nun, ich weiß, was man so hört. Ich habe keine Meinung zu dem Thema, weil ich einfach damit nichts zu tun habe."[16]

Tatsächlich ist es undenkbar, seit mehreren Jahren in der Grenzregion zu leben, ohne etwas vom Schmuggel gehört zu haben. Zumindest über die regionalen

---

14   Negt/Kluge 2001: 293.
15   Da es sich aufgrund ihrer herausgehobenen Position um leicht identifizierbare Personen handelt, werden sie nicht mit ihrer Funktion beschrieben. Zu diesem Kreis gehören alle Vertreter der Kirche, der Gemeindeverwaltung, der politischen Vertreter sowie herausgehobene Berufsgruppen (z.B. Ärzte).
16   Zofia Rysowa: „Także o takie rzeczy jak przemyt to nie masz co rozmawiać, bo ja po prostu tego nie znam. Nie jestem w tym w ogóle."
     Frage: „Ale w ogóle słyszałaś o tym?"
     Zofia Rysowa: „No, słyszałam. No, w ‚Gońcu Bartoszyckim' czytałam, czy powiedzmy w radio. No, to, to wiem co, co jest dostępne. Ja nie mam swojego zdania jakoś na ten temat, bo ja jakby, no, nie mam z tym kontaktu po prostu."

Medienberichte wird man einige Informationen erhalten haben. Zofia Rysowa beruft sich auf diese öffentlichen Informationen, es erscheint jedoch unwahrscheinlich, dass sich ihre Kenntnis darin erschöpft, gehört doch zu ihrem familiären Freundeskreis auch ein Schmuggler, der diese Tätigkeit schon seit mehreren Jahren professionell ausübt. In meinem Feldtagebuch hatte ich zudem notiert, dass bei einem meiner Besuche eine geschmuggelte Schachtel Zigaretten auf dem Tisch lag. Vermutlich weiß Zofia mehr über die Schmuggler, möchte aber damit nicht in Verbindung gebracht werden.[17] In einem anderen Interview, mit Ryszard Tomczak, wird das Phänomen der ‚Unsichtbarkeit des Offensichtlichen' noch einmal deutlicher angesprochen:

Frage: „Haben Sie Kontakt zu den Leuten, die an der Grenze handeln?"
Ryszard Tomczak: „Sie rühmen sich nicht mit dem Handel. Eher fahren sie in der Nacht oder am Nachmittag und über Nacht bleiben sie dort und ... (3) In Sępopol kann es sein, dort kann man sie treffen, man muss am Morgen zum Kulturhaus gehen, dort stehen viele und warten auf den Autobus. Mit Rucksäcken stehen sie in den Morgenstunden am Kulturhaus und fahren los. Sie steigen in einen Bus und fahren nach Russland, oder Autobusse fahren regelmäßig, nicht wahr, und auf diese Weise transportieren sie Zucker, weil Zucker hier teuer und dort billig ist. Benzin bringen sie, Zigaretten und Wodka."
Frage: „Aber mehr vermutlich nicht, nur das?"
Ryszard Tomczak: „Diese Waren, mehr geht nicht. Und ob da noch etwas anderes ist, weiß ich nicht. Nun, ich war zwar noch nie da, aber man munkelt so. Auf der russischen Seite muss man dafür mit Dollar bezahlen, und man muss den Zöllnern etwas geben. Den Grenzsoldaten muss man ‚Grenzgeld' geben, weil sie einen sonst nicht durchlassen. Sie legen gleich etwas Geld in den Reisepass und überqueren so die Grenze. Es ist <u>ein offenes Geheimnis (Lachen), alle wissen es, aber keiner weiß, wie das geht</u>, dass man bezahlen muss, aber keiner will etwas davon wissen, dass man bezahlt und, und ..., aber zahlen muss man, und auf irgendeine Weise gelingt es ihnen, Waren zu holen. Unterschiedlich hat man hier probiert und, und kontrolliert, denn wenn es ihnen nicht mehr gelingt, Waren zu holen, dann lassen sie das. Das [die Kontrolle, M.W.] gehört zum Arbeitsrisiko, denn sie nennen das ihre Arbeit, nicht wahr?"[18]

---

17 Der Bericht zielt selbstverständlich nicht darauf, mit kriminalistischem Spürsinn eine wie auch immer geartete Wahrheit zu erfassen. Allerdings beruht die Qualität ethnographischer Feldforschungen in der wechselseitigen Ergänzung von Interviews, Beobachtungen und Dokumenten.

18 Frage: „Czy ma pan kontakt do tych ludzi, którzy tam handlują przez granicę?"
Ryszard Tomczak: „Oj, oni się raczej nie szczycą tym, z tym handlem. Raczej to oni sobie to nocą jadą, po południu, na noc zostają i ... (3) W Sępopolu to może by, tam jest kontakt trzeba rano pójść pod Dom Kultury tam ich masa stoi, czekają na auto-

Alle Einwohner wissen, mit welchem Ziel die Gruppe am Morgen vor dem Kulturhaus auf den Bus wartet. Auf den ersten Blick unterscheidet sich die Gruppe nicht von anderen Personen, die an einer Bushaltestelle warten. Nur wer die Zusammenhänge kennt, der sieht einige außergewöhnliche Faktoren: Dort, wo allmorgendlich der Bus abfährt, befindet sich keine Bushaltestelle, und wer zur Arbeit oder zum Einkaufen in die nächstgelegene Stadt fährt, würde hier vergeblich warten. Man kennt zwar den Zusammenhang, jedoch verweist keiner der Sachverhalte eindeutig auf den Schmuggel. Vergleichbar mit einem Vexierbild wechselt die Situation je nach Standpunkt des Betrachters, entweder sieht man an der Haltestelle eine Gruppe morgendlicher Busfahrer oder Schmuggler. Beide Sichtweisen sind möglich, und es obliegt dem Betrachter, für welche Interpretation er sich entscheidet. Zofia Rysowa hat sich für die harmlose Variante des Vexierbildes entschieden, während Ryszard Tomczak deutlicher auf beide Interpretationsmöglichkeiten verweist.[19]

Eine weitere Möglichkeit, mit dem „offenen Geheimnis" des Schmuggels umzugehen, besteht in seiner Darstellung als Kleinhandel. Vergleichbar mit der morgendlichen Situation an der Bushaltestelle wird hierbei der Sachverhalt des Handels mit Zigaretten, Wodka und Kraftstoff bestätigt, die Frage der Legalität der Einfuhr jedoch ausgeblendet. In dem Interview mit Lena Halamska wird dieser Aspekt angesprochen. Sie spricht zwar vom Handel und gibt vor, in die

---

bus. Z plecakami, w godzinach rannych pod Domem Kultury stoją, podjeżdżą. Bus jakiś wsiadają i jadą do Rosji, albo autobusy kursują, nie, i w ten sposób przywożą cukier, przywożą, bo, bo tutaj jest drogi a tam jest tańszy. Benzyną przywożą, papierosy, wódkę."

Frage: „Ale więcej chyba nie tylko to?"

Ryszard Tomczak: „Te towary więcej nie idzie. I to jakoś tam ja wiem. Tylko, że tam też jak się ja to nie byłem ani razu tam, to się przyznam, że nie byłem ani razu, ale mówią jak tam. Trzeba po ruskiej stronie zapłacić za to dolarami, i bo celnikowi trzeba dać. Pogranicznikowi trzeba dać, bo inaczej nie przepuszczą, oni od razu z paszportem kładą pieniążki i przechodzą przez granicę. <u>Tajemnica poliszynela to jest (Lachen), wszyscy wiedzą, ale nikt nie wie o tak to jest</u>, że trzeba płacić, ale nikt nie chce się do tego przyznać, że płaci i, i płacić trzeba, i tam jakimś tam sposobem im się udaje przewieźć. Różnie tutaj próbowali i, i tutaj kontrolować, ale niekiedy się nie uda, to nie przywiezie, nie. Wpisane w ryzyko pracy, bo tak oni to nazywają, że to jest praca, nie."

19   Die Unterschiede in den beiden Darstellungen könnte man jetzt in Verbindung mit der sozialen Integration der beiden Gesprächspartner interpretieren. Dies soll hier nicht geschehen, da dieser Zusammenhang für die vorliegende Arbeit nebensächlich ist.

illegalen Praktiken nicht eingeweiht zu sein, doch gibt es im Kreis ihrer Verwandten Personen, die seit mehreren Jahren professionell schmuggeln:[20]

Frage: „Ist der Schmuggel, man kann Handel oder Schmuggel sagen, eher Handel ...?"
Lena Halamska: „Ja, ja wir reden über Handel, weil ich, ich weder Zöllner noch Grenzschützer bin, ich weiß nicht, ob das Schmuggel ist oder legaler Transport, nicht wahr? [Ja, ja.]"
Frage: „Hat der Handel, abgesehen von der wirtschaftlichen Seite, hier allgemein einen Einfluss auf die Gesellschaft?"
Lena Halamska: „Nun, hat er. Wenn man darüber tiefer nachdenkt, dann muss man sagen: hat er, weil einige Leute sehr aktiv geworden sind, also sie wissen sich in ihrem Leben zu helfen, nicht wahr? Weil, wenn man sich traut, Zigaretten oder sonst etwas anderes zu befördern ... Schließlich wurde früher Fleisch transportiert, leckere Wurst, soweit ich weiß. Russischer Halwa ist sehr lecker und wurde auch transportiert oder Schokoladenbonbons. Nun, alles Mögliche wurde transportiert, die Person lernt ihr Leben zu organisieren, zu funktionieren in sozusagen bürgerlicher Gesellschaft. Er ist über die Grenze gefahren, und das setzt voraus, die Sprache zu lernen, sagen wir: ‚Wie viel kostet es?' [im Original russisch, M.W.], man lernt einen Satz: ‚Wie viel kostet das?' Das ist ein Austausch ..., weil nicht nur unsere Landsleute, sondern auch die Russen von dort drüben ebenfalls nach Polen kommen. Nur, ich meine, es sollte so eine Grenze sein wie zwischen Polen und Tschechien. Sie sind dort, wir wohnen hier, ich nehme meinen Pass, gehe über die Grenze, zeige, was ich legal mit mir führe und dann, meine ich, wäre diese Schmuggelei nicht notwendig, das Suchen, ... Verstecken und so weiter. Legal kann ich ein Kilogramm Wurst mitnehmen, transportieren. Nur so macht es einen negativen Einfluss. Es beeinflusst einen auch positiv in dem Sinne, dass man lernt, mit schwierigen Situationen umzugehen, für ihn, für ihn sage ich, vielleicht auch in einer schwierigen materiellen Situation für seine Familie, aber es ist auch ein schlechter Einfluss. Schließlich, wenn ein Überfluss an Alkohol da ist, wer leidet darunter?"[21]

---

20 In Alltagsgesprächen außerhalb des Interviews machte Lena Halamska auch deutlich, dass sie sehr viel mehr Informationen über den Schmuggel hat.

21 Frage: „Czy ten przemyt, czy przemyt ma lub handel można powiedzieć bardziej o handel ten ...?"
Lena Halamska: „Tak, tak o handlu mówmy, bo ja, ja nie jestem celnikiem ani ze straży granicznej, to nie wiem czy to jest przemyt czy legalny przewóz, nie? [Tak, tak.]"
Frage: „Czy ten handel ma, ma oprócz sprawy ekonomicznej wpływ w ogóle na społeczeństwo tutaj?"
Lena Halamska: „No, ma. Jak tak głębiej się zastanowić to ma, bo ludzie się stają bardzo operatywni niektórzy, czyli radzą sobie w życiu, nie. Bo on jeśli odważył się

Es ist ein formales Kriterium, wenn Lena Halamska erwähnt, sie könne nicht sagen, ob die Kleinhändler legale oder illegale Geschäfte machen, da sie nicht der Grenzadministration angehöre. Mit dieser Wortwahl ist es ihr möglich, über die Auswirkungen des Schmuggels zu sprechen und zugleich zu verstehen zu geben, dass sie keine genauen Kenntnisse über den Schmuggel hat. Lena Halamska beurteilt den Schmuggel daher auch nicht in den Kategorien von Legalität und Illegalität, sondern beschreibt die handelnden Akteure als Individuen, denen es gelingt, ihr wirtschaftliches Leben zu organisieren. Damit hat sie sich in dem Interview eine Strategie geschaffen, dem Schmuggel gegenüber Toleranz zu zeigen, ohne Gesetzesverletzungen zu akzeptieren. Auf diesem Weg gelingt es ihr, den Konflikt zwischen privatem Wissen um den Schmuggel und ihrer beruflichen Verpflichtung zur Einhaltung der gesetzlichen Vorschriften zu vermeiden.

In ihrer Darstellung erscheint der Schmuggel als eine ‚Schule für staatsbürgerliches Verhalten'. Selbstverständlich meint sie damit nicht das Erlernen von massenhaft vollzogenem Steuerbetrug, denn indem sie die Handlungen der Akteure in den Mittelpunkt ihrer Argumentation rückt, ist es ihr möglich, die positiven Aspekte isoliert zu betrachten. In dieser Perspektive ist der Schmuggler ein aktiver Bürger, der seine staatsbürgerliche Verantwortung zeigt, indem er nach Wegen sucht, wirtschaftliche Notlagen selbstständig zu überwinden.

Mit der positiven Darstellung der Schmuggler werden implizit auch diejenigen beschrieben, denen es nicht gelingt, ihr Leben selbstständig zu organisieren, und die stattdessen auf soziale Transferleistungen zurückgreifen. Der Schmuggler erscheint als Person, die aktiv und selbstständig ihr wirtschaftliches Leben organisiert, seine Fähigkeiten erweitert und darüber hinaus die Gesellschaft mit Spezialitäten versorgt. Es gelingt ihr, den Bruch gesellschaftlicher Normen zu

> wozić czy papierosy, cokolwiek wozi przecież i mięso wożono kiedyś, wędliny smaczne z tego co wiem. Chałwa rosyjska jest bardzo smaczna, przywożono czy cukierki czekoladowe. No, cokolwiek przywożone było, to ten człowiek uczy się życia, funkcjonowania w społeczeństwie obywatelskim można powiedzieć. Bo on pojechał za granicę, uczy się języka, zakładamy na to: ‚Skolka to jest?', nauczy się jedno zdanie: ‚Ile to kosztuje?' Jest ta wymiana, pop..., bo nie tylko nasi jeżdżą, ale przecież przyjeżdżają stamtąd Rosjanie również do Polski. Tylko, że to powinno być tak mi się wydaje, granica jak jest między Polska a Czechami. Są, my tu mieszkamy, biorę sobie dokument, przechodzę granicę, pokazuję co legalnie wiozę i wtedy by podejrzewam nie było potrzeby takiego szmuglowania, szukania, ... chowania i tak dalej. Legalnie mogę przywieźć kilogram kiełbasy, wiozę. I tak a wpływa na pewno. Pozytywnie w tym znaczeniu, że ktoś się uczy funkcjonowania w trudnych dla niego, dla niego mówię, być może w trudnej sytuacji materialnej, rodzinnej ale też i źle wpływa. No, bo jeżeli jest nadmiar alkoholu, no to zresztą cierpi kto?"

relativieren, indem sie den Schmuggel als Gewinn für die Gesellschaft darstellt und auf seine weite Verbreitung hinweist. Es sind eben auch ‚die Anderen', in diesem Fall die Russen, die den illegalen Grenzhandel betreiben. Die Quantität des Schmuggels, so kann man hier schlussfolgern, mindert die moralische Schuld der einzelnen Handlung und legitimiert den Schmuggler. Außerhalb des Interviews bemerkt sie denn auch, „man könne schließlich nicht alle ins Gefängnis stecken". Gleichzeitig befürchtet sie eine Zunahme alkoholbedingter sozialer und familiärer Probleme als Folge des Angebotes an billigem Alkohol.

In dem Interviewzitat von Lena Halamska wird eine argumentative Spannung zwischen positiven und negativen Auswirkungen des Schmuggels deutlich. Auf der einen Seite betont sie die Erweiterung von Fähigkeiten und Kenntnissen durch den Schmuggel, und auf der anderen Seite befürchtet sie einen moralischen Verfall aufgrund der Vermehrung des billigen Alkoholangebotes. Bedenkt man die untergeordnete Rolle des Alkoholschmuggels im gesamten informellen Warentransfer, so mögen ihre Befürchtungen übertrieben erscheinen.

„Am besten man weiß von nichts!", sagt Lena Halamska in einem unserer Gespräche über den Schmuggel und fasst damit die Haltung der lokalen Gesellschaft zusammen. Da es sich bei ihr um eine Vertreterin der kleinstädtischen Elite handelt, kann man davon ausgehen, dass sie mit ihrem Bericht nicht nur das Alltagsverständnis der Einwohner, sondern zugleich auch den offiziellen Umgang wiedergibt. Während ein Teil der Einwohner direkt oder über Verwandte in den Schmuggel eingebunden ist, profitieren andere auch als Kunden von dem preisgünstigen Angebot. In der Gemeindeverwaltung ist man wiederum bereit, den Schmuggel zu tolerieren, da sich damit die Kosten für Sozialleistungen reduzieren. Solange die Einwohner nicht direkt auf den Schmuggel angesprochen werden, vermeiden sie Gespräche darüber. Auch bei gesellschaftlichen Anlässen besteht kein Grund, dieses Thema anzusprechen, und so ergibt es sich beispielsweise, dass bei einer Geburtstagsfeier der Kommandant der Grenztruppen mit Schmugglern an einem Tisch sitzt. Das Thema Schmuggel ist dabei tabu, und ob der ausgeschenkte Alkohol eine Steuerbanderole trägt, interessiert die Gäste an diesem Abend auch nicht.

Die Akzeptanz des informellen Handels durch die Vertreter der lokalen Eliten bestätigt sich in verschiedenen Orten entlang der Kaliningrader Grenze.[22] Der Vertreter einer grenznahen Gemeinde berichtete beispielsweise von einem Transportunternehmer, der eine Tankstelle übernommen hatte, die sich nur rentieren kann, wenn dort auch geschmuggelter Kraftstoff umgeschlagen wird. Und in einer anderen Gemeinde wurden die Lkw verschiedener Unternehmen mit Schmuggelware auf dem Weg nach Deutschland beschlagnahmt. Bezeichnend

---

22   Um niemandem zu schaden, werden die Ortschaften nicht erwähnt.

ist ein Ereignis in einer Kleinstadt, deren Bürgermeister in einer – gut besuchten! – öffentlichen Veranstaltung den Schmugglern Hinweise zum Umgang mit veränderten Grenzformalitäten gab. Aufgrund einer Änderung der Einreisebestimmungen reduzierte sich für Einwohner aus dem grenznahen Gebiet die zollfrei einzuführende Warenmenge. In der Veranstaltung teilte der Bürgermeister den Kleinhändlern mit, dass diese Regelung nicht gelte, wenn sie ihren Einkauf außerhalb des Zollgrenzbezirkes tätigten. Nachweisen könnten sie dies gegenüber dem Zoll mit einem formlosen Schreiben, auf dem der Einkaufsort der Waren bestätigt sei. Zur Vereinfachung des Vorgangs hatte der Gemeindevertreter auch gleich entsprechende Schreiben vorbereitet, die die Anwesenden mitnehmen konnten. Als ich den Gemeindevertreter auf den Schmuggel ansprach, antwortete er, dass man den Leuten keinen Schmuggel unterstellen könne, denn schließlich wäre an der Grenze auch ein legaler Kleinhandel möglich und würde seinen Informationen zufolge auch im großen Umfang stattfinden.

DIE SOZIALE REPRÄSENTATION DES SCHMUGGELS IN DER LOKALEN GESELLSCHAFT

Vor dem Hintergrund der bisherigen Ausführungen soll die soziale Repräsentation des Schmuggels in der lokalen Gesellschaft aufgezeigt werden. Der Begriff der sozialen Repräsentation geht auf Durkheim zurück und wurde in den 1960er Jahren von Moscovici aufgegriffen.[23] Ohne an dieser Stelle die Begriffsgeschichte und die Vieldeutigkeit des Begriffes der sozialen Repräsentation auszuloten, sollen hier nur einige der für diese Arbeit relevanten Aspekte dargestellt werden.[24] Als soziale Repräsentation wird die gesellschaftliche Interpretation eines sozial relevanten Sachverhaltes begriffen. Wobei sich die gesellschaftliche Interpretation eines Phänomens aus der Vielzahl individueller Wahrnehmungen entwickelt, deren Ausgangspunkte ebenso objektive Faktoren wie subjektive Interpretationen, Gefühle und Stimmungen bilden: „Dazu zählen vorbewusste Eindrücke, Alltagserfahrungen, bewusste Vergegenwärtigungen genauso wie sprachliche Formulierungen oder bildliche Darstellungen, aber auch wissenschaftliche Betrachtungen [...]."[25] Die Individuen beurteilen aus dem ihnen zur Verfügung stehenden Wissen ihre Umwelt und orientieren daran ihr Handeln, wobei sie zwar bestimmten Regeln der Logik folgen, die jedoch nicht unbedingt

---

23 Durkheim 1967; Moscovici 1984.
24 Vgl. zur Theorie Barlösius 2005.
25 Ebd. 2005: 11.

widerspruchsfrei sein müssen.[26] Die Theorie der sozialen Repräsentation beschäftigt sich mit dem Verhältnis von Individuum und Gesellschaft und versucht zu analysieren, in welcher Form das Wissen sozialer Gruppen für die Individuen handlungsleitend wird.[27]

In diesem Zusammenhang erscheint es selbstverständlich, dass die individuelle und die gesellschaftliche Ebene in einem wechselseitigen Abhängigkeitsverhältnis stehen. Die gesellschaftliche Interpretation eines Phänomens ist abhängig von der individuellen Wahrnehmung, und umgekehrt beeinflusst die gesellschaftliche Darstellung auch wiederum die individuelle Wahrnehmung.[28] Beide Ebenen stehen in einem Abhängigkeitsverhältnis und unterscheiden sich zugleich durch eine ihnen jeweils eigene Qualität. Durkheim spricht von einer Form der chemischen Synthese, um die Unterschiede zwischen individueller und sozialer Wahrnehmung eines Phänomens deutlich zu machen. Damit bringt er zum Ausdruck, dass das Ganze ein Produkt seiner Einzelteile ist, obwohl die Einzelteile im Ganzen nicht mehr erkennbar sein müssen. In welchem Ausmaß bestimmte individuelle Interpretationen die soziale Repräsentation eines Phänomens beeinflussen, ist auch als ein Ergebnis von sozialen Klassifizierungskämpfen zu verstehen, die zwischen individuellen Wahrnehmungen eines Phänomens ausgetragen werden.[29] Durkheim sieht in der relativen Unabhängigkeit des Sozialen gegenüber dem Individuellen eine Ursache dafür, dass die sozialen Phänomene dem Individuum in den Bereichen von Moral, Religion, Sitten und Gebräuchen als normative Kräfte entgegentreten.[30]

Soziale Repräsentationen haben die Funktion, Objekten, Personen und Ereignissen eine identifizierbare Form zu geben, sie beschreibbar und begreifbar zu machen.[31] Indem sie vorgeben, wie soziale Phänomene zu beurteilen sind, strukturieren sie die gesellschaftliche Ordnung und bieten den Individuen Orientierung. Erst wenn das Phänomen beschreibbar wird, ist es zugleich dem gesellschaftlichen Diskurs zugänglich. Soziale Repräsentationen entwickeln demnach einerseits eine normative Kraft und machen andererseits ein Phänomen intersub-

---

26 Moscovici 1995: 268, 312
27 Flick 1995: 7, 13f.
28 Wagner/Hayes 2005: 120.
29 Die Analyse der Klassifizierungskämpfe und der ihnen zugrunde liegenden Machtverhältnisse bilden einen zentralen Aspekt in den Arbeiten von Bourdieu. An dieser Stelle sei hier nur auf Wacquant 2006: 30ff. verwiesen. Zur politischen Wirkung von Machtstrukturen im gesellschaftlichen Diskurs: Müller/Albrecht 2009.
30 Durkheim 1967: 72.
31 Moscovici 1984: 7ff.

jektiv beschreibbar und ermöglichen so den Diskurs.³² „Social representations should be seen as a specific way of understanding and communicating, what we know already".³³ Die normative Kraft der sozialen Repräsentationen beruht darauf, dass Phänomene als nicht mehr zu hinterfragende Selbstverständlichkeiten beschrieben werden. Die Beurteilung einer Sache scheint in dem Moment nicht mehr den Entscheidungen der handelnden Subjekte zu entstammen, sondern dem Objekt als ihm immanente Eigenschaft innezuwohnen.³⁴

Zwischen der normativen Kraft und der Diskursfähigkeit eines Phänomens besteht ein Widerspruch, der sich auflösen lässt, wenn wir die sozialen Repräsentationen als einen Prozess verstehen. Soziale Repräsentationen sollten in einem zeitlichen Verlauf verstanden werden, in dem sie einem Wandlungsprozess unterliegen, der jedoch hinter dem normativen Charakter des Common Sense gleichsam verborgen bleibt. Der Common Sense umfasst die Vorstellungen und Meinungen, die als evident anerkannt sind und keine weitere Begründung erfordern.³⁵ Die damit vermittelte Eindeutigkeit beruft sich auf die Erfahrung der Individuen und leugnet deren bewusste Entscheidungen: „Common sense ist nicht das, was dem Verstand spontan einleuchtet, wenn er einmal störendes Spezialwissen abgelegt hat; er ist das Ergebnis von Schlüssen, die der Verstand aus gewissen Vorannahmen ableitet".³⁶

Doch in welchen Punkten unterscheidet sich der Common Sense von der sozialen Repräsentation, wenn sich doch beide auf ein nicht mehr zu hinterfragendes Wissen stützen? Flick versteht unter Common Sense ein Wissen, das auf Mythen und nicht hinterfragten Annahmen beruht, während in die soziale Repräsentation auch wissenschaftliche Erkenntnisse einfließen.³⁷ Die soziale Repräsentation verdrängt in dieser Interpretation den Common Sense als eine untergeordnete Kategorie. Zwar erkennt Flick einen indirekten Einfluss des Comon Sense auf die soziale Repräsentation insoweit an, indem der Common Sense auf dem Umweg über wissenschaftliche Erkenntnisse auch auf die soziale Repräsentation einwirkt, aber es erscheint auch nahe liegend, dass der Common Sense die Phänomene beurteilt und so die soziale Repräsentation beeinflusst, so wie umgekehrt die soziale Repräsentation wiederum den Common Sense mitgestaltet. Gleichwohl wäre in dieser Überlegung der Common Sense immer nur Teil der sozialen Repräsentation und damit dieser untergeordnet.

---

32 Jaspers/Fraser 1984: 102; Flick 1996: 99ff.
33 Moscovici 1984: 17.
34 Ebd. 43.
35 Barlösius 2005: 177; Geertz 1991: 264, 277.
36 Geertz 1991: 275.
37 Flick 1996: 110ff.

Im Unterschied zum Common Sense zeigt der Begriff der sozialen Repräsentation mehr Offenheit gegenüber den Klassifizierungskämpfen, aus denen er hervorgegangen ist. Die Unterschiede in der sozialen Repräsentation sind zugleich Hinweise auf die Grenzen gesellschaftlicher Gruppen.[38] Daher erfordert die Analyse auch eine Beschreibung des gesellschaftlichen Kontextes und des sozialen Milieus, in dem soziale Repräsentationen auftreten.[39] Zum Ausgangspunkt der Analyse werden die empirische Beschreibung und Interpretation der realen Bedingungen, denn nur auf diesem Weg wird man die „Bedeutung, die [ein] Phänomen für die Individuen im Zusammenhang mit ihren Erfahrungen und Interaktionen, die für das Leben in Gesellschaft charakteristisch sind"[40], erfassen.

Wenden wir uns also an dieser Stelle noch einmal den zitierten Interviewstellen zu und fassen die Unterschiede und Übereinstimmungen in der Beschreibung des Schmuggels zusammen. Die Schmuggler stellen ihre Tätigkeit als „harte Arbeit" dar, zu der sie durch die „wirtschaftlichen Bedingungen" und die „Arbeitslosigkeit" gezwungen werden. Dabei betonen sie aber, dass sie nicht auf die Hilfe Dritter angewiesen sind, sondern sich „aktiv und mit eigener Initiative" aus ihrer wirtschaftlichen Situation befreien. Obwohl sie durch eine strukturelle Notlage zum Schmuggel gezwungen sind, beschreiben sie auch die damit verbundenen guten Verdienstmöglichkeiten. Darüber hinaus fordern die Schmuggler mit dem ethisch-moralischen Anspruch zwischenmenschlicher Gleichheit ihre Integration in die Gesellschaft ein.

Auch bei den lokalen Eliten wird der Schmuggel als Arbeit bezeichnet und durch die fehlenden legalen Arbeitsmöglichkeiten begründet. Zudem betonen auch sie die eigenständige Initiative, mit der die Schmuggler auf die wirtschaftliche Krise reagieren. Unterschiede zu den Darstellungen der Schmuggler zeigen sich darin, dass die Eliten ihren Informationsmangel herausstellen und den Schmugel als „Handel" darstellen, womit er eine scheinbare Legalität erhält. Beründet werden die fehlenden Informationen mit der „Heimlichkeit", die zum Schmugel gehört. Keine Erwähnung finden bei den lokalen Eliten die guten Gewinnmöglichkeiten der Schmuggler im Vergleich zu den lokalen Verdienstspannen.

Welche Schlussfolgerungen ergeben sich daraus für die soziale Repräsentation des Schmuggels? Die soziale Repräsentation des Schmuggels beruht auf der Interpretation des Phänomens in den gesellschaftlich anerkannten Kategorien von individueller Aktivität und Initiative. Einer der Grundpfeiler, auf dem die

---

38 Flick 1996: 109.
39 Moscovici 1984: 13, 67.
40 Paugam 2008: 84.

soziale Repräsentation ruht, ist der Common Sense über die wirtschaftlich prekäre Lage der Arbeitslosen, die bis zur drohenden Verarmung reicht. Dabei ist die reale Situation des arbeitslosen oder schmuggelnden Individuums unbedeutend, denn die soziale Repräsentation gibt einen Orientierungsrahmen vor, mit dem die Tätigkeit interpretiert werden kann. Die gesellschaftliche Legitimation für seine illegale Tätigkeit erhält der Schmuggler dadurch, dass seine Notlage aufgrund struktureller wirtschaftlicher Gegebenheiten anerkannt wird. Der Schmuggler ist in dieser Sichtweise ein Arbeitsloser, der sich aus einer unverschuldeten Notsituation heraus dem informellen Handel zugewandt hat. Wenn die lokalen Eliten vom Handel sprechen und damit dem Schmuggel eine scheinbare Legalität verleihen, oder wenn sie ihr Unwissen betonen, so zeigen sie damit ihre Distanz zu einem Phänomen, dessen Illegalität sie tendenziell in einen Loyalitätskonflikt mit ihrer öffentlichen Stellung bringt. Auf der anderen Seite besteht das Interesse der Schmuggler darin, den Aspekt der Illegalität zu relativieren, indem ihre Tätigkeit nicht kriminalisiert wird und sie sich als loyale Staatsbürger präsentieren.

In der bisherigen Interpretation wurde zwar die Relevanz drohender Verarmung für die soziale Repräsentation des Schmuggels festgestellt, jedoch ohne den Begriff der Armut zu analysieren. Halten wir noch einmal fest: es ist Common Sense, dass der Schmuggel einen Weg darstellt, Verarmung als Folge von Arbeitslosigkeit zu vermeiden. Doch um was für einen Armutsbegriff handelt es sich hier, und in welchem gesellschaftlichen Zusammenhang steht die konkrete Form von Armut? Um die tolerante Haltung der lokalen Gesellschaft in ihren unterschiedlichen Dimensionen begreifen zu können, erweist es sich als notwendig, den Armutsbegriff und seinen Bezug zum Schmuggel näher zu untersuchen. Der folgende Abschnitt bemüht sich darum, diese Fragen einzugrenzen und vor dem Hintergrund der sozialen Repräsentation zu beantworten.

DIE SOZIALE ‚VERWUNDBARKEIT' DER SCHMUGGLER

Für eine Interpretation des Schmuggels sind diese Überlegungen insoweit von Bedeutung, als im polnischen Alltagsverständnis einerseits ein Begriff von Armut besteht, der den Schmuggel rechtfertigt, während andere Erscheinungsformen von Armut pathologisiert werden. Es entspricht dem regionalen Common Sense, dass es sich bei bestimmten Erscheinungsformen von Armut um Pathologien handelt, die über Generationen weitergegeben werden. In dieser stereotypen Vorstellung erscheinen die betreffenden Personen als phlegmatische Müßiggänger, die nicht in der Lage sind, ihren Alltag selbstständig zu organisieren. Ihnen stehen Arbeitslose gegenüber, die als Schmuggler zwar staatliche Normen brechen, deren Verhalten jedoch positiv beurteilt wird. Wie die vorherige Analyse gezeigt hat, ist dies möglich, da die Tätigkeit des Schmuggelns in den gesellschaftlich anerkannten industriösen[41] Kategorien interpretiert wird. Um diese unterschiedliche Umgangsweise zu erklären, erweist es sich als notwendig, den Begriff der Armut in einem erweiterten Zusammenhang zu betrachten.

Es ist selbstverständlich, dass die Definition von Armut sich historisch ebenso verändert hat wie der gesellschaftliche Umgang mit den betroffenen Personen. Eine erste Zäsur stellte im 16. Jahrhundert der Wandel in der Interpretation von Armut dar, die nicht mehr als Tugend, sondern als individuelles Versagen dargestellt wurde:[42] „Die Armut der arbeitsfähigen Armen wurde nun nicht mehr als Ausdruck besonderer Gottesnähe, allerdings auch noch nicht als Ergebnis der sozialen Verhältnisse – wie dann im 20. Jahrhundert – verstanden, sondern als Folge von Müßiggang, Verschwendung bzw. mangelnder Vorsorge, also als moralischer Defekt, der zu korrigieren war."[43] Während im frühneuzeitlichen Mitteleuropa die Tendenz bestand, Arme als soziale Gruppe an den Rand der Gesellschaft zu drängen, entwickelte sich die bürgerliche Gesellschaft dahin, kollektive Ausschließungskriterien zurückzunehmen und dafür die individuelle Verantwortung zu betonen.[44] Die Erfolgreichen erhielten damit die Möglichkeit, ihren Wohlstand als Resultat individueller Leistung zu präsentieren, während Armut als Leistungsverweigerung dargestellt wurde. Armut wird in dieser Perspektive zu einer individuellen Entscheidung, den Lebensunterhalt durch Betteln, Diebstahl oder mit der Erschleichung von Sozialleistungen zu bestreiten.[45]

Mit der Individualisierung von Verarmung und der Vernachlässigung struktureller gesellschaftlicher Ursachen wird ein Stigmatisierungsprozess eingeleitet, der im 19. Jahrhundert zur Naturalisierung bestimmter Erscheinungsformen von Armut führt. Häufig wurden körperliche Merkmale in einen ursächlichen Zusammenhang mit Armut gestellt, womit das soziale Phänomen der Armut zur Krankheit erklärt und pathologisiert wurde.[46] Im 19. Jahrhundert wurden auf dieser Grundlage die Krankheiten von Menschen mit ihrer Religionszugehörigkeit kombiniert und Juden eine angeblich höhere Anfälligkeit für bestimmte Krankheiten attestiert.[47] In vergleichbarer Weise wurden sozioökonomische Er-

---

41 Zum Gewerbefleiß vgl. Castel 2008: 108, 156.
42 Paugam 2008: 227.
43 Rothholz 2003: 78.
44 Parkin 1983: 127.
45 Johannsmeier 1987:15f.
46 Hödl 1997: 284.
47 Ebd. 236.

scheinungen von Armut als individuelle Pathologie beschrieben. Man setzte physische Merkmale mit kulturellen und sozialen Ausprägungen in einen Zusammenhang von Ursache und Wirkung, sodass in der Folge soziale Phänomene als naturgegebene Eigenschaften von Individuen erscheinen.[48]

Die naturalistische Interpretation von Armut lebt in einer abgewandelten Variante im 20. Jahrhundert im Konzept einer „Kultur der Armut" wieder auf. Der auf Lewis (1965) zurückgehende Begriff macht, unabhängig von sozialen und wirtschaftlichen Faktoren, pathologische Verhaltensweisen für das Entstehen von Armut verantwortlich.[49] Demnach ist Armut tradierter Bestandteil der Kultur bestimmter sozialer Gruppen, die quasi pathologische Form annimmt, sodass es nur einzelnen Individuen gelingt, aus diesem Zirkel auszubrechen. Diese Theorie insistiert darauf, dass das „Verhalten" der Akteure der entscheidende Faktor ist, aus dem heraus die Weichen in Richtung einer Teilhabe am gesellschaftlichen Reichtum oder in Richtung Verarmung gestellt werden. Dem Akteur kommt damit als handelndem Individuum eine zentrale Rolle zu, jedoch wird die historische Bedingtheit ebenso wie der gesellschaftlich vorgegebene Handlungsrahmen nicht beachtet. Armut wird in dieser Sichtweise zwar nicht als biologisches Erbe begriffen, jedoch wird sie dem Individuum als soziale Vererbung charakterlicher Eigenschaften zugeordnet. In der Kritik wird der Ansatz einer „Kultur der Armut" denn auch als „sozialpathologisch" bezeichnet, womit treffend die Naturalisierung gesellschaftlicher Erscheinungen beschrieben wird.[50] Kultur wird hier als mentale Einstellung verstanden, nicht aber als Ausdruck konkreter sozialer und historischer Verhältnisse.[51] In kritischer Perspektive bleibt anzumerken, dass nicht „die Armut" tradiert wird, sondern die soziale und ökonomische Lebenslage, und diese bildet die Basis für konkrete kulturelle Ausdrucksformen. Es sind die materiellen Verhältnisse, die soziale Zugehörigkeiten prädisponieren und im Prozess der Sozialisation das soziale Erbe von Familien schaffen.[52] Armut entsteht eben auch als Konsequenz der intergenerativ tradierten materiellen Bedingungen und der sozialen Positionierung. Reduziert man jedoch die Möglichkeiten auf eine individuelle Verhaltensänderung, so ignoriert man die strukturellen Zwänge und vernachlässigt die sich daraus ergebende Logik von Lebensentwürfen ökonomisch unterprivilegierter Individuen. Damit wird denjenigen Armen, die sich nicht entsprechend herrschender Normen verhalten, ihre Subjekthaftigkeit zugunsten Einzelner, deren Verhalten mit der gesellschaftlichen

---

48 Ebd. 48f, 96.
49 Welz 1991: 136ff.
50 Ebd. 139.
51 Kronauer 2006: 38f.
52 Ziegler 2000: 56.

Ideologie übereinstimmt, abgesprochen.[53] Die individuelle Schuldzuweisung für die Lebensverhältnisse ist demnach nicht zu trennen von einer Moralisierung der Unterschicht, wobei die Verantwortung für strukturelle Lebensbedingungen den Individuen angelastet wird.

Einen anderen Zugang zum Phänomen der Armut entwickelt Paugam, indem er die Lebenssituation der armen Bevölkerungsschichten im gesellschaftlichen Kontext analysiert. Paugam unterscheidet drei elementare Formen der Armut: die integrierte, die marginalisierte und die disqualifizierende Armut. Die integrierte Form von Armut findet sich demnach vor allem in traditionellen, ländlichen Gesellschaften mit einem hohen Anteil an Armen.[54] Da diese Gesellschaften über kein funktionierendes System der sozialen Absicherung verfügen, sind die Armen auf die Versorgung durch ihre Angehörigen sowie auf eine funktionierende Schattenwirtschaft angewiesen. Solange diese Strategie von der Gesellschaft akzeptiert wird, bleiben die von Verarmung betroffenen Personen unsichtbar. Sie erscheinen nicht als Arbeitslose, sondern werden als mithelfende Familienangehörige oder als Selbstständige in den informellen Wirtschaftsbereichen von Handwerk und Handel wahrgenommen. In diesen Gesellschaften führt Armut nicht zwangsläufig zu einem niedrigen sozialen Status, solange der betroffene Personenkreis in den gesellschaftlichen Wirtschaftsprozess integriert ist. Entscheidend für die Funktionsfähigkeit dieses Systems ist die tolerante Haltung der Gesellschaft gegenüber informellen Erwerbsformen, die den Armen die soziale und materielle Integration sichert.

Während die integrierte Form der Armut nicht zur Stigmatisierung der Betroffenen führt, handelt es sich bei der marginalisierten Armut um einen Prozess der Ausgrenzung. Die marginalisierte Armut findet sich in den entwickelten Industriegesellschaften mit einem funktionierenden Sozialhilfesystem. Arme sind weder auf die Unterstützung ihrer Familie noch auf ein zusätzliches Einkommen aus der Schattenwirtschaft angewiesen. Gleichwohl finden hier Prozesse der Desintegration statt, die dazu führen, dass die betroffenen Personen nur über einen geringen sozialen Status verfügen: „Im gesellschaftlichen Bewusstsein gel-

---

53 Die Berechtigung dieser Kritik zeigen empirische Forschungen, die die Lebenswelt der Akteure fokussieren. Vordergründig als Charaktereigenschaften interpretierte Verhaltensweisen wie die Unzuverlässigkeit der ‚Sandler' erweisen sich dabei als Ergebnis struktureller Lebensbedingungen (Girtler 1980: 64). Kawczynska-Butrym et al. (2004) stellen mit ihren Forschungen zur Lebenssituation in den PGR-Siedlungen das Stereotyp der angeblichen Passivität der Einwohner infrage. Die ökonomische Marginalisierung der Einwohner lässt sich aufgrund dieser Untersuchungen nicht auf ein vorgeblich passives Verhalten zurückführen.

54 Im Folgenden Paugam 2008: 113ff.

ten sie gewissermaßen als die Stiefkinder der modernen Zivilisation, die mit dem Wachstumsrhythmus nicht Schritt halten und sich auch nicht an die normativen Vorgaben der industriellen Entwicklung anpassen können."[55] Die marginalisierte Form der Armut korrespondiert mit der individuellen Schuldzuweisung einer im Verhalten der Akteure begründeten Situation, wie sie auch in dem Begriff der pathologischen Armut zu finden ist.

Bei der dritten von Paugam erwähnten elementaren Form handelt es sich um die disqualifizierende Armut. Sie findet sich in den letzten Jahren vor allem in den entwickelten westeuropäischen Gesellschaften, in denen Armut bisher nur in der marginalisierten Form auftrat. Mit steigender Arbeitslosigkeit und entsprechender Zunahme der Anzahl von Empfängern von Sozialleistungen entwickeln diese Gesellschaften ein umfassendes System der Kontrolle. Die finanzielle Benachteiligung der Akteure führt zu einem Prozess der Desintegration, der in diesen Gesellschaften auch nicht wie in traditionellen ländlichen Gesellschaften durch die Familien aufgefangen wird. Zudem bietet der von den Behörden stark kontrollierte informelle Sektor in diesem Fall keinen stabilisierenden Ausweg.

Paugam beschreibt Armut als soziale Konstruktion, die methodisch im Zusammenhang mit der restlichen Gesellschaft interpretiert werden muss: „Soziologisch relevant ist nicht die Armut als solche, sondern das Verhältnis wechselseitiger Abhängigkeit zwischen der Bevölkerungsgruppe, die gesellschaftlich als arm definiert wird, und der Gesellschaft, der sie angehört."[56] Begreift man Armut in diesem Sinn als Verhältnis zwischen gesellschaftlichen Gruppen, dann befindet sich der Arme weder außerhalb der Gesellschaft noch ist er ausschließlich Empfänger von materieller Unterstützung.

Wenn Paugam Armut definiert als eine Situation, in der die Gesellschaft die Armen unterstützt, dann ist zu fragen, ob hier nicht doch zu einseitig nur die finanziellen Transferleistungen in Betracht gezogen werden.[57] Vielmehr ist davon auszugehen, dass die Armen nicht nur Empfänger von Leistungen sind, sondern für die Gesellschaft eine Funktion haben. Welche Form diese Gegenleistung hat, hängt von den historischen Gegebenheiten ab und kann von der Bereitstellung einer industriellen Reservearmee bis zur indirekten Alimentierung der Gesellschaft durch Subsistenzwirtschaft reichen.[58]

---

55 Paugam 2008: 115f.
56 Ebd. 27.
57 Ebd. 2008: 54.
58 In diesem Zusammenhang wäre es von Interesse, einmal die geldwerte Leistung der bäuerlichen Subsistenzbetriebe in Polen seit 1990 zu errechnen und sie mit den damit eingesparten sozialen Transferleistungen zu vergleichen. Ohne diese Form der

Während Armut einerseits nicht losgelöst von der finanziellen Situation der Betroffenen gesehen werden kann, erweist sich eine rein monetäre Definition als nicht ausreichend. Die Relativität von Armut ergibt sich nicht nur daraus, dass Armut immer in Abhängigkeit vom historischen und geographischen Ort zu definieren ist, „sondern Armut ergibt sich erst in einer in die jeweilige Alltagskultur einer Gesellschaft eingebundenen Praxis, in die Ansehen, soziale Einbindung, Zugehörigkeit zur Gesellschaft oder Randständigkeit, Erwerbsmöglichkeiten, Kinderzahl, Alter und Krankheiten ebenso einfließen wie soziale Repräsentation und Anerkennung, Selbstdarstellung und Präsenz in der städtischen Politik."[59] Eine allein auf monetäre Aspekte reduzierte Armutsdefinition wird den subjektiven Einflüssen und dem Lebenskontext der Akteure nicht gerecht.[60] Gleichwohl bleibt die monetäre Situation ein wichtiger Ausgangspunkt für die Beschreibung von Armut.[61]

Mit dem Begriff der „Vulnerability"[62] (dt.: Verwundbarkeit) ist der Versuch verbunden, Armut als ein mehrdimensionales Problem zu erfassen, bei dem ökonomische, ökologische, soziale, politische und kulturelle Faktoren eine Rolle spielen. Der Begriff entstand in der Entwicklungsforschung im Umfeld einer Verlagerung der Perspektive, die sich vom Nationalstaat weg zu einem multiperspektivischen akteursbezogenen Ansatz entwickelt hat.[63] ‚Verwundbarkeit'

Alimentierung der Systemtransformation wäre eine deutlich umfangreichere Vermögensumverteilung notwendig gewesen.

59 Hüchtker 1999: 66.

60 Die Fokussierung auf finanzielle Aspekte würde auch einen ökonomischen Reduktionismus unterstützen, der die individuellen Besonderheiten und sozialen Differenzierungen im Allgemeinen auflöst und ein einfaches Schema von Ursache und Wirkung aufbaut (Kreckel 1983: 77). Unterschlagen werden sollte aber auch nicht, dass Armut in einem Kontext sozialer Machtstrukturen entsteht und ein systemimmanenter Teil der kapitalistischen Ökonomie ist (Berner/Phillips 2004: 502; Paugam 2008: 48f.).

61 Als statistisch arm werden Personen definiert, die über weniger als 60 Prozent des mittleren nationalen Einkommens verfügen (Selke 2008: 35). Eine Umrechung auf das Haushaltseinkommen orientiert sich entweder an der Oxfordskala (ein Erwachsener wird als volle Konsumeinheit gerechnet, alle weiteren Erwachsenen eines Haushaltes mit 0,7 und Kinder unter 14 Jahren mit 0,5) oder der modifizierten OECD-Skala (ein Erwachsener als volle Konsumeinheit, alle weiteren Erwachsenen mit 0,5 und Kinder unter 14 Jahren mit 0,3 Konsumeinheiten) (Paugam 2008:8f.).

62 Schütte 2004: 3f.

63 Kreutzmann 2003: 1.

entsteht, wenn eine Existenzsicherung mit den verfügbaren Ressourcen nicht möglich ist oder die eingeschlagenen Sicherungsstrategien versagen:[64]

„Eine soziale Gruppe, die einer solchen Gefahr ausgesetzt ist und diese weder wahrnimmt noch interpretiert, geschweige denn auf der Grundlage dieser Interpretation angemessen reagiert, ist hochgradig verwundbar. Gesellschaften, denen es gelingt, Gefahren zu erkennen und einzuschätzen, sie also kalkulierbar zu machen, können gezielt Handlungsmuster der Lebensabsicherung entwickeln und ihre Verwundbarkeit reduzieren."[65]

Auch Paugam beschreibt in Anlehnung an Armatya Sens Armut als eine Folge des Zugangs zu gesellschaftlichen Feldern der Produktion und Konsumtion.[66] Castel unterscheidet Zonen, die von der Integration bis zum wirtschaftlichen und sozialen Absturz reichen und verweist damit auf die Verbindungen zwischen den unterschiedlichen Stufen der ‚Verwundbarkeit'.[67] Damit löst sich der Begriff von der Erscheinungsform konkreter Armut und betont die prekären Lebensumstände, denen eine Vielzahl von Individuen ausgesetzt ist.[68]

Ergänzend zu dieser Definition ist zu erwähnen, dass sich die Beantwortung der Armutsfrage nicht allein auf objektive Faktoren beschränken lässt, sondern auch das subjektive Selbstbild der Akteure einbeziehen muss. Die subjektive Selbsteinschätzung der Akteure kann sich von der objektiven materiellen Situa-

---

64 Krüger/Macamo 2003: 49.
65 Ebd. 47.
66 Paugam greift hier auf den Begriff der „Lebenslage" zurück, um den Mangel in unterschiedlichen Bereichen auszudrücken (Paugam 2008: 10f., 12). Auch in kulturellen, sozialen und politischen Bereichen kann das Individuum Mangel erleiden. Demgegenüber wird im Ansatz der „alltäglichen Lebensführung" von einer Differenzierung zwischen „Lebenslage" (als statischer Begriff der äußeren Fakten) und „Lebensführung" (als aktiver Begriff der individuellen Handlungsweise) ausgegangen (Barkholdt 2001: 118; Jürgens 2001: 84). Die Theorie der ‚alltäglichen Lebensführung' beschreibt die individuelle Verarbeitung von pluralisierten Lebensformen als konstruktive Leistung der Individuen. In diesem theoretischen Zugang erscheinen die strukturellen Zwänge als individuelles Unvermögen einzelner Akteure, und es stellt sich die Frage, ob Differenzierungen sozialstruktureller Art in der Theorie ‚alltäglicher Lebensführung' genügend gewürdigt werden: „Die Kategorie ‚Lebensführung' ergibt in ihrer wörtlichen, emphatischen Bedeutung, sein Leben selbst zu ‚führen', d.h. ihm seine Richtung zu geben, unseres Erachtens erst mit dem Übergang zur Moderne einen Sinn." (Jurczyk/Rerrich 1993: 35)
67 Castel 2008: 14, 19.
68 Ebd. 91, 144, 385.

tion deutlich unterscheiden. Es handelt sich um Personen, die zwar finanziell unter die Armutsdefinition fallen, ohne ihre Lebensumstände als Verarmung zu begreifen, während ein anderer Kreis von Personen in der informellen Ökonomie einen durchschnittlichen Verdienst erwirtschaftet, sich aber doch als unterprivilegiert beschreibt.[69] Auch der erfolgreiche Schmuggler geht immer noch einem illegalen informellen Erwerb nach, d.h., seine wirtschaftliche Situation bleibt fragil. Für ihn besteht weiterhin die Gefahr, dass ihm aufgrund von Änderungen des Grenzreglements oder durch Denunziation die wirtschaftliche Grundlage entzogen wird. Sein Risiko ist dabei größer als es vergleichsweise in der legalen Ökonomie der Fall wäre, obwohl die Gesellschaft ihm einen Weg zur Reduzierung seiner ‚Verwundbarkeit' bietet.

Unter einem solcherart erweiterten Blickwinkel können jetzt die Lebensbedingungen der Schmuggler unabhängig vom individuell erwirtschafteten Gewinn beschrieben werden. Für den einzelnen Schmuggler ist es zwar durchaus möglich, einen überdurchschnittlichen Wohlstand zu erwirtschaften, jedoch ignoriert eine eindimensionale monetäre Definition die Verflechtung der Lebensbereiche. Geht man wie im Ansatz der ‚Verwundbarkeit' davon aus, dass sich Armut aus einem Mangel in nicht nur monetären Bereichen ergibt, dann müssen auch prekäre Arbeitsformen, gesellschaftliche Unsicherheit, informelle Tätigkeiten und illegale Erwerbsformen sowie Fragen nach dem gesellschaftlichen Status und der Identität der Akteure in die Analyse einbezogen werden.

Während Paugam in der Darstellung der elementaren Armutsformen davon ausgeht, dass die verschiedenen Formen unterschiedlichen Gesellschaften zugeordnet werden können, zeigt das Beispiel der informellen Ökonomie in Polen eine Gleichzeitigkeit der marginalisierten und der integrierten Armut.[70] In der Gegenwart gehört es zum Common Sense der lokalen Gesellschaft des Forschungsgebietes, Arbeitslose in zwei Gruppen aufzuteilen. Auf der einen Seite stehen Arbeitslose, die als Schmuggler ihren Lebensunterhalt bestreiten und deren Tätigkeit positiv bewertet wird. Auf der anderen Seite stehen jene, die als alkoholisierte Müßiggänger ohne Eigeninitiative beschrieben werden.[71] Sie sind abhängig von wirtschaftlichen Transferleistungen, da sie keine oder nur geringe Möglichkeiten einer wirtschaftlichen Absicherung über die Subsistenzproduktion von Lebensmitteln oder in der informellen Ökonomie besitzen.[72] Diese

---

69 Selke 208: 34.
70 Paugam hat die integrierte Armut vor allem in Italiens die marginalisierte in Skandinavien und die disqualifizierende Armut in Deutschland festgestellt.
71 Walczak 2005: 148f.
72 Paugam 2008: 42, 224. Eine Arbeitstätigkeit im informellen Sektor wird, wie in der vorliegenden Untersuchung dargelegt, nicht nur durch staatliche Kontrollen verhin-

Gruppe unterliegt einem starken Stigmatisierungsprozess und wird von der Mehrheitsgesellschaft vor allem in den Stereotypen eines vorgeblich pathologischen Verhaltens und moralischer Minderwertigkeit wahrgenommen.[73]

In der Gesellschaft besteht ein normativer Druck zur sichtbaren und finanziell erfolgreichen Arbeitsleistung. Wer die ökonomische Erfolgsnorm nicht erfüllen kann oder will, erscheint als minderwertig und wird mit einem Stigma belegt, das zur sozialen und materiellen Ausgrenzung führt.[74] Der stigmatisierten Gruppe werden Verhaltensweisen zugeschrieben, die mit äußeren Zeichen korrespondieren und in angeblichen Charaktereigenschaften begründet sein sollen.[75] Die äußeren Zeichen können relativ beliebig sein und reichen vom Wohnort über die Inanspruchnahme sozialer Transferleistungen bis zum Konsum von Alkohol. Das Stigma naturalisiert Verhalten als biologisch oder kulturell vererbte Eigenheiten der Akteure. Ausgrenzung scheint nicht mehr ein Resultat sozialer Prozesse zu sein, sondern wird in einer verkürzten Wahrnehmung dem Verhalten der Individuen ursächlich zugeschrieben.[76]

Armut, die in den entwickelten Industriegesellschaften nicht von Arbeitslosigkeit zu trennen ist, wird von Paugam als ein Prozess der Disqualifizierung und Verdrängung vom Arbeitsmarkt beschrieben. Dieser Prozess verläuft in drei Stufen: von der Fragilität, bei der prekäre Beschäftigungsverhältnisse den Lebensstandard aufrechterhalten, über die zweite Stufe der Abhängigkeit von regelmäßigen Hilfen sozialer Einrichtungen bis zur dritten Stufe der Auflösung sozialer Bindungen.[77] Legt man in der polnischen Grenzregion diesen Prozess der Marginalisierung bei der Analyse der Verarmung zugrunde, dann sind die Schmuggler auf der ersten Stufe der Fragilität wiederzufinden, wohingegen sich Arbeitslose

---

dert, sondern auch durch individuelle Faktoren, die mit der strukturellen Lebenssituation der Akteure verbunden sind.

73 Zur Diskussion der gesellschaftlichen Funktion ‚pathologischen' Verhaltens vgl. Durkheim 1961: 156ff. Durkheim entwickelt seine Kritik am Beispiel des Verbrechens. Da eine Gesellschaft ohne abweichendes Verhalten nicht denkbar ist, kann diese auch nicht als pathologisch begriffen werden. Vielmehr handelt es sich bei abweichendem Verhalten um einen notwendigen Bestandteil jeder Gesellschaft, und der Verbrecher erscheint daher „nicht mehr als schlechthin unsozial, als eine Art Parasit, als ein nicht assimilierbarer Fremdkörper im Inneren der Gesellschaft; er ist vielmehr ein regulärer Wirkungsfaktor des sozialen Lebens" (Durkheim 1961: 161).

74 Stenger 1997: 181ff.; Scherr 1999: 61; Selke 2008: 147.

75 Baumann 2005a: 113f.

76 Ebd. 115; Bourdieu 1982: 71f.

77 Paugam 2008: 77ff.

ohne Erwerbsmöglichkeit im informellen Sektor in der Situation der Abhängigkeit von Sozialleistungen befinden.

Wer schmuggelt, entgeht dem Prozess der Stigmatisierung, wie sie für die Gruppe der marginalisierten Armen beschrieben wurde. Dies ist möglich, weil es sich bei der polnischen Gesellschaft um eine industrielle Arbeitsgesellschaft mit einem ausgeprägten traditionellen Sektor handelt. In der ländlichen polnischen Gesellschaft findet sich der Einfluss der Industriekultur neben den überlieferten ländlichen Traditionen. Man könnte dies auch als die ‚Gleichzeitigkeit des Ungleichzeitigen' bezeichnen, da traditionelle, ländlich geprägte Gesellschaften im Gegensatz zu einer entwickelten Industriekultur das Augenmerk weniger auf die Erwerbsarbeit als auf die sichtbare physische Tätigkeit der Individuen legen. Der Arbeitslose erhält damit die Chance, der Stigmatisierung zu entgehen, sofern er für die lokale Gesellschaft als arbeitsame Person sichtbar bleibt. Als Betätigungsfelder bieten sich ihm der informelle Sektor und die subsistenzwirtschaftlichen Arbeiten in der Kleinlandwirtschaft oder im Garten an. Die Schmuggler befinden sich damit nicht außerhalb jeglicher moralischer Beurteilung, man steht jedoch ihrer Aktivität positiv gegenüber. Man kann sagen, dass die Tür zu einer moralischen Verurteilung des Schmuggels als illegale Erwerbsform weiterhin offen ist, die Gesellschaft derzeit jedoch auf eine Kriminalisierung verzichtet. Hier kann also festgestellt werden, dass die gesellschaftliche Toleranz gegenüber dem Schmuggel den Arbeitslosen einen Weg zur Reduzierung ihrer ‚Verwundbarkeit' bietet.

Der entscheidende Aspekt besteht darin, dass die Arbeitslosen aufgrund der fehlenden staatlichen Sozialunterstützung gezwungen sind, sich andere Erwerbsmöglichkeiten zu schaffen. Da Arbeitslose nach dem zeitlich befristeten Bezug des Arbeitslosengeldes kaum eine finanzielle Unterstützung erhalten, besteht für sie die Gefahr des vollkommenen wirtschaftlichen und sozialen Statusverlustes. Ökonomisch und sozial werden sie in dieser Situation durch die von Paugam für traditionelle Gesellschaften beschriebene integrierende Wirkung des informellen Sektors aufgefangen. Gesellschaftlich werden dabei auch illegale Tätigkeiten wie der Schmuggel toleriert, da sie von der Aktivität und Selbsthilfe der Betroffenen zeugen und zudem massenhaft durchgeführt werden. Es gelingt den Arbeitslosen auf diesem Weg, einer drohenden Marginalisierung zu entkommen. Man kann diese Wendung zur integrierten Armut insoweit als dialektischen Prozess auffassen, als ihnen mithilfe des Schmuggels die Integration in die Gesellschaft gelingt. Selbstverständlich ist dieser Prozess nur zu realisieren, wenn die Gesellschaft den Schmuggel toleriert und akzeptiert.

An dieser Stelle sei noch einmal an die Ausgangsfrage nach den Ursachen für die tolerante Einstellung gegenüber dem Schmuggel erinnert. Vor dem Hintergrund der bisher erfolgten Analyse wird im folgenden Kapitel der Versuch einer Interpretation des Phänomens vor dem historischen Hintergrund der polnischen Gesellschaft vorgenommen.

Die Integration des Schmuggels in die lokale Gesellschaft

Um die Entwicklung einer toleranten Einstellung gegenüber dem Schmuggel nachvollziehen zu können, müssen wir uns noch einmal vergegenwärtigen, dass der Schmuggel eine Form der Steuerhinterziehung darstellt und damit im Rahmen der staatlichen Normen als Diebstahl anzusehen ist. Diese Form des Diebstahls beruht jedoch auf der objektiven Notsituation von Arbeitslosigkeit, mangelnder Sozialunterstützung und Verarmung. Aufgrund des subjektiven Eindrucks,[1] dass der Diebstahl in Form von Schmuggel nur mit dem Ziel der Linderung dieser Not geschieht, wird er akzeptiert und als aktive Selbsterhaltung gesellschaftlich unterstützt. Erst wenn der Schmuggel einen Umfang erreicht, der eine professionelle Bereicherung vermuten lässt, wird er als kriminelle Handlung geächtet.[2] Die gesellschaftliche Beurteilung des Schmuggels orientiert sich am moralischen Kriterium einer sozialen Verpflichtung, die wirtschaftliche Existenz ihrer Individuen abzusichern. Es sind sittliche und moralische Vorstellungen, die in diesem Fall die ökonomischen Handlungen strukturieren und die gesellschaftliche Toleranz ermöglichen. Die moralisierte Ökonomie bezieht ihre Legitimation aus dem Common Sense über die jedem Mitglied der Gesellschaft zustehende Teilhabe am gesellschaftlichen Wohlstand.[3] Beim moralischen Bewusstsein

---

1 Es handelt sich dabei um eine subjektive Überzeugung, da im Einzelfall die wirtschaftliche Situation des Schmugglers nicht bekannt ist und ihm vielmehr von dritter Seite pauschal die Notlage zuerkannt wird.
2 Selbstverständlich kann es sich dabei nicht um objektive Kriterien handeln. Vielmehr sind die Übergänge zwischen beiden Formen fließend und unterliegen subjektiven Beurteilungen, bei denen auch Neid und Vertrauen sowie die soziale Integration der einzelnen Akteure eine Rolle spielen.
3 Vester 1980: 32.

handelt es sich um ein Handlungsprinzip, das sich aus Erfahrungen entwickelt, die in soziale Normen des Denkens und Handelns umgesetzt werden. Thompson hat in seiner grundlegenden Analyse am Beispiel einer plebejischen Kultur in England den historischen Prozess der Herausbildung einer moralischen Ökonomie aufgezeigt und dabei die Aufhebung tradierter Rechte als eine Ursache beschrieben.[4] Vor allem Unterschichten legitimierten ihre Handlungen demnach an den moralischen Normen eines paternalistischen Verhaltens.

Demgegenüber wird der Bruch sozialer Normen in einer idealistischen Erklärung ursächlich auf das Verhalten der Individuen und deren fehlende Triebunterdrückung zurückgeführt.[5] Damit liegt normengerechtes Verhalten einzig in der Verantwortung des Individuums und abweichende Handlungen werden mit moralischem Impetus pathologisiert. Die soziologische Interpretation unternimmt dagegen den Versuch, die Handlungen und Sichtweisen der Individuen in die soziale und kulturelle Struktur und deren logische Konsequenzen einzubinden. Durkheim spricht in diesem Zusammenhang von Anomie als einer Form von Normenlosigkeit.[6] Merton greift diese Überlegung auf, wird aber in seiner Interpretation dahin gehend deutlicher, die Verbindung zwischen der sozialen Struktur und den individuellen Handlungen darzustellen. Grundlegend für seine Interpretation ist die Differenzierung zwischen kultureller und sozialer Struktur.

Als kulturelle Struktur bezeichnet Merton die allen Mitgliedern einer Gesellschaft eigenen normativen Werte. Unter der sozialen Struktur versteht er die Beziehungen zueinander mit ihrem Klassencharakter. Die Handlungen der Individuen zielen auf eine Erfüllung der normativ von der Gesellschaft vorgegebenen Werte. Gleichzeitig sind die Ziele aber nicht von den Machtverhältnissen und der sozialen Struktur einer Gesellschaft mit Klassencharakter zu trennen. So ist davon auszugehen, dass sich im Einflussbereich der Mittelklasse Werte entwickeln, die deren ökonomischen Möglichkeiten entsprechen und zur Norm werden, während andere gesellschaftlichen Gruppen an deren Umsetzung scheitern:

---

4   Thompson 1980b: 233.
5   Merton 1995: 127.
6   Durkheim benutzt den Begriff „Anomie" für eine Normenlosigkeit, die in der gesellschaftlichen Struktur ruht (Merton 1995: 155). Im vorliegenden Kontext verwende ich diesen Begriff der ‚Anomie' nicht, da in der lokalen Gesellschaft keine Normenlosigkeit, sondern ‚lediglich' ein Bruch von Normen vorliegt, der eher als ‚Verschiebung' beschrieben werden kann. Wobei anzumerken ist, dass völlige Normenlosigkeit kaum denkbar ist, würde dies doch das Fehlen einer jeglichen Form von Gesellschaft bedeuten.

„Aus dieser Sicht wirkt die Sozialstruktur als eine Art Filter für die kulturellen Werte und macht es Menschen mit einem bestimmten Status in der Gesellschaft leicht, in Übereinstimmung mit ihnen zu handeln, anderen dagegen schwer oder unmöglich. Die Sozialstruktur dient als Schranke oder als offenes Tor für das aktive Ausagieren der kulturellen Gebote. Sind die kulturelle und die soziale Struktur schlecht integriert und verlangt jene Verhaltensweisen und Einstellungen, die diese ausschließt, entsteht eine Spannung, die bis zum Zusammenbruch der Normen gehen kann, zur Normenlosigkeit."[7]

Selbstverständlich betrifft diese Interpretation lediglich Werte, die normativ vorgegeben werden und daher für alle bzw. die Mehrheit der Individuen gelten. Parallel bestehen auch Subkulturen mit mehr oder weniger umfangreichen eigenen Werten und Normen sowie klassenbezogene Werte, ohne die allgemeinen Werte außer Kraft zu setzen.

Gesellschaftlich werden Mittel und Wege legitimiert, mit denen es den Individuen möglich sein soll, die kulturellen Ziele zu realisieren. Jedoch relativiert sich der Gebrauch legitimer und illegitimer Mittel mit der sozialen Bedeutung eines Wertes. In der Situation kann das Erreichen eines Zieles die Anwendung illegaler Mittel rechtfertigen. Setzt sich dies durch, dann weichen die Normen der Gesellschaft auf und es kann ein Zustand der Anomie entstehen.[8] Devianz entsteht aus dem Bruch zwischen dem Bestreben kulturelle Werte zu realisieren und dem Scheitern an den legalen Wegen und Mitteln.[9] Besonders tiefgehend ist dieser Bruch in einer Gesellschaft, die Möglichkeiten für alle verspricht und zugleich den sozialen Aufstieg und wirtschaftlichen Erfolg für eine Gruppe versperrt. Für die Verlierer des Wettlaufes um die kulturellen Ziele werden kriminelle Handlungen zu einer normalen Reaktion, mit der sie den Verlust ihrer gesellschaftlichen Position verhindern:[10]

„Psychologisch gesehen, ist zu erwarten, dass die starke emotionale Zielbesetzung eine gewisse Risikobereitschaft erzeugt, eine Haltung, die von Menschen aller sozialen Schichten eingenommen werden kann. Soziologisch stellt sich die Frage, welche Merkmale unserer Sozialstruktur für diesen Typus der Anpassung prädisponieren und somit in bestimmten sozialen Schichten zu höheren Devianzhäufigkeiten führen als in anderen. In der Wirtschaft führt der Innovationsdruck auf höchster Ebene nicht selten zu einer Ver-

---

7   Merton 1995: 156.
8   Ebd. 128.
9   Ebd. 141.
10 Ebd. 140.

wischung des Unterschieds zwischen einem gerade noch statthaften Geschäftsgebaren diesseits einer unlauteren Geschäftspraxis jenseits des von den Sitten Erlaubten."[11]

Als empirische Grundlage seiner Interpretation devianten Verhaltens dient Merton die nordamerikanische Gesellschaft, bei der er das Streben nach gesellschaftlichem Erfolg, der sich in der Verfügbarkeit von Geld ausdrückt, als allgemeingültigen kulturellen Wert beschreibt.[12]

Eine detaillierte Darstellung der kulturell relevanten Werte der polnischen Gesellschaft würde den Rahmen dieser Untersuchung sprengen, jedoch sei es erlaubt, ein populäres Beispiel der Massenmedien heranzuziehen. Ungefähr 2005 lief im polnischen Fernsehen mit großem Erfolg die Serie „Magda M." In der Ankündigung des Filmes heißt es dazu: „‚Magda M.' ist eine Serie zeitgenössischer Sitten [...]. Die Helden der Serie sind zeitgenössische 30-Jährige, die sich beruflich verwirklichen und optimistisch in die Welt schauen und beständig ihren Lebensweg suchen."[13] Deren hedonistische Lebensweise ist ein manifester Ausdruck beruflichen Erfolgs: Anwälte, Finanzberater und Fotografen tummeln sich in modernen Lofts über den Dächern der Hauptstadt und trainieren ihre sportlichen Körper beim abendlichen Jogging. Ihre Maximen fasst Magda M. am Ende des zweiten Teils dahin gehend zusammen, dass die Hauptstadt sie gelehrt habe, immer bis zum Ende für sich selber zu kämpfen, nicht auf Kompromisse einzugehen und keinem eine Hand zu reichen. Warschau symbolisiert so das Lebensgefühl einer modernen Generation, deren Gegenpol die Wojewodschaftsstadt Olsztyn im Norden des Landes ist. In Olsztyn lebt Martas Mutter, die bei allem Verständnis für die neue Zeit, ihrer Tochter empfiehlt, die Traditionen stärker zu berücksichtigen. Bei all der dargebotenen Klischeehaftigkeit müsste man die Serie nicht erwähnen, würden die Helden nicht zugleich auch eine altruistische, ja vielleicht vormoderne Seite repräsentieren. So engagiert sich die erfolgreiche Advokatin Magda in ihrer Freizeit für die Rechte unterdrückter Frauen, und Piotr verzichtet bei der Scheidung von seiner Frau auf die Rechte an einer gemeinsamen Wohnung. Inwieweit sich hier ein spezifisch polnischer Umgang mit der kapitalistischen Gesellschaftsordnung zeigt, wird noch zu entwickeln sein. Vorerst sei mit diesem Beispiel nur auf die kulturelle Bedeutung einer Verbindung von beruflichem Erfolg mit gesellschaftlicher Stellung und materiellem Wohlstand in der polnischen Gesellschaft verwiesen.

In der Systemtransformation entstand die kulturelle Anforderung an die Individuen nach Flexibilität, Selbstständigkeit, monetären Erfolg und beruflichen

---

11   Ebd. 137.
12   Ebd. 131.
13   „Magda M.", DVD 2005, TVN, Gazeta Wyborza.

Aufstieg. Während diese Werte eine kulturelle Dominanz entwickeln, lassen sie sich doch nicht mit den realen Bedingungen eines Teils der Gesellschaft vereinbaren. Da diese Werte für einen Teil der Gesellschaft strukturell bedingt nicht mit legalen Mitteln und vertretbarem Aufwand zu erreichen sind, öffnen sich die Türen für illegale Wege. Bezieht man diese Perspektive auf die Schmuggler, so sind sie nicht (nur) diejenigen, die sich an die moderne Struktur der Gesellschaft angepasst haben, sondern sie können die kulturell definierten Ziele wie wirtschaftlicher Erfolg aufgrund von Flexibilität, Selbstständigkeit etc. nur mit illegalen Mitteln erreichen. Sobald sie das kulturell dominante Ziel erreichen, wird ihr Handeln positiv bewertet, denn wie der Volksmund sagt: Der Erfolg heiligt die Mittel.

Nimmt man die Analyse von Merton zur Grundlage und zieht die Terminologie von Bourdieu hinzu, so treten die strukturellen Machtverhältnisse stärker ins Zentrum. Die von Merton beschriebene normative Kraft der kulturellen Werte kann als dasjenige angesehen werden, was sich im Habitus der Individuen entfaltet. Der Habitus ist bei Bourdieu „das zur zweiten Natur gewordene, inkorporierte soziale Spiel"[14]. Einerseits wird er von der gesellschaftlichen Struktur und damit von den Machtverhältnissen vorgegeben, andererseits gestalten ihn die Akteure in der Aktion. Man könnte im vorliegenden Fall also sagen, dass das Erfolgsstreben den Habitus strukturiert, während in den Handlungen die Mittel und Wege zur Realisierung gesucht werden. In der Terminologie von Bourdieu würde es sich um Felder handeln, auf denen sich die Akteure in Abhängigkeit von ihrem ökonomischen, sozialen und kulturellen Kapital verteilen.[15] Kulturelle Werte sind ein gesellschaftliches und damit historisches Produkt, in dem sich bestimmte Interessenlagen widerspiegeln, die ein Ausdruck von Machtverhältnissen sind und sich im unterschiedlichen Besitz der verschiedenen Kapitalien (Bourdieu) bzw. Ressourcen manifestiert.

Als Folge der Systemtransformation entstand in Polen eine sozioökonomische Gesellschaftsschicht, deren Hoffnungen auf eine Verbesserung ihres Lebensstandards sich nicht erfüllt haben und deren Teilhabe am legalen Wirtschaftsleben blockiert ist. Untersuchungen aus dem Jahr 1998 kommen zu dem Ergebnis, dass 1.431.000 Personen in Polen in der Schattenwirtschaft tätig sind, wobei der höchste Anteil auf den nordöstlichen Landesteil fällt.[16] Dabei handelt es sich um ungefähr acht Prozent der arbeitsfähigen Bevölkerung.[17] Vor dem Hintergrund ihrer ungesicherten Lebensbedingungen suchten sie Zuflucht im

---

14 Bourdieu 1992: 84.
15 Ebd. 140.
16 Wysocki 2003: 81.
17 Droth/Grimm/Haase 2000: 83.

Aufbau einer informellen Ökonomie. Der informelle Sektor nahm die Arbeitskräfte auf, die im Zuge der Rationalisierung im legalen Sektor arbeitslos wurden.[18] Altvater und Mahnkopf weisen darauf hin, dass die globale Zunahme des informellen Sektors keine konjunkturelle, sondern eine strukturelle Erscheinung ökonomischer Veränderung darstellt:[19]

„Informalität wäre so betrachtet das Resultat eines Scheiterns an menschengemachten ‚Sachzwängen', denen ‚informell' ausgewichen wird, um nicht aus der Gesellschaft exkludiert zu werden. Der informelle Sektor entsteht natürlich nur dann, wenn Ausweichstrategien zu einer dauerhaften und Massenerscheinung werden, also nicht nur hin und wieder Anwendung finden, und wenn überhaupt Chancen der Informalisierung (der ökonomische Hintergrund, die gesellschaftliche Akzeptanz und die politische Permissivität) gegeben sind."[20]

---

18   Altvater/Mahnkopf 2002: 153.
19   Giordano (1993: 291) stellt die allgemeine Verbreitung der informellen Ökonomie in den modernen Volkswirtschaften fest, für die es jeweils unterschiedliche Begriffe gibt. In Italien: ‚economia somersa' (Ökonomie unter der Oberfläche), Spanien: ‚economia sumergida' oder ‚economia subtgerrànea', Frankreich: ‚économie souterraine', Nordamerika: ‚moonlight economy' oder ‚moonlightening', Deutschland: ‚Schattenwirtschaft', Osteuropa: parallele Ökonomie. „Im italienischen ‚mezzogiorno' bezeichnet man eine solche Arbeitsweise als die ‚Kunst des Überlebens mit Hilfe von tausend Beschäftigungen' (ital.: l'arte diearrangiearsi von mille mestieri)." (Giordano 1993: 293) In Lateinamerika geht man von 60 % und in den Nachfolgestaaten der UdSSR von 50 % im informellen Sektor Beschäftigten aus (Altvater/Mahnkopf 2002: 15). Zirka ein Viertel der Weltbevölkerung arbeitet im informellen Sektor (Ebd. 104). In den Jahren von 1990–1993 betrug der Anteil des informellen Sektors in Polen 20 bis 30 Prozent und in Deutschland 13 bis 23 Prozent (Ebd. 106).
20   Ebd. 155. Gleichzeitig weisen Altvater und Mahnkopf auch darauf hin, dass man von einem informellen Sektor erst spricht, wenn sich historisch ein bestimmtes System formeller Arbeitsverhältnisse durchgesetzt hat (2002: 15). Greift man diesen Gedanken auf und wendet ihn nicht nur historisch an, sondern bezieht ihn auf die Gegenwart, so ist in der Zunahme informeller Arbeit auch ein Zeichen für die globale Durchsetzung bestimmter formeller Arbeitsverhältnisse zu sehen, die zumindest den Maßstab für die Beurteilung abgeben.

Man kann daher die informelle Ökonomie als Puffer für den Arbeitsmarkt oder als Versagen von Markt und Staat ansehen, die nicht in der Lage sind, die notwendigen Dienstleistungen und Produkte bereitzustellen.[21]

Informelle Ökonomie beschreibt die Bereiche der Wirtschaft, die nicht über offizielle staatliche Stellen kontrolliert werden.[22] Sie umfasst sehr unterschiedliche Bereiche, die von Nachbarschaftshilfe, Subsistenzwirtschaft über Schwarzarbeit bis zu kriminellen Bereichen des Handels mit Drogen, Waffen sowie des Schmuggels und der Prostitution reichen.[23] Der Übergang von Aktivitäten, deren private Ausübung legal ist, da sie nicht marktwirtschaftlich eingebunden sind, zu Handlungen, die einer marktwirtschaftlichen Verwertung entzogen werden und aufgrund dessen illegalisiert werden (z. B. die Nachbarschaftshilfe), ist fließend.[24] Gemeinsam ist diesen Aktivitäten, dass Umfang, Einkommen und Handlungen vor allem staatlichen Stellen nicht bekannt sind, sondern in der Regel absichtlich verschwiegen werden.[25] Informelle Beschäftigungen werden ohne Arbeitsverträge, Sozialversicherung, Gewerbeaufsicht oder gewerkschaftliche Vertretung durchgeführt, sind zudem häufig schlecht bezahlt und weisen einen ungenügenden technischen Stand auf.[26] Jedoch kann man die Zugehörigkeit zum informellen Sektor nicht von der Höhe des Einkommens abhängig machen, das im Einzelfall höher als im formellen Bereich sein kann.[27] Vielmehr ist hier entscheidend, ob legale Erwerbsbereiche eine Alternative bieten, und in welchem Maß die Tätigkeit im informellen Sektor von der Gefahr der sozialen oder ökonomischen ‚Verwundbarkeit' begleitet wird.

In Polen hat sich ein informeller Sektor gebildet, der sich zwanzig Jahre nach der Systemtransformation in einem – relativ zu westeuropäischen Staaten – großen Umfang etabliert hat und bei dem der Schmuggel nur einen Teil ausmacht. Die informelle Ökonomie hat sich zwar während der Systemtransformation etabliert, jedoch ist sie nicht erst in deren Verlauf entstanden, sondern hat in der polnischen Gesellschaft der Volksrepublik historische Wurzeln. Für den hier entwickelten Kontext der polnischen Gesellschaft zu Beginn des 21. Jahrhunderts bleibt zu fragen, welche Besonderheiten sich aufgrund spezifischer historischer Erfahrungen herausgebildet haben.

---

21 Gretschmann/Mettelsiefen 1984: 35, 40.
22 Giordano 1993: 292.
23 Altvater/Mahnkopf 2002: 15f., 86; Gretschmann/Mettelsiefen 1984: 11; Giordano 1993: 294.
24 Gorski/Kieczynski 1989: 351.
25 Gretschmann/Mettelsiefen 1984: 12.
26 Altvater/Mahnkopf 2002:13.
27 Ebd. 147.

Zwei historische Entwicklungen unterstützten in Polen die Etablierung einer informellen Ökonomie mit moralischem Anspruch. Zum einen die paternalistische Fürsorge der staatlichen Organe für die Bürger des Landes während der Volksrepublik, die durch eine umfassende soziale und materielle Absicherung individuelle Notlagen nur in Ausnahmefällen entstehen ließ. Eine zweite Entwicklungslinie entstand Anfang der 1980er Jahren mit der Solidarność-Bewegung. Bei dieser vorgeblichen Gewerkschaftsbewegung handelte es sich mit ihren annähernd zehn Millionen Mitgliedern, die ungefähr die Hälfte der arbeitsfähigen Bevölkerung ausmachte, jedoch eher um eine horizontale Organisation, deren Ziele – zumindest bei den einfachen Mitgliedern – in der Verbesserung ihres Lebensstandards lagen.[28] Die „‚Solidarität', die sich nur zögernd als ‚sozialistisch' bezeichnete und eng mit der katholischen Kirche zusammenarbeitete, wollte erreichen, dass die Kontrolle über die Produktion von den Arbeitern selbst ausgeübt wurde, was orthodoxen Kommunisten übertrieben extrem erscheinen musste."[29] Die politischen Forderungen zielten nicht auf eine Privatisierung der Betriebe, sondern eher auf eine Arbeiterselbstverwaltung:[30] „Ein beliebter Solidarność-Slogan von 1980 lautete: ‚Sozialismus – JA, sein Zerrbild – NEIN.'"[31] Am Ende des Transformationsprozesses sah sich dann gerade die Generation der aktiven Solidarność-Mitglieder um ihre Zukunftshoffnungen geprellt.[32] Schon der Name ‚Solidarität', den sich die Bewegung gab, verweist auf das Ziel einer Gesellschaft mit geringen wirtschaftlichen Differenzierungen.

---

28 Ascherson 1987: 202, 210; Klein 2007: 240ff.; Grajewski/Kasprzykowski 2006: 20; Klebaniuk 2010: 6. Vgl. die Diskussion zur Beschreibung der Solidarność zwischen Revolution, Aufstand und Bürgerbewegung bei Latoszek 2005: 240ff.; ebenso Kowalski 1988; Holzer 2007: 85. An der Gründung der Solidarność in Białystok waren beispielsweise folgende gesellschaftliche Gruppen beteiligt: Arbeiter, Angestellte, leitende Angestellte, Lehrer, Gesundheitspersonal. Zwölf Prozent der Teilnehmer waren Mitglieder der kommunistischen Partei PZPR (Kupidłowski 2001: 53). In Olsztyn gründeten 1981 die selbstständigen Landwirte eine Gruppe der Solidarność (Niezależny Samorządny Związek Zawodowy Rolników Indywidualnich – NSZZ RI).

29 Ascherson 1987: XII.

30 Ellis 2005: 15; Klein 2007: 242.

31 Klein 2007: 241; Hofbauer 2003: 107ff.

32 Die Solidarność-Bewegung wollte an die Stelle der staatlich kontrollierten Produktionsmittel die Arbeiterselbstverwaltung setzen (Tischner 1982: 73ff.; Ellis 2005: 15). Die schwierige Versorgungslage mit Konsumgütern in Polen war ein entscheidender Grund für die Massenbasis der Solidarność Anfang der 1980er Jahre: „Im Jahr 1986 reichten 53 Prozent der Renten und Pensionen nicht über 12.000 Zloty hi-

In den beiden nachfolgenden Interviewzitaten werden diese enttäuschten Erwartungen deutlich, deren Erfüllung man sich in den 1980er Jahren von der Solidarność erwartete.[33] Auf die Frage nach den Hoffnungen, die er mit seiner Mitgliedschaft in der Solidarność verband, berichtet der über 50-jährige Henryk Wieśniewski:

Henryk Wieśniewski: „Nun, jeder träumte, er wird frei sein. Es wird demokratisch. Endlich werden wir für unsere Arbeit den Lohn erhalten, den wir verdient haben. Und jetzt haben wir's. Die Leute sind darauf 'reingefallen. Weil es ganz anders ist. Es kam anders. Jetzt erinnern sich alle, wie sie verdienten, wie sie verdienten. Jeder hatte Arbeit. Jeder hatte genug zum Leben. Aber jetzt haben sie Eliten gebildet, die das Vielfache des Geldes haben, worauf wir wetten können. Oft haben sie das auf verschiedene Weise erreicht. Nun, und die untere Klasse der Gesellschaft, dort ist das Elend. Ja, auch bei uns wird es Slums geben. Sie gibt es schon und sie werden weiter bestehen."[34]

In einem anderen Interview äußert sich der 60-jährige Czesław Kaminski ebenfalls über seine Hoffnungen, die er mit der Solidarność verbunden hatte:

---

naus, was etwa dem anderthalbfachen des Schwarzmarktpreises für ein Kilo Kaffee entsprach." (Trutkowski 2007: 24) Neben der Forderung nach einer Verbesserung der Versorgungslage sorgte die als Ungerechtigkeit wahrgenommene Zunahme der sozialen Differenzierung, die sich vor allem in der besseren Konsumgüterversorgung von parteinahen Personen äußerte, für Unzufriedenheit in der Bevölkerung. Vor dem Hintergrund dieser Ereignisse der 1980er Jahre ist die Darstellung der Solidarność-Bewegung in einem historischen Kontinuum als Spätfolge des Widerstandes gegen die Etablierung der Volksrepublik am Ende des Zweiten Weltkrieges in Frage zu stellen (Ellis 2005: 7). Zu fragen ist, ob es sich hierbei nicht um eine Interpretation der Geschichte aus der Gegenwart handelt, die zu einer substanzialistischen Sichtweise führt, bei der sich der historische Sinn aus der Gegenwart ergibt (Medick 2001: 90f.).

33 Die negative Beurteilung der Transformation stieg von 29,8 Prozent 1997 auf 47,4 Prozent im Jahr 2000 (Danecka 2005: 97).
34 Henryk Wiśniewski: „No, to każdy marzył, będzie wolny. Demokracja będzie. Nareszcie będziemy mieli płacone tyle ile wyrobimy, nie. No i mamy. Ludzie się zawiedli na tym. Bo to całkiem inaczej. Odwrotnie wyszło. Bo teraz jak każdy wspomina, no, zarabiał, zarabiał. Każdy miał pracę. Każdemu na życie wystarczało. A w tej chwili się porobiły elity, które mają multi tych pieniążków, nie załóżmy. Często różnymi sposobami to zdobyte. No, i ta najniższa klasa społeczna, no, ta biedota, nie. Tak, że te slumsy u nas tutaj też będą. Już są i będą."

Frage: „Wie war das damals? Was erwarteten die Leute von der Solidarność?"
Czesław Kaminski: „Weißt du, in Danzig unterschrieben sie 21 Forderungen. 21 Forderungen. Unter anderem die Bereitstellung von Wohnungen, verflucht, damals musste man für eine Wohnung anstehen. 8 Stunden tägliche Arbeit, wenn mehr gearbeitet wurde, dann sollten sie doppelt oder dreifach bezahlen. Alle Sonnabende sollten frei sein, weil es damals keine freien Sonnabende gab, alle arbeiteten nur bis ... Und dass der Gottesdienst am Sonntag und Feiertag übertragen wird, weil es das unter den Roten nicht gab. Nun, bitte schön, und dann, weißt du, angemessene Gehaltserhöhungen, damit das Einkommen stieg, angemessen und, und soziale Forderungen. Das ist alles, und weißt du, wie viel von den 21 Forderungen geblieben ist? Praktisch wurde nur eine erfüllt, die Übertragung der heiligen Messe jeden Sonntag. [...] Und, und freie Sonnabende, jawohl, du hast freie Sonnabende, und sonntags, und montags, dienstags, mittwochs.[35]

Nach eigenen Aussagen waren übrigens beide Interviewpartner nicht in der kommunistischen Partei Polens. Es handelt sich also hier nicht um die Reste einer überlebten Regimetreue, vielmehr wird die Enttäuschung über eine individuell erlebte wirtschaftliche Verschlechterung deutlich, die zu einer materiellen und sozialen Differenzierung der polnischen Gesellschaft führte.

Die Solidarność war auch als Aufstand gegen eine Verschlechterung der Lebensbedingungen in den 1980er Jahren entstanden, doch mit der Anwendung der ‚Schock-Strategie' wurde der Bevölkerung eine deutlich drastischere Verschlechterung auferlegt.[36] Dabei hatte man sich von der Transformation demo-

---

35 Frage: „Jak to było w tamtych czasach? Co ludzie oczekiwali od Solidarności?"
    Czesław Kaminski: „To widzisz, to było 21 postulatów w Gdańsku podpisali. 21 postulatów. No między innymi, wiesz, po prostu mieszkania, kurcze, kolejki na mieszkania, 8 godzinny dzień pracy, jeżeli więcej tam, to żeby płacili podwójnie, potrójnie. Soboty wszystkie wolne, bo wtedy nie było mowy o wolnych sobotach tylko wszystko się pracowało aż ... No, msze żeby transmitowali w niedzielę, święto a to zawsze też tego za czerwonego tego nie było, no. Proszę ciebie, no, i tam typu podwyżki, wiesz, odpowiednio większe, żeby zarobki były większe odpowiednio i, i tego typu socjale. To z tych wszystko, wiesz ile zostało z tych 21? To praktycznie ten jeden został wypełniony czyli transmisja mszy świętej co niedziela. [...] A, a wolne soboty owszem, masz wolne soboty ale i niedziele i poniedziałki, wtorki, środy wolne."
36 Klein 2007: 248. Sennett (2005: 49) bemerkt zum Transformationsprozess in Polen: „In Polen und Russland fielen Beraterteams in die staatlichen Ministerien ein, um sie aufzulösen oder in Privatunternehmen umzuwandeln. Der Harvard-Experte Jeffrey Sachs machte Polen zu einem Experimentierfeld für freie Marktwirtschaft, aber er blieb nicht dort. Nach der Umstrukturierung der Wirtschaft – von der sich das Land

kratische Freiheiten und eine Verbesserung der Lebensbedingungen erhofft. Übersehen wurde die Kehrseite von Freiheit und Individualismus: „die *negative Individualität* all derer, die ohne Anbindungen und Unterstützungen, bar jeglicher Absicherung und Anerkennung sind"[37]. Obwohl es sich bei der Solidarność um eine breite Volksbewegung handelte, stellten die Arbeiter der Großbetriebe, die dann nach der Wende zu den großen Verlierern gehörten, ihre eigentliche Kraft dar.[38] Anstatt eine materielle Verbesserung ihrer Lebensbedingungen zu erreichen, mussten sie in Anbetracht von Massenarbeitslosigkeit und einer umfangreichen Reduzierung der staatlichen Fürsorge ihren Lebensunterhalt in einer nach anonymen Gesetzen funktionierenden Marktwirtschaft organisieren: „Praktisch sollte das neue Modell so funktionieren: Das natürliche Spiel von Angebot und Nachfrage auf dem freien Markt würde bei allen Parteien maximale Zufriedenheit erzeugen und das Gemeinwohl gewährleisten. Der Markt, so nahm man an, war dann am besten reguliert, wenn er sich selbst überlassen blieb."[39] Die hier von Thompson für das 18. Jahrhundert in England gemachte Aussage beschreibt zugleich treffend die polnische Entwicklung am Ende des 20. Jahrhunderts. Als Resultat dieser Entwicklung entstanden innerhalb kurzer Zeiträume neue soziale Differenzierungen, doch fehlten zugleich wirtschaftliche Absicherungen für diejenigen, die arbeitslos wurden.[40]

In der Zeit der Volksrepublik etablierte sich zudem eine informelle Ökonomie, mit der der chronische Mangel an Konsumgütern und Dienstleistungen durch private Initiativen, jenseits des offiziellen Wirtschaftskreislaufs, ausgeglichen wurde. Gleichzeitig führte die Steigerung informeller Aktivitäten zu einem verschärften Arbeitskräftemangel in der formellen Ökonomie, da ein großer Teil der Beschäftigten in ihrer regulären Arbeitszeit und auch danach einer einträglichen zweiten Tätigkeit nachging.[41] Während man die offizielle formelle Berufsarbeit zunehmend als notwendiges Übel ansah, ging von den Verdienstmöglichkeiten des informellen Sektors eine verstärkte Arbeitsmotivation aus.[42]

---

bis heute nicht erholt hat – kehrte er in die Vereinigten Staaten zurück und wandte sich dort Umweltproblemen zu."

37 Castel 2008: 29 [Hervorhebung im Original].
38 Holzer 2007: 101.
39 Thompson 1980a: 80.
40 Pisz 2002: 104.
41 Giordano 1993: 298ff.; Welfens 1989: 392.
42 Seit den 1980er Jahren entwickelte sich ein informeller Außenhandel, der unter dem Deckmantel touristischer Reisen bis in die Türkei reichte. Dieser so genannte ‚Kofferhandel' – mit zum Teil exorbitanten Verdienstmöglichkeiten im Vergleich zu den legalen Einkommen – war auch in den 1990er Jahren der Motor für den Berliner

Seit Mitte der 1980er Jahre wurde der Umfang der polnischen Schattenwirtschaft mit ca. 10 Prozent angegeben, und der Wert der inoffiziellen Einfuhren, gemessen am offiziellen Außenhandelskurs, erreichte 20 Prozent der gesamten Importe bei steigender Tendenz.[43]

Die Unfähigkeit der formellen Ökonomie zur Sicherung der materiellen Versorgung und des Lebensstandards schuf die Grundlage zum Aufblühen der informellen Ökonomie und entzog zugleich den staatlichen Organen und ihren Vertretern die Legitimation. Zunehmend weichten die wirtschaftlichen Standards auf und sorgten für eine Tolerierung der informellen Aktivitäten.[44] Giordano spricht in diesem Zusammenhang von einer „verlegenen Toleranz", der die offiziellen Organe zu einem „Schaukampf" gegen den informellen Sektor führte, den sie stigmatisierten aber zugleich von ihm profitierten und auf dessen Unterstützung sie nicht verzichten wollten.[45] Ende der 1980er Jahre, also in einer Zeit der sich verstärkenden wirtschaftlichen, politischen und sozialen Krisenerscheinungen in Polen, deren Ausgang zum damaligen Zeitpunkt offen war, wurden zwei Entwicklungsperspektiven diagnostiziert. Entweder würde der Verfall von Werten und Normen zu einer steigenden Verbreitung informeller Aktivitäten führen, oder es gelänge, die Initiative und Motivation der Werktätigen in eine Privatwirtschaft nach marktwirtschaftlichen Kriterien zu überführen.[46] Mehr als zwanzig Jahre später zeigt sich im Rückblick, dass die polnische Gesellschaft nicht nur die Wahl zwischen diesen beiden Wegen hatte, sondern sich vielmehr eine dritte Möglichkeit aufgetan hatte, die zur Kombination beider Perspektiven führte. Entstanden ist eine private Marktwirtschaft kapitalistischer Struktur, zu der sich parallel ein informeller Sektor etablierte. Diese Entwicklung erfolgte gleichzeitig vor dem Hintergrund globaler ökonomischer Prozesse, die zu einer Zunahme informeller Aktivitäten führten, ohne diesen Wandel eins zu eins in die polnische Gesellschaft zu übertragen. Vielmehr führte die historische Erfahrung zu einer spezifisch polnischen Umsetzung globaler Prozesse.

Wacquant beschreibt die globalen Veränderungen seit Ende der 1980er Jahre als konträre Entwicklung ökonomischer und sozialpolitischer Faktoren. Einerseits werden die Bereiche der Ökonomie gesellschaftlicher Kontrolle entzogen,

---

,Polenmarkt'. Während man von Montag bis Freitag einer formellen Beschäftigung in Polen nachging, konnte man durchschnittlich (!) mit einer Fahrt nach Berlin von Sonnabend bis Sonntag netto einen polnischen Monatslohn erwirtschaften. (Quelle: eigene Forschungen, verwiesen sei aber auch auf die Literatur zu dem Thema.)

43 Misala 1989: 452ff.; Gorski/Kierczynski 1989: 367.
44 Welfens 1989: 388.
45 Giordano 1993: 307.
46 Welfens 1989: 400.

andererseits sind die Individuen genau jener Kontrolle zunehmend unterworfen.[47] In Folge einer Auflösung relativ gesicherter Lohnarbeitsverhältnisse kam es zu einer Steigerung der sozialen Unsicherheit und einer verschärften Klassentrennung.[48] Auf der Basis einer ökonomischen Deregulierung kommt es u.a. zur Eingliederung sozialstaatlicher Versorgungsleistungen in marktwirtschaftliche Strukturen.[49] Dem Individuum obliegt die Verantwortlichkeit für die persönliche wirtschaftliche und soziale Situation. Analog zur Vorgehensweise eines marktwirtschaftlichen Unternehmers sollen sich die Individuen selber vermarkten. Scheitert das Individuum, so droht schon auf einer niedrigen Schwelle nicht normgerechten Verhaltens seine Kriminalisierung und Pathologisierung. Ausgehend von den USA diagnostiziert Wacquant diesen Prozess als eine globale Entwicklung der Durchsetzung von sozialer Unsicherheit als Norm.[50] Ungeachtet fehlender Arbeitsplätze werden Arbeitslose, abhängig von der zeitlichen Dauer ihrer Beschäftigungslosigkeit, wirtschaftlich dahin gehend unter Druck gesetzt, auch unattraktive Arbeiten zu übernehmen.[51] Widersetzliches Verhalten beantwortet die Gesellschaft mit dem Einsatz der Strafogane oder mit einer Entmündigung gleichkommenden Sanktionen. Hierzu gehört in Polen die Zuteilung von Lebensmitteln der so genannten ‚Lebensmittelbank' an Arbeitslose, denen Naturalien anstatt Bargeld gegeben werden, da man ihnen unsachgemäßen Umgang mit Finanzen unterstellt.[52]

Während Wacquant von den Entwicklungen in den USA ausgehend auch andere, vor allem westeuropäische Staaten einbezieht, wird hier die These vertreten, dass es in Polen seit 1990 zu einer partiell vergleichbaren Entwicklung mit signifikanten Abweichungen gekommen ist. Vergleichbar ist die wirtschaftliche Deregulierung in Verbindung mit einem Prozess der Individualisierung. Dem Einzelnen obliegt die Verantwortung für seine Lebenssituation, während historisch gewachsene strukturelle Bedingungen ignoriert werden. Parallel zu den westlichen Entwicklungen kommt es auch in Polen zu einer Differenzierung zwischen „würdigen" und „unwürdigen" Armen.[53] Bei genauer Betrachtung unterscheidet sich jedoch genau an diesem Punkt die polnische Gesellschaft von der Entwicklung in den USA, wie sie von Wacquant beschrieben wird. Greifen

---

47 Wacquant 2009: 307.
48 Ebd. 306.
49 Ebd. 309f.
50 Ebd. 298.
51 Ebd. 120f.
52 Castel (2008: 217f.) beschreibt die seit Jahrhunderten bestehende Tendenz einer Kontrolle der Verwendung von Unterstützungsleistungen.
53 Wacquant 2009: 16.

wir noch einmal den Gedankengang von Merton auf, wie er ihn zu Anfang des 20. Jahrhunderts geschildert hat, so hat sich in Polen die eigenverantwortliche unternehmerische Aktivität als kulturelle Norm im Zuge der Systemtransformation soweit durchgesetzt, dass diese auch trotz eines Bruchs bestimmter gesetzlicher Vorgaben höher bewertet wird als die Einhaltung dieser Vorschriften. Konkret bedeutet das eine Tolerierung des Schmuggels aufgrund der damit verbundenen unternehmerischen Handlungsweise. Während man den Schmuggel als Arbeit beschreibt, bleiben die Überlebensstrategien arbeitsloser Sozialhilfeempfänger unsichtbar.

Jedoch ist das nur die halbe Erklärung, solange nicht der Versuch unternommen wird, die historische Basis dieses Phänomens einzubeziehen. Und hier ist es eben gerade die Erfahrung der relativ hohen wirtschaftlichen Egalität aus der Zeit der Volksrepublik und deren Stabilisierung als gesellschaftspolitisches Ziel in den 1980er Jahren durch die Solidarność zu erwähnen. Dieser Anspruch einer wirtschaftlichen Gleichstellung ist im Zuge der Systemtransformation nicht aus der polnischen Gesellschaft verschwunden, obwohl es real zu einer starken Trennung zwischen wirtschaftlichen Gewinnern und Verlierern gekommen ist. Damit verbunden ist die Anforderung an die politisch herrschenden Gesellschaftsschichten, für einen sozialen Ausgleich zu sorgen. Soweit sie diese Forderung aber offensichtlich nicht erfüllen, erwächst daraus die Rechtfertigung für die Individuen, selber aktiv zu handeln, selbst wenn damit ein Rechtsbruch einhergeht. Die Tolerierung fällt umso leichter, als die Aktivitäten der Schmuggler mit den wirtschaftsliberalen Anforderungen kompatibel sind. Damit erweist sich die Widerständigkeit der Solidarność-Bewegung mit ihrer Forderung nach Eigenverantwortlichkeit zugleich als Anpassung an Machtstrukturen, gegen die sie ursprünglich mit der Forderung nach sozialer und politischer Egalität angetreten war. Oder, um mit einem Grundgedanken materialistischer Erkenntnis zu schließen: „Als Eigenbewegung setzen sich die gesellschaftlichen Kräfte in relativer Unabhängigkeit von den Individuen durch."[54]

---

54 Wehler 1973: 324.

Die Objektivierung des Subjektiven –
ein methodischer Exkurs

Bourdieu wendet sich gegen die Imitation von Methoden der so genannten objektiven Wissenschaften in der qualitativen Sozialforschung und warnt zugleich vor „methodologischen Wachhunden", die über die Reinheit der Methode wachen.[1] In dem Bemühen, ein eigenes Profil zu bewahren, grenzen sich die Sozialwissenschaften gegeneinander ab, indem sie jeweils auf der Verwendung bestimmter Methoden beharren.[2] Vor dem Hintergrund dieser kritischen Zwischenrufe erscheint eine kurze Reflexion angebracht, die sich auf den Einsatz der ethnographischen Methode in dieser Arbeit bezieht. Ein Kennzeichen der ethnographischen Methode ist deren Vielfalt, die von der biographischen Forschung, über Diskursanalyse bis hin zu quantitativen Verfahren reichen kann.[3] Die spezifische Qualität ethnographischer Forschung beruht aber auf dem langen Aufenthalt im sozialen Forschungsfeld, mit der es möglich wird, eine umfangreiche Kenntnis des Alltagslebens zu erlangen.

Zentral für die ethnographische Feldforschung ist die teilnehmende Beobachtung mit dem Ziel, die Perspektive der Akteure und deren alltäglichen Handlungskontext zu erfassen:[4] „Das Spezifikum ethnographischer Feldforschung und Kulturanalyse liegt darin, Menschen im Kontext ihrer spezifischen Lebenswelten zu untersuchen, die sich aus den objektiven Gegebenheiten und ihrer subjektiven Wahrnehmung (des nicht hinterfragten Alltags) zusammensetzen."[5] Ethnographische Feldforschung geht also davon aus, dass sich unabhängig von der individuellen Intention objektive gesellschaftliche Bedingungen in den Handlungen

---

1   Bourdieu 1997: 779; 2006: 261.
2   Dammann 1991: 276.
3   Hünersdorf 2008: 30f.; Schmidt-Lauber 1998: 41.
4   Hünersdorf 2008: 35; Oester 2008: 235; Girtler 2001: 48.
5   Friebertshäuser 2008: 55.

der Individuen durchsetzen. Teilnahme bedeutet dabei mehr als nur reine Beobachtung, denn die Teilnahme erschließt die Regeln, die dem Handeln zugrunde liegen und ermöglicht das Verstehen. Erst dieses Verständnis bietet eine Grundlage, auf der Sozialforschung möglich ist:[6] „Das bedeutet konkret, dass der hermeneutische Zugang den Sinn sozialen Handelns erschließt, der phänomenologische Ansatz es aber ermöglicht, die Rekonstruktion von überindividuellen bzw. kulturellen Sinnzusammenhängen vorzunehmen, die das soziale Handeln – ohne dass dies den Handelnden bewusst sein muss – bestimmen."[7]

DER FELDFORSCHER ALS FLANEUR

Ethnographische Forschungen entstanden historisch im Kontext der Naturbeobachtungen, in deren Nachfolge Kulturen als Teile der Natur untersucht wurden, sowie von Reisebeschreibungen und Berichten der Missionare.[8] Dieser Entstehungszusammenhang muss aus den kolonialen Traditionen des 19. Jahrhunderts verstanden werden und beeinflusste die Ethnologie ebenso wie ihre methodische ‚Königsdisziplin', den Feldaufenthalt. Feldforschungen setzen sich als Methode der Ethnologie in der Nachfolge des berühmten unfreiwilligen Aufenthaltes des Sozialanthropologen Bronisław Malinowski auf den Trobriand-Inseln während des Ersten Weltkrieges durch.[9] Untersucht wurden bis in die 1970er Jahre Gesellschaften in räumlich engen Bezügen, ohne dass deren innere Entwicklung und nach außen gehende Bewegung adäquat erfasst wurden.[10] Zunächst entwarf die Ethnologie Momentaufnahmen, die scheinbar statische Gesellschaften abbildeten, bis mit Beginn des 20. Jahrhunderts allmählich die Historizität der untersuchten Gesellschaften anerkannt wurde. Vor diesem Hintergrund ist die Forderung von Eric R. Wolf zu verstehen, als er 1968 davon sprach, endlich die Geschichte der Gesellschaften zu schreiben, die im Westen als „Völker ohne Geschichte"[11] beschriebenen wurden.

In engem Zusammenhang mit der politischen Unabhängigkeit der ehemaligen Kolonien und den sich wechselseitig entwickelnden kulturellen, technischen und zivilisatorischen Beeinflussungen relativierte sich die statische Vorstellung

---

6 Dammann 1991: 39.
7 Welz 1991: 74.
8 Haller 2000: 341.
9 Hauser-Schäublin 2008: 39.
10 Haller 2000: 342.
11 Wolf 1986: 9.

von Kultur. Spätestens seit den 1980er Jahren werden auch die traditionell von der Ethnologie beschriebenen Gesellschaften von der weltweit zunehmenden Mobilität und globalen Wirtschaftsprozessen erfasst. Diese Mobilität der Individuen erforderte eine Änderung im Schwerpunkt der Felduntersuchungen, weg von statischen Vorstellungen hin zu räumlichen und sozialen Prozessen:[12] „Yet this shift does not invalidate the anthropological preference for microscope analysis. Curiously enough, in fact, the huge increase in scale of global interaction has intensified rather than attenuated the need for such an intimate perspective [...]."[13]

Obwohl die Erfahrungen der Naturbeobachtung auf Gesellschaften übertragen wurden, bemerkte schon Malinowski die Theoriebindung jeder Beobachtung. „Reine Beschreibung, frei von jeder Theorie, ist etwas, was es nicht gibt."[14] So wird auch der ethnographisch arbeitende Wissenschaftler unvermeidlich ein Vorwissen einbringen, das im günstigen Fall eine stabile Basis der Erkenntnis bietet und im ungünstigsten Fall zu einem Vergleich der Kulturen führt. In der klassischen Version ging man von einjährigen Feldaufenthalten der Wissenschaftler aus, mit denen innerhalb eines Jahres der sich wiederholende Zyklus kultureller Ereignisse und landwirtschaftlicher Abläufe einmal durchlaufen wurde.[15] Während es sich hier um eine technische Notwendigkeit handelt, die vor allem auf agrarische Gesellschaften zutrifft, erweist sich auch in nicht agrarischen Kontexten der Zeitraum von einem Jahr als notwendig zum Aufbau von Vertrautheit. Hier muss man der klassischen Ethnologie zugutehalten, dass sie mit den langen Feldaufenthalten die Grundlage gelegt hat für eine detaillierte und kontextgebundene Kenntnis der Gesellschaften: „Field research, often in a tension-laden collaboration with respectably grand theory, has always been the cornerstone of anthropology. It generates an intimacy of focus – changing ways of framing ethnographic fieldwork make the more spatial image of a bounded community somewhat out-dated – that permits the recognition of indeterminacy in social relations."[16]

Schon in den 1920er Jahren wurde die Methode der Feldforschung von der ‚Chicago-School'[17] für die Soziologie adaptiert, und auch in heimischen Gesell-

---

12   Haller 2000: 343.
13   Herzfeld 2001: 6.
14   Thomas 1965: 80.
15   Rosenthal 2005: 101.
16   Herzfeld 2001: 6.
17   Gemeint ist die Verbindung von anthropologischer und soziologischer Forschung in Mikrostudien mit Feldaufenthalten, wie sie vor dem Zweiten Weltkrieg an der Chicagoer Universität durchgeführt wurden.

schaften und Subkulturen etablierte sich die Methode der teilnehmenden Beobachtung.[18] Ethnographische Forschungen mit einjährigen Feldaufenthalten gehören mittlerweile zum festen Repertoire qualitativer Sozialforschungen, auch wenn sie dort ein Nischendasein führen.[19] Deren thematisches Spektrum reicht von den Subkulturen amerikanischer Großstadtgangs[20] über die Arbeitsbedingungen von Leiharbeitern in Österreich[21] bis zur Alltagssituation in einem Hamburger Linienbus[22]. Nur wenige Wissenschaftler haben so ausdauernd unterschiedliche gesellschaftliche Gruppen und deren Lebenssituation mit ethnographischer Feldforschung untersucht wie der Wiener Soziologe und Kulturanthropologe Roland Girtler. Feldforschung, so kann man Girtler paraphrasieren, hat nicht nur einen engen Bezug zur Komplexität des Lebens, sondern spiegelt auch thematisch die Vielfalt alltäglicher Lebenswelten wider.

Doch spätestens an diesem Punkt werden kritische Stimmen vernehmbar, deren Vorwurf in erster Linie den Grad der Subjektivität der Forschungsergebnisse anbelangt.[23] Hier trifft sich die Kritik der wissenschaftlichen Fachkollegen mit dem kopfschüttelnden Unverständnis der Laien.[24] Beiden ist gemeinsam, dass sie den Wissenschaftler im Feld gerne an Kugelschreiber, Notizblock, Fotoapparat und Aufnahmegerät und vielleicht noch einem statistisch auswertbaren Fragebogen erkennen wollen und wenig Verständnis dafür aufbringen, wenn sie ihn beispielsweise allabendlich an der Theke einer Kleinstadtkneipe treffen.[25] Doch im Gegensatz zu dem oben gezeichneten Bild ist die Arbeit eines Feldforschers für außenstehende Personen nicht zu erkennen, hat er doch scheinbar immer Zeit, nimmt jede Einladung zu Kaffee, Kuchen oder einem Bier in der Kneipe an, ver-

---

18 Eine frühe Studie ist die „Street Corner Society" von William F. Whyte (Whyte 1996).
19 Der Ethnologe Andre Gingrich bemerkt kritisch zur Verbreitung der ethnographischen Methoden in den Sozialwissenschaften, es würde sich schon um die „Vereinnahmung zur Heilsdisziplin" handeln (Gingrich 1999: 22).
20 Venkatesh 2008.
21 Hofer 1991.
22 Schäfer 2009.
23 Ziel muss es sein, „das Wissen um die Subjektivität konstruktiv zu nutzen" (Josten 1991: 2).
24 Wagner 2004: 35.
25 Wohlgemerkt, das ist lediglich als illustrierendes Beispiel gemeint, denn Feldforscher verbringen ihre Abende für gewöhnlich nicht in der örtlichen Kneipe. Jedoch hat ein Soziologe, der während eines Feldaufenthaltes häufiger in der Dorfkneipe anzutreffen ist, größere Chancen auf Einblicke in fremde Lebenswelten, als wenn er sich im stillen Kämmerlein über die soundsovielte Theorie beugt.

bringt seine Tage mit langen Spaziergängen, kurz, er entspricht eher dem Erscheinungsbild eines Pensionärs oder des von Zygmunt Baumann beschriebenen Flaneurs: „Der Flaneur ist Zeuge, nicht Teilnehmer; er ist *am* Ort, aber nicht aus dem Ort, wo er gerade ist; ein Zuschauer des unendlichen Schauspiels des gedrängten städtischen Lebens; eines Schauspiels mit ständig wechselnden Schauspielern, die ihre Sätze nicht im Voraus kennen, eines Schauspiels ohne Drehbuch oder Regisseur oder Produzent – und trotzdem immer wieder auf dem Spielplan dank der List und des Erfindungsreichtums seiner Charaktere."[26] Gerade diese Tätigkeiten, die als Nichttätigkeiten erscheinen, sind eine wichtige Aufgabe des ethnographisch arbeitenden Feldforschers. „Der eifrige Soziologe oder Ethnologe, der fremde Kulturen, die es auch in der eigenen Gesellschaft gibt, erforschen will, muss etwas von einem Künstler, also von einem Poeten, in sich haben. Man lässt sich also nicht bloß auf ein Abenteuer ein, sondern auch auf eine Kunst, die nicht so ohne Weiteres erlernt werden kann. Denn als Forscher benötigt man, wie bei jeder anderen Kunst auch, Einfühlungsvermögen und Verstand."[27] So kann es denn nicht erstaunen, wenn die ethnographische Feldforschung mit einer „Kunst" verglichen wird.[28]

Neben allen kritischen Äußerungen gegenüber den Forschungsergebnissen steht aber auch die Bewunderung, die dem Wissenschaftler zuteilwird, der sich tatsächlich in die Mühsal des fremden Alltags begeben hat. Nach seiner Rückkehr aus dem Feld wird der Forscher durch die Anerkennung seiner emotionalen Leistung entschädigt. Ruft es doch auch in Fachkreisen immer noch Bewunderung hervor, dass man „mit den Leuten" gelebt hat und nicht nur mit dem Fragebogen in der Tür stand.[29] An anderer Stelle wird der Feldforscher mit einem Hadschi, dem muslimischen Mekka-Pilger, verglichen, der sich nach seiner Rückkehr der Anerkennung und Bewunderung der Religionsgemeinde sicher sein kann.[30] Doch diese Achtung will auch erarbeitet werden, denn wie der Künstler ist auch der Feldforscher gefordert, die Kärrnerarbeit kleiner Schritte zu vollziehen. Worin besteht aber die eigentliche emotionale Herausforderung in einer Feldforschung, die doch, wie wir eben festgestellt haben, zunächst von fast unbegrenzter freier Zeit geprägt zu sein scheint?

Der Feldforscher steht vor der Aufgabe, sich Wissen über eine Gesellschaft anzueignen, in der er nicht aufgewachsen ist, er muss von seiner bisherigen Le-

---

26 Baumann 2005: 295.
27 Girtler 1995: 208.
28 Evans-Pritchard 1979: 85.
29 Friedrichs/Lüdtke 1971: 24.
30 Stagel 1985: 289.

bensweise Abstand nehmen und sich an die neue Umgebung anpassen.[31] In weiten Teilen entspricht dieser Prozess einer sekundären Sozialisation, die der Forscher während eines Jahres durchläuft.[32] Vergleichen lässt sich die Situation auch mit einer radikalen Transformation für einen von vornherein festgelegten Zeitraum, wie es beim Militärdienst oder auch bei einem Wechsel des Wohnortes und des Arbeitsplatzes geschieht.[33] Jedoch ist diese Transformation nicht so umfassend, dass die Anwesenheit im Feld nicht als permanente emotionale Anspannung erlebt würde. William Whyte schildert anschaulich, wie wichtig dabei eine Unterkunft ist, in die man sich zurückziehen kann.[34] Die gleiche Funktion hatte für mich die Wohnung, die wir in Sępopol gemietet hatten.

Darüber hinaus stellt die Akzeptanz, mit der der Wissenschaftler seiner Umwelt entgegentritt, eine gute Grundlage zum Gelingen einer Feldforschung dar.[35] Dieses subjektive Element sollte bei der Auswahl des Forschungsortes handlungsleitend sein, denn der Wissenschaftler sollte sich überlegen, dass dieser Ort für mehrere Monate sein Lebensmittelpunkt sein wird. Beobachtend nimmt er am sozialen Leben der lokalen Gesellschaft teil, ohne dabei wertend einzugreifen: „Der Soziologe ist also in derselben Situation wie der ernsthafte Ethnologe, der in Indien oder bei den Eskimos forscht. Er muss die Demut aufbringen, sich überraschen zu lassen und von seinen vorgefassten Interpretationen abrücken. Dies ist allerdings erst dann möglich, wenn ein intensiver Kontakt zu diesen Menschen besteht. Erst ein solcher verhilft dazu, eigene Vorurteile abzulegen."[36] Doch auch im Feld ist der Wissenschaftler kein ‚Chamäleon', vielmehr wird er immer ein Außenseiter sein, dessen Integration nicht von seinem besonderen Status zu trennen ist. Seine Integration beruht neben zunehmenden Kenntnissen und einer grundsätzlichen Offenheit auch darauf, authentisch zu bleiben, ohne die Informanten mit seinen Ansichten ‚vor den Kopf zu stoßen'.

Vergleicht man Anleitungen zur Feldforschung, so wird die Frage, ob der Wissenschaftler allein oder mit seiner Familie in die Feldsituation gehen sollte, unterschiedlich beantwortet. Während in der ‚klassischen' Form von dem allein im Feld bzw. in ‚seinem' Dorf sich aufhaltenden Forscher ausgegangen wird,[37] beschreiben andere Autoren den gemeinsamen Feldaufenthalt als durchaus posi-

---

31 Kutzschenbach 1982: 4.
32 Berger/Luckmann 1969: 141; Dammann 1991: 44.
33 Berger/Luckmann 1969: 173f.; Welz 1991: 80.
34 Whyte 1996: 299.
35 Welz 1991: 75.
36 Girtler 1995: 210.
37 Ebd. 217.

tive Erfahrung.³⁸ So kann der Feldaufenthalt mit der Familie zu einer schnelleren Integration führen, denn dabei legt der Wissenschaftler zugleich auch einen Teil seiner Persönlichkeit offen. Offenheit erzeugt in den meisten Fällen auch beim Gegenüber Offenheit. Aus eigener Erfahrung möchte ich ergänzen, dass sich letztlich Vor- und Nachteile die Waage halten. Befindet sich der Wissenschaftler allein im Feld, so wird er mehr Zeit mit den Einwohnern verbringen, andererseits wird er durch seine Familie auch Kontakte knüpfen, die ihm sonst verschlossen blieben.

DER FELDFORSCHER ALS VERTRAUTER FREMDER

Ethnographische Feldforschung zeichnet sich durch die kreative Anpassung der Methoden an sich entwickelnde soziale Situationen aus. Im Rahmen dieser Forschungen werden umfangreiche Interviews geführt, und man bemüht sich, die Lebenssituationen der Gesprächspartner in Beschreibungen zu erfassen.³⁹ Zusätzlich werden Dokumente unterschiedlichster Art aus lokalen und regionalen Archiven sowie administrativen Institutionen gesammelt. Soweit dies möglich ist, kommen aber auch fotografische und filmische Aufzeichnungen zum Einsatz. Die teilnehmende Beobachtung ist zunächst unstrukturiert. Dabei nähert sich der Forscher seinem Umfeld an, und es entsteht allmählich eine Wechselwirkung zwischen ihm und der Umwelt.⁴⁰ Als eine Reduzierung von räumlicher und somit auch sozialer Distanz ist die Aufforderung zu verstehen, sich entweder zu Fuß oder mit dem Fahrrad zu bewegen.⁴¹ Für den Wissenschaftler schwieriger zu beantworten ist die Frage nach einer geeigneten sozialen Rolle im Feld. Generell scheint es kaum möglich, hier eine Anleitung zu geben, hängt doch die Übernahme einer Aufgabe von den konkreten Gegebenheiten ab.⁴² Auch die traditionelle Forderung nach einer Mitarbeit, die auf bäuerliche Subsistenzwirtschaften zielte, kann nicht als allgemeingültige Empfehlung weitergegeben werden, sondern muss sich an den persönlichen Fähigkeiten und Fertigkeiten des

---

38   Müller-Wille 1985: 52; Fischer 1985: 12.
39   Darieva 2007: 87f.
40   Welz 1991: 75.
41   Girtler 1995: 216.
42   Friedrichs/Lüdtke 1971: 155.

Wissenschaftlers orientieren.[43] Zudem sollte der zeitliche Aufwand einer Feldforschung nicht unterschätzt werden.[44] Schließlich benötigt der Forscher gerade den zeitlichen Freiraum, um Kontakte zu unterschiedlichen sozialen Gruppen aufzubauen.

Die während der teilnehmenden Beobachtung gewonnenen Daten stellen insoweit den eigentlichen ‚Schatz' dieser Methode dar, als sie die Grundlage bilden, auf der sich der Sinn sozialer Handlungen erschließt und sie in die Interpretation der Interviews einfließen:[45] „Sicher, man muss nicht arm sein, um über Armut nachdenken zu können. Aber man muss sich vielleicht in der Sphäre der Armut bewegt haben, um mit den vielen unterschiedlichen Facetten von Armut vertraut zu werden"[46], schreibt Stefan Selke über seine Forschungen zu der Funktion von Lebensmitteltafeln in Deutschland. Anders ausgedrückt ermöglicht der lange Feldaufenthalt dem Wissenschaftler durch eigene Erfahrung eine Annäherung an die Logik der Handlungen der Akteure: „Erfahrung wartet nicht geduldig vor den Amtszimmern der Philosophen, bis sie zum Diskurs der Beweisführung aufgerufen wird. Erfahrung tritt ein, ohne anzuklopfen [...]."[47] Erfahrung kann aber nicht auf die Empirie reduziert werden, denn „keine Erkenntnis kann dasselbe sein wie ihr Gegenstand".[48] Für den Wissenschaftler bedeutet dies, dass er über den Freiraum verfügen muss, auf Distanz zu den empirischen Fakten und Situationen zu gehen. Erst in der distanzierten Analyse der gesammelten Daten wird die Empirie in Erkenntnis umschlagen. Im Sinne des Erkenntnisprozesses ist es dabei notwendig, dass die Situationen erfahrungsgesättigt sind, wenn sie interpretiert werden. Die hier geforderte Distanz darf aber nicht mit der von Wacquant angeprangerten akademischen Distanz verwechselt werden, der die empirische Erfahrung fehlt. Die Beurteilung der Praxis aus der akademischen

---

43 Das Spektrum der Tätigkeiten ist dabei praktisch unbegrenzt und kann von einfachen Hilfsarbeiten über die Mitarbeit in örtlichen Kulturorganisationen bis zur Organisation von Sprachkursen reichen.

44 Fischer 1985: 13f.

45 Friedrichs, Lüdtke 1971: 76f.

46 Selke 2008: 33f.

47 Thompson 1980: 48.

48 Ebd. 74. Gisela Welz kritisiert das formale Kriterium der langen Feldaufenthalte und betont die Relevanz einer Rekonstruktion des Phänomens auf der Grundlage erkenntnistheoretischer Überlegungen (Welz 2010). Dieser kritischen Anmerkung stimme ich zu, ohne damit die Qualität langer Feldaufenthalte infrage zu stellen. Whyte betont auch die Notwendigkeit langer Zeiträume, um Kontakt zu den sozialen Akteuren aufzubauen. Zudem benötige der Forscher schlicht auch genügend Zeit zum Zuhören (Whyte 1996: 295, 305).

Distanz kann dazu führen, dass die konkreten Probleme und die zur Lösung notwendigen praktischen Handlungen nicht erkannt werden. „Der *intellektualistische Bias*, der uns die Welt als *Schauspiel* wahrnehmen lässt, als ein Ensemble von Bedeutungen, die zu interpretieren sind, und weniger als konkrete Probleme, die nach praktischen Lösungen verlangen, [...] kann nämlich dazu führen, dass wir die *differentia specifica* der Logik der Praxis vollkommen verfehlen."[49] Der Ethnologe Gingrich spricht von einer „kritischen Akzeptanz", mit der es dem Wissenschaftler gelingt, einen Weg zwischen einem „szientistischen Objektivismus" und „literarischen Subjektivismus" zu beschreiten.[50]

Einen Sonderfall stellt in diesem Zusammenhang die verdeckte teilnehmende Beobachtung dar:[51] „Wird diese Methode in der Weise verhüllt eingesetzt, dass der Beobachter tatsächlich ein Mitglied der untersuchten Gruppe wird und in ihr eine Rolle spielt, die die anderen als seine wirkliche Identität ansehen und nicht als eine Rolle, die für den Zweck der Datensammlung angenommen wurde, dann eröffnet sich für den beobachtenden Forscher die Möglichkeit, diese Rolle von innen her zu erfahren."[52] Im Übrigen verschafft die verdeckte teilnehmende Beobachtung nicht grundsätzlich einen Vorteil gegenüber der offenen Teilnahme. Letztere bedeutet für den Wissenschaftler immer eine gewisse Außenseiterposition, wodurch ihm zwar bestimmte Bereiche des inneren Wissens einer Gruppe unzugänglich bleiben, andere Bereiche aber schneller geöffnet werden. Distanz schärft den Blick für die Eigenheiten einer Gesellschaft und ist als ein „konstitutives Merkmal kulturanthropologischer Beobachtung"[53] zu verstehen. Egal, wie weit die Integration des Wissenschaftlers vorangeschritten ist, er verbleibt doch in der Position eines Fremden. Vertraut man diesem Fremden, dann ist es möglich, ihm vertrauliche Mitteilungen zu machen, da man davon ausgehen kann, dass er den sozialen Mikrobereich wieder verlässt. Vergleichen lässt sich das Phänomen mit den vertraulichen Gesprächen, die sich oftmals beim Reisen per Anhalter entwickeln. Zwei Fremde verbringen einen begrenzten Zeitraum in räumlicher Nähe mit der Gewissheit, sich kein zweites Mal zu begegnen, und dieser Rahmen eröffnet die Möglichkeit, auch private Details mitzuteilen, da man keine sozialen Konsequenzen befürchten muss. Mit der ‚Vertraulichkeit der

---

49 Wacquant 206: 67 (Hervorhebung im Original).
50 Gingrich 1999: 105.
51 Hier sei auf die journalistischen Arbeiten von Günter Wallraff und auf Fabrizio Gatti (Bilal. Als Illegaler auf dem Weg nach Europa, München 2010) verwiesen. Eine Forschung mit verdeckter teilnehmender Beobachtung leitete ich 2009–2011: http://www.unibielefeld.de/(de)/tdrc/ag_comcad/research/migratory_labour.html.
52 Psathas 1973: 279.
53 Friedrichs/Lüdtke 1971: 19.

Fremdheit' entsteht eine paradoxe Situation, für die der polnische Autor Mariusz Wilk eine treffende Beschreibung seines Aufenthaltes in dem russischen Dorf Solowki bietet: „Als Unbeteiligter und Fremder ohne Wahlrecht, gleichzeitig aber hier Ansässiger, der mit allen lokalen Angelegenheiten und Tratschereien vertraut ist, nehme ich eine besondere Stellung ein: Ich halte mit keinem und kenne doch jeden. Wie alle Insulaner sind auch die Bewohner von Solowki in Streitigkeiten untereinander verbissen, Fremden gegenüber jedoch offen und jederzeit bereit, zu plaudern und offen ihre Meinung zu äußern."[54]

In diesem Zusammenhang wäre die Aussage von Luhmann, „dem Vertrauten vertraut man eher als dem Fremden"[55] insoweit zu relativieren, als sie zwar grundsätzlich zutrifft, es aber auch eine spezielle Form von Fremdheit gibt, auf die sie wiederum nur eingeschränkt zutrifft. Es ist die vertraute Fremdheit, die sich der Feldforscher durch die lange, aber doch begrenzte Dauer seine Anwesenheit erwirbt. Vergleichbar mit der oben zitierten Beschreibung von Mariusz Wilk steht der Feldforscher mit allen sozialen Gruppen in Kontakt, ohne Informationen weiterzutragen oder eine Indiskretion zu begehen. Aus dieser Erfahrung entsteht Vertrauen, oder wie Luhmann schreibt: „Wer sich Vertrauen erwerben will, muss am sozialen Leben teilnehmen und in der Lage sein, fremde Erwartungen in die eigene Selbstdarstellung einzubauen."[56] Sennett beschreibt diese Form des Vertrauens, die aus der Erfahrung sozialer Interaktion entsteht als informell, und „informelles Vertrauen braucht Zeit zu seiner Entwicklung".[57] Eine herausragende Bedeutung erhält informelles Vertrauen, wenn die Forschungsthemen sozial konfliktreiche oder illegale Strukturen berühren, für die der Schmuggel ein Beispiel ist. Wendet man diese Überlegungen auf die vorliegende Forschung an, so zeigt sich die Bedeutung des dreistufigen Prozesses, durch den informelles Vertrauen aufgebaut wurde: erstens die lange Anwesenheit vor Ort, zweitens der Kontakt mit einer Person, welche die Funktion eines ‚Türöffners' übernahm, und drittens dem daraus entstandenen informellen Vertrauen der lokalen Gesellschaft. Welche Bedeutung der langen Anwesenheit zukommt, zeigte sich während meiner Forschung in einer Bemerkung des Einwohners Edward Staniszki, der annahm, ich würde schon mehrere Jahre in Sępopol wohnen.[58] Der Zugang zu den Schmugglern eröffnete sich, nachdem sie mich im Kontakt mit einer im sozialen Feld anerkannten Person in der Situation des

---

54 Wilk 2007: 144.
55 Luhmann 2000: 40.
56 Ebd. 80f.
57 Sennett 2005: 55. Formelles Vertrauen beruht auf der Gewissheit, dass auch bei Unkenntnis der Person die üblicherweise geltenden Regeln eingehalten werden.
58 Vgl. das Kapitel: Die Unternehmer.

Schmuggels erlebt hatten. Interviews mit mir bargen für sie selbstredend immer die Gefahr, ich könnte Informationen an staatliche Kontrollorgane weitergeben. Als sie jedoch die Erfahrung gemacht hatten, dass mir vertraut wurde, reduzierte sich diese Unsicherheit: „Vertrauen, das aus dieser risikoreichen Interaktion entstanden ist, wirkt sich positiv auch auf spätere Interaktionen aus. Der Interaktionspartner, nunmehr dem Kreis der Vertrauenswürdigen, Kompetenten und Zuverlässigen zugeordnet, macht in der Folge die Entscheidung für neue, noch risikoreichere Interaktionen leichter."[59] Fehlt das Vertrauen zwischen dem Forscher und seinen Informanten, so wird der Zugang zum Forschungsfeld problematisch bleiben.

Weiter oben wurde schon die Relevanz der Erfahrung in der Sozialforschung angesprochen, und dieser Gedanke soll hier noch einmal für die Interpretation der Interviews konkretisiert werden. Ethnographischer Feldforschung liegt als zentraler Gedanke die Überlegung zugrunde, dass die Interpretation von Handlungen, Äußerungen und selbst einzelner Begriffe sich nur aus der Kenntnis des Lebenszusammenhangs erschließt: „Die Beschreibung und Beurteilung sozialer Sachverhalte erfordert in der Regel die Kenntnis eines Handlungskontextes, der dem sozialen Handeln der Akteure erst eine Bedeutung verleiht."[60] Anschaulich beschreibt Maria Rerrich in ihrer Forschung zur Lebenssituation der „cosmobilen Putzfrauen in privaten Haushalten" das Problem am Beispiel eines Begriffs wie „wohnen". Zwar handelt es sich um ein alltägliches Wort, dessen Sinn scheinbar allgemein verständlich ist, doch erst die Kenntnis der Lebenssituation, in welcher der Begriff angewendet wird, erschließt dessen spezifische Bedeutung.[61] Das Problem betrifft nicht nur das Verständnis von Begriffen, sondern auch indexikalische Äußerungen, deren Interpretation nur durch Kontextwissen möglich ist:[62] „Es sind situative Referenzmittel, mit denen wir zum Ausdruck bringen, welche Bedeutung ein bestimmter Kontext für uns hat. [...] Indexikalische Ausdrücke setzen Nähe und Vertrautheit voraus."[63] Die Interpretation der Daten erfordert ein Verständnis über Inhalte, Formen und Bedeutungen aus dem Alltagszusammenhang hinaus, denn für die Interpretation der Interviews benötigt

---

59 Koller 1997: 23.
60 Kelle/Kluge 1999: 26.
61 Rerrich 2006: 67. Zu ergänzen ist hier, dass sich das Erlernen einer Sprache nicht nur auf die Sprachkenntnisse im Sinne von Englisch, Deutsch etc. reduziert, sondern auch den Bedeutungsgehalt in einem bestimmten sozialen Kontext umfasst.
62 Indexikalische Äußerungen sind abhängig vom jeweiligen Gesprächskontext. Hierzu gehören adverbiale Ausdrücke wie ‚natürlich', ‚dann', ‚hier', aber auch abgebrochene Sätze, deren Fortführung der Rezipient zumindest erahnen kann.
63 Abels 2007c: 132.

der Wissenschaftler ein umfangreiches Wissen über den Alltag seiner Informanten.[64] Damit werden die Beobachtungsdaten Teil einer hermeneutischen Interpretation und stellen die Basis der Interviewanalyse.

Hermeneutik, ursprünglich auf die Auslegung von Texten bezogen, ist in der Kulturanthropologie auf „die sinnverstehende Deutung sozialen Handelns"[65] erweitert worden. In der hermeneutischen Interpretation erfahren die Widersprüche, die sich in den Handlungen oder in den Interviews bzw. zwischen beiden ergeben eine besondere Beachtung: „Der aufmerksame Ethnograph achtet auf die Gründe, weshalb Menschen sich in Widersprüche verwickeln oder mit ihrem Verständnis der Dinge in eine Sackgasse geraten. Der Befragende erhält keinen fehlerhaften Bericht, sondern wohnt der subjektiven Erforschung sozialer Kompetenz bei."[66] Mit dem ethnographischen Ansatz werden Themen im Kontext der Lebenswelten von Individuen und deren Rückwirkungen auf der Makroebene untersucht. Dabei wird es dem Forscher ermöglicht, die Perspektive der Akteure und deren Handeln im Alltag zu verstehen.[67]

Neben Interviews, die auf Datenträgern festgehalten werden, bilden unstrukturierte Gespräche einen wichtigen Bestandteil der Forschung. Girtler verwendet hierfür die Bezeichnung der „eso-epischen Gespräche"[68]. Durch die offene Teilnahme des Wissenschaftlers an dem Gespräch soll ein möglichst gleichberechtigter Dialog zwischen Interviewer und Interviewtem hergestellt werden. Dabei zeigt sich der Forscher seinem Gesprächspartner gegenüber als Lernender und zugleich bereit, persönliche Fragen seines Gegenübers ebenfalls zu beantworten: „Das heißt vor allem, dass der Befragte nicht auf vorherige Antwortkategorien festgelegt sein sollte, dass das Ergebnis einer Befragung nicht dadurch ‚besser' wird, wenn der Interviewer so tut, als gäbe es ihn nicht, oder wenn er alle das Gleiche fragt. Vielmehr ist der Prozess dialogisch angelegt, und damit er das ist, muss sich auch der Interviewer als individuelles Gegenüber kenntlich machen, ohne freilich den Befragten zu Aussagen inhaltlicher Art zu nötigen."[69] Ob es tatsächlich gelingt, die von Girtler angesprochene Offenheit zu erreichen, hängt sicherlich von den jeweiligen Umständen ab. Wenn jedoch, wie im nachfolgenden Zitat von Schlehe, ein ungleicher Dialog als unausweichlich postuliert wird, verhindert man von vornherein den Aufbau einer gleichberechtigten Beziehung zwischen Wissenschaftler und Informanten: „Das

---

64 Bourdieu 2005: 395ff.
65 Welz 1991: 74.
66 Sennett 2005: 13.
67 Schmidt-Lauber 2007: 12; Oester 2008: 239.
68 Girtler 1980: 124.
69 Krotz 2005: 139.

ethnographische Interview soll einen Gesprächscharakter haben, aber es beinhaltet keine wirkliche Reziprozität, keinen gleichberechtigten Dialog, sondern eine Person soll von der anderen möglichst viel erfahren."[70] Bourdieu verweist ebenfalls auf die Qualität von Alltagsgesprächen, in denen der Interviewer Anteilnahme an den Äußerungen des Interviewpartners nimmt. Dem stellt er das Bemühen um Neutralität gegenüber, das immer eine Form der sozialen Distanz ausdrückt.[71] Schon die formale Vorgabe eines unstrukturierten Interviews vermittelt dem Interviewpartner Interesse an seinen Darstellungen, da diese Form des Interviews der Struktur von Alltagsgesprächen entspricht. Jedoch wird der Wissenschaftler diese Interviewform nur anwenden können, wenn eine vertrauensvolle Beziehung besteht, die über einen längeren Zeitraum aufgebaut wurde. Zugleich benötigt der Forscher für die Durchführung unstrukturierter Interviews ein breites Wissen über den sozialen Kontext.[72]

Zygmunt Baumann zitiert in einer Anmerkung die Arbeit von Ken Auletta, der die amerikanische Unterschicht mit der Methode der Feldforschung untersucht hat. Darin betont er die Notwendigkeit der Differenzierung, um die Motive und Ursachen von Lebenssituationen zu erkennen, und er wehrt sich gegen Pauschalisierungen.[73] Die Logik menschlicher Handlungen lässt sich eben nicht auf wenige Faktoren reduzieren. In ähnlicher Weise erläutert der islamische Weise Musa seinem jüdischen Freund Jehuda in Lion Feuchtwangers historischem Roman „Die Jüdin von Toledo": „Gleich ihren Krankheiten, heißt es bei Hippokrates, haben auch die Handlungen der Menschen selten nur *einen* Grund, es hat vielmehr jede einzelne Handlung mannigfache Wurzeln."[74] Gerade im Kontext der seit einigen Jahren verbreiteten Beschwörung eines ‚freien Marktes' und der

---

70 Schlehe 2008: 120. Den Unterschied zwischen einem Interview, wie es Schlehe beschreibt, und dem ‚eso-epischen Gespräch' brachte eine ältere Informantin mit der Bemerkung auf den Punkt, sie solle wohl „eine Beichte über ihr Leben ablegen". Bei einer Beichte legt nur der Beichtende seine Persönlichkeit offen, das Urteil darüber liegt außerhalb seiner Einflussmöglichkeiten. Die zuhörende Person bleibt für den Beichtenden anonym, versteckt hinter einem Vorhang.
71 Bourdieu 2005: 404.
72 Burgess 1984: 103ff.
73 Baumann 2009: 175.
74 Feuchtwanger 1979: 363. An dieser Stelle sei auch darauf verwiesen, dass eine Reduzierung ethnographischer Feldforschungen auf Themen, die illegale Strukturen betreffen, der Qualität der Methode nicht gerecht wird. Der Aufbau von Vertrauen ermöglicht zwar den Eintritt in diese gesellschaftlichen Bereiche, tatsächlich dient die Methode aber dazu, die Logik in den Handlungen der Akteure zu entschlüsseln und zwar unabhängig vom Thema.

‚Rückkehr zum Individuum' sowie einer Lobpreisung von Begriffen wie ‚Flexibilisierung' und ‚Mobilität' erweist es sich als notwendig, ohne ideologische Scheuklappen die reale Alltagspraxis der Individuen zu erfahren, deren Handlungsweisen man analysieren will. Ihre Einstellungen, Motive und ihr Bewusstsein wird man nur aus der Praxis ihres Alltags und der Bedeutung, die sie materiellen und ideellen Objekten zumessen, verstehen: „Unter einer *Einstellung* verstehen wir einen Vorgang des individuellen Bewusstseins, der eine reale oder mögliche Behandlung des einzelnen in der sozialen Welt bestimmt: Der Hunger, der den Verzehr des Nahrungsmittels erzwingt [...]."[75]

SUBJEKTIVITÄT IN DER ETHNOGRAPHISCHEN METHODE

Aus der methodisch engen Verbindung der Feldforschung mit der Persönlichkeit des Wissenschaftlers sowie aus der methodischen Offenheit und der Nähe zum Forschungsobjekt erwächst der Vorwurf der Subjektivität.[76] Der Wissenschaftler ist während des Feldaufenthaltes mit seiner Persönlichkeit in den Lebenszusammenhang der lokalen Gesellschaft eingebunden: „Zu Recht ist daher der gesamthafte (‚holistische') Charakter der Feldforschung immer wieder betont worden."[77] In der spezifischen Mischung aus Nähe und Distanz besteht sowohl das Potenzial als auch das Problem der Methode. In der teilnehmenden Beobachtung wird im großen Umfang Nähe hergestellt, während die Interpretation der Daten wiederum Distanz erfordert. Der darin enthaltene Widerspruch muss vom Forscher ausgehalten werden.[78] Wie oben dargestellt beeinflussen subjektive Elemente schon die Auswahl des Forschungsortes und sie setzen sich fort in der Kontaktaufnahme mit den Informanten.[79] Durch regelmäßige Besuche bei den Informanten wird eine Nähe hergestellt, die nicht nur von der Situation evoziert

---

75 Thomas 1965: 75 (Hervorhebung im Original).
76 Beispielhaft seien hier erwähnt: Friedrichs/Lüdtke 1971: 23; Müller-Wille 1985: 49; Stagel 1985: 289.
77 Stagel 1985: 295; auch Beer 2008: 11f.
78 Hauser-Schäublin 2008: 42; Oester 2008: 237; Schlehe 2008: 120.
79 Es soll hier nur am Rande darauf hingewiesen werden, dass selbstverständlich andere Methoden auch von subjektiven Faktoren beeinflusst werden. Auch die Objektivität der zählbaren Faktoren erweist sich als offen für subjektive Interpretationen. Vgl. in dem Zusammenhang auch Fleck 1980; Rheinberger 2006; Kutzschenbach 1982: 140.

wird, sondern mit denen theoretische Konzepte verfolgt werden.[80] Der Wissenschaftler versucht eben, die Vertreter unterschiedlicher Gruppen einer lokalen Gesellschaft kennenzulernen:

„Er überschreitet seinen gewohnten Lebensradius und muss die Kunst beherrschen, sich auf exterritorialem Gebiet unauffällig und vertrauenerweckend zu bewegen. Verhält er sich falsch, droht sich sein Feld schnell vor ihm zu verschließen. [...] Die Anpassungsleistungen, die er als Außenseiter dabei erbringen muss, sind Erkenntnisquellen ersten Grades. Am eigenen Leib erfährt er, was es heißt, ein Akteur in einem bestimmten gesellschaftlichen Milieu zu sein. Durch seine Subjektivität erschließt sich eine Welt, an die er sich ausgeliefert hat."[81]

Objektiv ist, wie Daston und Galison in ihrer Geschichte der Objektivität darlegen, nicht das Abbild als die mechanische Reproduktion der sichtbaren Umwelt, wie es beispielsweise in der Fotografie möglich ist.[82] Vielmehr sagt ein Abbild der sichtbaren Oberfläche wenig über die inneren Zusammenhänge einer Erscheinung, also den Kontext des Phänomens aus. Verstehen wir Objektivität aber in dem Sinn, dass ein Phänomen erst in seinem Kontext erfasst werden muss, dann muss es uns gelingen, eine Verbindung zwischen beiden herzustellen. In der hier vorgenommenen Untersuchung werden die gewonnenen Daten aus Interviews und Beobachtungen erst objektiv, wenn sie im Kontext der sozialen, kulturellen, historischen und biographischen Faktoren interpretiert werden.[83]

Thomas verweist auf die Relevanz des Kontextes, da die individuellen Auswirkungen sozialer Phänomene abhängig vom subjektiven Standpunkt des Individuums sind. Schütze erweitert diese Überlegung dahin, auch die Situation, in der die Daten erzeugt werden, also die Interviewsituation, in die Interpretation einzubeziehen.[84] Girtler spricht von einer „Scheinobjektivität"[85], wenn die subjektiven Bedingungen nicht hinterfragt werden. Allen diesen Überlegungen liegt der Gedanke zugrunde, dass Wesen und Erscheinung oder Form und Inhalt nicht identisch sind. Das Ziel einer sozialwissenschaftlichen Forschung sollte es sein,

---

80 Welz 1991: 73.
81 Sutterlüty/Imbusch 2008: 10.
82 Wobei auch die Qualität einer Fotografie erst deutlich wird, wenn sie mehr als die Oberfläche (beispielsweise einen sozialen Zusammenhang) zeigt.
83 Thomas 1965: 74; Schütz 2005: 217ff.; Daston/Galison 2007: 121ff., 207, 394. Schütz weist darauf hin, dass zum Kontext auch die Entstehungsbedingungen der Interviews gehören.
84 Thomas 1965: 81; auch Ilien/Jeggle 1978: 111; Schütze 2005: 217ff.
85 Girtler 2001: 57.

die unter der oberflächlichen Erscheinungsebene befindlichen strukturellen Ebenen zu erfassen, und den Zusammenhang objektiver und subjektiver Faktoren zu analysieren. Dabei stehen das gesellschaftlich Objektive und das individuell Subjektive in einem dialektischen Bezug zueinander, bei dem beide Seiten zugleich Bedingungsfaktoren und Erscheinungen des jeweils anderen sind.[86] Die Akteure handeln im Bewusstsein ihrer Autonomie, ohne zu erkennen, dass sie verinnerlichten Strukturen folgen, die nicht ihren objektiven Interessen entsprechen müssen.[87] Folgen wir diesen Überlegungen, so können wir von Objektivität sprechen, wenn es gelingt, den Kontext eines Phänomens in seiner Dialektik zwischen objektiven und subjektiven Faktoren zu entschlüsseln.

Objektivität ist in diesem Verständnis nur innerhalb gesetzter Grenzen zu erreichen und erfordert die Interpretation der Phänomene durch den Wissenschaftler. Dafür gibt es ein Instrumentarium, an dem sich der Feldforscher zu orientieren hat und mit dessen Anwendung er den wissenschaftlichen Charakter seiner Forschung von (sicherlich interessanten und hilfreichen) journalistischen Berichten abgrenzt. Der Feldforscher unterscheidet sich vom Abenteurer, indem er ein klar formuliertes Ziel der Erkenntnis verfolgt.[88] Die Verbindung zwischen den Fakten und der Interpretation muss nachvollziehbar und angemessen sein.[89] Dazu gehört der Anspruch, analog der Grounded Theory ein gesättigtes Sample zu erfassen, also so viele Informationen aus den forschungsrelevanten Bereichen zu erlangen, bis neue Daten das Bild nicht mehr verändern. Erfahrungsgemäß sollte dies mit einem Umfang von 20 bis 50 Interviews außerhalb der explorativ geführten Interviews erreicht werden. Bei dieser Anzahl von Interviews ist es noch möglich, die Datenmenge detailliert zu erfassen und in einer hermeneutischen Interpretation sowohl Grob- wie Feinanalysen vorzunehmen.[90]

Gleichwohl weisen Feldforschungen Fallstricke auf, die der Wissenschaftler vermeiden muss. Zu einer systematischen Methode gehört es, die Forschung nicht in dem subjektiv Abenteuerlichen des Feldaufenthaltes untergehen zu las-

---

86 Holzkamp 1972: 111ff.
87 Bourdieu 2004: 46; Bourdieu 1979: 149. Bourdieu benutzt hier den Begriff des Habitus um die Verbindung zwischen Struktur und Handeln zu erfassen.
88 Sutterlüty/Imbusch 2008: 11.
89 Flick 2005: 195f.
90 An dieser Stelle wird auf die Darlegung der methodischen Schritte verzichtet und stattdessen auf die einschlägige Literatur verwiesen, an deren Methodik sich die Analyse und Interpretation des Datenmaterials der hier vorliegenden Forschung orientiert: Rosenthal 1986; Rosenthal 1995; Strauss/Corbin 1996; Loch/Rosenthal 2002; Rosenthal 2002; Seipel/Rieker 2003; Flick 2009.

sen.[91] Ebenso würde der Verlust von wissenschaftlicher Distanz, wie er im Begriff des ‚going native' beschrieben wird, zum Scheitern der Forschung führe. Die sekundäre Sozialisation des Wissenschaftlers darf nicht so weit gehen, dass er die Handlungen und Motive der Akteure als Selbstverständlichkeit begreift, und der Handlungskontext sich einer kritischen Analyse entzieht.[92] Girtler hält dem entgegen, dass es sich bei der Frage des ‚going native' um ein Scheinproblem handelt, da es aus seiner Sicht gerade das Ziel der teilnehmenden Beobachtung ist, die Perspektive der Akteure zu verstehen und nachvollziehbar zu machen. Distanz bedeutet vielmehr, dass der Wissenschaftler in seinem Kategoriensystem bleibt und deren Prinzipien zum Maßstab der Interpretation macht.[93] Gleichwohl wird, wie Whyte erwähnt, die Zeit der Forschung weit mehr zu einem Teil der Biographie des Forschers, als dies bei anderen Methoden der Fall ist.[94] Aus eigener Erfahrung ist hier zu ergänzen, dass das Problem des ‚going native' nur in Ausnahmefällen auftritt. In der Regel bleibt der Wissenschaftler seiner Gesellschaft, seiner sozialen Schicht und seiner Kultur verhaftet und nimmt damit automatisch wieder eine distanzierte Sicht ein. Methodisch lässt sich das Problem zudem bewältigen, indem der Forscher in eine thematisch passende Arbeitsgruppe eingebunden ist, mit der er sich regelmäßig trifft und seine Daten interpretiert.

Seitdem sich die Methode der Feldforschung etabliert hat, wurde die Frage der Subjektivität mit unterschiedlichen Schwerpunkten diskutiert. An dieser Stelle soll dieser Diskurs nicht nachvollzogen werden.[95] Vielmehr sei nur ein Aspekt aufgegriffen, der sich historisch aus dem Diskurs der 1970er Jahre entwickelte und auf eine Anerkennung der Subjektivität zielte, indem diese als eigene Qualität begriffen wurde:

„In der ‚Subjektivierung' der Ethnographie kommt ein anderes Objektivitätsverständnis zum Ausdruck. Die Perspektivität des Feldforschers wird hier zu einer nicht reduzierbaren psychologischen Voraussetzung der Wahrnehmung und Interpretation von Daten. Der psychologische Tatbestand der Perspektivität bedeutet aber nicht, dass der Beobachter die Wirklichkeit falsch oder verzerrt, sondern nur, dass er einen Ausschnitt dieser Wirklichkeit relativ zu seinem Standpunkt (auch im übertragenen Sinn) wahrnimmt."[96]

---

91 Stagel 1985: 292.
92 Friedrichs/Lüdtke 1971: 136f.
93 Girtler 2001: 78ff.
94 Whyte 1996: 281.
95 Vgl. Kutzschenbach 1982.
96 Ebd. 1982: 91.

Damit ist eine Subjektivität angesprochen, der nicht zu entkommen ist und die letztlich alle Forschungen betrifft: „Die Bekanntschaft des einzelnen mit der sozialen Realität ist stets begrenzt und stellt nur einen kleinen Teil der ganzen Komplexität sozialer Tatsachen dar."[97] Der Wissenschaftler, so eine Forderung von Bourdieu, soll weder in wissenschaftsgläubiger Distanz zu den Objekten der Forschung verharren, noch eine emotionale Verschmelzung mit ihnen eingehen. Seine Aufgabe besteht vielmehr darin, die Antriebe und Hindernisse ihrer Handlungen und Motive als Praxis in ihrem Lebenszusammenhang zu verstehen.[98] Es ist der Versuch, die Verbindung zwischen den individuellen biographischen Konstruktionen und den historisch-gesellschaftlichen Strukturen zu verstehen, indem die Akteure als Subjekte zwischen Anpassung und Widerstand beschrieben werden. Bei allem Anspruch auf Objektivität fließt der gesellschaftspolitische Standpunkt immer in sozialwissenschaftliche Forschungen ein und strukturiert die Interpretation der Ergebnisse. Wäre dies nicht der Fall, so würden sich alle wissenschaftlichen Debatten auf die Reflexion methodischer Fragen reduzieren, da der Wissenschaftler in dem Fall nur gehalten wäre, die richtige Methode korrekt anzuwenden, um zur ‚Wahrheit' gesellschaftlicher Phänomene vorzudringen. Ist dies nicht möglich, so bleibt uns nur, die Subjektivität von Erkenntnis anzuerkennen. Allerdings ist es entscheidend, dass diese Analyse der Phänomene und deren Interpretation nachvollziehbar und logisch begründet sind.

Ethnographische Forschung schöpft die ihr eigenen Möglichkeiten erst aus, wenn sie die Mikroperspektive der Lebenswelten von Individuen und deren Handlungen im Kontext der Makroebene interpretiert.[99] Die staatlichen und gesellschaftlichen Bedingungen müssen als Rahmen verstanden werden, innerhalb dessen die Akteure ihre Handlungsmöglichkeiten gestalten.[100] Damit wird unterstellt, dass die Akteure weder fremdbestimmt sind noch selbstständig entscheiden können, sondern dass sie im Sinne eines bourdieuschen Praxisbegriffs in einem Spannungsfeld zwischen Struktur und Eigenständigkeit – zwischen Abhängigkeit und Freiheit – in der Verbindung objektiver und subjektiver Faktoren handeln.[101] Vor dem Hintergrund der Feststellung von Geertz: „Ethnologen erforschen nicht Dörfer, sondern forschen in Dörfern"[102], beschreibt der Historiker Hans Medick den Sinn der Mikroperspektive darin, ausgehend vom Kleinen, gesellschaftliche Zusammenhänge zu erfassen:

---

97 Thomas 1965: 65.
98 Bourdieu 2005: 393.
99 Schmidt-Lauber 2007: 12.
100 Hess 2005: 17f.
101 Bourdieu 1997: 97f.
102 Geertz 1991: 33.

„Ethnologen wie Mikro-Historiker sind nicht auf das Kleine oder aufs historische Detail fixiert. Sie plädieren vielmehr für eine kleinmaßstäbige Beobachtung und für den Gang in die lokale Feldforschung gerade deshalb, um damit einen weiten Horizont zu eröffnen, der über das Dorf oder die lokale Gesellschaft, über die Kleingruppe oder das Individuum als scheinbar abgeschlossene und autonome Handlungseinheit hinausführt und den Blick auf deren Vernetzung in umfassendere Zusammenhänge ermöglicht. Es scheint mir wichtig, die mikro-analytische Erkenntnisperspektive als eine, keineswegs aber die einzige, spezifische Untersuchungsmethode hervorzuheben."[103]

Wacquant spricht vom sozialen Lebenslauf, um auf die gesellschaftlichen Bedingungen zu verweisen, denen vorgeblich individuelle Entscheidungen unterliegen.[104] So gesehen stellt die Mikroperspektive eine mögliche Form der Annäherung an die gesellschaftliche Realität dar. Beide Ansätze, die Mikro- und die Makroperspektive, dies sei an dieser Stelle noch einmal in Übereinstimmung mit Hans Medick erwähnt, dürfen nicht als Gegensätze gesehen werden, sondern als sich ergänzende Perspektiven. Es gilt, in der Interpretation der Forschungsdaten die Verknüpfung zwischen der gesellschaftlichen und der individuellen Ebene herzustellen.

Das Abenteuer der ethnographischen Methode besteht darin, dass sich der Wissenschaftler in die soziale Situation des Befragten begibt, um die dem Handeln zugrunde liegenden Bedingungen zu verstehen und, wie Bourdieu es ausdrückt, seinen Forschungsobjekten eine Form „intellektueller Liebe"[105] entgegenbringt. „Mit der Aufgabe der Distanz, wie ich [Girtler, M.W.] sie entgegen den üblichen Auffassungen der Soziologie postuliere, verbindet sich notwendig auch ein gewisses Engagement für die Individuen, mit denen man konfrontiert wird, und ein ‚Verstehen' ihres Handelns."[106] Eine Parteinahme für die Akteure auf der Basis ethnographischer Feldforschung unterscheidet sich aber von blinder Empathie, da sie darauf zielt, die konkreten Hintergründe der Handlungen aufzuzeigen. Ethnographische Feldforschung involviert den Wissenschaftler in die Handlungen, Motive und Überlegungen der Akteure und zwingt ihn, Stellung zu nehmen, denn der ethnographisch arbeitende Feldforscher wird die Menschen seiner Untersuchung verstehen, d.h., er wird für deren Beweggründe Verständnis haben. Ethnographische Feldforschung in Verbindung mit einem materialisti-

---

103 Medick 2001: 87.
104 Wacquant 2006: 74.
105 Bourdieu 1997: 791; vgl. auch Oester 2008: 234. Oester spricht davon, dass es sich bei der ethnographischen Forschung weniger um eine genau definierte Methode als um eine Forschungshaltung handelt.
106 Girtler 2001: 80.

schen Theorieverständnis ist nicht neutral, sondern sie bezieht Stellung, indem es ihr gelingt, Herrschaftsverhältnisse auch in verborgenen Strukturen aufzudecken. „Erkennen um zu verändern", wie Peter Atteslander in der Einleitung zur deutschen Ausgabe der „Street corner Society" über William Foote Whyte schreibt, ist das Ziel des ethnographisch arbeitenden Wissenschaftlers.[107]

Unter diesen Voraussetzungen gelingt es uns, die gesellschaftliche Funktion eines Phänomens, wie es der Schmuggel ist, zu analysieren. Betrachten wir den Schmuggel unter dem Blickwinkel eines kritischen Theorieverständnisses, dann erkennen wir, dass die illegalen und informellen Bereiche der Ökonomie gesellschaftlich durchaus funktional sind. Die informelle Ökonomie ist gesellschaftskonform, sie stabilisiert ungleiche ökonomische Verhältnisse und unterstützt auf diesem Wege Herrschaftsverhältnisse, indem sie deren Ideologie der Flexibilisierung, Aktivität, Selbstverantwortlichkeit für sich in Anspruch nimmt und zugleich gesellschaftskritisches Potenzial absorbiert. Damit hilft der informelle und illegale Bereich, die Individuen auf prekäre und damit ausbeuterische Arbeitsverhältnisse vorzubereiten.

---

107 Atteslander 1996: XII.

Literatur

Abels, Heinz (2007a): Einführung in die Soziologie. Band 1. Der Blick auf die Gesellschaft, Wiesbaden: Verlag für Sozialwissenschaften (3. Auflage).
Abels, Heinz (2007b): Einführung in die Soziologie. Band 2. Die Individuen in ihrer Gesellschaft, Wiesbaden: Verlag für Sozialwissenschaften (3. Auflage).
Abels, Heinz (2007c): Interaktion, Identität, Präsentation. Kleine Einführung in interpretative Theorien der Soziologie, Wiesbaden: Verlag für Sozialwissenschaften (4. Auflage).
Agee, James/Evans, Walker (1989): Preisen will ich die großen Männer, München: Schirmer/Mosel.
Altvater, Elmar/Mankopf, Birgit (2002): Globalisierung der Unsicherheit. Arbeit im Schatten, Schmutziges Geld und informelle Politik, Münster: Westfälisches Dampfboot.
Angermüller, Johannes (1997): Ethnizität, Biographie und sozialer Wandel in einer Transformationsgesellschaft. Eine empirische Studie zur armenischen Minderheit in Sankt Petersburg (= IPRAS Schriftenreihe zur Transformationsforschung, Nr. 2). Erlangen: IPRAS
Anonym (1886): „Der Schleichhandel an der Küste von Istrien", in: Illustrierte Chronik der Zeit. Blätter zur Unterhaltung und Belehrung 1886, H. 4, S. 113, 115.
Aronson, Elliot/Wilson, Timothy, D./Akert, Robin M. (2008): Sozialpsychologie, München: Pearson Education Deutschland (6. Auflage).
Ascherson, Neal (1987): Der Traum vom freien Vaterland. Polens Geschichte bis heute, Köln: vgs Verlagsgesellschaft.
Atteslander, Peter (1996): „Auf dem Weg zur lokalen Kultur. Einführende Gedanken von Peter Atteslander, in: William Foote Whyte, Die Street Corner Society. Die Sozialstruktur eines Italienerviertels. Berlin/New York: Walter de Gruyter.

Bachmaier, Helmut (2007): Warum lachen Menschen? Über Komik und Humor, Göttingen: Wallstein.
Bachmann, Klaus (2006): „Die List der Vernunft", in: Osteuropa 56, H. 11–12, S. 13–31.
Barkholdt, Corinna (2001): „Das Lebensführungskonzept – Analytisches Potential für eine Weiterentwicklung des sozialpolitikwissenschaftlichen Lebenslagenkonzeptes?", in: G. Günter Voß/Margit Weihrich (Hg.), Tagaus – Tagein. Neue Beiträge zur Soziologie alltäglicher Lebensführung, München: Mering: Rainer Hampp, S. 113–122.
Barlösius, Eva (2005): Die Macht der Repräsentation. Common Sense über soziale Ungleichheiten, Wiesbaden: Verlag für Sozialwissenschaften.
Baumann, Zygmunt (2005a): Moderne und Ambivalenz. Das Ende der Eindeutigkeit, Hamburg: Hamburger Edition.
Baumann, Zygmunt (2005b): Verworfenes Leben. Die Ausgegrenzten der Moderne, Hamburg: Hamburger Edition.
Baumann, Zygmunt (2009): Leben als Konsum, Hamburg: Hamburger Edition.
Beckerath, Erwin von/Brinkmann, Carl/Gutenbert, Erich et al. (Hg.) (1956): Handwörterbuch der Sozialwissenschaften, Bd. 9, Göttingen: Gustav Fischer/Mohr/Vandenhoek und Ruprecht.
Beer, Bettina (2008): „Feldforschungsmethoden", in: Bettina Beer (Hg.), Methoden ethnologischer Feldforschung, Berlin: Dietrich Reimer, S. 9–36.
Berger, Peter L. (1998): Erlösendes Lachen. Das Komische in der menschlichen Erfahrung, Berlin/New York: Walter de Gruyter.
Berger, Peter L./Luckmann, Thomas (1969): Die gesellschaftliche Konstruktion der Wirklichkeit. Eine Theorie der Wissenssoziologie, Frankfurt a.M.: Fischer TB.
Berner, Erhard/Phillips, Benedict (2004): „Selbsthilfe oder unterlassene Hilfeleistung? Die Flucht des Entwicklungsstaats aus der Fürsorgepflicht", in: Peripherie. Zeitschrift für Politik und Ökonomie in der Dritten Welt 24, H. 96, S. 500–514.
Blanke, Richard (2001): Polish-speaking Germans? Language and National Identity among the Masuriens since 1871, Köln/Weimar/Wien: Böhlau.
Bode, Thilo (2010): „Alles aus Zucker. Wie die Nahrungsmittelmultis unsere Kinder mästen", in: Blätter für deutsche und internationale Politik 55, H. 12, S. 43–54.
Boltanski, Luc/Chiapello, Ève (2006): Der neue Geist des Kapitalismus, Konstanz: Universitätsverlag Konstanz.
Bonavita, Petra (1999): Russland im Griff der Mafia. Paten, Bürokraten, Bisnessmeni, Heilbronn: Diestel.

Borodzicz, Jan/Chadaj, Tadeusz/Chełchowski, Wincenty et al. (1987): Bartoszyce. Z dziejów miasta i okolic, Olsztyn: Wydawnictwo Pojezierze (2. veränderte Auflage).

Borowski, Grzegorz (2001): Monografia Sępopola. Opracowana z okazji 650 lecia powstania miasta, Biskupiec: Algraf.

Borowski, Grzegorz (o.J): Jak to w Sępopolu ze lnem było. Unveröffentlichtes Manuskript.

Bourdieu, Pierre (1979): Entwurf einer Theorie der Praxis. Auf der ethnologischen Grundlage der kabylischen Gesellschaft, Frankfurt a.M.: Suhrkamp.

Bourdieu, Pierre (1982): Die feinen Unterschiede, Frankfurt a.M.: Suhrkamp.

Bourdieu, Pierre (1992): Rede und Antwort, Frankfurt a.M.: Suhrkamp.

Bourdieu, Pierre (1997a): „Widersprüche des Erbes", in: Pierre Bourdieu/Gabrielle Balazs/Stephane Beaud et al. (Hg.), Das Elend der Welt. Zeugnisse und Diagnosen alltäglichen Leidens an der Gesellschaft, Konstanz: Universitätsverlag Konstanz, S. 655–660.

Bourdieu, Pierre (1997b): Sozialer Sinn. Kritik der theoretischen Vernunft, Frankfurt a.M.: Suhrkamp.

Bourdieu, Pierre (2004): Der Staatsadel. Konstanz: Universitätsverlag Konstanz.

Bourdieu, Pierre (2005): „Verstehen", in: Pierre Bourdieu/Gabrielle Balazs/Stephane Beaud et al. (Hg.): Das Elend der Welt. Zeugnisse und Diagnosen alltäglichen Leidens an der Welt. Konstanz: Universitätsverlag Konstanz (gekürzte Studienausgabe), S. 393–426.

Bourdieu, Pierre (2006): „Die Praxis der reflexiven Anthropologie", in: Pierre Bourdieu/Loic J.D. Wacquant, Reflexive Anthropologie, Frankfurt a.M.: Suhrkamp, S. 251–294.

Braudel, Fernand (1985): Sozialgeschichte des 15.–18. Jahrhunderts. Der Alltag, München: Kindler.

Braudel, Fernand (1986): Sozialgeschichte des 15.–18. Jahrhunderts. Aufbruch zur Weltwirtschaft, München: Kindler.

Bruns, Bettina (2010): Grenze als Ressource. Die soziale Organisation von Schmuggel am Rande der Europäischen Union, Wiesbaden: Verlag für Sozialwissenschaften.

Burgess, Robert G. (1984): In the Field. An Introduction to Field Research, London/Boston: Georg Allen and Unwin.

Campe, Joachim Heinrich (Hg.) (1810): Wörterbuch der Deutschen Sprache, S–T, Band 4, Braunschweig: Olms.

Castel, Robert (2008): Die Metamorphosen der sozialen Frage. Eine Chronik der Lohnarbeit, Konstanz: Universitätsverlag Konstanz (2. Auflage, Sonderausgabe).

Cicourel, Aaron V. (1974): Methode und Messung in der Soziologie, Frankfurt a.M.: Suhrkamp.

Clough, Patricia (2007): Aachen-Berlin-Königsberg. Eine Zeitreise entlang der alten Reichsstraße 1, München: DVA.

Cyrus, Norbert (1991): „Komm sicher zurück". Bedingungen und Motive der saisonalen Wanderarbeit nordghanaischer Bauern. Überprüfung klassischer und aktueller Theorien, Berlin. Unveröffentlichte Magisterarbeit, Berlin.

Dammann, Rüdiger (1991): Die dialogische Praxis der Feldforschung. Der ethnographische Blick als Paradigma der Erkenntnisgewinnung, Frankfurt a.M./New York: Campus.

Danecka, Marta (2008): „Ubodzy i bezrobotni", in: Maria Jarosz (Hg.), Wykluczeni. Wymiar społeczny, materialny I etniczny, Warschau: Instytut Studiów Politycznych PAN, S. 107–135.

Darieva, Tsypylma (2007): „Migrationsforschung in der Ethnologie", in: Brigitta Schmidt-Lauber (Hg.), Ethnizität und Migration. Einführung in Wissenschaft und Arbeitsfelder, Berlin: Dietrich Reimer, S. 69–93.

Daston, Lorraine/Galison, Peter (2007): Objektivität, Frankfurt a.M.: Suhrkamp.

Davies, Norman (2000): Im Herzen Europas. Geschichte Polens, München: D. H. Beck.

Deppe, Frank (1971): Das Bewusstsein der Arbeiter. Studien zur politischen Soziologie des Arbeiterbewusstseins, Köln: Pahl-Rugenstein.

Durkheim, Emilie (1961): Regeln der soziologischen Methode, Neuwied/Berlin: Luchterhand.

Durkheim, Emilie (1967): Soziologie und Philosophie, Frankfurt a.M.: Suhrkamp.

Ellis, Robert (2005): Runder Tisch und Krieg an der Spitze. Die Gewerkschaft Solidarność im Umbruch 1988–90, Berlin: Verlag für Wissenschaft und Forschung.

Elwert, Georg (1991): „Gabe, Reziprozität und Warentausch. Überlegungen zu einigen Ausdrücken und Begriffen", in: Eberhard Berg/Jutta Lauth/Andreas Wimmer (Hg.), Ethnologie im Widerstreit. Kontroversen über Macht, Geschäft, Geschlecht in fremden Kulturen, München: Trickster, S. 159–177.

Emigh, Rebecca J./Szelény, Ivan (Hg.) (2001): Poverty, Ethnicity and Gender in Eastern Europe during the Market Transition, Westport (USA): Praeger Publishers.

Engels, Friedrich (1965) [1892]: Die Lage der arbeitenden Klasse in England, Hannover: J.H.W. Dietz Nachf.

Evans-Pritchard, E. E. (1979): Social Anthropology, London/Heley: Routledge and Kegan Paul.

Feldmann, Klaus (2006): Soziologie kompakt. Eine Einführung, Wiesbaden: Verlag für Sozialwissenschaften (4. überarbeitete Auflage).

Ferchhoff, Wilfried/Peters, Friedhelm (1981): Die Produktion abweichenden Verhaltens. Zur Rekonstruktion und Kritik des Labeling Approach, Bielefeld: AJZ.

Feuchtwanger, Lion (1979): Die Jüdin von Toledo, Berlin: Aufbau-Verlag.

Fiegert, Monika/Bähre, Kornelia/Kessel, Jürgen (2004): Von Leichengesang und Schmuggel – von Schnaps und Cholera: Das Osnabrücker Land im Spiegel von vier Jahrhunderten, Osnabrück: Landkreis Osnabrück.

Fischer, Hans (1985): „Einleitung", in: Hans Fischer (Hg.), Feldforschungen. Berichte zur Einführung in Probleme und Methoden, Berlin: Dietrich Reimer, S. 7–22.

Fischer-Rosenthal, Wolfram (1991): „Zum Konzept der subjektiven Aneignung von Gesellschaft", in: Uwe Flick/Ernst von Kardoff/Heiner Keupp et al. (Hg.), Handbuch Qualitative Sozialforschung. Grundlagen, Konzepte, Methoden und Anwendungen, München: Psychologie Verlags Union, S. 78–89.

Fleck, Ludwik (1980): Entstehung und Entwicklung einer wissenschaftlichen Tatsache. Einführung in die Lehre vom Denkstil und Denkkollektiv (Mit einer Einleitung herausgegeben von Lothar Schäfer und Thomas Schnelle), Frankfurt a.M.: Suhrkamp.

Flick, Uwe (1995): „Soziale Repräsentationen in Wissen und Sprache als Zugänge zur Psychologie des Sozialen", in: Uwe Flick (Hg.), Psychologien des Sozialen. Repräsentationen in Wissen und Sprache, Reinbek: Rowohlt, S. 7–20.

Flick, Uwe (1996): Psychologie des technisierten Alltags. Soziale Konstruktion und Repräsentation technischen Wandels in verschiedenen kulturellen Kontexten, Opladen: Westdeutscher Verlag.

Flick, Uwe (2005): „Standards, Kriterien, Strategien – Zur Diskussion über Qualität qualitativer Sozialforschung", in: Qualität quantitativer Forschung, H. 2, S. 191–210.

Flick, Uwe (2009): Qualitative Sozialforschung. Eine Einführung, Reinbek: Rowohlt.

Freud, Siegmund (1958): Der Witz und seine Beziehung zum Unbewussten, Frankfurt a.M.: Fischer Taschenbuch.

Friebertshäuser, Barbara (2008): „Vom Nutzen der Ethnographie für das pädagogische Verstehen", in: Bettina Hünersdorf/Christoph Maeder/Burkhard Müller (Hg.), Ethnographie und Erziehungswissenschaft. Methodische Reflexionen und empirische Annäherungen, Weinheim/München: Juventa, S. 49–64.

Friedrichs, Jürgen/Lüdtke, Hartmut (1971): Teilnehmende Beobachtung. Zur Grundlegung einer sozialwissenschaftlichen Methode empirischer Feldforschung, Weinheim/Berlin: Julius Beltz.

Fröhlich, Dieter (1979): Psycho-soziale Folgen der Arbeitslosigkeit. Eine empirische Untersuchung in Nordrhein-Westfalen, Köln: Verein zur Förderung des Instituts zur Erforschung sozialer Chancen.

Geertz, Clifford (1991): Dichte Beschreibung, Frankfurt a.M.: Suhrkamp.

Genazino, Wilhelm (2004): Der gedehnte Blick, München/Wien: Carl Hanser.

Gerhard, Uta (1986): „Verstehende Strukturanalyse. Die Konstruktion von Idealtypen als Analyseschritt bei der Auswertung qualitativer Forschungsmaterialien", in: Hans-Georg Soeffner (Hg.), Sozialstruktur und soziale Typik, Frankfurt a.M./New York: Campus, S. 31–83.

Gerhard, Uta (1991): „Typenbildung", in: Uwe Flick/Ernst von Kardoff/Heiner Keupp et al., Handbuch Qualitative Sozialforschung. Grundlagen, Konzepte, Methoden und Anwendungen, München: Psychologie Verlags Union, S. 435–439.

Giedych, Julian/Giedych, Renata/Wiszniewska, Aleksandra et al. (2005): Studium uwarunkowań i kierunków zagospodarowania prezstrzennego miasta i gminy Sępopol, Tom 1, Uwarunkowania, Sępopol: Arcadis Ekokonrem.

Gingrich, Andre (1999): Erkundungen. Themen der ethnologischen Forschung, Wien: Böhlau.

Giordano, Christian (1993): „Informelle Ökonomie und Selbsthilfe. Zur Funktion des ‚Zweiten Netzwerkes' in Süditalien und Polen", in: Michael Vester (Hg.), Unterentwicklung und Selbsthilfe in europäischen Regionen. Genossenschaften, Schattenwirtschaft, Regionalinitiativen und EG-Politik: Alentejo – Andalusien – Aveiro – Asturien – Emilia Romagna – Mezzogiorno – Ostdeutschland – Polen, Hannover: Offizin, S. 291–309.

Girtler, Roland (1980): Vagabunden in der Großstadt. Teilnehmende Beobachtung in der Lebenswelt der „Sandler" Wiens, Stuttgart: Ferdinand Enke.

Girtler, Roland (1989): Die feinen Leute. Von der vornehmen Art durchs Leben zu gehen, Frankfurt a.M.: Campus.

Girtler, Roland (1992): Schmuggler: Von Grenzen und ihren Überwindern, Linz (A): Veritas.

Girtler, Roland (1995): Randkulturen. Theorie der Unanständigkeit, Wien/Köln u.a.: Böhlau.

Girtler, Roland (2001): Methoden der Feldforschung, Wien/Köln u.a.: Böhlau.

Główny urząd statystyczny (Hg.) (o.J.): Rocznik statystyczny pracy 2003, Warszawa.

Goffmann, Erving (1969): Wir alle spielen Theater. Die Selbstdarstellung im Alltag, München: Piper.

Goffmann, Erving (1982): Das Individuum im öffentlichen Austausch. Mikrostudien zur öffentlichen Ordnung, Frankfurt a.M.: Suhrkamp.

Gorski, Zbigniew/Kierczynski, Tadeusz (1989): „Erscheinungsformen und Messung der inoffizielen Erwerbswirtschaft", in: Dieter Cassel/Wladyslaw Jowarski/Dietmar Kath et al. (Hg.), Inflation und Schattenwirtschaft im Sozialismus. Bestandsaufnahme, Erklärungsansätze und Reformvorschläge für die Volksrepublik Polen, Hamburg: Steuer- und Wirtschaftsverlag, S. 349–374.

Götze, Alfred (Hg.) (1955): Trübners Deutsches Wörterbuch. S. Band 6, Berlin: de Gruyter.

Gouldner, Alvin W. (1984): Reziprozität und Autonomie. Ausgewählte Aufsätze, Frankfurt a.M.: Suhrkamp.

Grajewski, Andrzej/Kaprzykowski, Artur (2006): Czas Próby. „Solidarność" podbeskidziu w latach 1980–2005, Bielsko-Biała: o. V.

Green, T. (1970): Die Schmuggler: Praktiken und Profite der Syndikate, Frankfurt a.M.: S. Fischer.

Gretschmann, Klaus/Mettelsiefen, Bernd (1984): „Die Schattenwirtschaft – eine Retrospektive", in: Klaus Gretschmann/Rolf G.Heinze/Bernd Mettelsiefen (Hg.), Schattenwirtschaft. Wirtschafts- und sozialwissenschaftliche Aspekte, internationale Erfahrungen, Göttingen: Vandenhoeck und Ruprecht, S. 11–42.

Grimm, Jacob/Grimm, Wilhelm (Hg.) (1899): Deutsches Wörterbuch. Schiefeln–Seele. Band 9, Leipzig: o. V.

Gute Nachricht Bibel (2000): Altes und Neues Testament, Stuttgart: Deutsche Bibelgesellschaft.

Hacking, Ian (1999): Was heißt „soziale Konstruktion"? Zur Konjunktur einer Kampfvokabel in den Wissenschaften, Frankfurt a.M.: Fischer.

Hahnstein, Otfrid von (1953): Der Schmuggler von Hankau, Wilhelmshaven: Hera.

Haller, Dieter (2000): Gelebte Grenze Gibraltar. Transnationalismus, Lokalität und Identität in kulturanthropologischer Perspektive, Wiesbaden: Deutscher Universitäts-Verlag.

Harriss, John (2005): „Das eingebildete Sozialkapital", in: Peripherie. Zeitschrift für Politik und Ökonomie in der Dritten Welt 25, H. 99, S. 267–285.

Hauser-Schäublin, Brigitta (2008): „Teilnehmende Beobachtung", in: Bettina Beer (Hg.), Methoden ethnologischer Feldforschung, Berlin: Dietrich Reimer, S. 37–58.

Heller, Wilfried/Arambaşa, Mihaela Narcisa (Hg.) (2009): Am östlichen Rand der Europäischen Union. Geopolitische, ethnische und nationale sowie ökonomische und soziale Probleme und ihre Folgen für die Grenzraumbevölkerung (= Potsdamer Geographische Forschungen, Band 28), Potsdam: Universität Potsdam.

Henkel, Dieter (1998): „Arbeitslosigkeit, Alkoholkonsum und Alkoholabhängigkeit: nationale und internationale Forschungsergebnisse", in: Dieter Henkel/Irmgard Vogt (Hg.), Sucht und Armut. Alkohol, Tabak, Medikamente, illegale Drogen, Oplanden: Leske und Budrich, S. 101–136.

Herrenbrück, Fritz (1990): Jesus und die Zöllner. Historische und neutestamentlich-exegetische Untersuchungen, Tübingen: J.C.B. Mohr.

Herzfeld, Michael (2001): Anthropology. Theoretical Practice in Culture and Society, Oxford, UK/Malden, MA: Blackwell.

Hess, Sabine (2005): Globalisierte Hausarbeit. Au-Pair als Migrationsstrategie von Frauen aus Osteuropa, Wiesbaden: Verlag für Sozialwissenschaften.

Hessenberger, Edith (2008): „Von Grenzüberschreitern und Grenzbewachern: Einer kleine Soziologie des Schmuggelns", in: Edith Hessenberger (Hg.), Grenzüberschreitungen. Von Schmugglern, Schleppern, Flüchtlingen. Aspekte einer Grenze am Beispiel Montafon-Prättigau, Schruns (A): Heimatschutzverein Montafon, S. 51–77.

Hobsbawn, Eric J. (1979): Sozialrebellen. Archaische Sozialbewegungen im 19. und 20. Jahrhundert, Gießen: focus.

Hobusch, Erich (1988): Auf Schleichpfaden. Schmuggleraffären und Paschergeschichten zwischen 1730 und 1930, Berlin: Neues Leben.

Hödl, Klaus (1997): Die Pathologisierung des jüdischen Körpers. Antisemitismus, Geschlecht und Medizin im Fin de Siècle, Wien: Picus.

Hofbauer, Hannes (2003): Osterweiterung. Vom Drang nach Osten zur peripheren EU-Integration, Wien: Promedia.

Hofer, Konrad M. (1991): Würdelos. Erfahrungen eines Leiharbeiters, Wien: Verlag für Gesellschaftskritik.

Holzer, Jerzy (2007): Polen und Europa. Land, Geschichte, Identität, Bonn: Dietz.

Holzkamp, Klaus (1972): Vorbereitende Arbeiten. Frankfurt a.M.: Fischer.

Holzkamp, Klaus (1995): „Kolonisierung der Kindheit. Psychologische und psychoanalytische Entwicklungserklärungen", in: Klaus Holzkamp (Hg.), Forum Kritische Psychologie, Hamburg: Argument.

Hüchtker, Dietlind (1999): „Elende Mütter" und „Liederliche Weibspersonen". Geschlechterverhältnisse und Armenpolitik in Berlin (1770–1850), Münster: Westfälisches Dampfboot.

Hunecke, Bettina (1999): „Im Augenblick zieht sich jeder in sein Nest zurück". Persönliche Netzwerke und Ethnizität. Krisenbewältigungsstrategien von Frauen im ländlichen Masuren (Nordostpolen), Münster: Lit.

Hünersdorf, Bettina (2008): „Ethnographische Forschung in der Erziehungswissenschaft", in: Bettina Hünersdorf/Christoph Maeder/Burkhard Müller (Hg.), Ethnographie und Erziehungswissenschaft. Methodische Reflexionen und empirische Annäherungen, Weinheim/München: Juventa, S. 29–48.

Ilien, Albert/Jeggle, Utz (1978): Leben auf dem Dorf. Zur Sozialgeschichte des Dorfes und zur Sozialpsychologie seiner Bewohner, Opladen: Westdeutscher Verlag.

Irek, Małgorzata (1998): Der Schmugglerzug. Warschau-Berlin-Warschau. Materialien einer Feldforschung, Berlin: Das Arabische Buch.

Jäger-Dabek, Brigitte (2003): Polen. Eine Nachbarschaftskunde (= Schriftenreihe, Band 431), Bonn: Bundeszentrale für politische Bildung.

Jahoda, Marie (1983): Wieviel Arbeit braucht der Mensch? Arbeit und Arbeitslosigkeit im 20. Jahrhundert, Weinheim/Basel: Beltz.

Jahoda, Marie/Lazarsfeld, Paul F./Zeisel, Hans (1975): Die Arbeitslosen von Marienthal. Ein soziographischer Versuch, Frankfurt a.M.: Suhrkamp.

Jarosz, Maria (2005): Macht, Privilegien, Korruption. Die polnische Gesellschaft 15 Jahre nach der Wende, Wiesbaden: Harrassowitz.

Jarren, Volker (1992): Schmuggel und Schmuggelbekämpfung in den Preußischen Westprovinzen 1818–1854, Paderborn: Ferdinand Schöningh.

Jaspers, Jos/Fraser, Colin (1984): „Attitudes and social representations", in: Robert M. Farr/Serge Moscovici (Hg.), Social representations, Cambridge: Cambridge University Press, S. 101–123.

Johannsmeier, Rolf (1987): Die Angst der Armen. Bettlerszenen vom Oberrhein, Frankfurt a.M.: Prometh.

Josten, Siegmund (1991): „Wer bestimmt die Spielregeln im Feldforschungsprozeß? Aspekte der Reflexion einer Feldforschung bei den Siwaihat in Nord-Kordofan, Sudan" (= Sozialanthropologische Arbeitspapiere, Nr. 33), Berlin: Das Arabische Buch.

Jurczyk, Karin/Rerrich, Maria S. (1993): „Einführung. Alltägliche Lebensführung: der Ort, wo ,alles zusammenkommt'", in: Karin Jurczyk/Maria S. Rerrich (Hg.), Die Arbeit des Alltags. Beiträge zu einer Soziologie der alltäglichen Lebensführung, Freiburg i.Br.: Lambertus, S. 11–45.

Jürgens, Kerstin (2001): „Lebensführung als ,Missing link' im Sozialisationsprozeß?", in: G. Günter Voß/Margit Weihrich (Hg.), Tagaus – Tagein. Neue Beiträge zur Soziologie alltäglicher Lebensführung, München/Mering: Rainer Hampp S. 71–94.

Kalwa, Dobrochna (2007): „‚So wie zuhause'. Die private Sphäre als Arbeitsplatz polnischer Migrantinnen", in: Magdalena Nowicka (Hg.), Von Polen nach Deutschland und zurück. Die Arbeitsmigration und ihre Herausforderung für Europa, Bielefeld: Transcript, S. 205–225.

Kawczynska-Butrym, Zofia/Czapka, Elżbieta/Sikora, Ewa et al. (2004): Kobiety i ich rodziny w osiedlach byłych pegeerów. Raport, Olsztyn: Wydawnictwo Uniwersytetu Warminsko-Mazurskiego.

Kelle, Udo/Kluge, Susanne (1999): Vom Einzelfall zum Typus. Fallvergleich und Fallkontrastierung in der qualitativen Sozialforschung, Opladen: Leske und Budrich.

Kern, Horst/Schmumann, Michael (1985): Industriearbeit und Arbeiterbewusstsein. Eine empirische Untersuchung über den Einfluss der aktuellen technischen Entwicklung auf die industrielle Arbeit und das Arbeiterbewusstsein, Frankfurt a.M.: Suhrkamp.

Kin, Marta (2006): „Wiek jak wyrok", in: Gazeta Olsztynska, Dziennik Elbląski, Nr. 4 (301), Olsztyn.

Klaußmann, Oskar A. (1886): „An der Grenze", in: Illustrierte Chronik der Zeit. Blätter zur Unterhaltung und Belehrung 1886, H. 17, S. 532–538.

Klebaniuk, Jarosław (2010): „Z dawnej ‚Solidarności' pozostały szyld i aparat", in: Gazeta Wyborcza Wrocław vom 28./29. August 2010, S. 6.

Klein, Naomi (2007): Die Schock-Strategie. Der Aufstieg des Katastrophen-Kapitalismus, Frankfurt a.M.: S. Fischer.

Kluge, Susanne (1999): Empirisch begründete Typenbildung. Zur Konstruktion von Typen und Typologien in der qualitativen Sozialforschung, Opladen: Leske und Budrich.

Köhrer, Ellen (2006): „Unter Schmugglern", in: „Go" – Das Reportagemagazin, 01/06, S. 58. http://www.ellenkoehrer.com/texte/pdf/go_schmuggler.pdf vom 15.03.2010.

Koller, Michael (1997): „Psychologie interpersonalen Vertrauens: Eine Einführung in theoretische Ansätze", in: Martin Schweer (Hg.), Interpersonales Vertrauen. Opladen/Wiesbaden: Westdeutscher Verlag, S. 13–26.

Kopacka-Klose, Liliana (2008): Vergleich der Grundsicherung für Arbeitsuchende und Sozialhilfe in Deutschland und der Sozialhilfe in Polen im Hinblick auf die geschichtliche Entwicklung und die Lebensstandards (= Arbeitsmaterialien des Fachbereichs Sozialwesen der Fachhochschule Potsdam, Nr. 30), Potsdam: Fachhochschule Potsdam, Fachbereich Sozialwesen.

Körte, J./Remmers, G. (1999): „Segmentierung und Prozeßlinienorganisation bei Elster", In: Peter Brödner/Wolfgang Kötten (Hg.), Frischer Wind in der Fabrik. Spielregeln und Leitlinien von Veränderungsprozessen, Berlin u.a.: Springer, S. 15–42.

Kossert, Andreas (2001): Masuren. Ostpreußens vergessener Süden, Berlin: Siedler.

Kowalski, Sergiusz (1988): Solidarność Polska. Studium z socjologii myślenia potocznego, Warszawa: Uniwersytet Warszawski, IPSiR, Zakład Socjoligii Obyczajów i Prawa. Dissertation.

Kreckel, Reinhard (1983): „Sozialstaat und Klassengesellschaft. Zur Reproduktion sozialer Ungleichheit im Spätkapitalismus", in: Reinhard Kreekel (Hg.), Soziale Ungleichheiten. Sonderband 2, Göttingen: Otto Schwarz, S. 75–92.

Kronauer, Martin (2006): „‚Exklusion' als Kategorie einer kritischen Gesellschaftsanalyse. Vorschläge für eine anstehende Debatte", in: Heinz Bude/Andreas Willisch (Hg.), Das Problem der Exklusion. Ausgegrenzte, Entbehrliche, Überflüssige, Hamburg: Hamburger Edition, S. 27–45.

Krotz, Friedrich (2005): Neue Theorien entwickeln. Eine Einführung in die Grounded Theory, die Heuristische Sozialforschung und die Ethnographie anhand von Beispielen aus der Kommunikationsforschung, Köln: Herbert von Halem.

Kück, Eduard (1967): Lüneburger Wörterbuch, S–Z, Band 3, Neumünster: Wachholz.

Kuczynski, Jürgen (1983): Geschichte des Alltags des deutschen Volkes 1810 bis 1870, Köln: PapyRossa.

Kupidłowski, Andrzej (2001): Niezależny Samorządny Związek Zawodowy Solidarność Region Białystok w latach 1980–1981, Warszawa: Nowa.

Kutzschenbach, Gerhard von (1982): Feldforschung als subjektiver Prozess. Ein handlungstheoretischer Beitrag zu seiner Analyse und Systematisierung, Berlin: Dietrich Reimer.

Latoszek, Marek (2005): „‚Solidarność'. ruch społeczny, rewolucja czy powstanie?", in: Marek Latoszek (Hg.), „Solidarność" w imieniu narodu i obywateli, Kraków: Arcana, S. 240–282.

Loch, Ulrike/Rosenthal, Gabriele (2002): „Das narrative Interview", in: Doris Schaeffer/Gabriele Müller-Mundt (Hg.), Qualitative Gesundheits- und Pflegeforschung, Bern/Göttingen: Hans Huber.

Lueger, Manfred (2000): Grundlagen qualitativer Feldforschung. Methodologie, Organisierung, Materialanalyse, Wien: WUV.

Luhmann, Niklas (2000): Vertrauen. Ein Mechanismus zur Reduktion sozialer Komplexität, Stuttgart: Lucius und Lucius.

Łukowski, Wojciech (2002): Społeczne tworzenie ojczyzn. Studium tożsamości mieszkańców Mazur, Warszawa: Wydawnictwo Naukowe Scholar.

Łukowski, Wojciech/Bojar, Hanna/Jałowiecki, Bohdan (2009): Społeczność na granicy. Zasoby mikroregionu Gołdap i mechanizmy ich wykorzystywania, Warszawa: Wydawnictwo Naukowe Scholar.

Mai, Ulrich (Hg.) (2005): Masuren: Trauma, Sehnsucht, leichtes Leben. Zur Gefühlswelt einer Landschaft (= Bielefelder Geographische Arbeiten, Band 6), Berlin: Lit.

Mai, Ulrich (2001): „‚Es ging schwer, aber es musste sein': Krisenbewältigung von Angehörigen der deutschen Minderheit in Masuren nach 1945", in: Nordost-Archiv: Zeitschrift für Regionalgeschichte, Neue Folge Band VIII (1999), H. 1, Heimat und Ethnizität. Über den Umgang mit Fremdheit in Masuren und Schlesien nach dem Zweiten Weltkrieg, S. 195–219.

Mai, Ulrich/Buchholt, Helmut (1987): Peasant Pedlars and Professional Traders. Subsistence Trade in Rural Markets of Minahasa, Indonesia, Singapore: Institut of Southeast Asien Studies.

Matejko, Ewa (2009): „Rola przejścia granicznego Gołdap-Gusiew", in: Wojciech Łukowski/Hanna Bojar/Bohdan Jałowiecki (Hg.), Społeczność na granicy. Zasoby mikroregionu Gołdap i mechnizmy ich wykorzystywania, Warszawa: Wydawnictwo Naukowe Scholar, S. 105–136.

Medick, Hans (2001): „Quo vadis Historische Anthropologie? Geschichtsforschung zwischen Historischer Kulturwissenschaft und Mikro-Historie", in: Historische Anthropologie, Jg. 9, H. 1, S. 78–92.

Merton, Robert K. (1995): Soziologische Theorie und soziale Struktur, Berlin/New York: Walter de Gruyter.

MGOPS-Sępopol (o.J.): Charakterystyka Miasta i Gminy Sępopol. Unveröffent, Sępopol.

MGOPS-Sępopol (o.J.): Sprawozdanie z działalności Miejsko-Gminnego Ośrodka Pomocy Społecznej w Sępopolu za 2003 r. Unveröffentlicht, Sępopol.

MGOPS-Sępopol (o.J.): Sprawozdanie opisowe Miejsko-Gminnego Ośrodka Pomocy Społecznej w Sępopolu za 2004 rok. Unveröffentlicht, Sępopol.

Misala, Josef (1989): „Inoffizielle Außenwirtschaftsbeziehungen", in: Dieter Cassel/Wladyslaw Jowarski/Dietmar Kath et al. (Hg.), Inflation und Schattenwirtschaft im Sozialismus. Bestandsaufnahme, Erklärungsansätze und Reformvorschläge für die Volksrepublik Polen. Hamburg: Steuer- und Wirtschaftsverlag, S. 431–458.

Moscovici, Serge (1984): „The phenomenon of social representations", in: Robert M. Farr/Serge Moscovici (Hg.), Social representations, Cambridge: Cambridge University Press, S. 3–69.

Moscovici, Serge (1995): „Geschichte und Aktualität sozialer Repräsentationen", in: Uwe Flick (Hg.), Psychologien des Sozialen: Repräsentationen in Wissen und Sprache, Reinbek: Rowohlt, S. 268–314.

Müller, Burkhard/Rosenow, Roland/Wagner, Mathias (1994): Dorfjugend Ost – Dorfjugend West, Freiburg i.Br.: Lambertus.

Müller-Wille, Ludger (1985): „Ethnische Studien in der polaren Ökumene. Mit Familie bei Sami und Finnen", in: Hans Fischer (Hg.), Feldforschungen. Berichte zur Einführung in Probleme und Methoden, Berlin: Dietrich Reimer, S. 49–66.

Neckel, Sighard (1991): Status und Scham. Zur symbolischen Reproduktion sozialer Ungleichheit, Frankfurt a.M.: Campus.

Negt, Oskar (2001): Arbeit und menschliche Würde, Göttingen: Steidel.

Negt, Oskar/Kluge, Alexander (2001): Der unterschätzte Mensch. Gemeinsame Philosophie in zwei Bänden, Bd. 1, Frankfurt a.M.: Zweitausendeins.

Nuissl, Henning/Schwarz, Anna/Thomas, Michael (2002): Vertrauen – Kooperation – Netzwerkbildung. Unternehmerische Handlungsressourcen in prekären regionalen Kontexten, Wiesbaden: Westdeutscher Verlag.

Oester, Kathrin (2008): „,Fokussierte Ethnographie'. Überlegungen zu den Kernansprüchen der Teilnehmenden Beobachtung", in: Bettina Hünersdorf/ Christoph Maeder/Burkhard Müller (Hg.), Ethnographie und Erziehungswissenschaft. Methodische Reflexionen und empirische Annäherungen, Weinheim/München: Juventa, S. 233–243.

Pakuła, Beata (2005): Zarządzanie administracją samorządową na przykładzie Miasta i Gminy Sępopol. Unveröffentlichte Magisterarbeit, Olsztyn.

Parkin, Frank (1983): „Strategien sozialer Schließung und Klassenbildung", in: Reinhard Kreckel (Hg.), Soziale Ungleichheiten. Sonderband 2, Göttingen: Otto Schwarz, S. 121–135.

Patzelt, Werner J. (1987): Grundlagen der Ethnomethodologie. Theorie, Empirie und politikwissenschaftlicher Nutzen einer Soziologie des Alltags, München: Wilhelm Fink.

Paugam, Serge (2008): Die elementaren Formen der Armut, Hamburg: Hamburger Edition.

Pfirrmann, Wilhelm (o.J.): Der Schmuggel im Bezirk des Hauptzollamtes Emmerich. Inaugural-Dissertation der Rechts- und Staatswissenschaftlichen Fakultät der Rheinischen Friedrich-Wilhelms-Universität Bonn.

Piasecki, Sergiusz (o.J.): Der Geliebte der Grossen Bärin, Stuttgart/Zürich/Salzburg: Europäischer Buchklub.

Pieper, Werner (2005): Das Zucker-Buch. Süßer Genuss und bittere Folgen, Löhrbach: Werner Pieper und The Grüne Kraft.

Pine, Frances (2002): „Rückzug in den Haushalt? Geschlechtsspezifische Bereiche im postsozialistischen Polen", in: Christopher Hann (Hg.), Postsozialismus. Transformationsprozesse in Europa und Asien aus ethnologischer Perspektive, Frankfurt a.M.: Campus, S. 147–173.

Pisz, Zdzisław, (2002): „Neue Elemente der Sozialpolitik im Verlauf der Systemtransformation in Polen", in: Antonia Bieszcz-Kaiser/Ralph-Elmar Lungwitz/Evelyn Preusche et al. (Hg.), Zurück nach Europa oder vorwärts in die Peripherie? Erfolge und Probleme nach einem Jahrzehnt der Umgestaltung in Ostdeutschland und Mittel-/Osteuropa, München/Mering: Rainer Hampp, S. 96–108.

Plänitz, Günter (1983): Das bisschen fahren ... Arbeits- und Lebensbedingungen von Fernfahrern, Hamburg: VSA.

Polli, Marco (1989) Zollpolitik und illegaler Handel. Schmuggel im Tessin 1868–1894. Soziale, wirtschaftliche und zwischenstaatliche Aspekte, o.O.: Chronos.

Psathas, George (1973): „Ethnotheorie, Ethnomethodologie und Phänomenologie", in: Arbeitsgruppe Bielefelder Soziologen (Hg.), Alltagswissen, Interaktion und gesellschaftliche Wirklichkeit. Symbolischer Interaktionismus und Ethnomethodologie, Band 2, Reinbek: Rowohlt, S. 263–284.

Rerrich, Maria S. (2006): Die ganze Welt zu Hause. Cosmobile Putzfrauen in privaten Haushalten, Hamburg: Hamburger Edition.

Rheinberger, Hans-Jörg, (2006): Epistomologie des Konkreten. Studien zur Geschichte der modernen Biologie, Frankfurt a.M.: Suhrkamp.

Rosenthal, Gabriele (1986): Die Hitlerjugend-Generation. Biographische Thematisierung als Vergangenheitsbewältigung, Essen: Verlag Die Blaue Eule.

Rosenthal, Gabriele (1995): Erlebte und erzählte Lebensgeschichte. Gestalt und Struktur biographischer Selbstbeschreibungen, Frankfurt a.M.: Campus.

Rosenthal, Gabriele (2002): „Biographische Forschung", in: Doris Schaeffer/Gabriele Müller-Mundt (Hg.), Qualitative Gesundheits- und Pflegeforschung, Bern/Göttingen/Toronto/Seattle: Hans Huber, S. 133–148.

Rosenthal, Gabriele (2005): Interpretative Sozialforschung. Eine Einführung, Weinheim/München: Juventa.

Rothholz, Walter (2003): Wohlfahrts-Skandinavien, Berlin: Berliner Wissenschafts-Verlag.

Rühmkorf, Christian (2008): Ein Keks ist besser als kein Keks – die Lebensmittelbank in Prag, http://www.radio.cz/de/artikel/110315 vom 20.05.2010.

Sakson, Andrzej (1998): Stosunki narodowościowe na Warmii i Mazurach 1945–1997, Poznań: Instytut Zachodni.

Saurer, Edith (1989): Strasse, Schmuggel, Lottospiel. Materielle Kultur und Staat in Niederösterreich, Böhmen und Lombardo-Venetien im 19. Jahrhundert, Göttingen: Vandenhoeck und Ruprecht.

Schäfer, Kerstin (2009): Die „Wilde 13". Mit dem Metrobus durch Raum und Zeit in Hamburg-Wilhelmsburg. [Unveröffentlichter] Vortrag auf dem 37. Kongress der Deutschen Gesellschaft für Volkskunde vom 27.–30.09.2009, Freiburg i.Br.

Scheffenknecht, Wolfgang (2002): „Grenzlage, Identitätsbildung und Schmuggel in Spätmittelalter und früher Neuzeit. Der Reichshof Lustenau als Beispiel", in: Schriften des Vereins für Geschichte des Bodesees und Umgebung, H. 120, S. 161–202.

Scherr, Albert (1999): „Die Konstruktion von Fremdheit in sozialen Prozessen. Überlegungen zur Kritik und Weiterentwicklung interkultureller Pädagogik", in: Doron Kiesel/Astrid Messerschmidt/Albert Scherr (Hg.), Die Erfindung der Fremdheit. Zur Kontroverse um Gleichheit und Differenz im Sozialstaat, Frankfurt a.M.: Brandes und Apsel, S. 49–66.

Schlehe, Judith (2008): „Formen qualitativer ethnographischer Interviews", in: Beer, Bettina (Hg.), Methoden ethnologischer Feldforschung, Berlin: Dietrich Reimer, S. 119–142.

Schmidt-Lauber, Brigitta (1998): „Die verkehrte Hautfarbe." Ethnizität deutscher Namibier als Alltagspraxis, Hamburg: Dietrich Reimer.

Schmidt-Lauber, Brigitta (2007): „Ethnizität und Migration als ethnologische Forschungs- und Praxisfelder. Eine Einführung", in: Brigitta Schmidt-Lauber (Hg.), Ethnizität und Migration. Einführung in Wissenschaft und Arbeitsfelder, Berlin: Dietrich Reimer.

Schott, Dieter (1989): „Schmuggel – Ausverkauf – Schweizerspeisung: Die Beziehungen zwischen Konstanz und seinem Schweizer Umland in den Jahren 1919–1924", in: Schriften des Vereins für Geschichte des Bodesees und Umgebung, H. 107, S. 221–249.

Schrader, August (1864): Die deutschen Schmuggler. Leipzig: Schumann's Antiquariat.

Schütte, Stefan (2004): Urban Vulnerability in Afghanistan. Case Studies from three cities. Working Paper. o.O. (Afghanistan): The Afghanistan Research and Evaluation Unit (AREU).

Schütze, Fritz (2005): „Eine sehr persönlich generalisierte Sicht auf qualitative Sozialforschung", in: Qualität quantitativer Forschung, H.2, S. 211–248.

Segebarth, Johannes (2001): Die Darßer Schmuggler, Kückenhagen: Scheunen-Verlag.

Seipel, Christian/Rieker, Peter (2003): Integrative Sozialforschung. Konzepte und Methoden der qualitativen und quantitativen empirischen Forschung, Weinheim/München: Juventa.

Selke, Stefan (2008): Fast ganz unten. Wie man in Deutschland durch die Hilfe von Lebensmitteltafeln satt wird, Münster: Westfälisches Dampfboot.

Sennett, Richard (2000): Der flexible Mensch. Die Kultur des neuen Kapitalismus, Berlin: Berlin-Verlag.

Sennett, Richard (2005): Die Kultur des neuen Kapitalismus, Berlin: Berlin Verlag.

Shlegnov, Roman, et al. (2008): Made to be smuggled. Russian Contraband Cigarettes ‚Flooding' EU. http://www.publicintegrity.org/investigations/tobacco/articles/entry/763 vom 20.03.2010.

Simmel, Georg (1992) [1908]: Soziologie. Untersuchungen über die Formen der Vergesellschaftung, Frankfurt a.M.: Suhrkamp.

Spangenberg, Karl (Hg.) (1991–1999): Thüringisches Wörterbuch. S–Z. Band 3, Neumünster: Wachholz.

Stagel, Justin (1985): „Feldforschung als Ideologie", in: Hans Fischer (Hg.), Feldforschungen. Berichte zur Einführung in Probleme und Methoden, Berlin: Dietrich Reimer, S. 289–310.

Stegbauer, Christian, (2002): Reziprozität. Einführung in soziale Formen der Gegenseitigkeit, Wiesbaden: Westdeutscher Verlag.

Steinmeier, Friedrich (1996): Zeit des Bären. Vom Wandern und vom Schmuggel in alter Zeit, Münster: edition güth im Landwirtschaftsverlag.

Stenger, Horst (1997): „Deutungsmuster der Fremdheit", in: Herfried Münkler (Hg.), Furcht und Faszination. Facetten der Fremdheit, Berlin: Akademie, S. 159–222.

Strasser, Hermann/Voswinkel, Stephan (1997): „Vertrauen im gesellschaftlichen Wandel", in: Martin Schweer (Hg.), Interpersonales Vertrauen, Opladen/Wiesbaden: Westdeutscher Verlag. S. 217–236.

Strauss, Anselm/Corbin, Juliet (1996): Grounded Theory. Grundlagen Qualitativer Sozialforschung, Weinheim: Psychologie Verlags Union.

Stromberger, Peter (1972): „Warum wir uns Geschichten erzählen", in: Caesar Hagner/Hermann Korte/Kurt Meissner (Hg.), Diagnose sozialen Verhaltens. Ein Kurs im Medienverbund Fernsehen-Handbuch-Seminare, Hamburg: Hoffmann und Campe, S. 215–237.

Sutterlüty, Ferdinand/Imbusch, Peter (2008): „Unvermutete Begegnungen", in: Ferdinand Sutterlüty/Peter Imbusch (Hg.), Abenteuer Feldforschung. Soziologen erzählen, Frankfurt a.M./New York: Campus.

Tarkowska, Elżbieta (2000): „Bieda Popegeerowska", in: Elżbieta Tarkowska (Hg.), Zrozumieć biednego. O dawnej i obecnej biedzie w Polsce, Warszawa: Typografika, S. 90–117.

Thiede, Sonja/Hammelmann, André (2006): „Die Arbeitslosen von Brodowin", in: Leonore Scholze-Irrlitz (Hg.), Aufbruch im Umbruch. Das Dorf Brodowin zwischen Ökologie und Ökonomie (= Berliner Blätter: Ethnographische und ethnologische Beiträge, Band 40), S. 21–44.

Thompson, Edward P. (1980a): Plebeische Kultur und moralische Ökonomie, Frankfurt a.M., Berlin/Wien: Ullstein.

Thompson, Edward P. (1980b): Das Elend der Theorie. Zur Produktion geschichtlicher Erfahrung, Frankfurt a.M.: Campus.

Thompson, Edward P. (2007): „Zeit, Arbeitsdisziplin und Industriekapitalismus", in: J. Holloway/E. P. Thompson: Blauer Montag. Über Zeit und Arbeitsdisziplin, Hamburg: Edition Nautilus.

Thomas, William I. (1965): Person und Sozialverhalten, Neuwied am Rhein: Luchterhand.

Tillmann, Klaus-Jürgen (1993): Sozialisationstheorien. Eine Einführung in den Zusammenhang von Gesellschaft, Institution und Subjektwerdung, Reinbek: Rowohlt.

Tischner, Jozef (1982): Ethik der Solidarität. Prinzipien einer neuen Hoffnung, Graz/Wien/Köln: Styria.

Tolksdorf, Ulrich/Goltz, Reinhard (Hg.) (1997): Preußisches Wörterbuch. S. Band 5, Neumünster: Wachholz.

Tomczyk, Anna (2004): Zagrożenia rozwoju społecznego dziecka w rodzinie z problemem bezrobocia. Unveröffentlichte Magisterarbeit, Katowice.

Transparency (2009): http://transparency.org/news_room/faq/corruption_faq#/faqcorr1 vom 04.06.2009.

Trees, Wolfgang (2002): Schmuggler, Zöllner und die Kaffeepanzer. Die wilden Nachkriegsjahre an der deutschen Westgrenze, Aachen: Triangel-Verlag.

Trutkowski, Dominik (2007): Der Sturz der Diktatur. Opposition in Polen und der DDR 1988/89, Berlin: Lit.

Tschofen, Bernhard (1999): „Konterbande in der Freizeitgesellschaft: Ethnographische Notizen zur Grenze und zur Ästhetik kleiner Geschichte in den Alpen (Montafoner Wahrnehmungen)", in: F. Grieshofer/M. Schindler: Netzwerk Volkskunde. Ideen und Wege. Festgabe für Klaus Beitl zum siebzigsten Geburtstag, Wien: Selbstverlag des Vereins für Volkskunde.

Urząd statystyczny w Olsztynie (Hg.) (2003): Podstawowe informacje ze spisów powszechnych. Gmina miejsko-wiejska Sępopol 2002, Olsztyn: Urząd statystyczny.

Urząd statystyczny w Olsztynie (Hg.) (2005): Województwo Warmińsko-Mazurskie, Podregiony. Powiaty. Gminy, Olsztyn: Urząd statystyczny w Olsztynie.

Valle, Luciano Marinez (2005): „Sozialkapital von unten. Strittige Interpretationen ländlicher Entwicklungsprozesse in Ecuador", in: Peripherie. Zeitschrift für Politik und Ökonomie in der Dritten Welt 25, H. 99, S. 306–323.

Varese, Federico (2001): The Russian Mafia. Private Protection in a New Market Economy, Oxford: University Press.

Veblen, Thorsten (1958): Theorie der feinen Leute. Eine ökonomische Untersuchung der Institutionen, Köln/Berlin: Kiepenheuer und Witsch.

Venkatesh, Sudhir (2008): Underground economy. Was Gangs und Unternehmen gemeinsam haben, Berlin: Econ.

Vester, Michael (1980): „Edward Thompson und die ‚Krise des Marxismus'", in: Edward P. Thompson: Das Elend der Theorie. Zur Produktion geschichtlicher Erfahrung, Frankfurt a.m.: Campus.

Völter, Bettina (2003): Judentum und Kommunismus. Deutsche Familiengeschichte in drei Generationen, Opladen: Leske und Budrich.

Wacker, Ali, (1977): Arbeitslosigkeit. Soziale und psychische Voraussetzungen und Folgen, Frankfurt a.M., Köln: Europäische Verlagsanstalt.

Wacquant, Loïc (2006): „Auf dem Weg zu einer Sozialpraxeologie. Struktur und Logik der Soziologie Pierre Bourdieus", in: Pierre Bourdieu/Loïc Wacquant: Reflexive Anthropologie, Frankfurt a.M.: Suhrkamp. S. 17–93.

Wacquant, Loïc (2009): Bestrafen der Armen. Zur neoliberalen Regierung der sozialen Unsicherheit, Opladen, Farmington Hills (MI): Barbara Budrich.

Wagner, Kay (2009): „Die ‚Tafeln' kämpfen für Finanzspritzen aus Brüssel", in: Neues Deutschland vom 16.01.2009, S. 7.

Wagner, Mathias (2001): ‚Wir waren alle Fremde.' Die Neuformierung dörflicher Gesellschaft in Masuren seit 1945, Münster: LIT.

Wagner, Mathias (2004): Fremde Heimat. Alltag in einem masurischen Dorf, Potsdam: Deutsches Kulturforum östliches Europa.

Wagner, Mathias (2005): „Die Neubesiedlung Masurens nach 1945 aus der Perspektive polnischer, deutscher und ukrainischer Einwohner", in: Ulrich Mai (Hg.), Masuren: Trauma, Sehnsucht, leichtes Leben: Zur Gefühlswelt einer Landschaft, Münster: LIT, S. 44–109.

Wagner, Wolfgang/Hayes, Nicky (2005): Everyday Discourse and Common Sense. The Theory of Social Representations, Hampshire: Palgrave Macmillan.

Walczak, Karol (2005): Segmentaryzacja ubostwa. Antropologiczne stadium społeczności w okesie regresu. Unveröffentlichte Dissertation, Poznan.

Watzlawick, Paul (1983): Anleitung zum Unglücklichsein, München/Zürich: Piper.
Watzlawick, Paul/Beavin, Janet H./Jackson, Don D. (1990): Menschliche Kommunikation. Formen. Störungen. Paradoxien, Bern/Stuttgart u.a.: Hans Huber.
Weber, Max (1976): Wirtschaft und Gesellschaft. Grundriss der verstehenden Soziologie, Tübingen: Mohr (5. rev. Auflage).
Weber, Ursula (2002): Der Polenmarkt in Berlin. Zur Rekonstruktion eines kulturellen Kontakts im Prozess der politischen Transformation Mittel- und Osteuropas, Neuried: Ars Una.
Węcek, Justyna (2006): „Kompendium Wiedzy. Dzisiaj bezrobocie", in: Dziennik vom 29.04.–01.05.2006.
Welfens, Maria J. (1989): „Bedingungen der Entstehung und Entwicklung der inoffiziellen Erwerbsarbeit", in: Dieter Cassel/Wladyslaw Jowarski/Dietmar Kath et al. (Hg.), Inflation und Schattenwirtschaft im Sozialismus. Bestandsaufnahme, Erklärungsansätze und Reformvorschläge für die Volksrepublik Polen, Hamburg: Steuer- und Wirtschaftsverlag, S. 375–404.
Welz, Gisela (1991): Street life. Alltag in einem New Yorker Slum, Frankfurt a.M.: Institut für Kulturanthropologie und Europäische Ethnologie.
Welz, Gisela (2010): „Europäisierung beobachten", [Unveröffentlichter] Vortrag vom 23.1.2010 an der Humboldt Universität Berlin, Fakultät für Europäische Ethnologie, im Rahmen des Symposiums „Re-Vision – die Kultur(en) der Gesellschaft. Horizonte und Perspektiven der Europäischen Ethnologie".
Welzer, Harald (2001): „Das gemeinsame Verfertigen von Vergangenheit im Gespräch", in: Harald Welzer (Hg.), Das soziale Gedächtnis. Geschichte. Erinnerung. Tradierung, Hamburg: Hamburger Edition, S. 168–178.
Whyte, William Foote (1996): Die Street Corner Society. Die Sozialstruktur eines Italienerviertels. Berlin/New York: Walter de Gruyter.
Wierling, Dorothee (1991): „Geschichte", in: Uwe Flick/Ernst von Kardoff/Heiner Keupp et al. (Hg.), Handbuch qualitative Sozialforschung. Grundlagen. Konzepte. Methoden und Anwendung, München: Psychologie Verlags Union, S. 47–52.
Wilk, Mariusz, (2007): Schwarzes Eis. Mein Russland, München: dtv.
Wilkinson, Richard/Pickett, Kate (2010): „Die verlorene Gleichheit. Wie Ungleichheit Vertrauen zerstört und die Demokratie gefährdet", in: Blätter für deutsche und internationale Politik 55, H. 7, S. 39–48.
Willems, Herbert (2003): „Rituale und Zeremonien in der Gegenwartsgesellschaft", in: Erika Fischer-Lichte/Christian Horn/Sandra Umathum et al.: Ritualität und Grenze, Tübingen/Basel: A. Francke, S. 399–418.

Wolf, Eric R. (1986): Die Völker ohne Geschichte. Europa und die andere Welt seit 1400, Frankfurt a.M./New York: Campus.

Wolf, Eric R. (1993): „Gefährliche Ideen. Rasse, Kultur, Ethnizität", in: Historische Anthropologie 1, H. 3, S. 331–346.

Wstępna diagnoza sytuacji dydaktycznej, wychowawczej i opiekuńczej w zespole szkolno-predszkolnym w Sępopolu w roku szkolnym 2005/2006. Unveröffentlichtes Papier der Schule in Sępopol.

Ziegler, Eugen (1987): Zucker – die süße Droge. Medizinische und kulturgeschichtliche Aspekte eines Suchtmittels, Basel: Birkhäuser.

Zierenberg, Malte (2008): Stadt der Schieber. Der Berliner Schwarzmarkt 1939–1950, Göttingen: Vandenhoeck und Ruprecht.

Złakowski, Zenon (2000): „Solidarność" olsztyńska w latach 1980–1981. Próba zestawienia faktów (=Biblioteka Olsztyńska Nr. 48), Olsztyn: Stowarzyszenie „Pro Patria" i Ośrodek Badań Naukowych im. Wojciecha Kętrzyńskiego.

ANHANG 1 – LISTE DER TRANSKRIPTIONSSYMBOLE

[Beginn einer Überlappung
] Ende einer Überlappung
= schneller Anschluss einer Äußerung
(8)   Pause, Länge in Sekunden
ja:::   Dehnung eines Wortes, die Anzahl der Zeichen verdeutlicht die Länge
ja   leise
ja   sehr leise
nie   betont
NIE   laut
(undeutlich) unverständlich
(Lachen/Räuspern/Weinen)   paralinguistische Äußerung, Unterstrich zeigt Beginn und Ende der paralinguistischen Äußerung an

ANHANG 2 – LISTE DER PUBLIKATIONEN

aus dem Forschungsprojekt „Grenze als Ressource: Kleinhandel in der Armutsökonomie an der neuen EU-Außengrenze zwischen Nordostpolen und dem Bezirk Kaliningrad", gefördert im Schwerpunkt-programm der VolkswagenStiftung „Einheit in der Vielfalt: Grundlagen und Voraussetzungen eines erweiterten Europas", Förderzeitraum: 2005 bis 2008.

Bruns, Bettina (2009): „Schmuggel an der polnisch-russischen Grenze – Illegalität im Spannungsfeld zwischen Rationalität und Legitimität", in: Wilfried Heller/Mihaela Narcisa Arambaşa (Hg.), Am östlichen Rand der Europäischen Union: Geopolitische, ethnische und nationale sowie ökonomische und soziale Probleme und ihre Folgen für die Grenzraumbevölkerung (= Potsdamer Geographische Forschungen, Band 28), Potsdam: Universitätsverlag Potsdam, S. 161–174.

Bruns, Bettina (2010): Grenze als Ressource – Die soziale Organisation von Schmuggel am Rande der Europäischen Union. Wiesbaden: VS Verlag.

Łukowski, Wojciech (2009): „Społeczność mikroregionu Gołdap w świetle badania sondażowego", in: W. Łukowski/H. Bojar/B. Jałowiecki (Hg.), Społeczność na granicy. Zasoby społeczności lokalnych i mechanizmy ich wykorzystywania, Warszawa: Wydawnictwo Naukowe Scholar, S. 52–95

Łukowski, Wojciech (2009): „Miasto na granicy w poszukiwaniu symbolicznej spójności", in: W. Łukowski/H. Bojar/B. Jałowiecki (Hg.), Społeczność na granicy. Zasoby społeczności lokalnych i mechanizmy ich wykorzystywania, Warszawa: Wydawnictwo Naukowe Scholar, S. 17–51

Łukowski, Wojciech (2009): „Symboliczne domykanie społeczności lokalnych i regionalnych w późnonowoczesnej przestrzeni społecznej. Przykłady z Mazur", in: G. Gorzelak/M.S. Szczepański/W. Ślęzak-Tazbir (Hg.), Człowiek-miasto-region. Związki i interakcje, Warszawa: Wydawnictwo Naukowe Scholar, S. 171–188.

Matejko, Ewa (2008): „Przejście graniczne jako zasób przygranicznej społeczności lokalnej, in: Pogranicze. Studia Społeczne, Band 14, S. 61–77.

Matejko, Ewa (2009): „Rola przejścia granicznego Gołdap-Gusiew w życiu gołdapskiej społeczności lokalnej", in: H. Bojar/B. Jałowieck/W. Łukowski (Hg.), Społeczność na granicy. Zasoby mikroregionu Gołdap i mechanizmy ich wykorzystywania, Warszawa: Wydawnictwo Naukowe Scholar, S. 105–135.

Matejko, Ewa (2010): „Wyzwania transgraniczne państw obszaru Schengen – jakość funkcjonowania przejść granicznych na zewnętrznych granicach Unii

Europejskiej", in: K. Federowicz/T. Kapuśniak, Europa Wschodnia wobec wyzwań współczesnego świata, Lublin.

Wagner, Mathias (2006): „Polens neue Armut", in: Blätter für deutsche und internationale Politik, Heft 9, S. 1045–1048.

Wagner, Mathias (2007): „Doświadczenia znad Granicy", in: Masovia, Band 10, S. 63–72.

Wagner, Mathias (2007): „150 Fahrzeuge und ein Tag liegen vor uns. Polen/Russland: Der kleine Grenzverkehr ernährt seine Leute", in: Freitag vom 24.08.2007, S. 9.

Wagner, Mathias (2008): „Im Schatten der polnischen Wirtschaft", in: Dein Masuren (Twoje Mazury), Nr. 21a, Giżycko: Wydawnictwo Mazurskie, S. 22–25.

Wagner, Mathias (2008): „Transnationalität – eine Strategie zur Armutsbewältigung?", in: Hans Günther Homfeldt/Wolfgang Schröer/Cornelia Schweppe (Hg.), Soziale Arbeit und Transnationalität. Herausforderungen eines spannungsreichen Bezugs. Weinheim/München: Juventa, S. 113–131.

Wagner, Mathias (2009): „Die verlorene Romantik des Schmuggels. Ethnographische Beobachtungen eines Alltagsphänomens", in: Jahrbuch für deutsche und osteuropäische Volkskunde, Band 50, S. 157–194.

Wagner, Mathias (2009): „Informeller Kleinhandel als Einkommensstrategie an der Grenze zwischen Russland und Polen", in: Inter Finitimos, Band 7, S. 255–260.

Wagner, Mathias (2009): „Arbeitsplatz Grenze. Schmuggel, der informelle Sektor", in: Le Monde diplomatique (Deutsche Ausgabe) vom 13.03.2009, S. 23.

Wagner, Mathias (2010): „,Hier gibt es keinen Honig mehr!' oder ist Schmuggel illegal?", in: Hans-Georg Soeffner (Hg.), Unsichere Zeiten – Herausforderungen gesellschaftlicher Transformation. Verhandlungen des 34. Kongresses der Deutschen Gesellschaft für Soziologie in Jena 2008. Wiesbaden: VS Verlag für Sozialwissenschaften. [PDF auf CD-Rom]

Wagner, Mathias (2010): „Der tolerierte Schmuggel. Grenzkontrolle als Interaktionsprozess zwischen Zöllnern und Schmugglern", in: Welt-Trends, Zeitschrift für internationale Politik. Potsdam.

Wagner, Mathias/Łukowski, Wojciech (Hg.) (2010): Alltag im Grenzland: Schmuggel als ökonomische Strategie im Osten Europas. Wiesbaden: VS Verlag.

Kultur und soziale Praxis

Sylke Bartmann, Oliver Immel (Hg.)
Das Vertraute und das Fremde
Differenzerfahrung und Fremdverstehen
im Interkulturalitätsdiskurs

Dezember 2011, ca. 240 Seiten,
kart., ca. 29,80 €,
ISBN 978-3-8376-1292-9

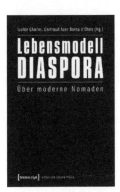

Isolde Charim,
Gertraud Auer Borea d'Olmo (Hg.)
Lebensmodell Diaspora
Über moderne Nomaden

Dezember 2011, ca. 400 Seiten,
kart., ca. 29,80 €,
ISBN 978-3-8376-1872-3

Sabine Hess, Nikola Langreiter,
Elisabeth Timm (Hg.)
Intersektionalität revisited
Empirische, theoretische
und methodische Erkundungen

November 2011, ca. 280 Seiten,
kart., ca. 29,80 €,
ISBN 978-3-8376-1437-4

Leseproben, weitere Informationen und Bestellmöglichkeiten
finden Sie unter www.transcript-verlag.de

Kultur und soziale Praxis

SILJA KLEPP
Europa zwischen Grenzkontrolle und Flüchtlingsschutz
Eine Ethnographie der Seegrenze auf dem Mittelmeer

September 2011, 428 Seiten,
kart., 34,80 €,
ISBN 978-3-8376-1722-1

ANNE C. UHLIG
Ethnographie der Gehörlosen
Kultur – Kommunikation – Gemeinschaft

Oktober 2011, ca. 340 Seiten,
kart., zahlr. Abb., 29,80 €,
ISBN 978-3-8376-1793-1

EROL YILDIZ
Die weltoffene Stadt
Wie Migration Globalisierung zum urbanen Alltag macht

Januar 2012, ca. 200 Seiten,
kart., ca. 19,80 €,
ISBN 978-3-8376-1674-3

Leseproben, weitere Informationen und Bestellmöglichkeiten finden Sie unter www.transcript-verlag.de

Kultur und soziale Praxis

ANIL AL-REBHOLZ
**Das Ringen
um die Zivilgesellschaft
in der Türkei**
Intellektuelle Diskurse,
oppositionelle Gruppen
und Soziale Bewegungen
seit 1980
Februar 2012, ca. 408 Seiten,
kart., ca. 33,80 €,
ISBN 978-3-8376-1770-2

DAVID JOHANNES BERCHEM
Wanderer zwischen den Kulturen
Ethnizität deutscher Migranten
in Australien zwischen
Hybridität, Transkulturation
und Identitätskohäsion
Oktober 2011, 708 Seiten,
kart., 42,80 €,
ISBN 978-3-8376-1798-6

THOMAS FRÖHLICH,
YISHAN LIU (HG.)
**Taiwans unvergänglicher
Antikolonialismus**
Jiang Weishui und
der Widerstand
gegen die japanische
Kolonialherrschaft
August 2011, 362 Seiten,
kart., 36,80 €,
ISBN 978-3-8376-1018-5

DANIEL GAXIE, NICOLAS HUBÉ,
MARINE DE LASSALLE,
JAY ROWELL (HG.)
Das Europa der Europäer
Über die Wahrnehmungen
eines politischen Raums
März 2011, 344 Seiten,
kart., 32,80 €,
ISBN 978-3-8376-1626-2

JÖRG GERTEL, INGO BREUER (HG.)
Alltags-Mobilitäten
Aufbruch marokkanischer
Lebenswelten
Dezember 2011, ca. 350 Seiten,
kart., zahlr. Abb., ca. 29,80 €,
ISBN 978-3-89942-928-2

MARTINA GRIMMIG
Goldene Tropen
Die Koproduktion natürlicher
Ressourcen und kultureller
Differenz in Guayana
September 2011, 296 Seiten,
kart., 32,80 €,
ISBN 978-3-89942-751-6

JÜRG MARTIN MEILI
**Kunst als Brücke
zwischen den Kulturen**
Afro-amerikanische Musik im Licht
der schwarzen Bürgerrechtsbewegung
Mai 2011, 320 Seiten,
kart., 32,80 €,
ISBN 978-3-8376-1732-0

JANNE MENDE
**Begründungsmuster weiblicher
Genitalverstümmelung**
Zur Vermittlung
von Kulturrelativismus
und Universalismus
September 2011, 212 Seiten,
kart., 28,80 €,
ISBN 978-3-8376-1911-9

MINNA-KRISTIINA RUOKONEN-ENGLER
»Unsichtbare« Migration?
Transnationale Positionierungen
finnischer Migrantinnen.
Eine biographieanalytische Studie
Dezember 2011, ca. 348 Seiten,
kart., ca. 32,80 €,
ISBN 978-3-8376-1876-1

**Leseproben, weitere Informationen und Bestellmöglichkeiten
finden Sie unter www.transcript-verlag.de**